西南政法大学刑法学术文库

本书系首届毒品问题治理论坛（2019）会议成果

DUPIN WENTI ZHILI MOSHI XINTANSUO

毒品问题治理模式新探索

梅传强　任惠华／主　编
胡　江　张永强／副主编

中国检察出版社

《西南政法大学刑法学术文库》
编辑委员会

主　任　梅传强　石经海
委　员　李永升　朱建华　王利荣
　　　　袁　林　高维俭　陈　伟
　　　　姜　敏　卢有学

总 序

七十载辉煌征程，七十载峥嵘岁月。当时光的脚步踏入2019年，我们迎来了新中国成立七十周年的历史性时刻。在这个洋溢着喜庆的美好日子里，全新打造的《西南政法大学刑法学术文库》（以下简称《西政刑法文库》）由中国检察出版社隆重推出，这既是庆贺新中国七十华诞和致敬新中国光辉成就的献礼，更是西南政法大学刑法学科再出发的前进号角，我们将伴随着新中国永不停息的发展脚步，迈入新征程，迎接新挑战，实现新跨越。

西南政法大学刑法学科是全国最早获得硕士学位授权的刑法学科之一，是我国西部地区第一个刑法专业博士学位授权点，早在1995年就被确定为省部级重点学科。在近七十年的发展历程中，西政刑法学人辛勤耕耘、默默奉献，以赵念非教授、伍柳村教授、黄观效教授、邓又天教授、董鑫教授、高绍先教授、赵长青教授、陈忠林教授、李培泽教授、朱启昌教授、邱兴隆教授、张绍彦教授、梅传强教授等为代表的一大批知名学者为刑法学科的建设和发展做出了重要贡献。改革开放以来，邓又天教授、赵长青教授、陈忠林教授、梅传强教授和石经海教授先后担任学科带头人（负责人）。时至今日，刑法学科的专任教师已达38人，形成了具有良好学历、职称、年龄和学缘结构的教学科研团队；拥有重庆市首批人文社科重点研究基地"毒品犯罪与对策研究中心"，与最高人民法院、国家禁毒办合作共建了"国家毒品问题治理研究中心"，此外还有"有组织犯罪研究中心""量刑研究中心""特殊群体权利保护与犯罪预防研究中心""少年法学研究中心""金融刑法研究中心""外国与比较刑法研究中心"等研究基地。经过几代人的薪火相传和不懈努力，西南政法大学刑法学科已经成为具有雄厚学科基础和优良学术传统、在全国发挥重要影响并且具有一定国际知名度的省部级重点学科。

科学研究与人才培养是学科建设的两翼。西南政法大学刑法学科具有数量规模庞大、年龄结构合理、学历水平优化、学缘结构合理的学科团队，他们积极投身于教学科研第一线，近年来在科研项目立项、学术论文发表、科研成果获奖等方面成绩斐然，在科学研究方面取得了优异的成绩。此外，在大力加强科学研究的同时，西南政法大学刑法学科也着力于人才培养。自2001年获得博士学位授权点以来，本学科已培养了近百名博士，他们活跃在法学理论和司法实务的各个领域，他们所取得的成绩在一定意义上也是本学科所取得的成绩。为此，《西政刑法文库》将立足本学科，主要出版本学科教学科研人员的优秀著作；同时，也将选择本学科培养且已经毕业的部分博士的学位论文或其他优秀学术著作出版。为了发挥《西政刑法文库》的学术价值和社会效应，体现学术丛书的性质，将采取不定期常年出版的形式，对于拟出版的著作由编辑委员会审定同意后出版，每本著作连续编号，力争将其打造成为规模较大、质量上乘、影响广泛的学术精品。《西政刑法文库》将秉承思想交流与学术创新的基本宗旨，着力打造学术精品，展示西南政法大学刑法学人形象，献力中国刑法学术发展。

学术的生命在于争鸣，思想的火花源于碰撞。《西政刑法文库》的出版将呈现每一个作者对当下中国刑法理论与实践问题的关注和思考，为学术交流搭建一个有益的平台，用文字和思考为中国法治发展贡献自己的绵薄之力。我们期待《西政刑法文库》的出版发行能够为国内外同行了解和认识本学科提供一个窗口，也期待国内外同行能够以此为平台加强与本学科的沟通交流，国内外同行和广大读者的真知灼见将是我们进一步加强学科建设的重要力量。

将西南政法大学刑法学科发展好、建设好，是全体西政刑法学人的使命和追求。处在新时代的激流之中，在"双一流"建设的大背景下，本学科的发展也面临着诸多新的挑战，加强学科建设刻不容缓。值此《西南政法大学刑法学术文库》出版之际，诚挚欢迎学界同仁以及各界朋友一如既往地关心和支持西南政法大学刑法学科的发展建设，共同促进我国法治事业的健步前行。

《西南政法大学刑法学术文库》编辑委员会
2019 年 10 月

目录 CONTENTS

总序 …………………………………………………………（001）
第一章 毒品问题新态势的实证考察 ……………………（001）
 第一节 "一带一路"倡议下"金新月"地区毒品对
    我国的影响 ………………………………（001）
  一、"一带一路"倡议对"金新月"地区
    国家的影响 ……………………………（002）
  二、"金新月"地区毒品发展态势 ………………（003）
  三、"一带一路"倡议下"金新月"毒品对
    我国渗透的趋势 ………………………（005）
  四、"金新月"毒品在我国犯罪特征——以新疆
    为例 ……………………………………（008）
  五、遏制"金新月"毒品渗透的对策 ……………（010）
 第二节 老挝的毒品形势和治理政策 ………………（012）
  一、老挝的毒品历史渊源 ……………………（013）
  二、老挝当前毒品形势 ………………………（014）
  三、老挝毒品治理政策 ………………………（015）

第三节　中越边境地区毒品问题的社会治理模式 ⋯⋯⋯ (024)
　一、Y省中越边境地区毒品问题的现状 ⋯⋯⋯⋯⋯ (025)
　二、Y省中越边境地区毒品问题的影响分析 ⋯⋯⋯ (028)
　三、Y省中越边境地区毒品违法犯罪特征透析 ⋯⋯ (029)
　四、Y省中越边境地区毒品问题治理的困境及
　　　原因 ⋯⋯⋯⋯⋯⋯⋯⋯⋯⋯⋯⋯⋯⋯⋯⋯⋯⋯⋯ (031)
　五、Y省中越边境地区毒品问题综合治理模式
　　　研究 ⋯⋯⋯⋯⋯⋯⋯⋯⋯⋯⋯⋯⋯⋯⋯⋯⋯⋯⋯ (036)

第四节　西南民族地区禁毒社会组织影响机制实证
　　　　考察 ⋯⋯⋯⋯⋯⋯⋯⋯⋯⋯⋯⋯⋯⋯⋯⋯⋯⋯⋯ (046)
　一、问题的提出 ⋯⋯⋯⋯⋯⋯⋯⋯⋯⋯⋯⋯⋯⋯⋯⋯ (046)
　二、理论基础与分析框架 ⋯⋯⋯⋯⋯⋯⋯⋯⋯⋯⋯⋯ (048)
　三、西南民族地区禁毒社会组织族群—制度文化
　　　影响机制 ⋯⋯⋯⋯⋯⋯⋯⋯⋯⋯⋯⋯⋯⋯⋯⋯⋯ (050)
　四、西南民族地区禁毒社会组织社会—实物资源
　　　影响机制 ⋯⋯⋯⋯⋯⋯⋯⋯⋯⋯⋯⋯⋯⋯⋯⋯⋯ (053)
　五、西南民族地区禁毒社会组织政党—法规政策
　　　影响机制 ⋯⋯⋯⋯⋯⋯⋯⋯⋯⋯⋯⋯⋯⋯⋯⋯⋯ (056)
　六、对策与建议 ⋯⋯⋯⋯⋯⋯⋯⋯⋯⋯⋯⋯⋯⋯⋯⋯ (060)

第五节　河南省G市毒品犯罪的实证考察 ⋯⋯⋯⋯⋯ (061)
　一、河南省G市毒品犯罪基本情况 ⋯⋯⋯⋯⋯⋯⋯ (062)
　二、河南省G市毒品犯罪现状评估 ⋯⋯⋯⋯⋯⋯⋯ (064)
　三、河南省G市毒品犯罪发展趋势预测 ⋯⋯⋯⋯⋯ (065)

第六节　外流贩毒治理的困境与思考 ⋯⋯⋯⋯⋯⋯⋯⋯ (067)
　一、我国外流贩毒基本情况及研究现状 ⋯⋯⋯⋯⋯ (068)
　二、外流贩毒形成的原因分析 ⋯⋯⋯⋯⋯⋯⋯⋯⋯ (070)

三、外流贩毒治理面临的困境 …………………………………（073）
　　四、外流贩毒治理的一些思考 …………………………………（078）
第七节　公安执法视野下毒品犯罪生成的影响因素 ……………（079）
　　一、讨论的缘起 …………………………………………………（079）
　　二、运动禁毒：增加毒品犯罪的风险 …………………………（080）
　　三、秘密侦查：泛化毒品犯罪的概率 …………………………（083）
　　四、强戒环境：汇合毒品供求信息 ……………………………（085）
　　五、结语与建议 …………………………………………………（087）
第八节　"涉毒隐语"的亚文化分析 ………………………………（089）
　　一、讨论的缘起 …………………………………………………（089）
　　二、涉毒隐语现象的犯罪亚文化呈现 …………………………（090）
　　三、涉毒隐语体系的理论解构：亚文化理论与语料
　　　　反指向性的两元结合 …………………………………………（097）
　　四、涉毒隐语体系的治理展开：语料筛选与文化
　　　　反制 ……………………………………………………………（101）
第九节　美国毒品治理的现实路径考察及启示 …………………（107）
　　一、美国毒品治理的实践样态与问题 …………………………（108）
　　二、美国社会毒品治理的现实路径解析 ………………………（112）
　　三、美国毒品治理对我国禁毒工作的启示 ……………………（118）

第二章　毒品问题治理的理念与政策 ……………………………（121）
第一节　社会治理理念下的毒品滥用防控机制 …………………（121）
　　一、问题的提出 …………………………………………………（121）
　　二、毒品滥用防控目标、机制与社会治理理念的
　　　　相容性 …………………………………………………………（123）
　　三、社会治理理念视角下毒品滥用防控机制的缺陷 …………（126）
　　四、社会治理理念视角下毒品滥用防控机制的完善 …………（130）

第二节 我国禁毒刑事政策调整的依据与路径 …………(133)
一、影响我国毒品市场运行的因素…………………………(134)
二、我国毒品犯罪者对禁毒刑事政策的回应 …………(140)
三、我国禁毒刑事政策理念调整…………………………(144)
四、我国禁毒刑事政策具体调整…………………………(147)

第三节 我国毒品犯罪治理模式的转换 ……………………(151)
一、问题的提出 …………………………………………(151)
二、"治安管控型禁毒模式":我国传统毒品犯罪
治理行动的基本脉络 …………………………………(152)
三、"社会治理型扫毒模式":我国当下毒品犯罪
治理行动的路径抉择 …………………………………(159)

第四节 用工程学"阀门理论"管理我国毒品问题的
方法 …………………………………………………(166)
一、毒品问题在社会发展中的客观存在性 ………………(167)
二、以工程学"阀门理论"管理我国毒品问题的
方法和探索 …………………………………………(169)
三、以工程学"阀门理论"管理我国毒品问题
存在的问题 …………………………………………(175)
四、需要注意的问题 ……………………………………(177)

第三章 毒品问题治理的刑法保障 ………………………………(179)
第一节 《禁毒法》与《刑法》对贩毒罪规定的差异
问题分析 ……………………………………………(179)
一、关于走私、贩卖、运输、制造毒品罪的立法
发展 …………………………………………………(179)
二、《禁毒法》规定与《刑法》规定不完全一致
引发的问题 …………………………………………(181)

三、《禁毒法》与《刑法》有关规定之间的不一致的处理主张 …………………………………………… (183)

第二节 规范视野下毒品定义要素的批判与重构 ………… (185)
 一、毒品定义要素辨析 ………………………………… (186)
 二、毒品的规范定义反思 ……………………………… (201)
 三、我国毒品定义要素的重构 ………………………… (205)

第三节 毒品犯罪中"无论数量多少"的理解与适用 …… (212)
 一、"无论数量多少"的立法变迁 …………………… (212)
 二、"无论数量多少"的司法现状 …………………… (216)
 三、"无论数量多少"的异化原因 …………………… (221)
 四、"无论数量多少"的司法匡正 …………………… (223)

第四节 毒品数量计算方式的完善 ………………………… (231)
 一、涉及不同类型毒品时毒品数量计算方式的检视 ………………………………………………… (232)
 二、折算法与直接计算法存在的问题 ………………… (237)
 三、同类折算、跨类并罚计算方式的提倡 …………… (242)
 四、毒品数量的认定是否考虑纯度之争 ……………… (246)
 五、毒品数量认定不以纯度折算的利弊分析 ………… (247)
 六、毒品数量计算应当考虑纯度的根据 ……………… (250)
 七、将纯度因素引入毒品数量计算的具体路径 ……… (252)

第五节 贩卖毒品罪的基础理论问题研究 ………………… (255)
 一、对"贩卖"的合理解释 …………………………… (256)
 二、对"牟利"的合理解释 …………………………… (260)
 三、关于代购毒品的几个问题 ………………………… (264)
 四、关于互易毒品的问题 ……………………………… (276)

第六节　毒品代购行为的刑法认定 …………………… (280)
　　一、司法解释中毒品代购的认定 ………………………… (281)
　　二、司法实践中毒品代购的认定 ………………………… (282)
　　三、毒品代购认定的具体完善 …………………………… (285)

第七节　诱惑侦查下贩卖毒品罪既遂标准的判断 ………… (288)
　　一、诱惑侦查的概念 ……………………………………… (288)
　　二、贩卖毒品罪诱惑侦查的价值考量 …………………… (289)
　　三、贩卖毒品罪诱惑侦查的立法限制不足 ……………… (291)
　　四、诱惑侦查下贩卖毒品罪既遂标准的优化 …………… (293)

第八节　毒品犯罪刑罚适用问题之理性反思 ……………… (300)
　　一、我国与域外毒品犯罪的法定刑现状 ………………… (300)
　　二、我国毒品犯罪刑罚适用的重刑化现实 ……………… (304)
　　三、我国毒品犯罪刑罚重刑化的症结剖析 ……………… (305)
　　四、毒品犯罪的刑罚预期与客观形势之间的悖反 ……… (308)
　　五、改革毒品刑罚适用的理论主张 ……………………… (310)

第四章　毒品问题治理的程序法保障 ……………………… (316)

第一节　调查性侦查措施的类型化界定与侦查监督
　　　　机制 ……………………………………………………… (316)
　　一、调查性侦查措施的行为类型化界定 ………………… (318)
　　二、调查性侦查措施的侦查监督机制构建 ……………… (322)

第二节　非法诱惑侦查的认定与证明 ……………………… (325)
　　一、我国非法诱惑侦查认定与证明的制度规范、
　　　　司法实践及理论研究现状 …………………………… (325)
　　二、传统二分法的缺陷 …………………………………… (334)
　　三、比较法考察：非法诱惑侦查的认定与证明 ………… (336)

四、我国非法诱惑侦查认定与证明的完善路径 ……… (343)

第三节　人身搜查程序中的权益表达 ……………………… (350)
　　一、人身搜查程序中的主要权益 ………………………… (351)
　　二、优先保护的人身权益 ………………………………… (354)
　　三、附条件优先保护的人身权益 ………………………… (358)
　　四、司法救济权 …………………………………………… (362)

第四节　毒品犯罪案件技术侦查措施的运用 …………… (365)
　　一、技术侦查措施运用的内部审视 ……………………… (366)
　　二、技术侦查运用的外部考问 …………………………… (368)
　　三、毒品犯罪案件技术侦查运用的法治化设计 ………… (370)

第五节　网络贩毒犯罪电子证据的收集和审查 ………… (375)
　　一、网络贩毒犯罪电子证据的种类和形态 ……………… (376)
　　二、网络贩毒犯罪电子证据收集审查过程中存在的
　　　　问题 …………………………………………………… (379)
　　三、网络贩毒犯罪电子证据收集取证和审查运用的
　　　　发展路径 ……………………………………………… (382)

第六节　网络涉毒犯罪的侦防 …………………………… (389)
　　一、网络涉毒犯罪问题的现状和特点 …………………… (389)
　　二、网络涉毒犯罪侦查的困境 …………………………… (392)
　　三、网络涉毒犯罪的侦防对策 …………………………… (394)

第七节　广东禁毒行政执法的现状与对策 ……………… (398)
　　一、当前广东禁毒行政执法现状及存在的问题 ………… (398)
　　二、提升广东禁毒行政执法之对策 ……………………… (403)

第五章　毒品问题治理的立法完善 ……………………… (408)
　第一节　关于修改《禁毒法》的十个问题 ……………… (408)

一、修法的必要性、策略与方法 …………………………… (408)
　　二、禁毒委和禁毒办的组织体制 …………………………… (410)
　　三、综合治理体制及法律责任 ……………………………… (411)
　　四、病残等特殊群体收戒 …………………………………… (413)
　　五、毒品的法律定义和强制检测 …………………………… (414)
　　六、强制隔离戒毒双轨体制 ………………………………… (415)
　　七、社区戒毒和社区康复 …………………………………… (415)
　　八、社会戒毒医疗机构 ……………………………………… (416)
　　九、社会化和社会参与 ……………………………………… (418)
　　十、禁毒预防宣传教育 ……………………………………… (418)
第二节　地方性禁毒法规的发展完善方向 ……………………… (419)
　　一、细化规定《禁毒法》和《戒毒条例》中的
　　　　禁毒措施，确保厉行禁毒政策的功能发挥 ………… (420)
　　二、创新规定新的地方性禁毒措施，积累厉行
　　　　禁毒的新经验 ………………………………………… (425)
　　三、精准填补《刑法》中毒品犯罪解释适用的
　　　　地方性知识，依法有效惩治毒品犯罪 ……………… (429)
第三节　制毒物品法律管控的现实问题与完善对策 …………… (433)
　　一、制毒物品管控沿革及现状 …………………………… (433)
　　二、制毒物品法律管控问题 ……………………………… (437)
　　三、制毒物品管控完善对策 ……………………………… (440)
第四节　毒品代购行为的规范完善 ……………………………… (445)
　　一、毒品代购行为规范层面的考察 ……………………… (445)
　　二、毒品代购行为刑法认定的困难 ……………………… (447)
　　三、现行规范下毒品代购行为的实践处理 ……………… (449)
　　四、毒品代购行为的规范完善 …………………………… (454)

第六章 涉毒人员的管控与矫治对策 (461)

第一节 法律多元视角下的吸毒预防手段 (461)
一、对吸毒行为的认识 (461)
二、法律多元视角下的吸毒预防 (464)

第二节 司法行政戒毒工作基本模式的构建与运作 (469)
一、统一司法行政戒毒工作模式的重要意义 (470)
二、司法行政戒毒工作模式的构架分析 (471)
三、司法行政戒毒工作模式的运行保障 (476)

第三节 强制隔离戒毒人员社会关系的重构 (479)
一、问题的提出 (479)
二、研究的理论工具 (480)
三、强制隔离戒毒人员社会关系的抽离和回归 (480)
四、强关系与弱关系：强制隔离戒毒人员社会关系重构的结构分析 (484)

第四节 未成年人涉毒社会预防模式的创新发展 (487)
一、妈妈禁毒联盟概况 (487)
二、妈妈禁毒联盟模式理论解析 (490)
三、反思与启示 (492)

第五节 美沙酮维持治疗的现状与完善 (494)
一、美沙酮维持治疗背景与现状 (494)
二、美沙酮维持治疗的作用 (495)
三、美沙酮维持治疗面临的主要问题 (497)
四、美沙酮维持治疗的完善对策 (500)

第六节 我国台湾地区毒品滥用戒治机制的反思与镜鉴 (503)

一、政策变迁：台湾地区实用主义戒治政策观的
　　形成 ……………………………………………………（504）
二、台湾地区"多元整合"戒治模式的运行逻辑 ……（505）
三、台湾地区毒品滥用戒治机制有效性的评价
　　反思 ……………………………………………………（509）
四、台湾地区经验对祖国大陆毒品滥用戒治机制的
　　现实启示 ………………………………………………（512）

第七节　吸毒人员社区管控模式的建构 ………………………（517）
　　一、吸毒人员及其管控现状 …………………………………（517）
　　二、吸毒人员的管控模式及存在问题 ………………………（522）
　　三、吸毒人员社区管控模式之理论提倡 ……………………（528）

第八节　涉毒社区服刑人员的矫正方法 ………………………（532）
　　一、毒品犯罪与涉毒社区服刑人员的特征分析 ……………（532）
　　二、涉毒服刑人员社区矫正的正当性与规范依据 …………（534）
　　三、涉毒服刑人员社区矫正的制度构建 ……………………（536）

后　记 ……………………………………………………………（543）

第一章
毒品问题新态势的实证考察

第一节 "一带一路"倡议下"金新月"地区毒品对我国的影响[*]

2013年9月,中国国家主席习近平出访哈萨克斯坦时提出中国愿同周边国家共建"丝绸之路经济带"的倡议。[①] 同年10月,中国国家主席习近平在访问印度尼西亚时提出,中方愿与东盟国家一道建设"21世纪海上丝绸之路"。"一带一路"将充分依靠沿线国家之间共同建立的双边机制,以既有的区域合作平台为基础,加强与沿线国家在经贸、能源领域的合作,以及基础设施方面的投资建设,构建政策沟通、道路联通、贸易畅通、货币流通、民心相通的合作伙伴关系,融入开放共享的新发展理念,充分利用沿线国家之间的优势互补,共同打造利益共同体、责任共同体和命运共同体。"一带一路"倡议得到了沿线绝大多数国家的赞赏和支持,为国际合作开拓了新空间和新领域,对促进全球经济的发展有着举足轻重的作用。"一带一路"

---

[*] 本节撰写者:倪玉霞。
[①] 参见推进"一带一路"建设工作领导小组办公室:《共建"一带一路"倡议:进展、贡献与展望》,载https://www.yidaiyilu.gov.cn/zchj/qwfb/86697.htm,2019年4月22日访问。

倡议顺应了当今世界合作与发展的潮流，符合了沿线国家的利益，为沿线各国各地区之间的交流提供了新平台。在促进经济社会发展的同时，也要严防各种不利的社会问题。这其中，尤为需要关注的就是恐怖主义和毒品问题。从一定意义上讲，这些问题的处理会直接影响"一带一路"倡议的实施。

在"一带一路"沿线国家和地区中，从世界毒品发展来看，有一个重要区域必须引起高度重视，就是"金新月"地区。"金新月"地区处在伊朗、阿富汗和巴基斯坦三国的交界处，因此地带形似新月，又盛产海洛因、鸦片等毒品而被世人熟知，故被命名为"金新月"。目前，该地区已成为现今世界上最大的毒品原料种植地，是继"金三角"地区后，又一迅速发展起来的毒品发源地。虽然"金新月"地区发展较晚，但从二十世纪八十年代至今，"金新月"地区已经凭借着新式毒品的高额产出量"一炮而红"，成为全世界最大的毒品发源地，且迅速成为欧洲及西方地下毒品市场的新宠儿。作为"一带一路"经济带核心区的新疆与"金新月"地区最为接近，并与阿富汗和巴基斯坦两个国家接壤。目前，新疆已经初步建成铁路、公路、航空和管道四位一体的综合运输网络。未来，随着新亚欧大陆桥、中国—中亚—西亚、中巴、中蒙俄经济走廊建设的推进，新疆"连接东西、沟通南北"的枢纽作用将更加突出。借此经济及交通发展的便利，"金新月"地区毒品广泛进行渗透，包括我国新疆等西部地区以及周边国家和地区。毒品问题还与新疆的暴力恐怖、黑恶势力、洗钱犯罪等问题相互交织，对我国社会安全和稳定构成了极大威胁，因此加强对"金新月"地区的研究显得尤为重要。

一、"一带一路"倡议对"金新月"地区国家的影响

（一）"一带一路"倡议对巴基斯坦的影响

巴基斯坦作为我国的邻国，有着非常重要的位置。2016年11月13日，基于"一带一路"倡议，中国与巴基斯坦共同打造的"中巴经济走廊"项目工程正式投入使用。巴基斯坦瓜达尔港与中国新疆喀什连接，共同组成"中巴经济走廊"。经济走廊的建成，有利于巴基斯坦农业的发展，以及工程技术迈向新台阶。经济走廊给中巴两国之间的贸易和对外开放提供了便利，推动巴基斯坦社会经济的发展，解决巴基斯坦贫困问题，助力巴基斯坦实现"迪拜梦"。"中巴经济走廊"项目工程得到了巴基斯坦当局的积极响

应,截至目前,旗下已有 20 多个项目正处在准备和实施阶段。

(二)"一带一路"倡议对伊朗的影响

伊朗处于"一带一路"沿线国家重要地理位置,是中国"一带一路"打通土耳其,再连接欧洲的重要通道。伊朗曾受到一些发达国家的制约和制裁,对中国倡导的"一带一路"倡议非常赞同。在"一带一路"倡议下,中国与伊朗签署了多个领域的合作项目,中国将对伊朗的恰巴哈尔港进行升级。恰巴哈尔港口项目的实施,将推动伊朗东部经济的发展,给伊朗带来实实在在的利益。中国加大对伊朗管道、公路和铁路等基础设施方面的建设,对伊朗本国的交通网进行修建和升级,这将为伊朗的经济发展注入新动力。伊朗总统鲁哈尼给予"一带一路"倡议高度评价,认为其有利于伊朗的繁荣发展和地区的和平稳定,也符合伊朗的发展利益,为伊朗带来了新的发展机遇,加强了伊朗与沿线国家的交流与合作。

(三)"一带一路"倡议对阿富汗的影响

阿富汗是占据"金新月"地区面积最大的国家。在"一带一路"倡议下,中国与阿富汗曾进行相关会谈,制止宗教主义和恐怖主义,中阿双方加强了反恐方面的合作。对于"金新月"地区毒品方面,阿富汗也在不断减少和控制毒品原植物种植数量。2016 年 5 月,中国与阿富汗签署了备忘录,共同打造"一带一路"建设项目,中阿开通了直达专列,加强了贸易领域和人文交流的合作。2017 年,中国红十字会医疗队奔赴阿富汗首都喀布尔,进行了"一带一路"倡议下医疗人道主义援助等项目。"一带一路"倡议对阿富汗社会、经济、文化、医疗等方面产生了一定的积极影响。

二、"金新月"地区毒品发展态势

2006 年,在联合国的帮助下,缅甸政府开始着力减少罂粟在"金三角"地区的种植。2007 年,缅北地区罂粟种植量达到历史以来最低点,而这一变化促进了中亚地区"金新月"地区罂粟种植的快速发展。据联合国毒品和犯罪问题办公室于 2009 年发布的《阿富汗鸦片调查报告》中的数据显示,至 2009 年阿富汗成为世界上最大的鸦片种植和供应地。此后,"金新月"地区就成为全球最大的罂粟种植地区。近年来,在联合国的倡议下,伊朗和巴基斯坦两国,经过有效的治理,罂粟种植面积在萎缩。而阿富汗目前仍是"金新月"地区毒品的主要生产基地所在,作为世界上最大的鸦片生产国和海洛因流通国，鸦片经济与阿富汗的政治、经济和社会方面密切相关。① 阿富汗的塔利班政府垮台，国际社会加强对阿富汗毒品的治理工作，在"一带一路"合作框架下，上合组织成员国对阿富汗进行了援助，在禁毒方面加强了合作，毒品问题有了一些积极的变化，部分地区种植罂粟面积下降，整体毒品产量下降。但在毒品利益的驱使下及随着毒品市场的扩大，近几年阿富汗的毒品形势呈现出上升趋势。特别是在"金新月"地区，毒品原料植物种植的数量和每年运出的毒品数量逐年增多，对周边和世界各个国家的危害越来越大，"据联合国毒品和犯罪问题办公室公布数据称，2015 年，阿富汗生产的鸦片总量为 3300 吨，能够制成海洛因成品的为 330 吨，截至目前阿富汗仍是全球最大的海洛因和鸦片生产地，阿富汗传统毒品对我国，乃至国际社会构成了巨大的威胁"②。"金新月"地区毒品泛滥态势主要有以下几个方面：

（一）罂粟、大麻等毒品原植物种植短期内难以有效遏制

"金新月"地区主要种植罂粟和大麻，而阿富汗大部分地区种植罂粟，截至 2013 年，阿富汗罂粟面积大幅度增长，鸦片产量连续 5 年保持上升趋势。解决阿富汗毒品问题的根本是说服当地农民不再种植罂粟。但罂粟种植在阿富汗农耕文化中占据着一定的地位，阿富汗全国 80% 的老百姓不得不靠种植罂粟来维持生计，有近 10% 的人口直接或间接地参与毒品的贩运走私。③ 且种植罂粟带来了高额利润。据 UNODC 调查，2014 年至 2015 年调查显示，阿富汗干鸦片当地售价达 133～173 美元。由此可见，毒品原植物的种植在短时间内很难得到有效的治理。

（二）替代毒品原植物的农作物难以推广

在阿富汗地区，小麦是替代毒品原植物的主要农作物，在推行过程中面临着许多问题：一是阿富汗农业基础设施不健全，小麦收入低，很难满足当地农民的生活需求；二是小麦的种植推行将使大量农民失业，据统计，小麦所需的劳动力仅为罂粟的 12%，如果大量推行小麦种植，将会加大阿富汗

---

① 参见张炳勇、高亚滨：《新疆周边地区的跨国毒品犯罪与"三股势力"》，载《新疆职业大学学报》2011 年第 5 期。
② 张文伟：《上海合作组织禁毒安全合作》，载《俄罗斯学刊》2016 年第 3 期。
③ 参见艾尔肯·沙木沙克：《新疆毒品犯罪现状及其防治对策探讨》，载《犯罪研究》2010 年第 3 期。

本国失业率。据统计,阿富汗目前失业率达40%。

(三)毒品问题与国内政治联系密切

"金新月"地区国家政治局势动荡,在阿富汗,反政府武装及其他政治势力,通过毒品问题要挟或贿赂执政集团,以达到其政治目的。巴基斯坦内部政局动荡,政府缺乏足够的能力,消除毒品原植物的种植,尤其是在与阿富汗接壤的边境地带,使毒品渗透到国内各个层面。

(四)毒品问题与恐怖组织相互交织

阿富汗地区已成为世界恐怖组织的聚集地。塔利班恐怖组织常年活跃在阿富汗地区,自2015年以来,"伊斯兰国"恐怖势力在阿富汗地区实力大大加强,已涉及阿富汗25个省份,恐怖势力控制着大量的毒品,"伊斯兰国"组织在阿富汗贩运毒品,每年可获利达10亿美元。"以毒养恐"成为恐怖组织的主要生存方式,通过毒品交易获取恐怖融资,用来购买武器及开展恐怖活动,导致阿富汗地区毒品种植、走私、贩运活动猖獗。据联合国毒品和犯罪问题办公室主任称,90%以上的毒品利润,被国际犯罪集团和恐怖组织获取。

(五)独特的地理位置创造了优越的出境路线

"金新月"地区拥有着得天独厚的地理位置,有优越的出境路线,能快速便捷地从"金新月"地区将出产的毒品运输到欧洲等地。因此,"金新月"地区毒品在欧洲的毒品市场占有量一度达到90%以上。由于"金新月"地区的毒品纯度很高,所以很受毒品输入地的欢迎。

三、"一带一路"倡议下"金新月"毒品对我国渗透的趋势

随着"一带一路"倡议的实施,我国与中亚地区的贸易来往更加频繁,人员来往也更加密集。截至2017年底,"一带一路"沿线旅游规模占全球旅游70%。在经济与人员交流的同时,毒品犯罪也更加隐蔽和有组织性。毒品问题呈现以下几方面发展态势:

(一)贩毒组织有组织有预谋性

"金新月"地区为我国新疆带来的恶劣影响有目共睹。从二十世纪九十年代开始至今,我国涉及"金新月"地区的毒品犯罪和涉案数据都有了令人心惊的上升趋势。这一情况在新疆表现较为突出,导致吸毒的社会人员人

数增长，艾滋病患者人数也有所上升。

在"一带一路"的经济发展态势下，更大的财团也更易于出现。近年来，以"金新月"地区为基础的毒品交易已经不满足于旧日零散的走私贩毒，毒贩们开始抱团经营，形成有规模、有组织的涉黑团伙，有组织、有计划地跟国际贩毒分子交往，建立全国性大规模的毒品交易网络。因此，曾经位于地下黑市中的交易已经逐渐开始走向明面，变为了现实可见的社会危害，且这种转变日益严重。"金新月"旁的阿富汗已经成为"金新月"地区毒品的主要中转及二次加工的工厂，并且帮助毒品流向周边的伊朗等国，还可经过中亚国家辗转流入俄罗斯及欧洲。虽然有美国介入阿富汗的国内禁毒工作，但却一直无法从根源扼杀阿富汗毒品生产和走私活动。[1]

（二）贩毒组织与"三股势力"相互勾结

"金新月"地区的毒品以及阿富汗二次加工过的工业产物主要以中亚为枢纽，从各个方面向我国边境渗透。尤其是国际贩毒组织，更是特别针对我国西部边境线开辟了专门的入侵通道，境内外互相勾结，分工明确地通过网络组织，形成了境外指挥、境内交易的模式，通过在新疆中转分销，将毒品销往我国各地，从而获取其中的暴利，甚至以获取的不义之财购置武器军火，供养恐怖分子，来资助其策划、施行各种暴力恐怖袭击等活动，助长民族分裂的不正之风，对于新疆乃至西北大地的民族稳定和社会安全造成了极大的威胁。从二十世纪九十年代至今，国际反恐形势瞬息万变。且由于近年来阿富汗的塔利班政权被推翻，"基地"组织也不复存在，那么通过贩毒来获取暴利，就成了"三股势力"资金来源的重要渠道。

在我国一些西部地区，虽然由于宗教信仰问题，在很多恐怖分子中，涉毒这一行为严重违反了教义教规，但在受国内国际力量持续不断地打击过程中，他们显然采取了极端的敛财收入方法，不惜利用毒品来进行非法活动。近年来我们已经发现，残余在新疆的"三股势力"通过贩毒交易来获取暴利，进行敛财活动，用以作为恐怖袭击的启动资金，并且购置大量的军火武器，进行分裂民族的反社会活动。近年来，我国也已截获多次情报，破获多起"三股势力"通过毒品交易敛财的案件。这说明我国边境地区的毒品问题十分严峻，对我国边境的政治稳定和社会安全带来了极大隐患。

---

[1] 参见郭杰、梅松林：《"金新月"毒品对新疆走私渗透总体态势》，载《新疆警官高等专科学校学报》2015年第1期。

(三) 贩毒通道多头并举

"一带一路"倡议的实施,提供了更好的贸易往来平台,引发快递行业飞速发展。在毒品的运输和藏匿上,犯罪分子也有了层出不穷的新式手段。2013年至今,通过邮寄方式从境外运往世界各地的毒品数量明显攀升。而从"中亚禁毒信息协调中心"所截获的毒品案件情报来看,国际贩毒分子通过邮寄或快递的方式,从中亚流向俄罗斯及欧洲方向的毒品数量明显增多,各地毒贩从"金新月"地区将毒品运送出境的情况也屡禁不止。而这也为国际禁毒形势带来了极大的影响。对于阿富汗境内来说,屡禁不止的毒品交易也极大地影响了战区的重建,及国内政治秩序的稳定。毒品交易的猖獗限制了其他正常途径下的经济外贸交易,对阿富汗地区的长久发展是极为不利的。并且,连带的附属影响也波及了周边地区及世界的社会稳定。2013年到2014年,这种情况终于有了改善的期望。2014年的阿富汗在经历了动荡之后,当局政府对于安全问题和政治稳定极为重视。由于新政府的建立,阿富汗的国家治理体系也在进行改变,在阿富汗国家安全部队接管了境内的安全防务后,"金新月"及阿富汗地区的毒品网络也会受到或多或少的波动,而由此,禁毒工作势必更加复杂且严峻,对于整个国际来说,都是巨大的挑战。我国西部边境势必也会受到波及,我国务必采用坚决强硬的措施,积极与阿富汗政府进行合作,坚决将毒品交易扼杀在摇篮里,防止毒品向我国境内渗透,最大限度地保障人民群众的生命财产安全。①

(四) 中亚毒品亚文化的影响突出

毒品亚文化的传播、交流影响着我国西部边境地区,例如,近年来在新疆发现的"N"毒品,其主要成分为合成大麻素,是一种新精神活性物质,在我国还未被列管,但是在新疆伊犁地区已经发现致死案例。据当地吸毒人员称,此物质来源于"金新月"地区,进口新型毒品被认为"更加天然、更环保"。所以目前面临的毒品形势更为严峻和复杂,除了传统毒品影响之外,毒品亚文化的传入也致使新型合成毒品及新精神活性物质的问题越来越严重。2014年以来,在新疆新型合成毒品犯罪率上升迅猛,相关的重特大涉外毒品犯罪案件时有发生。其中累犯、再犯、有组织犯罪突出,走私、制

---

① 参见赵雪莲、郑彬:《"金新月"毒品对新疆毒情形势的影响及打防策略》,载《广西警官高等专科学校学报》2016年第2期。

造毒品等源头性毒品犯罪高发已成为新疆毒品犯罪的突出特点。同时，新疆不断出现如氯胺酮、苯环利定、"摇头丸"、"麻古"等一些新类型合成毒品。目前"传统毒品"海洛因在新疆毒品犯罪涉案比例逐年下降。在国际毒潮和国内各类因素的影响下，新疆毒情形势发生了变化：境外毒品交易渗透加剧、境内制毒贩毒活动猖獗、制毒原材料走私流失严重、吸毒人群不断增加以及毒品危害日益加重。① 近年来，在新疆发现的合成大麻素等新精神活性物质，与"金新月"地区的毒品流入密切相关。

（五）利用网络进行迂回犯罪，手段更加隐蔽

贩毒手段隐蔽，传统运毒方式与第三方运毒并存。贩毒分子经过各种各样的伪装，来逃避公安机关的打击，② 网络运贩毒问题突出。在互联网这一新兴平台贩卖毒品具有隐蔽性强、贩毒成本低、制作速度快、涉及面广等特点。犯罪嫌疑人借助网络的暗语和黑话（如"肉""冰""炸弹"等）进行全球联络，并采用第三方物流寄递的方式，购买制毒的原材料和相关设备，实现足不出户就完成毒品的制作和贩卖。例如，利用社交软件等学习如何制造冰毒，并自己制作冰毒，又通过网络兜售犯罪嫌疑人自己制作的毒品和其学到的制毒技术。在国内，由于一些中小型快递企业的管理漏洞，不进行实名登记，不进行货物的查验，使得第三方物流寄递成为了毒品贩运的重要通道。曾经查获毒品从"金新月"地区直接通过物流进入我国南方发达省份，资金完全通过网上交易进行的案例。第三方物流寄递的方式给侦查人员侦破毒品犯罪案件带来了巨大的困难，贩毒人员通过虚拟的个人信息进行交易，利用不真实地址代收快递，公安部门无法通过转账记录以及快递的相关单据来获取一整条完整的、与破获案件有关的证据链。同时，我们也收到过来自中亚国家的协助调查网络销售易制毒化学品的案件。

四、"金新月"毒品在我国犯罪特征——以新疆为例

新疆的卡拉斯口岸、红其拉甫口岸、霍尔果斯口岸、巴基斯坦苏斯特口岸等与"金新月"地区都有着密切关系和往来。新疆地区在风俗、语言、

---

① 参见杜玮、梅松林、郭杰：《论"金新月"毒品问题对我国的影响》，载《法制与社会》2014年第22期。

② 参见李金璐、张乾：《"金新月"毒品入境对我国新疆禁毒工作的影响及其对策思考》，载《中国-东盟博览》2012年第10期。

历史、文化、饮食等方面与"金新月"地区有着一定的联系，这使得新疆成为"金新月"毒品在我国聚集、传播和销售的首选之地。通过对新疆毒品案件的分析，发现中国新疆"金新月"毒品的渗透特征具有以下特征：

（一）走私渠道由航空转变为陆路

从走私方式和渠道上来看，由点对点、短距离、平行方向、快速度的航空方式走私，转变为陆路渠道的贩运。2012 年，新疆发生的 13 起"金新月"毒品案件当中，除了其中 2 起走私渠道不清楚外，另外 11 起走私渠道是陆路。

（二）走私参与人员发生变动

新疆由于其特殊的地理环境和文化背景，使得毒品犯罪也有不同的特点，这些特点具体表现在：一是涉外性突出，新疆毒品案件的跨境贩运中，抓获的犯罪人员有 90% 都是中亚国籍人员，这突出的涉外性为新疆毒品案件的侦办和抓捕工作都带来了重重困难与挑战。"金新月"毒品在新疆走私贩运的涉案人员大都使用沃尔都语、普什图语以及非洲部落语等一些生僻的语言，同时犯罪嫌疑人还利用语言的障碍，对抗公安机关的审讯以及逃避打击。二是近年来女性参与贩毒的人数以及幅度逐渐加大，女性参与毒品贩卖运输的比率也在连年上升。

阿富汗地区作为毒品生产国，从人员结构来看，其参与毒品走私贩运的人员，正在逐年减少，而作为中亚第三国参与毒品贩运的人数则大大增加，参与毒品走私的第三国人员占总人数的比例为 90%。

（三）毒品走私贩运案件呈现出"案发量少、毒品量增"的犯罪行为特征

"金新月"毒品在新疆的走私贩运案件呈现出"案发量少、毒品量增"的犯罪行为特征，贩运的手法和方式更加隐蔽，同时还有着极强的预谋和计划性，在新疆的渗透规模不断扩大，手段也逐渐升级。新疆并不是毒品生产的主要地区，毒品的源头在新疆之外，因此可知新疆的毒品犯罪类型属于"毒品输入型"。新疆有近九成的毒品犯罪案件是跨省级犯罪的，这一现象呈现出了新疆贩毒犯罪的特点，即"输入型毒品犯罪模式"。

（四）毒品犯罪与恐怖主义关联性强

国际贩毒集团试图通过"金新月"毒品分裂中国，"三股势力"也以新

疆的毒品管制为基础，牟取暴利，以毒养恐、以恐护毒①，借助高额收益资助"三股势力"，扩大自身的势力范围。毒品势力和"三股势力"互相勾结，新疆反恐维稳的工作任务仍然艰巨，因此必须将打击毒品的工作高度重视起来，时刻意识到打击毒品在新疆反恐形势下的重要性。

五、遏制"金新月"毒品渗透的对策

针对"金新月"毒品跨国毒品犯罪，目前我国的警务合作形式主要有：一是派遣警务联络官。1998年，公安部经中央批准首次向中国驻美使馆派出联络官，截至2016年1月，公安部共向31个国家、36个驻外使（领）馆派驻了警务联络官。二是进行定期工作会晤。目前我国已经与多个国家建立了稳定的定期工作会晤机制，如中俄禁毒合作部长级会议等。三是直接沟通协调。禁毒执法部门对口建立工作层面的直接沟通协调机制，加强与外方在信息共享、案件协查、调查取证、联合办案、缉捕犯罪嫌疑人等方面的务实合作。四是区域性国际警务合作。如依托上海合作组织开展执法安全合作等，这些工作的开展为管控"金新月"毒品国际禁毒合作奠定了坚实的基础。除此之外，还应加强以下几个方面的工作：

（一）加强与上海合作组织的禁毒合作

上海合作组织是"一带一路"建设的天然平台，其成员国、观察员国及对话合作伙伴国几乎覆盖了大半个"丝绸之路经济带"。② 上海合作组织是国际反恐和打击跨国毒品犯罪的重要力量。在政治、经济和社会全球化进程日益深化的背景下，面对毒品威胁的挑战，世界上没有一个国家可以独善其身，也不能仅仅通过一国之力解决。中国作为上海合作组织成员国，在打击毒品跨国犯罪中，加强了与成员国之间在禁毒领域的合作，成员之间签署了多项禁毒方面的合作协议，加大了对"金新月"地区相关国家的援助，对遏制"金新月"毒品起到了一定的积极作用。③ 新疆是"金新月"毒品

---

① 刘向阳：《阿富汗毒品问题对其政治、经济及社会安全的影响》，载《新疆社会科学》2011年第5期。

② 参见焦子秋：《上海合作组织框架内非传统安全合作发展探析》，新疆大学2016年硕士学位论文，第11页。

③ 参见熊安邦：《"一带一路"发展战略下执法安全国际合作机制研究》，载《湖北警察学院学报》2015年第3期。

渗透的前沿,在"一带一路"合作框架下,中国应加强新疆与上海合作组织成员国之间的合作交流,制定具有针对性的政策,加强新疆与上海合作组织成员国之间,在禁毒情报共享、警务合作及司法领域的合作机制,共同打击"金新月"毒品渗透。

(二)健全体系综观全局

建立完整的打击防范体系。建立党委、政府作为主要部门,联合公安、边防、海关、铁路、民航等部门力量,以各条战线的广大侦查、情报、业务人员为辅助的遍布各地的打击防范体系。建立一个互补的"立体式"打击防范体系。充分发挥海关、边防、民航、铁路等多条线路的职能和管理,建立和完善整个作战线,建立打击"金新月"毒品走私的立体系统,充分利用多种查缉手段,建立多部门联合查缉机制和严密查缉网络,最大限度地到达境外禁毒,在边境地区将其查获。

(三)完善国内外情报共享机制

建立以"情报导侦"为主线的禁毒情报机制。充分利用人力、技术、信息三种情报手段,逐步建立起禁毒情报系统,即建立新疆军事、安全、边境管制、海关、铁路和机场系统的信息交换机制;建立北京、Y省等地的国内情报合作机制和禁毒部门;加强对巴基斯坦、哈萨克斯坦、塔吉克斯坦、阿富汗的政府合作,建立起国际禁毒情报合作机制。建立以边防、海关为重点的一线查禁机制,细化工作流程,严格查禁环节,在"一带一路"倡议下,充分发挥查禁"金新月"毒品走私渗透国境的"哨兵"作用和"尖刀"作用,建立以公安、铁路、邮政等有关部门为补充的纵向内部治理机制,对涉及领域的各毒品相关环节进行有效监控,建立新的禁毒合作机制,在跨境上与周边其他一些国家进行协调,建立一定的联合关系进行工作,前沿部门注重加强与相关国家对口部门的支持和个人情感交流,重视国外源切断和国内堵漏源的有机结合,从而构建实用、高效、方便的双边禁毒合作平台。

(四)加强国际合作,联合"一带一路"周边国家

加强国际合作,联合"一带一路"周边国家,深化与周边国家在禁毒领域的合作,加强边境地区的管控,加大对外开放口岸的检查力度。在各个通商口岸和路口设立障碍进行检查,主要检查一些重点的旅客、货物和形迹可疑的人员,另外还包括装配异常的物流货物以及不按照相关规定,违反常

人思维的物流货物。边防和海关部门应不断完善出入境口岸人员、车身和散装货物、运输手段的取样率，加强对所有过境人员的所有相关信息的分析与研究，对包括货物的包装、货物的运输、货物的管理、货物的途经、货物的路线等进行仔细检查和记录，不断提高侦查针对性。① 在边界线应建立一套科学有效的堵塞点布线结合调查工作模式。

目前我国面对"金新月"地区的禁毒工作形势还很严峻，必须要继续加强开展禁毒工作。从国内相关工作出发，再联合国际其他国家，从两边进行同时合作处理，充分发挥我国各个城市的主要机能和重要作用，联合"一带一路"周边的国家，共同打击"金新月"毒品对我国新疆的渗透，减少毒品对我国民众的危害。禁毒在我国"一带一路"倡议下，是一项非常紧要的任务，也是一个需要长期进行的工作，解决向我国输出毒品日益增多的"金新月"地区的危害是一项艰巨的任务。

第二节　老挝的毒品形势和治理政策*

老挝位于东南亚大陆的中部，是大湄公河次区域内各国的十字路口，与湄公河流域的中国、越南、柬埔寨、泰国、缅甸地缘相邻，战略地位十分重要。中国与老挝在处理国际事务方面，形成许多共识。老挝与中国在1988年双边关系正常化后，在经济、政治、文化等领域的合作取得了积极成果。2009年两国确立的战略合作伙伴关系更使双边关系走向新阶段。从禁毒合作来看，双方一直在进行努力尝试。尤其在2011年湄公河惨案发生后，中老两国警方联手抓获了制造湄公河惨案的特大武装贩毒集团首犯糯康，老挝还将糯康等人移交到中国由中方审判；此后，老挝积极与中国、缅甸、泰国合作建立湄公河联合执法巡逻机制。截至2019年4月26日，中老缅泰四国湄公河联合巡逻执法已经执行了81次，有效维护了湄公河的航道安全。在这些事件中，中国与老挝执法合作不断有重大突破性进展，也为中国与湄公

---

① 参见郭瑞、马长泉：《"一带一路"背景下云南边防工作面临的挑战及对策》，载《广西警官高等专科学校学报》2016年第5期。

* 本节撰写者：金莲。

河流域及东盟国家加深禁毒合作开创了良好的先例。2019年4月30日,中国国家主席习近平与老挝国家主席本扬在北京共同签署了中国共产党和老挝人民革命党《关于构建中老命运共同体行动计划》,该计划的总体目标是在未来5年推进两国战略沟通与互信、政治安全与稳定等"五项行动",包括深化两国执法安全合作,继续在打击跨境犯罪、湄公河联合执法、"一带一路"安保等领域合作,中方加强对老挝执法安全类援助和培训,与老挝共建"平安城市"等,为人类命运共同体建设发挥先行和示范作用。基于这一重要目标的指引,面对当前包括毒品问题等非传统安全问题仍然是东南亚区域面临的重要议题的形势,加深对老挝的毒品形势和政策等内容的研究和关注,无疑对推动区域禁毒国际合作和命运共同体建设具有重要的理论意义和现实意义。

一、老挝的毒品历史渊源

(一) 殖民侵略的历史产物

法国是老挝种植鸦片和罂粟的始作俑者。1893年法国占领老挝后,就派技术人员到老挝传授鸦片和罂粟的种植和加工技术、建立收购站,从中获取大量税收。两次世界大战期间,法国掠夺的金钱总额中有一半来自老挝的鸦片贸易。①

第二次世界大战后,法国重返印度支那,和老挝当地的部落酋长再次联合,由法国人购买老挝生产的鸦片,而酋长们帮助法国人打击老挝人民革命党。这样,老挝的罂粟种植和鸦片贸易继续壮大。

(二) 周边国家严重的毒品渗透和国内政局不稳形成催化剂

二十世纪六七十年代,老挝处于内战之中。频繁的战事导致士兵中使用鸦片的人数增加,尤其在战事不利的情况下,更多的士兵开始使用海洛因。与此同时,美军扶持老挝北部王宝领导的反政府武装,在提供粮食和药品的同时,也开始用现代化装备从这一区域大量向外运输鸦片。毒品销售的巨额利润进一步刺激了这一地区的毒品种植和加工。1971年,最早的海洛因加工厂在老挝境内建立。此后,老挝迅速成为了世界第三大鸦片生产国。②

---

① 参见刘稚:《中国参与湄公河次区域禁毒国际合作研究》,中国书籍出版社2014年版,第72页。
② 参见徐梦佳:《老挝北部毒品问题今昔》,载《现代世界警察》2015年第4期。

二十世纪八十年代末以前,传统的"金三角"在缅甸、老挝和泰国三国交界地区,二十世纪九十年代后受缅甸毒品形势的影响,毒品产区逐渐转移到与中国 Y 省接壤的缅甸北部和老挝北部地区,老挝北部地区活跃着反政府武装。反政府武装将毒品视为令组织壮大的重要经费来源,致使老挝北部的种植、生产、贩卖毒品问题加剧。

(三) 国内外众多犯罪集团合作加剧了老挝及世界毒品问题

1996 年缅甸的坤沙贩毒集团瓦解后,一些余部转移到老挝,与老挝当地的毒枭,如北部的王宝集团合作,加剧了老挝的制贩毒问题;同时,原缅共人民军解体后形成的五支民族地方武装蜕变为新的制贩毒集团,影响着该地区和周边国家乃至世界的安全;来自泰国等地的一些贩毒集团也继续加强与老挝当地贩毒集团的合作,在该区域扩大毒品生产和贩卖。

二、老挝当前毒品形势

(一) 毒品生产、贩运对国家的威胁继续上升

根据联合国毒品和犯罪问题办公室发布的数据显示,老挝仍然是世界主要的毒品来源国之一,是鸦片的主要生产国,也是其他非法药物,特别是苯丙胺类兴奋剂的重要过境中心和消费国。目前,老挝种植的鸦片大多用于出口和提炼海洛因,仅有一小部分用于国内消费。老挝境内的苯丙胺类兴奋剂生产规模不大,但有所增加;缉获数据表明,邻国向老挝贩运苯丙胺类兴奋剂的犯罪正在增加,因此老挝国内的毒品使用人数也快速上升。老挝也合法生产大麻,用于出口的商业大麻大量种植。有时由外国客户提供资金,主要是泰国买家,来自缅甸的海洛因也从老挝转运入中国、越南和泰国等国。

从地理位置层面,老挝位于东南亚地区的毒品贸易中心地带,与缅甸、泰国、中国、柬埔寨和越南共享的约 3000 公里的漫长的、难以监控查缉的陆地和河流边界,使犯罪分子有了可乘之机;同时,虽然老挝的许多基础设施仍然尚不成熟,但随着经济发展与通讯网络、道路交通状况改善,以及与国外的经济交流扩大、贫富差距扩大,毒品贸易也不断增长。2018 年,老挝公安部警察总局禁毒局协同相关部门共破获贩卖毒品案件 3300 起,抓获嫌疑人 4674 名,缴获海洛因 312.61 公斤、摇头丸 1481 公斤、鸦片 111.09 公斤、大麻 445.9 公斤、冰毒 1841.35 公斤、易制毒化学品 3020.77 公斤、

K粉1328公斤、枪支38支、子弹257发、炸药包1箱。① 2019年2月26日，以"加强与打击跨国犯罪、毒品、贩卖人口、洗钱"为主题的研讨会上，老挝最高人民检察院副检察长本央表示：老挝的犯罪形势更趋复杂性、多样性，2016年至2018年，毒品诉讼案有117601起。②

日益严重的毒品生产和贩运形势，危及着当地人民和周边国家的安全和稳定，也破坏着健康的经济环境的建立。然而，老挝执法部门独立打击跨国毒品犯罪的资源和能力难以应对巨大挑战。

（二）罂粟种植、安非他明走私量大

老挝与邻国有漫长的陆地和河流边界，这些地区和边界往往非常偏远，容易被毒贩利用，如罂粟种植主要集中在与中国、越南和缅甸接壤的地区，这些地区很少或根本得不到发展援助。根据美国政府的估计，1998年至2007年间，由于政府的积极行动和国际合作努力，特别是替代发展援助项目实施，老挝的罂粟种植减少了96%。然而，最近几年有所回升，据联合国毒品和犯罪问题办公室数据，2015年老挝的罂粟种植面积为5700公顷，是2007年的两倍多。2017年老挝有5328公顷罂粟种植。

此外，老挝的安非他明问题也不容乐观，尽管老挝国内的安非他明类兴奋剂生产量较小，但毒品缉获量表明通过老挝走私的安非他明类兴奋剂数量很大。安非他明类兴奋剂是老挝被滥用最严重的毒品。安非他明类兴奋剂供应充足，其产量高、生产成本低、利润率高于其他毒品。在老挝主要旅游目的地万象和南部各省都有摇头丸和甲基苯丙胺晶体贩卖活动。③

三、老挝毒品治理政策

（一）实施《2016—2020年度国家禁毒总计划》

老挝政府认识到毒品生产和贩运对国家构成的威胁，所以制定有明确的政策来治理毒品问题。然而，老挝政府在很大程度上依赖国际援助来执行这

---

① 参见澜沧江－湄公河综合执法安全合作中心网：《2018年度老挝禁毒局禁毒工作概要》，载http://www.lm-lesc-center.org/Pages_12_3407.aspx，2019年5月2日访问。

② 参见澜沧江－湄公河综合执法安全合作中心网：《老挝最高人民检察院召开加强跨国犯罪研讨会》，载http://www.lm-lesc-center.org/Pages_12_3407.aspx，2019年5月10日访问。

③ 参见Bureau for International Narcotics and Law Enforcement Affairs：2018 International Narcotics Control Strategy Report，载https://ar.usembassy.gov/wp-content/uploads/sites，2019年3月25日访问。

些禁毒政策。老挝政府禁毒战略指导文件《2016—2020年度国家禁毒总计划》（以下简称《总计划》）于2015年11月完成，2016年5月通过。该计划为老挝的毒品治理提供了长远的视野和策略。

《总计划》主要关注九个方面的问题解决：（1）开展数据信息收集和分析为未来决策拓宽证据基础；（2）促进综合替代发展项目，寻求取代罂粟和大麻种植的可持续替代发展；（3）应对和减少吸毒有关的危害；（4）在全国开展提高毒品预防意识宣传活动，提高禁毒法律知晓率，在吸毒开始前进行干预预防，向吸毒成瘾者提供治疗和职业培训；（5）战略性执法；（6）制定和改进有关麻醉品的法律文书，对吸毒和轻微毒品违法犯罪刑事除罪化；（7）加强化学前体管制和法医实验室建设，提高对毒品使用的分析和测试技术；（8）加强政府有关机构、区域和国际机构间合作；（9）精简中央和地方各级禁毒和监督委员会的组织机制，提高禁毒执法能力。《总计划》继续执行2015年颁布的《老挝国家禁毒法》内容，并估计在五年内需要6000万美元的预算投入，这些经费主要依靠国际援助资金。从1989年开始，美国向老挝提供了超过4500万美元的禁毒援助，消除了老挝大部分罂粟种植。1989年，老挝有42130公顷罂粟种植。到了2007年，这一数字下降到了约1100公顷，但是毒品和犯罪问题办公室的调查数据表明，自那时以来，种植面积一直在缓慢增加。①

（二）继续扩大国际禁毒合作

老挝政府意识到依靠本国的资源和执法能力，难以应对不断升级的毒品形势，所以，在毒品治理中积极谋求国际援助。

1. 中国与老挝禁毒合作成效显著

截至2016年，老挝已与11个国家和4个国际组织签署合作协议或谅解备忘录。早在二十世纪九十年代，中国和老挝就签署了有利于禁毒合作的相关协议和备忘录等。1993年，中国、老挝、缅甸、泰国和联合国禁毒署（现联合国毒品和犯罪问题办公室）共同签署《大湄公河次区域禁毒合作谅解备忘录》；1995年5月，第一届MOU部长级会议在北京举行并通过《北京宣言》和《次区域禁毒行动计划》，确定以联合国援助禁毒合作项目的形

---

① 参见Bureau for International Narcotics and Law Enforcement Affairs：2017 International Narcotics Control Strategy Report，载https：//ar.usembassy.gov/wp-content/uploads/sites/26/2017/03/2017-International-Narcotics-Control-Strategy-Report.pdf。

式开展区域合作。中国政府对联合国毒品和犯罪问题办公室禁毒捐资额度从2007年前的每年4万美元增加至2016年每年100万美元,其中绝大部分用于次区域国家禁毒合作项目,以政治意愿和务实行动为MOU机制持续健康发展注入活力。① 1999年1月,中国与老挝签署《中华人民共和国和老挝人民民主共和国关于民事和刑事司法协助的条约》;2001年1月,签署《中华人民共和国政府与老挝人民民主共和国政府关于加强禁毒合作的谅解备忘录》;2002年2月,签订《中华人民共和国和老挝人民民主共和国引渡条约》;2006年11月,签订《中华人民共和国政府与老挝人民民主共和国政府关于禁止非法贩运和滥用麻醉品和精神药物的合作协议》。②

自2013年以来,老挝一直与中国、缅甸、泰国一起积极参加湄公河安全河道巡航项目。一起起诉了一些案件,逮捕了嫌疑人,并缴获了毒品、车辆、贵重物品、弹药和其他各种武器。2016年,老挝禁毒委员会执法局局长塞孟昆·苏拉翁说,老挝与中国近年来在禁毒方面合作密切,取得多项成果。中国政府向老挝提供技术援助和培训,老挝禁毒警察在中国Y省、山东省和浙江省等地的警校接受培训;中国还援建了乌多姆塞戒毒康复中心,并援助设备和车辆。这些举措有效促进了老挝禁毒机构执法能力的提升。中国利用卫星遥感监测技术帮助老挝迅速查找罂粟种植区,中国公司还参与在相关区域推广农作物替代种植,帮助当地农民缓解生计困难。目前,"金三角"地区罂粟种植面积大幅下降。③

2. 老挝与欧盟国家合作使毒品替代种植项目覆盖更多区域

老挝继续与鸦片供应上升的趋势作斗争,政府继续支持通过促进替代发展而帮助前罂粟种植农民的项目,这些项目都由国际援助方提供资金。自2013年以来,主要的替代发展项目包括:由卢森堡资助两年120万美元在凤萨省(Phongsaly)开展的"百万种替代生计"项目,该项目于2013年完成;由欧盟资助的290万美元的三年的项目,在厚板省(Houaphan)促进合法作物的生产,于2015年完成;由德国与泰国皇家项目基金会合作资助

---

① 参见王昊魁:《地缘大国不断推进禁毒合作内容——中国积极参与大湄公河次区域禁毒国际合作》,载《光明日报》2016年4月21日,第8版。
② 参见刘黎明、唐媛媛:《论国际联合执法——以湄公河惨案引发的刑事司法协作为例》,载《北京警察学院学报》2013年第3期。
③ 参见张樵苏:《老挝禁毒官员说老中禁毒合作密切及成效显著》,载http://www.xinhuanet.com/world/2016-04/19/c_1118673191.htm,2018年4月15日访问。

315万美元项目，旨在促进乌多姆塞省（Oudomxay）的合法作物生产，于2015年完成。这些项目主要在种植罂粟区域的引入可行替代办法，并增加了这些社区的粮食安全和居民收入。截至2016年8月，这些项目已经雇用了所有核心项目管理人员和工作人员，并在目标地区进行了基线调查。

3. 老挝积极与邻国开展禁毒执法合作

二十世纪九十年代起，在打击跨国犯罪合作方面，老挝积极开展与周边国家和东盟的相互协调与合作。老挝在大湄公河次区域各国刑事司法协助下，开始中国—东盟"10+1"打击跨国犯罪的合作，中国分别与柬埔寨、泰国与老挝签署了《引渡条约》。2011年"湄公河惨案"发生后，截至2019年4月26日，老挝、中国、缅甸和泰国四国湄公河联合执法巡逻达81次。

过去几年来，老挝禁毒机构加强了与邻国对应机构在边境管制和毒品阻截方面的合作。2017年1月，中国、老挝与东盟其他成员国一道通过了《中国+东盟禁毒合作计划（2017—2019）》，以解决"金三角"毒品生产和贩运问题。该计划是为解决"金三角"毒品问题而作出的一致努力，并以2013年开始的湄公河安全联合执法行动项目和东盟确保社区安全免受毒品侵害的工作计划（2016—2025）为基础。2018年10月，老挝接管了湄公河安全协调中心的主办国，在2019年1月之前发挥主办方的作用。湄公河安全执法行动项目的具体重点是阻止毒品从"金三角"流出，并拦截化学前体流入"金三角"。湄公河安全倡议的伙伴国家是中国、老挝、泰国、越南、缅甸和柬埔寨。

2017年至2018年，几名老挝毒贩被逮捕并判刑。老挝禁毒局常任秘书孔维英指出，老挝的众多边界关卡仅有两个备有扫描器和X光机，警方的资源远远比不上拥有现代化交通工具和先进通讯器材的贩毒集团。老挝目前正与邻国合作，通过分享情报，打击贩毒集团。绰号"X先生"的老挝毒枭基奥皮帕（Xaysana Keophimpa）于2017年1月在曼谷素万那普机场被捕，2018年3月在泰国被判处终身监禁。他的几名同伙也被逮捕，其中包括在老挝被捕的斯搜克（Sisouk Daoheuang）和在泰国被捕的阿卡拉基（Akarakit worarojcharoendet），他们被判处长期监禁或正在等待判决。这是禁毒国际合作工作的一大胜利。

4. 老挝与美国在毒品治理多方面开展合作

2016年，美国政府与联合国毒品和犯罪问题办公室在胡阿潘省共同启动了一项为期三年、耗资150万美元的替代发展计划。该项目的重点包括开发咖啡种植园和改进畜牧生产技术。2018年，美国政府与老挝海关部签署了一份新的12.25亿美元的协议书（LOA），重点是改善老挝边境安全和阻止毒品流入老挝。美国政府与老挝公安部禁毒警察局签署了合作协议，对老挝国家警察局开展能力建设培训。

（三）加强机构建设，努力减少毒品供应

老挝国家毒品控制和监督委员会（The Lao National Commission for Drug Control and Supervision）于2017年从总理直属的专门办公室转移到公安部，与禁毒警察局（the Counter narcotics Police Department，DCD）成为执行《总计划》的主要的禁毒协调机构，负责管理打击毒品贩运、减少毒品需求、开展毒品替代发展、进行宣传、国际合作工作的相关执法工作。

禁毒的最高决策机构是由总理担任主席的国家打击毒品指导委员会（the National Steering Committee to Combat Drugs）。自从毒品控制和监督委员会移归公安部以来，管理结构一直在变化。

禁毒局专门负责禁毒工作，案件处理。老挝禁毒警察分为18个省级禁毒部门，每个省一个，首都万象一个。各省都有禁毒厅局，县设有处，三级负责制：中央—省—县。村级配合县级开展禁毒工作，无执法权，有村级领导进行非法抓捕、罚款等违法腐败行为，接到举报，政府会进行惩处。

老挝网络技术不发达，所以网络毒品犯罪不突出，但邮件运送毒品经常发生，通常运往非洲、加拿大等国家和地区。通常是外国人来老挝购买毒品，然后寄回国。

据禁毒警察局报告，在2016年前6个月内，禁毒部门缉获约125.7公斤海洛因、16.4公斤鸦片、214.3公斤大麻、23公斤冰毒、144公斤安非他明片（共计1.44亿片）。在2018年前6个月，缴获了71.13公斤海洛因、53.36公斤鸦片、5.9公斤大麻、102.83公斤冰毒晶体、260.53公斤苯丙胺类片剂和25.9公斤前体化学品。调查了2947起毒品案件，逮捕了4404名嫌疑人，其中包括110名外籍人员。

当然老挝的司法、执法和安全系统依然资源匮乏，无法应对伴随该国经济不断增长而来的与毒品有关的犯罪日益复杂的问题。所以，老挝政府内部的机构建设以及基本执法培训还需要得到各方继续支持。

（四）重视毒品预防教育和开展治疗项目减少毒品需求

现任老挝政府已将禁毒作为最高优先事项，老挝政府加大了努力，通过大众媒体,如电视、广播、报纸和其他渠道进行毒品预防和宣传教育。根据《总计划》,老挝政府重视戒毒康复、宣传减少毒品危害的法律信息,充分宣传,让公众积极参与禁毒斗争。药物控制和监督委员会估计老挝约有70000名毒品成瘾者,其中大多数是青年。其中约80%的人使用安非他明,15%的人吸食鸦片,5%的人吸食其他毒品。为了帮助吸毒者康复,老挝使用捐助资金补充了政府预算,为吸毒成瘾者建立了一些基本的治疗和职业培训中心。老挝政府声称,在最近几年里,每年有3000至4000名吸毒者经过治疗康复。

苯丙胺类兴奋剂的使用集中在老挝的青年人口中。他们大多吸食称为"亚巴"的毒品,是一种甲基苯丙胺和咖啡因的混合物,在整个东南亚很受欢迎。老挝政府估计有40000名吸食者,实际吸毒人数会更多。

政府戒毒治疗设施缺乏资源,无法提供循证治疗和出院后随访,政府采取依靠国际援助来有效减少毒品需求。美国向联合国毒品和犯罪问题办公室和世界卫生组织提供了约600000美元援助,由联合国毒品和犯罪问题办公室执行,在老挝建立和运作28个社区治疗中心,在6个省的地区医院提供筛查和咨询服务。同时,还资助老挝国家培训员接受由美国制定的通用预防课程和普遍治疗课程的翻译和培训,开展《科伦坡计划》等。

(五) 加强反腐败努力净化毒品治理执法环境

老挝政府意识到许多级别官员的腐败继续破坏法律和法规的执行,削弱了政府职能,阻碍了禁毒执法。然而,因为国内警察、军队和公务员的低工资待遇又造成了腐败的脆弱性。老挝已经建立了打击腐败的机构,在2016年就职的总理将反腐败作为政府工作的首要任务之一。国家检查和反腐败局(The State Inspection and Anti-Corruption Authority) 是负责反腐败的政府部门,作为其义务的一部分,它定期对公共机构和官员进行检查,并对案件进行调查。

《老挝反腐败法》于2005年颁布,并于2012年修订,修订稿将监管群体从公务员扩大到民营企业人员。2014年新《老挝反腐败法》通过。2014年10月和2015年11月之间,反腐败局审查了约249件腐败案,其中没有人被起诉,但几个官员被免职或降级。

（六）加强刑事立法①

1978 年，老挝政府在联合国禁毒署的援助之下，制定了毒品作物禁种计划。1990 年，老挝将毒品犯罪首次写入刑法，但是量刑很轻。2001 年，老挝重新修订了刑法，针对毒品犯罪增加了死刑和无期徒刑。此后刑法中关于毒品犯罪的条款经过了数次修改。

老挝在 2012 年颁布的《老挝刑法》中有关于禁毒的条款，2014 年 6 月 26 日正式颁布《老挝禁毒法》。老挝政府重视禁毒工作，随着禁毒法的实施，涉及禁毒的法律法规有 90 多项，其中主要有刑事诉讼法规定毒品案件的审讯、证据搜集等程序问题；《老挝刑法》第 146 条和《老挝禁毒法》第 75 条、第 76 条主要规定毒品犯罪惩处的相关内容，这些法条主要规定如下内容：

1. 毒品案件根据毒品数量量刑，也要检测纯度

1 片摇头丸（老挝称"亚巴"），如纯度超 0.01 克，3 片以上才定罪量刑。2013 年前，如有人持有即使 30 片摇头丸，也不定罪，仅处罚金，如供自己吸食，则送戒毒所进行治疗。2014 年开始，法律进行了一些修订，规定持有 3 片以上就定罪量刑，持有 4 片以上，可以判 4~5 年监禁。贩卖海洛因 500 克以上或者摇头丸 3 公斤以上，可以判处死刑。持有大麻 10 公斤以上，判 1~3 年监禁，罚金 500 万至 2000 万基普；持有鸦片 3~5 公斤，判 15~20 年监禁，罚金 3000 万至 4000 万基普。对于种植毒品犯罪，第一次发现，罚金 10 万至 50 万基普，并勒令铲除种植物；第二次发现，判 1~3 年监禁。贩卖种苗第一次被发现，处相应罚金，并勒令铲除种植物；第二次发现，判 3 个月至 1 年监禁。

2. 严惩贩卖、制造、运输、走私、持有毒品或易制毒化学品的犯罪

任何人制造毒品、贩卖、销售或者持有、进口、出口、运输海洛因、吗啡、可卡因经过老挝边境数量超过 500 克以上将被处以死刑。摇头丸、苯丙胺或者精神药物等数量超过 3000 克以上将被处以死刑；易制毒化学品超过 10000 克以上将被处以死刑。

---

① 数据主要来源于 2017 年 11 月 2 日笔者对老挝禁毒官员的访谈，以及 2018 年 11 月笔者对老挝禁毒官员赠送的 2008 年版《老挝刑法》和《老挝禁毒法》修订英文版及 2013 年 6 月 26 日修订的《老挝刑法》和《老挝禁毒法》老挝语版翻译材料。

3. 处刑幅度多个层次

《老挝刑法》第 8 条规定犯罪分为三类：一是轻微犯罪，指法定刑为罚金或公开批评的犯罪；二是较重犯罪，指法定刑为不剥夺自由的再教育，刑罚在 3 个月至 10 年之间的监禁和罚金的犯罪；三是严重犯罪，指法定刑为 5 年以上监禁至死刑的犯罪。①

对毒品犯罪的处刑幅度主要涉及如下：死刑、终身监禁并罚金 5 亿至 10 亿基普以及没收财产；15～20 年监禁并罚金 1 亿至 5 亿基普以及没收财产；10～15 年监禁并罚金 5000 万至 1 亿基普以及没收财产；5～10 年监禁并罚金以及没收财产；2～7 年监禁并罚金 100 万至 1000 万基普以及没收财产；1～3 年监禁并罚金 500 万至 2000 万基普；6 个月至 3 年监禁并罚金 100 万至 500 万基普以及没收财产；3 个月至 1 年监禁并罚金 50 万至 500 万基普；3 个月至 5 年监禁并罚金。

4. 对毒品种植犯罪处刑宽容

以贩卖为目的，种植大麻数量超过 10000 克以上的将被处以 1～3 年监禁并罚金 500 万至 2000 万基普；数量 3000 克以上至 10000 克的将处以 3 个月至 1 年监禁并罚金 50 万至 500 万基普。

任何人是第一次种植鸦片将被警告并罚金 100 万至 500 万基普以及铲除掉。任何人是第二次以上种植鸦片将被处以 1～3 年监禁并罚金 500 万至 2000 万基普以及铲除掉。

5. 对吸毒人员的处置

老挝将吸毒者界定为受害者，无论是刑法或禁毒法中都表述了这个理念，并规定了具体的保护措施和程序。相关规定如下：

任何人吸食大麻成瘾都算是受害者，应送到戒毒所进行治疗。目前，老挝的摇头丸犯罪较为猖獗。吸食者众多。对于吸毒者，家属主动送吸毒者入戒毒所，戒毒时间为 1～2 年；警方发现吸毒者，则送往强制戒毒所。对于第一次复吸，吸毒者需要当众检讨，处 10 万至 30 万基普罚金，约 100 元至 300 元人民币；第二次复吸，处 3 个月至 1 年监禁，处约合 300 元至 500 元人民币罚金；三次以上复吸，判 1～3 年监禁，处 50 万至 500 万基普罚金。

任何人持有海洛因、吗啡、可卡因吸食数量低于 0.2 克或持有摇头丸、麻古、甲基苯丙胺或者其他精神药物等数量低于 0.3 克都算是受害者，应送

---

① 参见梅传强主编：《东盟国家刑法研究》，厦门大学出版社 2017 年版，第 236 页。

到戒毒所进行治疗。任何人持有海洛因、可卡因或吗啡吸食数量超过0.2克至2克将被处以2～10年监禁并罚款1000万至5000万基普。任何人持有摇头丸、麻古、甲基苯丙胺为吸食数量超过0.3克至3克将被处以1～5年监禁并罚款1000万至5000万基普。

《老挝刑事诉讼法典》第十编对被羁押人、服刑人员需要治疗时诉讼程序进行了规定,这也是该法典中规定的唯一一个特殊程序。第114条规定,在侦查或法院审理期间,或者执行剥夺自由刑期间,经医生确认,被羁押人或服刑人员毒品成瘾,公共检察官或人民法院有权对其适用措施,将其送往医院或特殊治疗中心,经治疗后,如起诉时效期限或执行刑罚的时效期限没有届满,应继续对其追诉或执行。① 与之相对应的是在《老挝刑法》第八章规定了法院的再教育措施和治疗措施。第53条规定,毒品成瘾的犯罪人在法院判决前或刑罚执行过程中可以接受相关治疗,治疗期限应当计算在刑罚执行期限内。②

《老挝刑法》第41条规定了加重刑事责任的情形,其中规定了在滥用毒品状态下实施犯罪,根据犯罪的性质,法院有绝对的权力决定是否加重犯罪人的刑事责任。③

6. 规定了容留吸毒的犯罪

为吸鸦片者提供服务将被处以3个月至5年监禁并罚款500万至2000万基普。为吸大麻者提供服务将被处以3～10年监禁并罚款100万至500万基普。

通过前述的数据和资料显示,老挝的毒品形势依然呈现升级和恶化的趋势,对周边国家和世界的毒品形势继续产生着深刻的影响。面对严峻的毒品问题,老挝的毒品治理政策也在不断地发展,在减少毒品供应、减少毒品需求、减少毒品危害等方面都做了许多努力,如在减少毒品种植方面,依靠国际合作与援助取得了一些进展;在减少供应方面,也与次区域国家和东盟国家加强了联合执法活动,打击了一些跨国犯罪;在对毒品犯罪和违法行为的惩处方面,立法从实体法到程序法都经过了数次的修改,力图实现毒品治理的好成效等。但老挝目前基础设施还普遍薄弱,立法和执法资源和力量还匮

---

① 参见张吉喜主编:《东盟国家刑事诉讼法研究》,厦门大学出版社2019年版,第131页。
② 参见梅传强主编:《东盟国家刑法研究》,厦门大学出版社2017年版,第242页。
③ 参见梅传强主编:《东盟国家刑法研究》,厦门大学出版社2017年版,第237页。

乏，澜沧江湄公河次区域禁毒合作机制和东盟禁毒合作机制也还有许多需要具体落实的地方，所以，相关的后续研究还需要不断开展。

第三节　中越边境地区毒品问题的社会治理模式*

我国毒品来源于境外输入与境内制造两个方面，作为世界三大毒源地之一的"金三角"①地区靠近我国 Y 省、广西壮族自治区，是我国境内海洛因和冰毒片剂的主要来源地。由于毗邻"金三角"地区，与传统毒源地国家（越南、缅甸、老挝）交界，特殊的地理人文环境使 Y 省、广西壮族自治区不仅成为"金三角"毒品的集散地和运输通道，也成为"金三角"毒品消费的重灾区②。当前，"金三角"地区的境外贩毒势力与我国境内贩毒团伙相互勾结，贩毒团伙结构更加复杂，贩毒路线不断变化，贩毒规模不断扩大，贩毒手段不断升级，进一步对我国非传统安全加大了现实危害和潜在威胁。③

中越边界 Y 省段长 1353 千米，涉及 Y 省 1 市 2 州 7 县，连接越南北部河江、老街、莱州三省，边境地区分布着诸多如苗族、瑶族、傣族、哈尼族等跨界而居的少数民族。特殊的地理位置、独特的民族和亲缘条件，以及"一带一路"倡议日益推进后，中越边境贸易带动了两国人员更频繁地往来。中越边境内外的毒品违法犯罪人员因此相互勾结，将"金三角"地区的毒品经中越边境 Y 省段向我国境内加剧渗透，导致 Y 省中越边境地区的毒情形势越发严峻。

---

* 本节撰写者：罗羚尹、莫关耀。

① 传统上"金三角"主要是指位于缅甸、老挝和泰国三国交界的一个区域。近年来"金三角"毒品问题主要集中于缅甸北部、老挝北部和越南北部地区。

② 国际贩毒集团在"金三角"周边国家开辟的北上贩毒路线，大都由中缅、中老、中越边境进入中国 Y 省、广西壮族自治区，再经内地转运至港澳台和国外。根据《2016 年中国毒品形势报告》公布的数据显示，2016 年度我国共破获毒品案件 14 万起，缴获各类毒品 82.1 吨，其中广西壮族自治区、Y 省缴获的"金三角"海洛因数量就高达 6.6 吨，占同期全国缴获量的 75%。2018 年 6 月 25 日，Y 省公安厅举行禁毒工作新闻发布会，Y 省自 2016 年开展第四轮禁毒人民战争以来，缴获海洛因、冰毒片剂的数量占全国 80% 以上。

③ "非传统安全"是指由非政治和非军事因素所引发，直接影响或威胁本国和别国乃至地区与全球发展、稳定和跨国性的问题。当下学界把非传统安全的类型主要概括为：恐怖主义、毒品和武器交易、生态和环境问题、民族宗教冲突、邪教猖獗、金融动荡、信息网络攻击等。

一、Y 省中越边境地区毒品问题的现状

近年来,随着中越贸易在"一带一路""两廊一圈""桥头堡"等建设倡议下不断发展繁荣,两国人员交流往来也不断增多,境内外贩毒势力借机相互勾结,将大量"金三角"的毒品经 Y 省中越边境一带向我国境内加紧渗透,导致边境地区的毒品问题越发严重。

(一)境外囤积大量毒品,境内零星贩毒案件频发

根据 G 州公安局提供的数据:2014—2017 年,G 州各级禁毒部门共计破获毒品刑事案件 1488 起,缴获各类毒品 710.659 千克,抓获犯罪嫌疑人 1647 名。

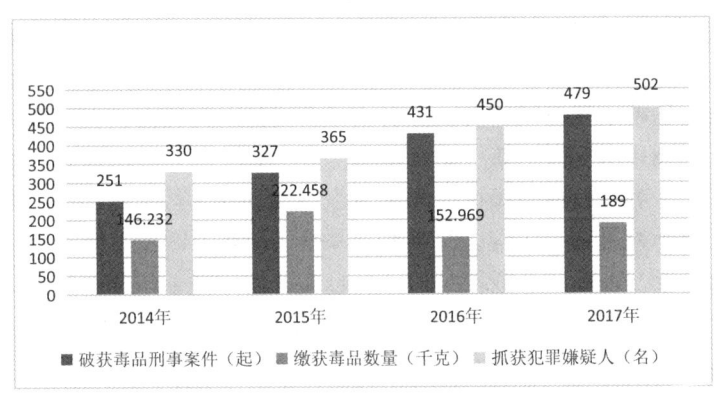

图一:2014—2017 年 G 州毒品刑事案件情况

1. 越方境内囤积大量毒品,伺机向中国加剧渗透

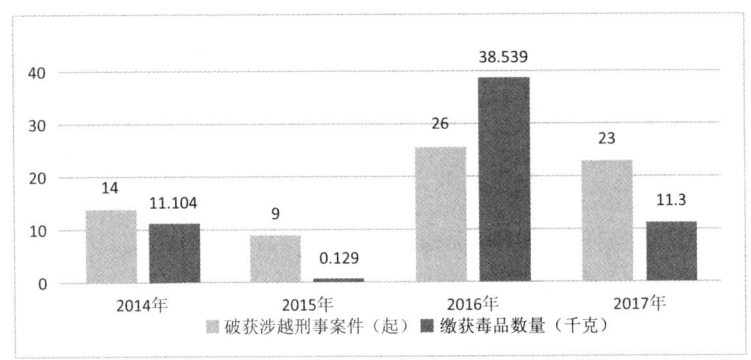

图二:2014—2017 年 G 州涉越毒品刑事案件情况

根据 G 州警方统计，2014 年至 2017 年，全州破获涉越跨境毒品刑事案件 71 起，缴获各类毒品 78.752 千克，抓获犯罪嫌疑人 95 名（越南籍犯罪嫌疑人 31 名）。另根据越南老街省警方通报：2014 年至 2017 年，越南老街省四年间共破获越南毒贩伺机向中国贩卖毒品案件 23 起，缴获各类毒品 223.54 千克（海洛因 221.8 千克、冰毒片剂 1.74 千克），抓获犯罪嫌疑人 28 名。

从 G 州和老街省破获的跨境毒品犯罪案件情况看，越南入境 G 州的毒品种类以海洛因为主，其次是鸦片，另查获有少量的冰毒片剂。而实施跨境贩毒的群体主要以越南籍人员和 Y 省边境地区的人员为主，另有川、贵、渝、粤等地的外省籍人员。据 G 州公安局禁毒支队掌握的情况，境外毒品大部分由越南籍毒贩从老挝购买，再经奠边府等地贩运到中越边境线越方一带隐秘囤积，然后伺机贩卖到 G 州内，最终逐渐流向贵州、广西、广东、四川、重庆等地。例如，2015 年 4 月 23 日，越南苗族毒贩与老挝苗族毒贩勾结，用一辆皮卡车将 226 块毒品海洛因从老挝秘密运入越南境内，准备偷运到中越边境越南花龙马街村，然后伺机贩卖到中国境内，在毒贩即将到达马街村时，被越南警方截获，当场从皮卡车上查获毒品海洛因 226 块，抓获犯罪嫌疑人 5 名。又如，2016 年 1 月和 8 月，H 州 J 县公安局成功破获了两起从越南走私入境毒品案件，两起案件都是老挝籍毒贩带毒到越南奠边省卖给越南籍毒贩，越南籍毒贩购买毒品后自驾摩托车将毒品带到中越边境一带的越南村寨，后经边境村寨伺机运毒进入我国境内乡镇进行贩卖（两起案件共抓获越南籍犯罪嫌疑人 6 名，缴获毒品鸦片 21.8 千克）。

2. 境内零星贩毒案件高发，过境贩运与消费并存

根据 G 州警方的统计，2013 年至 2017 年，全州破获毒品刑事案件 2374 起，其中零星贩毒案件 1901 起，占比高达 80%。

G 州零星贩毒案件高发的背后原因，在于当地有着庞大的毒品销售市场。据了解，G 州现有的吸毒人员数量位居 Y 省第五位，由于吸毒人员众多，客观上就潜在较大的毒品销售市场，从而刺激了零星贩毒活动频发。此外，G 州地理位置特殊，"金三角"毒品渗透不断——境外毒品绕道越南经边境县城进入州内，一部分以部分边境县市作为集散地，伺机分销外流，另一部分通过长期隐藏在 GJ、MZ 等地的贩毒团伙，向州内吸毒人员零包出售。因此使得 G 州面临着毒品过境贩运与州内消费市场并存的严峻形势。

（二）边境吸毒人数不断攀升，男性青壮年占绝大部分

漫长的边境线和特殊的地缘环境使得境外毒品多借道 H 州向国内贩运，

此外也在州内形成了新的毒品分销集散网络，躲在暗处的贩毒团伙不断地将毒品推向地下市场，催生了一个又一个吸毒人员，危害了一个又一个无辜家庭。根据 H 州公安局禁毒支队提供的数据信息，截至 2018 年 7 月，全州累计在册的吸毒人员已达 23110 人，并且每年呈递增趋势。

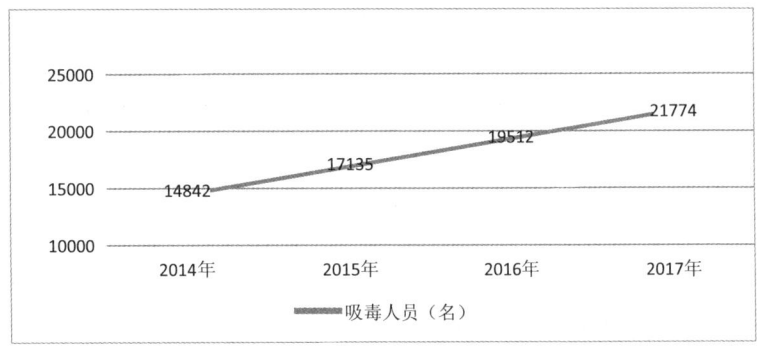

图三：G 州 2014—2017 年登记在册吸毒人员数量

此外，根据 G 州公安局禁毒支队统计的吸毒人员具体情况，从吸食毒品的类别划分，在现有的 13830 名吸毒人员中，吸食传统类毒品（鸦片、海洛因、大麻等）的人员占比 75%，吸食合成类毒品（冰毒、麻古、K 粉等）的人员占比 25%；从性别划分，男性占比 88.5%，女性占比 11.5%；从年龄段划分，17 岁以下的吸毒人员占比 1.3%，18 至 25 岁的吸毒人员占比 19.1%，26 岁至 35 岁的吸毒人员占比 31.2%，36 岁至 45 岁的吸毒人员占比 28%，45 岁至 59 岁的吸毒人员占比 19%，60 岁以上的吸毒人员占比 1.4%。

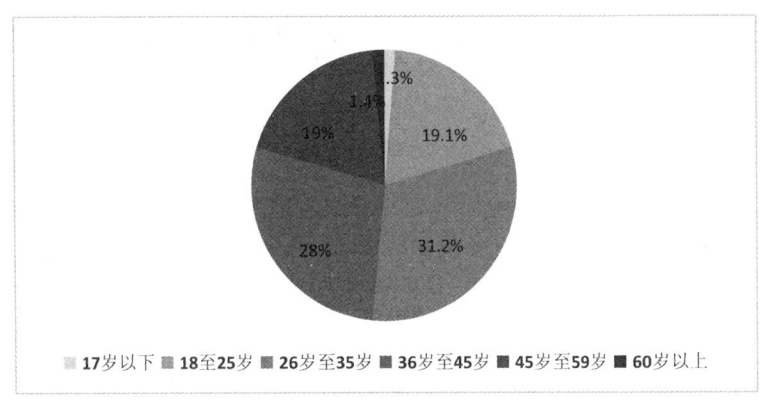

图四：G 州登记在册吸毒人员各年龄段占比

"金三角"毒品绕道越南向我国境内加剧渗透,直接导致了边境一带的毒品消费市场不断扩大,吸毒人数不断增加,并且以吸食传统毒品为主。在当前的吸毒人员构成中,男性青壮年占有绝大比例。

二、Y省中越边境地区毒品问题的影响分析

"金三角"毒品在Y省中越边境一带大肆泛滥,带来的负面影响极为深远,造成的间接危害极其严重,对我国沿边开放战略的实施形成了一定冲击。

(一)边境居民的身体健康受到严重损害

当前,在Y省中越边境的部分地区,因经济落后、信息闭塞,部分吸毒人员共用针具注射毒品的现象仍有发生,导致通过血液感染引发的艾滋病在当地蔓延扩散。此外,毒品极易对人体的各项身体机能造成损害,引发早衰、猝死,因此吸毒人员的平均寿命也远远短于正常人。随着Y省边境地区吸毒人数的不断上升,传染疾病的感染率也随之攀升,非正常死亡的人数也随之递增,甚至在个别边境的少数民族村寨中出现了人口的负增长,危害少数民族繁衍壮大。

(二)边境地区的经济发展受到严重影响

"白粉内流,白银外流"。毒品贩运和滥用造成大量社会资金流失境外,大量吸毒人员因毒致贫。大部分吸毒人员为男性青壮年,原本应是经济发展的中坚力量,但由于吸食毒品,导致了社会劳动力大量流失,边境地区的经济建设受到影响。因禁毒工作需要大量资金投入,而边境吸毒贩毒人员增多,则意味着当下需将有限的政府资金投向禁吸、禁贩工作,在一定程度上也阻碍了边疆经济建设的步伐。

(三)边疆社会秩序的安定受到严重威胁

根据Y省高级人民法院公布的信息:2017年全省法院(一审)毒品案件占刑事案件的17.64%,省高院(二审)毒品案件占刑事案件的61.09%。截至2018年5月,全省法院(一审)毒品案件占刑事案件的18.84%,省高院(二审)毒品案件占刑事案件的53.46%。毒品引发的跨境犯罪(武器走私、非法移民)和次生犯罪(盗窃、抢劫、强奸)活动频频在Y省边境地区发生,不仅严重败坏社会风气,也威胁到边境居民的人身和财产安全,危害到边疆社会秩序的和睦稳定。

三、Y省中越边境地区毒品违法犯罪特征透析

当前，随着国际毒情形势发生深刻变化，"金三角"地区的毒品问题更加突出，在Y省中越边境一带，毒品犯罪和滥用问题也出现新的特征。

（一）跨境贩毒形式多样，零星贩毒隐蔽多变

1. 跨境贩毒形式多样

（1）手段隐匿化、多样化。为躲避海关和警方的检查，跨境贩毒分子挖空心思，用各种手段进行伪装和偷运。一是货物藏毒——将毒品化整为零，不露痕迹地藏于合法物品中。如越南热带农作物产量高且品种丰富，走私毒品分子假借运送各类水果、蔬菜之名，将毒品极为隐秘地藏匿在其中，外表极尽修饰，工作人员难以用肉眼识破，再加上货物数量庞大，无法一一检测，因此给毒品犯罪的侦破环节进一步增加了难度。二是车辆藏毒——贩毒人员看中机动车高机动性、高速度性、较隐蔽性的特点，将机动车作为常用的出入境工具。此外，几乎汽车的每一个零部件（如座椅、水箱、仪表、车灯等）都可以被贩毒人员利用来藏毒，因此在边境地区多数毒品走私分子通过机动车藏毒的方式，昼伏夜行、绕关避卡，偷运毒品入境，进一步加大了边境缉毒的难度。三是邮包快递藏毒——借由日益发展的网络和物流业，跨境毒品犯罪分子先通过互联网平台（微信、QQ、百度贴吧等）用暗语进行毒品交易，再通过物流公司邮寄包裹（毒品）给吸毒人员。因包裹过境时见物不见人，即使毒品被检测发现，毒犯也容易逃脱，从而导致查缉毒品跨境犯罪工作更加的困难。四是特殊人员人体藏毒——贩毒人员反侦查能力和法律意识不断增强，利用特殊群体（怀孕妇女、哺乳期妇女、未成年人、急性传染病人、残疾人等）不便被关押，法律对该部分群体制裁较轻的特点，大量利诱、雇用此类特殊人群在体内藏毒，帮助其进行毒品跨境贩运。即便被警方抓获，特殊群体所受的刑事制裁也相对较轻，通常是抓了放、放了抓，无疑也加大了跨境毒品犯罪打击的难度。

（2）贩毒团伙化、家族化。Y省中越边境一带分布着诸多跨界而居的少数民族（如苗族、瑶族、哈尼族、布依族、拉祜族、傣族等），由于民族相同、语言相通、风俗相似，再加之山水相连、便道众多，因此两国的跨境少数民族世代互为亲友、互通有无、自由往返。有的贩毒分子利用便捷的边境通道和民族、亲缘等特殊条件，利用个别少数民族群众贩毒，形成了极具

家族化的毒品犯罪组织实施毒品走私活动，致使境外毒品的流入更加隐匿和便利，难以被警方查获。由于涉毒个别少数民族长期居住在边境落后山区，生产生活水平极低，农事生产活动难以满足日常生活所需，而参与毒品犯罪可以在短期内获得可观的报酬，因此在这些边远山区中出现了家族式的贩毒，家庭住所成为了境外毒品偷运入境的落脚点和交易地。

（3）组织武装化、暴力化。毒品犯罪分子深知我国严打毒品犯罪，涉毒行为将遭受严厉的法律制裁，因此毒犯普遍穷凶极恶，行踪一旦暴露，随时准备与缉毒人员展开暴力对抗。而在 Y 省中越边境地区，持枪贩毒、武装护毒的问题更加突出。① 究其原因，一方面，中越边境地区武器走私活动较为猖獗，火药枪支较为泛滥，再加上边境一带的贩毒团伙通常都拥有强大的财力和物力，几乎都配备了种类繁多、数量庞大的武器弹药；另一方面，大部分中越边境地区的贩毒团伙都具有涉黑性质，"同行"间黑吃黑现象时有发生，为避免毒品、毒资被其他犯罪团伙截取，因此边境地的毒品贩运人员普遍随身持枪护身。

2. 零星贩毒隐蔽多变

零星贩毒行为本身处于毒品犯罪网络的末端，因此贩毒人员所面对的销售对象多是长期固定的吸毒人群，又因为绝大部分吸毒人员的资金和货源渠道有限，所以他们多是分次找固定的买家购入一至两天的吸毒量。零包毒品交易的双方彼此固定且熟知，他们通常使用暗语沟通，选择最有利于避免警方查缉的时间和地点（或是夜深人静的偏僻路段，或是白日喧嚣的繁华街头），在瞬间就迅速完成了毒品交易。除此之外，为避免警方事先得到线索消息来抓捕现行，卖方也会采取人货分离的方式，通知买方到毒品的藏匿地点取货，一旦发现风吹草动，立即弃毒毁证，逃之夭夭。零星贩毒案件虽极为高发，但由于隐蔽性强，且交易方式灵活多变，因此警方打击的难度并不低。

（二）吸毒人员低龄化，毒资来源非法化

1. 吸毒人员低龄化

由于青少年尚未形成正确的价值观和人生观，或在好奇心的驱使下，或受到朋友的诱惑，或不能正确面对变故挫折，或偏爱寻求不正当的刺激，或

---

① 据 Y 省公安厅禁毒局统计，1982 年至 2013 年 8 月，全省公安机关共有 54 名禁毒民警在缉毒执法过程中牺牲，300 余名警察伤残。

遭受他人的引诱、蒙骗，缺乏正确的引导、教育和关爱等，诸多因素会导致青少年轻易就踏上了吸毒的道路。因 Y 省中越边境地区的毒品较为泛滥，有相当一部分青少年自小就接触过吸毒人群，在成长过程中习惯了毒品的存在。由于边境地区能够较为容易地获取到毒品，所以这部分青少年极易因毒品知识的缺乏、家庭关爱的缺失而主动去接触毒品、沾染毒瘾，导致边境一带的吸毒人员朝低龄化趋势不断发展。

2. 毒资来源非法化

毒品是万恶之源，一旦沾染上毒瘾，必然掏空殷实的家底、抛弃幸福的家庭、离开信任的朋友、丢失稳定的工作、放弃正常的学业等。由于毒品在 Y 省中越边境地区较为泛滥，存在相当一部分没有亲人朋友、没有经济来源、丧失社会支持的吸毒成瘾群体，因吸毒需要而在彼此间产生的联络几乎成为了他们仅剩的社交活动。为获取毒资，这部分吸毒人员通常共谋组成团伙来实施盗窃、抢夺、抢劫、诈骗等犯罪活动，此外也有部分女性吸毒人员通过卖淫获得资金来维持毒品吸食。因此在 Y 省中越边境一带，毒品滥用通常与以贩养吸、以抢养吸、以盗养吸、以娼养吸活动相联系，使得当地的社会风气和治安环境受到严重危害。

四、Y 省中越边境地区毒品问题治理的困境及原因

Y 省中越边境地区作为我国禁毒工作的第一线，同时也是开展禁毒工作最为艰难的前线，受诸多因素的影响，该地区在打击毒品犯罪和挽救吸毒人员过程中遇到了诸多困境。

（一）困境重重——打击毒品犯罪难，挽救吸毒人员难

1. 毒品犯罪治理的困境

（1）难以全链条打击。在 Y 省中越边境一带，毒品跨境贩运的方法不胜枚举，但绝大部分都是采用人货分离、单线联络的方式，所以即使识破了隐匿多样的贩毒手段，警方通常也只能抓获跨境贩毒环节中的"马仔"。他们通常被贩毒组织当作运输工具，只知道将毒品运到特定地点就可以获得酬金，不知道卖出和买入毒品上下家的具体身份。因此，仅抓获"马仔"难以将毒犯团伙连根拔起，触及核心阶层，对打击边境贩毒网络也影响甚微。

（2）难以分化瓦解打入。边境地区的贩毒团伙朝集团化和家族化发展，导致边境公安机关难以分化打入。跨境涉毒少数民族地区的生活环境相对较

封闭，与非本族人交往不多，通常有着较强的自我保护意识和维护家族成员心理，对警方也抱有极强的防范心，致使特情工作难以在跨境涉毒少数民族群体中开展。

（3）难以收集情报信息。在毒品走私活动多发的偏远山区，当地涉毒群体有效证件使用率极低，身份信息和银行资金情况不易采集，外出多使用无牌照的摩托车，交通卡口信息基本为零，再加上民族语言小众，缉毒部门缺乏能用少数民族语言翻译和沟通的工作人员。因此，诸多因素导致了边境警方难以收集跨境毒品犯罪信息。

（4）难以提取固定证据。司法部门对于贩毒的证据认定标准主要集中在"是否现场抓获""嫌疑人是否供述""贩毒人员是否指认""有无证人"等方面。但在打击毒品犯罪的实际工作中，一方面，贩毒案件毒品交易时间短、交易场所隐蔽、极少有第三方参与，导致公安机关现场查获的难度极大；另一方面，边境地区公安局的司法鉴定中心缺乏有资质的技术人员，配置的检测设备较为落后，并且工作量大，导致不能及时作出毒品鉴定而影响检察院作出批捕、起诉决定。再加之贩毒人员的反侦查和法律意识不断增强，通过网络平台使用暗语交易，使电子证据转化使用存在困难。

（5）难以防范民警伤亡。跨境贩毒团伙不断加强武装贩毒，长期于地形地貌复杂的边境山岭间进行毒品走私等活动，导致边境警方打击跨境毒品犯罪的难度与危险性进一步加大，致使边境警力牺牲受伤的人数上升。

2. 毒品滥用治理的困境

（1）收治吸毒特殊人群难。长期以来，因公安、司法机关的收戒收治场所普遍缺乏医务人员，医疗设施设备较为简陋，导致难以对疾病、残疾等特殊吸毒人员开展收戒工作，进行有效医治和管控。收戒感染艾滋等传染疾病的吸毒人群极易引发交叉传染，增加管理人员日常监管难度及职业风险，所以身患重大疾病的吸毒人员通常没有机构对其管控，部分流入社会，或被贩毒团伙利用于毒品贩运，从而对群众的人身财产安全形成了潜在的威胁。①

（2）戒毒人员回归社会难。在吸毒人员中复吸是一种常态。所谓复吸，

---

① 2015年10月14日，国家禁毒委员会办公室、公安部、国家卫生和计划生育办公室、国家发展和改革委员会、民政部、司法部、财政部、人力资源和社会保障部发布《关于加强病残吸毒人员收治工作的意见》后，情况明显好转。

又称药物滥用的复发,是指戒毒者经过急性脱毒期后,或者戒断一段时间后,又重新开始吸毒。① 因长期吸食毒品,吸毒人员给家庭带来了难以弥补的经济损失和精神折磨,导致家庭成员对吸毒人员产生了强烈的不信任感和厌恶感,因此多数吸毒人员在强制隔离戒毒执行完毕后,由于家庭不予接纳而只能在社会上流浪。② 此外,因多数吸毒人员与社会脱轨已久,自身缺乏一技之长,所以也难以找到稳定的工作糊口度日。种种因素致使一些吸毒人员在离开强制隔离戒毒所后,难以重新回归社会,只能选择继续和有相同吸毒需求、经济状况、社会地位的"毒友"联系,重蹈覆辙,复吸毒品,甚至踏上违法犯罪的道路。

(二)原因诸多——缉毒道路艰巨漫长,戒毒模式亟待创新

1. 不法收入诱惑大

据G州公安局禁毒支队掌握的情况,在中越边境沿线,每块海洛因(大约350克)的交易价格为5万~6万元,每片冰毒片剂的交易价格为10~18元,每千克毒品鸦片的交易价格为1万~2万元,而运送到内地城市,上述毒品的价格几乎呈十倍增长,即使是只做贩毒案件的"中间人"或"联系人",通常都可以得到数千上万元的介绍联系好处费。在毒品犯罪的高额利诱下,一些边民逐步利用自己的人脉,组织亲朋好友等参与毒品犯罪活动,逐渐形成了组织严密的贩毒网络。

毒品犯罪本质上是经济犯罪,因为毒品贩运环节成本高额、风险极大,导致最终利润十分可观。毒品带来的巨额利润,成为了Y省中越边境地区毒品犯罪猖獗的根本原因。中越边境一带经济发展水平相对落后,部分法律意识淡薄的边民在社会贫富差距面前失了心态,面对毒品犯罪的高额利惑和刑法的严厉制裁,不惜选择铤而走险以攫取巨额不法收入。

2. 边境管控难度大

G州边境线漫长,复杂的地形地貌、便捷的边境通道、日益发达的交通网络加上历史余毒遗留等因素,为"金三角"毒品绕道越南经红河州向我国境内渗透提供了便利条件。以G州JP县为例,因该县与有较多吸毒人员

---

① 参见莫关耀、曲晓光主编:《禁毒社会工作》,中国人民公安大学出版社2017年版,第122页。
② 相关研究表明,戒毒人员出强戒所后,近50%的家庭将吸毒人员拒之门外,40%的家庭对吸毒人员的生存状况不管不问,只有不足10%的家庭对吸毒人员改过自新抱有希望。

的越南边境村寨相交界（如老寨、母鸡冲、者米乡等）①，再加上县内的部分边民与接壤越南村寨的边民有亲朋关系，彼此交流频繁、来往方便，因此当地的境内外人员相互勾结实施跨境贩毒的现象较为普遍，而这些跨境村寨也因此成为了境外毒品流入我国境内的分销地。

事实上，由于中越边境 Y 省段的国境线总体较长，边境两侧山岭纵横、水系交织，缺乏天然的屏障，因此在国境线上形成了"一寨两国"的特殊情况——在这些特殊地区，中越两国村民"同耕一方土，同赶一条街，同庆一个节"，可从众多犬牙交错的便道自如地往返于境内外，村寨间的经济、文化、社会交往极为密切。独特的地理环境使这些地带成为了毒品犯罪分子跨境走私的良地。山河相连、人口复杂等环境因素不仅便于贩毒分子将境外毒品迂回绕道偷运至我国境内，也便于贩毒分子躲避警方的追捕行动。相较于漫长中越边境沿线上极为隐匿的毒品走私活动，边境缉毒部门的人力、物力、财力就显得十分有限。中越边境地区点多、线长、面广、环境复杂，边境警力难以实现全面覆盖和管控，②"有边难防"无疑加大了打击毒品犯罪的难度。

3. 禁毒专业力量缺

根据 G 州公安局禁毒支队掌握的情况，Y 省中越边境地区毒源交易基本是在越南籍人员和 G 州境内个别少数民族群体中进行，毒品进入境内后再通过零包销售等方式在州内扩散。随着贩毒人员手段越发现代化科技化，G 州公安局禁毒部门的打击力度却显得"力不从心"。主要体现为警力不足、办案人员素质参差不齐、缉毒装备落后，以及禁毒经费有限等。虽然边境地区的禁毒执法力量在毒品情报的掌握、缉毒人员的培训、禁毒设备的更新、禁毒经费的投入等方面，与过去相比已有了较大提升，但面临贩毒团伙更隐匿化、多样化、暴力化的运毒手段，更严密化、集团化、专业化的组织网络，要更好地开展禁毒工作，就需要培养大量的综合业务能力强的执法人员、配备先进的缉毒设备、投入持续稳定的禁毒经费才能做好新形势下打击边境地区毒品犯罪活动的工作。

---

① 这些越南边境村寨普遍较为贫困，吸毒人员较为集中，因此跨境贩毒活动也较为频繁。
② 据不完全统计，中越边境的便道多达 200 余条，双方边民多是通过便道进行互市、联姻、探亲访友。

4. 禁毒合作待提升

针对越南毒品向 G 州加剧渗透的严峻态势，G 州禁毒部门不断加大了与越方的禁毒合作力度，同越南老街省禁毒部门建立了会谈会晤、联络联系制度和共同打击跨国毒品违法犯罪合作机制，加强了禁毒情报信息交流、案件协查、联合办案、联合扫毒行动等合作内容，从而在一定程度上打击了边境地区毒品犯罪分子的嚣张气焰。然而，尽管双方存在禁毒合作机制，却因两国外交政策、法律法规、部门体制有一定差异，实际操作中缺乏切实可行的具体措施和程序，导致了 G 州与老街省目前开展的禁毒合作尚未达到预期效果。

目前，我国和越南现有的禁毒合作机制主要包括了东亚次区域禁毒合作谅解备忘录（MOU）[①] 和大湄公河次区域禁毒合作机制[②]。然而受政治外交限制、毒品犯罪认定差异、信息沟通不准确、情报传递不及时等因素的影响，中越两国当前的禁毒合作还存在一定的障碍和壁垒，实效受到一定程度的影响，两国禁毒合作机制尚未发挥应有的作用。

5. 戒毒模式待创新

2014 年至 2017 年，G 州平均每年增加吸毒人员 2311 人，增幅率达 13.5%。吸毒人员不断增加的背后，隐藏着强制隔离戒毒所容纳量不足、病残孕等特殊吸毒群体难以收戒收治、戒毒人员难以重新回归社会、未收戒吸毒人员易感染艾滋病、特殊群体以贩养吸等诸多问题和风险，侧面也反映了当前 Y 省中越边境地的戒毒工作仍有不足，亟须完善。

吸毒人员不仅是违法者，同样也是受害者，国家对吸毒人员采取挽救措施，通过自愿戒毒、强制隔离戒毒、社区戒毒、社区康复四种方式帮助吸毒人员戒断毒瘾，重归社会正轨。但同时，禁吸戒毒工作也是一个世界性难题，如何解决好这个问题，需要各地结合实际情况不断研究、探索和创新。尤其是在 Y 省中越边境地区，因大量越南毒品涌向该区域，所以当地毒品

[①] 为了开展更加有效的禁毒国际合作，遏制"金三角"地区的毒品犯罪，在原联合国禁毒署的参与和帮助下，中国同缅甸、老挝、泰国等"金三角"国家共同签署了禁毒谅解备忘录，越南在 1995 年也加入 MOU 机制。该机制主要分为两个方面，包括东亚次区域禁毒合作谅解备忘录签约国部长级会议暨高官会议、东亚次区域禁毒合作谅解备忘录缉毒执法会议。

[②] "金三角"地区位于大湄公河次区域的腹地，毒品问题作为次区域国家面临的共同问题，禁毒合作必然是大湄公河次区域合作的重要组成部分，所以大湄公河次区域禁毒合作机制是建立在 GMS（大湄公河次区域合作）框架之下。

滥用问题更加严重，引发的疾病蔓延、次生犯罪等社会问题更加突出，如继续走传统的戒毒道路，则难以对社会上不断增多的吸毒人员以及身患病残等特殊吸毒人员进行收戒治疗。因此，当下需加大对边境地区戒毒工作的人力、物力、财力投入，加大对吸毒边民的收戒力度，创新运用多种戒毒方式和模式增强戒毒效果，提高戒断巩固率，降低复吸率，帮助吸毒边民重回社会正轨。

五、Y省中越边境地区毒品问题综合治理模式研究

2014年6月25日，习近平总书记就禁毒工作作出重要批示，强调要标本兼治、多管齐下，坚持源头治理、系统治理、综合治理、依法治理，统筹运用法律、行政、经济、教育、文化等手段，综合采取禁吸、禁贩、禁种、禁制等措施，加大宣传引导，广泛发动群众，最大限度减少毒品的社会危害。

解决好边境民族地区毒品问题，是一个涉及国家安全、边疆稳定、民族团结、社会和谐的大事，更关乎落实"四个全面"和"一带一路"发展倡议的正确理解和有效实施的大局。[①] Y省中越边境地区的地理和社会环境特殊，致使该地区的毒品问题治理面临诸多困境。为夺取禁毒人民战争最后的胜利，在分析困境背后的原因并结合毒品问题的特点的基础上，提出构建以健全边境地区的法律制度为前提、以对边民加强禁毒宣传教育为根本、以在边境地区持续改善民生为关键、以强化边境禁毒队伍的建设为基础、以边境深化堵源截流机制为中心、以创新边境的禁吸戒毒模式为重心的Y省中越边境地区毒品问题综合治理模式，对Y省中越边境地区进行毒品管控有着重要的现实意义。

---

① 参见莫关耀等：《毒品滥用与治理实证研究——以云南省为视角》，中国人民公安大学出版社2017年版，第255~256页。

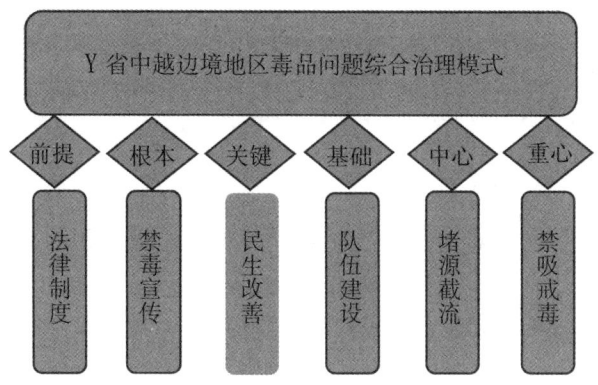

图五：Y 省中越边境地区毒品问题综合治理模式

（一）毒品问题社会治理模式之健全法律制度

"法令行则毒治，法令弛则毒乱。"依法治理毒品问题是禁毒工作开展的前提和重要保障。当前，我国禁毒法律体系已经基本形成，充满了中国特色与民族特色。[①] 三大国际禁毒公约，《刑法》《禁毒法》《戒毒条例》《易制毒化学品管理条例》和地方性禁毒法律对宣传教育、打击毒品犯罪、管制毒品和精麻药品、开展戒毒工作、进行禁毒合作等毒品问题的治理作出了规定。然而，Y 省中越边境地区的毒情形势更为严峻、复杂、紧迫和特殊，边境一带有许多禁毒工作的现实问题在具体执行中找不到法规依据。由于缺乏具体法规的指引，边境各地禁毒部门的做法通常不一致，以致有些部门对棘手问题的处理存在推诿、消极对待现象。具体法规的缺位，直接导致了边境地区毒品问题的治理责任难以具体落实，毒品问题的治理工作难以高效开展。

为破解 Y 省中越边境禁毒工作的难题，除了进一步完善国家法之外，还亟须地方立法予以支撑和保障。Y 省中越一带的沿边县市半数以上为民族自治地区（如 G 哈尼族彝族自治州、W 壮族苗族自治州、HK 瑶族自治县、JP 苗族瑶族傣族自治县、JC 哈尼族彝族自治县等），根据《民族区域自治

[①] 莫关耀等编著：《禁毒法学》，中国人民公安大学出版社 2014 年版，前言第 1 页。

法》第19条以及《立法法》第75条的规定①，建议Y省中越边境地区的民族自治州县根据《禁毒法》《戒毒条例》《Y省禁毒条例》等法律法规，结合边境禁毒工作的实际情况制定边境地区州市禁毒条例，对青少年禁毒宣传教育工作、戒毒工作具体工作细则制度、社会组织参与禁毒工作等方面等作出规定，落实部门责任。

健全的法律制度是构建毒品问题社会治理模式的前提。在Y省中越边境地区，结合民族地方特色加强禁毒重点领域的立法工作，规范依法治理毒品问题的行为，通过消除毒品问题社会治理的法律制度障碍，取得禁毒工作的更大实效。

（二）毒品问题社会治理模式之加强禁毒宣传

《禁毒法》确立了"预防为主、综合治理、四禁并举"的工作方针。从源头上治理毒品问题，核心就是开展禁毒宣传教育，提高全民的禁毒意识。对于全体公民的吸食前的预防，特别是青少年的预防显得更为重要。②受历史、地理等因素的影响，Y省中越边境一带的边民禁毒的意识较为薄弱，禁毒宣传教育开展有限，对毒品危害的认识不足。边境地区的禁毒宣传教育效果直接影响到毒品问题的治理成效，如何使边民充分认识到当前毒品犯罪活动的严峻态势以及毒品对社会和个人造成的严重危害，在当下显得尤为重要和紧迫。

结合Y省中越边境地区特殊的地理人文环境，必须全方位、多层次地开展禁毒宣传工作。一是要在边境地区的党员干部培训中植入禁毒教育内容，组织开展宣传教育进党校，加强党员带头禁毒的示范作用；二是要在边境地区各中小学校开展禁毒预防专题教育课，通过观看禁毒专题教育片等形式，加强青少年毒品预防教育工作；三是要发展禁毒志愿者，深入边境村寨发放宣传资料，宣讲禁毒法律法规和毒品常识；四是要在边境口岸设立中越

---

① 根据《中华人民共和国立法法》第75条规定："民族自治地方的人民代表大会有权依照当地民族的政治、经济和文化的特点，制定自治条例和单行条例。自治区的自治条例和单行条例，报全国人民代表大会常务委员会批准后生效。自治州、自治县的自治条例和单行条例，报省、自治区、直辖市的人民代表大会常务委员会批准后生效。自治条例和单行条例可以依照当地民族的特点，对法律和行政法规的规定作出变通规定，但不得违背法律或者行政法规的基本原则，不得对宪法和民族区域自治法的规定以及其他有关法律、行政法规专门就民族自治地方所作的规定作出变通规定。"

② 参见莫关耀：《调整云南禁毒战略措施的思考》，载《云南大学学报（法学版）》2011年第3期。

双语的禁毒展板,向来华务工、交易、探亲、访友的越南民众宣传我国的禁毒法律法规;五是要联合公安、工商、文体广电等部门,在各种娱乐场所宣传禁毒防毒信息;六是要在各物流快递行业积极宣传禁毒法律法规,强化物流快递行业参与禁毒的责任意识。总而言之,要不断扩大禁毒宣传的民间队伍,要结合不同宣传对象的特点创新禁毒宣传的形式,从而在边境地区形成人人关注禁毒工作、人人参与禁毒斗争的良好氛围,有效遏制毒品犯罪和毒品滥用问题。

不断加强的禁毒宣传是构建毒品问题综合治理模式的基础。在Y省中越边境地区开展禁毒宣传教育,一方面能提高边民的自身保护意识,限制毒品消费市场的扩大,减少毒品滥用问题对个人和社会造成的危害;另一方面也能增强边民的社会责任感,调动一切可以调动的社会力量共同参与到禁毒人民战争中,强化军、警、民联防机制,有效预防和打击毒品犯罪问题。

(三)毒品问题社会治理模式之持续改善民生

Y省中越边境地区是一个经济落后地区,沿边的7个边境县城中有6个被列入国家级贫困县名单(G州的LC县、JP县,W州的MLP县、FN县、MG县,P市的JC县)。贫困人口多,贫困基数大,难以摘掉的贫困帽子导致当地毒品滥用和毒品犯罪问题屡禁不止。毒品和贫困结伴而行,形成了"因毒致贫—因贫贩毒—因毒返贫"的恶性循环,进一步影响了Y省中越边境地区的经济建设和社会发展。

"抓禁毒就是抓民生,抓禁毒就是抓发展"。处理好边境地区的民生问题,才能实现边境地区的社会稳定,才能有效应对毒品问题的治理。对此,建议借"一带一路""两廊一圈""桥头堡"建设的契机与平台,加强边境落后地区的经济社会和精神文明建设,逐渐改变落后山区群众的思想及生产生活方式。一方面,持续推进扶贫攻坚和乡村振兴工作,因地制宜、切合实际,通过产业扶贫、旅游扶贫、教育扶贫、金融扶贫、健康扶贫等方式拉动当地经济发展,帮助Y省中越边境地区的贫困群众通过发展实业、搞好旅游业、进行易地搬迁等实现脱贫致富,从而不至于为短时的利益而走上毒品犯罪道路;另一方面,完善社会保障体系和救助体系,在边境地区的贫困群众中间覆盖医疗、养老等保险,使边民老有所依、病有所养,困难时能获得社会的援助和支持,从而不因返贫而实施毒品违法犯罪活动;同时,做好脱毒致富正面例子的宣传工作,不断向毒品问题集中地区的边民宣扬积极向上的生活态度,从而将处于涉毒危险边缘的人员挽救回来。

边境民生改善工程是构建毒品问题社会治理模式的关键。Y省中越边境地区经济发展落后的原因之一就在于当地毒品滥用较为严重,而边境落后的经济状况又使得巨额毒品利润轻易就能击破边民的心理防线,引诱其踏上毒品犯罪的道路。因此,边境禁毒的关键是持续改善民生。全面改善沿边群众的生产生活条件,打破边民对毒品的不排斥和依赖心理,从而在源头上预防毒品犯罪和滥用问题频频发生。

(四) 毒品问题社会治理模式之强化队伍建设

1. 配齐配强缉毒警力

边境缉毒民警处于禁毒斗争的第一线,直面狡猾多端的毒品犯罪分子,然而目前的状况是边境缉毒警力不足,难以完成众多的毒品犯罪案件侦查工作;禁毒民警的业务素质参差不齐,难以适用新形势下缉毒工作的新变化。为此,一是要按照禁毒编制配齐缉毒队伍,解决好警力不足的问题;二是要切实提高缉毒人员的政治素质水平和业务素质水平,解决好能力不强的问题。加大边境地区的缉毒民警人员配备,不断提高他们的综合素质,才能使边境地区的基层警力能办大案、要案,能抵御得住毒品犯罪分子的钱色诱惑,确保新形势下有效遏制毒品犯罪的进一步蔓延。

2. 优化升级缉毒装备

当前,毒品犯罪趋于国际化、集团化,犯罪手段趋于现代化、科技化。边境缉毒部门必须树立科技禁毒的理念意识,升级查缉毒品、检测毒品的设备、装备,借助大数据、信息化等情报、技术手段侦破案件。在与毒品犯罪分子的较量中,只有为缉毒警察提供"千里眼"和"顺风耳"手段,不断提高缉毒装备的科技含量,才能应对狡猾凶险的毒犯团伙,才能应付各种情况和突发事件,才能牢牢掌握打击跨境毒品犯罪的主动权。

3. 扩充戒毒专业队伍

Y省中越边境地区的吸毒人数逐年递增,其中就存在相当比例的病残特殊吸毒人员。戒毒人员增多,戒毒情况复杂,因此要求配备相当数量的、具有专业知识和素养的戒毒人民警察和戒毒医护人员,对戒毒人员进行有效的管控以及提供必要的医疗保障服务。此外,为应对戒毒工作中常常出现的安全风险和突发事件,还应加大对现有戒毒队伍的业务技术培训,切实提高戒毒队伍的专业能力。同时,根据国家禁毒委员会办公室、中央综治办、公安部等印发的《关于加强禁毒社会工作者队伍建设的意见》的精神,边境地区的政府部门要通过购买禁毒社会工作服务,建立禁毒社工与禁毒民警、戒毒医护工作者、禁毒志愿者等其他禁毒社会力量协同的工作机制，推动边境地区戒毒治疗、心理矫治、帮扶救助等戒毒康复工作的开展。

加强禁毒队伍建设是构建毒品问题社会治理模式的根本。针对Y省中越边境地区严峻的形势，禁毒专业力量必须充足高效，建议将禁毒资源尽量向边境地区倾斜，加大禁毒经费的投入、加强警力和装备的配置、强化戒毒工作的阵容，打造一支有人力、有物力、有能力的禁毒队伍以应对日益严重的边境毒情形势。

（五）毒品问题社会治理模式之深化堵源截流

"堵源截流"是边境地区打击毒品犯罪的中心工作。针对Y省中越边境地区贩毒特征多样、边境管控困难、禁毒合作不足等导致出现毒品犯罪打击困境，建议不断完善边境地区"堵源截流"的查缉网络、侦查措施以及国际合作，构建严密的缉毒体系，严打毒品犯罪活动。

1. 深化"堵源截流"的查缉网络

（1）构建"五位一体"的联防联控网。边境地区毒品犯罪团伙大都集毒品产供销于一体，组织结构严密，贩运网络诡秘多变，单纯依靠公安部门很难实现对边境沿线的有效管控。为有效堵截跨境毒品流入，应尽力整合社会资源，统筹公安、解放军边防部队、海关、民兵、群众等力量，构建起"党委政府为主导，公安禁毒部门为主力，解放军边防部队为骨干，广大民兵和人民群众同参与"的"五位一体"（即"党政军警民"）联防机制，有效遏制"金三角"毒品对我国的渗透危害。

（2）搭建"陆、水、空、邮、物"的查缉防控网。边境贩毒形式隐匿多样、防不胜防，为最大限度减少境外毒品向我国内流，应搭建层层严密的禁毒网络体系，因地制宜地发挥"三道防线"（一线堵、二线查、三线截）优势，从"陆、水、空、邮、物"五个方面严格开展毒品查缉工作，坚决将境外毒品"堵在边境，查在途中，缴在分销之前"。

（3）建立广泛的毒品情报网络。"情报不通、耳目不灵"。毒品犯罪情报信息在打击跨境毒品犯罪中有着极为重要和特殊的地位，因此要把情报收集整理分析等工作放在基础性和主导性的位置，将情报工作延伸到境外。除了大力培养情报专业人才外，还要加强情报工作学习培训力度，提高办案民警获取和使用情报的能力；走群众路线，提高群众举报毒品犯罪的奖励标准，从而通过建立广泛的专群结合的毒品犯罪情报网络，实现精准打击毒品犯罪。

2. 深化"堵源截流"的侦查措施

(1) 公开查缉。公开查缉，是指执法部门在毒品运输的主要通道上，依法对特定范围内可能藏匿毒品的人、物、车辆、飞机、轮船等进行公开检查，以期查获毒品、抓获毒品犯罪分子的一项专门工作。[①] Y省中越边境地区毒品犯罪分子气焰嚣张，武装贩毒、暴力闯卡现象时有发生，通过在边境地区进行严密的公开查缉，能造成浩大的缉毒声势，对毒品犯罪分子产生强大的震慑。通过公开查缉还能了解和掌握一定时间范围内毒品犯罪的特点、动向、路线、手法等情况，能有效遏制境外毒品向我国境内渗透。

(2) 控制下交付。控制下交付是一种技术，即在一国或多国的禁毒执法机构知情或监督下，允许货物中的毒品或可疑的毒品、易制毒化学品或它们的替代物质运出、通过或运入其领土（或地区），以期查明毒品犯罪情况，将贩毒人员一网打尽的侦查策略。[②] 在Y省中越边境地区，多数贩毒人员仅是被作为毒品贩运过程中的运输工具，边境警力能打击到的也是处于贩毒网络中间环节的马仔，通常难以触及毒品犯罪网络的上下家等核心阶层。而在边境地区进行控制下交付，有助于"顺藤摸瓜"，抓获更多贩毒团伙的核心成员，破获大案要案。此外，也有利于毒品犯罪证据的收集，保证诉讼活动的顺利进行，给予毒品犯罪分子应得的严厉惩罚。

(3) 金融调查。金融调查是指禁毒部门在银行等金融机构的协助下，从涉毒资金的流通环节中追查其来源与去向，达到追缴毒品犯罪的非法收益、发现犯罪线索的目的，以彻底地打击毒品犯罪的一种措施手段。[③] 毒品犯罪是谋利型犯罪，毒品市场的巨额利润催生了一波又一波犯罪分子"舍死忘生""谋财害命"，因此必须加大追缴毒资、没收毒品犯罪非法收益的力度。在Y省边境地区，毒品犯罪分子也常将贩毒收益转移至越南，因此进行金融调查时要注重与越南加强国际司法合作，最大限度地追缴毒品犯罪非法收益，严打洗钱犯罪活动。

---

① 参见于燕京、张义荣、莫关耀等编著：《禁毒学》（下册），群众出版社2005年版，第521页。

② 参见莫关耀、昂钰主编：《毒品犯罪案件侦查教程》，中国人民公安大学出版社2009年版，第210页。

③ 参见莫关耀、昂钰主编：《毒品犯罪案件侦查教程》，中国人民公安大学出版社2009年版，第124页。

3. 深化"堵源截流"的国际合作

（1）完善沟通联络机制。目前，Y省G州HK县、W州MLP县、P市JC县与越南老街、河江等接壤省市已经搭建起了禁毒联络官办公室合作制度与禁毒联席会议机制，在共同条款、协作范围、配合方式、组织实施、工作效力共五个方面达成了共识，跨境禁毒工作已卓有成效。因此，可参照已建立的边境禁毒联络官办公室这一合作平台，与越方共商共建其他形式的联络机制，加强Y省边境地区禁毒部门与越方禁毒部门的会晤和联系，扩大沟通领域，相互配合打击中越跨境毒品犯罪，构建两国无毒的边疆环境。

（2）完善情报共享机制。国际贩毒案件的破获，大多得益于良好的国际情报交换关系。在打击跨境毒品犯罪案件中，情报工作在侦查过程中发挥主导作用，因此要大力完善中越两国情报信息交流与侦查合作机制，培养禁毒专业翻译人员，及时互通贩毒情报、交流毒情信息、把握边境地毒品犯罪动向。

1998年10月19日，中越两国签署了《中华人民共和国和越南社会主义共和国关于民事和刑事司法协助的条约》；2001年7月26日，两国达成了《中华人民共和国政府和越南社会主义共和国政府关于加强禁毒合作的谅解备忘录》；2015年，为共同打击湄公河流域跨国毒品犯罪，中国邀请越南加入联合扫毒行动，与老缅泰柬共同研究制定了《"平安航道"联合扫毒行动三年规划（2016—2018）》。开展合作打击威胁双边非传统安全的跨境毒品犯罪活动，携手构建良好、和谐、安全的边疆社会环境，是中越两国达成的共识。

由于毒源在外，单靠我国一国之力难以有效控制境外毒品流入国内，因此必须进一步加强中越两国间的禁毒合作，将境外毒品有效拒在国门之外。中越两国都是社会主义国家，在禁毒立场、地理环境、人文条件等方面有良好的合作基础和共同利益。因此要同越南警方加强会谈会晤、情报交流、案件协查、联合扫毒行动等各项合作内容，进一步完善各项工作机制，突破两国禁毒合作壁垒，开辟境外禁毒除源战场。

深化堵源截流是构建毒品问题社会治理模式的中心。"边境多缉一分毒，内地少受十分害"，Y省中越边境地区当前的毒品犯罪态势仍然十分严峻，打击毒品犯罪问题还存在诸多困境，因此必须多措并举、整合资源、协同作战，形成打击跨境毒品犯罪的整体合力，将毒品堵在境外、打在边境。

（六）毒品问题社会治理模式之创新戒毒制度

Y省中越边境地区是"金三角"毒品的重灾区，毒品滥用问题治理主要面临病残特殊吸毒人员收戒难和吸毒人员回归社会难两大困境，继续依靠原有的戒毒措施不足以应对严峻的毒品滥用形势，因此亟须创新禁吸戒毒模式。

1. 建立病残人员收戒机制，降低社会风险

对病残吸毒人员的处理极为棘手，如若放任其流向社会，携带传染病源的吸毒人员很有可能感染普通群众，缺乏约束的吸毒人员很有可能进行刑事犯罪活动，并且执法机关因难以收戒而往往对这部分特殊群体"抓了放、放了抓"，极容易引发群众的不满和误解。因此，建立科学、有效的病残吸毒人员管理机制，降低病残人员所带来的潜在社会风险尤为重要和紧迫。

根据2015年10月国家禁毒办、公安部、司法部等八部委联合下发的《关于加强病残吸毒人员收治工作的意见》精神，以及2018年新修订的《Y省禁毒条例》第42条规定，① 为解决病残吸毒人员以身体因素作为"挡箭牌"，阻碍警方打击毒品违法犯罪问题，当前应加快构建Y省中越边境地区的病残吸毒人员治理体系，积极推进病残吸毒人员收戒收治工作。首先，为确保病残吸毒人员收戒工作取得硬件支持，应加大Y省中越边境地区财政资金投入，开辟专门的病残吸毒人员收戒场所（在现有的戒毒场所开辟专门区域，或者建立专门收戒病残吸毒人员的场所，或者在医院建立特殊人员收治病区），并配置相关的医疗设施和专业医疗人员。其次，为确保身患传染病的吸毒人员与其他吸毒人员不会发生交叉感染，根据《禁毒法》第44条的规定，② 应对携带传染疾病的吸毒人员进行分别管理和隔离治疗。最后，为确保身患严重疾病的吸毒人员获得稳定有效的医疗救助，在现有的民政救助及财政补助的基础上，积极探索医疗保障制度的建立，解决对病残人

---

① 根据《云南省禁毒条例》第42条规定："县级以上人民政府根据需要，可以设立关爱机构。对接受社区戒毒（康复）的老、弱、病、残等特殊吸毒人员，执行地乡镇人民政府、街道办事处征求本人或者其父母、其他监护人同意并签订戒毒（康复）协议后，可以送交关爱机构进行集中戒毒（康复）。"

② 根据《中华人民共和国禁毒法》第44条的规定："强制隔离戒毒所应当根据戒毒人员的性别、年龄、患病等情况，对戒毒人员实行分别管理。强制隔离戒毒场所对有严重残疾或者疾病的戒毒人员，应当给予必要的看护和治疗；对患有传染病的戒毒人员，应当依法采取必要的隔离、治疗措施；对可能发生自伤、自残等情形的戒毒人员，可以采取相应的保护性约束措施。"

员财政支持"有心无力"的难题。

总而言之,要结合Y省中越边境地区各地实际,联合公安、司法行政、卫健、民政、财政等部门,围绕场所建设、人员配置、社会保险等方面细化制度规范,完善病残特殊吸毒人员的收戒程序,降低因社会面上存在病残吸毒人员而潜在的风险。

2. 参照"雨露社区"模式,帮助吸毒人员重归社会

在Y省中越边境地区,绝大多数吸毒人员文化水平低,没有一技之长,因此即便离开强制隔离戒毒所,由于找不到可以谋生的工作,许多戒毒人员又重新走上吸毒甚至犯罪的道路。安置就业能帮助戒毒人员在心理上找到自信、在经济上取得支持、在精神上得到满足,从而有利于戒毒人员尽快恢复社会机能,回归正常生活。

以"雨露社区"[①]为例,为解决吸毒人员戒断容易巩固难、出所容易生活难的问题,开远市大胆实践,建立了一个帮助戒毒人员提高劳动技能和融入社会能力的戒毒康复场所。一方面,为使戒毒人员"入所能培训、出所能就业","雨露社区"通过探索"公司+康复劳动+工业"模式,引进了以来料加工为主的劳动项目,为戒毒人员提供了广泛的"就业"机会,形成了"人人有活干、人人能干活、事事有着落、项项出效益"的良好局面;另一方面,为使戒毒人员过上社会化的正常生活,"雨露社区"为戒毒人员提供了类似于外界社会环境的居住生活条件,除住宿区、康复生产区、医疗区外,"雨露社区"还划分了运动区、休闲区等功能区,社区内商店、饭馆、理发室、网吧等商业设施相对齐全,戒毒人员在康复生产之余也能进行上网、打球、看电视等正常娱乐休闲活动。除此之外,戒毒人员还能够参与各项民主选举和社区管理等活动,为建设社区美好的生活环境贡献自己的力量。

"雨露社区"以为帮助戒毒人员重归社会为目标,通过劳动提升戒毒人员的社会依属性,通过"社区"降低戒毒人员的社会差异感,走出了一条

[①] "雨露社区"的前身是1995年开远市建立的强制戒毒所。2006年5月,国家禁毒委员会和公安部提出了建设集强制脱毒、身心康复、融入社会功能于一体的戒毒康复场所的新思路,为适应这一戒毒理念与制度的新变化,强戒所转变为"雨露社区"。社区站在居民是社区主人的立场,从生活条件、就业岗位、社会情感、人际关系、社区组织等多个方面,为他们创建了一种亲近、亲切、适应性很强的特殊社区形态。"雨露社区"实行有约束的开放式管理,内部宽松自由,但与外界毒品问题隔绝。在这里,社区居民有工可做、有酬可拿。

封闭管理、戒毒矫治、劳动康复、集体生活、回归社会的戒毒康复之路,被证明是一条切实可行的道路。因此,Y省中越边境各县市可参照"雨露社区"模式,探索建立戒毒康复社区,帮助戒毒人员重返健康人生。

创新禁吸戒毒工作是构建毒品问题综合治理模式的重心。吸毒人员是毒品滥用的受害者,病残特殊吸毒人员和无劳动技能的吸毒人员又是其中的弱势群体,由于自身身患重病、缺乏谋生能力、不被社会接受等,大部分吸毒人员丧失了经济来源和社会支持,因此容易走上违法犯罪的道路,即便通过强制隔离戒毒,也可能复吸毒品。针对Y省中越边境地区毒品滥用严重的问题,建议从构建病残吸毒人员收戒收治体系和建立劳动康复社区戒毒模式着手,一从源头保障吸毒人员得到有效救治,二从终端确保吸毒人员成功回归社会,环环相扣,助力治理边境地区的毒品问题。

以往对边境地区毒品问题治理的研究,大多从法学、犯罪学或公安学角度出发,选择毒品犯罪或毒品滥用中的某个具体问题进行分析,尚缺乏从微观的个案向宏观角度构建边境地区毒品问题社会治理的思考。为有效治理Y省中越边境地区的毒品犯罪及毒品滥用问题,建设和谐、安全、稳定的中国边疆社会环境,笔者从多学科视角出发,提出了以健全边境地区的法律制度为前提、以对边民禁毒宣传教育为根本、以持续改善边境地区民生为关键、以强化边境禁毒队伍建设为基础、以深化边境地区堵源截流机制为中心、以创新边境戒毒模式为重心的Y省中越边境地区毒品问题社会治理模式思考,以期为全国毒品问题的社会治理提供借鉴。

第四节　西南民族地区禁毒社会组织影响机制实证考察[*]

一、问题的提出

党的十九大报告指出,要发挥社会组织作用,实现政府治理和社会调

---

[*] 本节撰写者:吴大华、谢勇。

节、居民自治良性互动。在毒品治理领域中，习近平总书记也多次强调要发挥社会组织独特功能，指出要"广泛发动群众，走中国特色的毒品问题治理之路，坚决打赢新时代禁毒人民战争"①。我国西南民族地区因其特殊的地理区位等多重因素，一直以来就是我国毒情形势严峻的重点区域之一。近年来，西南民族地区积极探索禁毒社会化道路，禁毒社会组织如雨后春笋般涌现。②

制度形塑组织。综观我国禁毒社会组织发展现状，可以发现虽然不同区域的禁毒社会组织都是建立在理性—法理权威基础上，有着基本相似的成长背景、规章制度、机构性质、结构框架、人员构成、工作职责等，呈现出韦伯式"科层制组织"（bureaucracy）理性化特征，"趋同性"现象较为突出。但因其面临的制度文化、实物资源、法规政策等制度环境供给情况不同等诸多因素，不同区域的禁毒社会组织运行情况、功能发挥和发展前景都有较大差别。总体来说，经济发达地区、非少数民族地区禁毒社会组织功能发挥要优于经济落后地区、少数民族地区。遗憾的是，当前关于禁毒社会组织的研究，大多局限在社会组织、禁毒社会化等宏观视角，而基于禁毒社会组织本身面临的制度环境为个案视角研究还十分缺乏。

本研究以西南民族地区为研究视域，选取西南民族地区最具代表性的禁毒社会组织——黔东南州 H 组织为个案，聚焦民族地区禁毒社会组织发展所依赖的具体支持条件及其实际样态，并以此来拓展我们对当代中国民族地区社会组织制度环境的理解。之所以选择黔东南 H 组织为个案研究，一是黔东南州 H 组织是西南民族地区首个以禁毒命名并以禁毒为主业的禁毒社会组织，有利于更好地观察西南民族地区禁毒社会组织运行情况。二是黔东南州少数民族成分多，有利于更好地观察制度环境对于少数民族地区禁毒社会组织影响机制。三是黔东南州面临的毒情形势较为严峻复杂，有利

---

① 《习近平：走中国特色的毒品问题治理之路 坚决打赢新时代禁毒人民战争》，载《光明日报》2018 年 6 月 26 日，第 1 版。

② 本研究认为，禁毒社会组织是经由民政部门登记的以及虽未经民政部门登记的但在工商部门注册的社会团体、民办非企业单位和基金会等各种社会组织，主要服务对象是出所后或未达强制收治条件的社区戒毒社区康复人员，主要工作是通过宣传教育、就业扶持、临时救助、毒品预防、心理干预等方面对吸毒者心理、精神状态进行调试和矫治，提高吸毒人员社会适应力，克服"人格退化"，养成自我责任观念，塑造正常的心理机制和社会行为，促使吸毒人员重新社会化、顺利回归社会。

于更好地观察西南民族地区毒情严峻地区禁毒社会组织面临的制度环境现状。

值得指出的是，由于西南民族地区地域宽广，各禁毒社会组织在生成结构、运行机理、政府态度等方面均有一定程度的差异，如何通过对 H 组织深入的个案研究，来处理好微观与宏观、特殊性与普遍性之间的关系，也是本研究试图突破的问题。格尔兹等人类学者主张"个案中进行概括"，他认为个案虽然具有独特性，但它体现出的特征却具有一定的、深刻的、广泛的代表性。① 基于此，本研究认为虽然对 H 组织的个案研究无法简单推导为西南民族地区禁毒社会组织的有关整体性结论，但是对 H 组织所折射的制度逻辑以及在既定制度条件约束下西南民族地区禁毒社会组织的策略选择确是值得讨论的，并有可能从中提炼出关于西南民族地区禁毒社会组织制度环境一般化的解释机制。本研究拟采取学界常见的处理方式（即以费孝通为代表的类型学研究范式），通过深入个案研究，分析其制度环境话语体系、治理结构和价值理念，实现从独特个案走向概括整体。

二、理论基础与分析框架

本研究理论基础是二十世纪下半叶兴起的"资源依附理论""新制度主义理论""社会资本理论"。

（一）资源依附理论：组织与资源依赖的分析视角

资源依附理论将组织面临的环境视为组织发展的必需，强调组织对资源的强依附性，而资源是由环境负责供给和提供的，所以组织又必须将理念价值、行动方略、生存策略以及发展路径等方面对准周围环境的"喜好"和"需求"，不断适应环境并成功争取更多的资源。在此背景下，组织之间为争夺资源将会不可避免地开展竞争。组织面临的外部资源约束也必然会限制组织的自治性产出。②

（二）新制度主义理论：组织与制度约束的分析视角

新制度主义理论是组织社会学思考社会组织与制度环境关系的重要理论

---

① 参见卢晖临、李雪：《如何走出个案——从个案研究到扩展个案研究》，载《中国社会科学》2007 年第 1 期。

② Lex Donaldson, American Anti-management Theories of Organization: A Critique of Paradigm Proliferation, Cambridge: University Press, 1995.

之一。其中，塞尔兹尼克作为新制度学派理论的先驱，将制度分析方法引入进社会学视野中，强调制度能够规定组织权力结构，限制组织属性安排。自二十世纪七十年代开始，希尔弗曼、梅尔、罗文、斯科特、韦伯、帕森斯等一些学者积极运用新制度主义理论，解释组织的行为动向、发展轨迹以及社会绩效，认为制度环境通过技术手段、理性因素对组织产生控制、约束和引导作用，在某些情况下，甚至会摧毁一个组织原有的架构运作，将处于同一个制度环境下的不同组织推向结构趋同的结果。①

（三）社会资本理论：组织与网络信任的分析视角

二十世纪九十年代，帕特南等一些学者开始研究社会资本在推进组织发展的重要作用。他们敏锐地发现，即使在同样的正式制度环境之下，组织发展也有着迥然不同的发展走向，可见更应该将视野放在那些非正式制度环境中。他们开始关注信任、网络、认同等非正式制度环境是如何形成、如何发生作用、如何造成影响的。布迪厄（1986）认为这种普遍信任会逐步演进上升为一定的社会资本，从而指引组织以及成员的行为。② 因此，在正式制度日趋完善下，社会资本将会成为组织路径依赖的源泉。

（四）分析框架

学者们历来对"制度环境"有不同的界定。斯科特认为，制度环境突出稳定性的意义，包括规制、规范、文化——认知三大结构要素以及由此带来的系列活动资源。③ 迪马吉奥和鲍威尔在对组织制度性同形的研究中借用布迪厄的"场域"概念，提出了"组织场域"的分析层次，这使得对组织实体的研究由单个组织扩展到组织网络成为可能。一个组织场域是由不同的制度供应者、制度生产者、制度使用者等共同构成的，且被社会群体公认的制度生活域。由此他们指明了一条以能动者为基础的理论路向，即制度过程的解释必须考虑参与制度创建或对既有制度施加影响的行动主体。帕森斯在研究中注意到，价值观系统也存在社会分层，为更上层的、受尊重的价值观

---

① 参见［美］W. 理查德·斯科特：《组织理论》，黄洋等译，华夏出版社2002年版，第109页。
② 参见王雨磊：《论社会资本的社会性——布迪厄社会资本理论的再澄清与再阐释》，载《南京师范大学报（社会科学版）》2015年第1期。
③ 参见［美］斯科特：《制度与组织：思想观念与物质利益》，姚伟、王黎芳译，中国人民大学出版社2010年版，第56页。

服务的组织，往往被认为是更合法的，并因此可以获得更大份额的社会资源。

表一：制度的三大基础要素

	规制性要素	规范性要素	文化—认知性要素
遵守基础	权宜性应对	社会责任	视若当然、共同理解
秩序基础	规制性规则	约束性期待	建构性图式
扩散机制	强制	规范	模仿
逻辑类型	工具性	适当性	正统性
系列指标	规则、法律、奖惩	合格证明、资格承认	共同信念、共同行动逻辑、同形
情感反应	内疚/清白	羞耻/荣誉	确定/惶惑
合法性基础	法律制裁	道德支配	可理解、可认可的文化支持

本研究中，民族地区禁毒社会组织作为一个整体的组织网络，在其创建运行、发挥功能中，受到政府的影响很大，由此建构了制度环境与社会组织这一组织场域之间的关系。而制度环境是作用于某一事物的各项制度的综合集合体。故结合国内外关于民族地区社会组织制度环境的论述，本研究参加斯科特的理论框架，将西南民族地区禁毒社会组织面临的制度环境细分为族群—制度文化、社会—实物资源、政党—法规政策三类。

三、西南民族地区禁毒社会组织族群—制度文化影响机制

西南民族地区禁毒社会组织的族群—制度文化是指西南民族地区禁毒社会组织在获取社会—实物资源因素以及政党—法规政策因素中，形成的制度价值、制度功能认同和对制度规则遵循等"心理规范"的总和，其核心体现为信任。最为直观的如对社会组织的认同程度、志愿者吸收的难易程度、就业人员提供的便捷程度、社会公众的参与意愿以及捐赠意愿等。

（一）族群—制度文化概述

认识西南民族地区族群—制度文化的特殊性，对于推进西南少数民族地区治理体系和治理能力现代化有着极其重要的现实意义。与汉族地区文化背景、治理惯习不同，在制度变迁过程中，西南民族地区有着一定相通、相连、相似的民族习惯和地域文化，这些非正式因素对人们生产、生活方式影响很大。西南民族地区更加重视横向式、同质性交流，人际关系交往主要是

根据与"己"的关系逐层形成特殊化网络集团,"差序格局"的社会结构更为突出,较难生发出公共精神,组织化程度不高,呈现出封闭性障碍以及整体落后性等特征。

西南民族地区社会资本主要嵌入在以家庭、家族、血缘为单位的高同质化社会网络内部,决定了其内部成员种族边界意识、族群团结观念、共同体忠诚利益的形成,同时也决定了对公共精神、公共意识、公共事务的狭隘关注。一个封闭自给的社会网络结构难以聚合强烈的吸纳能力和开放心态,自然会主动排斥网络外成员进入此关系网络。众所周知,血缘团体的信任可以增进小范围的合作,提升禁毒社会组织的整体工作效能。这些传统社会资本形式在一定时期和某些情况下对西南民族地区禁毒社会组织促进吸毒人员回归社会开展产生过积极作用。比如,四川凉山彝族自治州建立的民间禁毒协会,一直都有利用"地方性知识"——民间习惯法来帮助戒毒的历史传统。这些协会采纳"虎日"歃血盟誓等文化自救方式,整合整个家支的力量,帮助服务对象克服毒品依赖。

(二) 网络信任机制分析

如前文所述,西南民族地区传统的社会资本也存在不少消极影响。自改革开放以来,中国社会一直在发生着变革,"以物的依赖性为基础"的交往取代了对"人的依赖关系"的交往。在此背景下,族群—制度文化通过网络信任机制对禁毒社会组织产生影响、发挥作用,主要表现在下述几个方面。

一是信任体系。民族地区禁毒社会组织互信机制受损和信任度下降。社会资本理论认为,在由不同利益共同体组成的社会网络中,信任是推动网络存在、组织功能有序运行以及组织发展的关键要素。进入社会转型期,随着社会结构的迅速变迁、市场经济的建立和发展,利益关系格局急剧变化,西南民族地区以契约和公平为主要特征的现代信任尚未完全建立,社会信任体系遭到了巨大的冲击。这种信任关系的削弱和流失表现为西南民族地区内部政府信用的缺失、企业信用危机、个人信用滑坡、地区内部信用体系不健全等,从而使得这一地区现代社会经济发展所需要的合作很难在互信的基础上进行。成员之间的彼此相互信任是社会组织有序发展的必要前提。如果各方面互不信任、互相怀疑,会对西南民族地区禁毒社会组织造成阻碍。本个案中,在H组织成立之初,H组织与政府之间信任度较高,政府对H组织在促进吸毒人员回归社会上有着较高期望,努力提供H组织所需的有关资源。

H 组织拥有一批专业禁毒社工，更容易获得政府的认同，服务对象也依赖认可，积极配合组织的有关活动。但是在 H 组织发展过程中，我们发现一些部门对社会组织持有不信任的偏见，行政干扰过多，社会组织无法遵从公共利益的理念与目标，无法自主识别发展机会、组织目标与组织内容，被迫沦为政府行政管理中的接收指令、完成任务的执行角色，一定程度上导致了目标置换、性质变异、结构松散甚至组织分裂现象。比如，一些政府部门基于社区戒毒社区康复工作的敏感性、保密性，往往不允许 H 组织直接接触吸毒人员，甚至要求禁毒社工参与与禁毒工作毫不相干的政府工作，挤占了禁毒社工时间，影响了 H 组织功能发挥。

二是网络体系。民族地区禁毒社会组织活动网络不健全。社会资本包含着政府、社群、民间组织各方的良性互动，应该是"自下而上"和"自上而下"相互衔接、相互转换的结果。在西南民族地区禁毒工作中，虽然初步形成了由政府机构、自治组织（村民委员会）、民族地区中介组织、民族地区社会组织等多种主体构成的网络治理结构，但各主体之间有着不同的资源总量以及资源动员能力，政府机构依旧起着支配作用，良性互动网络难以建立。H 组织自治性和独立性在很大程度上没有得到实现，其专业优势没有充分发挥出来。由于关系网络的建设并不是一个自上而下强制性的结果，而是长期持续互动与多方共同积极参与的结果，因此，西南民族地区出现的这种关系网络供给不足的问题，需要经过长期而复杂的建构过程才能得到解决。本个案中，一些参加 H 组织的禁毒社工、志愿者并非基于对公共责任、禁毒使命和集体利益的尊崇感，而是仅仅将加入禁毒社会组织视为养家糊口的工作。这种心态下，导致 H 组织营利倾向现象的出现。同时，H 组织在活动中受制于政府，必然会更加倾向于向行政权力、行政力量和行政资源靠拢，而服务对象的真正需求得不到重视、满足和尊重，导致服务对象对 H 组织的信任感和认同度并不高。

三是规范体系。民族地区禁毒社会组织族群认同欠缺。我国西南民族地区的规范体系主要是传统社会积累起来的非正式的伦理道德规范，这种伦理道德在小农经济和计划经济条件下对于规范人们的价值选择和行为活动起到了重要的作用。民族地区社会结构的逐渐分化，以契约、互惠、诚信为主的现代道德规范尚未充分建立，从而导致西南地区"规范"社会资本的凌乱和缺失，极大地阻碍了西南民族地区禁毒社会组织民主化和自治进程。在本个案中，面对少数民族地区吸毒人员一定程度上的道德人格、道德认知、道德责任、道德意志欠缺，H组织无法发挥传统社会控制的乡土力量，无法充分整合民族传统、乡规民约、宗教信仰，以调动和激活族群认同、信仰仪式、尊严与诚信、伦理与责任、习惯法和民俗教育等诸多文化要素的综合力量来战胜人的药物成瘾性。

四是支持体系。民族地区禁毒社会组织服务对象制度排斥。当前民族地区在推进禁毒社会化、促进吸毒人员回归社会的进程中，存在一定的方向偏差与整合困难，最大的障碍在于仍奉行传统"以打开路"的毒品治理策略，而忽视了以社会接纳为根本目标的吸毒人员回归之路。面对毒品问题发生的复杂结构力量，服务对象在就学、就业、创业、人际交往、犯罪惩处等方面被贴上了道德污名化的标签。在禁毒社会化工作中，民族地区政府基于强势权威，使服务对象定期参与H组织有关活动。而少数民族地区服务对象对政府、对禁毒社会组织都有较大程度的不信任，在长期行政动员下既缺乏主动参与的习惯，更加缺乏主动参与、主动配合、主动矫正的积极性和内在动力。同时，服务对象参与缺乏制度上的保障，关于服务对象参与的法律上、制度上和程序上的保障不够充分、不够健全，导致服务对象知情权不充分。信息不对称导致服务对象参与失效或无效率，难以充分调动服务对象的主动性。比如，服务对象的参与主要局限在满意度测评或社会评价，这意味着公民仅仅担当着消息供给者的角色，参与的影响力相当有限。

四、西南民族地区禁毒社会组织社会—实物资源影响机制

与传统的封闭系统分析方法相比，二十世纪七十年代后期出现的资源依赖理论与新制度主义学派不再将注意力仅限定在一个既定组织的边界范围内，也不再片面强调组织效率与工具性行为，而是遵循开放系统的分析范式，着重从组织生存及其合理性的视角出发来探讨组织与外部制度环境的复杂互动关系，它们均主张如果不了解组织运作的外部制度环境，就无法真正认识组织的结构或行为。

（一）社会—实物资源供给情况

1. 活动资金

对于不以营利为目的的H组织来说，资金是其生存和发展所必需的最基本资源之一。H组织的运作资金主要有政府资助、捐赠、在核准的业务范围内开展活动或服务的收入等来源。在实际运作过程中，由于H组织的服

务对象绝大多数是吸毒成瘾的社区戒毒社区康复人员，因反复吸毒导致家庭经济状况普遍拮据，组织运营主要支撑来源于政府资助。

2. 人力资源

对以人和理念为宗旨的社会组织来说，人力资源作为资产的重要性更是不言自明。H 组织在招聘社工时，明确要求要有大专以上学历、具有本地常住户口，除"四金"（养老保险、医疗保险、失业保险、住房公积金）后每月工资 1600 元。同时，在政府强有力宣传感召下，社会公众参与志愿活动的主动性与积极性不断提升。

3. 工作场地

为解决 H 组织工作场地等问题，在州级层面上，黔东南州禁毒办为其提供了一套办公用房，相应的电脑、打印机、复印机、办公桌椅等设施也由州禁毒办负责出资解决。在县（市）层面，州禁毒办明确要求各县（市）委政法委具体负责落实各基层工作站的工作场地和办公设施。

4. 服务项目

按照 H 组织与政府签订的《政府购买社区禁毒社区康复人员服务采购合同》，H 组织负责定期安排禁毒社工对服务对象进行心理疏导、技能培训、就业指导、创业扶持、家庭走访、跟踪帮教等工作。同时，还负责毒品滥用方面宣传。而政府则根据 H 组织开展活动的实效，相应给 H 组织及其禁毒社工提供一定的资金支持，以维持其业务顺利开展。由于我国对社会组织的管理采取的是分级管理、非竞争性和限制分支的原则，在同一行政领域内不可能存在两家业务范围相同或相似的社会服务组织，[①] 因此在服务项目开展中，H 组织缺失竞争机制，造成了 H 组织的垄断地位，一定程度上造成 H 组织开展活动形式单一、效果不佳。

5. 服务对象

政府负责为 H 组织安排社区戒毒社区康复人员。在服务对象选择上，H 组织没有自主选择权，而是由政府机关指派。当具体的服务对象被分配到不同的禁毒社工后，出于对政府和 H 组织的抵制与抗拒，为逃避禁毒社工的跟踪帮扶，一些服务对象经常失信、失约。

---

① 参见刘志辉：《风险矩阵视阈下政府购买服务的风险评估——基于对 174 个社会组织的调查研究》，载《长白学刊》2019 年第 1 期。

（二）嵌入机制分析

"嵌入性"是组织社会学中的一个重要概念。这一概念最早由经济史学家卡尔·波兰尼于 1957 年提出，由格兰诺维特加以系统化、理论化，并引入社会学研究领域的。本节将运用"嵌入性"机制分析 H 组织与政府的结构性、功能性和制度性的相互作用机制。

一是政府对 H 组织的结构性嵌入。在推进禁毒社会化过程中，尽管政府希望 H 组织能够充分发挥好禁毒社会工作的专业优势、理论优势和社会优势，开展好帮扶服务对象的工作，促进其早日回归社会，同时，也能够一定程度上降低政府支出，减轻社会稳定压力。但是，在调研中，我们发现政府仍旧存有一定的顾虑，害怕在开展服务人员帮教中，出现意外、形成风险，所以政府对 H 组织开展活动采取严格控制的策略。为实现这一目标，政府将 H 组织的人事任免权、项目决策权以及经费审批权等牢牢控制在自己的手中，形成了政府权力强化下的结构性嵌入。但是介于在活动资金、工作场地、服务项目等社会—实物资源上对政府的强依赖，对这种嵌入所诱发出的 H 组织自主性、公共性大大压缩的现状，H 组织只能接受。

二是 H 组织对政府的功能性和制度性嵌入。新制度主义理论在看到制度环境对组织强力约束的同时，也指出组织也会积极调控自身的行为策略，一方面，为了适应制度环境，不被资源限制而淘汰出局；另一方面，为了更好优化发展方向，巧妙利用现有的制度资源，为组织谋划更远的前景。自 H 组织成立以来，政府在给予必要的资源扶持同时，也顺势把控住了组织发展的核心权力体系。面对政府的结构性嵌入，H 组织重新审视了组织权力架构和运行规则，以谋求与政府同步同调。比如说，政府会安排禁毒社工协助基层政法部门开展服务对象尿检这项本不属于禁毒社工的业务工作，但 H 组织的禁毒社工主动上门，向服务对象阐述定期参加尿检的好处，赢得服务对象的支持，改变了过去不愿意参加尿检的现状，实现了 H 组织对政府的功能性嵌入。又比如说，为适应州、县（市）、街（镇）政府行政管理模式，H 组织主动按照政府部门的行政化、机关化的运作模式，改变组织架构扁平化，设置相应的管理层级，并建立了一系列监督管理约束机制，与政府部门沟通协作更加紧密，实现了 H 组织对政府的制度性嵌入。

三是 H 组织与政府之间的相互嵌入。资源依赖理论、新制度主义理论对传统理性系统的组织结构观进行了必要的修正，它们均认为组织结构并非单纯是决策者追求技术效率而进行理性化设计的产物，更大程度上是组织外部环境作用的结果,环境的构成及特点决定着组织的结构形态与变革,并且某一特定组织初创时的环境状况是至关重要的,因为这种环境状况构成了组织持续下去的结构模式——这一模式将使组织带有恒久的特征,即表现为一种路径依赖。通过前文的分析,我们可以看出无论是政府对 H 组织的结构性嵌入,还是 H 组织在功能和制度等方面对政府的嵌入,都在客观上对 H 组织的独立性和结构的完整性产生了较大的影响和冲击,呈现出组织结构松散化的特点。在短短五年多的时间里,H 组织能够从无到有、由小及大地迅速发展壮大,这与黔东南州政府的强势推动是分不开的。然而实践也证明,政府的主导推动对 H 组织的发展已明显产生了一个"双刃剑"的效应,它在促进 H 组织快速成长的同时,也导致 H 组织因先天发育的不良:在资金、场地、信息等资源方面对政府及其职能部门的强依赖性,以及各县(市)政府和相关职能部门对工作站实际工作的经常性干预或介入,导致 H 组织面临组织分裂的危险。

五、西南民族地区禁毒社会组织政党—法规政策影响机制

和资金、人才、工作场地、办公设施等社会—实物资源一样,依靠公共权威以正式的形式确定下来的法规政策等制度本身也是一种稀缺的资源,并且这种制度作为一种被赋予合法性的行动规则,决定着社会主体的行动、社会关系和社会资源的分配。①

(一) 政党—法规政策现状

黔东南州政府在构建预防和减少犯罪工作体系、积极探索毒品治理的长效机制过程中,通过政府主导推动禁毒社会组织——黔东南州 H 组织的组建,并采取政府出资购买服务、H 组织承接并落实社区禁毒服务的方式来实现政府与社会组织之间的职能对接,从而在西南民族地区率先进行了禁毒社会工作制度的创新。

为切实发挥 H 组织功能实效,黔东南州委、州政府负责统筹推进禁毒社会化工作,各县(市)也成立了相应的领导小组。州委常委会每两个月专题研究部署禁毒工作,其中禁毒社会组织的运行情况是其重点调度内容。

---

① 参见[日]富永健一:《社会学原理》,严立贤等译,社会科学文献出版社1992年版,第4页。

黔东南州也先后制定出台了《黔东南州关于进一步加强禁毒工作的实施意见》（黔东南州党发〔2015〕11号）、《黔东南州禁毒工作责任追究实施细则》（黔东南党办发〔2015〕36号）、《黔东南州禁毒重点整治工作实施办法》（黔东南州禁毒委通〔2016〕1号）等文件，明确了组织领导、机构设置、落实责任、机制创新、经费保障等方面，并要求全州各级党委政府各职能部门配合、协助H组织开展社区禁毒社区康复工作；规定了各县（市）中心医院和指定医院要协助公安机关和H组织的禁毒社工做好对吸戒毒人员的尿检工作；界定了政府购买社会工作组织禁毒服务的考核评估标准、方法、实施程序、结果评估等内容。以上这些政策法规的制定和颁布，对H组织的创建、管理和运作等方面进行了总体规划与部署，为H组织的创建、运转和工作开展提供了规范和依据，解决了一系列重大难题，有力推动全州禁毒工作的开展。同时，在每年召开的州两会上，州人大都要审议《黔东南州禁毒工作情况报告》，特别是对H组织的运行情况进行检查，督促整改H组织运行工作中出现的各种难题。州政协也经常组织调研组对H组织开展吸毒人员的管理和帮教工作情况调研。通过一系列的保障措施，全州16个县（市）全部建设了禁毒预防教育基地，供H组织开展禁毒预防宣传工作。在H组织统领下，全州已建成社区戒毒社区康复工作服务中心186个，建设率为89%；共有635所学校建成毒品预防教育园地（长廊），建设率为92.43%。建立"州级抓乡镇（街道）、县级抓村居（社区）"的禁毒社会化重点整治工作机制以及"无毒害"创建常态化工作机制，不断巩固和扩大"无毒害"创建成果，全州"无毒害县先进单位"达8个。同时，为营造浓厚的H组织工作氛围，积极实施全民禁毒预防教育和宣传预防教育工程，构建了全方位、多途径、多元化、常态化、无死角的毒品预防宣传教育"N+"模式：在屏上，利用公共场所LED屏滚动播放禁毒知识、标语，使其覆盖到单位、场所，深入村民（居民）委员会；在面上，开展汇演、演讲、征文、展览、现身说话等活动，在公共区域绘制、悬挂创建标语，开展多元化禁毒宣传；在点上，推进学校禁毒预防教育实质化，并将相关禁毒知识纳入考试范畴，推进禁毒预防基地宣传实效化。除此之外，还着力组织开展"禁毒宣传苗乡侗寨行"活动，将禁毒预防宣传全面化，掀起禁毒宣传高潮，人民群众禁毒知晓率和对禁毒工作满意率都得到大幅提升。

但是在调研中，我们发现在政府建构供给的法规政策方面仍面临一些问题，有一定局限。主要体现在：一是整体制度理念化。法规政策主要停留在理念层次，并未形成清晰的改革路线图和具体的改革目标。这种宏观政策特征给实践中的具体操作部门带来了模糊不清的预期，并可能引发迥然不同的操作逻辑。二是强调支配、服从和秩序的价值优先性。民族地区政府依然延续了"后全能主义时代"的社会管控模式，强调绝对控制。在这种背景下，H 组织缺乏相对于政府而言的自由平等的主体地位。三是部分制度缺失。原有禁毒社会化工作的设计只涉及市、县（市）两级政府层面，忽略了更基层、更直接的街（镇）层面，而后者却是 H 组织工作的重心所在和主要的活动平台。四是部分制度间不相适应或冲突。H 组织积极倡导"吸毒者需要全社会的关爱"的社会工作理念，但其依然遭遇到毒品惩处制度和对吸毒人员排斥环境的种种挤压。五是政策工具碎片化。近年来，黔东南州出台了一系列针对 H 组织的培育扶持政策。但是这些政策更多地从政法维稳管理的角度出发，没有进一步有效整合财政、人社、市场监管、税务等行政资源，一定程度上影响了 H 组织的整体发展。

（二）合法性机制分析

"合法性"是一个内涵非常复杂的概念。高丙中等研究者认为，中国社会组织拥有四个可以获得合法性的场域，即政治合法性、行政合法性、法律合法性和社会合法性。① 本研究尝试从合法性的四个维度来揭示法规政策制度层面对民族地区禁毒社会组织的影响机制。

一是政治合法性。政治合法性主要解决社会组织"政治方向正确"的问题，确保社会组织符合政治秩序和政治规范的要求。与西方国家不同的是，我国社会组织建立的初衷，并不是为了批判现实或者对抗政府，而是有力补充政府力量。本个案中，民族地区 H 组织面临着政府主导的行政性与禁毒专业发展的自治性的"二重性"难题，限制了 H 组织公共性的生产。在此背景下，H 组织有时为了谋取活动资源与经济利益，被动地顺从政府的不合理要求，而忽略组织特定的公益价值与理念，存在一定的"工具主义"倾向，影响了政治合法性。此外，政府虽然制定了针对 H 组织发展的系列政策、规划和纲要，但是既不明确也不稳定，这导致 H 组织无法清晰地预判未来发展的空间，没有足够的动力朝着专业化方向发展。

二是行政合法性。行政合法性表现为政府的认同和参与。为使 H 组织

---

① 参见高丙中：《社会团体的合法性问题》，载《中国社会科学》2000 年第 2 期。

成功组建，黔东南州政府明确了其业务主管单位，投入了组织必要的起步资金；2016年3月25日H组织成立大会由黔东南州公安局有关领导主持，贵州省委政法委、省禁毒办有关领导出席会议并作讲话，州直30余家单位（部门）和各县（市）委政法委有关领导参加会议，凸显了当地政法部门的高度重视；在开展诸如社工培训、帮困助学、同伴教育等活动过程中，经常有当地政府领导出席；在H组织召开年会或者理事会时，州禁毒办都会指定两名干警参加等。政府的上述支持性行动，有效赋予和提高了H组织的行政合法性。但是，由于政府强调支配、服从和秩序的价值优先性，自由、同意和参与的价值被放在了相对次要的位置，从而导致了H组织公共言论生产、公共服务供给等功能失调的现象。

三是法律合法性。法律合法性要求社会组织严格遵照法律的规定申请登记以及开展活动。由于政府在资金、政策等方面的大力扶持，H组织解决了办公场所、禁毒社工、活动项目等问题，并顺利成为了能够独立享有民事权利、承担民事义务的组织实体。但是同时，政府把H组织作为一种政府可以利用的"工具"来支持，影响了H组织的主体性生产。在这种支持模式下，政府把H组织视为一种延长自身手臂的角色，而不是自由平等的合作主体的角色，这种政府与社会组织之间"权威—依附"的等级化关系结构，阻碍了社会组织的主体性生产，使得H组织外形化，多元善治之路依旧任重道远。

四是社会合法性。社会合法性主要是指社会组织得到社会公众和其他团体的接纳和认可。为解决好H组织社会信任度不高、公众自愿参与率低等社会合法性不足的问题，州政府在推动H组织组建及运转的过程中做出了大量的努力，如积极发动《贵州日报》《贵州民族报》《黔东南日报》对H组织及禁毒社工的活动等进行大量的宣传报道，并举办"黔东南州十佳社工"等活动，以扩大H组织及禁毒社工的社会影响力。在H组织社会合法性大多来自各级政府部门的背景下，H组织与政府公共部门间的协作能力得到快速强化。在这种情况下，随着H组织参与公共服务的水平和程度不断提高，H组织对公共空间和公共生活的参与水平也会同步提高。但是基于对政府的强依赖，导致了H组织公共性生产遭遇结构性瓶颈，客观上限制了H组织参与毒品治理的能力。

六、对策与建议

为进一步发挥好民族地区禁毒社会组织在毒品治理中的功能，需要进一步优化制度环境，提升制度集成水平，充分保障民族地区禁毒社会组织的平等权利，营造良好的禁毒社会组织生态发展系统，实现政府与社会的相互赋权、共同发展。

第一，加强民族地区禁毒社会组织党的建设。针对民族地区禁毒社会组织类型繁多、规模不一、分布广、联系多等特点，要进一步完善民族地区禁毒社会组织党的建设，加大街道、社区等基层党组织对禁毒社会组织的领导管理，确保禁毒社会组织始终沿着正确的政治方向前进。这方面可以借鉴宁夏做法。早在2010年，宁夏就探索依靠民政部门建立专门的社会组织党工委，采取归口管理、专职管理、区域兜底等多种模式，有效统合党工委与民政体系，实现社会组织党工委全覆盖。

第二，更加尊重禁毒社会组织主体地位。社会治理，顾名思义，就是要做到多元主体参与、多种力量整合、多方措施共融。其中一项重要内容就是要更加注重社会组织的主体地位、行为方式。在宏观制度取向上，要逐步改变民族地区政府部门资源灌输、变相管控的陈旧套路，解决政社不分的问题；在中观政策制定上，要逐步做到赋权增能，积极拓宽禁毒社会组织参与听证、决策和评估的渠道，为其创造必要的活动空间；在微观层面操作上，要进一步优化禁毒社会组织"非竞争性"原则，允许相互竞争、相互配合、相互角力，更好地满足民族地区群众多元需求。

第三，健全支持保障的制度体系。禁毒社会组织要在毒品治理等公共服务领域有所作为，需要被纳入多层次多元治理的制度化参与空间之中。就民族地区而言，要进一步优化管理杠杆和政策工具，进一步深化、细化、具体化政策工具组合，让政策工具发挥协同效应而不是相互冲突、相互抵消，改变单一化、碎片化的倾向，避免过去具体事项干涉过多的制度过剩以及引导、支持、培育缺位的制度匮乏两种极端。一方面，要建立包括民族地区禁毒社会组织在内的社会组织信用认证体系，将民族地区禁毒社会组织信息公开作为法定义务，与扶持政策挂钩，接受社会监督，特别是接受民族地区服务对象与民众的监督与评估；另一方面，要充分运用大数据等现代科技手段，围绕政府购买服务的项目定价、发包机制、评估机制、购买流程等形成科学的制度安排，打破信息烟囱和制度壁垒，做到互通有无、共融共享。

第四，营造良好的禁毒社会组织生态系统。良好的社会组织生态体系是一个互相合作的组织体现，是一个开放的、扁平状、流动式的网络系统，而不是封闭的、科层状、等级式的。基于此，政府需要鼓励不同类型、不同功能、不同取向的民族地区禁毒社会组织进行繁衍发展、互相支持、共同促进，形成合理分工、相互融合的新格局，以提升禁毒社会组织资源获取能力。同时，在这样的系统中，嵌入基层治理网络中的民族地区禁毒社会组织，有更多机会向更成熟、更强组织力的社会组织学习。后者也可通过前者，拓宽视野、增强能力，最终形成具有自我支持功能的生态体系。①

第五，培育民族地区公共精神。一个良性的社会秩序在本质上是对公共精神的尊崇和推广。要逐步有序开放毒品治理领域空间，鼓励和促进民族地区禁毒社工、志愿者和群众积极参与进毒品治理实践中。在公共生活实践中，要不断培育民族地区禁毒社会组织公共情感、公共理念、公共良知和公共责任，不断超越狭隘的民族眼界和逐利倾向，增进彼此互信，强化心理认同。

第六，创新完善民族地区毒品治理体系。促进吸毒人员回归，必须进行毒品治理理念和方式创新。要减少对吸毒人员歧视性的制度壁垒，尊重并维护吸毒人员的公民权利，实现现代社会"政治宽容"，减少社会歧视，改变污名化的心理定势。比如说，对连续未复吸的戒毒人员，考虑逐步取消动态管控；对吸毒人员有就学、就业、创业意愿的，积极搭建平台，加大有关社会保障力度等，努力将吸毒人员整合进主流社会中。

第五节　河南省 G 市毒品犯罪的实证考察[*]

G 市是地处河南省中部的县级市，综合经济实力位居河南省前列，虽然 G 市并不在全国禁毒委员会和公安部确定的毒品犯罪全国 13 个重点监控、整治区域范围之内，也不属于毒品原植物非法种植犯罪的高发区域。但是，

---

① 参见谢勇：《促进民族地区社会组织参与社会治理的几个着力点》，载《中国民族报》2019 年 3 月 25 日。

＊ 本节撰写者：臧冬斌。

在 G 市，毒品犯罪从无到有，毒品犯罪数量快速增长，毒品犯罪防控形势日趋严峻。研究河南省 G 市毒品犯罪的现状与发展规律对分析我国中西部经济发达的农村地区毒品犯罪具有重要的参考价值。

笔者以河南省 G 市人民检察院 2013 年、2014 年和 2015 年办理的毒品犯罪案件为分析样本，梳理河南省 G 市毒品犯罪案件和毒品犯罪案件犯罪人的基本情况，对河南省 G 市毒品犯罪所处阶段进行评估并预测 G 市毒品犯罪发展趋势，为河南省 G 市以及我国中西部经济发达地区的毒品犯罪防控工作提供数据分析资料和可供借鉴的思路。

一、河南省 G 市毒品犯罪基本情况

（一）毒品犯罪案件总量增长较快，防控形势严峻

2013—2015 年，河南省 G 市人民检察院共受理提请批准逮捕毒品犯罪案件 149 件，涉案人员 161 人，其中 2013 年受理 26 件，涉案人员 27 人；2014 年受理 28 件，涉案人员 29 人；2015 年受理 95 件，涉案人员 105 人。在河南省 G 市人民检察院这三年受理的 149 件毒品犯罪案件中，贩卖毒品犯罪案件共 146 件，容留他人吸毒犯罪案件 1 件，非法持有毒品犯罪案件 2 件。这三年来，毒品犯罪案件呈逐年上升趋势，毒品犯罪防控形势较为严峻。犯罪类型集中于贩卖毒品犯罪，说明河南省 G 市毒品犯罪大体上属于输入型毒品犯罪，堵住毒品的流入对 G 市预防毒品犯罪来说是非常重要的。

（二）毒品犯罪罪行大多较轻，但重罪趋势不可忽视

在刑法理论中，一般以 3 年有期徒刑作为区分重罪与轻罪的标准。河南省 G 市人民检察院 2013 年受理的毒品犯罪均为轻罪，起诉至人民法院后，所判刑罚均在 3 年以下有期徒刑；但是在 2014 年受理的毒品犯罪案件中，被判 3 年以上有期徒刑者则有 4 人，占当年涉案毒品犯罪人员总数的 13.8%；在 2015 年受理的毒品犯罪案件中，被判 3 年以上有期徒刑者则有 2 人，占当年涉案毒品犯罪人员总数的 4.3%。毒品犯罪从只有轻罪到出现重罪，说明 G 市毒品犯罪的重罪趋势不可忽视。

（三）毒品犯罪组织形式以单独犯罪为主

在河南省 G 市人民检察院 2013—2015 年受理的毒品犯罪案件中，单独犯罪的有 139 件，涉案人员 147 人，分别占三年受理的毒品犯罪案件总数和涉案人员总数的 93.3% 和 91.3%；在共同犯罪案件中，均为一般共同犯罪，

没有以犯罪集团形式出现的；毒品犯罪尚未呈现团伙化和黑社会性质。说明G市的毒品犯罪从组织化程度上来看还处于初级阶段，提示司法机关对G市的毒品犯罪要及时打击，坚决惩处，防止其向高度集团化发展。

（四）案件所涉及毒品多为海洛因等传统毒品

在河南省G市人民检察院这三年所受理的部分毒品犯罪案件中也发现有咖啡因、氯胺酮、甲基苯丙胺等新型毒品，但是新型毒品的数量并不大。较之于新型毒品，传统毒品更依赖于对毒品原植物的种植。但是河南省G市并不属于毒品原植物大量非法种植的地区，缺乏制造传统毒品的毒品原植物决定了在G市无法制造传统毒品，涉案的毒品多为从其他地区流入G市，而非G市本地生产制造的，从一个侧面说明堵住毒品流入G市的渠道对G市毒品防控工作的重要性。

（五）案件所涉及毒品数量大多较少，以零星贩卖为主要表现形式

在河南省G市人民检察院2013—2015年受理的毒品犯罪案件中，大多是构成贩卖毒品罪。在贩卖毒品犯罪中，绝大多数属于零星贩卖，大多数案件中海洛因的交易量在0.5克以下，但是也出现一些贩卖大量毒品的犯罪情况。这种以零星贩卖为主要表现形式的犯罪特点与河南省G市的毒品犯罪大多以单独犯罪为主有密切联系，贩卖毒品单独犯罪一般不大可能一次性出售大量毒品。

（六）毒品犯罪涉案人员呈"四多"特征

这里的"四多"是指G市本地户籍人员居多、无业人员居多、低文化层次者居多、青壮年居多。在河南省G市人民检察院2013—2015年批准逮捕的161名毒品犯罪嫌疑人中，具有G市本地户籍者有158人，占毒品犯罪涉案人员总数的98%；无业人员高达160人，占毒品犯罪涉案人员总数的99%；初中以下文化程度者有134人，占毒品犯罪涉案人员总数的83%；年龄在30周岁以下者有39人，占毒品犯罪涉案人员总数的24.2%；30周岁到45周岁的有86人，占毒品犯罪涉案人员总数的53.4%；年龄在45周岁以上的有36人，占毒品犯罪涉案人员总数的22.4%。毒品犯罪流窜作案少有利于对毒品犯罪的管控。

（七）毒品犯罪人中有前科记录者占相当大比例

2013—2015年，河南省G市人民检察院受理的毒品犯罪案件中，有22人是累犯，有38人是毒品犯罪再犯，有14人曾因吸毒受到过行政处罚，有

1 人曾被强制戒毒。上述有前科记录者共计 75 人，占这三年毒品犯罪涉案人员总数的 46.6%。

二、河南省 G 市毒品犯罪现状评估

将上述河南省 G 市毒品犯罪的特征和毒品犯罪人的特征，与国内其他地区的毒品犯罪情况和毒品犯罪人的情况进行对比分析，笔者认为河南省 G 市的毒品犯罪尚处于萌芽阶段向初始阶段过渡的时期。

在理论上依据毒品市场、吸毒人员数量、贩卖毒品的形式和贩卖毒品的目的等显著特征，可以把毒品的蔓延程度以及毒品犯罪的状况大体划分为萌芽阶段、初始阶段、高发阶段和失控阶段四个阶段。

在毒品犯罪的萌芽阶段，吸毒人员数量比较少，一个地区尚未形成毒品交易市场，这个阶段的贩卖毒品犯罪行为大多表现为零星的贩卖行为。在毒品犯罪的初始阶段，随着吸毒人群的不断滋生与扩大，毒品消费市场也随之逐渐扩大，这个阶段的贩卖毒品行为大多表现为团伙贩毒或者家族贩毒。在毒品犯罪的高发阶段，贩毒犯罪行为仍然以追求经济利益为主要目的，但是贩毒犯罪行为的组织化、程度比毒品犯罪的初始阶段进一步提高，毒品犯罪分子对抗司法机关缉毒的能力也在逐渐增强，这个阶段的贩毒行为大多表现为以合法的公司为掩护进行毒品贩卖，或者以贩毒集团的形式出现。在毒品犯罪的失控阶段，贩毒行为已经超出单纯的经济利益驱使，毒品犯罪分子追求的不再是简单的经济利益，贩毒组织与政治势力、恐怖势力相勾结，贩毒行为仅仅是作为维系政体、组织存在的手段之一，贩毒行为大多表现为基地贩毒。

就目前河南省 G 市的毒品犯罪情况而言，从前面部分的讨论中，我们可以大体将 G 市的毒品犯罪情况概括为以下几点：一是在吸毒人数上，消费市场已经开始形成；二是毒品贩卖主要是以零星化贩毒为主要犯罪形式，但是在 2014 年和 2015 年，河南省 G 市人民检察院受理的毒品犯罪案件中已经出现了贩卖较大数量的毒品的案件，说明 G 市的毒品贩卖犯罪行为已经不再局限于零星贩卖；三是在毒品犯罪的组织化程度上，在河南省 G 市尚未出现毒品犯罪集团，毒品犯罪大多以单独犯罪形式出现，一般共同犯罪的也不多见，还未见到暴力抗拒公安机关缉毒的情况，毒品犯罪分子中还未出现涉枪的情况；四是在犯罪目的方面，毒品犯罪分子进行毒品犯罪还是为了通过犯罪行为获取暴利，另外，还有不少贩毒犯罪分子是出于生活压力以及

为了筹集吸毒资金而去贩毒，河南省 G 市的毒品犯罪还尚未出现涉黑现象。因此，把河南省 G 市的毒品犯罪情况界定为处于萌芽阶段向初始阶段过渡的时期较为适宜。从整体上以及横向比较来看，河南省 G 市的毒品犯罪情况并不是非常严重。

但是就河南省 G 市的毒品防控以及毒品犯罪防控形势全局而言，应当说态势比较严峻。虽然 G 市远离 Y 省、甘肃省等毒品犯罪情况严重的地区，但是 G 市距离全国禁毒委员会和公安部确定为毒品问题重点整治的 13 个地区中的安徽省临泉县、陕西省西安市新城区的距离并不是很远，况且 G 市还处于从西北地区进入中原地区的陇海铁路、连霍高速交通大通道上，这个通道也是毒品由西北地区进入中原地区的重要通道。在全国毒品犯罪形势严峻的情况下，处在这样一个地理位置上，G 市是无法置身事外的。

根据本节前面关于河南省 G 市毒品犯罪总体情况统计，G 市毒品犯罪案件数量和毒品犯罪人员数量呈逐年增加的态势；全市毒品查获数量也在逐年递增。但是，由于经费、装备不足等，G 市发现、控制和打击毒品犯罪的能力还有待提高。此外，广大人民群众参与禁毒的途径尚不通畅，一些部门禁毒责任制落不到实处，"齐抓共管、综合治毒"的工作格局还没有真正形成。这些都在提醒我们，不要因为 G 市的毒品犯罪情况尚处于萌芽阶段向初始阶段过渡的时期，就放松对毒品犯罪防控的意识和防控工作，如果现在不对毒品犯罪加以遏制，等到其发展蔓延之后，我们将会付出更大的代价去防控，防控的效果也很难预料。

三、河南省 G 市毒品犯罪发展趋势预测

根据河南省 G 市毒品犯罪的基本情况和国内 Y 省、甘肃省等毒品犯罪较为严重的地区毒品犯罪的发展历程，我们对 G 市的毒品犯罪发展趋势作一个简单的预测，当然，如果能够采取行之有效的毒品犯罪防控措施，将来河南省 G 市的毒品犯罪发展趋势也会完全不同于我们的预测。

（一）毒品犯罪的发展阶段将从整体上过渡到初始阶段

从 Y 省、甘肃省等毒品犯罪严重的地区毒品犯罪发展历程来看，这些地区的毒品犯罪的萌芽阶段大多始于二十世纪八十年代初，经历了 10 年左右的时间后逐渐过渡到毒品犯罪的初始阶段；然后在初始阶段经历 7~8 年的时间，逐级过渡到毒品犯罪的高发阶段。河南省 G 市的毒品犯罪目前尚

处于萌芽阶段向初始阶段过渡的时期，若不采取有效的措施，将会在 2～3 年的时间内完全过渡到毒品犯罪的初始阶段。

（二）今后几年内毒品犯罪将处于高发期，恶性案件将会逐渐增多

在全国毒品犯罪高潮还没有越过其扩展蔓延的最高峰的大背景之下，河南省 G 市的毒品犯罪案件在今后几年内将会呈现数量增多、犯罪人员增多、恶性案件增多的趋势。目前来看，这个趋势已经开始显现。在今后的几年内，不能排除毒品犯罪分子暴力抗拒缉毒的情况的出现，也不能排除毒品犯罪涉枪、涉黑情况的出现。

（三）毒品犯罪将更趋于集团化、家族化

尽管目前河南省 G 市的毒品犯罪还大多以单独犯罪的形式出现，但是从国内其他地区毒品犯罪的发展轨迹来看。毒品犯罪集团化、家族化是一个发展的必然趋势。毒品犯罪的集团化、家族化从一个侧面说明毒品犯罪社会危害性的加大，毒品犯罪人也将更有实力对抗国家法律。同时，毒品犯罪分子为了降低"风险系数"，在国家缉毒力量内部寻求保护伞的问题恐怕将会不可避免地发生，可能会出现司法机关工作人员作毒品犯罪分子的保护伞的腐败现象。

（四）吸毒人数还将继续攀升

在河南省 G 市有不少吸毒者都是以贩养吸，这部分人都在蓄意"培养"新的吸毒者，以海洛因每克市价 350 元，再转手非法获利 50 元计算，只要引诱 6～8 个新生吸毒人员，就可以基本维持一个人每天吸毒的费用。① 因此，如果不加大戒毒工作的力度，河南省 G 市吸毒人员的数量将可能会不断增加。从这个角度来看，戒毒工作是预防毒品犯罪的非常重要的有效手段。

（五）毒品犯罪问题将会影响 G 市的社会稳定和经济发展

由于贩毒和吸毒从来都是一对怪胎，河南省 G 市部分家庭已经或者即将陷入"贫困—贩毒—吸毒—再贫困—再贩毒"的怪圈，甚至出现因为吸毒而造成致富后又返贫的情况。若任其发展，毒品犯罪问题必定成为影响河

---

① 计算采用静态估算：引诱的新生吸毒人员人数（6～8 人）×获利（50 元/克）×吸毒数量（0.3 克/天）＝每天销售毒品获利＝每天消耗的毒资＝毒品（海洛因）的市价（350 元/克）×吸毒数量（0.3 克/天）。

南省 G 市社会稳定和经济发展的一大祸患。

第六节　外流贩毒治理的困境与思考*

外流贩毒一般指某地区的居民离开户籍所在地，到其他地方从事走私、贩卖、运输毒品活动，并达到一定规模。二十世纪八十年代初，随着我国改革开放的不断深入，对商品流通管制逐步放开，境外"金三角"毒品通过 Y 省边境地区进入我国，借道中国过境贩毒，在过境贩毒的同时，很快在我国边境及部分地区形成毒品滥用问题。与此同时，Y 省外一些地区（主要是西部地区）的毒贩聚集 Y 省边境地区、Y 省境内的毒品集散地、中转地进行贩毒活动，外流贩毒问题开始形成。在该时期贩卖的毒品主要是海洛因，外流贩毒表现形式及贩卖线路较为单一，流入地、流出地涉及地区有限。二十世纪九十年代中期，冰毒开始进入我国，并逐渐发展为我国主要的被滥用毒品。随着韩国等制造冰毒技术转移到中国，我国制毒问题开始显现，我国毒品政策进行了适时调整，国家禁毒委在 1999 年把 1991 年第一次全国禁毒工作会议提出的"禁吸、禁贩、禁种"三禁并举、堵源截流、严格执法、标本兼治的禁毒工作方针，调整为"禁吸、禁贩、禁种、禁制"四禁并举、堵源截流、严格执法、标本兼治的工作方针。伴随着我国毒品问题的复杂化，外流贩毒的表现形式、贩卖线路及区域也发生了深刻变化。

1999 年，国家禁毒委对毒品问题严重地区进行禁毒重点整治，外流贩毒成为禁毒重点整治内容之一。之后，在 2014 年 6 月，中共中央、国务院《关于加强禁毒工作的意见》提出了完善突出毒品问题重点整治工作机制要求。为贯彻该意见的精神，深入治理重点地区突出毒品问题，推进禁毒重点整治工作常态化、制度化和规范化，国家禁毒委员会先后制定了《禁毒重点整治工作办法》和《禁毒重点整治地区认定标准（试行）》。

党的十九大以来，党中央对新时代的禁毒工作做出了部署。习近平总书记就禁毒工作作出重要指示，强调要加强党的领导，充分发挥政治优势和制度优势，完善治理体系，压实工作责任，广泛发动群众，走中国特色的毒品

---

* 本节撰写者：张涛。

问题治理之路，坚决打赢新时代禁毒人民战争。2018 年 1 月，中共中央办公厅、国务院办公厅联合印发了《毒品问题严重地区责任考评办法》（中办厅字〔2018〕4 号），明确提出了禁毒重点整治的指导原则、任务目标和工作措施。

由于外流贩毒的产生有其深刻的历史背景和现实背景，涉及历史、经济、教育、文化、民族、法律等多个方面，虽经多年的反复治理，仍屡打不绝，治理工作在今后一个时期仍将面临巨大挑战。

一、我国外流贩毒基本情况及研究现状

（一）涉及区域广，持续时间长

我国外流贩毒起源于二十世纪八十年代初，早期的外流贩毒主要是西部地区部分省市人群到 Y 省从事外流贩毒活动，把毒品运输到其他省份。之后，随着我国毒情形势的变化，外流贩毒区域不断扩大，表现为：一是流入地从毒品入境地和传统的毒品集散地发展到一些制毒较严重的省份；二是外流贩毒人员流入东南沿海经济发达省份在当地从事贩毒活动，一些外流贩毒群体已经控制了当地的毒品消费市场；① 三是流出地不再局限于西部地区，扩展到中部地区、东部地区的省份；四是部分地区毒贩还外流至"金三角"地区，与缅北毒枭结成跨国跨区域贩毒团伙网络，多层级策划指挥向中国境内大肆贩运毒品。

据国家禁毒委办公室提供的《2017 年中国毒品形势报告》，我国外流贩毒活动活跃，四川、湖南、广西、贵州、湖北、重庆等地是主要流出地，广东、Y 省、浙江、福建、江苏、上海等地是主要流入地。

（二）外流贩毒人数多，人员构成复杂

我国早期从事外流贩毒的人群主要以文化层次低、学历不高的低收入人群为主。经过多年的发展，有的早期外流贩毒人员完成资本积累，成为幕后老板，主要从事大宗贩毒活动；有的地方形成家族式、团伙式贩毒；有的雇用怀孕、哺乳期妇女及身体严重病残等特殊群体进行贩毒；有的地区外流贩毒人员中妇女、少数民族占较高比例。国家禁毒委办公室发布的《2017 年中国毒品形势报告》显示，2017 年，全国禁毒部门共破获毒品刑事案件 14

---

① 参见人民网：《全国禁毒重点整治工作会议惠州召开》，载 http://gd.people.com.cn/n/2015/1223/c123932-27387457.html，2015 年 12 月 23 日访问。

万起，打掉制贩毒团伙 5534 个，抓获毒品犯罪嫌疑人 16.9 万，其中全年抓获外流贩毒人员 3 万名，特殊人群 1693 名，外流贩毒人数约占全年抓获毒品犯罪嫌疑人总数的 17.8%。

（三）外流贩毒成为我国主要贩毒形式之一

当前我国物流寄递渠道贩毒、外流贩毒、特殊人群贩毒、利用互联网贩毒等贩毒问题突出，其中外流贩毒持续时间长，形成原因复杂。经过多年的发展，外流贩毒已经成为我国毒品蔓延的重要因素，严重影响社会治安稳定，破坏市场经济秩序，甚至影响我国国际形象。据国家禁毒委提供的数据显示，在 2015 年中，我国缴获各类毒品合计 102.5 吨。其中，海洛因 8.8 吨、冰毒类毒品 36.6 吨、氯胺酮 19.6 吨、大麻 8.7 吨。在查获的毒品中，20% 的外流贩毒人员贩运近 90% 的毒品。①

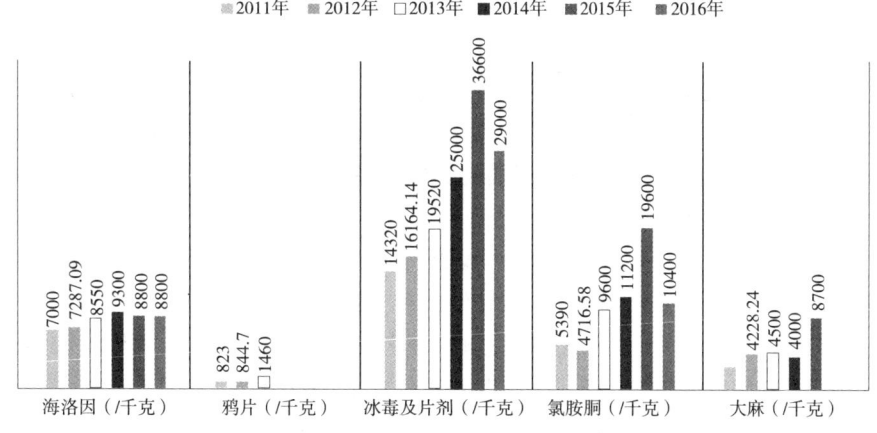

图一：我国近年来毒品的查获量②

（四）我国外流贩毒治理研究现状

外流贩毒作为我国当今独特的社会问题，很早就引起我国禁毒领域专家、学者的关注，他们结合实际，各自从不同的视角，对该问题进行了有益的研究和探索，并取得了一些成果。通过知网、维普网、万方数据、国家社会科学哲学文献中心等文献数据库对有关外流贩毒的学术论文进行检索，可

---

① 参见国家禁毒委办公室《2016 中国禁毒报告》。
② 数据来源：国家禁毒委办公室 2012—2017 年《中国禁毒报告》。

以发现，从 2000 年初到现在，主要有李振国、杨苏群、刘建强、刘海石、宁雯等分别对我国宁夏、新疆、四川、安徽、湖南的外流贩毒问题进行了研究，他们各自分析了当地外流贩毒产生的原因、特点，并对当地外流贩毒的治理提出了对策与建议。莫东浩、张黎针对外流贩毒治理的难点，提出了治理外流贩毒的预警模型的构想。大家对各地产生外流贩毒原因分析准确，在治理外流贩毒方面取得了一些共识，有针对性地提出了外流贩毒治理的一些建议。

二、外流贩毒形成的原因分析

外流贩毒是一个综合、复杂的社会问题。一方面，它与历史、文化、传统及现实客观原因有关；另一方面，又与现实的教育水平、经济、文化发展状况等有着密不可分的关系。

（一）主要现实原因

外流贩毒现实原因较多，许多学者也进行过广泛、深入的分析。从笔者调查情况看，外流贩毒者大多数经济贫困，缺乏必要的职业技能，他们从事外流贩毒深层次原因主要是教育缺失和文化落后。

1. 教育水平低，观念落后

受历史、自然、社会发展等因素的制约，一些流出地区教育发展面临着亟待解决的突出困难和问题：一是教育发展不足，与全国经济发达地区水平差距较大；二是义务教育普及成果巩固任务艰巨，部分地方未成年人辍学及外出务工的现象较为突出；三是办学条件差，不少学校校舍、仪器设备不足，教学条件简陋；四是教育质量不高，优质师资引不进、留不住，边远艰苦地方教师严重缺乏，教育质量难保障。

在笔者调查的外流贩毒严重的一些贫困地区，地广人稀，村落分散，交通不便，很多学校在布局上不尽合理，不仅学校小，且办学分散，教学力量不足，一些偏远山区学校的学生成绩偏差，许多村民生活在封闭隔绝的大山里，不能接受良好教育。

调查发现，在外流贩毒中，部分家庭受自身经济条件的影响不愿意子女上学，认为"读书无用"，部分人群往往小学未毕业就外出务工。有的家庭在子女完成义务教育之后也不愿继续让其接受教育或职业教育，不少未成年的孩子在没有完成初中和高中教育的情况下就外出务工。这些人群在外出务工时，整体素质偏低，只能从事文化素质要求低、专业技能要求低的工种，报酬相对较低。

教育缺失导致外流人员缺乏适应现代生活的知识和劳动技能，他们为了生存，容易走上违法犯罪道路。

2. 与流入地的文化存在差异，难以融入城市生活

贫困是人口流动的原因之一，我国学者认为贫困是经济、社会、文化落后的总称。我国贫困流动人口主要流向沿江、沿海、沿主要交通线地区的城市，其中一部分由农村流入城市靠打短工为生并经常处于失业、半失业状态的流动人口，由于受教育程度不高、缺乏专业技能，生活极端贫困。全国流动人口的平均贫困比率达到15.2%，比常住人口的平均贫困率要高出50%。①

根源于贫困的思维模式和行为，贫困形成的文化、生活方式与城市存在差异，如流动人口对流入地文化、习俗的认同等，会导致文化心理上的落差障碍，贫困流动人口特别是少数民族在融入城市生活过程中存在种种障碍。一些少数民族来自农村，因当地交通闭塞，与外界接触少，在城市中汉语交际能力较差，影响了与其他族群的社会互动，进而影响到他们适应与融入城市社会。强烈的"血缘""地缘""业缘"观念使他们更愿意与同在大城市打工的本民族成员交往，有任何困难也是第一时间向这一群体求助。由于他们的交际圈非常有限，这样就更容易被排斥于主流社会之外，极难真正融入城市社会中。贫困流动人口由于文化低、谋生手段有限、就业形式单一、经济收入不稳定，在城市常常处于漂泊状态，甚至有些连基本的衣食住行都无法保证。这部分人群为了改变、融入和发展，有的扭曲了原有的世界观、人生观和价值观，不择手段铤而走险，很容易被犯罪分子所利用，从事贩毒活动。

（二）成因理论分析

1. 社会学理论

（1）社会学习理论。社会学习理论是由美国心理学家阿尔伯特·班杜拉于1952年提出的，该理论着眼于观察学习和自我调节在引发人的行为中的作用，重视人的行为和环境的相互作用。该理论认为个人的犯罪行为是在

---

① 参见韩莹莹、蔡丽：《城市流动人口贫困研究进展与走向》，载《华南理工大学学报（社会科学版）》2018年第4期。

社会生活中通过实施或观察犯罪行为而学习获得的。犯罪是一种模仿的产物，人们的行为方式是通过行为人周围的环境影响形成的。其中包括积极的反射和消极的反射，而实施犯罪的行为即是消极的反射。

社会学习理论认为贩毒这种偏差行为是在社会互动中学习得来的，认为如果人们跟具有贩毒想法或行为的人接触频繁，就会有可能成为贩毒者。在实际调查走访中，我们发现外流贩毒的典型特征就是家庭化、团伙化贩毒情况明显，成群结队，一些人在没有接触贩毒行为之前是没有贩毒想法的，当他看到别人因贩毒而致富过上好日子时，特别是这种接触比较频繁时，就很容易走上外流贩毒之路而不能自拔。

（2）社会失范理论。社会失范理论是由美国社会学家罗伯特·金·默顿提出的。该理论认为，社会失范是指这样一种社会状态，社会所追求的目标与决定达到这些目标的规范不一致，即当社会所规定的目标与用以达到这种目标的手段不一致时，社会就会出现失范。获取财富的合法手段在不同阶层和地位的人中是不同的，那些几乎没有受过教育和经济条件差的人没有能力用合法的手段获取金钱和其他物质。尽管社会认可的成功目标在整个社会中是一致的，但身处下层社会的人们发现用社会认为合法的手段不能实现自己的目标时，就会产生挫折、愤怒等紧张情绪，进而有可能采取一些过激甚至违法的手段来实现自己的目标。涉毒犯罪者在较大的压力作用下，容易失去规范意识，失去对自我行为的控制，进而从事涉毒犯罪行为，采用非正规化的手段达到社会期望的目标，从事毒品贩卖交易活动。

2. 犯罪学理论

（1）社会紧张理论。社会紧张理论是实用主义犯罪学三大理论之一，主要认为人类从根本上是一种遵从的生命，在很大的程度上会受到他们所处社会的价值观和态度的影响。有的流出地区特别是西部少数民族地区绝大多数是山地，自然条件恶劣，经济基础薄弱，生产发展艰难。许多村民为了改变困苦的生活环境，越来越多地流动到其他较发达地区。然而，大部分流动人口因为不掌握技术，很难在发达地区找到工作，即使找到工作，也存在住房条件差、工作时间长、报酬低等方面的困扰。生活水平低，急于脱贫致富，容易在高额利益的诱惑下铤而走险。近年来，中央加大了对西部民族地区经济社会发展的扶持力度，但由于这些地区长期积贫积弱，要彻底改变贫穷还需要相当长的时间。

（2）破窗效应理论。破窗效应是犯罪心理学的一个理论，该理论由詹姆士·威尔逊及乔治·凯林提出,此理论认为环境中的不良现象如果被放任存在,会诱使人们仿效,甚至变本加厉,滋生更加严重的犯罪行为,一旦犯罪达到了某一个程度或者关键点,它就以"非线性"方式扩散。就是说,在某一时间点上,犯罪活动的一个细微的增加就有可能导致犯罪率的急剧上升。这是因为,无序的现象对人的反常行为和违法犯罪具有强烈的暗示性,如果轻微犯罪行为没有被及时严厉制止,则向社会传递一种错误信号,即表明该区域社会控制力较弱,或者当代人们可以容忍这些行为,最终成为严重犯罪的诱因。

二十世纪九十年代初,一些特殊人群进入Y省境内从事外流贩毒活动,最初只是零星个案,并未引起足够重视,受制于法律的保护性质的规定和关押条件限制,查获的特殊人群大多未受到相应的法律制裁。在这样的情况下,一种缺乏管理和法律约束的思绪行为被忽视,逐渐产生示范效应,并开始大规模扩散。最初参与毒品犯罪的特殊人群都是受生活所迫,为了谋生选择铤而走险,在他们贩毒成功之后,尤其在法律缺乏有效约束力和惩戒措施的情况下,参与者更加有恃无恐,犯罪强度不断增加,使越来越多的人参与其中,最终成为严重扰乱社会秩序的现象。

三、外流贩毒治理面临的困境

(一)毒品消费市场不断扩大,是外流贩毒长期存在的基础

根据国家禁毒委发布的历年禁毒报告可以看出,1990年我国在册吸毒人数为7万人,以后人数逐年增加,到2014年增加到295.5万人,增加约41.2倍。参照国际上通用的吸毒人员显性与隐性比例,实际吸毒人员超过1400万。[1]

---

[1] 参见《我国实际吸毒人数超1400万》,载人民网 http://legal.people.com.cn/n/2015/0624/c188502-27200386.html,2015年6月24日访问。

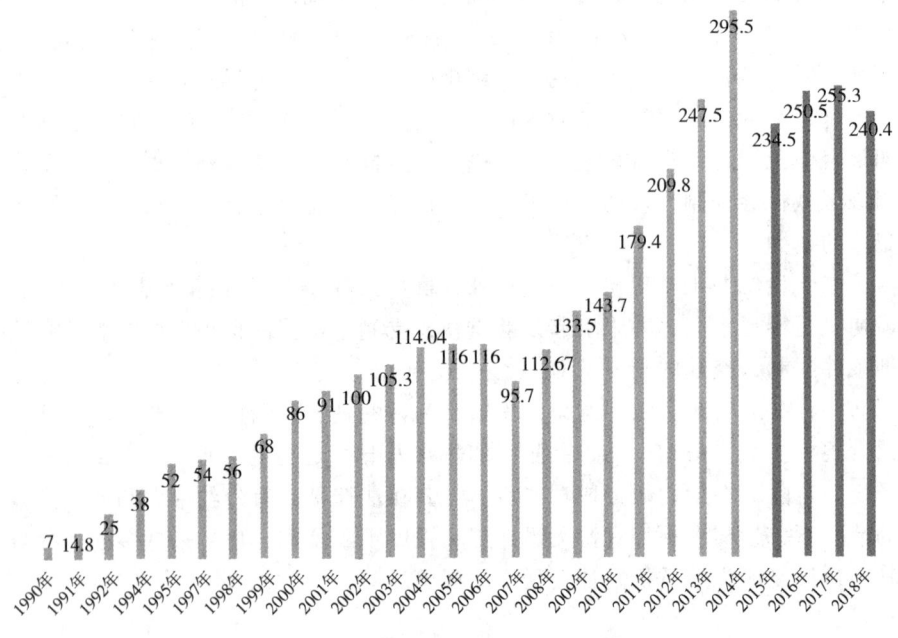

图二：我国历年来在册吸毒人数①

庞大吸毒群体的存在，导致毒品消费市场难以萎缩，涉毒区域不断扩大。毒品的消费、制造、中转、贩买、运输大量存在，为外流贩毒活动提供了生成和发展的空间。有市场必然有供应，这是市场规律，外流贩毒正是看准这一庞大消费市场所能带来的巨额利润，不惜铤而走险，进行贩毒犯罪活动，客观上造成了外流贩毒人员屡禁不止。

(二) 毒品来源多元化，外流贩毒区域广

二十世纪九十年代中期，随着冰毒进入我国，我国毒品滥用结构由滥用海洛因为主逐渐演变为以滥用冰毒等合成毒品为主。目前看我国毒品滥用的总体形势，一方面，海洛因防治压力依然巨大；另一方面，合成毒品从早期的东南沿海地区不断向内地扩散，已经波及全国，并呈现出进一步流行蔓延

---

① 数据来源：国家禁毒委办公室1990—2017年《中国禁毒报告》，2017年、2018年《中国毒品形势报告》。

之势。2014年底，我国累计登记吸毒人员295.5万名，其中滥用合成毒品人员急剧增多，累计登记人数首次超过滥用传统毒品人数。

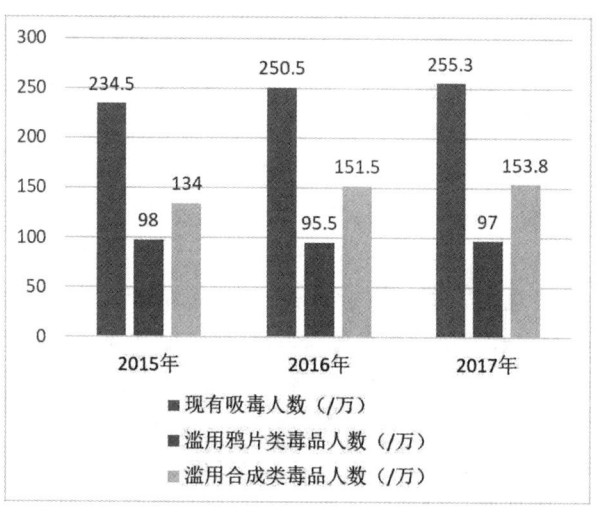

图三：2015—2017年我国吸毒、滥用鸦片类毒品、滥用合成类毒品人数①

随着滥用合成毒品人群规模的扩大，我国制造合成毒品问题开始显现，不仅改变了我国毒品来源，而且发展成为禁毒工作面临的主要问题。

我国主要毒品来源于境外输入和国内制造，主要种类包括以海洛因为代表的阿片类毒品，以冰毒片剂、冰毒晶体、氯胺酮为代表的合成毒品和新精神活性物质。海洛因和冰毒片剂主要来源于"金三角"地区，"金新月"海洛因、南美可卡因也有部分流入。"金三角""金新月"和南美三大毒源地毒品对中国形成全面渗透之势。国内非法制造的冰毒晶体、氯胺酮以及新精神活性物质问题严重，既流入国内消费市场，也输出境外，制毒区域规模明显扩大，截至2017年底，全国已有29个省份出现制毒活动。②

境外贩毒势力与境内贩毒团伙结成贩毒网络，贩毒团伙结构更加复杂，贩毒路线不断变化，贩毒规模不断扩大，贩毒手段不断升级，现实危害和潜在威胁进一步加大。

---

① 数据来源：国家禁毒委办公室2015—2017年《中国毒品形势报告》。
② 参见国家禁毒委办公室《2017年中国毒品形势报告》。

（三）外流贩毒表现形式日趋复杂

由于滥用毒品、毒品来源的多元化，外流贩毒的表现形式复杂多样，表现为：

第一，外流贩毒人员来源广泛。部分人员早期从事外流贩毒完成资本积累，充当幕后老板进行贩毒，他们不再雇用当地人进行贩毒，而是通过网上招募人员进行贩毒。这种贩毒方式人员来源不固定，发现较为困难。

第二，外流贩毒团伙贩毒、家族贩毒的趋势明显。他们有自己的贩毒路线，内部组织严密、分工明确，成员之间关系紧密，发现线索难，不易攻破。

第三，毒品运输方式更加隐秘。早期外流贩毒运输主要乘坐火车和汽车（包括高快、卧铺和中巴车），甚至有的采用徒步方式。运输藏毒以传统的方式为主，手法简单，技术含量低，容易被发现。现在有的外流贩毒采用租车甚至自驾车的方式进行，线路、行踪不易被发现。

第四，贩毒线路变化多端，毒品流向复杂。从流入地看，外流贩毒流入地不再局限于边境地区，已经扩展到国内一些毒品制造问题突出的地区。从毒品流向上看，一部分直接在流入地化整为零、就地贩卖，一部分迂回绕道贩运回流出地贩卖，一部分流入其他地方进行分销。

第五，外流贩毒活动更加丰富。经过连续开展打击制毒犯罪专项行动，国内制造合成毒品犯罪受到有力打击，一些重点制毒地区的犯罪分子纷纷把制毒资金、技术转移到外地甚至境外从事制毒活动，外流贩毒活动从贩卖、运输、走私扩展到制毒。

（四）毒品问题的"气球效应"

治理毒品问题会出现所谓的"气球效应"，即一个地方加大打击毒品犯罪活动，会迫使其转移到执法能力弱的地方。毒品治理的"气球效应"在外流贩毒的治理中同样会表现出来，从我国不同时期确定的外流贩毒重点整治地区看，每一个时期外流贩毒整治地区都会发生变化，增加了治理的难度。

（五）外流贩毒人员流动性大，隐蔽性强，难以发现

我国外流人口基数大，流动人员构成复杂，活动区域大。据国家卫健委发布的《中国流动人口发展报告2018》，2017年我国流动人口规模为2.44亿。各城市群省际流动人口主要来源地包括两类：一是河南、安徽和四川等劳动力大省，在沿海三大城市群，上述省份均是主要的流动人口来源地；二

是周边省份，如湖南与珠三角，安徽与长三角等。在今后较长一段时期，大规模的人口流动迁移仍将是我国人口发展及经济社会发展中的重要现象。①

我国流动人口基数大，一些劳务输出大省流动人口主要以农村富余劳动力为主。据《四川日报》报道，2018 年凉山州转移输出农村剩余劳动力 129.56 万人，其中大多数来自少数民族聚居地。② 夹杂在数量庞大的流动人口中的外流贩毒人员难被发现，对涉毒高危人员监管难。这部分人流动性大，有的长期人户分离，常年在外，经常变换打工地点，与家人失去联系，户籍地公安机关难以掌握其动态。有的涉毒高危人员外出不登记或谎报外出原因，基层不掌握其行踪。例如，笔者调查的某外流贩毒严重的地区，2017 年在册吸毒人 10591 人，外出务工 3880 人，人户分离、下落不明 783 人，外嫁迁出 1444 人。此外，互联网的发展给外流贩毒提供了便利，外流贩毒犯罪分子往往隐藏在幕后，通过互联网遥控涉毒活动，其行为更加隐秘。

（六）治理难以形成合力

外流贩毒治理工作艰巨而复杂，需要采用综合治理的手段来解决。国家禁毒委员会先后制定了《禁毒工作责任制》《禁毒重点整治工作办法》，明确了各禁毒委成员单位的禁毒重点整治任务。外流贩毒治理是负有禁毒专门职责的各个禁毒委成员单位要切实履行的职责，除了要充分发挥禁毒专项职能外，必须要设法动员各种有用的社会资源，鼓励各种社会力量积极参与治理工作，只有全社会行动起来，治理工作才有扎实的群众基础，才能形成党委政府领导有力，各有关部门各负其责，社会各方积极参与外流贩毒综合治理的合力。

由于禁毒工作的办事机构设在公安机关，公安机关在治理外流贩毒中承担了大量具体工作，在治理工作中发挥了巨大作用，这也造成了部分单位、部门、基层组织认为治理外流贩毒主要是公安机关的职责，自己只是做好配合工作，治理的职能作用没有充分发挥出来，综合治理效能还没有真正显现出来。

（七）流入地与流出地难以形成共治合力

外流贩毒的治理不仅是流出地的责任，还是流入地的责任。由于一些客

---

① 参见国家卫生健康委员会《中国流动人口发展报告 2018》。
② 参见《凉山劳务输出可以做成有影响力的品牌》，载四川在线 https://sichuan.scol.com.cn/dwzw/201901/56808668.html，2019 年 1 月 25 日访问。

观原因，长期以来治理的任务主要由流出地来承担，流出地与流入地协同治理存在问题。大量外出务工人员游离于流出、流入两地的社会管控机制之外，出现"流出地管不了，流入地管不住"的"两不管"真空状态，对混杂其中的吸、贩毒人群难以掌握和实施有效打击。

目前流动人口管理模式还不能适应现实需要，受客观条件限制，以房管人、以业管人的社会管理模式尚未完全形成。随着落户政策的日益放宽，随意搬迁、无序流动的现象大量存在，致使流动人口管理任务更加艰巨。

（八）长效治理机制难以形成

治理外流贩毒过程中暴露出来的问题主要是少数地方单位以及部分领导干部对外流贩毒治理任务认识不到位。有的地方存在"为摘帽而整治""为整治而整治"的思想，短期高压集中力量整治，一旦治理行动结束，各项任务指标的完成后，就会出现紧一阵、松一阵的现象，强化基础工作、完善长效机制建设等长远谋划和落实不够，导致一些地区整治后保障、措施、力度减弱，外流贩毒人数出现反弹。

四、外流贩毒治理的一些思考

实践证明，外流贩毒治理不可能一蹴而就，因此，我们要充分认识和把握外流贩毒的规律，不断总结与外流贩毒作斗争的经验，探索出治理外流贩毒的有效方法，长期坚持，形成治理的长效机制。

治理外流贩毒工作需要坚持统筹兼顾、综合治理、标本兼治原则，坚持禁毒与发展、治毒与治贫相结合，采取法律、行政、经济、教育、文化等多种手段开展综合整治。

做好治理外流贩毒工作，一是依法严厉惩治外流贩毒犯罪活动，这是治理外流贩毒工作的重要依托和保证，要对外流贩毒集团、组织者、幕后策划者等主要犯罪分子予以惩处；二是对流出地区基层农村进行综合治理，在发展经济、改善民生同时，改善办学条件，切实提高教育水平；三是流入地与流出地形成共同治理机制，及时掌握流出人员的情况、流向地、可能从事的职业、犯罪倾向等；四是要创新工作方式和思维，整合各种数据资源，利用大数据技术，提高发现外流贩毒人员的能力，科学预测外流贩毒发展的趋势，提高治理的成效。

第七节　公安执法视野下毒品犯罪生成的影响因素*

一、讨论的缘起

"犯罪既是一种社会事实，也是一种社会评价。"① 张远煌教授将社会反应作为一个系统引入犯罪解释理论，对我国当代犯罪学理论发展有着开创性的意义。社会反应概念的提出，为正确解释犯罪生成的完整过程提供了重要的分析手段。立法反应不仅仅决定着犯罪行为的生成形式和范围，在某些情形下，这种反应本身也可能成为犯罪行为的直接诱因或者直接由立法制造犯罪。② "由于社会群体制定规则并把触犯这些规则的行为确定为越轨行为，由于社会群体对某些人适用这些规则，把他们视为被社会排斥的分子，于是社会群体创造了犯罪。"③ 而对于没有直接被害人和国家规定毒品的范围、毒品概念随着社会变迁而变化的毒品犯罪来说，刑事立法对毒品犯罪的生成类型、结构、规模起到决定性的作用，毒品犯罪人是典型的法定犯；受我国鸦片祸害历史情结的影响，绝大多数社会群体长期以来对毒品所持的态度和所采取的非正式社会反应方式，对于毒品犯罪生成所起的作用也举足轻重。然而，该行为能否现实地被称为犯罪行为，行为人能否被正式地命名为犯罪人，最终取决于高度程序化的司法反应的结局。④ 刑事司法涉及侦查、起诉、审判和执行等环节，而公安机关的刑事、行政执法职能覆盖毒品犯罪案件侦查、轻微涉毒行为治安查处、吸毒人员动态管控、强制隔离戒毒等各方面，公安执法的方式、途径、态度等会直接影响毒品犯罪的规模、种类及刑罚等，是毒品犯罪生成过程中不可忽视的影响因素。本节试图从公安执法切入，窥斑见豹，讨论国家刑事司法在毒品犯罪生成中的作用深度与方式。

---

* 本节撰写者：揭萍。
① 张远煌：《犯罪解释论的历史发展和当代趋势》，载《法学家》2004年第5期。
② 参见张远煌：《犯罪学原理》，法律出版社2008年版，第413页。
③ ［德］施奈德：《犯罪学》，吴鑫涛、马君玉译，中国人民公安大学出版社1990年版，第566页。
④ 参见张远煌：《犯罪解释论的历史发展和当代趋势》，载《法学家》2004年第5期。

本节主要基于 Z 省为主的国家机关禁毒工作人员和毒品犯罪人员的质性研究展开，并结合广东省、Y 省、江西省等省份的毒品犯罪数据作量化分析。质性研究包括对从事缉毒、禁毒、戒毒工作的公安机关民警或政府禁毒办工作人员进行正式或非正式的访问，掌握大量缉毒、禁毒与戒毒工作实践中的第一手资料，了解他们对国家各项禁毒工作的真实看法；对羁押在看守所的 18 名贩卖毒品案件被告人进行了深度访谈，透视犯罪人眼中的公安执法及其对犯罪生成的影响；数据主要来自公安机关的毒品案件管理信息系统，系统数据来自被公安机关立案侦查、进入刑事诉讼程序的案件，不包括没被发现、查获的"犯罪黑数"。

二、运动禁毒：增加毒品犯罪的风险

鉴于毒情地域蔓延、毒品种类翻新、吸毒人群迅速扩张是有目共睹的严峻现实而不是对风险的想象，加上被毒品危害逾百年的痛彻的群体记忆，我国毒品综合治理战略在具体实施中，仍然侧重于一轮接一轮的以惩罚毒品犯罪为核心的专项治理活动，且走入循环往复的困境。① 由公安部部署的国家层面禁毒统一行动及各省市公安机关针对毒品开展的专项工作不断推出，在各式各样的禁毒行动中，与工作方案同步下发的必然包括相应的工作绩效评估办法。统一部署的禁毒行动无论是在领导重视、经费保障、警力参与、配套机制上都必然会有所呼应，这对于打击犯罪无疑起到助推作用；而伴随着各类运动式禁毒行动展开的全国或各省市范围内战绩评估与考核排名，更是刺激着基层公安机关对毒品犯罪的查处力度。

2014 年的全国"百城禁毒"会战期间，公安部为推动全国公安机关百城禁毒会战深入开展，制定了《全国公安机关百城禁毒会战绩效评估办法（省区市版）》和《全国公安机关百城禁毒会战绩效评估办法（百城版）》，旨在"科学客观评价各地开展百城禁毒会战成效"。绩效评估以全国禁毒信息管理系统、吸毒人员动态管控系统、公安部毒品目标案件管理分析系统的数据为评估依据；评估内容分基础战果、百城战果、打击制毒犯罪战果、目标案件

---

① "运动式"毒品治理的研究内容，笔者曾撰写《毒品治理模式：运动式应服务于制度化——从"全国百城禁毒会战"实效评估切入》与《对"运动式"治理毒品的反思》两篇文章，分别发表于《中国人民公安大学学报》2016 年第 3 期与《山东警察学院学报》2015 年第 1 期，本节部分内容引自这两篇论文，但增加了更多的数据统计与分析。

和宣传报道等五部分;每部分包含若干评估项,每个评估项均单列分值,确定项目原始分进行累积,对原始分换算得到该评估项的最终得分。基于此,全国范围内对毒品犯罪的打击实效确实是明显的。公安部在通报中发布:会战期间,各地公安机关认真贯彻落实公安部统一部署要求,以六大战役为载体,以 109 个重点城市为主战场,重拳出击、重典治乱,以超常规的措施手段,向毒品违法犯罪活动发起猛烈攻势,取得了空前战果。2014 年 10 月 1 日至 2015 年 3 月 31 日,各地在百城禁毒会战中,共破获毒品犯罪案件 11.47 万起,抓获毒品犯罪嫌疑人 13.34 万名,缴获各类毒品 43.27 吨,查获吸毒人员 60.56 万人次,同比分别上升 85.53%、92.2%、44.94% 和 70.66%。① 笔者认为,"猛烈攻势"下取得的"空前战果"在一定程度上客观反映了"运动式"禁毒会增加毒品犯罪生成的风险。深入分析相关省份或城市毒品犯罪量的具体数据及起伏样态,能更清晰地观察"百城会战"的打击效果。

笔者对广东省、Y 省、浙江省三个省份 2005—2016 年的公安机关办理的毒品案件数进行统计,见图一。广东省是百城禁毒会战绩效评估综合得分居全国第一的省份,浙江省居第五,Y 省居第八,而图一中三个省份的毒品案件数在 2013 年或 2014 年均达到了近十年的最高峰。广东省自二十世纪八十年代起就逐渐成为我国最主要的国内毒品集散地和跨国贩毒通道之一,毒品案件自 2005 年起呈持续上升状态,但 2013 年与 2014 年毒品案件的增长率尤其突出,达到 25.68% 和 27.95%,2015 年毒品案件数量也保持在高位,2016 年出现明显下降。

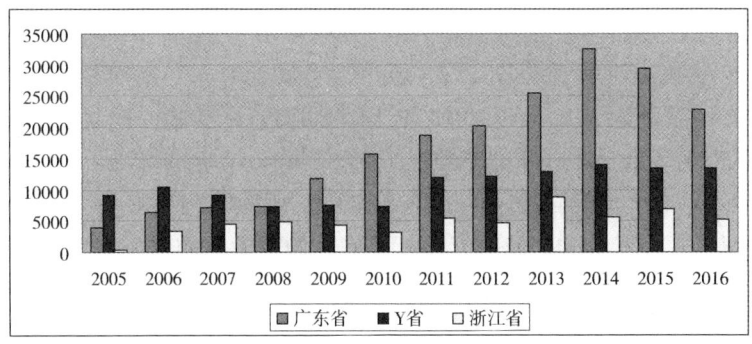

图一:2005—2016 年广东省、Y 省、浙江省毒品案件数量统计

---

① 《关于对全国公安机关百城禁毒会战成绩突出集体和个人予以表扬的通报》,载中国禁毒网 http://www.nncc626.com/wztext.htm?page=xw,2018 年 5 月 11 日访问。

近年来，浙江省委、省政府提出禁毒"浙江样本"的口号，浙江省各级禁毒工作成效突出，在吸毒人员动态管控、易制毒化学品管理、缉毒侦查，尤其是打击毒品团伙犯罪、预防教育等各项禁毒工作均走在了全国前列。① 从近年数据来看，浙江省的毒情确实得到了有效的控制，全省毒品案件数处于相对平衡的阶段。2013年，浙江省公安厅在全省范围内开展了"肃毒害、保平安"百日攻坚战，这一场先于全国"百城会战"的禁毒行动导致浙江省的毒品案件数2013年出现一个高峰，2014年反而下降。

"百城会战"期间，各地动员部署百城禁毒会战力度空前，各地均按照公安部统一部署和行动方案要求，结合本地实际情况，制定了本省（区、市）的细化工作方案，分解落实各地市、各警种责任。许多城市为了取得好的会战效果，发动全警参与。为了取得好的战绩，各警种、各辖区"抢人"的现象并不少见。面对毒品犯罪这一典型的无被害人犯罪，公安机关领导的重视度、警力的投入量以及民警执法的主动性与案件的发现、查获量呈密切正相关，这一点是必然的。从数据上看，"百城会战"期间，各省市破获毒品刑事案件数、抓获毒品犯罪嫌疑人人数及缴获各类毒品数量都达到历史最高峰。第一阶段（2014年10月1日~11月12日）全国会战情况通报中，许多省抓获毒品犯罪嫌疑人数急剧增加，其中山东抓获2032人，同比涨幅220.00%，黑龙江、新疆、江西和安徽抓获毒品犯罪人数同比涨幅分别为119.07%、91.88%、72.51%、72.15%，居全国前五名。

从毒品犯罪类型来分析或许更能说明运动式禁毒对毒品犯罪生成的影响。以广东省为例，贩卖毒品案件自2005年起一直攀升，2014年达到最高；容留他人吸毒案件自2011年起开始明显上升，2015年达到8303起，非法持有毒品案件2012年至2014年小幅上升到3049起；而制造毒品案件、运输毒品案件②一直处于平稳状态，2005年至2016年保持在每年100~300起案件的范围内。助推2014年广东省毒品犯罪数达到顶峰的主要是贩卖毒品、容留他人吸毒和非法持有毒品三类案件的增多。相对于制造毒品和运输毒品，这三类毒品犯罪案件侦破难度小，查处率高；由于合成类毒品消费行

---

① 参见辛闻：《浙江样本思考：动员全社会力量，打一场全民战争》，载《人民公安》2013年第12期。

② 因广东省历年运输毒品案件数与制造毒品案件数相近，两条趋势线存在重叠故未在图中标出。

为存在聚集性，从吸毒人员入手，查获容留他人吸毒和非法持有毒品犯罪的成功率极高，犯罪的证据认定也相对容易。

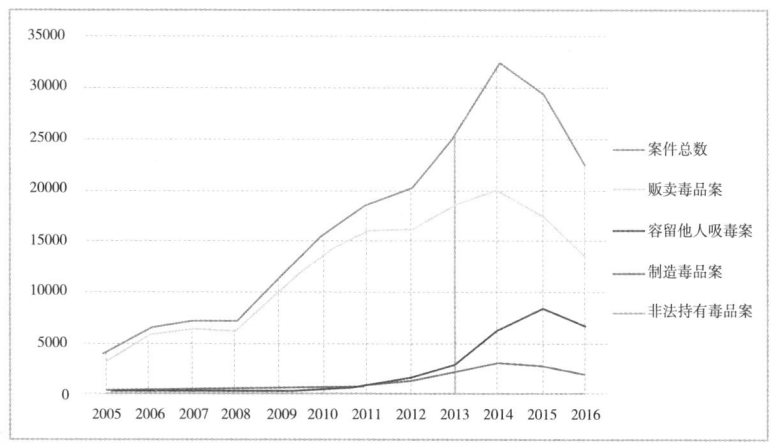

图二：2005—2016 年广东省常见毒品案件增长趋势

三、秘密侦查：泛化毒品犯罪的概率

没有具体、特定的被害人是毒品犯罪的突出特点之一，不像其他类型的常见刑事案件，被害人的报案及诉求是推动刑事诉讼程序的重要因素；而贩卖毒品犯罪的层级性、流动性、隐蔽性和犯罪认定的困难性也决定了侦查人员侦办案件中侦查思路、工作方法、策略设计的独特性，相对于其他刑事案件，毒品案件的侦查确实存在"经营"的迷局。

案件侦查的自由性。这种自由性表现在三个方面：第一，由于没有被害人的存在，贩毒案件侦查的广度和深度通常由侦查人员自己掌握。14 号受访者说："零散贩毒的都是有'货源'的，如果没有'货源'供应他们就没有贩，抓到我们案子就结了，那么我们的上家呢，上家的上家呢，被抓的都是前面的，后面的基本上抓不到，他们的危害比我们要大得多。"毒品从生产出来到消费者手上，会经过一层层的批发、运输、销售环节。受案件条件、公安机关人力物力、侦查协作机制等多方面因素的制约，一些贩毒案件侦查人员会选择就案办案，不去层层深追。各省的打击涉毒案件指导数中还包含部级目标案件和省级目标案件两类考核指标，这是根据侦办的毒品案件所涉层级（全国、省、市、县）及查获毒品数量来决定的。各地公安机关在完成部级和省级目标案件指标数后，有些认为"点到为止"完成一般案件的打击指标就行了。第二，案件办理过程中，贩卖、运输、非法持有、容留他人吸毒等涉案罪名的认定具有相对自由性。很多疑似贩卖毒品的案件最后只能办成运输毒品、非法持有毒品或容留他人吸毒案件移送起诉。毒品案件犯罪主观要件、客观方面查证的困难性导致这种现象的客观存在。第三，在考核指标的压力下，存在一个案件被分解成多个案件来处理的可能，一个行为可能会受到违法、犯罪双重处罚。

秘密手段的大量运用。在毒品案件侦查过程中，从发现线索到查证犯罪、缉捕犯罪嫌疑人，技术侦查手段运用普遍，卧底、特情（线人）侦查和控制下交付措施的使用率高，各种情报检索与分析效果明显。根据2016年全国公安机关毒品案件破案方式的统计，全国运用卧底、特情等秘密力量破获的案件数占总案件数的12.23%，运用情报破案的比例为8.35%，抓获现行的比例为30.01%，公开查缉的占9.84%。全国各省破案方式存在较大差异，其中运用秘密力量破案比例最高的省达到36.56%。这样的数据虽不全面准确，但也可以提供一定的参考。由于毒品案件的特殊性，运用特情破获毒品案件无可厚非，这种侦查模式在许多国家也都存在。① 侦查实践中，为了完成不同级别的打击指标或是追求重大案件的立功受奖，大量的控制下交付中难免包含着毒品量上的诱惑甚至犯意诱惑的使用。

还有一点不容忽视，公安民警个人对毒品犯罪的态度一定程度也渗透到毒品案件办理过程中，影响着案件的走向。在调查过程中，接触或交流的公安民警对毒品、吸毒和毒品犯罪有着不同的价值观。在办理吸毒人员实施的贩卖毒品案件时，打击的本位职能让他们更容易忽视犯罪主体是吸毒人员这一"病人"的身份，对于"以贩养吸"人员的违法者加犯罪者的定位是公安民警的主要态度。李文君、聂鹏两位学者在讨论"以贩养吸"者的法律责任时提出，"从法律行为构成角度看，本质为贩卖毒品犯罪行为和吸食毒品违法行为的复合，同时触犯了刑事法律和行政法规，似乎应该受到更加严厉的惩处；从社会大众的法感情角度看，行为人在接受刑事处罚和行政制裁的同时，须考虑其犯罪动机与其他贩卖毒品行为有所区别，造成的法益侵害相对有限，似乎应该得到更为宽和的惩处；从禁毒司法实践角度看，行为存在于毒品流通的终端消费环节，直接加剧了毒品滥用现象，对其控制力度能

---

① 参见［美］格雷戈里·D. 李：《全球缉毒》，郭颖译，中国人民公安大学出版社2015年版，第109~142页。

够体现'减少供应'和'减少需求'两方面的禁毒工作目标，成为公安机关重点打击的违法犯罪活动类型"①。笔者目前未能寻找到有效的途径去了解社会大众对"既吸又贩"主体的法感情，拟在下一步的研究中继续探索。但"既吸又贩"主体的确是公安机关打击的重点，因为这样一个主体被抓获就有可能同时计入吸毒人员管控、强制隔离戒毒、涉毒案件这三个指标数，可谓"一举三得"；而在接受刑事强制措施或刑事处罚后，如果强制隔离戒毒期限（强制隔离戒毒的决定在抓获的同时作出）没有到就送强制隔离戒毒的双重处罚现象是事实。

H 省 L 市某公安分局的一位派出所所长（原禁毒大队教导员）说："办理毒品案件既符合法律的要求，又能获得犯罪人的认可，那才是最大的成功。"他在办理案件过程中，一方面会对犯罪嫌疑人从情、理、法等多方面进行教育，让他们从内心认识到自己的问题；另一方面会更多从人性角度去帮助因吸毒而贩毒的犯罪嫌疑人。正是这样人性化的办案理念，让他能与毒贩们很好地交流。他办理的毒品案件中多个犯罪嫌疑人对他说："谢谢你抓了我，不然我不知道会走到哪一步。"有的被告人或被告人亲属在审判结果下来后，在法庭上向他鞠躬；有的犯罪人在服刑出来后，先到派出所来找他表达感谢，并表示自己再也不会接触毒品。从这一段访谈中，笔者看到了刑事司法人员的毒品价值观和人生价值观决定了他们对待毒品案件的司法态度，而不同的司法态度对毒品犯罪生成的类型、数量、刑罚程度有着不可忽视的影响，更可能对毒品犯罪人的命运产生决定性的作用。在此，笔者不想评论这位公安禁毒大队教导员的法律价值观，但对他的做法很是赞赏。笔者想刑法的最终目的绝不会是制造更多的死刑犯产生威慑，基于正义报应的同时矫正犯罪人的不良人格倾向，使之从善、重返社会应当是我们所追求的。

四、强戒环境：汇合毒品供求信息

犯罪人人格是瞬间形成的一种心理或行为倾向，是个体的社会化过程逐渐形成的一种动态结构。特定的人格特征只能是个体因素（包括遗传与体质因素）和环境因素共同影响的结果，依据对个体影响的深刻程度和个体接触的方式，把个体环境区分为难以避免的环境、可选择的环境和强制性

---

① 李文君、聂鹏：《基于主体身份考量和行为关系解析的"以贩养吸"问题研究》，载《中国人民公安大学学报》2013 年第 4 期。

环境。① 对于"从吸到贩"研究对象的遗传和体质因素，笔者在研究中难以探究，只能对他们犯罪人格形成的个体环境因素进行一定的观察，其中强制环境因素对很多受访对象"从吸到贩"犯罪人格的升级和强化起到不可忽视的作用。强制性环境是指行为人因违法或犯罪行为被羁押在拘留所、看守所、监狱内所经历的环境，笔者已完成的 17 名受访者中有 11 名对象经历过各种强制性环境生活，有的还有多次经历。从调查的情况来看，对某些人来说，各种强制性环境并没有对犯罪人人格的矫正或改良提供积极影响，反而促进了他们"从吸到贩"犯罪人格的生成。

治安拘留是我国对各类违法治安处罚法行为实施的处罚措施之一，公安机关对第一次查获的吸毒人员实施治安处罚是建立在此人不是吸毒成瘾的假设前提下，处罚对象只有违法者的身份而不具有《禁毒法》中"病人"的身份。然而，实践中公安机关第一次查获并不意味着这个对象就是第一次吸毒，就不是吸毒成瘾人员。将治安拘留作为国家管控吸毒行为的第一道屏障并不合适，无论是对没有毒瘾的偶尔吸毒人员抑或是吸毒成瘾人员，10~15 天的强制性隔离对违法心理的惩戒及毒瘾的戒治作用都很有限。相反，拘留所内关押人员的身份复杂性让被监管者形成恶性的"交叉感染"、强化其不良行为倾向、提供犯罪条件的可能性是客观存在的。

近年，国内学者对吸毒的定性争议颇多，学者褚宸舸指出："对吸毒的定性，乃至是否认定为犯罪，表面看是一项制度设置，但其本质反映了价值选择。这种争论，既不会起于立法，也不会止于立法。"② 因此，各国对吸毒行为和吸毒成瘾人员持不同的态度并采取不同的对策。强制隔离戒毒是我国对吸毒人员采取的最为严厉的戒毒措施，通过强制性手段让吸毒成瘾人员能够在一定期限内与外界环境相隔离，以达到帮助其戒除毒瘾的目的。然而，强制性的隔离对一部分人来说并没有让他们远离毒品，相反，是帮他们扩大了身边毒品圈子。

国外有学者提出："可以肯定的是，在包括法国和美国在内的一些国家执行监禁刑的可悲现状，验证了'监狱具有致罪性'的论断。"③ 我国学者

---

① 参见张远煌：《犯罪学原理》，法律出版社 2008 年版，第 357 页。
② 褚宸舸：《中国禁毒法治论》，中国民主法制出版社 2016 年版，第 55 页。
③ [法]雷蒙·加桑：《犯罪学》，达洛兹 1994 年版，第 389 页。转引自张远煌：《犯罪学原理》，法律出版社 2001 年版，第 236 页。

对监狱的致罪性是否存在还没有相关的实证研究结论，对强制隔离戒毒制度的讨论也更多止步于法律和制度层面，缺乏实效评估的研究成果。笔者从公安机关的吸毒人员管控系统里能搜索到许多两次、三次以上接受强制性戒毒的人员，这或许能从某个角度说明其对吸毒成瘾治疗效果的有限性。而强制性戒毒的确让一部分吸毒成瘾人员扩大了自己的毒品交往圈子，拓宽其买卖毒品的来源渠道并积累了所需要的"人脉资源"，这些都可能成为毒品消费者转向毒品供给者的有利条件。类似情形在刑事羁押或短期自由刑的执行过程中也存在。

五、结语与建议

刑事立法对毒品犯罪的生成范围、规模及惩罚程度是国家价值观的体现，更具体说是国家大多数人价值观的体现；而刑事司法过程对犯罪生成的影响则受刑事政策、司法制度、司法理念和司法者态度等多方面的左右。对于毒品犯罪，我国"零容忍"的强硬立场从未改变过，刑法对毒品犯罪的惩罚的广度和惩罚的严厉性是对国家意志的捍卫。多年以来，国家在刑事司法层面上也坚持贯彻着这一立场，多次以"会议决议"形式固定下来的司法解释能体现一二。司法是一个具体的过程，在调查过程中，因条件所限，尚未对毒品案件起诉、审判环节深入地了解和研究，仅选择公安执法中对笔者冲击最为强烈的几个角度作描述。

国家持续的"运动式"禁毒、公安机关的高压管控、强制性的戒毒和重刑的运用并没能统一对毒品治理机制及运行的价值认知。强制性的隔离并没有让吸毒人员远离毒品圈子，某种程度还会助推他们从违法者转向犯罪者。"确实，有时候我们把一个人监禁起来，给他以某种治疗，是因为我相信他不能控制自己的行为，但是，我们应该承认这一政策所涉及的原则以及它们互相的妥协；并且，只有当他表现出的危险是现实的，而不是我们所算计的以此来减少犯罪时，我们才可以违背一个人的意志来对待他。"① 行政拘留、强制隔离戒毒这些封闭的空间，客观上使原来分散的毒品消费与供给信息得以汇合。合成类毒品的成瘾病理缺乏权威性解释，这类人员应否归入强制隔离戒毒对象尚且存疑，用治疗吸食阿片类毒品的周期和方式收治吸食

---

① ［美］罗纳德·德沃金：《认真对待权利》，信春鹰译，中国大百科全书出版社1998年版，第27页。

合成毒品的人员可能经不起法理考问和医学临床检验。在毒品犯罪死刑限制使用、逐步废止或废除的理论呼声下，① 公安执法在考核指标、破案经营、禁毒运动和民警价值观的影响下左右着毒品犯罪的生成规模、类型和毒品犯罪人的命运。公安机关"经营"且动用特情的本意是深挖案件线索，但实际结果可能会发生异化。质言之，自然生成和人为酿造大案要案之间的原则界限会变得模糊，而且经营的结果往往是制贩或运输毒品犯罪人承受10年、无期等重刑，甚至被判处死刑。规范公安执法能控制毒品犯罪的生成规模及类型，或许能影响一些毒品犯罪人的命运。

我们从不质疑公安机关在国家毒品治理中的重要作用，面对持续恶化的毒情，将毒品治理上升到国家层面是必然选择。然而，禁毒工作的各类考核指标更多时候是国家权力落实的清单，"权力清单制度存在目标定位上的'法治'与'治理'之间的紧张关系、实施路径上的手段与目标不匹配以及核心范畴上的权力与责任分离等问题，导致了以'治理'为价值目标的改革功能极大弱化"②。禁毒工作指导数设置的目的是什么？我们或许应该反思，客观地评估一个区域的毒情与当地公安机关禁毒工作考核孰轻孰重？根据打击毒品犯罪、禁吸戒毒、吸毒人员管控、毒品预防教育等各项禁毒的性质、途径、方式及成效表现来制定不同的有效评价机制应当是正确选择，如果"统一打包"，势必出现"互相掣肘"的现象。

毒品治理还需定政府"本职"，还公安"本位"。一方面，作为最高禁毒领导机构，国家禁毒委员会由公检法司机关，外交部、民政部、教育部等25个部委组成，因此在规范层面，禁毒委成员单位的职责是明确的，成员单位致力于齐抓共管、通力协作，全力抵制毒品祸患；另一方面，国家禁毒委办公室设在公安部禁毒局，省市级禁毒委办公机构也设于各级公安机关，按行政科层的惯性运行；而提供有效治疗、跟进救助和展开远离毒品的宣传教育等职能不同程度地超过了任何一个部门的职能。职能越模糊则自我定位越是虚化，于是在实践层面上，禁吸、宣传与禁止制贩的重负一并压在公安机关身上，后者则依其主要职能和囿于能力，不得不采取"扑火"方式减缓

---

① 莫洪宪、陈金林：《论毒品犯罪死刑限制适用》，载《法学杂志》2010年第1期；赵秉志、阴建峰：《论中国毒品犯罪死刑的逐步废止》，载《法学杂志》2013年第3期；梅传强、胡江：《毒品犯罪死刑废除论》，载《河南财经政法大学学报》2016年第5期。

② 朱新力、余军：《行政法视域下权力清单制度的重构》，载《中国社会科学》2018年第4期。

毒品蔓延态势。以公安机关的打击为中心的毒品社会化治理，会让政府其他部门产生禁毒与自己无关的错觉。实际上，禁毒工作需要民政、医疗等国家职能部门的后援。在"禁毒"模式中，公安机关承担了很多力所不能及的事情，民众与其他政府部门也把一定要有全社会分担的毒品治理责任不当地推到公安一个部门。在国家治理毒品系统工程中，政府主导、结合各政府部门本职工作合理分配毒品治理职能，避免重复设置和资源浪费，才能形成铁拳。调研中，浙江省某市禁毒委员会办公室副主任说："现在是'公安牵头，政府主抓'，一方面公安是缉毒、禁毒的主要力量，另一方面是公安强势，对吸毒人员管控等工作可以依托公安的特种行业、旅馆管控系统等。但实际政府下面设在公安机关的禁毒委办公室对很多禁毒工作并没有强的执行力，如社区禁毒：法律明确是社区或乡镇负责，公安机关作为平级政府部门并不能有效地管理。上海的禁毒委办公室设在政法委，在党委下面，下发的文件都是以党委名义，执行力就不一样。"禁毒工作需要理顺公安、检察机关、法院在打击毒品犯罪上的机制；明确公安与司法在强制隔离戒毒机制上的配合；清晰各级政府、民政部门、医疗部门、社区在戒毒职能上的职能。改善吸毒人员动态管理机制，对3年以上没有重新吸毒人员进行删除或分库管理，既实现科学管控，又保证吸毒人员的基本权利和人格尊严，使吸毒人员能体面地生活。

第八节 "涉毒隐语"的亚文化分析[*]

一、讨论的缘起

人是文化动物，其行为在某种程度上都可以作为文化的一部分而为我们提供一定研究指引。犯罪行为也不例外，其也表现出明显的文化印记，甚至背后的文化冲突还加重了独立个体和社会群体之间的观念冲突，带来了更加剧烈的行为对抗。"文化的内在矛盾性是文化冲突的直接原因。"[②] 涉毒犯罪亚文化内在是涉毒群体内部在犯罪活动过程中长久以来所形成的具有一致性

---

[*] 本节撰写者：张学文。
[②] 李庆霞：《社会转型中的文化冲突》，黑龙江人民出版社2004年版，第88页。

和稳定性,并且对于主流文化对立和反叛的综合。

"犯罪不是别的,不过是文化的一个侧面,并且因犯罪的变化而发生异变。换言之,犯罪问题只能以文化来充分解释。"① 语言作为重要的文化特征,其在不同的群体也呈现不同的样态。隐语是指仅仅个别组织、群体、行业、区域内所通用的语言方式,受限于使用的范围限制,使得隐语只能为内部人员所掌控和知晓,故而也被称为"黑话"。② "我国主文化的文化危机为各种犯罪亚文化的沉渣泛起提供了机会和可能,社会转型和社会分层则为犯罪亚群体的滋生提供了现实的条件。"③ 涉毒隐语是我们解析吸毒违法和涉毒犯罪行为的首要元素,其不仅仅是涉毒群体最为明显的语言表征,也是我们探索其背后亚文化群体的关键手段。这种独特的亚文化样态给了我们一个分析和研判其文化内因的重要参照,有利于我们进一步研究涉毒行为的转化防控和涉毒群体的综合治理。

二、涉毒隐语现象的犯罪亚文化呈现

"一切对社会造成严重危害的行为,一切反社会的行为、其他法律文件所规定的违法行为和可能发展成为违法犯罪的不良行为,都属于犯罪学意义上的犯罪。"④ 涉毒隐语的文化解构和呈现,也不仅仅局限在构成犯罪的行为中,在单纯的吸毒行为中的文化现象也同样具有典型意义。涉毒隐语作为犯罪亚文化的集中呈现,有着太多可供我们还原和解构其文化根源的现象。

表一:常见毒品"隐语"类型化分析(名称类)

常用名称	科学名称	外观形状	隐语语料	内容解读	功能分析
鸦片	吗啡(含量约10%)和可待因	黑色、棕色、褐色膏状	"阿片"	术语谐音,因鸦片属于阿片类药物	反侦查、反关键字筛选
			"福寿膏"	语出《黑籍冤魂》第一回	诱惑、吸引社会大众

---

① 严景耀:《中国的犯罪问题与社会变迁的关系》,北京大学出版社1986年版,第3页。
② 隐语也被称为"暗语",在民间也俗称"黑话""行话""葫芦语""秘语"。
③ 单勇:《犯罪的文化研究——从文化的规范性出发》,法律出版社2010年版,第115页。
④ 康树华:《犯罪学大辞书》,甘肃人民出版社1995年版,第287页。

续表

常用名称	科学名称	外观形状	隐语语料	内容解读	功能分析
海洛因	二乙酰吗啡	白色结晶粉末	"白粉"	毒品外观	反侦查、反关键字筛选
			"白面"	毒品外观	反侦查、反关键字筛选
		依纯度不同分为一、二、三、四号	"四号"	"四号"即精制的高纯度海洛因	便捷交易、反侦查、反关键字筛选
			"海螺姑娘"	术语谐音	反侦查、反关键字筛选
冰毒	甲基苯丙胺	纯白结晶体	"冰"	术语谐音	反侦查、反关键字筛选
			"肉"	源自广东，煮东西的叫"煲东西"，故而简称"猪肉"	反侦查、反关键字筛选
			"嘎嘎"	"猪肉"的地方方言（广安、桂林）	反侦查、反关键字筛选
			"龙珠"	毒品外观	反侦查、反关键字筛选
摇头丸	3,4-亚甲基二氧甲基苯丙胺（主要）	呈片剂，五颜六色，多印有图案标识	"蓝精灵"	毒品外观	反侦查、反关键字筛选
			"甩头丸"	毒品外观及幻觉体验描述	诱惑、吸引社会大众
			"快乐神"	幻觉体验描述	诱惑、吸引社会大众
			"狂喜"	幻觉体验描述	诱惑、吸引社会大众

续表

常用名称	科学名称	外观形状	隐语语料	内容解读	功能分析
麻古	咖啡因、甲基安非他明	红色、黑色、绿色的片剂	"麻果"	术语谐音	反侦查、反关键字筛选
			"糖果"	术语谐音	诱惑、吸引社会大众
K粉	氯胺酮	白色结晶粉末	"K"	术语谐音	反侦查、反关键字筛选
			"嗨药"	幻觉体验描述	诱惑、吸引社会大众
大麻	四氢大麻酚	叶掌状全裂，裂片披针形或线状披针形，绿色	"叶子"	毒品外观	反侦查、反关键字筛选
			"飞"	幻觉体验描述	诱惑、吸引社会大众
			"飞行"	幻觉体验描述	诱惑、吸引社会大众

（一）文化主体：社会游民

涉毒隐语的"隐秘性"本质使得其有着严格的话语环境和使用范围，其文化主题也有着不同于社会大众的特征和区别。《2015年中国毒品形势报告》指出："吸毒人群多元化特点明显。在明确登记职业信息的吸毒人员中，无业人员占69.5%。"从既往的社会评价中，我们可以发现涉毒人员高度地集中于无业者、自由职业者。① 游民的典型表现便是缺乏必要的谋生手段和收入来源，游离于社会边缘。"缺乏约束"和"责任缺失"，使得游民团体对于"享乐"有着更加强烈的需求。加之其无法通过自己在社会日常劳动来获得满足，而更加期待能够直接获得情感和生理刺激。游民的生活窘境和身份劣势使得其会自发地进行聚集形成团体，在这过程中随着彼此交流的加深和反侦查的需要，其必然衍生出一套具有内部自洽性的话语体系。

---

① 精英群体的吸毒现象同样值得我们注意和关注，但是总体而言其在吸毒人员的占比相对较小。

1. 长时流动性

游民意识的形成很大程度上源于其自身生活的流动性。游民无论是所在区域变动还是社会身份的变动都是剧烈的，这种畸形的变动促使了游民自身的无助情绪和抵触情绪，进一步削弱了其对于社会的责任感和依赖感。久而久之，游民团体便开始习惯于这种游离状态，对于社会竞争中的淘汰机制有着巨大的愤怒和逆反情绪，故而其很容易走向社会对立面来获得归属感。涉毒人员的流动性同样如此，具体可以细分为横向层面和纵向层面的不同维度。

横向层面上，以宁波市为例，2015年吸毒人员中流动人口的比例为71.59%，涉毒人员由于反侦查、获取毒品等，其跨区域流动的现象十分明显。缺乏前述身份认同和情感归属，使得涉毒人员往往对于城市和区域的依恋能力较差，所以涉毒人员脱离原始居住地的比例很高。对于所临时居住的区域而言，受限于自身经历和技能，涉毒人员短时间无法产生融入感，对于居住区域内的社会规则有着超乎常人的漠视。这一种流动—受挫—再流动的恶性过程逐渐使得游民团体开始排斥常态社会下的稳定秩序和社会规则，这种对于身份的厌恶和社会的憎恨反而加重了游民团体对于"短时高强度"刺激的需求。

纵向层面上，社会层级以及身份的剧烈波动也是涉毒人员明显的特征之一。毒品高昂的价格以及强烈成瘾性使得涉毒人员在吸食毒品期间内，所积累的社会财富慢慢折损殆尽。这一过程中，不仅仅有物质财富的巨大消耗，涉毒人员的工作意愿也受到致命的影响。这种短时间内快速激进的中枢兴奋会使涉毒人员产生迷恋，继而无法忍受社会常态的兴奋获取，最终丧失对于社会分工的兴趣，直至放弃工作。一旦涉毒人员的原有财富积累完全消耗，其便会走上"游民"角色，行走在社会边缘寻找能够短时间、高收益、高风险的工作来满足自身的吸毒需求。

2. 短暂聚集性

涉毒人员的出现往往呈网状结构，其间有着纷繁复杂的联结方式。涉毒人员的毒品吸食行为本身不需要其他人员的外界辅助，但是涉毒人员往往表现出高度的聚集性。"根据广东省的一项有关吸毒者的课题调查显示，92.21%的被调查者的交往对象有不同程度的吸毒行为，而且33.32%的被调查者与吸毒者关系很好或较好。"[①] 涉毒人员往往积极地通过各种渠道来

---

① 郭建安、李荣文：《吸毒违法行为的预防与矫治》，法律出版社2001年版，第173页。

寻找其他吸毒人员，以便形成临时的吸毒团伙。

这种犯罪人员的聚集，我们在其他犯罪中也能看到其身影，如在有组织犯罪中犯罪人员也呈现出高度的聚合。但是涉毒人员的聚集有着细微的不同，前者有着超乎一般的组织团结和组织忠诚，其维系的根本在于价值观的高度一致，但是涉毒人员的聚集有着短暂性、脆弱性、冲动性。涉毒人员的聚集往往并不是因为经济利益的追求，而是仅仅为了形成一种高度一致的文化氛围。这种文化氛围建构在低级的生理需求和情感需求上，其不需要彼此之间有着过多的交流。这种仅仅为了追求吸食氛围和毒品交流的聚集也同样十分脆弱，其甚至不需要对于彼此身份有过多了解，仅仅通过共同的吸食行为便足以形成纽带。这种同质行为的聚集会给予临时群体以极大的情感慰藉，这种情感慰藉便是涉毒人员除了生理兴奋以外所极力追寻的。正是由于以上生理和情感的渴望，涉毒人员有着常态化的聚集行为。

（二）文化表征：语言的扭曲表达

生活场景对于文化体系的形成有着至关重要的作用。隐语本身作为语料的一种异化形式，有着自身使用范围的局限性和隐秘性，这也就决定了隐语本身有着强烈的主体色彩。当使用主体是处于艰深的知识领域，则隐语本身便会有着超乎正常语言的理论逻辑性和复杂的指代性。当使用主体是处于日常的生活领域，则隐语本身便会具有方言色彩和市井气息。反观涉毒人员，其在主体自身上有着普遍的低文化水平，生活场景上有着浓重的市井气息。涉毒隐语的使用场景和目的也决定了其有着超乎日常语境中的猜测难度，最终使得涉毒隐语有着扭曲表达的外显特征。

方言特色是涉毒隐语扭曲表达的首要表现。如"嘎嘎"便是选用当地方言，其简单地采用当地语言环境中对于某一事物的特殊发音来进行替换，从而使得其具备隐匿性。① 这种选词模式使得非处于当地语言环境的人员难以识别和感知其背后的深层涵义。这种选词模式往往不注重语料背后的具体指向，而是单纯地追求隐匿特征。这种当地所使用的语言，加之涵义的替换使得不仅仅外人难以理解和推知内在涵义，当地人也容易产生错误的认知结果。

理据混乱是涉毒隐语扭曲表达的另一体现。以名词为例，按照常态的命

---

① "嘎嘎"属于地方方言，原本意指猪肉，后用来代指"冰毒"。

名方式来看，其必须有着内在逻辑性的指向。例如，当我们提及"海螺"时，会明显地感知到这种名词所指代的实际物体同"大海"有着紧密联系，且可以推断出其为一种生物。这种语料的理据可以帮助我们快速地掌握和理解"指代名词"的背后涵义。但是涉毒隐语中，由于追求极端的隐匿性，所以其语料的选择和改造是扭曲和乱序的。如"海螺姑娘"用来指代"海洛因"，我们便无法通过具体而有规律的逻辑推理来感知其背后的具体涵义。这种随意选择的名词指代，能够造成极大的迷惑性来躲避侦查、方便交易。

夸张描述是涉毒隐语扭曲表达的另一体现。同前述两种表征不同，夸张描述更多的不是解决隐匿性的问题，而是为了便利吸毒人员的圈际扩张。好奇心是诱发人员进入毒品领域的关键因素，也是贩毒人员扩充市场的主要依托。如"快乐神"等毒品命名方式，便是向周边人员宣示和表达毒品的吸食感受。由于"内心感受"的主观性特征使得涉毒人员对于幻觉的表述往往十分夸张和极端，正是通过这种夸张的描述使得诸多处于情感低落、社会弱势、人生挫折的人员产生好奇，放松戒备进而吸食毒品。

(三) 文化核心：享乐与反叛

文化是一个群体习惯、价值观、内部约束的集中体现，对外也就显现为行为所表现的态度。"人都是在与他人的参照中认识自己的，'我群体'与'他群体'的存在是身份意识产生的前提，只有当这两个群体之间发生互动，并感觉彼此存在差异时，身份意识才会凸显在内容上。"[1] 行为都是附带有主体价值观的影响，甚至很大程度上行为本身就是主体价值倾向的外化特征。涉毒群体的行为样态、语言符号也同样能够表现出其内在真实的文化选择。但是其没有表现出对于主流文化的认同，而是有着一套有自洽性的文化体系。反叛性和享乐性便是其中最为核心的内容，前者使得涉毒人群同社会的关系走向紧绷并构建起独立的话语环境，后者则赋予成员以新的归属感，并保持群体内部"凝聚力"，两者相互作用于涉毒群体的身份自立中。

1. 反叛文化

文化作为价值观形成的主要环境，其对于个体价值追求的影响不言而喻。犯罪群体均表现出对于社会主流文化的背离和对立，只是这种对立的强

---

[1] 马戎：《民族社会学：社会学的族群关系研究》，北京大学出版社2004年版，第210页。

度大小因人而异。当然，我们不排除涉毒群体有着对于社会主流文化的部分认同，部分涉毒人员甚至有着相对而言正常的工作和社会身份。涉毒的文化反叛集中体现在价值观的扭曲，这种价值观的扭曲又集中体现在对于社会的责任感和幸福感的部分。

我们可以从语言表达中看出，更多的体现是涉毒群体的社会反叛意识。这种反叛意识不是集中于对于社会主流的攻击，而是一种内部认同感的体现，一种通过独立语言符号将自己同社会隔离的手段。这种独特的语言体系能够满足涉毒群体关于"自己"和"社会"的切割，这种身份的隔离能够建立起一套全新的价值体系。面对着主流文化的打压和反制，为了避免受到致命打击，亚文化群体会不断地更换、变动、更新自己的标识符号来规避打击行为。具体表现为毒品指代词语的高频率更迭和调整，甚至"一案一名"的情况出现。

2. 享乐文化

反叛性给了涉毒亚文化独立生存空间，享乐性则支撑了其亚文化体系的内部架构。单纯的享乐性是基于每个人内在人性中最薄弱的部分，但是由于社会规范的限制和介入，使得我们对于享乐的追求是有限度和有节制的。换言之，人性中的缺陷部分便是原始具有的动物性，但是正是由于社会规范的平衡，使得我们没有完全表现为随心所欲的"动物状态"。涉毒群体的内在文化核心便是对于感官刺激的盲目追求，这种追求和渴望已经足以消减社会规范对于其内心的约束，而更加趋向于"动物状态"。

"狂喜""快乐神""嗨药"等对于幻觉的夸张表述，是一种对于享乐主义的赤裸表达，毫不隐讳地表达了对于短暂或者极端兴奋的变态追求。这种隐语命名方式背后潜藏着涉毒群体的价值观选择，它可能原发于精神空虚的状态，加之毒品自身的成瘾性将人性中的动物性激发了出来。一方面，这种对于幻觉的夸张描述可以用来维系群体稳定和保持价值一致；另一方面，可以以此来诱发出未成年群体的新奇和弱势群体的情感需求，从而扩大自身的人员数量。涉毒群体在传统且主流的社会规则下无法寻求到对于自身的心理满足，才会越轨加入其他群体来使用非正常手段实现目标。这个过程中，"享乐主义"就是支撑目标实现的关键因素，故而涉毒群体一旦从中获取了情感慰藉，便难以自拔、深陷其中。

三、涉毒隐语体系的理论解构：亚文化理论与语料反指向性的两元结合

"在某种意义上看，人是否犯罪，在于能否按照社会文化的要求处理个体与他人、社会的关系。"① 涉毒隐语体系的构建有着漫长的形成过程和丰富的成因，无论是对于社会科学还是刑法科学都有着极其重要的样本意义。同样的，涉毒隐语体系中最为明显的两个特征也紧紧围绕着"亚文化理论"和"语料指向性"的两个端点铺展开来。

（一）毒品隐语体系的亚文化归因：集体意向

1. 涉毒隐语体系的产生起源于文化认同

"物以类聚，人以群分"，犯罪人群体的生成一定经历了对于主流文化的抛弃和对于亚文化的重新认同。个体所经历的社会分工和交互不同，使得犯罪人对于主流文化的否定缘由有着较大不同，但是对于亚文化的认同却是一致的。如前所述，涉毒群体的聚集在现实中是十分普遍的，这种人员和行为的自发聚集无不表明了其在形成一个稳定的组织。"69.4%吸毒人员表示吸毒时有很多人在场，27%选择有2人至3人在场，而选择一个人在场的只有3.6%。"② 正是这个过程使得涉毒人员在具体交流中，对于某些专有名词进行了替换或者更新，逐渐丰富了涉毒隐语体系的语料内容。这种涉毒群体自发的交流行为，也不断使得涉毒隐语在群体中的认同逐步加深，逐渐成为该群体或者该区域内普遍认可的文化规范。

涉毒隐语体系给予了成员之间以外显的识别特征，彼此可以通过所谓的"黑话"或者"行话"迅速地建立情感交流的基础和话题。由于涉毒行为在社会主流文化中处于被打压的状态，使得成员之间的交流无法基于社会日常生活，身份识别便成为了成员交流和群体活动的关键。语言作为人类交往过程中信息交换的主要渠道，其理所当然地成为了彼此识别身份的工具。受限于"毒品"一词在社会语境中的负面形象和涵义敏感，所以当然无法成为彼此交流中的常用词汇。隐语的功能完美契合了群体中对于语言的全部要求，所以当涉毒群体完成人员聚集后，隐语理所当然地成为了首要的认可

---

① 王顺安：《中国犯罪原因研究》，人民法院出版社1998年版，第212页。
② 夏国美、杨秀石：《社会学视野下的新型毒品》，上海社会科学院出版社2009年版，第152页。

标志。

2. 涉毒隐语体系的发展依托于文化习得

涉毒隐语体系的存在一定依赖于不断的学习。"有84.32%吸毒人员表示曾经有吸毒者向其描述吸毒的体验；有超过80%的被调查者曾经有吸毒者向其传播关于毒品和吸毒方法的信息。"① 涉毒隐语体系无法成为独立的内容而存在于社会之上，其必然经过"传授—学习—再传授"的更迭。涉毒隐语对于外部人员而言仍然有着晦涩性和艰深性，这种晦涩和艰深使得外部人员难以融入群体内部，只有通过"习得"的方式才能进入相应的内部圈层。这种文化习得有可能是基于观察而来的自我认知，也有可能是临时群体的互相交流。无论是前者还是后者，都必然经历一个变更专有名词涵义的过程，对于变更后涵义的理解便是文化习得。

观察是我们学习新鲜事物的首要方式。"所谓观察学习是指通过观看他人而习得复杂行为的过程，模仿或'示范影响'是形成最初的犯罪行为的重要机制。"② 在涉毒群体的活动中，专用的毒品隐语高频率地被使用于交流中，这种新奇的语音符号会给周遭的人群带来极大的内心好奇。好奇心驱使下会使得人群中自制力不坚定的部分，开始学习和了解这种独特的语言模式，并最终习得这种行为。这个过程也能够解释为什么毒品暗语往往有着夸张的幻觉描述。不仅仅是夸张描述，部分涉毒人员还会刻意地通过表演方式来表现自己的生理愉悦以吸引周遭人员。

3. 涉毒隐语体系的稳固受制于文化规范

群体的形成、发展都不离开规范的调整。涉毒隐语体系同样如此，其能够在涉毒群体内长盛不衰地更新迭代，离不开群体内部所形成的文化约束。此处的文化规范并不是指隐语文本自身的统一，而是指涉毒群体内部对于暗语的态度。涉毒群体内部有着对于暗语使用的强烈推崇，以至于这种推崇足以成为一种内部规范而内化于成员。规范集团对个体在某种情境下可能作出的各种行为方式的社会态度作出了规定，违反规则将招致集团作出一定的反应，这些规则或规范即为行为规范。③ 这种文化规范具有强大的约束力量，

---

① 刘建：《新禁毒全书——中国吸毒违法行为的预防和矫治》，人民出版社2015年版，第82页。
② 张爽：《有组织犯罪文化研究》，中国人民公安大学出版社2012年版，第88页。
③ [英]布罗尼斯拉夫·马林诺夫斯基等：《犯罪：社会与文化》，许章润等译，广西师范大学出版社2003年版，第105页。

甚至涉毒成员在内部交流时不会提及具体的毒品名称。一旦有成员违反此规范，轻则可能带来涉毒群体的集体反感，重则可能带来身份的剥夺。贩毒人员可能会因为买家使用了所谓的"禁忌词汇"，而提高警惕甚至放弃交易。这种身份的剥夺对于具有强烈生理依赖的吸毒人员而言，无疑是致命的。在可能被剥夺"身份"的可怕后果下，涉毒人员无一例外地选择服从，规范的威慑力便由此形成。

当然，积极的尊重隐语规范也可能会带来所谓的"奖励"。在实际的毒品交易中，稳定的毒品来源是涉毒人员所普遍期待的，但是严密的侦查防控使得毒品的来源渠道往往是极其不稳定的。这也就迫使吸毒人员必须熟练掌握各种暗语，以便其能够快速地获取新的毒品来源。快速地获取毒品，这对于处于毒瘾复发阶段的人员而言，是一种超乎任何正常社会所能给予的奖励。正是这种服从和违背带来的极端变化，使得涉毒隐语体系能够稳固地存在于涉毒群体之中。

（二）毒品隐语体系的识别学分析：反指向性

以名词为例，专有名词往往用于指代某一特定的事物。这种专有名词的指向性本质是帮助我们通过符号化的语言来表征其内在涵义，并通过内在涵义索引到特定的对象中。涉毒隐语体系却不尽然，其自身隐匿性的功能决定了其必然在感知环节中出现人为偏差。这种从语言符号到对象的指称过程遭到了阻隔，使得传统语境中社会大众所认知的实际对象并不是该语言符号所具体指向的。

1. "间接指称"向"直接指称"的强行逆转

交流的双方如果想要畅通无阻地了解和知晓彼此的涵义，必然要经过信息的交换。信息的交换过程中，名词所具有的指向性是其中的关键组成部分。命名者要考虑和保证听者能够清晰地感知其所表达的涵义，而尽量避免出现对象的混同。这就需要命名者充分考虑"专有名词"的逻辑联系是不是常用、清晰、浅显的。这得通过"涵义"来进行过渡，勾连起"语言符号"和"对象"的桥梁。这种"间接指称"会极大地方便我们认可和接受这种专有名词。如"海螺姑娘"，我们可以清晰地感知其背后所具有的两个因素特征："海螺"和"姑娘"，故而将这种特征表述同实际指代的对象对应起来。当然，我们的生活中也存在无须通过涵义转换的"直接指称"，例如，大多数人名便不具备涵义来作为联想和索引的过渡阶段。如"李白"，就本身的字眼而言其所表述的字面涵义和实际内容没有任何关系和逻辑。

我们发现，暗语便经历了这种从"间接"向"直接"的强行逆转，这种逆转才是我们常人无法感知的核心原因。当我们看到一个专有名词时，内心所产生的联想和逻辑索引所指向的对象受到强行逆转或改变，如果不熟知其调整的规则，便难以知晓和对应其实际的指代对象究竟为何物。这就如同密码结构一样，命名者通过毫无逻辑关系的名词替换来实现对实际所指事物的隐匿，使得其避开公安机关的关键词筛选机制。当然，可能受限于命名者的文化水平、语言习惯等原因，这种指称的逆转也会呈现出精密和简单两种极端。暗语的出现，在根本上就是一种小范围内的语言创制过程，只是这种创制过程更加追求和现行规则的反差。正是这种反差，使得暗语体系有着丰富的内涵并深刻反映出犯罪亚文化实际样态。

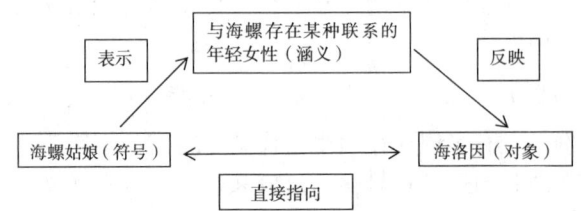

图一：专有名词的"直接指称"与"间接指称"关系示意

2. 名词指称传递过程中的周期性转移

前述所言的名词指称的逆转，在历史的发展过程中也会自然而然地发生。这种转移和变动并不仅仅只有依靠人为的强制扭转才会发生。随着使用环境的变化、科学的发展、语义的扩充等，指代名词也可能会发生历史更新和移转。例如，"币——原义指帛，用作礼物的丝织品。《战国策·齐策》：'请具车马皮币。'（币：帛）后指钱、货币"①。在涉毒暗语体系内，这种现象也常态发生。同正常的历史性转移不同，涉毒暗语的转移的时间周期非常短暂、词义更换非常迅速。暗语的内在本质就决定了当其被大量人员普遍性知晓时，其就丧失了暗语的存在基础而面临淘汰。涉毒暗语同样如此，以"白粉"为例，其作为海洛因的暗语最早出现在涉毒流通领域内。但是侦缉工作的推进、新闻舆论的宣传使得社会大众普遍构建起"白粉"和"海洛因"的逻辑联系。一旦这种逻辑联系构建起来，该暗语便面临着淘汰的危

---

① 邵莹：《古今词义演变中的指称转移现象》，载《柳州师专学报》2006年第3期。

险，此时便开始了关于毒品暗语的周期性更迭过程。在网络时代的今天，暗语的更迭更加迅速，关键词筛选和敏感词汇禁止等制度性的审查方式使得传统领域内的暗语难以在社交平台中发布和存留。这也就倒逼涉毒人员不断更新毒品暗语，以便通过网络平台来快速同潜在的买家或者卖家取得联系。随着暗语被不断识破，涉毒暗语体系的样态也逐渐显现，其周期性的更迭频率也会越来越快，给我们的侦缉工作带来新的挑战和难度。

3. 涉毒交流过程中指示代词的辅助混用

由于关键词筛选等机制的存在，部分暗语很快被纳入禁用词汇的范围内而丧失了继续使用的生命力。此时对于刚刚建立联系的涉毒人员而言，如何更好地指称和表明所指称对象的性质便是要解决的首要问题。这一过程主要发生在涉毒人员同"非涉毒人员"的初始交流过程中，如在毒品运输领域内常态发生毒品的寄送、携带、转运需要"非涉毒人员"介入的情形。暗语的作用发挥对于群体以外的成员而言十分有限。所以，非涉毒人员往往难以迅速感知其所指称的对象具体为何物。为了解决这一信息的不对称，涉毒人员也通常会采用"指示代词"的方式来帮助解决这一问题。"那种东西"在正常的语言使用环境下，通常指代周遭的某一具体事物。但在涉毒领域内，"那种东西"却有着暗自指代对象属于非法物品的潜在涵义。当然，为了同日常语言交流过程中的用法区别，涉毒人员往往通过戏谑的发声方式、怪异的身体动作、暧昧的面部表情来表达所涉对象的非法性。"那种东西拿点给我"是涉毒领域内常见的表达，① 这种表达方式其实也应该属于暗语体系中的组成部分。这种宽泛性的指示代词对于毒品的指代，其实并不是借助其内在涵义，而是借助于现场的语境。这种"现场亲知"的使用要求，就决定了其天然地不会产生被预先识别和筛选的可能，故而广受涉毒分子推崇。

四、涉毒隐语体系的治理展开：语料筛选与文化反制

文化同人之间存在彼此塑造和影响的关系。社会主流文化由于其所构建的基础是规范性的法律和正向性的道德，当然地有着对于个体的正面影响。犯罪亚文化则是构建在独特的反社会、反道德的心理认同之上，其对于社会

---

① 参见（2015）川刑终字第 326 号刑事判决书。

主流文化有着巨大的反差和蔑视。当两者同时影响和灌输到社会个体中时，便会产生冲突。这种文化差异带来的冲突并不会随着时间的转变停止，而是一直处于一个此消彼长的过程中。故而，对于这种文化冲突的治理也不能粗暴地通过社会强力来根除，应着眼于"犯罪行为转化的阻绝"和"社会主流文化的反控"。

（一）隐语正视：涉毒亚文化的宏观考量

隐语作为犯罪亚文化的重要组成部分，对于犯罪亚群体的影响不言而喻。司法实践中，一线的缉毒民警对于隐语的借助非常常见，甚至在许多的特情介入案件中，隐语是打入涉毒群体的核心手段。隐语也是我们在司法实践中了解涉毒群体、贩毒链条、产毒源头的首要线索，是我们迅速从海量信息中识别和研判的表见标准。同一线治理中的极度重视产生鲜明对比的是理论上的轻视和忽略。无论是犯罪亚文化还是其具体表现，常常被狭隘地认为是一种纯粹理论上的交锋，甚至有论者认为其是"过度解读"的产物。其实犯罪亚文化对于我们的参照作用在特定犯罪中的价值体现极为明显，因为犯罪亚文化对于我们在顶层设计、制度调整、政策变动等领域有着重要的理论价值和引导作用。犯罪亚文化更多是一种宏观考量，是一种摆脱个案的社会性研究，其当然无法直接承载个案的办理，但其内在的价值却可以间接帮助我们更加清晰地把握犯罪的生成规律、发展样态、群体特征。

主流文化自身难以实现对于亚文化的压制，而必须借助于规范。人性有着诸多的缺陷，使得在面对涉毒亚文化这种享乐性的价值倡导时，人性中对于原始生理兴奋的追求容易占据上风。人性对于享乐的天然追求使得我们不得不正视文化对于人性本性的约束。我们对于涉毒行为的规制也必须脱离对于具体个人行为的微观视角，转向对于文化冲突的考量。我们对于犯罪亚文化的治理应该体现出手段的多样、介入的全面、治理的深入。法律和社会政策作为传统的治理手段在发挥固有作用的同时，应进一步向加强生活场域文化建设、参照群体的正向示范、文化传播的负面革除、特定人群的重点关注的视角转变。

（二）隐语识别：涉毒亚文化的微观借鉴

1. 提供侦查线索，缩小侦查范围

涉毒隐语及其背后所蕴含的犯罪亚文化，对我们正确认知其涉毒行为的内在规律有着重要参考作用。涉毒隐语有着自身的隐匿性，但是随着我们对于其隐匿性的破除，其也就反转成为我们标记和识别涉毒人员的符号。涉毒隐语虽然变化更迭频繁，但是在某一特定历史周期下仍然具备着稳定性和确定性，毒品名称、毒品类别、毒品纯度、计量单位等涉毒隐语在某一系列案件中，通常表现为相对稳定的存在。这就使得我们在某一案件侦破中所获取的涉毒隐语，在当下的特定区域内仍然有着其普遍使用的情形。这对于我们厘清侦查方向、调整侦缉策略有着重要参考。以涉毒犯罪的治理为例，由于涉毒犯罪并不表现出传统暴力犯罪的明显特征，我们在日常生活中难以感知其实际存在，所以最为关键和核心的便是涉毒线索的获取。涉毒隐语在涉毒交流中出现的必然性和高频性，使得其能够成为我们获取和整理涉毒线索的关键来源。此外，涉毒隐语所表现出的区域性同样可以帮助我们迅速掌握和对应案件的实际发生区域，对于我们缩小侦查范围、提高侦缉效率有着重要作用。

2. 合并同类案件，化解个案障碍

毒品隐语的附随性和可识别性使得其当然地具备了反向圈定人员和案件范围的功能。在实际的毒品流通过程中，贩毒人员对于毒品隐语的选择和确定有着绝对的话语权限。这种在语言交流中双方不平等的角色地位，使得毒品隐语有着极强的附随性，带有极强的贩毒人员的个人色彩和主观喜好。加之涉毒人员对于某一交流环境的熟悉，使得以该主体为中心所形成的毒品链条中多以某一确定的涉毒隐语作为交流的主要语言符号。这就使得我们可以借此串联案件，解决在某一案件中证据链条断裂造成的侦查和追诉障碍。

毒品犯罪的发生，除极少数情况外均是以某一人员为中心点做辐射状散开，这就使得我们对于案件之间的信息交换和案件合并有着更高要求。涉毒人员在实际的交流、交易过程中多采用化名的形式来称呼彼此，使得侦缉人员通过姓名的方式来合并案件的功能受到一定程度的折损，但是由于语言习惯等原因，涉毒人员往往不会下意识地调整对于暗语的使用，这就给我们利用这种语言习惯合并案件带来了优势和可能。当然，由于毒品隐语使用的范围往往无法事先确定，人员之间的相互学习也可能使得不同毒品群体之间串联而降低毒品隐语的确定性，所以其仅可作为一种我们整合案件相似点的参考，而不能作为决定性因素。

3. 语料识别预防，补足侦查局限

作为毒品交易双方磋商所使用的工具，涉毒隐语对于我们在早期的毒品防控介入中发挥的作用不言而喻。毒品自身的体积较小、外观常见、状态多样等原因，使得毒品侦缉工作多依赖于对早期敏感信息的获取。毒品暗语作为早期唯一可供识别的敏感词汇，是一种重要的线索提供渠道。无论是交易的早期磋商还是毒品分子之间的信息交流，都离不开关于"毒品"的名词性指代，所以这种关键词汇对于我们借助大数据时代的强大分析和抓取能力迅速锁定人员，有着至关重要的作用。互联网时代的来临，将现实中的交易行为也一并移转合并到网络空间中，并有了新的时代特征。借助互联网社交软件的信息交互，毒品交易的前期磋商和信息发布打破了原有地域的限制，可以广泛地向不特定人员发送涉毒信息，也同时可以向特定社交用户完成毒品交易的意向确定流程。这一过程中，语言符号被转制成为数据而进行流通，给我们提供了语料识别的可能，可以实现对于某一词汇的定向搜索以做进一步的即时筛选，因而"涉毒隐语数据库"的建立尤为重要。① 互联网的背景，使得信息的交互已然打破了地域的限制，贩毒人员对于某一隐语的识别也必然会随着信息的传递而向不同的区域扩散。涉毒隐语数据库正是为了解决这种侦缉人员在侦查过程中的信息差，通过数据库的检索可以让侦缉人员迅速掌握不同领域内已经破译的涉毒隐语。

（三）文化重构：参照群体的规范打造

"在文化观念领域，法律并非天然就是合法的，对于个体而言，合法性是一种基于承认和同意的心理现象，法律的权威只有在其合法性被认可和同意之后才会被自觉遵守。"② 就同一个社会而言，其所倡导的社会价值、道德、规范等诸多主流意识形态都是近乎一致的，但是个体所表现出的行为却有着极大的不同。任何社会都同时充斥着个体合法和个体违法，这两种行为参照在社会中不断影响着处于其中的人们。换言之，越轨行为如果对于个体的影响更大，则个体违法的可能性就会上升，反之亦然。就文化而言，其在自由状态下的表达是无序和无节制的，正是超个人群体的选择和集体意志的倾向使得我们社会中选择了某一价值观作为主流文化。主流文化下的群体便是一种参照群体，亚文化下的群体是另一种参照群体，这两种群体在社会中不断通过价值观的倡导来寻求认同，并完成人员的吸纳和身份化。故而，我们必须对于这种文化的选择、传导、表现做出一定的规范化干预，以使社会

---

① 毒品隐语数据库的建立应为全国性，并以此来共享各地侦缉人员所破译的涉毒隐语，实现信息共享，如英国就已经建立《毒品犯罪隐语档案》。
② 皮艺军：《犯罪学研究论要》，中国政法大学出版社2001年版，第19页。

主流群体对于人们的号召和吸引力更加强烈。

1. 传播中的正向符号示范

文化的传播形式往往是中立的，但是传播的主要渠道却掌握在主流主体手中。以语言为例，语言符号便是一种最为典型和基础的方式，无论是社会主流群体还是亚群体都能够自由使用。这种传播方式是不稳定的，主体的价值观选择会服务于不同的人群，当亚文化群体占领了舆论时社会就会开始向亚文化群体倾向和归化，当主流群体占领时，社会就会向着主流文化所期冀的方向发展。这就意味着，我们必须有方向性地对广播、电视、网络、报纸等众多文化传播渠道作出正向的引导。

我们可以看出，文化传播所依靠的主要渠道作为一种公共资源而存在，这就意味着主流群体对于这种公共资源的利用有极大的地位优势。这就可以为我们建立和树立一种强有力的文化引导提供了可行性，这种文化的引导对于我们瓦解亚文化群体有着至关重要的作用。个体在作出选择时，都是基于现有的认知情况来表明自己的态度，认知的不全面便会带来行为的不理性和盲目性。此时，如果没有社会主流文化加以干预，改变其作出选择的心理认知情况，便会产生更多犯罪潜在人群。具体而言，毒品贩卖人员通过塑造一种"飘飘欲仙"的极度潇洒、快乐、自在的形象，来换取社会成员对于这种状态的认可。如果此时，没有社会主流文化说明这种行为所带来的实际危害和真实后果，那么很可能会有大量的社会个体处于信息不对称的认知状态，而盲目做出选择。所以，社会的主流媒体必须承担起对于正向形象的建立和引导，并进一步阐释毒品可能带来的实际后果，才能使得个体在作出选择时有着更加清醒的认知。

2. 传播中的负面示范剔除

正面形象的引导和负面形象的诱惑总是同时存在的，这就意味着单纯加强对于正面形象的宣传难以实现对于亚文化的瓦解。虽然，主流媒体牢牢掌控在主流群体的手中，但是这不影响亚文化群体建立自身的传播渠道或者隐秘地搭载于主流内容之中。暴力、色情、享乐、奢靡、颓废等诸多元素也曾借助于化身主流文化而充斥在网络空间、媒体空间中，这也会同样使得特定群体在接收文化的过程中产生心里偏向而走向异端。个体的选择总是基于其人生过程中所获得的认知情况，如果其长期接受的是享乐和奢靡的影像和语言，那么他在实际做出个人选择时也会不由自主地产生倾斜。这种负面示范的影响不是即时和刚性的，而是一种对于个体社会价值缓慢蚕食和腐化的过程。个体在这一过程中，不会产生剧烈的心理抗拒和排斥，这更加使得我们不得不重视对于社会大众的媒体管制。对于文化传播中所搭载的负面形象和涉毒符号要做严格的审核和筛选，只有如此才能尽可能避免亚文化群体的扩张。以娱乐明星为例，曾在一段时间内娱乐圈内部部分群体有着对于毒品的极度推崇，甚至以"吸毒"作为自己身份的肯定和嘉奖。这种负面示范对于社会摇摆群体的影响是巨大而深远的。必须将这种可能涉及毒品的负面示范和间接表现剔除，才有可能使参考群体的打造能够获得更加有效的社会效果，不然只能是"此消彼长"的无效博弈。

（四）文化反制：监所教育的重点关注

"复吸"是摆在我们分化和瓦解涉毒亚群体路上的重要障碍。同其他违法或者犯罪行为不同，涉毒行为有着更加频繁的重复性，这种重复性的产生有着生理和心理的双重影响，使得吸毒人员对于毒品的依赖性更加难以戒除。监所作为戒断毒瘾的关键场所，无论是戒毒所还是监狱都混同有大量的涉毒人员，这种亚群体的聚集一定会使得彼此之间关于身份认同的加深。以隐语为例，涉毒人员的直接交流会使得更多人员在监所中习得更多的涉毒文化，在这一过程中心理的认同感会逐步加深。但当前的监所教育过多地将注意力放置到了生理毒瘾的戒断中，却忽视了对于文化的处置。据重庆市江北区关于服刑人员现有教育改造措施效果的调查显示，22.4%的服刑人员认为监狱教育缺乏实效，5.9%的服刑人员认为教育项目安排不合理。[①] 生理上的毒品戒断相对于心理上的戒除而言，更为简单和具有操作性，但是这种亚文化的心理侵染才是涉毒行为久禁不止的根源。

涉毒隐语所反映的文化核心便是对于身份的盲目认同和对于享乐的极端追求。无论前者还是后者都是一种价值观扭曲的表现，故而对于其群体的瓦解和攻破更加应该注重对于其文化的正向引导。这就要求我们的监所教育和社会化的过程，能够有针对性地摒弃其背后的"自我弱势"。身份认同感在涉毒人员中往往表现为一种对于自我身份的自卑和对于弱势的笃定，这就使得涉毒人员其在内心深处仍然将自己视为社会的底层人员，并且伴随着自己无法融入社会的恐怖幻想，从而再次走向通过吸毒来摆脱这种失落感的道路。我们当然无法实现将"戒毒人员"打造成"社会精英"的瞬间转变，

---

① 参见姜敏：《黑恶势力犯罪形成及防控的文化解析》，载《社会科学研究》2013年第5期。

但是我们在监所教育过程中的去标签化却能够最大可能地让他们感受其具有正常的社会身份。这就需要我们通过身份的重新强调和打造，使得其获得全新的心理暗示，并逐渐接受自己属于社会中被认可的成员之一。

对于享乐的追求则是一种对于社会分配不满后的发泄，这种发泄更多源于物质和情感上的匮乏，这就提醒我们必须积极加强监所内部的技能训练和文化培养。快感的获得，并不是社会主流价值观所排斥的，而不正常的快感获得才是社会主流价值所摒弃的，我们对于涉毒亚文化群体的瓦解需要重视其对于社会分工的认可和社会责任感的重新获取。"嘉奖"是我们塑造其心理认同的关键手段，通过某种劳动获取物质嘉奖或者心理鼓励是帮助我们训练其心理转变的重要途径，也是其能够正常融入社会的关键所在。换言之，监所教育除了注重对于其生理毒瘾的戒断外，通过文化暗示来实现对于其身份的重新打造，通过技能训练和培养来促使其社会融入才是分化涉毒亚群体的根源所在。

第九节 美国毒品治理的现实路径考察及启示[*]

毒品问题是世界各国共同面临的严重社会问题，有效解决和控制毒品问题是各国社会治理中的重大课题。我国正处于社会变化发展的新时期，毒品犯罪作为一种传统犯罪也几经异变，不断衍生出新形态。因此，依法打击和惩治毒品违法犯罪活动，也是各级党委政府加强社会治安防控的重要工作内容。美国作为世界上最大的毒品销售市场，毒品问题一直十分严重，其在毒品治理上所做的大量探索与尝试，无疑对我国禁毒工作具有启示作用。目前，尽管有不少学者对美国毒品问题有过研究，但是综观这些研究成果，以翻译文献居多，研究视角比较零散单一，对于美国社会毒品综合治理的具体路径解剖研究不足。有鉴于此，笔者拟着眼于美国的现实毒情，深入解析当前美国毒品治理的主要路径，以期为我国毒品管控模式提供经验与参考。

---

[*] 本节撰写者：胡尔贵、郭悦悦。

一、美国毒品治理的实践样态与问题

美国作为全球最主要的毒品消费国，自 1914 年制定《哈里森麻醉药品税法》（以下简称《哈里森法》）以来，在毒品治理方面一直在不懈努力，投入了大量人财物力，在毒品治理理论与实践方面取得了一定的成绩。尽管如此，美国的毒品问题却依然不容乐观，毒品泛滥的局面并没有从根本上得到有效遏制。这种现实毒情也正是近年来美国不断调整毒品治理战略的依据。

（一）美国仍然是当今世界的第一大毒品消费国

有资料显示全世界生产的毒品 60% 以上输往美国。截至 2015 年，美国吸毒者占全美人口的 8.2%，[1] 这表明美国仍然是当今世界最大的毒品消费国。究其原因，主要是毒品滥用在美国有着特殊的社会根源。首先，在美国的文化背景下，公民个人对毒品危害的认识不足。很多人认为吸毒是个人问题，在道德上并没有多大障碍，只要个人控制得住不产生后果就没有问题，这导致不少人以身试毒。曾有调查显示，有近五成的美国人认为吸食毒品"没有问题"。其次，美国与世界主要毒品来源国之一墨西哥有着特殊的地理位置关系。墨西哥是北美重要的毒品生产国和运输枢纽，由于毗邻美国，美国必然会成为它的毒品输出国和非法药物货运的主要目的地国。有资料显示，美国境内超过 95% 的可卡因都是经由墨西哥流入的。[2] 此外，大量犯罪组织以贩毒为产业。由于毒品贩卖利润可观，也是良好的洗钱途径，所以历来是各种有组织犯罪集团的主要犯罪目标。贩毒是美国经济的又一个组成部分，在美国有 30 多万个组织和团伙靠控制毒品的交易生存。[3] 正是由于美国公民主观上对毒品危害认识不足，加上客观上毒品市场供应相对比较充足，所以在一定程度上增加了个人接触吸食毒品的机会。根据美国官方数据，从 1993 年到 2013 年间，美国吸毒人口从 1170 万上升到了 2460 万，如

---

[1] 参见张朋辉：《毒品泛滥成美国社会顽疾》，载《人民日报》2015 年 7 月 16 日。
[2] 参见杨阳、李孟景阳：《美墨禁毒合作的成效评价及启示》，载《拉丁美洲研究》2015 年第 3 期。
[3] 参见人民网：《美国是世界最大毒品市场和头号洗钱大国》，载 http://world.people.com.cn/GB/1029/42358/8141463.html，2018 年 3 月 17 日访问。

今 9.4% 的人口承认吸食毒品。① 仅大麻、可卡因、海洛因这三种毒品的年销售量就达 1 万 6000 多吨。所以,美国至今仍是当今世界的头号毒品消费国,毒品问题已经成为社会顽疾。

(二) 大麻"合法化"给毒品治理带来新的挑战

大麻管控是美国禁毒战略上的一个重要方面,大麻泛滥问题始终影响着美国社会治安。美国毒品问题的解决有赖于大麻问题的解决,大麻政策实施的绩效直接关系到美国毒品治理的成败。美国社会对于大麻合法化问题一直争论不休。但是,从近年的种种新的发展迹象来看,由于美国"大麻无害论"的盛行,"禁麻"收效微弱,联邦法律权威不足,监狱系统不堪重负,政府禁止大麻的经济与社会成本远远超过大麻本身所带来的社会问题或危害,美国大麻合法化进程将难以逆转。一方面,实行大麻"去犯罪化"的州越来越多。从二十世纪七十年代起,美国更多地开始废弃禁止拥有和销售大麻的州和地方法规,即实行大麻"去犯罪化"。在这样背景下,尼克松政府专门制定了《控制毒品法》,以保证联邦禁毒法得到严格实施,但收效甚微。至二十世纪九十年代,一些州又相继通过大麻合法化的法律。2016 年 4 月,宾夕法尼亚州成为美国第 24 个在州一级立法允许将大麻用于医疗用途并加以规范的州,接着 2016 年 6 月俄亥俄州也作出相似规定。2016 年 11 月 8 日,阿肯色州、佛罗里达州和北达科他州表决赞成核准将大麻用于医疗用途。另一方面,大麻使用逐渐由医疗用途扩大到消遣用途。截至 2014 年底,全美有 23 个大麻"医用合法化"的州,但在近两年,上述州中科罗拉多州、华盛顿州、阿拉斯加州、俄勒冈州等又进一步以创制投票的方式通过了"消遣用大麻合法化"(Legalized Marijuana for Recreational Use)议案,走向了大麻的"全面合法化"②,此外,加州、缅因州、马萨诸塞州和内华达州也通过了将大麻用于非医疗用途合法化和规范化的措施,大麻正在走向"全面合法化"。如果美国的大麻合法化趋势无法遏制,那么,它的蔓延不但客观上会带来更多的危害,而且必将逐渐吞噬美国社会多年来在禁毒问题上所取得的道德共识和法律成果,也将冲击美国抵御毒品的防线,甚至使"全部毒品"合法化成为新的追求;这样美国的毒品需求市场将会进一步刺

---

① 参见李强:《美国禁毒,为何找不准敌方》,载《人民日报》2016 年 1 月 19 日。
② Rosalie Liccardo Pacula: Marijuana Liberalization Policies: Why We Can't Learn Much from Policy Still in Motion, Journal of Policy Analysis and Management, 2014, Volume 33 (Issue 1): 212 - 214.

激其他国家的毒品问题,甚至给全球禁毒努力带来重创。因此,大麻合法化必将对美国甚至世界各国的毒品治理带来新的挑战。①

(三) 惩戒式毒品治理方式不能从根本上解决毒品问题

自二十世纪七十年代初尼克松政府全面发动"毒品战争"以来,美国针对毒品种植、生产、贩卖等毒品违法犯罪采取了多种惩治措施,包括截断境外毒品来源以及打击国内毒品犯罪。在截断境外毒品来源方面,美国与墨西哥、加拿大等国开展了全方位合作。如2009年,墨西哥和美国的执法机构共同实施了海上巡逻行动和对涉嫌贩毒船只的登船搜查。这些措施使贩毒行动有时不得不放弃海上通道,转而利用陆上通道。同年,两国政府签署了《综合跨境海上执法行动框架协议》,以此推进海上执法行动。② 这些措施对于切断毒品来源起到了积极作用,美墨边境的毒品走私量有所下降。在打击国内毒品犯罪方面,不断加大司法惩处力度。正如美国纽约州大法官朱迪斯·凯所说:"1999年纽约州一半的重罪案件都与毒品相关。"据统计,1980年在纽约州因为毒品问题逮捕了27000人。而到1999年这个数字达到了145000人,增长了430%。③ 在此过程中,一些主要毒品犯罪集团被瓦解,一些大毒枭相继被抓获。2009年,美国警方实施科罗纳多计划,在全美范围内38个城市出动了超过3000名警力开展统一行动,两天内便逮捕了墨西哥毒品集团"法米利亚"300多名成员,先后抓获了近1200名涉毒案件嫌疑人,查获超过11.7吨毒品。④ 截至2014年,美墨边境的主要毒品集团相继被打掉。从理论上讲,这种看似标本兼治的行动取得了显著效果,但从长远来看,却并未对美国毒品泛滥的局面形成有效遏制。大量吸毒成瘾者犯罪被逮捕,经过刑事司法审判和执行刑罚后回归到社区,但由于缺乏足够的司法监督和社会服务支持,极其容易复吸和犯罪,绝大多数都会再次被捕入狱。据统计,大约95%的罪犯服刑完后都会复吸,同时60%—80%的成瘾者刑满释放后都会触犯新罪。涉毒犯罪人基本上都在出狱与入狱之间不断往返,这就是美国近三十年来刑事司法界治理毒品滥用问题而形成的独特现

---

① 参见张朋辉:《美国面临毒品和药物滥用难题》,载《人民日报》2016年1月4日。
② 参见刘建宏:《全球化视角下的毒品问题》,人民出版社2014年版,第120页。
③ 参见宋英辉、李瑾:《美国毒品法庭的透视与思考》,载《兰州学刊》2015年第6期。
④ 参见搜狐新闻:《美国警方在全美逮捕墨西哥毒品集团300多成员》,载 http://news.sohu.com/20091023/n267680651.shtml,2018年3月17日访问。

象——"旋转门司法"（revolving door justice）现象。① 这充分说明美国毒品治理的传统方式有待深入反思。

（四）毒品滥用带来的社会危害日益突出

随着美国吸毒人数逐年增加，尤其近年来新式毒品与传统毒品交织泛滥，毒品问题已经成为美国社会的毒瘤，带来了严重的社会问题。首先，毒品滥用造成的死亡人数大幅上升。2014 年，美国毒品使用过量造成超过 4.7 万人死亡，比交通事故和枪支暴力造成的死亡人数还多。2001—2014 年，因精神药物滥用造成的死亡人数增加 2.8 倍，其中鸦片类药物过量使用致死人数最多，可卡因致死人数增加了 42%，海洛因致死人数增加了 6 倍。② 2014 年至 2015 年，鸦片类毒品和药物过量使用致死人数增加了七成。其次，毒品滥用导致监狱人满为患，法律的威慑作用减弱。据美国司法部所属司法统计局（Bureau of Justice Statistics）2014 年提供的数据显示，从 2003 年至 2013 年的 10 年里，因涉嫌大麻违法犯罪而被捕的美国人约为 830 万人，其中约 80% 的人因为拥有少量自用大麻而遭逮捕；截至 2013 年底，全美有大约 21.4 万人因大麻罪而被判入狱，羁押在州或联邦监狱。③ 联邦法律对大麻违法犯罪者的惩罚最高判处 25 万美元的罚款或 5 年的监禁，处罚是十分严苛的，但全美涉及大麻违法犯罪的人数却每年都在增加。尽管 2006 年至 2009 年可卡因滥用有所减少，但年轻人滥用大麻及管制物质处方药的情况却日益严重。再次，毒品滥用导致禁毒执法成本过高，司法压力突出。据美国国家毒品滥用问题研究所（National Institute of Drug Abuse Research）2014 年提供的数字显示，过去 10 年中，联邦政府用于禁止大麻的种植、销售和使用等方面的开支每年都在 300 亿~400 亿美元之间，仅此一项的耗资就吃掉了联邦政府每年用于犯罪执法全部经费的约 15%。④ 最后，毒品滥用加剧了美国社会的分裂。吸食毒品日益呈现低龄化趋势，女性等此前吸食毒品比例较低的群体吸食毒品人数不断增加。⑤ 这些人，特别是年轻

---

① 参见宋英辉、李瑾：《美国毒品法庭的透视与思考》，载《兰州学刊》2015 年第 6 期。
② 参见张朋辉：《美国面临毒品和药物滥用难题》，载《人民日报》2016 年 1 月 4 日。
③ Prison Population Counts. Bureau of Justice Statistics . http：//www.bjs.gov/index.cfm? ty = pbse&sid = 40，2014 - 09 - 16 /2018 - 03 - 17.
④ Caulkins J. Hawken. Marijuana Legalization：What Everyone Needs to know，Oxford University Press，2012：231 - 232.
⑤ 参见张朋辉：《美国毒品泛滥再敲警钟》，载《人民日报》2017 年 2 月 14 日。

一代，受权利本位、自由思想的影响，本身就对政府严厉打压甚至关押入狱的政策十分不满，加上民众发现毒品滥用带来的吸毒致癌、致死、患艾滋病问题日益突出，无形中加剧了美国民众同政府的矛盾，导致许多美国民众强烈抵触毒品政策。

二、美国社会毒品治理的现实路径解析

美国毒品治理的现实困境，正是推进其毒品治理路径不断演进创新的现实动因。近年来，美国社会针对严峻的现实毒情，在反思过去毒品治理的经验教训的基础上，不断调整优化毒品治理思路，完善立法，在治理主体、治理对象、治理方式等方面不断创新。为此，本节拟从毒品治理基本模式、政策理念、法律规定、管制物质、治理手段、参与力量等方面对美国近年毒品治理路径进行现实考察，以期把握美国毒品治理的基本规律。

（一）从毒品治理模式看，司法惩戒模式治理效果不佳，医疗模式的地位逐渐得到承认

从二十世纪二三十年代开始一直到七八十年代，司法惩戒模式逐渐成为美国毒品治理的主导模式。该模式是在外交模式的不断发展推动下形成的，强调以司法惩治为主要手段严厉打击毒品供应和毒品使用。其产生背景是由于美国最初对毒品管控主要是基于外交需要，所以对国内毒品管控总体上相对比较松懈。这在一定程度上就客观地为毒品问题在国内发展提供了较大空间，从而导致美国从境外流入的毒品越来越多，海洛因和精神药品不断开始出现并增多，国内毒品问题越来越严重，毒品带来的社会问题越来越突出。在此背景下，美国开始不断加大对毒品的治理力度，形成了典型的司法惩戒模式。在司法惩戒模式背景下，美国对毒品进行严厉管控，在1970年以前美国联邦共通过了50多部禁毒法。

但是，人们发现，仅仅依靠严格的管控方法并不能有效解决吸毒成瘾和滥用毒品问题。据1994年一项对美国15个州272111名刑满释放人员再犯率的研究，出狱后3年内有67.5%的被调查者因案再度被捕。更有研究指出，85%的烟毒犯在出狱后1年内会开始吸毒，而95%的烟毒犯在出狱后3年内毒瘾复发。① 人们开始讨论，吸毒成瘾究竟是一种疾病还是犯罪行为。

---

① 参见宋英辉、李瑾：《美国毒品法庭的透视与思考》，载《兰州学刊》2015年第6期。

随着美国医学界提出的"成瘾是大脑疾病"理论在现代社会的影响力与日俱增,联邦政府通过不断反思,在制定毒品治理政策时越来越多地倾向于选择较轻的处罚和医学的治疗。1972 年《毒品滥用管制办公室与治疗法》通过,美国毒品治理医疗模式的地位正式得到官方承认。医疗模式是人们在反思司法惩戒模式的基础上产生的,它强调毒品问题不仅是一个社会问题,还是一个医学问题,不能仅靠政府力量,需要采取更为灵活的综合措施,动员一切力量参与毒品治理,通过帮助吸毒者治疗毒瘾,以减少毒品需要,从而从根本上解决毒品问题。所以,从二十世纪七十年代至今,医疗模式在美国毒品治理中的运用越来越多。

目前,医疗模式与司法惩戒模式是美国毒品治理并行的两种主导模式。尽管目前医疗模式还在不断发展探索中,但该模式对于美国毒品治理的积极作用在不断显现,越来越多地得到了社会各界的支持和认可。

(二)从毒品治理战略思想看,由"减少供应"不断转向"减少需求",干预目标人群首次接触毒品成为核心理念

从二十世纪二三十年代开始,美国一直以"减少供应""惩戒""监禁""堵截源头"为毒品治理的出发点和着眼点。当时美国社会认为毒品泛滥的主要成因来自外国,正是外来毒品才导致了国内毒品问题日益严重,因此,将"减少供应"作为毒品治理的长期战略,特别重视对国外毒品流入美国渠道的拦截,甚至不惜出动军事力量奔赴国外铲除毒源国的毒品种植和制造设施。[①] 其间,虽然预防、治疗、教育等理念在不同时期都有所体现,但同联邦政府根深蒂固的"堵截"思路相比,其作用没有得到充分发挥。

但是,随着美国国内毒情日渐突出,美国开始不断调整毒品治理思路。人们发现,"减少供应"战略思想的实施并没有有效遏制毒品问题,相反,毒品犯罪监禁人数不断增加。从 1992 年至 2000 年,服刑人数几乎翻了一倍,从 35398 人上升至 63898 人。于是,从二十世纪七八十年代开始,逐渐提出了"减少需求""社区战略""预防与治疗"等理念。"减少需求"主张减少毒品使用和滥用,并不是单纯追求减少吸毒、滥用毒品人群,其核心理念包括减少目标人群使用毒品以及从事毒品犯罪、干预易接触毒品群体防止首次使用和进一步使用、加强教育宣传提高公众对毒品问题的认识、不断

---

① 参见高巍、刘刚:《美国禁毒政策初探》,载《云南警官学院学报》2006 年第 3 期。

评估有关措施的有效性以找到最佳治理措施。在布什政府时代,联邦政府就提出,减少美国毒品供应的最有效方式是减少美国人对毒品的需求,美国毒品治理策略应从减少毒品需求和减少毒品供给两方面入手。近年来,美国进一步明确提出,执法机构要与社区以及公共健康相关部门开展合作执法,打击活动遵循相对称原则,寻求剥夺自由刑的替代方法;要加强与其他国家尤其是毒品来源国的合作交流,更加注重宣传以及帮助来源国建立无毒社区,改善社区环境。这些战略思想对美国毒品治理的影响越来越大。

（三）从毒品治理立法保障看,法律体系不断完善,为社区反毒的发展和完善提供了可靠的法律依据

自《哈里森法》实施后,联邦政府根据国内外形势,相继通过了相关毒品管控法律,其中《海洛因法》《大麻税法》和《麻醉药品进出口法》等几部法律是对《哈里森法》内容的细化和完善,加大了毒品治理力度,丰富了治理手段。二十世纪五十年代,美国国会通过了《博格斯法》和《麻醉药品控制法案》。《麻醉品管制法》作出了对第一次违法即有死刑的威胁和强制性的最低刑罚,这是联邦反滥用麻醉药品处罚行动最积极的缩影。① 二十世纪七十年代尼克松实施"毒品战争"计划时,统一修订了几十部禁毒法案,汇总制定了《毒品滥用与综合控制法》,建立起了一套较为完善的毒品治理法律体系。

随着美国毒品治理战略思路的调整,在"减少需求"理念的影响下,禁毒立法越来越多地注重保障吸毒人员的权利,鼓励和支持各种社会力量参与毒品治理。1997年,美国制定了《无毒社区法》,实施"无毒社区支持计划",为社区戒毒提供了法律依据和经费支持,使得社区居民更加积极地参与社区戒毒,目的就是减少青少年毒品滥用。2001年,美国政府又通过了《无毒社区法再授权法案》,成立国家社区反毒联合体研究所,将"无毒社区支持计划"延长5年。2010年,鉴于社区毒品危机日益严重,美国政府又通过了《加强无毒社区法案》,规定5年内要为社区反毒联合体提供每年1亿美元的经费支持。② 截至2016年3月,为了解决类阿片用药过量和与海洛因有关的死亡问题,有14个州通过立法,要求医生接受有关正确开具类

---

① David F. Musto. The American Disease: Origins of Narcotics Control, Journal of Criminal Justice, 1975: 328.

② 参见王春华:《美国持续40年的社区反毒行动》,载《社区》2006年第5期。

阿片药物处方的培训。同时联邦政府也在 2016 年财政划拨中拿出 276 亿美元，用于支持 2015 年"国家药物管制战略"提出的预防和治疗工作。奥巴马还要求国会增拨 11 亿美元，投资于社区警务，强化社区预防战略，扩大吸毒人员接受治疗的机会。这一系列法案不仅反映了联邦政府对社区力量参与戒毒的重视，也为社区反毒联合体的发展和完善提供了法律保障。①

（四）从管控物质范围看，管控对象不断调整，对新式毒品的管控不断加强

美国毒品治理在司法惩戒模式主导时期，已经实现了对所有毒品的全面管控。《麻醉药品进出口法案》《海洛因法》《大麻税法》将大麻、海洛因和精神药品纳入管制。1965 年美国国会通过了《药品滥用控制修正案》明确规定了管制巴比妥、安非他明等精神药品，扩大了自二十世纪初以来的毒品管制范围。同时，《毒品滥用与综合控制法》中第二部分即《管制物质法案》将传统麻精药品以及新型毒品概括合并为管制物质，明确规定了各类药品的管制级别及对应的管制措施，内容涉及管制物质的生产、销售、贮存、使用、进出口等多个方面。②

但是，随着医疗模式的出现，人们开始对各类毒品的社会危害进行了重新认识，从而引起了美国在毒品治理中对管控物质的范围进行调整。从二十世纪七十年代开始，基于大麻具有医用价值，加上政府禁止大麻的经济与社会成本远远超过大麻本身所带来的社会问题或危害，大麻合法化呼声开始出现，美国全社会对大麻的管控都有所放松，大麻不仅可用于医疗，还可以用于消遣。由于技术进步，新型毒品开始出现并逐渐成为美国的主要毒品威胁，于是，近年来美国加强了对新式毒品的监控和管制，不断扩大新式精神类毒品的管控范围，药品管制局从至少八种不同的药物类别中确定了数百种特制致幻药。

（五）从毒品治理方式看，由打击惩戒为主转向打击治疗并重，治理方式不断创新

过去很长一个时期，美国的毒品治理方式主要以打击惩戒手段为主，治疗、研究和教育等手段没有得到应有的重视。多以"战争"形式集中解决

---

① 参见刘仁菲：《论美国戒毒模式的经验和启示》，载《云南警官学院学报》2016 年第 3 期。
② 参见邹武捷、满春霞、杨淑苹、管晓东、史录文：《麻醉药品和精神药品管制研究Ⅱ——美国管制物质的管制历程与现状》，载《中国药房》2017 年第 1 期。

毒品问题，通过一系列政治、经济、法律和外交措施，加强情报收集和跨国合作，共同打击毒品走私。每一次"战争"几乎囊括了各种严厉的毒品犯罪惩戒手段。特别是二十世纪七十年代初期，尼克松总统成为美国历史上第一位决定"对毒品全面宣战"的领导人，正式拉开了毒品战争的帷幕，旨在切断外国海洛因的输入。曾经在二十世纪七十年代中后期，毒品尤其是海洛因问题似乎得到缓解，卡特政府放弃了毒品战争，甚至赞同将拥有少量大麻视为合法，结果导致大麻浪潮席卷校园。于是1981年里根任总统便再次发动毒品战争，其管制重心也在于截断国外可卡因、海洛因、大麻来源，同时用严厉刑罚惩治毒品犯罪分子，摧毁美国境内的毒品市场。1989年布什任总统后，继续开展大规模的反毒斗争，"毒品战"在此期间发展至顶峰。

1993年克林顿上台后，美国试图改变禁止毒品来源策略，在预防与治疗方面开始探索，尽管没有带来实质性改变，但却拉开了弱化"毒品战争"治理方式的帷幕。自此，美国毒品治理开始坚持打击与治疗并重，治疗为主，打击为辅，不断地探索毒品治理的新方法，更多地从治疗角度去寻找一些替代措施，多管齐下解决毒品问题。小布什主政期间，明确提出通过教育和社区活动预防涉毒行为，通过提供治疗资源治愈吸毒人群、减少危害，通过打击毒品交易经济基础来破坏毒品市场。奥巴马上台后，美国开始公开宣布放弃使用"毒品战争"，将毒品治理从严打转向戒毒治疗，要求向政府相关部门和社会组织普及宣传毒品预防、干预、治疗以及康复的最佳方法。同时，通过支持无毒社区联盟建设、建立治疗方法评估系统、鼓励成瘾人群寻求医疗救助等途径控制毒品使用以及成瘾人数。特别值得强调的是，政府鼓励不断创新方法，及时开展治疗方法评估找到最佳方法。这些做法在客观上促使美国的毒品治理方式不断呈现出新的样式。

（六）从毒品治理参与力量看，呈现出多元化趋势，民间参与力量占比越来越大

在"毒品战争"时期，美国毒品治理以官方力量为主。缉毒局作为当时承担毒品治理任务的重要机构，诞生于尼克松时代，是美国"毒品战争"时期的产物，其主要职能为对内负责联邦禁毒法的实施，对外处理国际间禁毒合作事务。后来，随着毒品问题越来越严重，该机构的职能范围及任务也不断扩大，强制权力也不断增大，在毒品治理过程中发挥了重要作用。

但是，随着美国毒品治理战略由"惩戒"逐渐调整转向"预防"，毒品治理方式不断创新，毒品治理参与力量呈现出多元化趋势，民间、社区力量

参与毒品治理的占比越来越大。政府充分调动一切资源参与毒品治理，加强了与监狱、医院、社区反毒联合体、毒品法庭、研究机构的合作，各种社会力量越来越多地加入毒品治理行列。"社区反毒联合体"兴起于二十世纪五六十年代，其参与成员有家属、教师、警察、医疗工作者、政府工作人员及其他社区戒毒力量，主要是为戒毒者建立的一个以集体居住为前提，在居住的过程中通过自助和互助的方式学习社会生活规则，辅之心理疏导、矫正自我人格，提高社会适应能力，养成自我责任观念，塑造正常心理机制，最终实现戒断毒瘾、重新融入社会的集居住、生活、工作、社会交往和戒毒治疗于一体的居住性治疗环境。[1] "毒品法庭"主要由法官和检察官参与，在诉讼中秉持独特观念及政策，一反"对抗制"诉讼模式，改采"合作制"，由法官带领一个多学科交叉的专业团队，整合医疗、心理、社区、司法等多方资源，对成瘾者实施个别化处理措施，帮助其戒除毒瘾、顺利回归社会。由于毒品法庭具有良好的法律效果和社会效果，由此还引发了一场全国范围的司法改革浪潮。据统计，截至2012年7月，毒品法庭已遍及全美各州，总数已达2734个。[2] 医疗机构主要通过实施美沙酮替代治疗计划和医院急性戒毒计划，参与毒品治理。美国有很多美沙酮维持疗法诊所，主要针对登记备案的阿片类药物高度成瘾的吸毒人员，通过替代递减服用美沙酮、提供心理治疗、职业培训及开展艾滋病干预项目等，控制毒瘾，使成瘾者具有一定程度的社会功能，避免或减少吸毒人员死亡及其他违法行为。急性戒毒计划内容涵盖身体、心理、教育和法律等方面的培训和矫治，主要针对年轻的吸毒成瘾人员，让他们能在医院及时解除毒品戒断症状，并采取一定时间的持续医疗照顾，预防毒瘾复发。除此之外，医院和匿名戒毒互助会在治疗毒瘾方面也作出了很多努力和探索。

美国药物滥用问题研究所由领先科学家、保健从业者和政府官员组成，主要着眼于新的毒品趋势和有效应对，在新毒品出现时予以确认并监测滥用已知物质的新趋势，为及时应对潜在威胁提供便利。监狱也在坚持开展有毒瘾罪犯的集教育评估、心理矫治、行为矫治、康复训练、医疗救助、技能培训、回归社会等于一体的戒毒计划。

---

[1] 参见房红：《国外禁吸戒毒模式述评》，载《云南警官学院学报》2010年第1期。
[2] 参见宋英辉、李瑾：《美国毒品法庭的透视与思考》，载《兰州学刊》2015年第6期。

三、美国毒品治理对我国禁毒工作的启示

党的十九大报告指出,加强社会治理制度建设,提高社会治理社会化、法治化、智能化、专业化水平。美国作为世界上最大的毒品消费国,在毒品治理方面也积累了丰富的经验和教训。尽管中美两国毒品问题有着不同的历史、经济和社会背景,但反思美国禁毒工作反映出的基本规律,无疑有助于进一步促进我国的禁毒改革工作,提升我国毒品治理的专业化水平。

(一)适时调整毒品治理战略

从上述美国毒品治理战略调整中不难看出,美国的禁毒战略也有一个不断完善的过程。美国毒品治理逐渐向需求方倾斜,对吸毒者的预防和治疗的重视不断增加。我国禁毒工作起步相对较晚,在一定程度上存在"重打击轻预防、重措施轻效果、重惩戒轻教育治疗"现象。从美国的情况来看,我们应当高度重视毒品治理战略的调整,要随着社会经济文化形势发展及时作出调整。当前,我国的经济文化发展水平已经不断提高,虽然我国提出了禁毒工作要坚持预防与惩治并重、教育与救治相结合,但在禁毒实践中,我们却仍然将大量精力放在毒品犯罪打击方面,这反映出我们的毒品治理战略政策调整尚未到位。同时,要吸取美国毒品治理的经验教训。我国毒品治理政策应坚持长效与短效相结合,统筹兼顾打击毒品供应源头和毒品消费市场,实现对毒品生产、运输、贩卖、使用、治疗等各环节全流程管控特别是对治疗环节的关注,加大对毒品治理中非惩罚措施的支持,形成全方位的合作态势。要及时调整禁毒工作重点,根据形势发展,加强对新精神活性物质等新型毒品的认识与管控力度。

(二)进一步完善毒品治理配套法律制度

美国自二十世纪七十年代就开始制定社区戒毒康复法规,同时还有保障资金来源的相关规定,确保了其法律具有很强的操作性。我国于2008年出台了《禁毒法》,从法律层面规定各部门职责,在禁毒立法上迈出了重要一步。但是,有关各执行主体间配合与协调、禁毒物质经费保障等可操作性配套制度却明显不足,无形中弱化了法律效果。为此,我们应该借鉴美国的经验,在具体制度层面进一步完善相关法律体系,明确戒毒各执行主体之间的法律职责和工作程序,建立更加统一高效的社区戒毒管理体系。要建立扩大禁毒资金来源保障制度,规范社会资金来源、管理及使用。同时,还要完善

社会力量参与禁毒工作的配套制度。

（三）积极推动社区戒毒和社区康复

美国社区反毒联合体目前得到了国际社会的普遍认可，产生了较大国际影响。它的社区反毒联合体立法与实践都对我国社区戒毒问题的研究和解决具有借鉴意义。我国虽然已经确立了社区戒毒制度，但是，当前社区戒毒工作主体为城市街道办事处、乡镇人民政府等组织，两者都具有"行政化半专业"的特点，① 而戒毒是一项非常复杂的工作，必须要有扎实的戒毒知识和丰富的戒毒经验，这对于乡镇人民政府、城市街道办事处来说是很难达到的。应借鉴美国经验，发展类似于社区反毒联合体的专业化民间戒毒组织，并鼓励其中发展较为成熟的组织进一步发展新的服务组织，使社区自身的戒毒力量逐步壮大，发展社区自身的资源优势。②

（四）有效调动一切社会力量参与联动

美国的禁毒实践表明，人类与毒品的斗争将是长期而艰巨的，不可能一蹴而就，需要大量人财物力的持续投入，仅依赖某一方面的力量是不足以应对的。因此，不能将加强禁毒力量仅仅看成一个加强禁毒执法力量的问题。相反，为适应我国毒品治理战略需要，要坚持预防、治疗、执法等多管齐下，充分调动一切有效的社会力量参与毒品治理。美国"社区反毒联合体"参与力量涵盖了社会各个阶层，包括父母、学校、执法机构、新闻媒体、医疗机构、地方政府部门及其他组织。而我国社区康复戒毒最大的不足就是对社会群众及社工队伍动员不充分。因此，应通过政府购买服务、提供公益性岗位等措施，积极扩宽社会团体、非政府组织及其他民间组织的参与渠道，真正形成全社会参与的社会联动机制。

（五）高度重视毒品治理方式的效果评估

美国由于对毒品治理项目建立了较为完善的评估机制，所以能够在毒品治理方法上及时发现并放弃那些投入大产出不佳的项目，及时为禁毒决策提供准确依据，毒品治理方式不断推陈出新。反观我国的实践，政府在禁毒过程中对各种禁毒项目的启动也是比较重视的，有的项目声势也比较大，但是，有时主要将精力放到相关项目的事前论证上，在这些项目实施效果的专

---

① 参见王思斌：《试论我国社区工作的本土化》，载《浙江学刊》2001年第2期。
② 参见吴大华：《美国社区戒毒立法及其借鉴》，载《贵州师范学院学报》2012年第10期。

业评估上不够重视，这在一定程度上既可能造成资源浪费，还会阻滞新的方式方法的诞生。为此，我国政府应当充分认识到毒品项目效果评估的重要性，加强政府对毒品治理项目效果评估的主导权，将效果评估制度化，建立完善的评估体系。

（六）进一步加大国际合作力度

从美国的情况看，国内毒品的解决在一定程度上离不开国际大环境，开展国际禁毒合作在一定程度上可以缓解国内毒品问题。从毒品来源渠道看，我国与美国存在一定的相似之处，我国邻近世界主要毒品来源地"金三角""金新月"地区，境外毒品将我国重重包围，境外毒品大量流入我国，加上毒品犯罪与跨国犯罪集团、恐怖组织相结合，新型毒品正在加紧渗透，毒品问题变得更加复杂。有鉴于此，我国应积极参与推动国际禁毒合作，通过双边、多边合作推动解决"金三角""金新月"地区的毒品问题。另外，随着美国的大麻合法化浪潮的出现，对世界禁毒形势将产生新的冲击。大麻需求增加必将引发更加猖狂的大麻走私活动，这也必将对我国的禁毒工作带来冲击。为此，我们也要加强与世界各国的合作，共同做好应对新的毒品浪潮的准备，特别是要加强与南美各国的合作，防范新的贩毒通道的形成。

第二章
毒品问题治理的理念与政策

第一节 社会治理理念下的毒品滥用防控机制[*]

一、问题的提出

毒品滥用问题已经成为现代社会的痼疾之一。毒品滥用现象之所以长禁不绝,毒品滥用顽疾之所以久治不愈,是因为毒品滥用问题与政治、经济、社会、文化和人性的诸多现实问题重叠缠绕在一起,难以连根拔除。尽管我国曾一度禁绝毒品,但其是在特定历史时期由于经济地域性和政治权威性的对称而造就的奇迹,几无成功复制的可能性。[①] 从历史维度观之,中国社会治理体制的演进轨迹大致可以分为社会统治、社会管控、社会管理和社会治理等阶段。[②] 就国家(政府)和社会的关系而言,前三个阶段无论是在治理理念还是治理手段上都注重政府对社会的"管"和"控",差别在于管控的

---

* 本节撰写者:莫洪宪、尚勇。

① 参见夏国美、杨秀石:《社会学视野下的新型毒品》,上海社会科学院出版社2017年版,第183页。

② 高斌:《共建共治共享的社会治理格局:演进轨迹、困境分析与路径选择》,载《理论研究》2018年第6期。

目的和程度各有所别。党的十八届三中全会作出创新社会治理体制的重大决定，由此，"社会治理"取代"社会管理"，成为广为使用的概念。"从'社会管理'到'社会治理'，虽然只有一字之差，但却体现了理念上的重大进步，是一次重大的治道变革。"① 毒品滥用是一个严重的社会问题，对于毒品滥用的防控无疑是中国社会治理中不容忽视与不可或缺的重要组成部分。因而，完全有必要在中国特色社会主义新时代社会治理的大格局与大背景下，进行毒品滥用防控机制的研究和部署。

在此，应予以明确的是"毒品滥用"这一基础概念的含义。我国相关研究和实务中所使用的词语"毒品滥用"，很显然来源于"药物滥用"。一般认为，药物滥用是指使用者以对自身或他人造成伤害的数量或者方式使用药物，是一种由药物引起的紊乱形态。② 但也有从更广泛的意义上来理解药物滥用的观点，其认为，只要以如下任何一种方式使用药物就是药物滥用：(1) 足以对使用者自身的健康或者社会的安全造成危险的药物使用；(2) 从非法渠道获得药物后使用；(3) 使用者未遵循专业性的建议而主动使用药物。③ "广义上的药物滥用是指不合理应用药物，限定意义上的药物滥用指的是与医疗目的无关地反复使用有依赖性特性的药物，用药者采用自身给药的方式，导致精神依赖性和生理依赖性，造成精神紊乱并出现一系列异常行为。"④ 相应地，所谓毒品滥用存在广义和狭义之分。从我国毒品滥用的防控和治理实践来看，我们主要是在广义上使用"毒品滥用"这一概念，其含义基本等同但略宽于社会中俗称的"吸毒"。本节也在广义上使用"毒品滥用"这一词语，其外延包括毒品成瘾在内的一切毒品使用行为以及由其引起的各种非正常状态。

本节拟从"共建共治共享"社会治理理念出发，探析我国毒品滥用的防控目标、机制与社会治理理念的关系，考察现有毒品滥用防控机制的问题所在，并在社会治理理念的视角下探讨我国毒品滥用防控机制的改进和完善路径。

---

① 林家彬：《我国社会治理的发展历程与未来愿景》，载《中国发展观察》2018 年第 Z2 期。
② 参见 https://en.wikipedia.org/wiki/Substance_abuse。
③ See Charles G. Jr. Hoff, "Drug Abuse", Military Law Review, Vol. 51, 1971, p. 150.
④ 阮惠风：《新型合成毒品滥用实证调查与治理对策》，上海社会科学院出版社 2017 年版，第 11 页。

二、毒品滥用防控目标、机制与社会治理理念的相容性

既然完全杜绝毒品滥用不具有可行性,就应该将毒品滥用防控的目标调整为,尽一切可能降低毒品所带来的危害,将毒品滥用对社会的负面影响降至最低,防止毒品问题对于经济发展和社会秩序产生不可控的破坏。我国毒品滥用治理实践的决策者和执行者日渐认识到社会因素(包括社区、民众等)和市场因素在毒品滥用防控中的巨大作用,尝试改变以往由政府"一把抓"的全能型毒品治理模式。具体而言,是以《禁毒法》等一系列法律法规为依托,逐步构建吸纳多元主体参与其中的毒品滥用防控体系和防控机制。无论是"危害最小化"毒品治理政策的要求,还是毒品滥用防控机制的运行逻辑,都与我国中国特色社会主义新时代的社会治理理念相容,可以说,前两者是后者在毒品治理领域的具体体现。

(一)"共建共治共享"社会治理理念的内涵与要求

"解决社会问题、满足社会需求并最大限度地创造社会价值是社会治理的逻辑起点与归宿。"[①] 不过,社会问题的解决、社会需求的满足和社会价值的创造不可能仅由政府来完成;尤其在我国当今的市场经济条件下,其他主体,如社会和市场,并非完全被动接受国家管控的客体,而是必然参与社会治理过程的主体之一。社会治理的目标在于处理好政府、社会和市场三者间的关系,以保证整个社会的良性运转,实现社会整体价值和个体价值的最大化,并维持社会的繁荣、和谐与活力。但这是一个极富挑战性的巨大难题。党的十八届三中全会作出创新社会治理体制的重大决定,强调坚持系统治理、依法治理和源头治理的社会治理方式,使我国的社会治理理念和社会治理路径等层面均发生了深刻的变革。党的十九大报告提出打造共建共治共享的社会治理格局,从资源整合、治理过程和成果分配三方面建立起了我国基础的、稳固的社会治理机制。[②]

打造共建共治共享的社会治理格局,既是我们党在社会治理理念上的创新,也是我国实现社会善治的路线蓝图。共建共治共享的根本着眼点在于最大限度增加和谐因素,增强社会发展活力,提高社会治理水平,维护最广大

[①] 周红云:《全民共建共享的社会治理格局:理论基础与概念框架》,载《经济社会体制比较》2016 年第 2 期。

[②] 郑会霞:《打造共建共治共享的社会治理格局》,载《中国党政干部论坛》2019 年第 4 期。

人民的根本利益。从基本内涵上看：① 首先，共建即意味着共同参与社会建设，具体包括社会事业建设、社会法治建设和社会力量建设诸方面。由于我国长期以来在社会治理上习惯于采取党政包揽、自上而下的社会事务管理模式，即政府全能型治理模式，所以中国特色社会主义新时代谈共建，更多是指吸引政府以外的主体参与社会治理，特别是要培育专业主体，优化"共建"结构。② 其次，共治即多元主体共同参与社会治理，加强社会组织、市场以及基层民众的自治能力，完善协商参与制度，使政府以外的主体真正拥有自主权和参与权。最后，共享即共同享有治理成果，包括经济成果、生态成果、文化成果和政治成果等。这里尤为重要的是保障弱势群体的共享。打造共建共治共享的社会治理格局，在总体要求即实现路径上，必须完善党委领导、政府负责、社会协同、公众参与、法治保障的社会治理体制，提高社会治理的社会化、法治化、智能化和专业化水平。这一总体要求为改进社会治理方式指明了方向。

（二）"危害最小化"毒品治理政策与社会治理理念的深度契合

"危害最小化"，也被称为减少危害举措、限制损害举措、减少风险举措，是一项以减少毒品滥用可能产生的消极影响为主要目标的社会政策，其提出是为了替代以全面减少毒品供给为首要目标的禁毒政策；"危害最小化"毒品治理政策把毒品滥用者作为着力点，致力于减少毒品滥用给个人、社区与社会带来的消极后果。③ "危害最小化"毒品治理政策重在防止或者减轻毒品滥用对毒品滥用者本人及其所处社区或者社会公众的损害，被视为一项兼具务实主义与人道主义的社会公共政策。

只要通常的社会观念、法律规范和执法实践不把毒品滥用者作为纯粹的违法者或者道德瑕疵者，毒品滥用的防控和治理就没有理由让毒品滥用者彻底与社会隔绝。但不容否认的是，毒品滥用的确会造成身心损害、家庭矛盾、公共卫生风险，以及引发公共安全和公共秩序方面的问题。也就是说，毒品滥用者一方面是家庭成员、社会主体和国家公民，另一方面则是特殊群

---

① 以下内容主要参见马庆钰：《共建共治共享社会治理格局的意涵解读》，载《行政管理改革》2018年第3期。

② 参见周沛：《基于"共建共治共享"的残疾人基本公共服务探析》，载《江淮论坛》2019年第2期。

③ 参见王晓晓：《"危害最小化"的治毒政策及其借鉴意义》，载《辽宁大学学报（哲学社会科学版）》2019年第2期。

体中的一员，是集违法者、病人与受害者三重角色于一身的人，在某种程度上又属于社会中的弱势群体。社会有义务接纳、关怀他们，帮助他们进行生理脱毒、心理康复直至回归社会，但同时也不得不采取各种措施避免他们对自己、家庭和社区造成伤害，尽可能降低乃至回避毒品滥用的负面后果。这一切仅凭政府之力无法完成。此外，现代社会治理的复杂程度和对专业化的高要求使得政府必须在毒品滥用治理中"让渡"一部分权力给其他主体。"危害最小化"毒品治理政策的实施已成为全社会的共同事业，当然需要多元主体的真正参与，其中也包括毒品滥用者自己——不是作为被迫戒治毒瘾的客体，而是拥有克服毒品依赖自觉性的主体。

（三）毒品滥用防控法律体系对社会治理理念的彰显

2007年通过的《禁毒法》在法律规范层面已为我国的毒品滥用防控戒治构建起了较为完备的体系，明确了强制隔离戒毒、社区戒毒和自愿戒毒几种模式，并就强制隔离戒毒后的社区康复作了规定。但遗憾的是，《禁毒法》在毒品滥用者的社会回归方面只作了粗疏而原则的规定，而且缺少关于社会工作者的规定。更大的问题在于《禁毒法》笼统地宣布禁毒是全社会的共同责任，即国家机关、社会团体、企业事业单位以及其他组织和公民，应当依照本法和有关法律的规定，履行禁毒职责或者义务，尚未意识到除了国家机关之外，其他主体参与毒品滥用的防控和治理本身就是一种权利或者权力。

不过总体而言，我国的毒品滥用防控戒治法律体系已基本形成。以《禁毒法》为中心构建的一系列法律法规规章以及内部规范性文件等，明显遵循了系统治理和社会治理的思路。《禁毒法》所规定的社区戒毒、社区康复和自愿戒毒等，旨在让毒品滥用者在较为开放和自由的社区环境中戒毒，以便借助家庭、社区和社会组织的力量帮助毒品滥用者摆脱毒瘾，恢复健康，复归社会。又如由国家禁毒委办公室、中央综治办和公安部等部门机构联合印发的《全国社区戒毒社区康复工作规划（2016—2020年）》（以下称《规划》）对发展社区戒毒社区康复专职工作人员、社工队伍和志愿者队伍作出了比较具体的规划，进一步突出了多元主体参与戒毒工作的重要性。尽管《禁毒法》等法律和规范制定、生效在前，党关于创新社会治理体制的决定提出在后，但我国正在逐步完善的毒品滥用防控戒治法律体系越来越彰显出"共建共治共享"的社会治理理念，毒品滥用的防控和治理工作可以在该理念的指导下反思既往，总结利弊得失，找准改进的目标与方向。

三、社会治理理念视角下毒品滥用防控机制的缺陷

如前所述，毒品滥用防控的目标和机制都与社会治理理念相容。在党提出打造共建共治共享的社会治理格局之后，毒品滥用的防控和治理更应该符合我国中国特色社会主义新时代社会治理的价值理念、基本内涵和总体要求。但从"共建共治共享"社会治理理念的视角来看，我国毒品滥用防控机制还存在不少缺陷。

（一）公共性不足与公众负面态度的交织

公共性是个人走出自己的私人领域，在公平、开放的程序中参与公众生活，为共同的利益和价值展开讨论，平等协商或者采取行动；从更宽泛的意义上讲，"公共性"可被理解为"参与"，即民众自愿参与塑造公共空间，对公共政策产生影响，抑或通过社会参与的方式提供公共服务。[①] 有研究指出，虽然我国现阶段的社会治理已初步呈现多元主体合作共治的迹象，但程序仍有待加深。这种治理模式面临着极大的困境，即社会公共性的缺失，其主要表现为公众参与不足和参与能力差。[②] 社会公共性的缺乏会导致诸多不良后果，其中之一便是公众对于公共事务的冷漠，即对公共利益持"事不关己高高挂起"或者"多一事不如少一事"的态度。长此以往，公众参与公共事务的意愿会丧失殆尽，参与公共事务的能力也无法得到锻炼和提升，进而造成社会个体在有需要时难获社会力量的支援。

我国一般民众对于毒品滥用者的态度极为负面，加之官方和媒体的引导与宣传，毒品滥用容易被视为毒品滥用者个人咎由自取的结果。我国《禁毒法》第4条第1款规定，禁毒工作实行预防为主，综合治理，禁种、禁制、禁贩、禁吸并举的方针。其中的"禁吸"从语义看，在逻辑上很容易得出吸毒人员（毒品滥用者）是违法者的结论。这种推论被直接上升为法律，规定于我国《治安管理处罚法》第72条第3项之中。将毒品滥用者视为违法者的理念与将其视为病人、受害者或者将其视为兼具违法者、病人、受害者三重角色的大趋势相比，大有值得改进的空间。单纯将毒品滥用者视

[①] 参见李友梅、肖瑛、黄晓春：《当代中国社会建设的公共性困境及其超越》，载《中国社会科学》2012年第4期。

[②] 参见张文龙：《城市社区治理模式选择：谁的治理，何种法治化？》，载《河北法学》2018年第9期。

为违法者，会给毒品滥用的防控和治理工作带来一系列现实的消极效应。其有可能导致这样的观念，即所有毒品滥用者都是明知故犯、自甘堕落和道德沦丧的"另类"，对他们加以处罚具有天然的合法性。更有甚者，我国曾一度出现将毒品滥用行为犯罪化的声音，试图动用刑法手段惩治毒品滥用者。① 这无疑为毒品滥用者的戒毒治疗、心理康复和复归社会营造了一种十分不利的、缺乏宽容及同情心的社会氛围。

一个社会是否公平，是否能够维持全体公民利益的最优化结构，并不取决于社会的中上阶层，而在于底层民众特别是弱势群体的权利保障是否落到实处。当所有公众都对处境不佳的群体视若无睹，该社会至少称不上"共享"型社会。社会公共性的不足加上民众对毒品滥用者的歧视，致使毒品滥用者虽身处社会环境但如同被隔离，被放逐，其人格得不到应有的尊重，其权利得不到应有的重视，其需求得不到应有的关注，于是更偏向于选择以"毒"为友，与"毒友"为伴，自我沉沦，恶性循环。如前所述，社会治理遵循"以人民的利益为中心"的价值理念，切实维护人民的利益是社会治理的逻辑出发点和终极归宿。毒品滥用者群体是社会中的弱势群体，其基本权利和利益在共建共治共享的社会治理格局中不应该被忽视。但事实是，社会公共性的不足和民众对于毒品滥用者的负面态度使得毒品滥用者更加游离于正常的社会环境之外。如果不是政府自上而下发动禁毒人民战争，鲜有人问津毒品滥用者的生存状况及其社会心理状况。社会公共性不足和公众负面态度的交织，使得打造共建共治共享的毒品滥用防控机制面临价值观念上的阻力。

（二）毒品滥用防控机制共建共治内在动力的缺乏

共建共治看似社会治理中的两个不同阶段，实则难以截然分开。"'共建'是指科学合理的社会治理格局由全体社会成员集思共创、社会治理体制由社会成员群策构建。'共治'是指社会治理体制机制的良性运行，仰赖社会成员共同维系、联动融合、协同推进。"② 所以，共建即社会治理格局由全体公民共同创建，强调整合资源，倚重专业化主体，总体略显静态；而共治则是指在社会治理的推进过程中多元主体协商参与，强调平等的参与权

---

① 参见高巍：《中国禁毒三十年：以刑事规制为主线》，上海社会科学院出版社2017年版。
② 江必新、王红霞：《论现代社会治理格局——共建共治共享的意蕴、基础与关键》，载《法学杂志》2019年第2期。

和参与的规范化,整体更呈动态。共建共治的关键在于提升社会治理的社会化、法治化、智能化和专业化水平。

综观我国毒品滥用防控机制,其缺乏共建共治的内源性动力。一方面,相较于打击毒品供给端的纯粹与直接,减少毒品需求,实行"危害最小化"的毒品治理政策是一个系统性的复杂工程,为山九仞,非一日之功。我国对毒品供给端的治理,长期奉行"重刑治毒"刑事政策,①目标明确,手段单一。对于毒品滥用的防控和治理需要治理主体(尤其是政府)转变理念和思维,以综合治理、多元治理代替强行压制。但是,毒品滥用防控和治理理念、思维的转换谈何容易,新型治理方式的跟进亦相当艰难。政府在毒品滥用的防控和治理过程中难免习惯性地发动行政权威,行使行政权力。另一方面,即使政府意识到有必要吸纳多元主体参与毒品滥用防控的共建共治,这种共建共治也可能只是在政府主导下的"浅尝试",实难适应社会组织的自治诉求和满足企业等市场主体的逐利之需。加之民众的普遍淡漠,毒品滥用防控和治理事业的共建共治困难重重。

我国未来的毒品滥用防控和治理模式应以社区为本,在政府支持下,由社会工作者主导社会资源的整合与链接,从生理脱毒、心理脱毒、社会功能恢复、回归社会等角度出发,搭建由戒毒所、康复院、社区等组成跨界别合作与一站式服务的戒毒平台,环环相扣地帮助毒品滥用者戒断毒瘾,重返社会。②在该模式中,戒毒禁毒社会工作者将发挥其他主体无从具备的作用,拥有独特的自身优势:他们既是毒品滥用防控工作的直接服务者,又是毒品滥用防控戒治体系中各个环节的联结者;既是毒品滥用防控中社会资源的整合者、毒品滥用防控和治理工作的研究者,又是国家相关政策的倡导者。然而,从国家禁毒委员会办公室、中央综治办、公安部等部门和机构联合发布的《关于加强禁毒社会工作者队伍建设的意见》(以下称《意见》)和前述《规划》的规定来看,我国的戒毒禁毒社会工作在产生动机、推动实施和戒毒禁毒社会工作者的工作机制等方面均具有浓厚的行政色彩,不得不令人质疑其独立性和实际效果。戒毒禁毒社会工作机构本来与用人单位(禁毒办、

---

① 参见何荣功:《我国"重刑治毒"刑事政策之法社会学思考》,载《法商研究》2015年第5期。

② 参见李晓凤主编:《禁毒社会工作的"精细化"标准研究》,中国社会出版社2017年版,第79页。

街道办事处等）是平等的关系，后者应该通过市场机制获得前者所提供的服务，但根据《意见》的规定，戒毒禁毒社会工作者的薪酬待遇受制于各地方出台的薪酬指导标准，并无完全的自主性。此外，从现有的实践来看，戒毒禁毒社会工作者时常被要求从事行政工作，负担专业职责以外的压力，这背离了戒毒禁毒社会工作专业化和职业化的初衷。

（三）毒品滥用者共享社会发展成果的障碍

共享意味着社会治理的资源和利益由全体公民共同享有，着重强调社会弱势群体的权利保障。如前所述，毒品滥用者既是社会公民，又是集违法者、病人与受害者三重角色于一身的人，属于社会中的弱势群体。他们的基本权利应该获得保障，他们的特殊情况理当得到关注，其利益和需求的落空将构成社会治理体制中的短板。

事实上，毒品滥用者要想分享社会发展成果，得克服多重障碍：首先，毒品滥用者，特别是其中的成瘾人员由于自身的生理和心理条件受到限制，客观上很难（充分）参与社区公共生活，在升学、择业和就业等方面的能力和机会大打折扣甚至彻底丧失。笔者在调研过程中发现，毒品滥用者就业非常困难，在某种程度上只能是"尽人事，听天命"。尽管我国现在设有700多个戒毒人员就业安置基地，但这相对于255.3万显性吸毒人员[①]而言，无异于杯水车薪。更何况，类似的就业安置中心能否真正对戒毒人员的回归有所帮助，还需要进一步研究。其次，全国经济发展的东西差距、南北差距和城乡差距影响毒品滥用防控资源的公平分配，导致不同地区的毒品滥用者所能获取的服务大有差别。例如，从笔者所掌握的一项调研数据来看，我国专门的戒毒医疗机构只有400余家，而且分布极不均衡，主要集中在大城市和东部发达城市。在这些戒毒治疗机构进行戒毒治疗，基本都需自费，这对于处在社会底层且无职无业的毒品滥用者来说，是无法承受的负担。最后，我国尚未针对毒品滥用者建立起社会保障制度，毒品滥用者的社会保险和社会福利未能纳入全国统筹。尽管戒毒人员在强制隔离戒毒期间的基本生活有所保障并且还在持续、稳步改善，但对于他们出所后的生活质量和生活状况，如是否陷入困境、是否需要救助等，后续的追踪、调查机制阙如，遑论切实有效的社会保险和保障。

---

① 参见国家禁毒委员会《2017年中国毒品形势报告》。

四、社会治理理念视角下毒品滥用防控机制的完善

党的十六届六中全会提出,中国共产党领导全体人民共同建设、共同享有和谐社会。这一"共建共享"的社会治理理念逐步发展成为当今的"共建共治共享"社会治理理念。如前所述,我国毒品滥用防控体系和防控机制已基本形成。总体看来,其与我国中国特色社会主义新时代的社会治理理念相容,但也存在多方面的缺陷。笔者以为,我国毒品滥用防控机制的完善必须以社会治理的价值理念为指导,按照共建共治共享社会治理格局的总体要求塑造毒品滥用防控和治理的路径,提升毒品滥用防控和治理的社会化、法治化、智能化和专业化水平。

(一)毒品滥用防控的价值理念

"共建共治共享"社会治理理念以人民的根本利益为中心。在该理念的指导下,毒品滥用防控机制的构建当然要以人民的利益为中心。具体而言,在毒品滥用的防控和治理事业中,人民的利益分为两个层次:一是毒品滥用者的利益,二是受毒品滥用影响之社会公众(包括毒品滥用者的家庭成员和其他社会公众)的利益。毒品滥用的防控和治理工作应该兼顾这两个层次的利益。

相应地,为了切实维护毒品滥用者的利益,毒品滥用防控和治理的首要任务是扭转社会公众对于毒品滥用者的冷漠态度和负面观念。实证研究证明,毒品滥用者一般是在(对尼古丁、酒精、多巴胺和内啡肽等物质)成瘾习性的基础上,由于家庭功能的缺失,加上受到不良文化环境和不良群体的影响,并由于自身社会免疫力低下,在社会情绪失调的状况中走上吸毒道路的。[①] 换句话说,社会成因是毒品滥用的根源。当然,不排除一些毒品滥用者在偶然情况下接触毒品并走向吸毒道路的个案。无论如何,毒品滥用者不是天生的违法者和品德败坏者,而是基于各种各样的外在诱因开始吸毒的社会成员,是受到毒品危害的病人和受害者。我们应当通过教育和宣传改变民众对于毒品滥用者的刻板印象,减少对于毒品滥用者的负面态度和不友好氛围,让从事毒品滥用防控工作的人员和社会公众认识到,帮助毒品滥用者

---

① 参见韩丹:《吸毒人群成瘾问题的社会学研究》,上海社会科学院出版社2017年版,第116页以下。

即是在帮助我们自己改善赖以生活的社会环境。

为了维护毒品滥用者和其他公众的利益，毒品滥用防控和治理的另一重大任务是让"危害最小化"毒品治理政策落地生根。"危害最小化"毒品治理政策尝试通过采取一系列的具体措施，减轻毒品滥用者对于毒品的依赖，防范因为毒品滥用而产生的卫生风险和公共安全风险，既体现了毒品滥用防控和治理的人道性，又间接保护了社会公众，使其尽可能免遭毒品滥用所带来的危害。

（二）毒品滥用防控的实践原则

笔者以为，我国毒品滥用防控和治理工作的开展应该坚持社会化、法治化、智能化和专业化的实践原则。目前，我国毒品滥用防控机制的构建和运行基本遵循了党委领导、政府负责、社会协同、公众参与、法治保障的路径，但相对于其他社会治理事务，政府在毒品滥用的防控和治理过程中，主导地位更加明显，这与以社区为本的毒品滥用防控和治理模式之间存有一定的差距。在未来，我国将会继续加强毒品滥用防控和治理的社会化、专业化改革，并辅之以智能化的举措，在法治化的保障下逐步推动毒品滥用防控机制的完善。概括而言，在社会化、专业化改革上，要推进社会组织和民众的自主性，尊重专业知识，使社会主体和专业人才成为毒品滥用防控和治理的真正主体，而不是作为政府在社会治理中的附庸形象出现。在法治化改革上，要依法防控和治理毒品的滥用，重点在于保障毒品滥用者的基本权利，并划定多元主体在毒品滥用防控和治理机制中的权力和职责、权利和义务的界限。在智能化改革上，除了用于戒毒治疗等方面的智能性设备，要依法运用大数据和信息网络技术，加强对毒品滥用的管控和监督。

（三）毒品滥用防控的改善路径

首先，持续推动社会组织和公众的参与，适度引入市场竞争机制。在我国就毒品滥用实施社区戒毒、社区康复之后，与毒品滥用防控和治理相关的经济社会组织，如戒毒医疗机构、社工机构等逐渐获得发展。这类经济社会组织的介入，能够弥补体制内相关机构的数量不足、低效和技术落后等缺点，并且能够满足戒毒人员个性化和特殊化的需求，更容易帮助毒品滥用者戒断毒瘾，恢复心理健康，回归社会。现如今，社会组织和政府之间更多是"策略性合作"关系,而非后者对于前者的控制或者吸纳关系。① 经济社会组织在介入毒品滥用防控和治理过程中受到市场竞争机制和营利动机的驱动,是很正常的现象。作为毒品滥用防控和治理多元主体之一的政府一定要保持克制,尽量减少挥动行政命令的大棒,避免扭曲市场机制,进而导致社会组织的参与徒有其表,名存实亡。例如,在政府向社工机构购买服务的范围以外,可以考虑允许社会工作者为具备条件的家庭"额外"提供有偿服务。在经济社会组织之外,还可以鼓励其他类型的社会组织积极参与毒品滥用的防控和治理,例如,非营利性公共服务组织、志愿者组织,等等。

至于公众的参与,在我国的确面临公共性不足和公众对于毒品滥用者的负面态度问题。笔者认为,可以把毒品滥用者的家庭作为纽带,充分发挥家庭成员的亲情感化作用,引导社区内毒品滥用者家庭的联合与交流,由内而外逐步带动社区民众正确认知毒品滥用者,为后者的戒毒治疗与康复营造宽容、友好的环境。

其次,充分发挥信息网络技术在毒品滥用防控中的作用,并将其贯穿于毒品滥用防控和治理的全过程。为此,应该做好以下几方面的工作:第一,利用信息网络技术发现毒品滥用、组织吸毒、贩卖毒品等违法犯罪行为。这需要网络运营者和公安部门的相互配合。第二,利用信息网络技术对戒毒人员的后续情况进行追踪、分析和管控。众所周知,毒品滥用防控和治理工作面临的一大难题是复吸率高,在法律程序上完成戒毒的毒品滥用者很可能因为各种各样的原因重新吸毒。因而,应该对结束戒毒的毒品滥用者实施有别人于普通公民的管理。强制戒毒机构、社区戒毒社区康复领导小组在把戒毒人员"交还"给社区的时候,应该做好备案管理,社区也应该详细记录本社区戒毒人员的具体情况,包括其个人情况和家庭情况等信息,将其录入本社区的毒品滥用者电子信息管理系统,以便做好后续的服务和监督。社区应该和毒品滥用者的家庭建立良好的沟通和联系,借助现代信息手段,在法律允许的范围内随时了解毒品滥用者的状况和行踪,并与毒品滥用者的家人、社会共同努力,帮助毒品滥用者复归社会。社区可以结合自己的毒品滥用者信息管理系统分析、归纳本社区毒品滥用的情况,为本社区开展禁毒教育和

---

① 程坤鹏、徐家良:《从行政吸纳到策略性合作:新时代政府与社会组织关系的互动逻辑》,载《治理研究》2018 年第 6 期。

预防、及时发现吸毒（包括复吸）人员、改善毒品滥用者的后续境况等提供参考。第三，推动建立相关单位之间的信息分享和协作机制，实现毒品滥用防控的精准性、协调性和系统性。

最后，完善毒品滥用者的社会保障体系，保障毒品滥用者的基本权利。毒品滥用者作为社会成员有权利享受基本的社会保险、社会救济与社会福利，这也是"共享"的题中之义。如前所述，毒品滥用者特别是其中的成瘾者具有病人的身份，其在戒毒机构进行戒毒治疗所产生的费用理应纳入社会医疗保险的补贴范畴。

第二节 我国禁毒刑事政策调整的依据与路径[*]

毒品犯罪的社会危害，伴随自由贸易、便利通讯和便捷交通，已逐渐突破国家地理空间限制，并渐次扩展至全球。当前，我国应对毒品犯罪的基本对策是公安司法机关在宽严相济刑事政策的指导下，通过开展严打整治行动与重刑惩治策略严厉打击毒品犯罪行为。然而，禁毒刑事政策并未起到良好的预防与惩治毒品犯罪的效果。禁毒刑事政策实施目标与实际效果的背离，说明政策制定者在制定与调整该刑事政策时，既未全面把握影响毒品犯罪的因素，亦未厘清毒品犯罪者如何回应禁毒刑事政策。我国著名刑法学家储槐植教授认为，要想深化对犯罪原因的认识，就必须了解犯罪对惩罚犯罪的信息反馈。美国学者麦科伊也说过："如果无法明晰毒品犯罪对禁毒刑事政策的反馈机制，则可能会导致无效甚至起反作用的禁毒刑事政策出台。"[①] 由此可见，剖析影响毒品市场运行的因素，以及毒品犯罪者回应机制，是合理调整我国禁毒刑事政策的前提与基础。

---

[*] 本节撰写者：任娇娇。

[①] A. McCoy, "Heroin as a Global Commodity: A History of Southeast Asia's Opium Trade", in Alfred W. McCoy and Alan A. Block eds., War on Drugs: Studies in the Failure of U. S. Narcotics Policy, Boulder, Colo: Westview Press, 1992, p. 237 – 255.

一、影响我国毒品市场运行的因素

(一) 毒品市场研究理论基础

从经济学角度来看,毒品犯罪行为在本质上是交换,并以此为基础建立起毒品市场。从社会学角度而言,毒品犯罪者之间的交换使毒品市场秩序得以形成与维持。易言之,交换是毒品市场形成与发展的动力,而毒品市场则是毒品犯罪者的活动空间。可以说,社会交换论与犯罪市场论是毒品市场研究的理论基础。

交换是人类社会中最为普遍的现象,因而,人们对交换的理解自古就有。人类社会中既有受社会观念影响的经济交换,亦有纯粹的社会行为交换。如何精确地解释人们之间的互动,对研究者来说构成挑战。而社会交换论,无疑是一种极具开创性的理论。首先,交换被视为经济行为的重要表现方式。因此,交换概念为古典政治经济学家所青睐。亚当·斯密认为,把一己之生产物与他人互通有无是人的本性使然。① 马克思以商品交换为研究起点,分析社会结构。② 此外,在新古典经济学者看来,交换关系是市场制度赖以建立的基础,因为,它不仅是交换占有物的方法,亦是控制个人行为方式与组织人们协作的方法。③ 其次,在人类学家看来,交换过程会产生复杂的社会结构,并影响社会整合。英国著名人类学家弗雷泽指出,在交换过程中,人们根据其获取商品的难易程度区分出不同群体,并形成权力与威望的差异。④ 英国社会人类学家马林诺夫斯基认为,交换范围超出双方当事人的间接交换模式,可以维持并扩展社会网络。⑤ 这种观点为之后的交换网络理论提供了理论基础。最后,现代社会交换理论形成于二十世纪六十年代,霍

---

① 参见 [英] 亚当·斯密:《国富论》,郭大力、王亚南译,上海三联书店 2009 年版,第 18 页。

② 参见孙承叔:《关于马克思交换理论的哲学思考——读〈1867—1858 年经济学手稿〉》,载《复旦学报》2004 年第 1 期。

③ 参见 [美] 查尔斯·林德布洛姆:《政治与市场:世界的政治——经济制度》,王逸舟译,上海三联书店 1995 年版,第 43~44 页。

④ See James G. Frazer, Folklore in the Old Testament, London: Macmillan Company, 1919, p. 36-45.

⑤ 参见 [英] 布洛尼斯拉夫·马林诺夫斯基:《西太平洋上的航海者》,张云江译,中国社会科学出版社 2009 年版,第 38 页。

曼斯、布劳与埃莫森是其典型代表。社会交换理论的集大成者是霍曼斯，他将经济学与行为主义心理学相结合，构建了行为主义交换论。霍曼斯把社会交换定义为至少两个人之间有形或无形、有酬劳或有付出的行为之间的交换。人类会对奖励报酬或惩罚作出反应，因为他们希望自己的投入能够获得最大化的收益。[1] 美国学者布劳从社会结构视角研究社会交换过程，提出了结构主义交换论。他亦将追求报酬看作人们行动的动机与社会形成的基础。[2] 埃莫森将交换理论与网络分析相结合，进而提出了社会交换网络分析论。他以两方互换为研究起点，并将研究视域扩展到交换网络。他认为，交换网络是由各种各样、相互影响的交换关系组成的，在不同的交换网络中，权力与社会结构的形成机制是不同的。[3]

交换不仅是人与人之间关系的基本存在形态，亦影响着社会网络结构的形成与变化。随着交换范围的扩大与延伸，其含义也扩展至所有的交换行为。而犯罪，亦是一种交换行为。鉴于社会交换理论对交换行为的强大解释力，该理论可以成为毒品市场研究的理论基础。毒品市场活动的开展以交换为中心。一方面，进入市场流通的毒品具有交换价值。交换行为表现在，毒品制造者、贩毒组织与零售者以营利为目的，向毒品消费者出售毒品，从而实现毒品向消费终端移转，钱财向贩毒组织回流。此种交换行为，即为典型的受社会因素影响的经济活动。另一方面，交换过程塑造了毒品市场的运行模式与格局，并影响市场参与者社会关系的形成与变化。在毒品与钱财的交换过程中，市场参与者根据其获取毒品的难易程度区分出不同群体，进而形成不同的市场层次。例如，掌握制毒技艺的毒品制造者与拥有资金人脉等资源的贩毒组织，共同组成了毒品市场上层参与者，这一小部分人决定了毒品市场的形成与发展脉络。制造毒品或者运输毒品的马仔、贩卖毒品的零售者，不具有货源、资金与信息优势，而处于毒品市场底层。

犯罪市场论也为毒品市场研究提供理论依据。二十世纪六十年代，美国

---

[1] See G. Homans, Social Behavior: Its elementary forms, New York: Harcourt, Brace & World, 1961, p. 47 – 58.

[2] 参见[美]彼得·布劳:《社会生活中的交换与权力》，李国武译，商务印书馆2008年版，第28页。

[3] See R. M. Emerson, "Exchange Theory, Part I: A Psychological Basis for Social Exchange", in J. Berger, M. Zelditch Jr. and B. Anderson, eds., Sociological Theories in Progress, Boston: Houghton - Mifflin, 1972, 35.

芝加哥大学一批经济学者将交换论与市场概念，引入犯罪学领域，研究交换行为对犯罪生成的影响，进而提出犯罪市场概念。我国学者紧随其后，亦从经济学角度研究犯罪活动。1990年，储槐植教授首次提出犯罪场概念，并将其视为主客体之间的一种关系。其实，这种关系可以被理解为交换关系，即行为人认为实施某一行为很有可能获得报酬，他便倾向于实施该行为。犯罪场是存在于潜在犯罪人体验中、促成犯罪原因实现为犯罪行为的特定背景。背景因素包括时间因素、空间因素、侵犯对象因素、社会控制疏漏。这些因素需要通过潜在犯罪人的主观意志起作用。因而，犯罪场是主体与客体相交融、客观与主观相结合、存在于潜在犯罪人体验中的特定环境和条件。① 犯罪既需要"场"（市场环境），也需要"市"（市场机制），有了市场便会有市场犯罪。1993年，我国学者皮艺军教授受犯罪场论的指导与启发，提出犯罪市场概念。他认为，犯罪市场是在市场机制作用下犯罪赖以生成和活动的空间。② 而市场犯罪，则是以营利为目的，以非法商品劳务交换为特征的犯罪。③ 我国台湾地区的经济学者将经济活动分为四类，即地上经济、违章经济、漏税经济与非法经济。其中，漏税经济与非法经济属于地下经济。他们认为，之所以出现地上经济与地下经济的分野，原因在于国家的出现。在城邦出现之前，人们将生产的物品自己消费或以物易物，无须缴纳赋税，也不受政府管制，因而无所谓地上经济与地下经济之分。及至国家类型出现，政府为支付维护安全与福利的各项支出，而向人们征税；为维护社会秩序与人民福祉，而对某些不法经济活动加以管制。但仍有人为了逃避税收负担或政府管制，而隐匿其从事的经济活动，进行虚假纳税申报或不申报，地下经济就此产生。④

毒品市场受供需法则支配，可以说，毒品犯罪是典型的市场犯罪。在毒品市场中，毒品消费者决定了毒品的需求，毒品贩卖者决定了毒品的供给，而毒品价格是由所有买者与卖者通过在毒品市场上的相互交易而共同决定

---

① 参见储槐植：《刑事一体化与关系刑法论》，北京大学出版社1997年版，第255~256页。
② 参见皮艺军：《论犯罪市场》，载康树华、赵可主编：《中国现阶段市场经济与犯罪控制：中国犯罪学研究会第二次学术研讨会论文集》，光明日报出版社1993年版，第370页。
③ 参见皮艺军：《再论犯罪市场（上）——犯罪现象的市场机制评说》，载《政法论坛》1998年第3期。
④ 参见李庸三、钱钊灯：《台湾地区地下经济之探讨》，载李庸三、钱钊灯主编：《台湾地下经济论文集》，联经出版事业公司1997年版，第3~4页。

的。随着我国吸毒人数上升,毒品亚文化泛滥,市场上毒品始终处于供不应求的状态。在这种情况下,需求方处于劣势地位,供应方主导交易价格。毒品市场受市场机制支配亦解释了法律干预对毒品市场影响较小的原因。再者,毒品种类有传统与新型之分,因此,毒品市场亦有传统与新型之别。传统毒品市场与新型毒品市场彼此独立,存在诸多不同点。也就是说,区分与比较影响两类市场运行的因素,可以为禁毒刑事政策制定者提供有针对性的调整思路。

(二)影响我国传统毒品市场运行的因素

保利等学者在全面分析国际海洛因市场运行模式的基础上,提出禁毒刑事政策、社会经济文化以及地理因素,共同影响国际海洛因市场的分工(如表一所示)。[①] 但是上述三因素对海洛因市场的形成产生何种影响,以及影响程度问题需要具体分析。一国禁毒刑事政策的严厉程度与实施情况是决定毒品制造国形成的关键因素。而影响毒品运输国形成的关键因素在于,该国与毒品生产国和消费国在地理上或商业上的联系程度。毒品消费国的形成则主要受社会经济与文化因素影响。该结论为研究我国传统毒品市场运行的影响因素提供了理论框架。

表一:海洛因市场制造国、运输国与消费国形成的决定性因素

海洛因市场参与形式	决定性因素		
	禁毒刑事政策	社会经济和文化	地理
制造国(个别国家)	++++	++	++
运输国(少数国家)	+	+++	++++
消费国(多数国家)	+	++++	++

注:对决定因素的重要性排序,从最小(+)到最大(++++)。

自二十世纪五十年代至今,我国经历了从无毒国转变为毒品运输国,再到毒品运输与消费并存的受害国的转型。详言之,通过新中国成立初期的大

---

① See L. Paoli, Greenfield A. Victoria and P. Reuter, The World Heroin Market: Can Supply Be Cut?, New York: Oxford University Press, 2009, p. 236.

规模禁烟运动，中国政府自 1953 年起便宣告自己成为无毒国。① 这种状况基本上持续到了改革开放前夕，这二十多年来，中国基本上是与毒品绝缘的，仅在边境地区有零星涉毒现象。② 伴随着改革开放、国门打开，毒品问题随之而来。自改革开放至二十世纪九十年代以前，我国以毒品运输国自居，但毒品犯罪并未引起国家的足够重视。二十世纪九十年代以后，随着毒品缴获量与吸毒人数的日益高涨，我们不得不重新定位我国在国际毒品市场中的地位。可以说，从那时起，我国便从单纯的毒品运输国转变为运输与消费并存的受害国。

我国传统毒品问题愈演愈烈的导火索在于，地理因素对我国传统毒品市场的形成与发展产生较为重要的影响。一方面，与毒品制造国在地理位置上相毗邻，是决定毒品运输国形成的关键因素。中缅边境地处热带，植被茂密，边境线难以分割，再加上我国改革开放后边境贸易日趋发达，致使我国成为金三角地区毒品流向国际市场的中转国。另一方面，毒品运输国市场地位不是一成不变的，任何一个国家均无法在毒品过境时独善其身。雁过留影，毒品入境无疑为一国从运输国转化为消费国带来了极大的可能性。③

毒品文化的流行加速了毒品消费群体的膨胀。公众人物吸毒为社会大众提供错误示范，引起民众好奇心，使人们放松对毒品的警惕。而且，随着互联网等新兴传媒的兴起，毒品文化的传播进程加速。视频网站、贩毒网店，以及社交软件的出现，使人们接触吸毒信息的可能性大大增加。就目前形势来看，毒品使用行为已经超越了个人精神愉悦的范畴，成为一种追求时尚与社会交往的手段。特别是大麻等"软性毒品"的流行，使人们对传统毒品的戒备感降低、接受度提高，进一步促进了毒品的流行与消费。④

毋庸置疑，刑事制裁是传统毒品市场参与者最昂贵的成本。由于我国实行严厉的禁毒刑事政策，特别是"天目"铲毒行动卓有成效，因而，我国

---

① 参见赵翔等：《毒品问题研究——从全球视角看贵州毒品问题》，中国人民公安大学出版社 2005 年版，第 22 页。转引自莫洪宪：《毒品犯罪死刑制度的发展与国情》，载《法治研究》2012 年第 4 期。

② 参见高铭暄：《新中国刑法的孕育和诞生》，法律出版社 1981 年版，第 71 页。转引自莫洪宪：《毒品犯罪死刑制度的发展与国情》，载《法治研究》2012 年第 4 期。

③ 参见莫洪宪、任娇娇：《毒品犯罪严打整治行动理论反思与对策革新》，载《政法论丛》2015 年第 5 期。

④ See J. R. Gerber, Legalizing Marijuana: Drug Policy Reform and Prohibition Politics, London: Praeger Publishers, 2004.

境内仅存在零星非法种植毒品原植物问题。但是，受到地理因素与社会文化因素的影响，我国成为传统毒品的运输国与消费国。

（三）影响我国新型毒品市场运行的因素

传统毒品供给主要依靠特定的国家与地区，因此，传统毒品市场有了制造国、运输国与消费国的分野，国际分工相对明确。但是，新型毒品市场则呈现出自给自足、自产自销的趋势，即各国已形成国内统一毒品市场，国家间毒品交易与流通亦非常活跃。

新型毒品制造工艺的特点，以及新型毒品运输路线对传统毒品运输路线的承继，决定地理因素对新型毒品市场的影响日渐式微。申言之，新型毒品制造已经完全摆脱气候、阳光、水土等自然因素的限制，仅需一些器械与化学品便可合成毒品。再者，新型毒品走私者、运输者不需要开辟新的运输线路，而是沿用传统毒品运输线路，因而，新型毒品运输受地理因素的影响相对较小。

新型毒品在全球范围内日渐流行与我国社会经济文化因素密切相关。在社会经济层面，经济发展水平是新型毒品市场形成的经济基础，经济愈发达地区新型毒品市场形成愈早。世界禁毒报告显示，尽管北美和大洋洲新型毒品的使用率保持稳定，但亚洲新型毒品市场有所增长，尤其在东亚和东南亚。另外，非洲市场也在不断形成，该区域的苯丙胺类兴奋剂估计年度流行率高于全球平均水平。[1] 在我国，一地新型毒品的流行程度亦与该地经济发展水平呈正相关，经济愈发达地区，新型毒品滥用情况愈严重。在社会文化层面，吸食新型毒品作为一种巩固社会网络、融入社会群体的手段，已成为部分社会大众，特别是部分青少年争相追捧的对象。伴随着毒品亚文化的日趋盛行，毒品使用行为以亲属朋辈等关系网为媒介在社会大众中扩散开来，呈现出内生性增长的特点。新型毒品吸食者将吸毒视为正常的生活方式，而与吸毒者的社会网络有一定交集的个人，则处在毒品亚文化外围，这类吸毒高危群体极易将吸毒视为社交手段，为了巩固个人社会网络而吸食毒品。正如帕克所言，吸食毒品"正常化"意味着，对毒品亚文化的认同感已从处

---

[1] UNODC, United Nations Office on Drugs and Crime, 2013 World Drug Report. Vienna: United Nations Publication, 2013.

于社会边缘的亚文化群体,扩散到社会大众日常生活中来。①

新型毒品制造工艺的隐蔽化决定了,即便在推行严厉禁毒刑事政策的国度,人们也可以制造大量新型毒品,实现毒品的自给自足。从其他国家进口的合成毒品仅是丰富了一国毒品市场中的毒品类型,为消费者提供了更大的选择空间。可以说,尽管禁毒刑事政策对新型毒品市场结构与制贩组织的规模造成影响,但不能抑制一国新型毒品市场自产自销格局的形成,新型毒品制贩活动愈加猖獗。

二、我国毒品犯罪者对禁毒刑事政策的回应

(一)我国传统毒品犯罪者对禁毒刑事政策的回应

禁毒刑事政策是影响毒品市场运行的重要因素之一,反过来,毒品犯罪者通过观察禁毒刑事政策的实施情况采取相应的回应措施。首先,传统毒品制造者对我国"天目"严打整治行动的回应表现为,我国境内传统毒品的来源,既有境内制造的,也有从境外走私的。其中,国内制造的传统毒品数量较少,只占到毒品市场份额中很小的一部分,而多数传统毒品依靠从"金三角"地区走私进入我国境内。详言之,我国自2004年起开始实施"天目"铲毒行动,该行动利用遥感技术监测非法毒品原植物种植活动。如果卫星遥感仪器观测到毒品原植物种植,司法机关便会及时将其铲除并将毒品种植者绳之以法,从而使刑罚的及时性与确定性得以体现。为了规避风险,我国仅有少数人进行零星毒品原植物种植活动,总体来看,我国境内的毒品原植物种植不成规模。② 但是,国内毒品原植物种植现状并未湮灭少数人参与传统毒品制造的热情,一些人选择前往"金三角"地区从事毒品制造活动。在该地区,他们扮演多重身份,提供资金、易制毒化学品,并管理毒品市场运作,负责毒品出口事宜。③ 正是因为他们的存在,毒品运输的中国通道得以开启,"金三角"在国际毒品市场上的地位得以巩固,所占市场

---

① See H. Parker, J. Aldridge and F. Measham, Illegal Leisure: The Normalization of Adolescent Recreational Drug Use. London: Routledge, 1998, p. 152.

② 参见中国国家禁毒委员会办公室:《2016年中国毒品形势报告》,载 http://www.nncc626.com/2017 - 03/27/c_ 129519255_ 3. htm,最后访问日期:2017年8月20日。

③ Ko - Lin Chin, The Golden Triangle: Inside Southeast Asia's Drug Trade, New York: Cornell University Press, 2009, p. 102.

份额亦得以扩展。可以说,在"金三角"从事毒品制贩活动的这部分人加速了我国从无毒国到毒品运输国,再到毒品消费国的转型。

其次,面对此起彼伏的严打整治行动,传统毒品贩毒组织由寡头垄断转向分散化,组织所在地由"金三角"地区转向我国境内,组织规模逐渐缩小。国外被打小打散的贩毒组织借此契机让渡对毒品市场的垄断权力,国内一大批小规模贩毒团伙迅速组建,并有序地瓜分了国内毒品市场。① 自此以后,我国毒品市场呈现出市场区隔化、分散化的特征。为逃避公安机关的侦查,转变后的贩毒组织有其独特的自我保护机制。一方面,贩毒组织切断自己与毒品零售者、马仔之间的联系,并将自己与毒品隔离开来;另一方面,毒品批发团伙尽量不诉诸暴力解决纠纷。贩毒组织规模的变化以及自我保护机制的形成并非晚近才出现,亦非贩毒组织的首创。早在十八世纪的欧洲,就出现了大型犯罪集团解体,以少于五六人的小团体为单位进行更为隐蔽的犯罪活动,他们更少使用暴力,并尽量避免流血风险。② 由此可见,贩毒组织对自身结构的重新整合,以及自我保护机制的建立,是其对严打整治行动的回应。

再次,传统毒品运输方式经历了从批发者亲力亲为到马仔运输,再到马仔运输与物流运输并重三个阶段。其中第一次转向体现了毒品市场参与者对禁毒刑事政策的回应,第二次转向则是毒品犯罪者利用我国邮政法落实不力的漏洞,拓展新的运输方式。两次转向均起到了降低法律风险、减少成本支出,并提高毒品市场效率的作用。详言之,二十世纪八九十年代,贩毒者亲力亲为前往中缅边境购买毒品。③ 随着毒品问题的日益猖獗,国家开始关注毒品犯罪,制定严刑峻法,开展严打行动,并施重刑严惩毒品犯罪者。作为对国家禁毒刑事政策的回应,贩毒者不再亲力亲为,而是雇用马仔以蚂蚁搬家的方式运输毒品,以规避风险,此为毒品运输方式的第一次转向。毒品运输方式第二次转向则表现为贩毒者利用邮政、物流等合法方式实现运输毒品的非法目的。二十一世纪以降,邮政、快递、物流产业得到了长足的发展,

---

① See L. Paoli, Greenfield A. Victoria and P. Reuter, The World Heroin Market: Can Supply Be Cut?, New York: Oxford University Press, 2009, p. 205 – 226.

② 参见 [法] 米歇尔·福柯:《规训与惩罚》,刘北成、杨远婴译,三联书店 2012 年版,第 84 页。

③ Ko – lin Chin and Sheldon X. Zhang, The Chinese Connection: Cross – border Drug Trafficking between Myanmar and China, A final report submitted to the U. S. National Institute of Justice, 2007, 24.

但是新事物在产生之初，总会经历法律滞后与执法不严的窘境。尽管《邮政法》第 75 条明确规定了邮政企业、快递企业应履行收件验视义务，否则将追究企业直接负责的主管人员和其他直接责任人的责任，但是，该条规定一直被流于形式，在实践中未予执行。再者，快递实名制寄递制度自 2015 年 11 月 1 日起实施，在此之前，邮政与物流寄递渠道收寄不验视、不安检、可匿名的漏洞被贩毒者利用，因此，通过邮包、快递、物流邮寄毒品已成为一种与马仔运输并重的运毒方式。利用物流运输实现人货分离，既规避了风险，亦加速了毒品的流通速度与流通效率，大大扩展了毒品市场规模。

最后，为规避风险，传统毒品零售者采取转移贩毒地点、大宗贩毒转为零包贩毒等反侦查措施予以回应。具体而言，一方面，贩毒地点由热点区域分散开来。在毒品零售市场形成之初，公安机关并未意识到毒品贩卖问题，因而也未采取相应的措施加以制止。因此，贩毒者往往聚集起来贩卖毒品，人们也常常到固定场所购买毒品，长此以往，毒品贩卖聚集地就成为贩毒热点区域。公安机关通常能够迅速地对热点区域作出反应，通过开展严打整治行动打击毒品犯罪。为了规避严打整治行动，贩毒者分散开来，并采用相对隐蔽的手段贩卖毒品。另一方面，贩毒方式由大宗贩毒转为零包贩毒。我国刑法规定，贩卖毒品，无论数量多少，都应当追究刑事责任，予以刑事处罚；而且，贩卖毒品罪在量刑时以贩卖毒品数量的多寡，作为独立的量刑标准。换言之，贩卖的毒品数量越少则对应的刑罚越轻。因此，贩毒者从大宗贩售转为零包贩售，以回应刑法规定。

（二）我国新型毒品犯罪者对禁毒刑事政策的回应

首先，自 1991 年起至今，我国的新型毒品制造活动经历了萌芽落脚期、本土扩张期与制毒猖獗期三个阶段。三阶段的发展与演进充分体现了制毒者利用法律漏洞研发新的制造工艺，转移制毒地点，从而使其在与公安司法机关的对抗过程中占据上风。第一，在制毒原材料的选取层面，制毒者利用未列入国家管制的易制毒化学品制造新型毒品，并在国家对其实行管制以后，积极寻找其他替代原材料。第二，在制毒工艺"创新"层面，制毒者穷尽化学与物理方法不断升级制毒工艺，以减轻环境污染、提高毒品产量，制毒模式亦从家庭作坊式转变为规模化生产模式。第三，在制毒地点的选取层面，在地理区位选择上，制毒地点从闽粤两省辐射到沿海地区的周边省市，继而转移至内地地区；在具体地点选择上，从制造地点固定化转变为分段、分离模式。换言之，易产生污染的第一道工序在偏僻农村或山区、城乡接合部完成，第二道工序则在某些省份别墅住宅区或高层楼盘内完成。可见，新型毒品市场是新兴事物，公安机关仍在试图认识与把握其犯罪规律，存在执法滞后的现象。新型毒品制造者正是充分利用法律漏洞与执法滞后，迅速扩张新型毒品市场。

我国禁毒刑事政策的实施不但影响到国内的新型毒品制造行业，亦影响到"金三角"地区新型毒品市场的形成与运作模式。具体而言，二十世纪九十年代中后期，我国公安司法机关严厉打击"金三角"地区海洛因走私入境的行为，造成该地区海洛因销售触礁。"金三角"地区不得不进行毒品经济转型，由传统毒品制造转为传统毒品与新型毒品制造共存。[①] 加之，当时我国禁毒刑事政策将毒品走私入境问题作为侦查工作的重中之重，而忽视制毒物品走私出境问题，致使我国成为"金三角"地区制毒物品的主要供应地，促进了该地区新型毒品制造业的兴起。国内新型毒品市场的迅速扩张，以及"金三角"地区新型毒品制造业的兴起，致使我国新型毒品来源呈现出以境内制造为主、境外走私为辅的格局。

其次，新型毒品贩毒组织也经历了由寡头垄断转向分散化，组织规模逐渐缩小的过程，反映其对禁毒刑事政策的回应。在2013年底"雷霆扫毒"行动开展以前，广东省陆丰市博社村是国内最大的新型毒品批发地；在扫毒行动结束之后，这种家族化、公开化的模式被打破，毒品犯罪热点区域亦被打散，未被逮捕的制毒人员分散开来，到邻近县市从事隐蔽式的制贩毒活动。[②] 相比之下，新设立的贩毒集团规模有所限缩，隐蔽化程度更高。再者，为了规避法律风险，新型毒品贩毒组织核心成员雇用少数信任的人在偏僻地区建厂，亦是他们实行自我保护的方式。

最后，我国的新型毒品零售市场可类型化为封闭、半开放与开放毒品市场三类。各类毒品市场零售者均有其独特的法律风险规避机制。在封闭毒品市场，毒品交易发生在彼此熟识的买卖双方之间，对外的封闭性使其能够规避公安机关的侦查行为。半开放毒品市场对特定空间内的人开放，主要表现为娱乐场所内部的毒品交易。经营者设立隐蔽包间专供吸毒者吸食毒品所

[①] 参见邓立军：《程序与方法：毒品犯罪侦查之二维考察》，中国社会科学出版社2010年版，第86~87页。

[②] 参见詹奕嘉：《一年再缴冰毒2.6吨——广东陆丰清缴"毒品村"周年回访》，载http://news.xinhuanet.com/legal/2014-12/23/c_1113750357.htm，访问日期：2015年6月1日。

用，并在警方查缉之时，为吸贩毒者通风报信；贩毒者往往采取人货分离的方式小额贩售毒品，以期将风险降至最低。① 在开放的毒品市场，网络交易平台与吸毒聊天室皆可以成为贩毒平台。为了规避风险，贩毒者在网络交易平台上通过暗语、行话吸引吸毒者购买毒品，而吸毒聊天室则设定较高的准入门槛。

三、我国禁毒刑事政策理念调整

毒品市场运行受禁毒刑事政策、社会经济文化因素，以及地理因素的综合影响。由此，我国禁毒刑事政策理念调整应包含两个层次：一是禁毒刑事政策的内容不但应当包含刑事制裁措施，还应当考虑国内社会经济文化问题；二是依据毒品犯罪者对禁毒刑事政策的信息反馈，并探寻相应的治理策略。

（一）从国家本位到国家—社会双本位犯罪治理理念

现阶段，我国采取国家本位犯罪控制理念，即通过公安司法机关开展严打整治行动和重刑惩治策略，以此打击毒品犯罪活动。然而，该理念忽略法律制度或惩罚制度以外的一切与犯罪现象有联系的因素。② 社会经济文化因素以及地理因素亦是毒品犯罪的重要影响因素。这些因素受社会非正式控制方式调节与控制。因此，我国禁毒刑事政策理念应当转向国家—社会双本位，积极扩大社会在犯罪治理中的参与度。储槐植教授曾精辟地指出：随着市场经济的发展，必然转向国家和社会联手治理犯罪，这就需要以国家为本位控制犯罪理念向"国家—社会"双本位的治理犯罪理念转变。③ 易言之，刑事政策努力突破传统的刑法领域，在刑法领域以外寻求更广泛有效的法律补救办法，建立一个既综合又分散的预防犯罪、治理犯罪的刑事政策体系，并努力把刑事政策提高到社会政策的高度加以贯彻执行。④

"国家—社会"双本位犯罪治理理念呈现出开放性、多元性与合作性特

---

① 参见朱晓莉、薛建和、辜煌明：《福建省娱乐场所涉毒问题现状及治理对策》，载《福建公安高等专科学校学报》2006 年第 6 期。
② 卢建平：《刑事政策与刑法》，中国人民公安大学出版社 2004 年版，第 7 页。
③ 参见储槐植：《刑事一体化与关系刑法论》，北京大学出版社 1997 年版，第 465～466 页。
④ 参见［法］米海依尔·戴尔玛斯-马蒂：《刑事政策的主要体系》，卢建平译，法律出版社 2000 年版，第 108 页。

征。所谓开放性，公共事务管理系统向社会开启，凡是有助于公共事务管理的力量都可以进入这一管理系统中。所谓多元性，公共事务的管理主体由政府扩展到社会，包括出自政府但又不限于政府的一套社会公共机构和行为者。① 所谓合作性，国家不再是自上而下地辖制社会力量，而是与社会力量在同一平台上进行充分协商、平等沟通、协同行为，共同致力于公共事务管理。②

可以说，"国家—社会"双本位犯罪治理理念与社会治安综合治理总刑事政策一脉相承。多数学者认为，社会治安综合治理是我国的总刑事政策，这一政策统摄其他所有的刑事政策，在刑事政策实践中发挥着纲领性的指导作用，而宽严相济刑事政策乃我国的基本刑事政策。③ 马克昌先生曾精辟地指出，在社会治安综合治理措施方面，刑法是最后一道屏障，即用最严厉的处罚手段来实现遏制和预防犯罪的目的。由于刑事制裁只是刑事政策运用社会治安综合治理措施的环节之一，因此，在刑事政策总的思想指导下，刑法才能与其他社会治安综合治理措施相配合、相协调。④ 就社会治安综合治理的手段而言，正式控制与非正式控制方式综合运用才能实现社会治安的维护。社会治安综合治理要求综合运用司法打击与社会治理措施，发挥法规制约和道德感召双重力量，把治安问题视为社会病症，分清症候、对症下药、辨证施治。司法打击要"硬"，控制毒品市场，提高刑罚的及时性与必定性；贯彻宽严相济，注重刑罚轻缓化。社会治理要"软"，走群众路线，提高社会的非正式控制能力，实现耻感重建。法规制约就是要通过法律明文规定的行为规范来产生作用。道德感召则是通过道德规范、行业规范、乡规民约、社会风俗、宗教戒律等法律以外的东西来发挥作用。⑤

（二）从严惩个案到控制市场犯罪治理理念

毒品犯罪是国际社会的一大公害，因而，二十世纪初以降，各国均在积极寻求毒品犯罪的应对之策。一个多世纪以来，联合国以及各国禁毒刑事政策的内容，随着人们对毒品问题与毒品犯罪认识的持续深化，而不断发生变

---

① 参见徐勇：《治理转型与竞争——合作主义》，载《开放时代》2001年第7期。
② 参见卢建平主编：《中国犯罪治理研究报告》，清华大学出版社2015年版，第180~181页。
③ 参见严励：《中国刑事政策的构建理性》，中国政法大学出版社2010年版，第93页。
④ 参见马克昌：《宽严相济刑事政策研究》，清华大学出版社2012年版，第58页。
⑤ 参见储槐植、张永红：《刑法第13条但书与刑法结构——以系统论为视角》，载《法学家》2002年第6期。

化。至此，国际社会基本形成了控制市场与减轻危害两种禁毒理念。我国的禁毒刑事政策以毒品为侦查线索，以个案为打击目标。这种做法忽视了毒品犯罪的市场化和场域化特征，因而难以取得良好的实施效果。控制毒品市场理念能够纠正禁毒刑事政策实施对象单一问题。

联合国在国际禁毒活动中扮演着重要的角色，该国际组织相继颁布了三个禁毒公约，主要包括 1961 年《麻醉药品单一公约》(*The Single Convention on Narcotic Drugs*)、1971 年《精神药物公约》(*The Convention on Psychotropic Substances*)，以及 1988 年《禁止非法贩运麻醉药品和精神药物公约》(*The Convention Against Illicit Traffic in Narcotic Drugs and Psychotropic Substances*)。这三大禁毒公约勾勒出国际间毒品管制的策略方针，即"三减"政策。该政策包括减少供应、减少需求与减轻危害。"三减"政策是控制毒品市场与减轻危害理念最直观的反映。

此外，国际毒品政策组织（International Drug Policy Consortium）提出禁毒政策指引，明确五项禁毒政策原则，对各国禁毒政策的制定与实施提供了针对性的指导。一是禁毒政策应基于明确的论据。在过去十年中，国际与各国禁毒政策的推行并未取得明显成效。原因在于，绝大多数国际组织与国家在制定禁毒政策时，往往是基于意识形态、政治及外交上的考量，而不是以追求人类福祉与健康为出发点；仅少数国家会审慎评估国内毒品犯罪情况，制定合理有效的禁毒政策。二是禁毒政策的焦点与优先性应由减少毒品市场规模，转移至减少负面效应。二十世纪以降，国际禁毒公约与各国禁毒政策以减少毒品供给为核心。然而，毒品制造机制呈现出多样化与灵活性，国际组织与各国政府抑制毒品市场规模的能力受到局限。加之，减轻毒品危害的目标日益受到各国的重视，因而，禁毒政策的侧重点应当有所调整。三是减少毒品供应的努力，不应着重惩罚毒品原植物种植者。国家间强制铲除毒品原植物行动或推行替代种植计划，仅在短期内切断毒品来源，从长期来看，并无实际成效。协助改善毒品种植地区的整体经济与政治状况，是更为人道的方式。四是减少毒品需求的努力，不应着重惩罚毒品滥用者。在法律上，一些国家将毒品滥用者视为犯罪者。这种做法不仅浪费国家司法资源，违反公平正义原则，侵犯人权，而且未取得良好的戒治效果。正确的做法是，将吸毒者视为病人，对其采取医疗戒毒措施，并尽可能将吸毒危害降至最低。五是政府在与社会团体讨论与传授禁毒策略时，应建立开放与建设性的关系。政府单方面介入毒品犯罪治理是远远不够的，政府与社会联手共同致力于毒品犯罪预防与治理才能取得预期的效果。而政府与社会之间不能是指导与被指导的关系，应当是开放、协商、合作的关系。上述禁毒政策指引五原则，反映了控制市场与减轻危害理念，但更强调减轻毒品危害。

控制市场与减轻危害禁毒理念不仅在国际公约与国际禁毒原则中得以贯彻，亦体现在各国的禁毒刑事政策之中。由于法律文化背景与民族传统的差异，各国对毒品的认识与态度有所不同，其禁毒刑事政策亦呈现出不同的侧重点。美国的禁毒刑事政策以毒品市场控制为重点，而欧盟的禁毒刑事政策则以减轻毒品危害为目标。① 我国的禁毒刑事政策目标在于预防与治理毒品犯罪，因而毒品市场控制理念对我国禁毒刑事政策理念调整具有重要的启示作用。

四、我国禁毒刑事政策具体调整

在国家—社会双本位犯罪治理和控制毒品市场理念的指导下，我国禁毒刑事政策实施对象应由毒品犯罪人扩展为毒品市场；实施手段由单一的正式控制转向正式控制与非正式控制相结合；具体适用由严打整治、重刑惩毒转变为毒品市场控制与刑罚轻缓化。

（一）我国禁毒刑事政策实施对象调整

在我国，禁毒司法实践主要关注个人、个人行为及其法律责任。个人导向致使严打整治行动以毒品为侦查线索、以个案为打击目标。然而，以个人与个案为打击对象的禁毒刑事政策未能取得良好的禁毒效果。造成这种结果的原因就在于以下两点：第一，毒品犯罪以毒品市场为依托，毒品市场受供需法则的支配。而禁毒刑事政策在执行过程中，存在司法机关不了解毒品市场运行现状，以及贩毒组织发展模式等问题，因而导致该政策的失效。② 可见，司法机关仅就案论案，不从整体上把握毒品市场运行现状与贩毒组织运行模式，就不能制定出符合实际情况的禁毒刑事政策，因而不能从根本上治理毒品犯罪。可以说，毒品市场状况是禁毒刑事政策制定与调整的依据。第二，社会经济文化因素会对个人参与毒品犯罪或滥用毒品产生影响，个人行为深受社会规范的影响与制约，反过来，个人行为亦影响社会规范与集体行

---

① 参见罗钢：《毒品犯罪刑事治理去敌人刑法化》，载《政法论丛》2018年第2期。
② 参见［法］米歇尔·希莱：《引论：贩毒、有组织犯罪与毒品控制的公共政策》，黄纪苏译，载《国际社会科学杂志（中文版）》2002年第3期。

为的形成。因此，改变错误的集体与社会规范，倡导正确的社会规范，有利于从总体上预防与遏制毒品滥用和毒品犯罪。综上，在我国，毒品市场运行现状与社会环境是社会治安综合治理的统筹依据，其中，毒品市场是治理毒品犯罪的场域，社会是预防毒品犯罪与毒品滥用的场域。

从毒品市场治理视角来看，供需法则为禁毒刑事政策的制定与修正提供了基本的经济模型。依据供需法则，毒品需求是毒品市场得以维持与发展的原动力，因此，控制毒品需求市场是关键。要想减少毒品滥用存量与增量，应当全面摸排吸毒人员情况，建立有效的戒毒体系，并开展吸毒预防活动。在毒品供给市场控制层面，应将毒品市场各个层级均当作刑事司法打击的对象。毒品从制造者到消费者的流转需要经过批发、运输与零售三个环节，相应的毒品市场亦有三个市场层级，毒品批发、运输与零售层级统一于毒品市场之中。各个环节之间的关系恰如河流的上游与中下游之间的关系，因此，毒品市场治理亦如同河流治污一样。具体而言，司法机关堵截毒品批发市场，可使毒品底层市场如无源之水、无本之木难以维持；反之，司法机关控制毒品零售市场，可使毒品交易无法实现资金回流，从而重创毒品批发者。

从社会环境优化层面来看，应当在社会中树立正确的价值规范。吸贩毒行为是个体社会化的产物。年轻人将消费一定的物品看作实现自我价值、获得他人认同的一种方式，例如，消费时尚、音乐与毒品。① 勒普顿认为，个人往往是在社会与文化背景下理解与探讨风险，② 因为，风险受社会关系背景下人际交往的影响。③ 因而，社会规范对毒品之赞成或否定，直接影响个体对毒品的态度与看法。在毒品亚文化泛滥的今天，由于个人缺乏对亚文化的抵御能力，亦为吸贩毒行为的社会化进程助力。换言之，当个人处于正确社会规范的引导下，就会对吸毒行为持反对态度，并有较强的行为控制能力，从而形成拒绝毒品的理性决策。可见，培养的正确社会规范，可以起到预防毒品滥用与毒品犯罪的作用。

---

① See A. Furlong and F. Cartmel, Young People and Social Change: Individualization and Risk in Late Modernity, Buckingham: Open University Press, 1997, 61.
② See D. Lupton, Risk, London: Routledge, 1999, 24.
③ See T. Rhodes and A. Quirk, "Drug users' sexual relationships and the social organisation of risk: The sexual relationship as a site of risk management", Social Science and Medicine, vol. 46, no. 2 (1998).

(二) 我国禁毒刑事政策实施手段调整

刑事制裁手段是预防与打击毒品犯罪的主要手段。同样地，非正式控制方式在古今中外各个国家亦发挥着重要的社会控制、秩序维持与行为规范功能。因此，政策决策者在制定打击犯罪或维持社会秩序的方针政策时，不仅要合理运用法律手段，更要重视社会非正式控制方式的作用与价值。

面对多年积累的严重且复杂的毒品犯罪现状，我国应当采取先治标后治本的对策。中医有言，急则治其标，缓则治其本。在禁毒治标上，通过查办犯罪案件来阻止毒品问题的蔓延势头，减少犯罪存量、遏制犯罪增量，转变社会风气；通过刑罚轻缓化的推行，实现量刑公正，培育人们的法意识与法感情，为禁毒治本创造条件。在禁毒治本上，动员全社会的力量参与毒品预防与打击活动，并恢复社会的非正式控制能力。值得注意的是，由于刑法具有谦抑性与最后手段性的特点，加之，惩罚是国家施加的外在强制力，其能否对犯罪者产生内在影响，产生影响的程度如何是不确定的，因此，正式控制方式应当被限制适用。而伦理道德、集体规范等社会非正式控制能力才是治本之策。因为，羞耻心的唤醒、道德修养的提升等内在品质的培养，是降低犯罪率与提升刑法效能的一剂良药。

可见，作为替代物的其他类型的社会控制越多，法律的数量就越少。社会控制的有效性越高，对法律的依赖性就越低。[①] 我国禁毒刑事政策的实施手段应当从单一的正式控制方式转向正式控制与非正式控制方式并重。

(三) 我国禁毒刑事政策适用调整

我国禁毒刑事政策是社会治安综合治理总刑事政策与宽严相济基本刑事政策在禁毒领域的具体征表。因而，在禁毒刑事立法与司法方面，应当严格贯彻宽严相济刑事政策的基本要求，以控制毒品市场代替严打，以刑罚轻缓化代替重刑主义。2010年，最高人民法院印发的《关于贯彻宽严相济刑事政策的若干意见》指出："要根据经济社会的发展和治安形势的变化，尤其要根据犯罪情况的变化，在法律规定的范围内，适时调整从宽和从严的对象、范围和力度。"具体到毒品犯罪，司法机关要用控制毒品市场替代严打，以刑罚轻缓化替代重刑主义，以打击毒品市场替代惩罚犯罪者，将有限

[①] 参见［美］唐·布莱克：《社会学视野中的司法》，郭星花译，法律出版社2002年版，第90页。

的司法资源用在摧毁既有毒品市场，遏制新兴毒品市场上来。

首先，严打应当转向控制毒品市场。司法实践经验表明，当常规的犯罪侦查体制无法应对严重的毒品犯罪时，国家执政者就会采取特殊的手段查办毒品案件，而带有"运动式治理"色彩的严打整治行动即为特殊手段的典型代表，被广泛运用于毒品犯罪案件侦查中来。然而，司法机关采取"运动式治理"模式来遏制毒品蔓延势头，绝非长久之计。易言之，面对严峻的毒品犯罪态势，在一段时间内采取严打整治行动来严查毒品犯罪是很有必要的。然而，严打整治行动只能获得一时之功，不能取得可持续的禁毒成效。由此可见，"运动式治理"应当转向常规式的控制毒品市场，着力提升刑罚的及时性与必定性。

其次，重刑惩治应当转向刑罚轻缓化。毒品犯罪侵害了国家对毒品的管理制度和人民的生命健康，因此，以刑罚作为制裁手段惩罚毒品犯罪者具有正当性。但是，刑罚威慑效应的逻辑缺陷使得刑罚制度陷入重刑化倾向之中。我国亦概莫能外。司法机关采用重刑惩治策略，苛责重罚于毒品犯罪分子，此种策略带有浓重的报应主义色彩，意图通过执行死刑或徒刑来达到惩罚犯罪者并威慑他人的目的。然而，我国的毒品市场状况异常复杂，市场参与者在其中扮演的角色也千差万别，一味施加重刑于毒品犯罪者不能取得良好的威慑效果与社会效果。因此，司法机关应当注意刑罚的经济性与节俭性，[①] 放弃非理性的重刑化态度，实行刑罚轻缓化。刑罚轻缓化要求，立法机关应当以罪责刑相适应为原则，考虑到毒品市场分层与毒品犯罪行为样态的多样化，为不同的犯罪样态配置不同的法定刑；司法机关在处理案件的过程中，应做到主次有别，轻重适宜。大致来看，毒品制造与批发是毒品市场得以运转的关键所在，制毒者与批发者决定毒品市场的发展走向；而毒品运输与零售市场则是由此衍生出来的次级市场，毒品运输者与零售者只能被动地接受市场规则。因此，宽严相济刑事政策对于前两个市场层级中的参与人应当适用"严"，而后两个层级中的参与者则适用"宽"。具体而言，可以通过罪名分层实现宽严相济刑事政策。其一，区分走私毒品罪与运输毒品罪，立法者应当为前者配置较重的法定刑量刑幅度，为后者配置较轻的法定刑幅度。其二，贩卖毒品罪可以类型化为毒品批发者贩卖毒品、分销者贩卖毒品，以及零售者贩卖毒品三种情形。立法者应当为毒品批发者与分销者配

---

① 参见吴占英：《制度的支点：坦白制度价值纠问》，载《政法论丛》2017年第5期。

置较重的法定刑量刑幅度，为零售者配置较轻的法定刑幅度。其三，制造毒品罪分层。对于传统毒品制造者，采取预防与惩罚并重的策略；而对于新型毒品制造集团的首要分子与主犯，立法者应当配置较重的法定刑幅度；对制毒集团雇用的从事毒品制造的从犯或者家庭作坊式制毒者，立法者则应为其配置较低的法定刑幅度。

最后，从刑罚的威慑效果来看，控制毒品市场的威慑效果优于严惩。这个结论是从贝卡里亚所言的"刑罚及时性与必定性的效果优于刑罚严厉性"观点推导出来的，反过来，亦印证了贝式观点的现实意义。实证研究也表明，减少毒品在社会上流通的关键在于犯罪追诉的效率，而非刑罚的轻重。① 具体而言，如果公安机关具有较强的刑事追诉能力，以合乎刑事诉讼法规定的程序与方法有效地追究犯罪人的刑事责任，降低犯罪黑数，实现法网恢恢疏而不漏的法治理想，使潜在犯罪者深觉法网严密，不容破坏，那么刑罚的威慑效果就可以得到彰显。易言之，国家通过提高犯罪追诉能力来增加犯罪人所面临的法律风险，从而大幅降低潜在犯罪人实施犯罪行为的可能性。由此可见，立法与司法机关应当摒弃以增加刑罚的严厉性来提高刑罚威慑效果的做法，而应当以提高刑罚的及时性与必定性来强化刑罚威慑效果，达至治理犯罪的目的。因此，刑法结构模式应当从"厉而不严"转向"严而不厉"。

第三节　我国毒品犯罪治理模式的转换*

一、问题的提出

毒品犯罪是当今世界的一大顽疾，它不仅严重危害人的身心健康，而且极易引发其他关联违法犯罪甚至一系列严重的社会问题，从而对经济社会发

---

① Vgl. Dölling, Eindämmung des Drogenmiβbrauchs zwischen Repression und Prävention, Heidelberg, 1995, 13. 转引自王皇玉：《刑罚与社会规训——台湾刑事制裁新旧死亡的冲突与转变》，元照出版有限公司2009年版，第197页。

* 本节撰写者：周建达、尹宁。

展和社会平安和谐构成严重威胁。正因此，当今世界各国均高度重视毒品犯罪的预防管控和打击惩治，纷纷通过立法、司法、行政、社会救助及国际合作等途径，不断加强对毒品犯罪的多元治理、源头治理、系统治理和综合治理。基于近代以来中国社会在鸦片烟毒问题上所经历的切肤之痛，中华人民共和国成立初期，党和国家就一直高度重视禁毒工作，始终把禁绝涉毒违法犯罪活动摆在社会治安管控和新生政权巩固的突出位置，坚持重拳出击，铁腕禁毒，由此也谱写了一段世界禁毒史上的传奇佳话，即中华人民共和国成立以后的一段时期，涉毒违法犯罪活动曾在中国大陆地区一度得到彻底肃清。① 但好景不长，改革开放以来，在国内外多重复杂因素的影响下，曾经一度禁绝的涉毒违法犯罪活动又开始沉渣泛起，并呈现出日益复杂化、严峻化的发展态势，给人民群众的身心健康和社会和谐安定造成严重危害。特别是近年来，随着社会竞争压力的加剧，群众生活方式日趋多元，加之长期以来基层社会治理功能弱化，公共网络空间泥沙俱下，跨境有组织犯罪猖獗等原因，涉毒违法犯罪活动进一步活跃，并呈现出群体扩大化、主体年轻化、品类多样化、购销网络化、吸食隐蔽化等新情况新问题。涉毒违法犯罪多发易发、涉毒人员一犯再犯的情况依然存在，毒品犯罪根治难的问题并未从根本上得到解决。由此，我们不得不认真思考毒品犯罪的治理模式问题。这是因为，毒品犯罪的治理模式问题，不仅是人们理性认识毒品犯罪治理规律的"透视镜"，更是我们科学解构毒品犯罪治理状况的"柳叶刀"。② 换言之，唯有站在毒品犯罪治理现代化的视角，系统审视改革开放以来我国毒品犯罪的治理模式问题，才有指望从根本上为毒品犯罪治理体系和治理能力的现代化注入新智慧和新力量。

二、"治安管控型禁毒模式"：我国传统毒品犯罪治理行动的基本脉络

作为一种类型学意义上的刑事政策概念，毒品犯罪治理模式通常是指一国或一地区在一定历史时期内有关毒品犯罪治理活动的治理理念、治理逻辑、治理机制、治理手段和治理方式的一整套知识话语体系和治理实践样

---

① 参见严励、卫磊：《毒品犯罪刑事政策探析》，载《学术交流》2010年第7期。
② 参见周建达：《转型期我国犯罪治理模式之转换——从"压力维控型"到"压力疏导型"》，载《法商研究》2012年第2期。

态。具体到我国传统的毒品犯罪治理模式，可以说，中华人民共和国成立以来，我们基本上延续了一种"治安管控型禁毒模式"。这种毒品犯罪治理模式，大体上秉持一种治安式禁绝的基本立场，着力于供给侧的打压，倚重于组织化的正式运作，青睐于重刑化的刑罚威慑，偏好于运动式的专项执法，其最终的目的在于将毒品犯罪问题彻底肃清，从而维系良好的社会治安局面，巩固政权的稳定性。

（一）在治理理念上，秉持治安式禁绝立场

所谓"治安式禁绝立场"，是指坚持把毒品犯罪问题视作影响社会安定团结的最不稳定的因素之一，或者将毒品犯罪问题作为诱发其他严重刑事犯罪或一系列严重社会问题的异常基因看待，故而从根本上加以彻底禁绝的一种强势性的国家禁毒立场。那么，为什么长期以来我们会坚持这样一种毒品犯罪的刑事政策立场呢？首先，近代以来中国社会所遭遇的烟毒苦难史，为毒品犯罪的"治安式禁绝立场"铺垫了史学意义的正当性。翻阅厚重的中国近代史，满目的屈辱与苦难不时地充斥着我们的视线，而其中最为刺眼的是由鸦片烟毒泛滥所导致的丧权辱国、祸国殃民。因此，当革命取得胜利，新生革命政权刚刚诞生不久，就痛定思痛，坚决禁绝烟毒，绝不让历史的悲剧重演。这是因为，"实施禁绝毒品的刑事政策不仅仅是扫除社会丑恶现象的一般政策问题，不仅仅是新中国革故鼎新、建立社会新风尚的社会问题，也是打破百年来帝国主义势力毒化中国阴谋的政治问题"[①]。在此意义上讲，彻底禁绝毒品的立场不仅具有历史的正当性，更具有公众的认同感。其次，中华人民共和国成立初期的禁毒运动，为毒品犯罪的"治安式禁绝立场"建构了法治框架意义上的合法性。中华人民共和国成立之初，党和国家就旋即在全国范围内开展了一场轰轰烈烈的禁毒运动，仅仅用了3年左右的时间，就基本禁绝了毒害，创造了世界禁毒史上的奇迹。这其中，中华人民共和国成立初期党和国家的一系列有关禁绝毒品的宏观性政策文件和具体指示通令，[②] 在引导禁毒工作取得最终胜利中发挥了不可或缺的作用，并为此后毒品犯罪治理国家立场的一贯性提供了法治指引。再次，1952年到改革开

[①] 严励、卫磊：《毒品犯罪刑事政策探析》，载《学术交流》2010年第7期。

[②] 例如：《政务院关于严禁鸦片烟毒的通令》（1950年2月24日）、《内务部关于贯彻严禁烟毒工作的指示》（1950年9月12日）、《中共中央关于肃清毒品流行的指示》（1952年4月15日）、《政务院关于严禁鸦片烟毒的通令》（1952年5月21日）等。

放初期近30年"无毒国"的辉煌治理成效,为毒品犯罪的"治安式禁绝立场"注入了经验意义上的强大自信。1953年,我国政府向世界庄严宣告"中华人民共和国为无毒品国"。自此之后直到改革开放初期的近30年间,除了极个别地区偶有零星的私种罂粟和贩毒活动外,整个中国大陆地区基本处于毒品禁绝状态。① 这种近乎神话般的毒品犯罪治理成效,极大地增强了党和国家坚守毒品犯罪基本立场的信心,从而也成为基本政策延续性的一个重要的实践基础。最后,改革开放四十多年来毒品犯罪不断蔓延的周边效应,为毒品犯罪的"治安式禁绝立场"提供了形势判断意义上的依据性。毒品犯罪的治理源自社会治安管控的需要,变自社会治理管控的需要。二十世纪七十年代末以来,中国的毒品犯罪死灰复燃,不仅毒品案件高发,涉毒人员剧增,并且由毒品犯罪所引发的诸如卖淫、赌博、抢劫、抢夺、盗窃、暴力行凶、毒驾撞人等违法犯罪活动持续高发,有的甚至与恐怖活动、黑恶势力相互交织,给社会治安秩序和公共安全带来极大的威胁。② 这为党和国家对毒品犯罪采取"零容忍式"的"治安式禁绝立场"提供了重要的现实依据。

(二)在治理逻辑上,侧重供给侧打压

所谓"侧重供给侧打压",是指在有关毒品供应与毒品需求(消费)的治理重心的选择上,刑事政策制定者选择以毒品的供给行为作为毒品犯罪治理的重心或者关键端,在毒品源头管控和供应途径上,采取全链条、闭环式的全线围堵和极限打压,以减少毒品的市场供应,切断毒品的消费来源,最终达到减少毒品犯罪的目的。这种"侧重供给侧打压"主要表现在刑事政策上将毒品供给一端的行为予以全链条式的犯罪化,但对于毒品需求(消费)行为则持相对宽容态度。例如,我国刑法几乎将毒品供应的全部环节予以犯罪化。不仅处罚前端的种植毒品原植物行为,中端的走私、贩卖、运输、制造毒品和,还处罚末端的包庇毒品犯罪分子和窝藏、转移、隐瞒毒品、毒赃行为;不仅处罚制毒贩毒的帮助行为,还处罚引诱、教唆、欺骗他人吸毒,容留他人吸毒行为及非法提供麻醉药品、精神药品行为等。可以说,通观整部刑法典,几乎没有哪一类犯罪的法网严密到毒品供给犯罪的

---

① 参见严励、卫磊:《毒品犯罪刑事政策探析》,载《学术交流》2010年第7期。
② 参见胡云腾、方文军:《论毒品犯罪的惩治对策与措施》,载《中国青年社会科学》2018年第5期。

程度。

问题是，为什么我国传统的毒品犯罪治理行动会这么重视对毒品犯罪供给侧的打压呢？应当说，这既有主观认识的原因，也有客观形势的使然。从主观认识来讲，抛开毒品犯罪的法定犯性质不谈，毒品犯罪本来是对作为商品的"毒品"的一种商品交易，即一方供给，一方消费。如果要控制毒品犯罪，按理应当对供给方和消费方"各打五十大板"。但问题在于，毒品消费行为是一种自我陷害行为，如果没有对他人构成实质危害或急迫的危险，那么按照近代刑法所确立的"危害性原则"，则无论如何不应对其刑事治罪。相反，毒品供给行为则是一种陷害他人行为，无论是否出于牟利为目的，毒品供给行为必然陷他人于不利，因此，其社会危害性是显而易见的。那么，在刑事上将毒品供给行为予以禁止就具有天然的道德合法性。更何况，相对于毒品消费方的"自陷性"弱势地位而言，毒品供应方自始处于"陷他性"优势地位，并且存在巨额的获利空间。因此，即使从保护弱者的角度来看，也应将刑事处罚的责鞭落定在毒品供给方一侧。从客观形势来看：首先，改革开放以来，我国毒品犯罪问题之所以死灰复燃，一个不可忽视的背景是国际毒潮的侵蚀。换言之，输入性的毒品危害即境外毒品输入或供应，是我国近30年"无毒国"格局被打破的罪魁祸首。① 因此，将刑罚的"刀把子"对准毒品供给侧进行打压，也就不存在"枉杀"的冤屈。其次，从当代中国毒品供需两侧的人数对比来看，需求侧吸毒人员规模庞大，相比之下供给侧人数则小得多。因此，无论从刑罚的打击面来看，还是从刑事政策的执行成本角度来看，都不宜将需求侧的吸毒人员纳入刑罚制裁范围。在此意义上讲，将毒品供给侧作为施压的对象，也就具有现实的合理性。

（三）在治理机制上，倚重组织化正式运作

所谓"倚重组织化正式运作"，是指毒品犯罪的整个治理过程及其机制运作高度依赖组织化的官僚体制。具体表现有三：一是在治理主导权上，党委和政府始终主导毒品犯罪治理的全过程。其不仅决定着毒品犯罪治理的政策走向、立法尺度、执法标准、司法矫正，还决定着毒品犯罪相关的宣传、动员、打击和整治的进程和规格。实践中典型地体现为"一把手亲自抓""党委政府负主责"等。二是在治理资源来源上，党委和政府实质上成为毒

---

① 参见康树华：《当前我国毒品犯罪状况和特点与治理对策》，载《新疆警官高等专科学校学报》2009年第4期。

品犯罪治理的主要资源来源。在财政资源方面，各级党委政府几乎承担了毒品犯罪治理活动有关的所有的开支，如毒品鉴定中心的设置、戒毒场所设施的建设、专业戒毒人员的培养、禁毒宣传的费用支出、举报奖励发放等。在人力资源方面，除了少量的宣传、发动工作由群众组织和个人分担外，绝大多数的具体工作仍然高度依赖于党委和政府各有关部门来具体实施。三是在治理成效检验上，层层加码的指标化考核是治理绩效考核的主要依据。在绩效考核难以逃脱"数目字管理"的窠臼的情况下，各地各级禁毒部门习惯于将地区排名、月排名、季度排名、年度排名作为重要的考评依据，层层下达指标，层层加码，推动禁毒活动"亮红心、出实招"。

问题是，我国传统的毒品犯罪治理行动为什么要如此这般地倚重于组织化的正式运作呢？显然，社会组织的不发达、民间力量的发动不足是一个重要的原因，但更为深层地恐怕还与潜在其后的制度逻辑有关。具体来说，在毒品犯罪治理行动中，组织化的正式运作至少有三个目的：一是为了最大限度地凝聚体制合力，构建期"横向到边、纵向到底"的治理网络格局。毒品犯罪问题的复杂性决定了毒品犯罪治理必然是一个复杂的社会系统工程，因而必须讲求分工负责、协同配合。依托组织化的官僚体制，国家毒品犯罪治理工作可由党委政府牵头，各有关部门集体参与，禁毒委办具体协调负责，从而有效地构建起纵横交织的毒品犯罪治理网络体系。因此，是凝聚政府各部门合力的有效方式。二是为了最广泛地动员和发动群众力量，凝聚起禁毒"人民战争"的磅礴力量。我们党和国家历来重视群众工作，始终把群众工作作为做好一切工作的力量之源、智慧之所。但是，长期的革命和建设时间也一再表明，缺乏党委领导、政府引导的群众工作，往往成为一盘散沙。因此，只有发挥好党委政府的引导作用，毒品犯罪治理工作才能赢得广大人民群众的支持和拥护，发挥好人民群众的首创精神，从而更好地服务于毒品犯罪治理视野。三是为了最有效地考核犯罪治理效果，督促相关部门和责任人员落实毒品犯罪治理的主体责任。毒品犯罪治理工作体系庞杂，在各有关部门都有本职的情况下，如何发挥其余力，将毒品犯罪治理相关工作摆到日常工作的重要议程，推动多部门齐抓共管，是毒品犯罪综合治理必须直面的现实问题。依托组织化的官僚运作体制，特别是其相对成熟的绩效考核制度，可以有效地解决"不作为""慢作为"和"乱作为"问题。

（四）在治理手段上，青睐重刑化法律威慑

所谓"青睐重刑化法律威慑"，是指在毒品犯罪治理过程中，将法律威慑特别是重刑威慑作为禁绝毒品犯罪活动的主要手段，以期达到以儆效尤的目的。这主要体现在两个方面：一方面，与毒品犯罪治理有关的行政监管、行业主管等前端管控措施往往没有得到足够的重视和充分的落实，社会协同、群众参与等毒品犯罪治理的基层基础未能得到充分地夯实和筑牢。另一方面，刑罚成为名副其实地高悬在毒品犯罪分子头顶上的"达摩克利斯之剑"，并且一旦落地，则后果极其严重。反映到具体的立法和司法政策中，整体上表现出极为明显的重刑化特征。具体表现如下：一是毒品犯罪刑事立法政策极为严厉。如严格追究走私、贩卖、运输、制造毒品行为，而不论毒品数量多寡；以查证属实为标准计算走私、贩卖、运输、非法持有毒品的数量，而排斥毒品纯度的考量；以全流程、闭环式的刑法规制套路对付毒品生产、销售行为；设有毒品犯罪特别累犯制度并配置大量的死刑和没收财产刑。① 二是毒品犯罪刑事司法政策总体趋严。如将半成品纳入制造毒品罪的毒品数量计算范围；将制造制毒物品的行为认定为制造毒品罪的预备行为；肯定毒品犯罪案件诱惑侦查的正当性；允许对贩毒数量和主观明知适用推定原则；坚持严格控制死刑下的毒品犯罪严惩制度；从严把握毒品犯罪立功、缓刑、减刑及假释。②

那么，为什么我国传统的毒品犯罪治理行动会如此这般青睐于重刑化的法律威慑呢？重刑威慑在一定程度上可以说是刑事政策制定者在无法妥善解决毒品犯罪治理困局时所做的次优选择，因而具有某种迫不得已性。诚如学者所言："虽然理论界对于'严打'刑事政策、重刑率过高等有着相当的不同看法，但是超越务虚的理念之争、超越一般的个例之争，在没有更为合理更为有效的替代刑事政策形成共识之前，对毒品犯罪予以严厉惩治并在较长时间内保持较高的重刑率是最优的选择。"③ 在我国，相当一部分人习惯于将过往的毒品犯罪治理成效主要归功于重刑威慑效应，因而重刑威慑被视为具有现实的合理性。如有司法部门同志指出："实践证明，对毒品犯罪保持高压态势，对于发挥刑罚遏制毒品犯罪的作用，具有重要现实意义。因而，

---

① 参见曾粤兴、孙本雄：《当代中国毒品犯罪刑事政策的检讨与修正》，载《法治研究》2019年第2期。

② 参见曾粤兴、孙本雄：《当代中国毒品犯罪刑事政策的检讨与修正》，载《法治研究》2019年第2期。

③ 严励、卫磊：《毒品犯罪刑事政策探析》，载《学术交流》2010年第7期。

司法实践中历来强调对毒品犯罪采取从严惩处的刑事政策。"① 应当说，类似的解释已经成为当前毒品犯罪重刑主义得以畅销的强力注脚。

（五）在治理方式上，偏好运动式突击执法

所谓"偏好运动式突击执法"，是指在毒品犯罪治理活动中，党委和政府有关部门习惯于采取非常态化的"严打"等专项斗争方式，开展突击性的执法打击和集中整治活动。具体表现如下：一是全国范围内的"严打"专项斗争，被视作集中打击和整治毒品犯罪问题的重要抓手和集中展示地方禁毒工作实效的绝佳窗口，因而各地均会不遗余力地进行组织动员、集中行动、重拳出击、快审快判。由此，奠定了"严打"专项斗争在晚近40年我国毒品犯罪治理史上的里程碑式的地位。二是局部范围内的"黄、赌、毒"专项治理行动，往往成为各地突击性地集中整治黄赌毒违法犯罪的重要治理活动组织形式。这些专项治理行动大多以"集中会战""专项斗争"等形式命名，并且规律性地伴随着重大节庆安保行动加以具体展开。由此，成为中国式毒品犯罪治理的重要标签。

那么，为什么我国传统的毒品犯罪治理行动会如此偏好"运动式突击执法"行动呢？其原因无外乎以下几个方面：一是"严打"专项斗争客观上带来的犯罪短期遏制效应。历时性地看，"严打"专项斗争一定程度已经成为影响我国毒品犯罪阶段性升降的关键变量。自1983年以来，在全国范围内开展的总共5次"严打"专项斗争（含此次"扫黑除恶"专项斗争），毒品犯罪历来都是重点打击整治的对象。而在每次"严打"专项斗争过后，毒品犯罪的发案率均呈明显下降态势。可以说，在世人的印象中，"严打"专项斗争几乎已经成为遏制毒品犯罪高发势头的"当头棒"。二是"运动式治国"的权力惯习在一些犯罪治理者心中依然根深蒂固。从知识社会学的角度看，作为一种颇具中国地方性治理特点的"运动式治国"模式，起初发轫于新民主主义革命时期我们党领导的"民族救亡运动"，此后历经新民主主义建设时期和社会主义建设初期两个重要历史阶段的实践洗礼，最终成为深刻影响当代中国国家治理特别是犯罪治理的重要方式。"运动式治国"方式之所以具备如此强大的生命力，一个极为重要的原因在于其背后强大的"肾上腺调集效应"，即治理者能够在较短的时间内快速动员社会各方面力

---

① 胡云腾、方文军：《论毒品犯罪的惩治对策与措施》，载《中国青年社会科学》2018年第5期。

量，集中精力和时间爬坡过坎、攻坚克难。三是犯罪治理一定程度上所需的"猫鼠游戏"是"运动式突击执法"方式得以正当化的情境所需。犯罪与反犯罪的斗争从来都是智慧的较量，毒品犯罪与禁毒斗争更是这种智谋交锋的典型写照。正所谓"兵者，诡道也……攻其无备，出其不意。此兵家之胜，不可先传也"[①]，"运动式突击执法"方式的确在一定程度上有助于打破治理行动的"定式"，从而对毒品犯罪分子形成"猫鼠游戏"式的有效震慑。

三、"社会治理型扫毒模式"：我国当下毒品犯罪治理行动的路径抉择

公允地讲，我国传统的"治安管控型禁毒"治理模式的生发和延续，有其历史的必然性和现实的合理性，并且从实际效用上看，它在过去数十年间对于遏制毒品犯罪的持续蔓延和防止毒品犯罪危害的扩大的确起到了积极作用。在此意义上讲，其历史作用不容抹杀。但问题是，近年来我国毒品犯罪持续高发的严峻态势，却也充分暴露出"治安管控型禁毒"治理模式的弊端。在此背景下，我们有责任也有义务去重新审视我国传统毒品犯罪治理模式的边际效应，继而对其做局部性的调整甚至整体性的改造，以寻求对新时代毒品犯罪的有效治理。因为犯罪治理的基本规律告诉我们：犯罪治理模式一旦形成虽然具有相对的稳定性，但当它式微时就应当被新的犯罪治理模式所取代。[②] 立足新时代我国毒品犯罪治理的实践，我们应当积极建构一种可以称之为"社会治理型扫毒"治理模式。这种模式应当秉持社会化治理立场，更加注重在毒品的需求侧管控施法，积极引导多元化的协同参与机制建设，注重医疗性政策改进的同时，加强毒品犯罪的常态化前端管控。

（一）在治理理念上，秉持社会化治理立场

所谓"秉持社会化治理立场"，是指把毒品犯罪问题视为经济社会发展不均衡、不充分所引发的一种正常的社会现象，或者将毒品犯罪问题作为我国社会治理特别是基层社会治理功能弱化的一种基本矛盾看待，故而从社会治理的整体性、系统性、均衡性角度寻求对毒品犯罪的社会化根治的国家立

[①]《孙子兵法·始计篇》。
[②] 周建达：《转型期我国犯罪治理模式之转换——从"压力维控型"到"压力疏导型"》，载《法商研究》2012年第2期。

场。那么，为什么要进行这样一种立场的切换呢？

首先，社会主要矛盾的深刻变化决定了建立在传统社会主要矛盾基础之上的毒品犯罪治理立场必须有所调整。毒品犯罪的矛盾变化是社会主要矛盾深刻变化的一个微观缩影。进入新时代以来，我国社会结构状态、经济发展方式、毒品犯罪规律特点都发生深刻变化，毒品犯罪复杂化、多样化的高发态势，已经宣告了传统"治安型禁毒模式"所采取的那种"法律家父主义"式的毒品犯罪禁绝目标已经破产。其次，决定了毒品犯罪问题本身的复杂性，迫使我们必须理性看待毒品犯罪问题。"毒品作为一种生理和心理依赖品，其存在、使用和文化、身份、人类情感具有某种内在的联系，片面强调严厉的管制措施实现毒品的禁绝只是一种理想状态，它忽视了毒品赖以存在的社会、文化、心理、经济基础。美国、荷兰等欧美国家的软性毒品合法化政策事实上就是禁绝毒品的宏大目标陷于困顿的实例。"① 最后，毒品犯罪治理的长期性和艰巨性，迫使我们必须重新审视毒品犯罪治理的战略周期。深层次地看，当前毒品犯罪问题之所以突出，本质上是由经济社会急剧变革导致的社会治理，特别是基层社会治理体系和治理能力"欠账"所致。因此，要实现毒品犯罪的有效治理、长效治理，必须在基层治理现代化上下大气力。还应看到，"当代毒品泛滥是一个全球性问题，绝非'三年为期'就能遏止。在禁毒问题上搞短期行为非但无益，还可能贻误了大事"②。

综上，我们必须尽快寻求从理想化的禁绝立场向实务性的治理立场转变。那么，这种"社会化治理立场"应当如何展开呢？首先，必须正视与毒品犯罪作斗争的复杂性、艰巨性和长期性。坚持把全面深化改革作为毒品犯罪治理攻坚克难的强大动力，认真学习贯彻习近平总书记重要改革方法论，深化毒品犯罪形势、特点研究，把握毒品犯罪的一般规律，明确毒品犯罪的滋生土壤，找准毒品犯罪治理的切入点，着力破解毒品犯罪居高不下的治理困局。其次，要把毒品犯罪治理问题纳入国家治理现代化，特别是基层社会治理现代化的总体框架，坚持从社会治理体系和治理能力现代化双重角度，统一治理思想，统筹治理资源，统合治理力量。当前，特别要防止将毒

---

① 靳澜涛：《从革命法制到现代法治——建国初期禁毒法制的历史审视与现实观照》，载《河北科技大学学报（社会科学版）》2016年第4期。

② 崔敏：《毒品犯罪的发展趋势与遏制对策》，载《江苏公安专科学校学报》2000年第6期。

品犯罪治理"矮化"为社会治安问题或者简单的犯罪控制问题,从而导致社会整体治理活动出现短板,毒品犯罪治理缺乏资源。最后,要把源头治理、系统治理、多元治理、综合治理的理念贯穿于毒品犯罪治理活动始终,坚持问题导向思维,落实监管主体责任,强化多部门集群攻关,着力补齐治理短板。

(二) 在治理逻辑上,注重需求侧管控施法

所谓"注重需求侧管控施法",是指在有关毒品供应与毒品需求(消费)的治理重心的选择上,政策的制定应更加注重以毒品的消费行为作为毒品犯罪治理的重心或者关键端,在毒品终端消费和帮扶矫正上,采取更加丰富多元的治理办法,以减少毒品的市场需求,压缩毒品消费的群体规模和控制毒品消费数量,最终达到减少毒品犯罪的目的。需要特别说明是,这种"注重需求侧管控施法"的治理逻辑,并不是要完全否定"供给侧极限打压"的必要性。相反,它主张在现有的对毒品供给行为进行必要打击的基础上,应当更多地将毒品犯罪的注意力迁移至毒品犯罪需求侧一面。

问题是,为什么要更加注重从需求侧进行管控施法呢?首先,我国传统毒品犯罪治理模式所侧重供给侧打压并没有有效遏制毒品犯罪高发的态势。例如,我国刑法虽然对毒品供给侧的行为规定近乎最为严密的刑事制裁法网,但是从近年来我国毒品案件的数量、缴获毒品的总量来看,没有明显下降的态势。相反,伴随着毒品供给侧打压的力度加大,一方面,毒品供给行为变得更加隐蔽化、专业化和网络化;另一方面,毒品的黑市价格被不断抬高,继而进一步反向刺激毒品的供给行为。其次,一味地侧重供给侧打压,无法从根本上减少吸毒行为所造成的危害。毒品犯罪的真正危害并不在于毒品供给行为挑战了作为法律的规则界限并谋取非法暴利,而在于由毒品供给行为所带来的毒品消费行为的便利条件所诱发的毒品消费者"自陷"风险。但也必须看到,"毒品对社会的危害并不是毒品犯罪'单向'造成的,而是毒品犯罪(供应)和吸毒行为(需求)'双向'作用造成的。因为绝大多数吸毒者都是自愿吸毒的,并通过这种'自陷'行为来危害家庭和社会"[1]。最后,毒品需求侧的规模变化是毒品犯罪治理取得实效的最终判准。这是因为,在毒品犯罪治理中,真正需要救治和帮扶的是吸毒者。由于吸毒行为具

---

[1] 胡云腾、方文军:《论毒品犯罪的惩治对策与措施》,载《中国青年社会科学》2018年第5期。

有成瘾性，吸毒人员在戒除毒瘾的过程中，不仅要饱受生理戒断的苦痛，往往还要经受更具煎熬的心理戒断之痛，因此，如何控制庞大的吸毒人群并有效降低吸毒人员的复吸率始终是毒品犯罪治理面临的巨大难题。

那么，究竟应当如何推进毒品需求侧的管控施法呢？首先，应当在毒品犯罪治理过程中，正视吸毒行为的复杂成因，继而探求降低毒品接触概率。从当前我国吸毒人群的吸毒动机来看，部分源于舒缓现实生活的压力，部分源于对吸毒活动的猎奇心理，相比之下被强迫吸毒则只占极小的比例。因此，从需求侧管控施法的角度来讲，一方面，我们必须持续加大毒品犯罪的危害性的宣传教育，让毒品危害性教育入心入脑；另一方面，必须正视社会失意人员，设法在困难帮扶、心理疏导、家庭关爱等方面给予强有力的外在支持。其次，应当在毒品犯罪治理过程中，承认吸毒者的弱势地位，继而想方设法给予吸毒人员以帮扶、挽救和关爱。诚如学者所言："吸毒问题是社会在成长与进步的过程中遇到的'烦恼'，吸毒者可以被视为生活马拉松中的掉队者，从这种意义上讲，他们中的一些人同样属于生活中的弱者与'病人'，需要社会的关爱、理解、宽容与帮助！"① 最后，应当采取切实有效的措施，最大限度地避免吸毒行为的"标签效应"。防止因社会歧视导致戒毒康复人员重新步上复吸的老路。

（三）在治理机制上，引导多元化协同参与

所谓"引导多元化协同参与"，是指在毒品犯罪的治理过程中，在充分发挥党委和政府的主导作用的同时，进一步激发社会团体、群众组织和公民个人的毒品犯罪参与热情，充分释放多元主体协同治理的活力，从而构建共建共治共享的毒品犯罪治理格局。那么，我们要如何在治理机制上，实现由"倚重组织化正式运作"向积极"引导多元化协同参与"机制转变呢？首先，"倚重组织化正式运作"导致了毒品犯罪治理成本的不堪重荷。我国传统的"治安管控型禁毒模式"能够依托组织化实现对毒品犯罪治理活动的坚强领导，但政府"包打天下"式的资源垄断，造成了毒品犯罪治理的封闭性，使得一个原本可以并且应当由社会多元主体广泛参与的社会系统工程完全由政府买单，造成了极大的治理成本负担。其次，"倚重组织化正式运作"制约了毒品犯罪治理的智慧补给。尽管传统的毒品犯罪治理模式也讲

---

① 何荣功：《我国"重刑治毒"刑事政策之法社会学思考》，载《法商研究》2015年第5期。

求广泛发动群众，但是在过分倚重组织化运作的毒品犯罪治理机制中，广大人民群众的主体性始终没有得到充分地发挥，其参与热情、参与渠道、参与程序、参与程度等均没有得到明确，从而导致一段时期以来，我国的毒品犯罪治理理念、方针、政策始终停滞不前。究其根本，在于未能充分发挥人民群众的首创精神，汲取广大群众的实践智慧。

那么，究竟应当如何引导多元化社会协同参与呢？首先，要坚持开放治理、群众治理、协同治理的理念，发挥好新时代"枫桥经验"在毒品犯罪治理上的独特优势，积极引导企事业单位、社会团体、群众自治组织和公民个人充分发挥其专长，积极参与到毒品犯罪治理的行动中来。要推广借鉴浙江乡镇（街道）"四个平台"建设经验，建好用好综治网格，推广"红色网格"等做法，加强对毒品违法犯罪易发多发地带排查整治，切实发挥网格在基层社会治理中的前端作用。其次，要充分借鉴"最多跑一次"改革和阳光政务、掌上政务改革经验，充分发挥信息化时代网络群众参与的便捷性优势。进一步畅通多元主体协同参与的渠道，及时制定相关参与细则，明确相关参与程序，及时反馈相关参与结果，让多元化主体拥有更多的参与毒品犯罪治理获得感，不断提升多元化主体的参与满意度。最后，要充分发挥政策的激励作用，积极鼓励和大力表彰为毒品犯罪治理作出突出贡献的组织、单位和个人，引导全社会积极关注、支持和协助毒品犯罪治理工作。

（四）在治理手段上，重视医疗性政策改进

所谓"重视医疗性政策改进"，是指在毒品犯罪治理行动中，在适度开展对毒品犯罪活动的专项打击整治的同时，更加重视从康复医疗途径帮助吸毒人员戒除毒瘾，复归社会。那么，为什么要实现毒品犯罪治理手段从"青睐于重刑化法律威慑"向"重视医疗政策改进"转变呢？首先，重刑化法律威慑的边际效应呈递减原则。"治安型管控禁毒模式"虽然注意到了重刑配置和司法倾向在毒品犯罪治理中的威慑效应，但却没有意识到重刑威慑实际上存在边际效应。一方面，对于决意实施者而言，当他面对巨额的毒品犯罪非法利润，重刑法律威慑除了能够起到一丝法律的宣示作用外，根本无法对其发挥特殊预防或一般预防的作用。诚如马克思所言："资本如果有百分之五十的利润，它就会铤而走险；如果有百分之百的利润，它就敢践踏人间一切法律；如果有百分之三百的利润，它就敢犯下任何罪行，甚至被绞死。"① 另一方面，对于那些已犯重罪但渴望迷途知返的人而言，重刑化的法律威慑等于拆掉了其"悔过之桥"，使得他们唯有继续沉沦。其次，重刑化法律威慑容易对康复和预防形成"挤出效应"。重刑化法律威慑的实现不仅依靠强有力的执法和司法打击活动，更需相当规模的执法和司法资源作为保障。在执法和司法资源总量恒定的情况下，重刑化法律威慑的施展必然导致有限的执法和司法资源被挤占过多，进而无法在吸毒者康复治疗和毒品犯罪预防上加大资源投入，从而造成康复治疗和犯罪预防措施被人为"挤出"现象。最后，重刑化法律威慑易导致犯罪治理者的职责懈怠。表面上看，采取重刑主义刑事政策是毒品犯罪治理者不得已而为之的无奈之举，但实际上，在重刑化路径依赖的背后，却暗藏着毒品犯罪治理者的职责懈怠，即重刑化法律威慑促使犯罪治理者过早地放弃了也许更为有效的毒品犯罪治理措施的探寻。

那么，究竟应当从哪些方面推进医疗性政策的改进？首先，应当进一步健全完善现行的吸毒人员康复治疗政策。在改进和提高强制戒毒工作成效的基础上，进一步完善自愿戒毒的康复治疗政策；在不断改进和完善场所戒毒治疗条件的同时，加大社区戒毒中心的建设力度，推动强制戒毒与自愿戒毒齐头并进，场所戒毒与社区戒毒同步运作。其次，应当加强对吸毒人员、戒毒人员的康复治疗后的后续追踪，持续加大对各类毒品特别是新型毒品戒断难的深入研究，有针对性开展重点科研攻关，集中突破一批吸毒群体依赖性强、康复治疗后复吸率高的毒品治理困惑。最后，探索借鉴未成年人犯罪档案封存制度，考虑建立吸毒人员档案封存制度。针对初次涉毒人员，经康复治疗，已经戒除毒瘾且不再复吸的，经过考察期后，经其本人申请，可以提出吸毒人员档案封存申请。

（五）在治理方式上，加强常态化前端管控

所谓"加强常态化前端管控"，是指在毒品犯罪治理过程中，在坚持对毒品犯罪活动专项打击整治同时，强化对与涉毒活动有关的行业主管、行政监管等职责，推动相关部门积极履职，确保对毒品犯罪始终保持高压态势。那么，当前我国为什么要在毒品犯罪治理方式上实现由"偏好运动式突击执法"向"加强常态化前端管控"转变呢？首先，运动式突击执法易于造

---

① 《马克思恩格斯全集》（第23卷），人民出版社1972年版，第829页。

成毒品犯罪的阶段性反复。历次的"严打"专项斗争业已表明,运动式突击执法尽管在短时间内能有效震慑毒品犯罪,但等到"严打"的风头过去之后,暂时沉寂一时的毒品犯罪反而呈现出报复式增长态势。因此,单靠运动式突击执法无法从根本上解决毒品犯罪的有效治理问题。其次,运动式突击执法易于造成毒品犯罪的地区性挤压。毒品犯罪治理必须坚持全国"一盘棋"思想,注重犯罪治理的全局新、系统性和阶段性。过去一段时期以来,一些地方针对本地区"黄赌毒"问题突出的状况,不是深入地思考和系统检视本地区的违法犯罪滋生土壤问题,而是采取简单地采取各种"专项斗争"冠名的运动式突击执法活动"挤一挤""压一压"。类似简单、粗暴的犯罪治理行动,最终往往导致"黄赌毒"相关违法犯罪呈地区性挤压扩散。不仅贻误标本兼治的时机,而且造成相邻地区之间矛盾,既不利于犯罪有效治理也不利于毒品犯罪共同体团结。最后,运动式突击执法易于助长基层治理单位和责任人员的岗位懈怠。一些地方三天两头频繁性地开展各类运动式突击执法活动,致使基层犯罪治理单位和责任人员疲于应付、苦不堪言。为了勉强应付上级组织开展的运动式突击执法活动,有的抱着"推一推,动一动;不推则不动"的思想,有的采取"看菜下碟"的政策,"下多少个指标,抓多少个涉毒对象"。类似"小推车"现象的存在,极大地挫伤了毒品犯罪源头治理的实效,值得深刻反思。

那么,当前我国的毒品犯罪治理应当如何加强常态化前端管控呢?首先,要压实监管责任。当前,我国局部地区、某些行业已经成为毒品违法犯罪寄生蚕食的重要领域。毒品犯罪治理最终能否取得全面胜利,不仅依靠打击处理的战果,也取决于行业整治、行政监管的效果。因此,必须按照"谁主管,谁负责"的原则,进一步强化行业主管部门或行政监管部门的主体责任,推动其在履行主体责任、开展专项整治、落实源头监管、配合专案协作等方面切实发挥作用。其次,要坚持信息列管全覆盖。要紧紧围绕"人、时、地、物、资金、轨迹"等关键要素,运用大数据手段,将制毒物品、涉毒人员、涉毒场所、可疑资金账户、可疑活动轨迹等信息全部纳入常态化监管视野,构建专门的数据库,建立智能化的涉毒活动分析研判模型,实现及时预警、精准预测、精确制导、精准打击。最后,要坚持监管全程倒查。建立毒品犯罪全流程追溯,既查行业监管漏洞,也查政法系统执法管理漏洞。实行抓捕涉案人员与清查涉案财产同步进行,深挖犯罪线索与深挖利益链条同向发力。对因监管漏洞导致涉毒违法犯罪团伙有机可乘、坐大成势的,要严肃追究责任。

第四节 用工程学"阀门理论"管理我国毒品问题的方法[*]

改革开放以来,我国面临的毒品形势依旧非常严峻。特别近年来,随着新型毒品的出现,相关部门面临巨大的压力与挑战。在解决毒品问题中,联合国相关部门强调三大应对措施:减少需求,减少供应,降低伤害。[①] 各国围绕三个层面的宗旨开展工作。我国在降低伤害层面开展了针剂交换、美沙酮维持治疗等措施,成效显著,但在减少需求和减少供应层面的措施并不明显。如何实现减少需求、减少供应呢?这更多地涉及毒品管理机制与相关治理政策。同时,反思我国的毒品问题,为什么我国毒品形势一直那么严重,似乎不降反增?在此,笔者将尝试用社会学、哲学理论知识分析我国毒品问题,研究应用以工程学"阀门理论"管控毒品问题,并提出有效的社会管控手段。

在此,笔者将以工程学"阀门理论"的思维管控到毒品问题的临界变动区域,然后结合社会管控手段,探究毒品相关社会不可接受的临界范围,并对其所涉及具体领域进行管控展开研究。此管理工程学模型涉及社会学、哲学、工程学、流体力学、毒品学、公安学等学科,理论丰厚而显著。结合工程学"阀门理论"的阀门控制思维,将阀门决定性的启闭核心要素(阀门的流通能力)用毒品的社会临界值替代,使毒品问题更加形象化、具体化、简洁化、客观化地显现。同时,其间结合了我国目前信息化中大数据,让社会临界值更加具有社会迫切性与时代性。

毒品问题是社会问题,应该被有效控制。对于毒品,不能"谈毒色变",毒品的存在是可以理解的,要面对现实、正确认识,主动采取措施解决毒品问题。毒品问题的出现与动荡是有一定决定因素的,结合丰富的理论

---

[*] 本节撰写者:张晶、罗磊。
[①] United Nations Office on Drug and Crime. World Drug Report 2014. http://www.unodc.org/wdr2014/.

依据，是可以找寻到本质与根源上的决定因素的。

一、毒品问题在社会发展中的客观存在性

(一) 毒品问题的社会存在根源

1. 毒品问题的加重，是精神文明跟不上物质文明的体现

根据马斯洛的需求理论，当人的需求到了向更高层次发展的时候，精神需求的强烈性和必然性就成为社会发展的常态。因此，毒品的存在与社会的高速发展进步、人类的精神追求是有必定联系的。人是社会关系的综合体现，人在社会之中生存，必然会与社会相关联。人在社会之中的自我实现是人类生活的追求。社会发展进步到现在，应该清楚地认识到，毒品问题的出现是社会发展的必然。

精神文明的程度越高，就越是标志着社会的进步。[①] 物质文明与精神文明是统一向前的，物质追求高，应有适应的精神文明相匹配。改革开放以来，我国的物质层面发生了翻天覆地的变化，从"一穷二白"的国家到如今的国际先进地位与水平。然而，精神层面的需求满足情况似乎跟不上物质层面。毒品在我国的蔓延，从某种角度来说就是精神文明跟不上物质文明而导致的现象之一。在以唯物论和辩证法的高度统一为特征的唯物史观看来，只有把社会进步的标志看作以生产力的发展状况及其满足社会需要的程度为基础的物质文明和精神文明的综合，才能对社会的进步作出客观而全面的评价。[②]

2. 毒品问题的出现，是社会发展的综合产物

毒品的存在原因是多元的，主要表现在几个方面：经济暴利诱惑，[③] 药物依赖，社会因素，[④] 亚文化因素[⑤]等。大量事实证明，阻止毒品蔓延，既要重视生物原因、药物原因，更要重视社会综合因素。笔者认为，解决毒品问题需要全社会共同携手，主动出击。我们可以提倡一种全新的反毒品文

[①] 参见马克思：《资本论》（第1卷），人民出版社1975年版。

[②] 参见任玉岭：《学习马克思的唯物史观试论社会进步的标志》，载《河北大学学报（哲学社会科学版）》1983年第S1期。

[③] 参见王焕丽、朱红娟：《全球化时代毒品泛滥的文化根源分析》，载《网络财富》2009年第12期。

[④] 参见徐伟俊：《论毒品犯罪》，兰州大学2003年硕士学位论文。

[⑤] 参见吕志勇：《"公众人物"吸毒"常态化"研究》，云南警官学院2016年硕士学位论文。

化，被社会所认同，让这成为新的道德标准，毒品文化才会逐渐在社会生活中退出历史舞台。

3. 毒品对人体的伤害，是不可逆的

毒品对身体的破坏是永久的，对人体中枢神经以及海马体、多巴胺等相关内分泌系统的破坏，是不可逆的。同时，由于药物依赖性，治疗工作也不是一蹴而就的。减少药物对人体的伤害是联合国相关部门向全世界公布的有效方式。针剂交换、美沙酮维持治疗等措施在国内卓有成效，被广泛推广。与此同时，毒品的复吸率也非常高，人们对药物药理、生物机体的认识与研究仍有很大空间。

（二）社会发展带来了新的毒品问题

社会进步发展总会带来一系列的问题，这些问题或重、或轻、或可被忽略。目前严峻的毒品问题也是和社会发展息息相关的。社会在进步向前的过程中，总会有或多或少的因素没能全面协调并进，这就需要专项治理。改革开放发展至今，我国已经取得了举世瞩目的成就，但是，一些地方毒品成灾，蔓延速度非常快，人们由于精神空虚、亚文化影响（如一些影视剧对吸烟甚至毒品不当宣传，尤其对青少年影响极大）、家庭教育、社会环境等综合因素开始接触毒品。在这一时期，毒品的社会化治疗以及机制体制是被动的、滞后的，没能积极应对解决。现实生活中一些人由于贩毒而"发家致富"，也带来了不良社会风气，影响不容忽视。笔者同村一位从小一起长大的哥哥，背负着村里第一个大学生的光环，然而大学毕业就一直在家待业，最终走上贩毒的道路。毒品教育工作绝不是夸夸而谈，需要站在被教育者角度设身处地为每一位不同的人着想，只有让"说教者"变成"受教育者"，才能更好地去探索每一个人的涉毒原因。

（三）毒品问题动态地存在于社会之中

毒品存在于社会之中。毒品问题是随着社会的发展而变动的，依托于社会，有不同的存在形式和目的。毒品是可怕的，但是这种可怕绝不是不应该面对的。一些人谈毒色变，不敢去正确认识毒品，往往走向一个又一个极端。唯物主义辩证论[1]要求，在正确的认识论基础上不断地完善治理。认识

---

[1] 参见王德峰：《让历史唯物主义真正出场——现实个人概念的存在讨论》，载《云南大学学报（社会科学版）》2002年第1期。

过程中需要再认识,再完善,不断总结、反复。不难看出,对毒品有了正确的认识论,才能去谈及治理问题,"对症下药"才能治病根。因此,毒品问题的治理与治疗不可能离开社会。

毒品问题是社会问题,有时代性。社会问题具有时代性与阶段性,毒品问题也不例外。毒品问题是一个动态的综合体。纵观世界禁毒史、中国禁毒史,每一个时期毒品都有它特定的属性。我国曾经被誉为"无毒国",那个时期的社会民众监督能力、社会文化对毒品打击、法律对毒品的惩处等都是特定的社会时期的产物,具有时代性。随着社会的发展进步,到了新时期,我国乃至世界毒品形势又出现了显著的变化。新型毒品的出现,无论在影响力、破坏力、存在形式、查缉难度与管制层面都区别于传统毒品,这也是新时代更加需要去重视的问题。

(四)毒品问题在社会发展中的客观存在性

毒品问题的存在不是偶然,毒品问题的加重也不是偶然,这与社会进步发展息息相关。马克思在《资本论》中说道,"一有适当的利润,资本就会胆壮起来",当利润高达300%,人甚至不惜冒绞首的危险犯罪。[1] 很多时候,毒品的利润远远高于300倍,这是犯罪分子铤而走险走向违法的理论依据之一,毒品违法犯罪分子的涉毒行为在这里得到了充分的理论验证。

毒品问题既然是社会问题,就有其存在和变动的深刻社会渊源。毒品是客观存在的。既然客观存在,就一定有行之有效的社会方法对其进行管控。

毒品问题的社会属性,也决定了它不可能完全被消灭。那么,面对不断发展变化的毒品问题应该怎么办呢?笔者认为,需要综合治理,全方位考虑。用工程学"阀门理论"的管理手段可以有效地找到毒品需要被管控的区域,进行社会管控。

二、以工程学"阀门理论"管理我国毒品问题的方法和探索

(一)阀门理论的概念

阀门根据不同的材质、驱动性、形状、控制性、气缸、功能等的不同,有不同的分类。具体而言,阀门理论是通过阀门对流通介质的一个控制、管理的过程。例如,气动阀门是借助压缩空气驱动的阀门,由于压缩的空气达

---

[1] 马克思:《资本论》(第1卷),人民出版社1975年版。

到一定的流通量，引起了阀门内壁的气压升高，当气压达到预先设定的报警驱动值时，阀门便被打开，在其中调节。

除了气动驱动阀，常见的还有电磁阀、电动阀、回转阀、定位阀、减压阀、调节阀，通常一般性的机构是调节螺栓、执行机构箱体、曲臂、气缸体、气缸轴、活塞、连杆、万向轴、电动装置、报警装置、流量监测装置、自动启闭装置等。通常的目的即是控制压力、控制流动方向、控制开闭、控制流速、设定报警值，从而对阀门内的情况实现掌握与管理。

调节阀在自动化过程之中通常是接受调解而输出调解之后的信号，因此，又叫控制阀。它的信号来源于介质变动，如流量变化、压力变动、温度变动、势能变动等。一般由执行机构和阀门组成。在其中，根据不同的功能、执行机构的物理属性、特性、行程等有不同的分类和命名。

在阀门之中，阀门内部的流通能力（Circulation Volume，缩写 Cv，国内 Cv 值被称为 Kv 值，是阀门、调节阀等工业阀门的重要工艺参数和技术指标）是阀门管理和驱动的核心，是阀门实现控制能力的关键因素，是阀门被控制的源泉所在。[①]

阀门流通能力是在恒压（$\triangle P$ 表示，单位 PA）过程中，单位时间内的介质流量（Q 表示，单位 M^3/H）。然后测试和计算出阀门的 Cv 值。[②] 所以，阀门的流通能力 K_v 是阀门的测量核心，也是阀门的关键，其表达式为：

$$k_v = \frac{Q}{\sqrt{\triangle P}} \ [M^3/H]$$

公式中：

K_v——经过阀门流通能力 [M^3/H]；

Q——经过阀门的流量 [M^3/H]；

$\triangle P$——经过阀门的压力 [PA]。

同时，阀门在不同的连接方式中有不同的流通能力。其中，串联、并联、串并联综合三种方式中的流通能力表达式为：

[①] 参见百度百科：Cv（流通能力缩写），载 http://baike.baidu.com/subview/111384/5040437.html。

[②] 参见李玉利：《内流式锥阀流场的数值模拟与结构优化》，载《科学技术与工程》2011 年第 30 期。

$$k_{v0} = \sqrt{\frac{k_{v1}^2 \cdot k_{v2}^2}{k_{v1}^2 + k_{v2}^2}} \quad [\text{M}^3/\text{H}]$$

阀门通过对流通能力而驱动来实现管理。流通能力往往是其重要的预先设定值，是气压、温度、湿度、体积、质量等在其中的综合显现指标，单位是立方米每小时。

(二) 社会变动临界值的概念

临界值，即引起变动的决定因素。阀门理论通过流通能力指标实现管控，毒品问题要被控制，亦是如此。毒品问题的社会变动临界值是毒品问题介于可控范围与失控范围之间的一个状态。这个临界值，更是一种预警的标志，当临界指标出现的时候（预警时），需要政府或相关人员出现调节，通过控制使其被协调，从而使临界值恢复正常值，在可控的范围之内。社会变动临界值要被量化才具有意义，这个临界值往往会被政府所管控或告示，这也是政府或相关部门的责任。对社会的管控会涉及隐私、密要等诸多社会因素。不同时期、不同社会环境、不同社会制度、不同社会焦点等的变动也会影响社会变动临界值的具体化、简洁性。

临界值是社会现象的一种预警标志。社会，本来就是动态的，有不同的时期。社会变动临界值，因此有不同的具体表现方式，认知错误往往会使之抽象、不具体，导致社会资源浪费。那么，社会变动的临界值一般包含哪些呢？笔者认为，这由特定时期的社会容忍度决定，由社会管理者决定，由法律决定。社会不可容忍，将发起社会的调节作用；社会管理者用（专项）行动进行社会调剂；一切的容忍更不能超越法律，超越法律将被调节。站在公安学科的视角，它是社会表象、社会分析的预警机制方面的一个问题。

(三) 阀门理论解决毒品问题与工程学解决问题的一致性分析

毒品问题的解决会涉及多部门的合作。在建筑学科中，建筑物也是多部门合作的结晶。例如，《房屋建筑学》中，房屋常包含地下部门和地上部门，一般包括地基、框架、主体、屋顶以及相应的管网系统。在建筑过程中，有前期地勘、工程预算、许可与招投标、施工及各单位配合协作等各个阶段。其中，涉及施工单位、监理单位、建设方、承包方以及政府主管等部门。各个部门、各个领域之间协同工作、缺一不可。因此，拔地而起的高楼是各个领域综合体的知识结晶，毒品问题的解决与此相同，皆会涉及多部门协调合作。

同时，要看到工程学知识引用解决工程问题往往更加具体、直接，讲究可行性与可操作性，思维上更倾向于复杂问题简单化、具体问题步骤化，对建筑阶段性与阶段性的任务要明确清晰。而相反，毒品问题似乎没那么具体，操作手法并不像处理工程学一样直接。但是，毒品问题解决也需要各个部门的分工合作；缉查毒品也需要信息化、数据化以及信息处理能力、预警机制等相关基础性建设；工程学思维是解决毒品问题在可操作性层面的有效方法。用工程学"阀门理论"的思维解决毒品问题，把毒品问题量化与具体化，是解决毒品问题的新思路、新途径。

解决毒品问题要结合当前社会环境。毒品问题是社会问题，而工程问题，也要与社会实际相结合。在建筑领域，最大的工程问题就是成本、资金与进度协调的问题。笔者有在建筑领域三年的工作经历，深感工程总造价与成本控制（材料控制）是工程的最大实际。例如，前几年，昆明市房地产行业冷淡，出现大量烂尾楼。其中，出现烂尾楼的一个最大原因就是房价下滑，导致拆迁成本以及总造价已经远远高于房屋出售出去的实际价值（即房价下滑，导致投资大于预期收益）。因此，投资方越增加投资越亏。毒品问题也是一样，要结合周围环境开展工作。在缉毒工作中也应当考虑效率因素，在毒品的查缉中，不可能对经过站点的每一个人员都进行检查，需要筛选与判断，对毒品形势与环境充分掌握。所以，解决毒品问题需要结合毒品环境，解决当前最受关注、最具有焦点性的问题。

（四）毒品问题的可量化因素

毒品问题的可量化因素是衡量毒品问题的指标，是可以用具体数值来衡量的。用数值的大小直接来衡量，可以更直观、更容易、更简洁。同时，没有了人为主观因素，客观性更显著。毒品的可量化因素很多，不同社会领域、不同社会时期、不同环境形势采用的量化具体指标是不一致的。如何用属于本地区域的量化指标来衡量，是一个需要用大量社会实践来检验的问题。

信息化解决毒品问题需要推进数值化。数值化是信息时代的一大标志，通过对具体的数值分析与研判，找出预警值，并对其进行调查和掌控。在毒品环境中，毒品信息都可以进行数值化。单位面积内的吸毒人数、区域吸毒人数比、海洛因的量化比、新型毒品的变化率等，这些都是可以被作为衡量毒品情况的指标。随着信息时代的推进，工作中要习惯用数字和数值研判来说话。如果一件工作有更多部分需要由人的主观意识来判定，那么，是很难推进数值化与信息化的。

通过数值化的数据研判分析毒品问题，在今后的工作中非常重要，具有时代性与现实性。社会的进步需要推进数值化，解决毒品问题也可以应用到数值化。随着社会的发展进步，利用客观要素来表达问题是一种趋势。它减少了人在其中的主观判断，是一种更加顺应时代的解决问题的方式。

（五）依据"阀门理论"管理我国毒品问题的工程模型

以"阀门理论"控制毒品问题的概念。以工程学"阀门理论"视角控制我国毒品问题是毒品社会管理的一种形式，其主要运用工程学的思维，把引起毒品问题的变动指标进行量化，根据量化值（量化值代替阀门流通能力）的变化，对社会进行管理，将我国毒品问题控制在掌控之中。从工程学借鉴过来的不同的量化值，可以显现出不同的毒品现状，将会有不同的毒品控制模式。例如，单位面积内的吸毒人数比、区域吸毒人数比、海洛因量化比、新型毒品区域比、区域毒品季度变化率、男性女性毒品比例等，不同量化值可以用以对不同毒品问题进行研判分析，产生不同的毒品管理模型。

毒品的可量化指标很多，但在诸多的毒品量化指标之中，真正能够被应用需经得住检验。最形象、最具体的代表现实社会毒品问题的指标需要结合当前的社会因素去总结，并在社会之中经得住时代的检验。

用"阀门理论"控制我国毒品问题，就是用不同的毒品量化值代替阀门的流通能力（阀门的流通量是驱动阀门控制的核心），根据不同量化值的可接受度，从而实现对毒品的社会管理。因此，阀门控制理论能够更具体、更清晰、更形象地寻找到毒品应该被管控的范围，对症下药，从而实现对社会的管控。以下通过两种模型简单举例。

第一，基于区域吸毒人数比的毒品工程学管理模型。用区域吸毒人数比代替阀门的流通能力，根据吸毒人数比值的大小以及变化率来对吸毒人数管控。倘若区域吸毒人数比值不可接受，加强对吸毒人数管控；反之，维持管控现状。

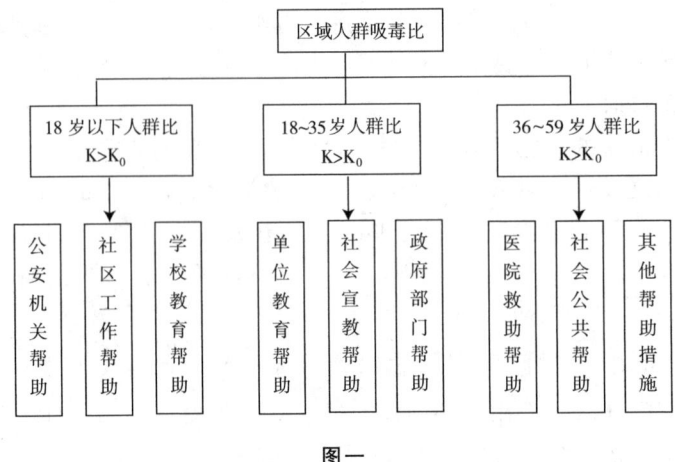

图一

图一中：

区域吸毒人数比（设定为 K）= 区域吸毒人数/区域总人数；

社会可接受的区域吸毒人数为 K_0（$K_0 = K_0^1 \pm \theta$）；

θ 表示区域临界值范围；

K_0^1 表示社会基本区域吸毒人数比，随人员总数、毒品问题、社会问题等综合而变动，是一种社会的基准线指标。

第二，基于区域海洛因占比的毒品工程学管理模型。用区域海洛因占比代替阀门的流通能力，根据海洛因占比的大小以及变化率来对海洛因进行管控。倘若区域海洛因占比值不可接受，加强对海洛因的管控；反之，维持管控现状。

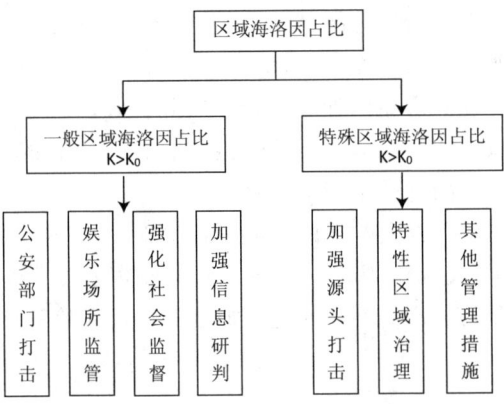

图二

图二中：

区域海洛因占比（设定为 K）= 区域海洛因涉毒人数/区域涉毒总人数；

社会可接受的区域海洛因占比为 K_0（$K_0 = K_0^1 \pm \theta$）；

θ 表示区域临界值范围；

K_0^1 表示社会基本区域海洛因占比，随涉毒总人数、毒品问题、社会问题等综合而变动，是一种社会的基准线指标。

三、以工程学"阀门理论"管理我国毒品问题存在的问题

（一）毒品问题的量化指标需要强化大数据

用数据与数值说话是信息时代的一大进步与标志，它避免了主观分析带来的影响，将禁毒工作量化、简洁化、形象化。同时，这也需要加强信息化、大数据在毒品领域的建设，强化数据模型、情报研判分析能力、预警机制的建设等。其中，毒品问题的量化指标将会是大数据建设的一个重要方面，完善各个区域数据信息的采集、系统模型是需要社会各个部门相互配合协作的一个过程。笔者认为，在相关政府机关的重视下，各个部门协同作战，共同完善我们的大数据建设，对我国的毒品问题解决乃至其他领域问题的解决效果而言，是一个质的提升。

（二）哲学思维与再认识是一个不能间断的过程

社会是变动的，理论认识的正确性也会依托于时代，否则，往往会造成大量的资源浪费。实践是检验真理的唯一标准，理论与现实之间有一架桥梁，需要不断的实践。[①] 我们在社会实践中认识与再认识，是一个不能间断的过程。社会问题的具体化本来就存在一定的实效性，一些当前的社会问题，可能过了一个时期或者一个时间段就不那么明显了，因为社会最需要解决和处理的问题是变动的。因此，需要一代又一代、一批又一批的人不断努力，站在"巨人的肩"上不断再认识。

（三）毒品在人们脑海中的印象根深蒂固，人们再认识困难

对毒品、吸毒者需要有正确的认识，不能"谈毒色变"。现实生活中，

---

① 参见徐积平：《实用主义与实践唯物主义》，苏州大学 2005 年博士学位论文。

一部分人把对毒品的影响性、破坏性的感性思维强加在毒品的认识之中，特别是在对毒品的治理与管理之中，会造成对于毒品认识偏颇、不全面。国际社会的诸多毒品的专业研究机构对毒品开展研究常会以药物滥用的名称开始，但在我国一些民众心中，涉毒者等同于"害人精""杀人犯"等，导致认识不全面、有偏颇。

毒品有着它的社会存在必然性，对待吸毒者不应当歧视。其实，很多吸毒者本身也是受害者，也需要社会的正确帮扶。2015年，央视二套对滥用止咳水的王某进行了报道，王某称："我感冒医生开的某牌止咳水，不知为什么就喝上瘾，一喝就喝掉200多万元，后面才知道，原来我这也是吸毒啊！"在得知王某"吸毒"上瘾之后，妻子离开、朋友远去，在戒毒所归来的王某看着自己女儿，心中莫名地担忧，担心自己还会走上复吸的道路。因此，对于涉毒人员，要具体情况具体分析，结合社会时代认知，用辩证唯物主义的认识论正确认识。

需要对毒品保持清醒的头脑。毒品问题是社会问题的综合体，涉及经济、社会、文化、社会管理及机制等多方面因素。同时，毒品问题是随着社会的发展而变动的，依托于社会。面对错综复杂的毒品问题，要将其控制在一定范围之内。对毒品或药物滥用的管理，将成为今后工作的一个重要方面。① 特别是在当今社会，新型毒品不断出现，药物强度、持续时间、存在方式、食用方式以及相关部门打击难度等都与传统毒品不同，在不同的地域与领域被人们所滥用。面对新型毒品，不能慌乱，不应该片面认识与恐惧，要结合社会学理性认识，在各个部门分工合作、同心协力的基础上，将毒品控制在可控范围之内。

（四）把抽象问题具体化，对知识要求高

通过自然科学、软性理论研究证明问题，对知识掌握能力要求高。本节"阀门理论"解决毒品问题，涉及社会学、哲学、工程学、流体力学、毒品学、公安学等学科交接，以"阀门理论"的具体思维管控到毒品问题的临界变动区域，然后进行社会管控。其在各个学科交接融合的"接缝"处，尚有不够完善之处，需要不断学习与完善。

---

① 参见龚洁：《武汉市青少年药物滥用模式及以学校为基础的干预研究》，华中科技大学2007年博士学位论文。

四、需要注意的问题

（一）对待毒品，不能放任自流

有了正确的认识论，才能谈及方法论。毒品的社会危害性非常大，吸毒对个体的伤害更是不可逆的。那么，哪些方式可以有效解决好毒品问题呢？第一，主动出击，做好先前工作。能否主动出击解决毒品问题，是相关工作人员综合素质的体现，也是对毒品制度与政策的考验。相关缉毒工作人员的较高综合素质以及我国的毒品政策，是对涉毒犯罪分子的有效打击。在这场"博弈战"之中，需要做到主动出击，不能被动，这是社会进步向前的需要。第二，全社会携手共同解决毒品问题。毒品问题是社会问题的综合体，是多元的。治理毒品问题，需要社会各个部门、单位、团体等联合起来，共织治理我国毒品问题的大网。在毒品的数据化信息采集过程之中，也需要各个部门与领域之间合作起来。第三，结合大数据情报分析平台为解决毒品问题带来便利。大数据与情报研判分析是解决毒品问题的可靠方式。我们知道，技侦与情报在公安机关办理案件之中非常重要，但其具体应用到毒品领域的控制模型却罕见。当然，毒品问题涉及各个领域的交集，对其进行具体而详细的划分也是不容易的。所以，情报研判分析与预警对毒品控制模型的应用非常重要。第四，相关部门的社会管控是解决毒品问题的具体方法。毒品问题的社会管控需要针对毒品问题本身而进行管控。特别是吸毒人员，国家法律、政策、社会环境、文化因素、家庭乃至接触的所有社会人员等都不该给予他们"特殊"的对待，工作人员更多的应是用心去帮扶他们早日走出困境。第五，工程学阀门控制模型可以有效管理我国毒品问题。工程学阀门流通能力是阀门理论的核心，用毒品的数值化信息代替阀门流通能力进行研判分析，提出阀门理论的构想思维。此方式在现实生活中可操作性强，将主观问题具体化、客观化，对解决毒品问题而言方法行之有效。

（二）认识问题，不能谈毒色变

社会的进步发展，往往需要物质文明与精神文明的协调并进，[①] 常常表现在文化因素、物质因素、精神因素、环境因素、机制体制以及社会环境因

---

① 参见左亚文：《论精神文明与物质文明和政治文明的辩证互动》，载《马克思主义研究》2003年第6期。

素等综合方面的协调并进。就如同"木桶理论",桶的容量取决于最薄弱的短板,被体现出来的社会表象更与最薄弱的环节息息相关。因此,在面对毒品问题的时候,不能谈毒色变,要客观正确对待,具体问题具体分析,才能击中影响社会进步的短板,解决社会问题。

世界观决定方法论,毒品的正确认识是解决毒品问题的基础,在其中非常重要。"蛇打七寸,方见成效",在毒品的社会管理中,找到核心限制毒品问题最重要的因素是不容易的。但是,在正确认识的基础之上才可能找到解决问题的方法,要不断实践与再认识。

(三) 用科学的办法将"胎动"控制在有效的范围之中

阀门理论解决毒品问题是在解决毒品问题上的一次创新,利用大数据信息时代,找出社会变动的"胎动"要素,根据社会治理体系来进行毒品的社会管控。这种阀门模型可操作性强,让社会学问题具有了工程学特征。相信随着信息化与情报分析能力的推进,用此工程学控制模型一定可以有效将"胎动"控制在有效范围之内。将毒品问题掌握在社会认同的范围之内,是毒品的有效管控方式。在此,通过社会的管理调控,解决具体的毒品问题,是有效的方式。利用工程学阀门模型找到毒品的预警区域,并强化该区域的社会管制与调控。对毒品的正确认识非常重要,是提出解决问题方法的前提。我们知道,解决问题的方法是随社会焦聚点的变动而变动的,具有社会性。但每个社会时代最佳方式方法的提出都要以对理论进行正确认识作为前提。在此,笔者呼吁,重视毒品认识论,因为理论与精神层面的东西可以让人找到方法。

综上,面对严峻的毒品形势,要正确认识,不能谈毒色变。它的出现不是偶然,是全社会需要去共同面对的问题。解决此问题,需要多部门、多领域合作,综合治理。

第三章
毒品问题治理的刑法保障

第一节 《禁毒法》与《刑法》对贩毒罪规定的差异问题分析[*]

一、关于走私、贩卖、运输、制造毒品罪的立法发展

我国对毒品犯罪特别是走私、贩卖、运输、制造毒品犯罪一直采取最严厉的打击措施。即使在毒品形势不那么严峻甚至可以说是无毒国的年代通过的1979年刑法中，也明确规定："制造、贩卖、运输鸦片、海洛因、吗啡或者其他毒品的，处五年以下有期徒刑或者拘役，可以并处罚金。一贯或者大量制造、贩卖、运输前款毒品的，处五年以上有期徒刑，可以并处没收财产。"随后在1982年全国人大常委会通过的《关于严惩严重破坏经济的罪犯的决定》中，将贩毒罪的法定刑提高到死刑。至今，我国虽然废除了大量犯罪死刑规定，但对走私、贩卖、运输、制造毒品罪，仍然保留了死刑这一最严厉的刑罚。

---

[*] 本节撰写者：朱建华。

与对走私、贩卖、运输、制造毒品罪采取严刑相呼应,我国对走私、贩卖、运输、制造毒品罪在成立标准上采取了极其罕见、极其严厉的立法规定。早在1990年全国人大常委会通过的《关于禁毒的决定》中,即规定走私、贩卖、运输、制造少量毒品的,可处7年以下有期徒刑、拘役或者管制,并处罚金。此时虽然没有规定走私、贩卖、运输、制造毒品一律追究刑事责任,但处罚已经相当严厉。随着毒品形势的日益严峻,1997年刑法中更是在走私、贩卖、运输、制造毒品罪该条(1997年《刑法》第347条)的第一款开宗明义规定:"走私、贩卖、运输、制造毒品,无论数量多少,都应当追究刑事责任,予以刑事处罚。"正是基于这一规定,相关司法解释或者规范性文件对于走私、贩卖、运输、制造毒品构成犯罪的数量下限不作规定或者限定。相关的理论阐述中也认为,"只要认定案件中的物品是刑法规制对象的毒品,不管其质量如何、药理作用的程度如何、含有量多少等,都应当认定为毒品","无论数量多少,都应当以犯罪论处"[①],"零星贩毒者一律构成犯罪,不存在任何网开一面的特殊情况"[②]。我国的有关治安管理的立法,也根据刑法的这一规定进行立法,2006年3月1日起实施的全国人大常委会《治安管理处罚法》规定的进行治安管理处罚的相关毒品行为中即不包括走私、贩卖、运输、制造毒品的行为,仅对非法持有少量毒品,向他人提供毒品,吸食、注射毒品,胁迫、欺骗医务人员开具麻醉药品、精神药品的行为,以及非法种植少量毒品原植物,非法买卖、运输、携带、持有少量未经灭活的毒品原植物种子或者幼苗,非法运输、买卖、储存、使用少量罂粟壳的行为,予以治安管理处罚。也就是说,违反治安管理的行为中不包括走私、贩卖、运输、制造毒品行为,这显然是呼应了刑法关于走私、贩卖、运输、制造毒品,不论数量多少,一律追究刑事责任,予以刑事处罚的规定。应该说,《治安管理处罚法》这样规定与刑法的规定是相互呼应、协调一致的。这种对犯罪的规定方式,在我国刑法规定中,应该说是绝无仅有的,即使对杀人、放火、强奸、抢劫这类行为,立法者也没有采用类似于贩卖毒品罪这样的立法语言形式,至少没有用立法的语言绝对排除在特殊情况下对杀人、放火、强奸、抢劫行为适用《刑法》第13条但书的

[①] 张明楷:《刑法学》(第四版),法律出版社2011年版,第1006页。
[②] 高铭暄、马克昌主编:《中国刑法解释》(下卷),中国社会科学出版社2005年版,第2428页。

可能性。

如果说上述《治安管理处罚法》的有关规定,严格遵循了刑法中有关走私、贩卖、运输、制造毒品,无论数量多少,都应追究刑事责任,予以刑事处罚的规定要求,那么,2007年底通过、2008年6月1日起实施的《禁毒法》对上述立法则有些许变化。《禁毒法》第59条规定:"有下列行为之一,构成犯罪的,依法追究刑事责任;尚不构成犯罪的,依法给予治安管理处罚:(一)走私、贩卖、运输、制造毒品的;(二)非法持有毒品的;(三)非法种植毒品原植物的;(四)非法买卖、运输、携带、持有未经灭活的毒品原植物种子或者幼苗的;(五)非法传授麻醉药品、精神药品或者易制毒化学品制造方法的;(六)强迫、引诱、教唆、欺骗他人吸食、注射毒品的;(七)向他人提供毒品的。"

二、《禁毒法》规定与《刑法》规定不完全一致引发的问题

笔者注意到,上述《禁毒法》中关于走私、贩卖、运输、制造毒品的规定与《刑法》《治安管理处罚法》的规定不完全一致:刑法规定走私、贩卖、运输、制造毒品无论数量多少,都应当追究刑事责任,都要予以刑事处罚。基于此,《治安管理处罚法》对走私、贩卖、运输、制造毒品的行政处罚问题不作规定,以保持与刑法规定的一致性,因为走私、贩卖、运输、制造毒品是犯罪的问题,而不是治安管理处罚的问题。但在《禁毒法》的规定里,没有完全排除走私、贩卖、运输、制造毒品不构成犯罪,而给予治安管理处罚的可能性。

笔者认为,刑法关于走私、贩卖、运输、制造毒品的行为,无论数量多少,都应当追究刑事责任,都要予以刑事处罚的规定,与刑法总则的规定并不完全一致。我国刑法总则规定,情节显著轻微危害不大的行为,不认为是犯罪。而《刑法》第347条第1款关于走私、贩卖、运输、制造毒品无论数量多少都应当追究刑事责任的规定,是一个绝对性的规定,也是对《刑法》第13条但书的一个具体否定。刑法总则规定指导着分则性规定的适用,但刑法同时规定:"本法总则适用于其他有刑罚规定的法律,但是其他法律有特别规定的除外。"这表明,《刑法》第13条但书即所谓"情节显著轻微危害不大的,不认为是犯罪"的规定,对于走私、贩卖、运输、制造毒品的行为而言,是不适用的。这样就造成了刑法总则规定与分则规定之间的不一致,或者说,无法对数量极少的走私、贩卖、运输、制造毒品行为适

用刑法总则关于情节显著轻微危害不大，不认为是犯罪的规定，从而使其出罪。

而从《禁毒法》规定的字里行间可以看出，《禁毒法》认为走私、贩卖、运输、制造毒品行为是有可能不构成犯罪，而予以治安管理处罚的。但是，这一规定除与《刑法》第347条第1款规定之间的不一致之外，在《治安管理处罚法》中也难以找到对此行为予以治安处罚的依据。因为，《治安管理处罚法》是根据刑法有关走私、贩卖、运输、制造毒品无论数量多少，都要追究刑事责任的精神，制定相应的处理规则的，它的规定中并不包括对走私、贩卖、运输、制造毒品行为予以治安管理处罚的内容。

这样一来，出现的局面是：一方面，刑法要求走私、贩卖、运输、制造毒品都要追究刑事责任；另一方面《禁毒法》中对走私、贩卖、运输、制造毒品行为，存在尚不构成犯罪而予以治安管理处罚的规定，而在《治安管理处罚法》中又找不到对此行为进行治安处罚的直接根据，从而在实际上，使《禁毒法》关于对走私、贩卖、运输、制造毒品尚不构成犯罪的行为予以治安处罚的规定处于落空状态，无法落地，只能按照刑事犯罪处理。

现实中，正因为刑法关于走私、贩卖、运输、制造毒品无论数量多少都应当追究刑事责任的要求，出现了许多或者说大量行为人贩卖极少量毒品如0.2克、0.1克毒品甚至更少而被追究刑事责任的情况，或者因为3次以上贩卖毒品，每次均为零点几克而构成多次走私、贩卖、运输、制造毒品，从而成为情节严重的走私、贩卖、运输、制造毒品行为，处3年以上7年以下有期徒刑。例如，Y省鲁甸一男子因贩卖0.3克毒品被法院判处有期徒刑1年；① 又如，邱某向林某出售毒品海洛因时，被民警当场抓获，民警从邱某身上查获毒资100元及海洛因1小包，经鉴定，从邱某处查获的毒品可疑物中检出海洛因成分，重0.07克，据此，法院以贩卖毒品罪判处被告人邱某有期徒刑6个月，罚金2000元。②

---

① 参见丁章艳：《一男子贩卖毒品0.3克被判刑1年》，载人民法制维权网 http://www.rm-fzwqw.net/fzxw/442.htmlw，2017年9月28日访问。

② 参见孙启明、温金凤：《贩卖毒品0.07克被判刑》，载天津法院网 http://roll.sohu.com/20130620/n379373173.shtml，2013年6月21日访问。

三、《禁毒法》与《刑法》有关规定之间的不一致的处理主张

之所以出现立法上对走私、贩卖、运输、制造毒品处理不完全一致的情况，原因是多方面的。一方面，我国受毒品危害之深，造成的灾难之重，使得国家和人民对毒品犯罪深恶痛绝，在刑事立法上表现出对走私、贩卖、运输、制造毒品这种毒品源头性犯罪予以特别严厉的惩罚；另一方面，在现实中，极少量的毒品贩卖是客观存在的，将极小量的贩毒行为一律按照以刑事犯罪处理，予以刑罚处罚，固然能起到震慑毒品犯罪人的作用，但将极小量的毒品贩卖行为都作为犯罪处理，可能导致犯罪面过大，与"严惩走私、制造毒品和大宗贩卖毒品等源头性犯罪"[①] 之间存在一定的距离。《禁毒法》立法中考虑到了这种客观现实。两个不同角度的考虑，导致立法上出现差异或者不完全一致。

笔者认为，上述立法之间的不完全一致有可能导致实际执行工作中对具体案件处理的困惑。如果严格执行刑法的规定，则绝无对走私、贩卖、运输、制造毒品的行为人不作犯罪处理的可能。而对极小量毒品贩卖行为适用治安管理处罚，从《禁毒法》的规定上看是有根据的，但又无具体处罚法条可用。消除这种不一致，无非两种可途径，一是改变刑法的规定，不规定得那么绝对，不那么不留一点余地，从而对走私、贩卖、运输、制造毒品情节显著轻微危害不大的行为，赋予司法机关对之不作为犯罪处理的自由裁量权；二是修改《禁毒法》中的相关规定，使之与《刑法》的规定、与《治安管理处罚法》的规定相一致。笔者主张，应该考虑走私、贩卖、运输、制造毒品行为中极小量的特殊情况，赋予司法机关对极小量贩卖毒品行为不给予刑事处罚，而给予治安管理处罚的权力。

首先，《刑法》和《禁毒法》都是国家法律。虽然从立法权限上看，《刑法》是由全国人民代表大会立法的，属于国家的基本法律，《禁毒法》是由全国人民代表大会常务委员会立法的。从位阶上看，《禁毒法》略低于《刑法》。但是，并不能由此得出刑法规定一定优先的结论。因为，根据《立法法》的规定，全国人民代表大会和全国人民代表大会常务委员会行使国家立法权。全国人大的立法和全国人大常委会的立法，都是法律。

---

① 最高人民法院《全国法院毒品犯罪审判工作座谈会纪要》（法〔2015〕129号）。

其次,全国人大常委会可以修改刑事立法。根据我国《宪法》和《立法法》的规定,全国人民代表大会常务委员会制定和修改除应当由全国人民代表大会制定的法律以外的其他法律;在全国人民代表大会闭会期间,对全国人民代表大会制定的法律进行部分补充和修改,但是不得同该法律的基本原则相抵触。刑法中关于走私、贩卖、运输、制造毒品无论数量多少,都应当追究刑事责任,予以刑事处罚的规定,并不属于刑法的基本原则的范畴,而是具体的规定,因此,全国人大常委会《禁毒法》中有关轻微的走私、贩卖、运输、制造毒品行为,尚不构成犯罪的,可以予以治安管理处罚的规定,并不违背《宪法》和《立法法》的规定,可以视为对刑法的上述规定内容的一种修改。

最后,《禁毒法》属于新法,有优先适用的根据。根据《立法法》的规定,同一机关制定的法律、行政法规、地方性法规、自治条例和单行条例、规章,特别规定与一般规定不一致的,适用特别规定;新的规定与旧的规定不一致的,适用新的规定。法律之间对同一事项的新的一般规定与旧的特别规定不一致,不能确定如何适用时,由全国人民代表大会常务委员会裁决。

基于以上理由,笔者认为,对不属于多次且极小量毒品的贩卖行为,司法机关不按照犯罪处理的根据是有的,即这一权力是存在的。但这一权力目前又是无法落实的,即《治安管理处罚法》中的相关规定,是根据《刑法》的规定进行立法的,并没有赋予公安机关予以走私、贩卖、运输、制造毒品行为不作为犯罪处理而进行治安管理处罚的权力。

笔者认为,有必要通过修改刑事立法,去除《刑法》第347条第1款的规定,这样可以使刑法分则的相关规定与刑法总则第13条的规定整体保持一致;同时,修改《治安管理处罚法》有关毒品犯罪的规定,赋予公安机关对极小量的且不属于多次贩卖毒品的行为,不作为犯罪处理,而对此种行为进行治安管理处罚的权力,从而使走私、贩卖、运输、制造毒品有关的处理规定整体上与《禁毒法》的规定保持一致与协调。这样处理,可以避免将极小量的贩卖毒品行为人都作为犯罪处理,从而避免扩大社会对立面范围。

第二节　规范视野下毒品定义要素的批判与重构*

　　毒品兼具多重属性，从不同的视角进行观察，对其属性会有不同的认知，自然也就会得出不同的结论。不仅如此，伴随着时代的变迁，毒品的外延范围还会产生相应的变化，毒品的概念和定义也将受到这一变化的影响而随之变化。因此，毒品的定义并不属于"标准型概念"（criterial concepts），因为"仅当人们一致同意某个（粗略或精确的）定义——该定义设定了正确运用这个相关术语或者表述的标准时，他们才共享某些概念"[①]。也就是说，对"毒品"这个词的理解并不是确定且可靠的，普通民众的观念当中的"毒品"与医学上的"毒品"以及法律上的"毒品"概念，存在很大的差异。但是，这些概念描述在不同的场合发挥不同的作用，并不能简单地判断概念的优劣。

　　在讨论毒品概念之时，法律规范视野下的定义极其重要。作为具有法律意义的用语，毒品的定义会影响国家的行政管制乃至于刑事处罚，法律也就当然应就毒品的属性进行适当概括，以符合法律介入毒品管制的目的，并以此明确划定毒品的外延范畴。即便毒品的外延伴随时代变迁有所扩张，扩张之后的外延也应当符合预设的定义。在概括毒品定义的基础上，法律也应对毒品的范围作出细致且明确的解释，特别是作为具有义务或惩戒属性的法律，如行政法或者刑法，需要明示毒品的属性与种类，以此来表明管制的必要和惩罚的正当，也为民众提供对于法律评价的预测可能性。所以，无论以怎样的形式来制定法律规范，在对毒品进行定义之时，应当客观且合理地描述毒品所具有的特征，此外还应当能够涵盖所有被管制的毒品以及将来可能被判定为毒品的物质应然的外延范畴。换句话说，法律意义上的毒品定义，不但能够以其定义来描述已经管制为毒品的所有物质的属性，同时还具有厘定未来将某一物质列入毒品管制的标准描述功能。

＊ 本节撰写者：包涵。
① ［美］德沃金：《身披法袍的正义》，周林刚、翟志勇译，北京大学出版社2014年版，第10页。

一、毒品定义要素辨析

正因为毒品的定义受到诸多因素影响，在不同场域下对于毒品又存有不同的理解，因此在描述毒品的属性之时，学术概念与立法定义自然会存有较大的差异。综观各法域的立法以及国际公约，大致有两种立法模式：一是明确赋予毒品概念以实质意义上的定义，然后再授权其他规范对毒品品种进行列举；二是并不赋予毒品以明确的定义，仅仅以列举的形式表明毒品的品种。前者在诸多的大陆法法域当中较为常见，例如，我国《刑法》第 357 条以及《禁毒法》第 2 条都规定，"本法所称的毒品，是指鸦片、海洛因、甲基苯丙胺（冰毒）、吗啡、大麻、可卡因以及国家规定管制的其他能够使人形成瘾癖的麻醉药品和精神药品"；我国台湾地区"毒品危害防制条例"第 2 条规定，"本条例所称毒品，指具有成瘾性、滥用及对社会危害性之麻醉药品与其制品及影响精神物质与其制品"。① 后者则是英美法法域较常采用的立法模式，例如，美国《管制物质法案》第 802（6）条规定："术语'管制物质'（controlled substance）是指列举在本法案 B 部分之下的附表 I、II、III、IV 或 V 中的任意一种药物、其他物质或直接先驱体。这一术语不包括蒸馏酒、酒、麦芽饮料或者烟草以及其他的按照 1986 年《国内税收法案》之'标题 E'（subtitle E of the Internal Revenue Code of 1986）当中进行定义和使用的物质。"② 英国《1971 年毒品滥用法案》第 2（1）(a) 条规定："'管制毒品'（controlled drug）是指业已被本法附表 2 第 I、II 以及 III 部分列举的任何物质或制品。"③ 我国香港特别行政区《危险药物条例》第 2 条规定："'危险药物'（dangerous drug）指任何在附表 1 第 I 部中所指明的药物或物质。"④ 在联合国的公约当中，也采取了后一种定义方式，例如，《1961 年麻醉品单一公约》第 1 条规定："称'麻醉品'者，谓附表壹及贰

---

① 当然有些大陆法系国家也会采用形式定义，例如，德国《麻醉品法》（Gesetz u ber den Verkehr mit Beta ubungsmitteln – Beta ubungsmittelgesetz, BtmG），在其第一章第一部分"定义"中规定："根据本法的立法目的，麻醉品实质列入本法附表 I 至 III 的物质或者前体。"可见定义方式与法系也无绝对的对应关系，这还是与各法域的禁毒立法传统和法律结构有关。
② Controlled Substances Act, 802（6）.
③ Misuse of Drugs Act, Controlled drugs and their classification, 2（1）(a).
④ 香港特别行政区法例第 134 章《危险药物条例》第 2 条（1）。

内的任何物质，不论其为天然产品或合成品。"①

除此以外，也有一些立法例采取了"形式+实质"的定义方式，特别是在以形式定义作为毒品定义方式，但同时又制定了毒品分级制度的立法例。典型的如美国《管制物质法案》，在前述的第802（6）条的形式定义之下，又在其第811条"管制物质的授权主管机构与分级标准"的（b）项下规定了医学与法学两类标准作为管制毒品以及毒品分级的依据，赋予了毒品分级的实质标准，客观上也对毒品进行了定义。② 又如我国澳门特别行政区《禁止不法生产、贩卖和吸食麻醉药品及精神药物》第2条第1款规定"受本法律所定制度规管的麻醉药品及精神药物，是指附于本法律且属其组成部分的表一至表四所载的植物、物质及制剂"，但同时在第3条第1款又规定"各种植物、物质及制剂是按其潜在的致命力，滥用后出现的症状的强烈程度，戒断所带来的危险性与对其产生依赖的程度而分列于表一至表四"。③ "形式+实质"的定义模式实际上并没有通过实质要素"架空"形式定义，而是通过形式定义的约束性来结合实质定义的明确性，在划定毒品种类外延的基础上将毒品分为不同级别，从而分别对应不同的法律处遇。④

可见，究竟以何种要素作为毒品的定义，并无统一的立法模式。究其原因，既有立法传统和习惯的影响，也有对毒品定义要素的理解存有差异的因

---

① 联合国《1961年麻醉品单一公约》第1条（J）。
② 美国《管制物质法案》第811（b）条规定："为了作出评估报告和建议书，'秘书长'应当考虑（c）项下所列（2）（3）（6）（7）和（8）所涉及的事实以及涉及（1）（4）（5）所涉及的一切科学及医学的评估结果"，而在（c）项规定"对某一药物或其他物质实施管制或移除管制，司法部长应当考虑如下要素：（1）实质或相对的滥用潜力（potential for abuse）；（2）若可以证实，其药理作用的科学证明；（3）关于该药物或物质目前科学的认知状况；（4）其滥用的历史和现状；（5）滥用该物质的范围、持续时间以及显著程度；（6）对公共健康可能存在的任何风险；（7）其生理与心理的依赖性；（8）该物质的直接前驱体（immediate precursors）是否已在本节中作为管制物质予以管制"。
③ 澳门特别行政区第17/2009号法律《禁止不法生产、贩卖和吸食麻醉药品及精神药物》第2条、第3条。
④ 毒品形式定义虽然没有直接确立成为毒品的实质要件，但可以将毒品的外延限制在法律框架之内，约束了对于毒品种类的类推解释，这类似于犯罪的形式解释，例如，《法国新刑法典》第111-1条规定："刑事犯罪，依其严重程度，分为重罪、轻罪和违警罪。"形式定义通过附表给出了毒品的范围，但没有解释毒品为什么会被列入管制，而这里的实质要素并没有定义毒品的概念，只是依据某些条件对毒品对应的罚则轻重进行了解释。严格来说，这里的"实质要素"并不是毒品的定义要素，而是毒品的分级要素，这两类要素有一定关联，但不尽相同。关于《法国新刑法典》的规定，参见《法国新刑法典》，罗结珍译，中国法制出版社2005年版，第3页。

素。那么，寻求合理的毒品定义，特别是立法应当采取的定义要素，就具有显著的必要性。显然，即便在同一立法模式当中，对于定义要素的描述也有相当大的差异。毒品的定义要素并非单一的事实判断就可以决定的范畴，以"毒品"这一称谓去区隔与其他物质的差异，更为重要的还在于某一特定法域的立法者所进行的价值判断。以我国的立法为例，《刑法》第 357 条与《禁毒法》第 2 条第 1 款对"毒品"的定义完全一致，即"本法所称毒品，是指鸦片、海洛因、甲基苯丙胺（冰毒）、吗啡、大麻、可卡因，以及国家规定管制的其他能够使人形成瘾癖的麻醉药品和精神药品"。这一概念采用的定义方式是"列举+抽象"的方式，其中"鸦片、海洛因、甲基苯丙胺（冰毒）、吗啡、大麻、可卡因"的列举，并非以附表的形式对毒品进行明示，而是以列举较为常见的毒品的形式为公民提供明确的预测可能性，这是较为罕见的立法模式。显然，这一列举的规模很小，完全不足以也不可能囊括所有的毒品品种，但这六种毒品是较为常见的，作为普通公民来说，知晓国家对于这几种毒品的否定态度，就可以获得较为充足的预测可能。从立法史看，作为《刑法》和《禁毒法》渊源的 1990 年全国人大常委会《关于禁毒的决定》，在立法形式上与前者保持了相当程度的统一——《关于禁毒的决定》第 1 条规定，"本决定所称的毒品是指鸦片、海洛因、吗啡、大麻、可卡因以及国务院规定管制的其他能够使人形成瘾癖的麻醉药品和精神药品"。[①] 可见，列举常见毒品是我国立法的惯常手段，在法律演进的过程当中保持了长时间的延续，这一立法形式无可厚非。在这一定义要素当中，抽象的定义部分，也就是"国家规定管制的其他能够使人形成瘾癖的麻醉药品和精神药品"，实际确定了三个定义要素，分别是"国家规定管制""其他能够使人形成瘾癖的"以及"麻醉药品和精神药品"。在这些定义要素当中，"国家规定管制"体现了毒品的法律属性，"其他能够使人形成瘾癖的"体现了毒品的自然属性，而"麻醉药品和精神药品"则是结合了法律属性与自然属性，可以视为"能够使人形成瘾癖"这一要素在法律上的定位或评价。但是，这些定义要素是否合理，应当进行进一步的考察和辨析。

[①] 该条与 1997 年《刑法》以及 2008 年《禁毒法》存在若干差异，在《关于禁毒的决定》当中，毒品的列举并没有"甲基苯丙胺（冰毒）"，而《刑法》中的"国家规定"在《关于禁毒的决定》当中，对应的则是"国务院规定"。这些差别，既体现了毒品形势的差异，也反映了立法技术和对毒品定义的认知进化。

（一）"国家规定管制"正当性之辨

我国法律对毒品的定义，无论是《刑法》还是《禁毒法》，都强调"国家规定管制"的要素。在毒品定义中添附"国家规定管制"这一要素，从一定程度上突出了涉毒行为的行政犯或者行政违法特征，但这一定义要素对于毒品的实质概念，显然缺乏应有的具体描述。毋庸置疑，所有的行政犯都有"国家规定"这一要素，在法律当中将"毒品"以特有的法律条文进行规范，本身就是以确证其法律属性的方式并赋予其"非法性"或者"受管制性"的必要手段。换言之，作为抽象立法的《刑法》，在其对毒品的定义当中使用"国家管制"要素，是可以理解的，毕竟刑法本身没有列举毒品的外延范畴。在《刑法》第357条的规定当中，"国家规定管制"除了表达毒品犯罪的法定犯属性之外，也意味着刑法上的毒品是以授权立法的方式来规范的。言下之意，刑法的意图在于，只要通过被授权而体现"国家规定管制"的法律规范所载明的毒品，在符合"走私、贩卖、运输、制造"等行为的条件下，就应当作为犯罪来处理。"国家规定管制"搭建了从行政法上的管制物质到刑法上的毒品之间的对应关系。因此刑法并不关注毒品的管制条件和种类，毒品的管制要素与品种在行政法规确定的同时，就已经符合了刑法上所意图惩罚的"毒品"概念。可见，刑法以抽象立法的形式将刑事违法性等同于行政违法性，以空白罪状的方式将认定毒品的权力授权给相关的行政法。在毒品犯罪的类罪当中，以类似"国家规定"作为行政犯定义要素的罪状很常见，例如，《刑法》第350条规定的制毒物品犯罪，是指"违反国家规定，非法生产、买卖、运输醋酸酐、乙醚、三氯甲烷或者其他用于制造毒品的原料、配剂，或者携带上述物品进出境，情节较重"的行为。此处的"国家规定"独立于第357条的"国家规定管制"之外，而在其他的毒品犯罪当中都没有以"违反国家规定"作为罪状，原因在于第357条的规定囊括了毒品的法律属性，但没有涉及制毒物品，"制毒物品"与"毒品"是两个不同的概念范畴，因此需要第350条予以特别明确。

"国家规定"是行政犯获得可罚性的核心要素。行政犯一般不具有伦理可谴责性，只能通过国家行政或刑事立法的规定来确证其合理性或适当性。在刑法当中，具体条文所呈现的罪状和罚则，实际已经表达了国家对于相关行为的态度，但是附着"国家规定"的规范，是为了在保障刑法条文抽象性与简洁性的同时，搭建与载明国家管制的具体行政立法之间的关系。正因为如此，在《禁毒法》当中，以"国家规定管制"作为毒品的定义要素就值得商榷。从层级上看,《禁毒法》低于《刑法》的位阶,虽然两部法律所要承担的功能也不尽相似,但在毒品的定义上,《禁毒法》本来就属于《刑法》意图援引的"国家规定"的立法本体。也就是说,《禁毒法》是《刑法》用来"连接"毒品与犯罪之间的重要通道,只有按照《禁毒法》的相关规定被确认为毒品之后,刑法才有对涉毒行为进行评价的条件。《禁毒法》在第 21 条规定,"国家对麻醉药品和精神药品实行管制,对麻醉药品和精神药品的实验研究、生产、经营、使用、储存、运输实行许可和查验制度";同时在第 25 条规定,"麻醉药品、精神药品和易制毒化学品管理的具体办法,由国务院规定"。也就是说,《禁毒法》本身就是刑法所谓的"国家规定管制",《禁毒法》对于毒品定义的规范,相当于《刑法》授权确定毒品外延范围的立法。在《禁毒法》当中表明"国家规定管制",显得多此一举。

即便抛除前述形式上的法律逻辑,"国家规定管制"也缺乏定义毒品的实质正当性。在刑法体系当中,毒品犯罪被置于"妨害社会管理秩序"一章,这一章所规定的犯罪大多属于社会危害性较为抽象且无被害人的行政犯。那么这也就意味着,一般认为毒品犯罪受到惩罚的原因,在于毒品在社会当中蔓延可能会衍生的弊害,而这些弊害并不一定与毒品本身形成高度盖然性的因果关系。从毒品犯罪的罪名体系可以看出,由于诸多原因,吸毒行为这一产生社会危害性的环节并没有被犯罪化。相反,刑法更多地考虑通过惩罚毒品的供给行为来遏制毒品滥用而造成的社会危殆,例如,吸毒行为产生的个人身体戕害、引发的违法犯罪活动或者造成社会风气的贬损。[①] 这些被法律所考虑的因素,实际上是以惩罚前置性的行为来遏制衍生危害的可能性。正因为如此,有学者将毒品犯罪归于抽象危险犯并讨论其法益不无道理。显然,强调国家管制并不能揭示毒品犯罪的社会危害性,也无益于说明毒品受管制的正当性,反而将毒品犯罪的不法本质归结于"义务违反",将惩罚毒品的理由归因于国家主义和威权主义。[②] 以"国家规定管制"作为毒

[①] 参见崔敏:《毒品犯罪发展趋势与遏制对策》,警官教育出版社 1999 年版,第 68~69 页;桑红华:《毒品犯罪》,警官教育出版社 1993 年版,第 144 页;赵秉志、李希慧:《毒品犯罪研究》,中国人民大学出版社 1993 年版,第 122 页。

[②] 参见高巍:《贩卖毒品罪研究》,中国人民公安大学出版社 2007 年版,第 52、71 页。

品的定义要素，很容易导致毒品管制理由的虚无化①，或者将国家管制本身视为毒品受管制的原因而非结果，将毒品管制应当考虑的正当因素抽象为"国家的态度"。② 这一解释很容易形成诸如"国家通过污名化或妖魔化（吸毒行为），传播禁毒知识，强调吸毒者对国计民生与国民的威胁，借此影响民众认知而灌输意识形态，政府即得以确保其管制政策与取缔行为的正当性，从而避免遭到侵犯公民身体自主权的质疑"之类的认识。

（二）"成瘾性"适当性之辨

相当多的立法例在毒品的定义描述当中都以"成瘾性"作为毒品的定义要素，例如，我国《刑法》与《禁毒法》中的"使人形成瘾癖"，我国台湾地区"毒品危害防制条例"中的"成瘾性"以及美国《管制物质法案》中的"成瘾"（addict）。但"成瘾性"是否具有定义毒品属性的功能，需要考虑两个问题：其一，"成瘾性"是否具有确定性的含义，能够排他且准确地表达毒品的属性；其二，"成瘾性"是否可以作为毒品受到管制的决定性因素，以其作为毒品定义要素能够反映出法律对毒品施以管制的正当性理由。就第一个问题，需要考察"成瘾性"的含义是否具有可用于毒品管制的需要；而就后一个问题，则需要厘清"成瘾性"是否具有法律上所考虑的法益，这一法益应当表现为"若不对具有成瘾性的物质施以某种程度的管制，就无法保障相应的个人利益和社会秩序"。

首先，需要明确的是，从概念上看，"成瘾性"或"依赖性"实际并无指代含义上的差别。用语的变更，更多的是考虑"成瘾性"（addiction）可能具有的污名含义。相对于"成瘾"，"依赖"（dependence）则是中立的，因此1964年世界卫生组织（WHO）以"依赖"取代"成瘾"，动机即是尽

---

① 相当一部分论者将"受管制性"或"违法性"作为毒品的定义要素，这可能是值得商榷的，"受管制"是某个物质成为毒品之后的属性，而不是判断某一物质是否应当被管制而成为毒品的条件。可参见裴相、刘耀、胡春华：《毒品概念的界定》，载《1997年首届全国毒品检验技术交流会论文集》，第82~86页；段秋关：《毒品的定义及构成要素》，载《西北大学学报（哲学社会科学版）》1999年第1期；于志刚：《"毒品"定义应否包含违法性》，载《检察日报》2007年5月8日，第3版。

② 参见罗克辛：《德国刑法学总论》（第1卷），王世洲译，法律出版社2005年版，第19页。

可能消除用语上的污名，以此保障"药物不当使用者"的权利。① 当然医学上还有更为中立的用词，例如，"物质使用障碍"（substance use disorders），但这并不影响其基本含义，在目前的著述或研究当中，这些用语混用的现象也很普遍。根据DSM②的定义，"成瘾性"是指"物质滥用"和"物质依赖"的统称，前者是指"未达生理依赖或心理依赖，但呈现反复的功能损害或危险的不良物质使用形态"，后者则是在前者的基础上，呈现"耐受性、阶段症状，并且企图减少使用却一再失败"的结果，而"物质依赖"又分为"生理依赖"及"心理依赖"，主要表现为"耐受性"（tolerance）以及"戒断反应"（withdraw）。③ 可见，关于"成瘾性"的定义主要建立于医学标准之上，当然也含有心理学的成分，但无论如何，"成瘾性"的定义内容都属于科学上的概念，且基本局限于自然科学的范畴。其次，在医学上判断"成瘾性"，目的在于确定物质对于人或者社会所起到的作用，以此标记"疾病"或者"障碍"的确诊表现，并作为治疗的前提。显然，这些判断标准并不一定引起法律的介入或者应对，也不应当具有规范上的意义。举例来说，DSM-5判断"成瘾"总共有11项标准，包括"心理依赖""生理依赖""社会功能损害"以及"危险使用"四个方面，满足2~3项为轻度成瘾，4~5项为中度成瘾，6项以上为重度成瘾。④ 这些诊断标准大多是行为或心理倾向判断，用以诊断具有相关行为人是否"成瘾"，从而对应其

---

① 这一现象非常普遍，例如我们常用的"吸毒"或"毒品滥用"（drug abuse），目前在很多场合已被"药物不当使用"（drug use disorder）所取代，用语的中立化能够更为科学地描述现象而不带有价值评判的意涵，但这些用语所指称的内容或者对象实际上并未改变。客观来说，从有助于理解的角度看，用语的一贯化更便于准确定位拟考察的对象。

② DSM是由美国精神医学学会制定的"The Diagnostic and Statistical Manual of Mental Disorders"，即《精神障碍诊断与统计手册》。

③ 参见唐心北：《DSM-5诊断标准的改变Part II - DSM-5中物质及成瘾疾患（Substance and Addictive Disorders）之主要改变》，载《DSM-5通讯》2011年第4期。

④ 该诊断标准包括：(1) 不依个人意愿摄取物质；(2) 对戒除或控制物质使用有持续经验或者有多次不成功的努力经验；(3) 花费许多时间从取得该物质的必要活动、使用此物质以及从物质作用中恢复过；(4) 渴望使用该物质；(5) 因物质使用而不愿从事学业或工作等义务；(6) 明知使用该物质将会造成人际关系问题，仍继续使用；(7) 因物质使用而放弃或减少重要的社会、职业或休闲活动；(8) 明知会造成危险，仍重复使用该物质；(9) 明知会造成身体或心理问题，仍持续使用该物质；(10) 需显著增加物质使用量以达到所想要的效果；(11) 必须使用更大量的该物质以缓和或避免戒断症状。其中 (1) ~ (4) 项属于心理依赖，(5) ~ (7) 项属于社会功能损害，(8) ~ (9) 项属于危险使用，(10) ~ (11) 项属于生理依赖。参见美国精神医学学会编著：《精神障碍诊断与统计手册》（第五版），张道龙等译，北京大学出版社2015年版，第570页以下。

病理状况以及后续的医学诊疗，但并不以此对应法律上的规范后果。从这个角度上看，医学上的"成瘾性"显然不宜作为毒品的本质属性，"成瘾性"作为判断病人状况的标准，并不是规范的用语，也缺乏客观且明确的含义，即便将其人为地确定为类型化且可描述的客观特征，也不太可能具有逻辑周延的特征。在 DSM－5 当中，将"依赖性"（dependence）改为"物质使用障碍"（substance－related and addictive disorders）的原因就在于此——"'成瘾'一词不再是此分类系统的诊断术语，尽管它在许多国家被普遍用来描述与冲动性和习惯性的物质使用相关的严重问题。'物质使用障碍'这个更中性的名词是用来描述更广泛的障碍，例如，从轻度到重度的慢性复发性、冲动性的毒品使用。一些临床工作者会选择使用'成瘾'一词来描述极端的临床表现，但由于它不确定的含义和潜在的负性含义，这个词从官方 DSM－5 的物质使用障碍的诊断术语中被省略了"①。

"成瘾性"所带来的"不确定的含义"和"负性含义"，使得关于"成瘾性"的描述难以在科学层面形成相对封闭的解释。即便以"物质使用障碍"作为"成瘾性"的替代方案，其目的也在于使用语中立化，所以"物质使用障碍"的含义也是开放性的。在 DSM－5 当中，针对不同的物质，制定了不同的"障碍判断标准"，大麻、致幻剂、吸入剂、阿片类物质、兴奋剂等，都具有差别极大的使用障碍判断标准。所以，无论从科学还是法律的角度来看，具有开放性特征的定义，显然都不能作为定义某种客观现象属性的标准。② 既然在科学层面都不能得出确定的结论，那么在法律上就更难成为规范的对象，并没有任何立法例直接以医学上的"成瘾"标准作为法律介入的标准。即便"成瘾"能够作为法律责任承担前提的定义要素，也需要对其添加法律要素，使其具有法律上的含义。换言之，法律上的"成瘾性"与医学上的"成瘾性"，完全不是同一概念。法律所指的成瘾，应被视为"规范的成瘾性"，而医学所指的成瘾，则只是"科学的成瘾性"，前者以后者为基础，但并不在概念的内涵上重合。诸多的立法例也表达了这一观念，美国《管制物质法案》第 802（1）条规定："术语'成瘾'（addict），

---

① 美国精神医学学会编著：《精神障碍诊断与统计手册》（第五版），张道龙等译，北京大学出版社 2015 年版，第 477 页。

② 参见美国精神医学学会编著：《精神障碍诊断与统计手册》（第五版），张道龙等译，北京大学出版社 2015 年版，第 482 页以下。

是指任何人习惯性地使用毒品（narcotic drug），并因此对公共道德、健康、安全或者福利造成危害，或者由于使用毒品形成瘾癖而丧失自我控制能力。"① 在这一条当中，"习惯性地使用毒品"可以归属于医学上的成瘾性判断，但"对公共道德、健康、安全或者福利造成危害，或者由于使用毒品形成瘾癖而丧失自我控制能力"作为"成瘾"的解释，并不符合医学上的判断标准，而是添附了其他的法律层面的含义，以医学上的"成瘾"所可能引发的社会危害扩充了"成瘾"的内涵，以便搭建"成瘾"与"法律责任"之间的关系。但由此一来，"成瘾性"的含义远大于词义本身的语义射程，相当于做了较大程度的扩张解释。

这一现象在我国的立法当中也有体现，2011 年《吸毒成瘾认定办法》第 2 条规定："本办法所称吸毒成瘾，是指吸毒人员因反复使用毒品而导致的慢性复发性脑病，表现为不顾不良后果、强迫性寻求及使用毒品的行为，同时伴有不同程度的个人健康及社会功能损害。"2017 年修订《吸毒成瘾认定办法》，将上条当中的"同时"改为"常"，这一变更的动机，就在于之前的规定将"吸毒导致的后果"附属于成瘾的医学解释，而修订后的规范，则将医学上的成瘾与吸毒导致的社会危害等同视之，以社会危害作为"成瘾"的判断内容。这与美国《管制物质法案》的立法旨趣相仿，其目的都在于确立法律意义上的"成瘾"标准，以便赋予其规范的含义。但这一立法现象，也正好显露出科学层面的"成瘾性"既缺乏明确的定义，也无法归纳毒品的本质属性，因而才需要从立法需求的角度出发，增添额外的要素，以完善"成瘾性"本源词义所带来的问题。

（三）"社会危害性"合理性之辨

大多数学术观点都认为，毒品受管制的原因，主要在于毒品"对个人生命、身体、自由产生危害，同时也对社会秩序、国家安全造成威胁"。② 在这一认知的基础上，有些立法例也明确以"社会危害性"作为毒品管制要素，进而以社会危害性的大小作为毒品犯罪裁量的要素。例如，我国台湾地区"毒品危害防制条例"第 2 条规定："本条例所称毒品，指具有成瘾性、滥用性及对社会危害性之麻醉药品与其制品及影响精神物质与其制

---

① Controlled Substance Act, 802 (1).
② 参见杨士隆、李思贤：《药物滥用、毒品与防治》，台北五南图书出版股份有限公司 2012 年版，第 21~25 页。

品。"而在解释"社会危害性"时,则认为"施用毒品,或得视为自伤行为,然而其影响施用者之中枢神经系统,导致神智不清,产生心理上及生理上之依赖性,积习成瘾,禁断困难,轻则个人沉沦、家庭破毁,失去正常生活及工作能力,成为家庭或社会之负担;重则可能与其他犯罪行为相结合,滋生重大刑事案件,恶化治安,严重损及公益。鉴于烟毒对国计民生所造成之戕害,立法者自得于抽象危险阶段即加以规范"①。我国在立法中虽然没有直接将"社会危害性"作为毒品的定义要素,但诸多的学理讨论在解释毒品管制必要性时,也主要以社会危害性作为主要的解释路径,但在这些解释当中,对社会危害性的认识有较大差异。②

客观来说,"社会危害性"能否作为毒品的定义要素,也需要回应如下几个问题。首先,社会危害性作为毒品所带来的法益侵害应当如何概括,其外延应及于几何?诸多关于毒品社会危害性的论述当中,是否有溢出其本源涵义的解释?其次,需要明确社会危害性是"毒品"的属性,还是"毒品滥用"所产生的后果。若属于前者,社会危害性当然是毒品的属性,应当在定义当中予以明确;若属于后者,则可能会引发相应的争议,因为所谓的"社会危害性"引致的后果与毒品属性之间的关联度应当再进一步讨论。有学者认为,以"社会危害性"定义毒品是不妥当的:"社会危害性究竟是来自毒品本身还是来自禁绝毒品的政策,有辩论的空间。若来自毒品本身的危害,则其与'成瘾性'等评价重复;若指的是伴随毒品而来的获得性犯罪,则这样的社会危害性是来自查禁毒品导致毒品取得的禁绝毒品政策。"③ 可见其认为社会危害性并非毒品的属性,而是毒品所引发的后果,因此不能用以定义毒品。如前所述,毒品本身既有医疗、科研等正当的用途,又有非法滥用之虞,可能会诱发不当的后果,也正是基于对毒品非法使用而造成社会危害的可能性甚至于现实的危险性,国家才创设毒品管制制度,以此保障受管制物质的正当使用,同时避免其非法滥用。可见管制制度所采取的态度是

---

① 黄荣坚等编:《月旦简明六法》,台北元照出版有限公司2015年版,第79~80页。
② 较有代表性的观点,包括"造成身体戕害、诱发其他犯罪、破坏家庭秩序、造成财富损失"等,参见蔺剑:《毒品犯罪的定罪和量刑》,人民法院出版社2000年版,第19页;赵秉志、于志刚:《毒品犯罪》,中国人民公安大学出版社2003年版,第47~48页;王作富:《刑法分则实务研究》(下),中国方正出版社2003年版,第1757页;崔敏:《毒品犯罪发展趋势与遏制对策》,警官教育出版社1999年版,第69页。
③ 王皇玉:《台湾毒品政策与立法之回顾与评析》,载《月旦法学杂志》第180期。

"二元对立"的,既重视利用毒品的正面价值,又强调防范毒品的负面影响。而"正负"价值的判断是动态或者不稳定的,诸如医疗价值、成瘾性、滥用可能性、滥用历史等因素都会影响到"社会危害性"的判断,在不同的历史时期或者科学技术背景下,社会危害性的有无或者大小都会受到影响。举例来说,氯胺酮(Ketamine)在我国 2004 年就列入一类管制的精神药物,同时也是成瘾性剧烈且滥用规模较大的毒品,无论在国民意识还在国家管制层面,对其都有极其强烈的否定认识。但 2019 年 3 月 5 日美国联邦食品与药品管理局(FDA)批准了含有氯胺酮衍生物"艾氯胺酮"(Esketamine)的新药 Spravato,用于治疗难治型重度抑郁症,这是三十多年来 FDA 第一次批准抗抑郁药上市。① 2018 年我国科技部高技术研究发展中心也将"揭示抑郁发生及氯胺酮快速抗抑郁机制"这一成果选入 2018 年度中国科学十大进展。② 可见,社会危害性虽然是国家考虑建构毒品管制制度的考量要素,也是判断某一物质是否属于毒品以及归于毒品之后施以何种管制强度的依据,但这一判断是毒品"被不当使用"之后所引发的后果在法律上的考量,并不是毒品固有的属性。

推而广之,即便毒品的无序散播可能会产生社会危害,这一"社会危害"也应当是基于毒品自然属性的基础之上所进行的价值判断,而这一判断显然并不简单地归结为毒品所带来的一切影响,而只应局限于其中需要法律应予以响应的部分。举例来说,传统刑法秉持"自伤不罚"的理念,将吸毒行为排除在犯罪的范畴之外,在我国的毒品管制体系当中,基于自主意志的吸毒行为只可能引发治安管理处罚和戒毒措施。可见,在刑法看来,吸毒行为并不具有刑法意义上的法益侵害,这也就意味着,吸毒行为不具有刑法层面的"社会危害性"。但颇有意思的是,导致他人吸毒却被认为具备社会危害性,因此刑法将相应的行为纳入规范当中,例如,刑法设置了"引诱、教唆、欺骗他人吸毒罪",解释这一立法旨意,显然不能理解为"吸毒带来了社会危害",而是导致他人非自愿地吸毒,"不当地"引发了滥用毒

---

① U. S. Food and Drug Administration. FDA approves new nasal spray medication for treatment – resistant depression; available only at a certified doctor's office or clinic. https://www.fda.gov/news – events/press – announcements/fda – approves – new – nasal – spray – medication – treatment – resistant – depression – available – only – certified,访问时间:2019 年 4 月 5 日。

② 参见中华人民共和国科学技术部网站,载 http://www.most.gov.cn/gnwkjdt/201903/t20190312_145605.htm,2019 年 4 月 15 日访问。

品族群的扩张,从而会导致社会危害产生的可能性增大。即便是供给型的毒品犯罪,诸如贩卖毒品罪,其社会危害性也是建立在"吸食毒品的恶习得以蔓延,损害公众的健康,破坏社会发展的基础,产生很多派生的弊害"基础之上的,而并非贩卖毒品本身存在客观且现实的法益侵害。① 在这样的逻辑之下,很难认为毒品本身就固然具有社会危害性的属性,国家通过立法管制毒品时所考虑的社会危害,实际只是某种程度的社会危险性,这一危险性发生的可能性判断并不是基于客观的事实,而是基于经验或者逻辑。正如罗克辛教授的观点,"出售毒品等物品的刑事可罚性的正当性在于,如果没有刑事可罚性,就会出现无法控制该项物品传播的局面,同时这些物品会产生对无责任能力的消费者,首先是未成年人的严重危险性"②。正因为如此,有些立法例为了避免"社会危害性"判断所引发的问题,对于毒品实施了双轨制的管理,例如,我国台湾地区"管制药品管理条例"和"毒品危害防制条例",前者主要规范医事相关机构及人员,而后者则规范一般人民。在内涵上,二者的区别就在于,前者所规范的"管制药品"虽然也有一定的成瘾性,但是具有较大的药用价值,即便可能会被滥用,也不认为其具有社会危害性;而后者的管制对象,则默认其具有社会危害性。③ 可见,社会危害性也是法律意义上的价值判断,而不是事实判断所能确定的属性。

不仅如此,毒品管制制度当中,毒品受到管制的原因并不简单来自"社会危害",至少毒品产生的社会危害与毒品的本质属性之间有相当的距离。类似毒品的成瘾物质,如烟草,也具有成瘾性、滥用性等自然属性,也会产生戕害身体等后果,但我们很难认同烟草具有法律意义上的"社会危害性",即便认为烟草与毒品在"危害"程度上有较大的区别,对毒品来说,社会危害性的判断也是一个更为复杂的逻辑。例如,毒品犯罪在我国《刑法》当中被放置在"妨害社会管理秩序罪"一章,将毒品犯罪的客体归于"社会管理秩序",考虑的实质上是国家的社会管理职能以及预设的社会

---

① 参见[日]大塚仁:《刑法概说(各论)》,冯军译,中国人民大学出版社2003年版,第479页;[日]山口厚:《刑法各论》,王昭武译,中国人民大学出版社2011年版,第483页。

② [德]罗克辛:《德国刑法学总论》(第1卷),王世洲译,法律出版社2005年版,第17页。

③ "管制药品管理条例"原称"麻醉药品管理条例",1999年6月2日修正为"管制药品管理条例",2003年6月"毒品危害防制条例"修订,将"毒品"与"管制药品"的等级都规定为四级,对应同样具备成瘾性的"毒品"和"药品"。

秩序，这一秩序的内涵是极其抽象的，并不能想当然地认为"毒品造成了身体戕害或引发其他犯罪"，因而就具有了社会危害性。毒品管制制度蕴含了繁复的因素，社会观念、人文特征、历史积淀都会对某一特定物质的管制与否产生影响，这显然不是抽象的"社会危害性"就可以概括的。

（四）"滥用性"必要性之辨

在采用抽象定义描述毒品的立法当中，也有将"滥用性"作为毒品定义要素的立法例，虽然这一要素在我国《刑法》与《禁毒法》的毒品定义当中均未涉及，但域外立法例以"滥用性"作为毒品定义要素则较为普遍。例如，我国台湾地区"毒品危害防制条例"第 2 条规定，"本条例所称毒品，指具有成瘾性、滥用性及对社会危害性之麻醉药品与其制品及影响精神物质与其制品"；美国《管制物质法案》第 811（c）条也规定，"（5）滥用该物质的范围、持续时间以及显著程度"，是"在附表中予以管制或移除管制的决定性要素（Factors determinative of control or removal from schedules）"①。在这些立法例当中，"滥用性"一般意指"非以医疗为目的，在未经医师处方或指示下，不适当或过度地强迫使用药物，导致个人身心健康受损及影响社会与职业适应，甚至危及社会秩序的行为"②。从表述上看，"滥用性"（abuse）也有逐渐被"错误使用"（misuse）所取代的趋势，世界卫生组织（WHO）认为，"滥用"与"成瘾"一样，在词义上内涵不明确且具有多义性，因此"国际疾病分类诊断标准"（ICD-10）将"滥用"删去，以"错误使用"替代，以此减轻主观上的价值判断和可能存在的污名化特征。但无论如何，"滥用性"更多地强调"非医疗目的"的使用物质，那么"滥用性"就与"成瘾性"存在较大的区别，"成瘾性"着重强调物质的自然属性，也就是"麻醉药品和精神药品"所具备的能够使人形成的生理或心理上的相应作用；而"滥用性"则突出了"使用目的"，也就是从"使用者"的角度对物质功能进行的描述，这意味着物质对于"使用者"是否具有"滥用行为"的评价。从定义的习惯出发，法律规范的定义标准一般仅限于拟评价对象的属性，而不应含有其对某类特定人群所具有的特有的价值判断。因此"滥用性"是否具有毒品定义的要素功能与价值，

---

① Controlled Substance Act, 811 (c).
② 杨士隆、李思贤：《药物滥用、毒品与防治》，台北五南图书出版股份有限公司 2012 年版，第 18 页。

有待进一步考察。

　　首先需要明确的是,"滥用性"与"滥用潜力"并非同一概念。"滥用性"是指毒品所具有的被"非医疗使用"或者"误用"的现实状况,而"滥用潜力"则意指毒品可能会被用来作为"非医疗使用"或者"误用"的目的。"滥用性"是已经管制的毒品所表现出的潜在社会危害或者引发社会危害的可能性,而"滥用潜力"则是在衡量一种物质是否有必要管制时的考察要素。所以"滥用潜力"这一要素,并不是建立在吸毒群体主观需求基础之上的。例如,在美国《管制物质法案》第811(d)(5)(f)中规定,"滥用潜力(abuse potential)"是指"如果药物具有对中枢神经的兴奋、抑制或致幻作用,那就表明这种药物具有滥用潜力"[①]。这显然也是通过药物的自然属性来描述"滥用潜力"的,也就是说,某些族群是否会"滥用"某种物质,实际考察的依然是这种物质是否具有特定的自然属性,若认为有这些自然属性,那也就推定具有滥用潜力。这一描述实际上与"成瘾性"并无太大区别,因为"成瘾性"虽然也是从人的需求角度进行定义,但仍旧限定在"具有某种理化属性的物质就默认或推定其具有成瘾性"的认知之上,也就是说,"滥用潜力"仍旧属于事实判断,是毒品能够造成滥用的自然属性,这与"成瘾性"在概念上是重合的,而"滥用性"则是价值判断,其含有吸毒者的滥用诉求以及族群规模是否值得法律评价等主观要素。[②]

　　可见,"成瘾性"着重描述了物质所具有的自然属性,这是物质的化学结构和药理属性所决定的,然而这并不意味着这些物质因为这一自然属性就可以获得法律上的管制或者否定评价。如前所述,即便社会危害不是毒品的自然属性,但其所衍生的社会危害是受到管制的必要前提,而成瘾则是其产生社会危害的物质基础,通过"成瘾—社会危害"所搭建"自然属性—法律属性"之间的关联,则是毒品被滥用的事实状态,滥用性凸显了毒品可

[①] Controlled Substance Act, 811 (d) (5) (f).
[②] 毒品管制是需要考虑"滥用规模"的,这一现象很常见。例如咖啡当中含有的咖啡因(caffeine),是国家管制的第一类精神药物,但咖啡显然已经被正当化了,没有人会觉得喝咖啡的行为是吸毒,从而具有社会危害性,但同样以咖啡因作为主要成分的安钠咖,却一直以来都被认为是毒品,其滥用规模较大,具有严重的社会危害性。不仅如此,已经被认定为有社会危害性的毒品,滥用规模越大,受到的管制强度可能越高。也就是说,社会危害性并不是毒品具有的本源属性,而是人类在利用毒品时产生的价值判断,这一价值判断显然不是先验的或者确定的,而是取决于某个法域的历史、文化、经济发展状况或者社会管理方式等复杂的要素。

能产生或者集聚社会危害的可能性，滥用性的评估与判断，使得成瘾性的物质被法律管制进而否定评价具有了正当性。因此，虽然我国在立法当中没有考虑以滥用性作为毒品的定义要素，但实际上并非完全没有考虑滥用规模在毒品管制中的影响。例如，在《刑法》当中，不同种类毒品对应法定刑的数量有较大的区别，贩卖50克海洛因和1000克鸦片对应同一法定刑，此时考虑的除了其成瘾性的大小之外，滥用程度显然也在立法者的考量当中，鸦片的滥用人群明显小于海洛因的滥用人群，因而涉及鸦片的行为的可罚程度就不应当与海洛因保持一致。但是，毒品的定义要素应当从"物质"本身所具备的一般性特征当中去探寻，而不应当以该物质所产生的结果或者引发的现象作为定义要素本身。如果"滥用性"是"成瘾性"的前提，那么利用"成瘾性"就足以概括毒品的属性；如果"滥用性"可以独立于"成瘾性"存在，那是否可以认为，不具有"成瘾性"的物质，也可能会具有滥用的属性，从而引发滥用的现象？在这一前提之下，该物质是否还能称其为"毒品"就值得考量。① 举例来说，近年来滥用甚广的"笑气"（Nitrous Oxide），对其属性的讨论一直未曾中断。1994年联合国毒品和犯罪问题办公室（UNODC）发布的《毒品年度公报》（Narcotics Drug Bulletin），就对笑气滥用进行了专门的介绍，滥用笑气是"挥发性物质滥用"（Volatile Substance Abuse，VSA）②，但是迄今没有任何国家在毒品目录当中对笑气予以管制，联合国的禁毒公约也保持了这一态度。笑气不具有与一般毒品相似的成瘾性，但其滥用的确产生了很大的社会问题，也引起了一些国家的关注。③ 我们可以这样认为，现有的科学认知体系构建了毒品管制的基础，至少在"毒品"这一特定的场域当中，滥用性并不是管制制度所需要考虑的，在实践当中，"成瘾"与"滥用"可能会有一定程度的独立性，在属性上是相互区隔的，但这些独立性可以用法律后果等方式予以调整或平衡，在这个

---

① 参见魏志胜：《毒品授权与定义之横解纵剖》，高雄大学2013年硕士学位论文，第19页。

② P. J. Gehring and others, "Solvents, fumigants and related compounds", Handbook of Pesticide Toxicology, W. J. Hayes and E. R. Laws, eds. San Diego, Academic Press, 1991, Vol. 2, p. 637 – 730.

③ 有一些国家立法管制这一类物质，例如英国2016年5月26日颁布的《精神物质法案》（The Psychoactive Substances Act），但法案所管制的对象并不是毒品，这一法案也是与《毒品滥用法案》（Misuse of Drugs Act）平行并立的，英国的执法部门认为其主要的作用就在于遏制笑气等物质的滥用。可参见 A simple guide to the Psychoactive Substances Act. Local Safeguarding Children Board, 4/5/2016。

前提下,"滥用性"也没有成为毒品定义要素而独立存在的价值。

二、毒品的规范定义反思

毒品本身是否具有"成瘾性""滥用性"抑或"社会危害性",都应当在立法者通过拟定的法律当中予以体现。也就是说,毒品的定义要素,在医学、化学等学科上的定义与法律上的表达是不相同也没有必要相同的。举例来说,医学上的"成瘾"判断,目的是诊断和治疗,能够使人形成"瘾癖"的物质众多,成瘾性的强度也有很大区别,而无论成瘾性的大小如何,医学上的判断只是为了医疗目的。医学的诉求也并不在于"管制",而在于合理利用其自然属性,服务于医疗行为。但对于法律层面的毒品来说,法律考虑的则是在医学目的之外的不当使用或滥用毒品,可能会引发社会失序或者衍生的危害,因此需要对毒品施以一定程度的管控。正是因为上述诉求的差异,毒品的定义要素会产生极大的差异,在讨论了诸多的要素合理性与必要性之后,应当在法律层面对毒品有更为理性与客观的认识,从而得出更加适当的结论。

在现有的法律规范之外,学理上对毒品定义要素做了广泛的探讨,例如认为毒品具有的毒害性、受管制性等要素。[1] 但关于这些要素的讨论并不在规范范围内,而且大多也不符合毒品定义要素的客观规律。例如,有论者将"受管制性"与"违法性"并立,认为受管制性是"区分毒品和一般嗜好品的依据",而违法性则是"区分毒品和药品的依据"。[2] 又如将"成瘾性"与"毒害性"进行区别,认为成瘾只是毒害的一种表现,毒品对个人、社会引发损害,并导致违法犯罪,这是毒品具有的特别属性。[3] 实际上这些属性都可以归纳到现有的定义要素当中,譬如"受管制性"实际是"违法性"的前提,管制的意义就在于将毒品通过法律加以管理,既利用其合理的价值,同时又将涉及其不合法的行为予以惩戒,因此"受管制性"与"违法性"是一体两面的定义要素,不宜作为分立并列的毒品属性。再如"毒害

---

[1] 参见麦买提·乌斯曼:《毒品概念新探——"滥用性"毒品的基本构成要素之一》,载《前沿》2010年第19期;段秋关:《毒品的定义及构成要素》,载《西北大学学报(哲学社会科学版)》1999年第1期。

[2] 参见裴相、刘耀、胡春华:《毒品概念的界定》,载《1997年首届全国毒品检验技术交流会论文集》,第82~86页。

[3] 于志刚:《"毒品"定义应否包含违法性》,载《检察日报》2007年5月8日,第3版。

性",如果将吸毒者成瘾作为"毒害性"的表现形式,那么"成瘾性"这一定义要素就可以涵盖"毒害性",而如果将"毒害性"视为毒品产生衍生后果,则属于滥用毒品之后出现的危害社会的现象,可以将其归结为社会危害性,因此"毒害性"并不是毒品本身的属性,不宜作为毒品的定义要素。

如前所述,毒品的法律定义与科学定义不宜也没必要达成一致,那么在涉及毒品的部门法当中,就应当考虑其各自的立法目的和诉求,进行差异化的定义,以此应对不同群体在其所持立场上对毒品的不同表达。这一现象在《禁毒法》的制定当中已然出现,在我国现有的毒品定义当中,实际也表现出《禁毒法》和《刑法》等不同部门法分别定义的立法特征。[①] 所以,讨论毒品的法律定义,需要厘清我国禁毒法律体系之间的关联。在我国的禁毒法律体系当中,涉及毒品定义的法典众多,法律规范之间形成了较为复杂的关系。出于立法渊源、向度以及立法目的等诉求的考虑,我国的禁毒法律主要通过抽象立法和授权立法的形式构建体系性的规范集群。[②] 对于毒品的定义,肇始于1990年《关于禁毒的决定》,其采用了"管制、成瘾、麻醉药品与精神药品"的定义模式,而1997年《刑法》基本继受了前者的定义模式,2008年颁布的《禁毒法》则在全盘接受《刑法》定义的基础上,新增了毒品的排外条件。梳理上述立法的时间脉络,可见我国对于毒品的定义肇始于刑事规范——1990年全国人大常委会颁布的《关于禁毒的决定》属于单行刑法,其立法目的在于"严惩走私、贩卖、运输、制造毒品和非法种植毒品原植物等犯罪活动,严禁吸食、注射毒品,保护公民身心健康,维护社会治安秩序,保障社会主义现代化建设的顺利进行",这一立法目的导致该规范对于毒品的定义主要用于制定惩罚性的规则,补充1979年《刑法》对于毒品定义的缺失,而忽略了麻醉药品与精神药品合理使用的场域。即便在其第10条也做了类似《禁毒法》第2条第2款的规定,但其整体仍旧属

---

① 在制定《禁毒法》的过程当中,禁毒部门与卫生药监部门对于毒品定义有较大的差异,实际在《禁毒法》当中,定义毒品的第2条,虽然在第2款完全承继了《刑法》第357条的定义,但增设的第2款,以排除性规范的形式顺应了卫生与药监部门的诉求。可参见于志刚:《"毒品"定义应否包含违法性》,载《检察日报》2007年5月8日,第3版。

② 我国禁毒法律的立法特征分析与立法技术评价,可参见李施霆:《我国〈禁毒法〉的立法述评及修订路径》,载《河南警察学院学报》2018年第6期。

于义务性规范。① 相比之下，美国《管制物质法案》第 801a（3）（A）条规定，"美国对精神药物的管制，是由 1970 年《毒品滥用综合防治法》（Comprehensive Drug Abuse Prevention and Control Act of 1970）所规范的程序性框架与药物分级标准来完成的。这一立法将保证：（A）销售者、分发者和研究人员可以得到有益的法律保障，从而出于医疗和科研目的而合法利用精神药物，同时不受到过度限制"②。毒品的定义要素需要在"保障合理使用"与"禁止非法滥用"之间寻求合理的平衡，在立法表述上，既需要严格限制其流入非药用的领域而造成可能的社会危害，又需要明确其本身的药理属性而授权适当的人群予以合理使用。在我国的毒品定义当中，存在"偏重义务性规范，缺乏授权性规范"的特征，这就造成不同的群体对毒品定义的差异性理解，导致毒品定义存在着较大争议。③

由此可见，毒品定义应当考虑不同群体的需求，以此作为定义毒品概念的基础。"无论是将毒品的称谓确定为'管制物质''麻醉药品或精神药物'，其都应当是具有规范意义的用语"④，而且，应当从不同的部门法的需求来考虑毒品的定义。与域外很多国家和地区的做法不同，我国的禁毒法律体系有非常鲜明的特点，即在诸多禁毒部门法已有相应立法成果的前提下，再进行单行法的制定，在这些法律当中，对于毒品的定义既有承继，又有颠

---

① 《关于禁毒的决定》第 10 条第 1 款规定："根据医疗、教学、科研的需要，国家卫生行政主管部门依照法律、行政法规的规定，可以指定特定的地方和制药厂，种植、生产限定数量的毒品原植物和麻醉药品、精神药品。依法从事生产、运输、管理、使用国家管制的麻醉药品、精神药品的单位和人员，必须严格遵守国家关于麻醉药品、精神药品的管理规定。"

② Controlled Substance Act, 801a (3) (A).

③ 1978 年国务院颁布《麻醉药品管理条例》，其第 1 条规定："麻醉药品是指能成瘾癖的毒性药品，使用得当，可以治病，使用不当，就会发生流弊，危害人民。为此必须坚持党的基本路线，加强对麻醉药品的管理，以保证医疗和科研的正当需要，维护人民健康。"这一规范只注重了对麻醉药品合理使用的管制，与 1979 年《刑法》并未搭建对应关系，1987 年颁布《麻醉药品管理办法》取代《麻醉药品管理条例》之时，也没有考虑这一问题，所以我国的毒品定义一直都有双轨制的特征。以《麻醉药品管理条例》以及《麻醉药品管理办法》《精神药品管理办法》为代表的药品立法，主要侧重于毒品的医疗价值；而以《关于禁毒的决定》和《刑法》为代表的刑事立法，则更加侧重于对涉及毒品的非法行为予以惩戒。这种双轨制的现象在《禁毒法》颁行时予以了一定的调和，但客观上看，《禁毒法》仍旧是以惩戒性为主要特征的。

④ 包涵：《论毒品的定义要素与授权列管原则》，载《北京联合大学学报（人文社会科学版）》2017 年第 3 期。

覆。① 从渊源上看，在 1985 年我国加入《1961 年麻醉品单一公约》和《1971 年精神药物公约》之后，1987 年就颁布了《麻醉药品管理办法》，1988 年颁布《精神药品管理办法》。在这两个国务院颁布的规范性文件当中，对于麻醉药品与精神药品都有明确的实质性定义。前者第 2 条规定："麻醉药品是指连续使用后易产生身体依赖性、能成瘾癖的药品"；第 3 条规定："麻醉药品包括：阿片类、可卡因类、大麻类、合成麻醉药类及卫生部指定的其他易成瘾癖的药品、药用原植物及其制剂。"而在后者第 2 条规定："精神药品是指直接作用于中枢神经系统，使之兴奋或抑制，连续使用能产生依赖性的药品。"这都是针对麻醉药品与精神药品的定义，而且在上述两个规范性文件当中，都明确了麻醉药品与精神药品属于"药品"的范畴，因为两个规范的第 1 条都指明，"根据《中华人民共和国药品管理法》的规定，制定本办法"。也基于此，这两个规范性文件在立法目的上强调对毒品施以管制，侧重于毒品的合理使用。有意思的是，2005 年国务院颁布《麻醉药品和精神药品管理条例》用以取代上述两个办法之时，在其第 1 条却规定"根据药品管理法和其他有关法律的规定，制定本条例"，说明管制麻醉药品与精神药品的上位法不仅仅是《药品管理法》，还包括了其他的法律。换言之，麻醉药品与精神药品自该立法之始，才具有了药品之外的属性，而这一额外的属性，既包括当时已经规范了毒品定义的《刑法》，还包括了 2008 年的《禁毒法》。虽然看上去是《禁毒法》授权国务院制定了《麻醉药品和精神药品管理条例》，但事实上后者率先制定，而留下"其他有关法律"作为上位法依据，只是留下立法渊源上的冗余，以便在《禁毒法》颁行时就追认授权的有效性。不仅如此，在其第 3 条当中，更改了之前对麻醉药品与精神药品的实质定义，改为形式定义，即"本条例所称麻醉药品和精神药品，是指列入麻醉药品目录、精神药品目录（以下称目录）的药品和其他物质。精神药品分为第一类精神药品和第二类精神药品"。因此《麻醉药品和精神药品管理条例》在 2008 年《禁毒法》颁布之后，根据《禁毒法》第 25 条的规定，即"麻醉药品、精神药品和易制毒化学品管理的具体办法，由国务院规定"，国务院继续承担着授权管制麻醉药品与精神药品的职能，同时依据《禁毒法》第 2 条的规定，搭建了与《刑法》第 357

---

① 李施霆：《我国〈禁毒法〉的立法述评及修订路径》，载《河南警察学院学报》2018 年第 6 期。

条的关联。① 也就是说，原本《刑法》上所指的麻醉药品与精神药品本来是有实质定义的，但在修法之后反而失去了实质定义要素，下位法采用了形式定义模式。在不断的修法当中，上位法保持了原有的定义模式并予以了继承和发展，但作为被授权的下位法却改变了定义模式，取消了以前的定义要素，这势必造成理解上的困难。不仅如此，目前的立法力图在《禁毒法》之下统一对毒品的定义，以此来整合以前散见的行政法，并且搭建与刑法之间的对应关系，但由于行政法与刑法的立法目的差异巨大，刑法上的毒品与行政法上的毒品难以达成统一的认识，强行统一法律上的规范定义，似乎在法律规范层面形成了形式上的统一，但反而造成了目前在实务当中执法与司法上的各种问题。②

三、我国毒品定义要素的重构

从语义习惯上看，"毒品"一词已经具有相当程度的观念积淀，即便在学理上仍旧存在大量的争议，但公众一般也能理解到其属于"违禁品"这个程度。在我国的毒品定义当中，出于公民违法性认识的考虑，对常见的毒品种类进行了一定范围的列举，这种"列举＋抽象"的定义模式，在列举部分着重考虑了公众的一般认知，而在抽象定义部分更强调通过授权制定附表对毒品进行全面的管制。客观来看，没有更改"毒品"称谓的必要性，

---

① 《禁毒法》第2条第1款的毒品定义与《刑法》第357条完全一致，使得《刑法》在适用时可以借用《禁毒法》的毒品定义，而根据《禁毒法》第25条的授权性规范，使得《刑法》第357条所规定的毒品与被授权制定的《麻醉药品和精神药品管理条例》附设的《麻醉药品品种目录》和《精神药品品种目录》形成了对应关系。

② 例如《刑法》第347条规定，"走私、贩卖、运输、制造毒品，无论数量多少，都应当追究刑事责任，予以刑事处罚"，而《刑法》与《禁毒法》以及《麻醉药品和精神药品管理条例》之间，显然是有一些空白或者交叉地带的。例如执法与司法实践中的止咳水（含有可待因的口服液，第二类精神药物）、治疗小儿多动症的利他林（哌醋甲酯，第一类精神药物）罪与非罪的界限问题，就很难划分。止咳水虽然含有可待因成分，但市面上就可以买到，其可能会引发滥用，但其药用价值明显高于其滥用引发的社会危害；而利他林则是处方药，目前有利用走私的利他林用作提神等功能的现象。如何准确把握吸毒与错误使用药物以及贩毒与贩卖精神药物的区别，目前在司法实践中争议较大。2015年最高人民法院《全国法院毒品犯罪审判工作座谈会纪要》第2条第7项规定，"行为人出于医疗目的，违反有关药品管理的国家规定，非法贩卖上述麻醉药品或者精神药品，扰乱市场秩序，情节严重的，以非法经营罪定罪处罚"，实际就考虑到了上述问题。在司法实践当中，如何认定涉及止咳水和利他林的行为，仍旧可能存在一些问题，例如对毒品的违法性认识和主观明知，但某种意义上说，这些只可能涉及证据方面的问题，实体法角度上的定性并没有太大的障碍。

但在毒品抽象定义以及定义要素的选取上，应当予以检视和重构。

首先，"国家规定管制"作为法定犯的主要特征，可以予以保留，但这一要素应当强调的是"国家规定"的层级约束性和法律保留属性，以此确保毒品的管制是以一定的立法层级作为基础的。在这一前提下，应当对授权管制的立法予以规范，按照《立法法》和《刑法》的相关规定，限制其授权的层级，约束制定规范的机关。① 同时，不应将国家的管制态度作为毒品管制的正当性来源，而应当将这一要素作为授权的合法性来源。意即，国家管制是毒品基于其定义要素而受到规范的结果，而非原因。在法律规范之外，我们可以用"国家规定管制"来解释涉毒行为的违法性，但在法律规范当中，"国家规定管制"只能用来解释毒品管制是基于复杂的授权立法来进行的，而且这一授权性立法还必须遵守法律保留原则，严格限制在"国家"这一立法层面。在目前的毒品定义当中，虽然"国家规定管制"已经在《禁毒法》和《刑法》当中予以了明示，但实际与法律保留原则相左，并未完全限定在法定的"国家"范围之内，有肆意授权低位阶的立法层级，扩大管制机关之嫌。根据《刑法》第 96 条的规定："本法所称的违反国家规定，是指违反全国人民代表大会及其常务委员会制定的法律和决定，国务院制定的行政法规、规定的行政措施、发布的命令与决定。"也就是说，按照《刑法》的规定，"国家规定管制"最低层级在国务院这一层次，这种规范设计显然是合理的，作为惩罚性或者义务性的法律，应当对其涉及的对象设定法律保留。《刑法》是基本立法，毒品作为毒品犯罪的核心要素，严格来说也只能由基本立法予以明确，但毒品是需要专门立法的概念范畴，立法权下探到国务院也属正当，然后根据《麻醉药品和精神药品管理条例》的规定，国务院再授权给公安部、食药总局和卫计委这三个专门机关，对毒品进行管制，这一再授权也大致可以体现国务院立法的属性。② 但是，在目前的立法活动当中，"国家规定管制"的范围仍在不断扩大，例如，2015 年颁

---

① 《立法法》第 9 条规定："本法第八条规定的事项尚未制定法律的，全国人民代表大会及其常务委员会有权作出决定，授权国务院可以根据实际需要，对其中的部分事项先制定行政法规，但是有关犯罪和刑罚、对公民政治权利的剥夺和限制人身自由的强制措施和处罚、司法制度等事项除外。"严格来说，毒品的管制所引发的后果，一般都具有剥夺性或限制性，例如刑事处罚、戒毒措施等，因此毒品管制的规范应当以国务院制定的行政法规作为法律保留的下限。

② 《麻醉药品和精神药品管理条例》第 3 条第 2 款规定："目录由国务院药品监督管理部门会同国务院公安部门、国务院卫生主管部门制定、调整并公布。"

布的《非药用类麻醉药品和精神药品列管办法》，将制定主体下探到"公安部、卫计委、食药总局和国家禁毒委员会办公室"，显然超出了"国家规定管制"的应然主体范围。该办法被视为我国管制新精神活性物质的立法，其第1条也规定："根据《中华人民共和国禁毒法》和《麻醉药品和精神药品管理条例》等法律、法规的规定，制定本办法。"也就是说，伴随着毒品外延的不断扩大，管制对象和管制手段也在不断完善与丰富，但既然管制对象的法律属性依旧归属于毒品，那么在管制主体上也应当保持一致。在我国目前的毒品管制制度当中，行政法的扩张性和刑法的收缩性已经成为难以解决的矛盾。国务院将"国家规定管制"再授权给公安部、食药总局和卫计委，实际是从"管理与控制"的角度出发的，因此《麻醉药品和精神药品管理条例》的出发点，在于规范合理使用，其大量的篇幅都在规定麻醉药品与精神药品的生产、运输、管理等行政事项；而《刑法》的目的在于"惩戒与预防"，其出发点在于惩罚毒品犯罪，只是在毒品认定上，将《麻醉药品和精神药品管理条例》附设的目录，作为认定毒品的基础。显然，从行政管理的角度来看，管制的发动并不需要特别严格，毒品管制机关可以根据社会情势的变化较为灵活地开展毒品管制，而从刑事惩罚的角度来看，毒品犯罪的规范应当尽可能严格和明确，以保障公民权利。这一矛盾在目前统一毒品定义与目录的法律制度之下，显得很难调和。①

其次，对于"成瘾性"需要作出相对明确的法律解释，且同样应在符合层级的法律当中予以定义。如前所述，成瘾性的定义应当是在立法目的基础上的扩大解释，而非将医学上的成瘾性概念直接应用于毒品的定义要素。在我国当前的规范性文件当中，只有《吸毒成瘾认定办法》第2条解释了

---

① 举例来说，在目前的某些毒品犯罪案件中，辩护人以《麻醉药品和精神药品管理条例》第82条的规定为毒品犯罪嫌疑人辩护。该条规定："违反本条例的规定，致使麻醉药品和精神药品流入非法渠道造成危害，构成犯罪的，依法追究刑事责任；尚不构成犯罪的，由县级以上公安机关处5万元以上10万元以下的罚款；有违法所得的，没收违法所得；情节严重的，处违法所得2倍以上5倍以下的罚款；由原发证部门吊销其药品生产、经营和使用许可证明文件。"因此，辩护人认为，如果贩卖的毒品没有"流入非法渠道造成危害"，就不构成犯罪。这就是行政法和刑法在毒品认定目录上一致，但在立法诉求上的差异造成的理解偏差。《麻醉药品和精神药品管理条例》所指的"致使麻醉药品和精神药品流入非法渠道造成危害"，是建立在"违反本条例"基础上的，意指合法的麻醉药品和精神药品的流入非法渠道，此时需要考虑是否有危害，方可决定是否成立相关的犯罪，但这显然不是刑法上的犯罪行为，刑法所规定的毒品犯罪，并不是建立在"违反《麻醉药品和精神药品管理条例》"之上的行为，而是以刑法的犯罪构成要件作为基础的。

"吸毒成瘾",且这一解释实际并未明确规定"成瘾"的构成标准。客观来看,该条所解释的是"成瘾表现"或者执法上"认定成瘾的标准",属于"公安机关认定是否吸毒成瘾"的执法标准。① 颇值得玩味的是,在该办法当中,同时也承认医学标准上的"成瘾"——在其第12条规定,"承担吸毒成瘾认定工作的戒毒医疗机构及其医务人员,应当依照《戒毒医疗服务管理暂行办法》的有关规定进行吸毒成瘾认定工作";在第18条规定,"戒毒医疗机构及其医务人员应当依照诊疗规范、常规和有关规定,结合吸毒人员的病史、精神症状检查、体格检查和人体生物样本检测结果等,对吸毒人员进行吸毒成瘾认定"。也就是说,我国现行的规范性文件对于"成瘾性"的标准极其模糊,甚至于在同一部法律当中都存在两个以上的认定标准。认定成瘾与否,既可以依据公安机关的执法标准,也可以依据医疗卫生机构的医学标准,这不仅会造成法律适用的不确定性,进而也会影响到法律规范的权威。而且,即便在《吸毒成瘾认定办法》当中解释"成瘾性",其也仅属于公安部的部门规章,规范层级很低,并不具有定义毒品的规范资质。而在授权管制毒品的《麻醉药品和精神药品管理条例》当中,并没有关于"成瘾性"的规定,在对毒品进行了形式定义之外,《麻醉药品和精神药品管理条例》似乎更关注毒品的"社会危害性"和"滥用潜力"。例如,其第17条第2款规定:"国务院药品监督管理部门应当组织医学、药学、社会学、伦理学和禁毒等方面的专家成立专家组,由专家组对申请首次上市的麻醉药品和精神药品的社会危害性和被滥用的可能性进行评价,并提出是否批准的建议。"但是这一标准并没有任何的细化解释,在管制毒品的历次目录修订当中也没有针对"评价"的任何说明,譬如某种物质被列入了管制目录,应当详细说明其列入的理由,滥用潜力和社会危害大小,但实际并没有类似的文件以合理的渠道予以公示。除此以外,有些法规虽有"成瘾性"规定,但并无具体解释,例如《非药用类麻醉药品和精神药品列管办法》第7条第2款规定:"专家委员会应当对拟列管的非药用类麻醉药品和精神药品进行下列风险评估和列管论证,并提出是否予以列管的建议:(一)成瘾性或者成瘾潜力……"综观我国的禁毒立法,"成瘾性"的规范要么不做规定,

---

① 《吸毒成瘾认定办法》第2条规定:"本办法所称吸毒成瘾,是指吸毒人员因反复使用毒品而导致的慢性复发性脑病,表现为不顾不良后果、强迫性寻求及使用毒品的行为,常伴有不同程度的个人健康及社会功能损害。"

要么只做规定不做解释,要么做了规定之后仅做模糊解释且法律位阶很低,这样的规范体系显然无助于划定毒品的内涵,也无法解释毒品管制目录的外延范围。

再次,对于"麻醉药品与精神药品",应赋予其确切的定义,即便不以实质性要素予以规范,也应明确划定其范围。在目前的规范性文件当中,规定管制麻醉药品与精神药品的是《麻醉药品和精神药品管理条例》,根据其第 3 条的规定,该条例附设毒品品种目录,也就是《麻醉药品品种目录》和《精神药品品种目录》。在这一框架之下,《刑法》《禁毒法》和《麻醉药品和精神药品管理条例》形成了较为完整的逻辑闭环,能够合理框定麻醉药品与精神药品的种类。但是在《麻醉药品和精神药品管理条例》当中,并没有定义"麻醉药品和精神药品",反而在被其取代的《麻醉药品管理办法》和《精神药品管理办法》当中,却都有非常明确的定义。新法取代旧法之时,并没有考虑上位法与之的适配性,在立法技术上显得很不专业,也容易造成理解上的问题。而且,"成瘾性"与"麻醉药品和精神药品"是否属于对应关系,对于定义的标准有相当程度的影响。如果将列入"麻醉药品和精神药品"品种目录当中的物质都推定为具有"成瘾性",那么就没有必要在定义当中将二者并立使用。显然,并不存在不具有成瘾性的麻醉药品和精神药品,如果认为这二者可以并列使用,那么是否存在具有成瘾性但不属于麻醉药品和精神药品的物质?这样引申出的问题就是,成瘾性符合何种条件或者达到何种程度才可以成为麻醉药品或精神药品。这种逻辑上的重复反而会带来理解上的障碍。

不仅如此,我国目前的毒品管制体系已经产生了相当程度的扩张,在 2015 年《非药用类麻醉药品和精神药品列管办法》第 3 条第 1 款规定:"麻醉药品和精神药品按照药用类和非药用类分类列管。除麻醉药品和精神药品管理品种目录已有列管品种外,新增非药用类麻醉药品和精神药品管制品种由本办法附表列示。非药用类麻醉药品和精神药品管制品种目录的调整由国务院公安部门会同国务院食品药品监督管理部门和国务院卫生计生行政部门负责。"可见,这一规范性文件对"麻醉药品和精神药品"做了分类,"非药用类的麻醉药品和精神药品"也属于上位法所规定的"麻醉药品和精神药品",这种解释相当于扩大了原有的麻醉药品与精神药品的概念。也就是说,通过《非药用类麻醉药品和精神药品列管办法》

的规定，我国的毒品类型实际有"药用类"与"非药用类"两类，但作出这一解释的《非药用类麻醉药品和精神药品列管办法》立法层级非常低，在《麻醉药品和精神药品管理条例》当中予以规定至少比目前的规范合理。

最后，在不同的法律当中，对于毒品的定义应当有所侧重，而不应追求统一的定义。我国的毒品立法一直都有一个较为显著的误区，即在立法当中过分强调法律管制或惩戒，而忽略了毒品管制法律目的多元化的特征。在域外的立法以及联合国的公约当中，对于毒品的管制都是在"规范合理使用"与"管制非法使用"二元诉求的基础上进行规则制定的。例如，《经〈修正1961年麻醉品单一公约的议定书〉修正的1961年麻醉品单一公约》"弁言"部分就指出："缔约国关怀人类的健康与福利，确认麻醉品在医药上用以减轻痛苦仍属不可或缺，故须妥为规定俾麻醉品得以供此用途，确认麻醉品成瘾于个人为害之烈，对人类在社会上及经济上的危险亦巨……"美国《管制物质法案》第801条也有类似的规定："国会通过调查发现并声明如下：（1）本法案规定的管制物质当中，有一部分具有合法且有效的医疗用途，对于保障美利坚合众国国民的身体健康和基本福利是有益的；（2）非法的进口、制造、分发、持有或者不当使用管制物质，将会对美利坚合众国国民的身体健康和基本福利造成实质性的危害后果……"① 而我国《禁毒法》作为一个与之相似的综合性法典，同时也负有遵循国际公约的国内法义务，却在其第1条规定："为了预防和惩治毒品违法犯罪行为，保护公民身心健康，维护社会秩序，制定本法。"这一立法目的似乎存在偏差。《禁毒法》并不只是一部单行刑法，而是涵盖了"宣传教育、毒品管制、戒毒措施、国际合作"等数种职能的综合性法典，不应当只强调"预防和惩治"以及"维护社会秩序"，即便其取代的对象是《关于禁毒的决定》这一单行刑法，也不应抹杀其作为禁毒根本法的地位。② 在这一立法导向上，显露出立法者仅仅希望通过《禁毒法》来连接业已存在的散见禁毒法规的诉求，而忽略

---

① Controlled Substances Act, 801（1）（2）.
② 需要注意的是，《关于禁毒的决定》并不是完全由《禁毒法》明示废止的，而是有一个渐进的过程，《关于禁毒的决定》当中毒品犯罪与刑罚的部分，实际在1997年《刑法》颁布之时就已经被默示废止，但是其他的部分直到2008年《禁毒法》颁布时才废止。

了《禁毒法》应当承载和负担的其他法律功能。① 以域外的立法作为参考，我国台湾地区"毒品危害防制条例"第 1 条也规定："为防制毒品危害，维护国民身心健康，制定本条例。"但其本身属于特别"刑法"，因此在其第 2 条补充规定："医药及科学上需用之麻醉药品与其制品及影响精神物质与其制品之管理，另以法律定之。"可见，正是这种"一刀切"的立法思路，导致了我国立法对毒品定义理解的混淆，这显然无助于厘清合理的毒品定义要素。《禁毒法》在第 2 条第 2 款以排外条件的形式增补毒品的合理使用定义，以示与《刑法》的区别，实际也是认识到其立法意旨应当与《刑法》有所区别所致。因此，倾向于打击和惩戒的《刑法》与侧重于管制和治理的《禁毒法》，对毒品的定义应当保持与立法目的相适应的差异。《刑法》应突出对毒品"非法使用"而施以的惩戒，而《禁毒法》则可以二者兼具，在明确保障毒品合理使用的前提之下，兼顾与《刑法》的关系，但对违法行为的规范，目的只是保障法典的完整性，而不用做具体的规范，只需在"法律责任"部分，建立与《刑法》的连接即可。②

  毒品的自然属性价值无涉，其在法律框架内受到管制，是国家基于国民与社会容忍程度、历史积淀乃至国家政策的考量而规范化的结果。有鉴于此，毒品的定义当中必然包涵法学、医学、社会学、犯罪学等多种诉求，在讨论毒品的定义时，必须考虑不同领域自有且独特的价值判断。在法律上定义毒品，既需要考虑毒品的理化属性，将其作为定义毒品的客观基础，又需要参酌法律的规范需求以及不同部门法的立法旨意，作出规范层面的定义。这不仅有助于客观认识毒品的多元价值，理性防范和利用毒品，也有利于我国毒品法律体系的周延以及禁毒立法技术的完善。

---

① 参见李施霆：《我国〈禁毒法〉的立法述评及修订路径》，载《河南警察学院学报》2018 年第 6 期。

② 参见李施霆：《我国〈禁毒法〉的立法述评及修订路径》，载《河南警察学院学报》2018 年第 6 期。

第三节　毒品犯罪中"无论数量多少"的理解与适用[*]

一、"无论数量多少"的立法变迁

（一）1949—1979 年有关毒品犯罪的立法情况

"新中国成立初期，就确立了严惩毒品犯罪的基本刑事政策"[①]，中国共产党领导全国人民以"人民战争"的形式将禁毒活动推向深入，仅用了 3 年时间就将祸患华夏大地百余年的烟毒荡涤一清，创造了人类禁毒史上的奇迹。此后，由于计划经济体制下严格的社会管控与相对封闭的特定国际环境，我国自二十世纪五十年代中期以后的近 30 年里成为"举世无双的无毒国"[②]，毒品问题不再是社会风险的主要来源。这一时期，党和政府先后颁布《关于严禁鸦片毒品的通令》《关于肃清毒品流行的指示》《关于严禁鸦片、吗啡毒害的通知》等全国性禁毒法令，辅以各地方党委、政府发布的地方性禁毒规定，基本形成了较为完备的禁毒法治体系。但受限于当时的历史条件与法治水平，立法呈现出宏观化、政策化、粗糙化、单薄化等特征，全国统一的定罪量刑标准尚未形成。

（二）1979—1997 年有关毒品犯罪的立法变迁

1. 1979—1990 年有关毒品犯罪的立法变迁

二十世纪七十年代末，新中国第一部成文刑法典诞生。基于当时的社会治安形势，1979 年《刑法》并未将毒品犯罪作为严重的刑事犯罪对待，涉及毒品犯罪的仅有第 171 条[③]一个条文，设置了制造、贩卖、运输毒品三个

---

[*] 本节撰写者：梅传强、伍晋。
[①] 张洪成：《毒品犯罪刑事政策之反思与修正》，中国政法大学出版社 2017 年版，第 76 页。
[②] 崔敏：《毒品犯罪发展趋势与遏制对策》，警官教育出版社 1999 年版，第 229 页。
[③] 1979 年《刑法》第 171 条规定："制造、贩卖、运输鸦片、海洛英、吗啡或者其他毒品的，处五年以下有期徒刑或者拘役，可以并处罚金。一贯或者大量制造、贩卖、运输前款毒品的，处五年以下有期徒刑，可以并处没收财产。"

罪名，配置的最高刑罚为 15 年有期徒刑，"国家对毒品犯罪采取的是较为温和的刑事政策"①，在罪名覆盖的宽度、刑罚配置的强度、以刑治毒的力度以及刑法介入的程度等方面带有浓厚的时代印迹，"无论数量多少"并未进入当时立法者的考虑范围。司法实践中，由于当时尚未制定针对小额（海洛因 10 克以下、鸦片 200 克以下）毒品犯罪的相关规定，导致一些犯罪分子恶意采取小数量、高频率的方式实施毒品犯罪，因无具体处罚依据，1989 年 Y 省某县公安局出现集中释放 85 名小额贩毒者的情形。②

2. 1990—1997 年有关毒品犯罪的立法变迁

自二十世纪八十年代初以来，伴随着对外开放步伐的逐渐加快、对外开放程度的不断提高，加之我国毗邻"金三角""金新月"两大毒源地的特殊地理位置，以及城乡二元结构松动所引发的社会管控松弛，毒品问题在我国死灰复燃，并有愈演愈烈之势，1979 年《刑法》关于毒品犯罪的单薄条文实难承担有序、有力、有效惩治毒品犯罪的千钧重担。1990 年 12 月，全国人大常委会颁布了《关于禁毒的决定》，首次以单行刑法的方式系统规定了毒品犯罪及其刑罚，从毒品制造、贩运和消费等环节全方位、全流程地规定了毒品犯罪的种类，这标志着国家毒品犯罪刑事政策的正式转向，"从严治毒"刑事政策成为我国应对毒品犯罪的常态化主导政策，刑罚成为治理毒品问题的主要措施。《关于禁毒的决定》第 2 条首次将走私、贩卖、运输、制造毒品四种行为并列，纳入同一法条予以规制，走私毒品不再以走私罪定罪量刑，并主要依据毒品数量配置了相应的刑罚档次，刑罚分为 7 年以下有期徒刑、7 年以上有期徒刑、15 年有期徒刑、无期徒刑和死刑。自此，刑事立法关于走私、贩卖、运输、制造毒品罪的立法模式基本定型。

值得特别注意的是，基于毒品滥用滋生蔓延、小额贩运方式被恶意利用等因素的考量，《关于禁毒的决定》降低了毒品犯罪的刑事立案追诉标准，其第 2 条第 3 款③将"走私、贩卖、运输、制造鸦片不满二百克、海洛因不满十克或者其他少量毒品"的行为纳入刑事犯罪圈，增强了刑法的明确性，为有效惩治小额毒品犯罪提供了立法依据，刑事法网较 1979 年《刑法》更

---

① 何荣功：《我国"从严治毒"刑事政策之法社会学思考》，载《法商研究》2015 年第 5 期。
② 参见胡金野、齐磊：《中国禁毒史》，上海社会科学院出版社 2017 年版，第 370 页。
③ 《关于禁毒的决定》第 2 条第 3 款规定："走私、贩卖、运输、制造鸦片不满二百克、海洛因不满十克或者其他少量毒品的，处七年以下有期徒刑、拘役或者管制，并处罚金。"

加严密。同时,《关于禁毒的决定》并未将刑罚介入推向极致,不同于"无论数量多少"的零容忍、全惩治,"少量毒品"之规定为司法认定保留了一定的裁量空间,与1979年《刑法》第10条但书"情节显著轻微危害不大的,不认为是犯罪"之间并不存在法条冲突,二者还形成了有序衔接,将因毒品数量过少而无须刑罚介入的违法行为交由行政处罚处理。

(三) 1997年至今有关毒品犯罪的立法变迁

现行《刑法》第2编第6章第7节整体上承袭《关于禁毒的决定》,《刑法》第347条的前身是《关于禁毒的决定》第2条,二者在结构及内容上基本相同,主要区别如下:一是《刑法》第347条增加了第1款"走私、贩卖、运输、制造毒品,无论数量多少,都应当追究刑事责任,予以刑事处罚",体现出"零容忍"的立法态度;二是《刑法》第347条在毒品列举中增加了甲基苯丙胺;三是增设了单位犯罪的相关规定;四是对7年以下有期徒刑进行内部拆分,一般情节的处3年以下有期徒刑、拘役或者管制,情节严重的处3年以上7年以下有期徒刑;五是罚金刑配置的全覆盖,"可以适用"变更为"应当适用"。甲基苯丙胺入刑是为了应对毒品种类的演化嬗变,毒品犯罪单位犯罪的设置是1997年《刑法》确立单位犯罪制度的配套措施,7年以下有期徒刑的内部拆分是罪责刑相适应原则的进一步贯彻,罚金刑的强化是基于毒品犯罪的贪利性本质,我们更应该关注的是"无论数量多少"的立法意涵。

二十世纪九十年代,毒品问题在我国继续恶化,由此滋生了大量的违法犯罪,引发道德败坏、诱发反社会人格、导致家庭破裂,毒品违法犯罪已经成为我国当时最严重的社会问题之一。① 在其他治理手段心余力拙、力有未逮的情况下,刑事立法采用了"无论数量多少"的极致立法方式,表征出以下几点意义:其一,体现出我国禁绝毒品的坚定决心,具有较强的宣示意义;其二,将《刑法》第347条的规制圈扩张到极致,刑罚成为治理毒品犯罪的主力军、排头兵;其三,立法者试图通过"零容忍"的立法方式来强化一般预防效果,遏止潜在的毒品犯罪。自此,"无论数量多少"与《刑法》第357条第2款"不以纯度折算"犹如两道有进无出的闸阀,组合构建了一间密不透风的犯罪密室,行为一旦触犯走私、贩卖、运输、制造毒品

---

① 参见梅传强、徐艳:《毒品犯罪的刑罚适用问题思考——兼论毒品犯罪限制适用死刑》,载《甘肃政法学院学报》2006年第5期。

罪，无论数量与纯度多么趋近于零，刑罚均难以避免。

(四) 毒品犯罪立法变迁的背景与原旨

综上，1979年以来，我国毒品犯罪的刑事犯罪圈呈现出单向扩张的样态，刑事追诉标准经历了"不介入小额毒品犯罪""介入少量毒品犯罪""无论数量多少均予以处罚"三个阶段，刑法边界逐渐向外延伸，直至原本属于行政法的"管辖领地"被刑事立法覆盖。

1. "无论数量多少"的立法背景

"无论数量多少"的立法出台，有其特定的立法背景与独特的立法原旨。在立法背景方面，刑法边界前移的根本推动力在于毒品需求的持续扩大，在旺盛的市场需求与高昂的不法利润的双重刺激下，毒品犯罪必然会不断增加，当毒品犯罪态势已超过原有刑事立法的最大控制范围时，更加扩张、严厉的刑事立法自然应运而生。刑法对毒品犯罪的介入程度与毒品犯罪的泛滥程度紧密相关，呈现出高度同步的正相关关系，毒品犯罪态势越严重，刑事犯罪圈就越扩张，最终促成了"无论数量多少"的规定出现。

2. "无论数量多少"的立法原旨

"无论数量多少"本质上是一种宣示性规范，公开示明走私、贩卖、运输、制造毒品的行为是不被刑法允许的，立法原旨主要在于强化刑法作为行为规范的行为指引机能，即国民不得实施该类行为，并为刑罚的不得已适用创设依据，其具有丰富而深刻的立法意涵，绝非简单推动刑法的扩张、鼓励刑罚的启动，不能仅根据某个单一的因素或原因去解释。[1] 综观所有的部门法，刑法最直接、最明显地塑造和约束国民的社会行为，[2] 国家通过刑事立法划定刑事处罚的边界，以引导和规范国民有效地控制自己的行为，避免触发刑事制裁的启动。"无论数量多少"是刑法行为规制机能的极致化，立法者的本意主要在于追求犯罪预防的最大化，蕴含着刑期无刑、法出于仁的中国古典法治思想，并非要编织一张无边无隙的刑事法网为严刑峻法提供合法化依据。在"无论数量多少"的理解与适用过程中，法官不能按照法条的

---

[1] 参见〔美〕博登海默：《法理学：法律哲学与法律方法》，邓正来译，中国政法大学出版社1999年版，第218页。

[2] 参见〔美〕富勒：《法律的道德性》，郑戈译，商务印书馆2005年版，第71页。

字面意思去理解和执行法律，而应当本着法律语言背后的立法原意去行事，① 并永远牢记——正义总是存在于个别的案件中，② 在法条解释中配合情势的演变，③ 避免解释的绝对化。

二、"无论数量多少"的司法现状

四十多年来，毒品治理在某种程度上陷入"电动冲击钻"式的纵深循环，在"毒情严峻→加大力度→愈治愈重→再次加力→愈发严重"的反复循环中，每次加力后留下的是更深的钻孔，毒品犯罪态势渐趋严峻。禁绝毒品的宏伟目标、严惩犯罪的社会呼声、脆弱多变的治安环境、愈加恶化的毒品情势等因素让刑事司法逐渐失去耐心，对走私、贩卖、运输、制造毒品的行为不再容忍，大量采用诱惑侦查手段、生硬适用无论数量多少、机械坚持不以纯度折算是三大集中表现形式。

"无论数量多少"的绝对适用简化了司法裁判过程，审判机关在定罪阶段无须考量毒品数量问题，罪与非罪的罪量判断被直接越过。与之对应，毒品数量在量刑阶段又扮演了过重的角色，在"不以纯度折算"的支撑下，毒品数量几乎成了刑罚量定的决定性因素。司法实务中，毒品数量在定罪阶段与量刑阶段呈现出近乎相反的样态，定罪阶段被架空虚置，量刑阶段被过度倚重。为全面、准确揭示当前"无论数量多少"的司法运行情况，本部分以涉及海洛因、甲基苯丙胺的走私、贩卖、运输、制造毒品案件为特定检索对象，在中国裁判文书网上随机抽取中国大陆 32 个省级法院系统（含新疆生产建设兵团）的相关毒品案件一审刑事判决书各约 50 份，共计提取 1664 份，涉及刑事被告人 1913 人。经统计分析，微量④毒品犯罪案件呈现以下几个特征。

（一）"无论数量多少"入罪从严化

在从严治毒的刑事政策导向下，司法机关秉持零容忍的执法理念，对走

---

① 参见［英］丹宁勋爵：《法律的训诫》，杨百揆、刘庸安、丁健译，法律出版社 1999 年版，第24 页。
② 参见［美］罗斯科·庞德：《普通法的精神》，唐前宏、高雪原、廖湘文译，法律出版社 2010 年版，第 32 页。
③ 参见［德］卡尔·拉伦茨：《法学方法论》，陈爱娥译，商务印书馆 2003 年版，第 112 页。
④ 为便于表述，本部分将海洛因、甲基苯丙胺 1 克及以下称为微量。

私、贩卖、制造、运输毒品的行为一概定罪科刑,形成了外部极致扩张、内部几乎封闭的刑事犯罪圈,将"无论数量多少"的司法适用推向了极致,刑罚从惩治力最强的手段,演化为惩治力最强、适用范围最广的手段。经统计,1913 名被告人中有 716 人涉案毒品数量低于 1 克(占被告人总数的 37.43%),① 其中有 72 人的涉案毒品数量低于 0.1 克(占被告人总数的 3.76%),微量毒品犯罪案件成为毒品犯罪的重要组成部分,刑事司法中存在较为明显的微量入罪倾向,"无论数量多少"在定罪阶段体现为从严入罪(见图一)。

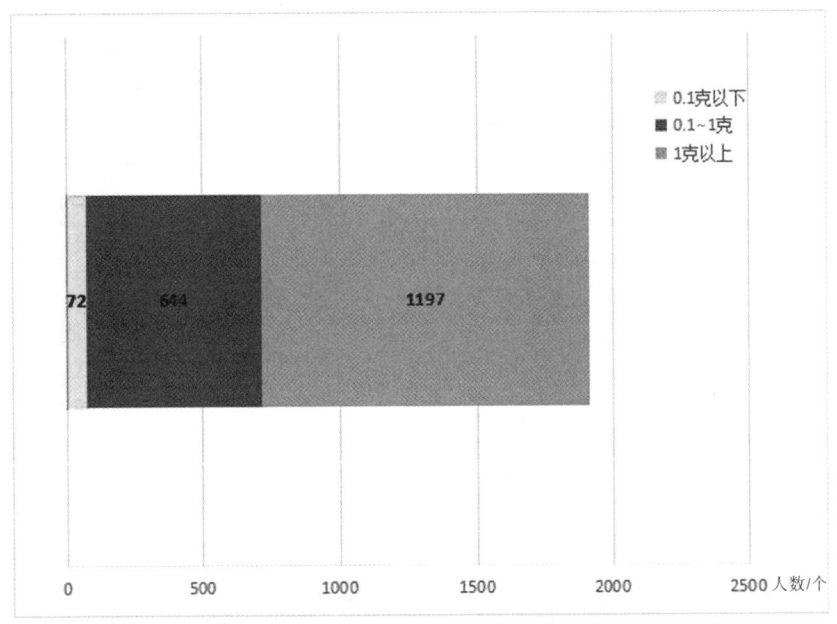

图一:毒品犯罪被告人涉案毒品数量分布图

(二)"无论数量多少"量刑从重化

很少有特定犯罪被上升到国家兴衰、长治久安和民族未来的高度,毒品被认为是打开潘多拉魔盒的罪恶之匙,引发了社会秩序混乱、道德水平滑坡和家庭组织崩溃等问题,因此,严惩毒品犯罪是世界各国的通行做法,区别

---

① 本文在比例统计中,精确到小数点后两位,并采用四舍五入法。

仅在于惩治的范围与程度。我国从严治毒同时体现在定罪、量刑和行刑三个阶段，在从严入罪的另一面是从重量刑，微量毒品犯罪被告人亦难逃严惩。

《刑法》第 347 条第 4 款对走私、贩卖、运输、制造毒品罪的基本形态①配置了管制、拘役、有期徒刑三种主刑，为司法审判留下了较大的自由裁量空间，但审判机关在司法运作中却几乎忽视了管制或拘役的存在。最高人民法院于 2017 年 3 月 9 日印发《关于常见犯罪的量刑指导意见》（法发〔2017〕7 号），特别强调"对严重暴力犯罪、毒品犯罪等严重危害社会治安犯罪，在确定从宽的幅度时，应当从严掌握"，并将走私、贩卖、运输、制造毒品罪的量刑起点确定为"三年以下有期徒刑、拘役幅度内"，在全国的层面排除了管制刑的适用，体现出明显的量刑从重化导向。各省级高级人民法院根据该意见，配套出台了本省级法院系统的量刑实施细则，延续最高审判机关严惩毒品犯罪的量刑理念，管制刑在各地的量刑实施细则中被基本排除，尤其是重庆市高级人民法院更是将走私、贩卖、运输、制造毒品罪基本形态的量刑起点设置为有期徒刑，直接越过管制与拘役，在刑种选择的维度将重刑化推向极致。

为了进一步揭示量刑从重化的趋势，本文选取了最高人民法院的量刑指导意见以及北京、上海、重庆、广东、陕西、安徽、湖南、贵州、黑龙江九省市高级人民法院的量刑指导意见实施细则，对走私、贩卖、运输、制造毒品罪基本形态的量刑起点进行集中归纳（见表一）。

表一：全国及部分省市毒品犯罪量刑起点统计表

走私、贩卖、运输、制造毒品罪	量刑起点	量刑指导文件
全国	三年以下有期徒刑、拘役幅度内	最高人民法院《关于常见犯罪的量刑指导意见》
北京	拘役四个月至有期徒刑一年幅度内	北京市高级人民法院《〈关于常见犯罪的量刑指导意见〉实施细则》

---

① 为便于表述，本部分将"走私、贩卖、运输、制造鸦片不满二百克、海洛因或者甲基苯丙胺不满十克或者其他少量毒品的，处三年以下有期徒刑、拘役或者管制，并处罚金"的情形，统称为走私、贩卖、运输制造毒品罪的基本形态。

续表

走私、贩卖、运输、制造毒品罪	量刑起点	量刑指导文件
上海	拘役四个月至有期徒刑一年幅度内	上海市高级人民法院《〈关于常见犯罪的量刑指导意见〉实施细则（一）》
广东	三年以下有期徒刑、拘役幅度内	广东省高级人民法院《〈关于常见犯罪的量刑指导意见〉实施细则》
重庆	有期徒刑六个月	重庆市高级人民法院《〈关于常见犯罪的量刑指导意见〉实施细则》
黑龙江	三年以下有期徒刑、拘役幅度内	黑龙江省高级人民法院《〈关于常见犯罪的量刑指导意见〉实施细则》
安徽	拘役三个月至一年有期徒刑幅度内	安徽省高级人民法院《〈关于常见犯罪的量刑指导意见〉实施细则》
湖南	一年有期徒刑以下幅度内	湖南省高级人民法院《〈关于常见犯罪的量刑指导意见〉实施细则》
陕西	四个月拘役至一年有期徒刑幅度内	陕西省高级人民法院《〈关于常见犯罪的量刑指导意见〉实施细则》
贵州	二年以下有期徒刑、拘役幅度内	贵州省高级人民法院《〈关于常见犯罪的量刑指导意见〉实施细则》

实证数据同样证实了重刑治毒的量刑导向，本文统计的716名微量毒品犯罪被告人中，559人被判处有期徒刑（占比78.07%）、146人被判处拘役（占比20.39%）、11人被判处管制（占比1.54%），审判机关在刑种的选择上体现出明显的从重趋向，似乎认为只有监禁刑才能实现报应与预防，有期徒刑成为惩治微量毒品犯罪的绝对主体（见图二）。

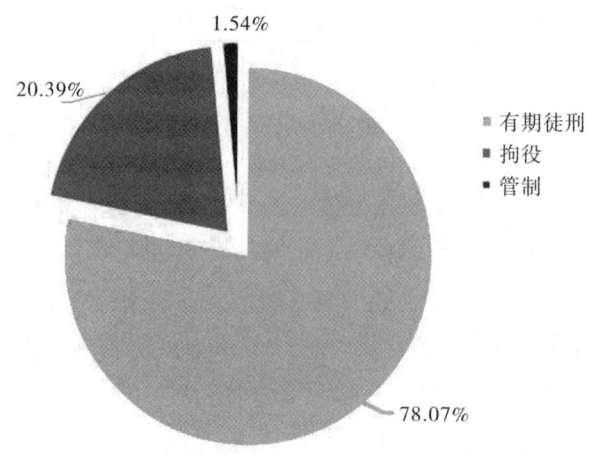

图二：微量毒品犯罪被告人主刑种类分布图

以刑期为分析视角，上述 716 名毒品犯罪被告人中有 535 人被判处 1 年以下监禁刑（占比 74.72%），170 人被判处 1 年以上监禁刑（占比 23.74%），短期自由刑的弊端让位于严惩毒品犯罪的需要，管制刑被束之高阁，逐渐被人遗忘，其特殊作用几无用武之地，短期自由刑成为打击微量毒品犯罪的主要手段，"无论数量多少"在量刑阶段表现为从重量刑。

（三）"无论数量多少"行刑从紧化

现代缓刑制度以教育刑为基础，是一种刑罚个别化的措施，是行刑社会化、刑罚轻缓化的重要体现，① 具有避免短期自由刑弊端、推动受刑人悔过自新、促进受刑人再社会化、减少国家财政支出等重要价值，② 缓刑在对某些特定犯罪的处罚上，较之于执行短期自由刑更能实现行刑的积极效果。③ 在微量毒品犯罪案件中对部分被告人适用缓刑，并综合采取禁止令、社区矫正、戒毒治疗、技能培训等矫治措施，相较于简单生硬地执行短期自由刑，更能实现受刑人与社会的和解，更有利于控制、消灭受刑人的人身危险性，取得更好的报应与预防效果。

经统计，716 名微量毒品犯罪被告人中有 56 人被判处 3 年以上有期徒

---

① 参见刘守芬、丁鹏：《现代缓刑类型与中国的选择》，载《现代法学》2005 年第 6 期。
② 参见翟中东：《论缓刑的四大价值》，载《青少年犯罪问题》2001 年第 1 期。
③ 参见应建廷：《缓刑实践的调查与思考》，载《中国刑事法杂志》2000 年第 5 期。

刑，649 人被判处 3 年以下有期徒刑或者拘役（9 人适用缓刑），11 人被判处管制，以可能适用缓刑的被告人总数为基数，实际缓刑率仅为 1.39%。实证数据表明，在严打思维的影响下，审判机关在决定刑罚执行方式时呈现出监禁为主、缓刑为辅的样态，行刑非监禁化、行刑社会化等现代理念似乎与毒品犯罪治理互不相关、各行其是，缓刑适用被极大地紧缩，"无论数量多少"在行刑阶段表现为从紧行刑。

三、"无论数量多少"的异化原因

当前，"无论数量多少"在刑事司法中存在入罪从严、量刑从重、行刑从紧等异化现象，究其原因，主要是司法机关在规范、理念、制度三个层面出现了解释偏差、期望落差、运作误差，以致刑罚适用偏离了法条的教义原旨、承载了浮泛的过高期望、忘却了理性的刑罚目的，在从严治毒刑事政策的导向下，刑罚在李斯特鸿沟①的边缘处疾驰而行。

（一）解释偏差：分则规范的孤立适用

近年来，司法机关对《刑法》第 347 条第 1 款"无论数量多少，都应当追究刑事责任，予以刑事处罚"存在较为普遍的解释偏差，将该条款与《刑法》第 13 条但书"情节显著轻微危害不大的，不认为是犯罪"之间的关系理解为特殊法条与普通法条的竞合，进而依照特殊法条优先原则，认为在毒品犯罪中不存在情节显著轻微，微罪必罚的执法观念根深蒂固。例如，实务中有观点认为，分则并不仅是总则的展开，有其独立的价值与任务，不能动辄以总则来排除分则的适用，由于毒品犯罪具有严重的社会危害性，即使数量极少、含量极低，都不能援引但书而出罪。② 显然，这将刑法教义学的体系解释方法置于一边，总分则之间的制约、服从关系被打破，"无论数量多少"与"情节显著轻微"有如两条各行其是的平行线，微量入罪被司法机关解释为立法初衷，更成为"零容忍"立法态度的最好表征。

---

① 李斯特将刑法教义学与刑事政策加以严格界分：刑法教义学成为一门形式的、实证的学科，完全排斥价值判断，由此形成了古典派的犯罪论体系；而刑事政策则是在刑法教义学之外，在刑罚论中予以研究，其以目的性思想为依归，尤其追求特殊预防的效果。李斯特这种把刑法教义学与刑事政策加以分立与疏离的思想，形成所谓"李斯特鸿沟"。参见陈兴良：《刑法教义学与刑事政策的关系：从李斯特鸿沟到罗克辛贯通》，载《中外法学》2013 年第 5 期。

② 参见聂昭伟：《刑法分则对总则排除适用现象探析——刑法总则与分则关系的重新梳理》，载《法律适用》2011 年第 4 期。

(二) 期望落差：刑罚功能的认识错位

实证数据表明，司法审判在微量入罪的同时还存在微量重刑现象，这一结论不仅源于和其他犯罪的对比，更是基于《刑法》第 5 条①罪责刑相适应基本原则的理性判断。毒品的种类、数量和纯度决定了毒品犯罪的社会危害性，微量毒品犯罪的社会危害性受限于毒品数量而难称严重，即便承认微量入罪的合理性、必要性，但基于罪责刑相适应基本原则的限制，也实无重罚之依据。当前，刑事审判对绝大部分微量毒品犯罪科以自由刑，甚至以有期徒刑作为量刑起点，微量重刑趋势明显，重罚的侧面折射出司法机关对刑罚功能的非理性认识。

刑罚是国家制裁的最后手段，"它通过法益破坏达到法益保护"②，其本质上是一种不得已的恶害和痛苦，绝非社会治理的优先手段，更非包治百病的灵丹妙药，在抗制犯罪上只能起到有限的作用。重刑主义理念在我国由来已久，尤其在国家屈辱、民族伤痛、家庭悲剧的加持下，重刑治毒观念深入人心，微罪重罚被社会观念视为理所当然、势在必然，在其他治毒措施难以立竿见影之际，刑罚承载了荡涤烟毒的最后希望，成为禁毒合力中的绝对主角。基于毒品犯罪的隐蔽性与"互利性"③，实践中必然存在大量的犯罪黑数，当刑罚的"不可避免性"难以实现时，"严厉性"成为补足"不可避免性"的次优选择。当刑罚成为禁毒合力的主驱动时，司法机关对刑罚功能出现非理性的过高期待，以一般预防之名将微量重刑正当化、普遍化，甚至于偏离了罪责刑相适应原则的基本轨道。

(三) 运作误差：行刑方式的政策本位

刑罚执行方式是刑罚的重要组成部分，同样的刑罚不同的执行方式会产生迥异的执行效果。立即执行与暂缓执行并无优劣之分、主从之别，对于某些既不能免除刑罚，又不宜执行短期自由刑的犯罪人，暂缓执行是较为妥当的处理方式。微量毒品犯罪案件中，除累犯、首要分子等，相当部分被告人

---

① 《刑法》第 5 条规定："刑罚的轻重，应当与犯罪分子所犯罪行和承担的刑事责任相适应。"
② ［德］冯·李斯特：《论犯罪、刑罚与刑事政策》，徐久生译，北京大学出版社 2016 年版，第 27 页。
③ 毒品犯罪尤其是贩卖毒品罪，是受害者自愿参与的犯罪，贩毒者实现了牟利之目的，购毒者满足了"消费"的需求，双方在某种程度上结合成病态的"利益共同体"，本文将这种特点称为"互利性"。

符合《刑法》第 72 条第 1 款①规定的缓刑的适用条件,此时,应重点考察被告人的人身危险性,主要包括主观恶性、悔罪态度、一贯表现、再犯危险等方面。刑罚执行方式的选择应当是个别化的,从严治毒的刑事政策并不排斥缓刑的合理适用,微量毒品犯罪中的初犯、偶犯和从犯等同样具备适用缓刑之可能性。当前,从严治毒的刑事政策过度影响了刑罚的执行方式,被告人入监服刑被认为是报应之必要、预防之必须,长期停留于个位数的缓刑适用率就是最直接、最直观的证明,行刑方式出现了较为严重的运作误差。

司法机关将宏大的毒品问题治理与个别的毒品犯罪裁判混同,在行刑方式上偏离了刑法教义学的基本立场,忽视了教育预防刑的基本功能,以国家兴衰、民族未来、社会稳定之名从紧行刑,缓刑被曲解为打击不力、宽缓过度,社会危害性、人身危险性在刑罚适用中的决定性作用被刑事政策冲淡,短期自由刑的执行比例畸高,刑罚执行的运作误差亟待匡正。

四、"无论数量多少"的司法匡正

目前,"无论数量多少"在司法中存在解释偏差、期望落差与运作误差,将会导致犯罪的扩大化、量刑的趋重化、行刑的严厉化,过多的社会资源被投入受刑人的羁押监管,其他综合治理措施的作用难以有效发挥,受刑人与国家、社会之间形成一种简单生硬的"物理对抗"关系,基于受刑人复归社会而实现的其与国家、社会的"化学融合"难以期待,刑罚试图以一己之力抗制毒品犯罪的努力,也终将面对力有未逮的冰冷现实。"毒品犯罪以市场化的方式运行,市场运行的根本动力在于利益,而在切断毒品犯罪的利益根源这一问题上,刑法是无能为力的"②,禁绝毒品的宏伟目标必须通过减少供应、减低需求、减轻伤害等措施并举并行方能实现,对"无论数量多少"的解释与适用应回归理性,实现刑罚从"厉而不严"到"严而不厉"的现代转型,推动刑罚在自己的功能范围内发挥最大作用。

(一)入罪有度

基于毒品危害的严重性、毒品犯罪的顽固性,刑事立法上秉持厉行禁毒

---

① 《刑法》第 72 条第 1 款规定:"对于被判处拘役、三年以下有期徒刑的犯罪分子,同时符合下列条件的,可以宣告缓刑,对其中不满十八周岁的人、怀孕的妇女和已满七十五周岁的人,应当宣告缓刑:(一)犯罪情节较轻;(二)有悔罪表现;(三)没有再犯罪的危险;(四)宣告缓刑对所居住社区没有重大不良影响。"

② 莫洪宪:《毒品犯罪的挑战与刑法回应》,载《政治与法律》2012 年第 12 期。

的价值取向具有相对合理性与必需性,"无论数量多少"具有重要的一般预防价值。但是,法律条文只有处于与它有关的所有条文的整体之中才显出其真正的含义,①"体系解释的目的在于避免断章取义,以便于刑法整体协调"②,《刑法》第 347 条第 1 款之意涵应置于刑法体系中整体考量,一律入罪是对法条的误解。

第一,对刑法分则条文的适用,不能违背刑法总则的规定。"总则规定犯罪与刑罚的一般原则、原理,分则规定具体的犯罪及其法定刑"③,总则具有统帅、规制分则的作用。在刑事司法中维护总则的权威性、优先性是罪刑法定、罪责刑相适应基本原则的本质要求,也是刑事司法统一的基本前提,否则会出现刑法分则 469 个罪名各行其是、自成一体的混乱局面。因此,《刑法》第 347 条第 1 款不能以特殊条款优先为由阻却《刑法》第 13 条但书的效力,司法人员在个案中必须从社会危害性、刑事违法性和应受刑事处罚性三个维度综合判断犯罪的成立与否。当毒品数量所导致的社会危害并不值得动用刑法规制时,作为二次法、保障法的刑法应当保持谦抑,为行政处罚留下合理的空间,否则将会导致《禁毒法》第 59 条规定的走私、贩卖、运输、制造毒品"尚不构成犯罪的,依法给予治安管理处罚"被架空为僵尸条款,行政、刑事的二元治毒体系将面临解构的危机,社会保护与人权保障的天平将会失衡。

第二,《刑法》第 347 条第 1 款具有立法上的宣示意义,适用不应绝对化。众所周知,基于沉痛的历史记忆,毒品问题在我国始终牵动着国民敏感的神经,社会主流民意对毒品犯罪抱有根深蒂固的敌视,由此衍生出"惩罚的冲动",毒品犯罪被告人往往受到法律与道德的双重责难,很难取得社会公众的谅解。司法机关在日益严峻的毒品问题面前,面对从严治毒的强大民意,感性取向在一定程度上影响了理性判断,在司法个案中简单适用"无论数量多少",忽视了"犯罪情节显著轻微"的限制,一份份微量入罪的判决映射出"冲动的惩罚"。但是,我们必须理性地认识到,1997 年《刑法》新增"无论数量多少"之规定有其特定的意义,一方面彰显了我国从

---

① 参见[法]亨利·莱维·布律尔:《法律社会学》,许钧译,上海人民出版社 1984 年版,第 243 页。
② 张明楷:《罪刑法定与刑法解释》,北京大学出版社 2009 年版,第 144 页。
③ 张明楷:《刑法分则的解释原理》,中国人民大学出版社 2004 年版,第 38 页。

严治毒、禁绝毒品的坚定决心，另一方面寄望于以此强化犯罪预防。在司法实践中如果将微量入罪推向极致，就会出现毒品数量无限接近于零而入罪的情形，必然会受到社会危害性、应受刑事处罚性的质疑。因此，"无论数量多少"更多地具有立法上的宣示意义，"微量入罪"的司法理念看似是对刑法分则条文的坚守，其实质是对罪刑法定基本原则的违背与损害。

第三，司法个案的定罪入刑，应遵循毒品治理的基本规律。毒品犯罪之所以久治不绝、痼疾难除，根本原因在于客观上存在一个非法的地下毒品市场，消费者受制于毒品"心理＋生理"的双重控制，毒品需求稳定且不断增大，在旺盛的市场需求与高额的不法利益面前，毒品犯罪必然会滋生蔓延、久禁不绝。毒品问题需要综合治理，应当从减少供应、减低需求、减轻伤害等方面着力，刑法仅能对减少供应起到一定作用，而对于减低需求与减轻伤害是无能为力的。毒品犯罪案件中，尤其是微量毒品犯罪案件，相当比例的犯罪嫌疑人是以贩养吸的吸毒者，其客观上也是毒品的被害人，绝对执行"无论数量多少"会将吸毒者转变为犯罪人，在国家、吸毒者、犯罪人的三角关系中，在不必要的情况下将吸毒者推向另一端，不利于禁毒统一战线的形成。在恪守罪刑法定基本原则的前提下，对微量毒品犯罪嫌疑人出罪化，并综合运用行政处罚、毒瘾戒治、心理干预、社会复归等措施，减轻毒品伤害、减低毒品需求，相较于一律入罪无疑是更符合毒品治理规律的理性选择。

当前，司法实践中"微量入罪"的泛化，实质上是对刑法条文的割裂适用，会引发禁毒法治体系内不同法律之间的紧张关系，导致行刑衔接的虚化，既是对"以刑治毒"的过度迷信，也是对行政措施的信心缺失，无益于毒品问题的综合治理。"无论数量多少"之适用不应绝对化，应当受到"犯罪情节显著轻微"的制约，司法个案必须接受社会危害性、刑事违法性和应受刑事处罚性的三重检验，为其他处罚措施留下合理空间，在穷尽了一切非刑罚手段后仍然认为刑罚不可避免时，方能考虑刑法的介入。在司法个案中，一方面，对于毒品数量过少的初犯、偶犯、从犯和未成年犯等，不应一律机械入罪，应视情形将部分显著轻微的案件交由《治安管理处罚法》调整；另一方面，对于毒品再犯和具有《刑法》第 17 条第 2 款[①]规定的 8

---

① 《刑法》第 17 条第 2 款规定："已满十四周岁不满十六周岁的人，犯故意杀人、故意伤害致人重伤或者死亡、强奸、抢劫、贩卖毒品、放火、爆炸、投放危险物质罪的，应当负刑事责任。"

个罪名之前科的犯罪嫌疑人，无论毒品数量多少均应纳入刑事打击的范围，在司法层面实现"从严治毒的具体刑事政策"与"宽严相济的基本刑事政策"的融洽与互补，充分体现出轻重有据、宽严有别、惩治有序。

（二）量刑有节

在微量毒品犯罪中，刑罚的种类应当是多元化、个别化的，忽视乃至于排除管制的适用，有违背罪责刑相适应基本原则之嫌。管制刑是我国独创的限制受刑人一定人身自由的刑罚种类，在预防犯罪方面具有重要作用，[①] 其兼具报应刑与预防刑的双重功效，符合现代刑罚的轻缓化、非监禁化潮流，对于惩治、教育轻微犯罪人具有不可替代的作用。目前，司法机关在微量毒品犯罪案件的裁判中忽视管制刑的重要作用，主要原因有三：一是认为毒品犯罪无论数量多少都是严重犯罪，非监禁化的管制刑无法实现等价报应；二是认为毒品犯罪人难以矫治，必须入监进行系统彻底的教育改造，方能实现特殊预防；三是认为刑罚适用具有重要的示范效应，宽缓化的刑罚不利于毒品犯罪的一般预防。

刑罚本身是一种恶，是一种对人性强制压迫、禁锢的暴力，其不得已的启动是为了维系正常的社会生活秩序，对每个社会成员形成有效的他律。[②] 刑罚种类决定了刑罚的严厉程度，死刑与生刑阴阳两重天、管制与监禁天地各一边，《刑法》第 347 条第 4 款[③]配置"三年以下有期徒刑、拘役或者管制"之刑罚，本身就说明少量毒品犯罪并不属于社会危害性严重的犯罪，更遑论微量毒品犯罪。微量毒品犯罪（尤其是贩运毒品）大致属于街头犯罪，犯罪主体大多系社会低层人员，相当比例的行为人兼具"毒品受害者"与"毒品犯罪实施者"的双重身份，有学者认为"在零星贩卖毒品案件中以贩养吸的比例保守估计在 70%"[④]，此类人员在生理和心理上受到毒品的双重控制，基于无法自制、难以自控的毒品消费需求，其实施毒品犯罪也是一种迫不得已。一律判处监禁刑可能导致报应有余、预防不足，一方面，由于涉案毒品数量较少，监禁刑所带来的痛苦明显超过了受刑人实施毒品犯罪

---

① 参见王利荣：《也谈管制刑适用的法律调整》，载《中国刑事法杂志》2000 年第 4 期。
② 参见梅传强：《犯罪心理学》，中国法制出版社 2016 年版，第 71 页。
③ 《刑法》第 347 条第 4 款规定："走私、贩卖、运输、制造鸦片不满二百克、海洛因或者甲基苯丙胺不满十克或者其他少量毒品的，处三年以下有期徒刑、拘役或者管制，并处罚金；情节严重的，处三年以上七年以下有期徒刑，并处罚金。"
④ 胡剑：《北京市青少年毒品犯罪对策分析》，载《北京青年研究》2018 年第 1 期。

所获得的快感，不符合比例原则的基本要求；另一方面，试图仅依靠监禁来实现受刑人的特殊预防，是不具有期待可能性的，深入骨髓的毒品需求将会驱使吸毒者循环往复地走进毒品犯罪的深渊。

微量毒品犯罪人的特殊预防与其本人毒瘾的戒断具有重要关联，刑罚之适用应将毒瘾戒治纳入考量范围，并以报应为上限、预防为下限，切不可将个人作为国家实现一般预防的工具。司法机关应当激活沉睡中的管制刑，在个案裁判中有效激发管制刑的特有功效，使其在刑罚种类分布中占据应有位置。第一，对于综合考量《刑法》第347条第1款、第4款与第13条但书后，刚刚达到入罪标准的微量毒品犯罪，除非被告人具有毒品再犯、严重暴力犯罪前科等量刑情节，一般情况下应优先适用管制刑。第二，对于微量毒品犯罪中数量相对较大的被告人，不能一概排除管制刑适用的可能性，如果被告人具有自首、立功、坦白、从犯和初犯等法定、酌定量刑情节，犯罪情节较轻、人身危险性不大，那么可以考虑适用管制刑。从严治毒的刑事政策与管制刑并无抵牾，管制刑的准确适用是从严治毒的内在要求，刑罚的适用既应当回溯过往，还应当面向未来，当管制刑足以实现报应与预防时，民族伤痛、国民情感不应成为否定管制刑的理由，更不能以从严治毒为由，背离罪责刑相适应原则将管制上升为拘役，将拘役上升为有期徒刑，将有期徒刑之刑期不当提升。第三，司法裁判应重视管制刑与职业禁止、禁止令的配套适用。职业禁止和禁止令本质上属于保安处分，唯一之目的在于犯罪预防，二者作为非刑罚处遇措施在预防犯罪、防卫社会上具有重要的制度价值，[①]还能在某种程度上强化非监禁刑的严厉性。然而，理论令人期待，现实令人沮丧，本节统计的1913名毒品犯罪被告人，适用职业禁止和禁止令的人数几乎为零。司法个案裁判中，在扩大管制刑适用范围的同时，应重视职业禁止与禁止令的配套适用，在管制刑执行期间禁止受刑人接触特定的人（如吸毒人员）、禁止从事特定活动（如KTV消费）、禁止进入特定区域和场所（如边境、酒吧），对于利用职业便利、违背职业要求实施毒品犯罪的受刑人，视预防犯罪之需要，还可在管制执行完毕之日起禁止其在一定期限内从事相关的职业，例如，KTV经营者在营业场所内贩卖毒品、运输业者利用职业便利运输毒品，均应依法禁止其在一定期限内从事相关职业。管制刑之

---

① 参见于志刚：《从业禁止制度的定位与资格限制、剥夺制度的体系化——以〈刑法修正案（九）〉从业禁止制度的规范解读为切入点》，载《法学评论》2016年第1期。

适用是罪责刑相适应原则的基本要求,职业禁止与禁止令之适用是预防犯罪的客观需要,二者配套适用并非简单的"物理叠加",而是刑罚与保安处分在执行效果上的"化学质变",能够对微量毒品犯罪的惩治与预防产生重要的正向作用。

(三) 行刑有效

"行刑制度是实现刑罚目的的一项司法活动"①,主要包括缓刑、减刑和假释等,囿于篇幅,本部分重点讨论缓刑问题。"因为有犯罪并为了没有犯罪而科处刑罚是刑罚的正当化根据"②,报应决定了刑罚目的之正当性,预防体现了刑罚目的之功利性,在报应限度内的预防才既是功利的更是正义的,③ 在刑罚执行方式的选择上,也应当在报应的基础上追求预防,不能够以预防之名突破报应之需要。

二十一世纪以来,为了应对愈发严重的毒品犯罪问题,最高人民法院先后在广西南宁、辽宁大连、湖北武汉召开审理毒品犯罪案件的座谈会,在2015年印发的《武汉会议纪要》中,最高审判机关对毒品犯罪的缓刑适用作出了严格限制,明确指出"对于毒品犯罪应当从严掌握缓刑适用条件"④,之后,这一具有准司法解释性质的政策性文件正式主导了毒品犯罪案件的缓刑适用。微量毒品犯罪案件中,低至1.39%的缓刑适用率直接印证了从紧行刑的现状,高监禁率不仅与行刑社会化的现代潮流相悖,还有被刑事政策过度斧凿的痕迹。

《刑法》第72条第1款规定了缓刑的适用条件,罪名并非缓刑适用的法定考量要件,更遑论缓刑适用的决定性要件,而应将之视为影响缓刑适用的酌定考量内容。当前,以罪名来决定毒品犯罪被告人缓刑的适用与否,在理论上违反了刑法教义学的基本方法,在实践上违反了罪刑法定的基本原则,实有以社会保护之名牺牲人权保障之嫌。"毒品犯罪是一种经济性的非

---

① 周光权:《刑法学总论》,中国法制出版社2016年版,第397页。
② 张明楷:《刑法格言的展开》,北京大学出版社2013年版,第475页。
③ 参见陈兴良:《刑罚目的新论》,载《华东政法大学学报》2001年第3期。
④ 《武汉会议纪要》:对于毒品犯罪应当从严掌握缓刑适用条件。对于毒品再犯,一般不得适用缓刑。对于不能排除多次贩毒嫌疑的零包贩毒被告人,因认定构成贩卖毒品等犯罪的证据不足而认定为非法持有毒品罪的被告人,实施引诱、教唆、欺骗、强迫他人吸毒犯罪及制毒物品犯罪的被告人,应当严格限制缓刑适用。

暴力犯罪，并不直接侵害人的生命健康"①，其社会危害性必须通过吸食者的"自损行为"方能实现，联合国的相关公约也已确认毒品犯罪不属于最严重的犯罪，一味对被告人执行监禁刑，并不会收到期望中的良好效果。除非受刑人具有《刑法》第74条累犯、首要分子的法定情节，否则不能当然排除缓刑适用之可能性，应进行全面的实质性审查与判断。微量毒品犯罪符合犯罪情节较轻之规定，是否适用缓刑应重点考察《刑法》第72条第1款第2~4项，对于认罪悔罪、改过自新、社区接纳的初犯、从犯和未成年犯等被告人可以考虑适用缓刑，开放式的社会化行刑更能实现犯罪预防。

第一，对于未成年被告人以适用缓刑为一般，执行监禁刑为例外。实施微量毒品犯罪的未成年人，大多处于毒品犯罪链条的最末端，对法益侵害的"加功作用"有限，被蒙蔽、挟持而参与毒品犯罪的情况普遍，一律执行监禁刑会将其彻底推向社会主流价值观的对立面，人为制造将来的再犯罪人。"外向冒险、行为冲动、情绪易变、易受坏人引诱是各种少年犯的基本的共同的人格特征"②，少年刑法的主要目的是教育，"对于成长中的少年来说，短时间的关押起不到教育的作用，反倒会起到负面的作用"③。刑法是最后法，未成年人监禁性刑罚是最后的处罚措施，用之需慎之又慎。申言之，未成年人实施微量毒品犯罪，如果符合《刑法》第72条的基本条件，那么在判处拘役、有期徒刑时原则上均应适用缓刑，除非被告人系毒品犯罪集团、团伙的首要分子和主犯，或者具有《刑法》第2编第6章第7节规定的11个罪名④或《刑法》第17条第2款规定的8个罪名之前科，否则个案裁判不应考虑执行监禁刑。

第二，对于采用诱惑侦查手段破获的微量毒品犯罪案件，应适度扩大缓刑的适用范围。隐蔽性与互利性是毒品犯罪的重要特征，制毒者、贩毒者与购毒者之间形成了病态的相互依存关系，前者满足经济利益的需求，后者满

---

① 梅传强、胡江：《毒品犯罪死刑废除论》，载《河南财经政法大学学报》2016年第5期。
② 邓芸菁、窦刚、张锋：《少年犯人格的基本特征及其相关因素的研究》，载《中国临床心理学杂志》2000年第3期。
③ 梁根林主编：《刑事政策与刑法变迁》，北京大学出版社2016年版，第261页。
④ 《刑法》第2编第6章第7节11个罪名如下：(1) 走私、贩卖运输、制造毒品罪；(2) 非法持有毒品罪；(3) 包庇毒品犯罪分子罪；(4) 窝藏、转移、隐瞒毒品、毒赃罪；(5) 非法生产、买卖、运输制毒物品、走私制毒物品罪；(6) 非法种植毒品原植物罪；(7) 非法买卖、运输、携带、持有毒品原植物种子、幼苗罪；(8) 引诱、教唆、欺骗他人吸毒罪；(9) 强迫他人吸毒罪；(10) 容留他人吸毒罪；(11) 非法提供麻醉药品、精神药品罪。

足毒品消费的需求,传统侦查手段难以及时、全面侦破此类犯罪。为有效打击毒品犯罪,允许对毒品犯罪采用诱惑侦查手段是世界各国的主流做法。采用诱惑侦查①手段的微量毒品犯罪案件,毒品交易的进程在侦查人员的严密监视之下,毒品一般不会流入社会并产生实际危害,犯罪行为对法益造成的侵害受到了严格的限制,② 无差别地执行监禁刑不符合比例原则。源于行政法的比例原则,已成为刑法的重要原则,一般包括适当性、必要性与相称性三个子原则。适当性要求手段必须能够实现目的,必要性要求选择侵害最小的手段,相称性要求所损害的利益不得大于所保护的利益。③ 微量毒品犯罪案件的刑罚裁量应遵循比例原则,从适当性、必要性与相称性三个维度对行为的社会危害性、行为人的人身危险性进行综合评估,当缓刑已足以实现报应与预防时,司法裁判应选择这种侵害更小的行刑方式。"剥夺人身自由的判决,剥夺了一个人最基本、最珍惜的权利,因此,需要特别强有力的依据"④,这个依据只能是罪责原则,而非刑事政策。

微量毒品犯罪本身社会危害性有限,"控制下交付"的社会危害性更弱,相称性对应下的报应不宜过度,最高人民法院2008年印发的《大连会议纪要》第6条第4款也确立了"对因'数量引诱'实施毒品犯罪的被告人,应当依法从轻处罚"的裁判原则,从轻既包括刑罚的种类与刑期,也包括刑罚的执行方式。司法者应对微量毒品犯罪被告人的罪前表现(个人情况、社会表现、前科劣迹等)、罪中情况(犯罪的性质、动机、目的、手段、形态、罪过形式等)、罪后态度(悔罪态度、坦白、自首、立功等)进行全面考查,准确评估行为人的再犯罪可能性,如果缓期执行更有利于犯罪预防,那么缓刑适用就具备了正当性与合理性,司法裁判理应作出积极的回应。

第三,在合理扩大缓刑适用范围的同时,应通过保安处分、社会综合治理措施等方法,实现行刑有效。"我国现行法律中虽无保安处分的概念,但

---

① 诱惑侦查分为犯意引诱型诱惑侦查与机会提供型诱惑侦查,《刑事诉讼法》第153条已明确禁止采用犯意引诱型诱惑侦查,并允许对毒品犯罪实施控制下交付。本文所称的诱惑侦查,特指机会提供型诱惑侦查。
② 参见伍晋:《毒品犯罪"诱惑侦查"须有度》,载《检察日报》2017年12月19日,第3版。
③ 参见张明楷:《法益保护与比例原则》,载《中国社会科学》2017年第7期。
④ [英]安德鲁·阿什沃斯:《刑法的积极义务》,姜敏译,中国法制出版社2018年版,第175页。

在刑法中已实质性地存在保安处分"①，具体包括收容教养、强制医疗、禁止令、职业禁止和管制、缓刑监督等，非刑法的法律后果虽然不表现为刑罚，但对于发挥刑法的行为规范作用以及预防犯罪具有重要意义。②

基于罪责原则的基本要求，对微量毒品犯罪被告人的报应只能控制在较低的程度，刑罚的主要目的在于犯罪预防。在宣告缓刑的案件中，刑罚必须与非刑罚处遇措施互为补充、相向而行，方能实现行刑有益、预防有效。在缓刑执行中应强化社区矫正的正面教育作用，加强禁止令与职业禁止的环境隔离作用，注重职业技能培训的经济支撑作用，发挥心理干预治疗的人格重塑作用，通过聚萃合力的社会化行刑方式，最大限度地促进受刑人的社会复归，促使受刑人与国家、社会达成和解，并促成从"彼此和解"到"相互理解"，将受刑人的再犯罪可能性降到最低，实现行刑效果的最优化。

当前，微量毒品犯罪在毒品犯罪总量中占据较大比例，刑事司法有过度从严的倾向，司法人员将从严治毒的刑事政策片面理解为刑罚的严厉性，而忽略了刑罚的严密性。毒品犯罪之所以久禁不绝，除了消费需求驱动市场供应这一根本原因外，无可估量的犯罪黑数也是诱发毒品犯罪的重要原因，"杂乱无序的景象为潜在的犯罪者提供了一个犯案的绝佳场所"③，大量未遭查处的毒品犯罪犹如一扇扇破窗，暗示与激发了更多的毒品犯罪。在抑制毒品犯罪的过程中，提高刑罚必然性是比提升刑罚严厉性更为科学的方法，社会综合治理是比单纯倚重刑法更为有效的路径，减少供应、减低需求、减轻伤害才是禁绝毒品的根本出路，"无论数量多少"的理解与适用应遵循犯罪治理的基本规律，回归刑法教义学的基本方法，恪守罪刑法定、尊重罪责原则，从有力走向有效、从传统迈向现代。

第四节 毒品数量计算方式的完善*

最高人民法院于 2017 年发布的《人民法院禁毒工作白皮书（2012—

---

① 时延安：《隐形双轨制：刑法中保安处分的教义学阐释》，载《法学研究》2013 年第 3 期。
② 参见张明楷：《刑法学》，法律出版社 2016 年版，第 631 页。
③ 李本森：《破窗理论与美国的犯罪控制》，载《中国社会科学》2010 年第 5 期。
* 本节撰写者：徐冉、彭景理。

2017)》指出：涉案毒品种类多样化已经成为当今毒品犯罪的突出特点之一。当犯罪行为涉及不同类型的毒品时，现有计算方式并不能妥当解决毒品数量的认定问题。具体而言，2008 年《大连会议纪要》确立了估堆法①。由于估堆法在确定毒品数量时缺乏明确、统一的适用标准，2015 年《武汉会议纪要》提出折算法②将其取代。此后，最高人民法院于 2016 年 4 月 6 日出台的《毒品犯罪解释》进一步提出直接计算法③作为折算法的补充。虽然毒品数量计算方式日趋统一和完善，但实务中对毒品数量的计算仍存在多种样态，这导致毒品数量的认定存在偏差，使得刑罚轻重失衡。毒品数量直接影响刑罚轻重，为保障司法实务中对毒品数量的准确认定，实现刑罚合理配置，有必要对现有的毒品数量计算方式进行更加彻底的检视、改造和完善。

一、涉及不同类型毒品时毒品数量计算方式的检视

从中国裁判文书网抽取了相关样本，分析结果显示，对于一案涉及多种类型毒品的，在毒品数量的计算方法上呈现出折算法、估堆法、直接计算法并存的状态，也有法院直接将"涉及多种类型毒品"作为量刑情节对待，或者只计算其中一种毒品的数量。

（一）样本来源及其价值说明

在中国裁判文书网，笔者采取"高级检索"的方式，分别以"不同种类"和"多种毒品"为全文检索的关键词，以"走私、贩卖、运输、制造毒品"为案由，以 2015 年 5 月 18 日至 2018 年 5 月 18 日为期限，检索得到

---

① 2008 年《全国部分法院审理毒品犯罪案件工作座谈会纪要》指出："对被告人一人走私、贩卖、运输、制造两种以上毒品的，不实行数罪并罚，量刑时可综合考虑毒品的种类、数量及危害，依法处理。"本部分将这种确认毒品数量的方式称为"估堆法"。

② 2015 年《全国法院毒品犯罪审判工作座谈会纪要》指出："走私、贩卖、运输、制造、非法持有两种以上毒品的，可以将不同种类的毒品分别折算为海洛因的数量，以折算后累加的毒品总量作为量刑的根据。对于刑法、司法解释或者其他规范性文件明确规定了定罪量刑数量标准的毒品，应当按照该毒品与海洛因定罪量刑数量标准的比例进行折算后累加。对于刑法、司法解释及其他规范性文件没有规定定罪量刑数量标准，但《非法药物折算表》规定了与海洛因的折算比例的毒品，可以按照《非法药物折算表》折算为海洛因后进行累加。"本文将这种确认毒品数量的方式称为"折算法"。此处《非法药物折算表》由国家食品药品监督管理局于 2004 年 10 月发布。

③ 本解释直接对除了刑法典条文中所列举的三种毒品之外的其他类型毒品数量大小认定作出了较为详细的标准，本文将这种做法称为"直接计算法"。

全国范围内一审裁判文书98份，其中有效文书85份。被剔除的13份文书主要包括样本重复与内容不符两种。前者主要表现为裁判文书重复出现；后者则表现为关键词指代差异，比如"不同种类"指的是交通工具或者字迹类型的不同，与毒品类型无关。

从裁判文书的地域分布来看，85份有效裁判文书来源于广东、黑龙江、上海、新疆、湖南、四川、陕西等省区市，裁判文书基本上覆盖了我国南北东西全部区域。[①] 我们知道，一省之内法院系统的裁判标准及文书写作在一定程度上具有统一性，所以3年内的有效样本数量虽然不多，但基本上是客观全面且具有代表性的。

（二）毒品数量计算方式的总体样态

根据裁判文书中的具体内容，本文将毒品数量的计算方式分为五种情形：其一，明确指出涉及不同类型毒品时需要折算（情形A）；其二，虽然未提及折算，但实际上给出了折算后的毒品总数（情形B）；其三，并未折算，仅将毒品类型作为量刑情节处理（情形C）；其四，未说明需要进行折算，未计算毒品的最后总量，也未说明将毒品类型作为量刑情节（情形D）；其五，其他情形（情形E）。如表一所示。

表一：毒品数量计算方式总体情形

情形	A	B	C	D	E
裁判文书数量/份	8	5	22	46	4
所占比重/%	9.4	5.9	25.9	54.1	4.7

根据《武汉会议纪要》，涉及不同类型毒品时，应将不同类型毒品折算为海洛因，以折算累加的毒品总量作为量刑的根据。如果严格按此要求，符合条件的裁判文书共8份（情形A），占全部样本的9.4%。情形B虽然没有明确指出需要折算，但裁判文书中却给出了折算后的总数，某种程度上也贯彻了《武汉会议纪要》的精神。即便如此，A、B两种情形总计也才13份裁判文书，占全部样本的15.3%。有22份裁判文书将毒品类型作为量刑情节对待（情形C），占全部样本的25.9%。而直接忽略毒品折算问题的情

[①] 有效样本的分别来自陕西、广东、山西、湖北、四川、湖南、重庆、海南、Y省、新疆、安徽、北京、上海、黑龙江、福建、贵州、河南、广西、河北、天津和浙江。

形 D 占据全部样本 54.1%。可以看出，当涉及不同类型毒品时，仅 15.3% 的裁判文书直接或间接地贯彻了折算法，剩下 84.7% 的裁判文书并未采取折算法来确定毒品总数，司法人员在量刑时依然深受估堆法的影响，采取从总体上综合考虑的方法。

（三）毒品数量计算方式的具体样态

情形 A 的 8 份裁判文书中，虽然都明确指出需要将不同类型毒品进行折算，但文书写作的表述方式各有不同。其中 4 份裁判文书明确指出要根据《武汉会议纪要》或《非法药物折算表》中的折算比例，将其他毒品折算为海洛因之后积累量刑。① 另外 3 份裁判文书虽然没有提及《非法药物折算表》，但明确指出需要折算，且载明折算后的毒品总数。② 还有 1 份裁判文书虽然明确指出要折算，但并未说明折算依据，也未给出折算后的数量，仅作如下解释："贩卖、运输两种以上毒品的，可以将不同种类的毒品分别折算为海洛因的数量，以折算后累加的毒品总量作为量刑依据。"③ 由此可见，即使司法人员认识到需要对不同类型的毒品进行折算，也未必会在裁判文书中载明折算依据、方式和具体的数量。

情形 B 的 5 份裁判文书中，说理部分直接给出了折算后的毒品总数。具体表述诸如："被告人贩卖/非法持有/运输毒品合计×××"或"被告人贩卖/非法持有/运输毒品累加共计×××"等。④ 从文书内容来看，虽然有总数，但从字面上无法判断毒品数量合计或累加的依据是什么。这种情形中，司法人员也许已经意识到需要根据折算后的毒品总数量刑，但因为本身文书写作不规范，或者故意不写明，又或是其他原因，并未将毒品数量的具体计算依据和方式体现在文书中。

情形 C 的 22 份裁判文书中，司法人员对不同类型的毒品并没有进行折算，而是将"犯罪行为涉及不同类型毒品"作为量刑情节对待。从具体内容可以发现，即便将此作为量刑情节，也缺乏统一的适用标准。倘若以酌定

---

① 裁判文书编号：（2016）粤 1704 刑初 249 号；（2017）陕 0323 刑初 13 号；（2017）云 0181 刑初 611 号；（2016）新 2801 刑初 139 号。

② 这里折算的直接依据并非《武汉会议纪要》，而是各省份的量刑规范意见。裁判文书编号：（2015）定刑初字第 67 号；（2015）惠博法刑一初字第 320 号；（2017）晋 0421 刑初 124 号。

③ 裁判文书编号：（2017）陕 0323 刑初 13 号。

④ 裁判文书编号：（2015）鄂通山刑初字第 86 号；（2017）鄂 1224 刑初 20 号；（2016）粤 0804 刑初 107 号；（2015）湛吴法刑初字第 139 号；（2017）晋 0421 刑初 124 号。

量刑情节与法定量刑情节进行区分，有 19 份裁判文书将"犯罪行为涉及不同类型毒品"作为酌定量刑情节，具体表述为："被告人贩卖/运输/走私/非法持有不同种类的毒品，本院酌情予以从重处罚"①；另有 3 份裁判文书将此作为法定量刑情节对待，具体表述为："被告人贩卖多种毒品，依法应从重处罚"②。倘若以从重情节与从轻情节进行区分，其中 21 份裁判文书将此作为从重情节，仅有 1 份裁判文书将此作为从轻情节，表述方式为："被告人李某贩卖不同种类的毒品，本院酌情对其从轻处罚。"③

情形 D 的 46 份裁判文书中，既未指出需要折算，也未将"犯罪行为涉及不同类型毒品"作为量刑情节对待，从整个裁判文书内容来看，毒品类型与总量似乎与量刑没有关系。④ 仅少数裁判文书中会写到："查获的不同种类毒品，均应作为贩卖/运输/制造的毒品数量。"这种做法实际上反映

---

① 裁判文书编号：（2016）粤 1323 刑初 920 号；（2015）惠城法刑一初字第 806 号；（2015）珠横法刑初字第 74 号；（2015）惠城法刑一初字第 716 号；（2015）惠城法刑一初字第 738 号；（2015）惠城法刑一初字第 496 号；（2015）清城法刑初字第 407 号；（2015）惠城法刑一初字第 548 号；（2017）粤 0904 刑初 131 号；（2016）粤 0904 刑初 377 号；（2015）惠城法刑一初字第 452 号；（2015）惠城法刑一初字第 795 号；（2015）惠城法刑一初字第 592 号；（2015）清城法刑初字第 554 号；（2017）粤 1802 刑初 2 号；（2015）清城法刑初字第 801 号；（2015）清中法刑二初字第 164 号；（2017）粤 1803 刑初 70 号；（2016）粤 1802 刑初 680 号。

② 裁判文书编号：（2015）惠城法刑一初字第 681 号；（2017）粤 1802 刑初 52 号；（2017）粤 1802 刑初 677 号。

③ 此处虽然划分标准不同，但裁判文书样本与前述一致，所以作为从重情节裁判文书的编号不再赘述，仅将作为从轻情节裁判文书的编号单独列出：（2015）惠城法刑一初字第 738 号。

④ 裁判文书编号：（2016）粤 1803 刑初 267 号；（2018）川 0725 刑初 38 号；（2015）惠城法刑一初字第 758 号；（2016）晋 0423 刑初 139 号；（2015）清城法刑初字第 428 号；（2015）韶浈法刑初字第 153 号；（2015）清新法刑初字第 329 号；（2016）渝 0103 刑初 1093 号；（2016）粤 0825 刑初 174 号；（2017）渝 02 刑初 7 号；（2015）珠香法刑初字第 2126 号；（2016）琼 0271 刑初 605 号；（2016）皖 0504 刑初 313 号；（2018）粤 0103 刑初 135 号；（2015）合刑初字第 389 号；（2015）静刑初字第 252 号；（2016）琼 01 刑初 4 号；（2015）海南一中刑一初字第 25 号；（2016）桂 0123 刑初 28 号；（2017）粤 0402 刑初 471 号；（2015）通川刑初字第 213 号；（2015）鄂三峡刑初字第 00039 号；（2015）佛城法刑初字第 956 号；（2016）粤 1702 刑初 407 号；（2015）穗越法刑初字第 1854 号；（2015）穗花法刑初字第 752 号；（2016）晋 0427 刑初 5 号；（2015）穗越法刑初字第 1277 号；（2016）粤 1802 刑初 357 号；（2017）粤 1802 刑初 23 号；（2015）清城法刑初字第 624 号；（2015）清城法刑初字第 437 号；（2017）鄂 0102 刑初 278 号；（2016）湘 04 刑初 29 号；（2018）冀 0426 刑初 1 号；（2017）豫 0192 刑初 10 号；（2015）穗荔法刑初字第 1000 号；（2016）鄂 2827 刑初 136 号；（2016）沪 0106 刑初 398 号；（2015）香刑初字第 118 号；（2015）普刑初字第 1102 号；（2015）琼海刑初字第 188 号；（2017）黔 06 刑初 14 号；（2016）浙 03 刑初 7 号；（2015）漳刑初字第 20 号；（2016）陕 08 刑初 38 号。

出：虽然理论上估堆法早已被折算法取代，但在司法实务中却有不同程度的保留。

除上述情形之外，当犯罪行为涉及不同类型毒品时，司法实务中还存在两种极为特殊的情形。其一，极少数裁判文书只根据一种毒品的数量来确定刑罚。譬如，在（2016）粤1322刑初535号裁判文书中，"被告人贩卖不同种类毒品且贩卖毒品甲基苯丙胺达11.68克，依法应处七年以上有期徒刑，并处罚金"。而本案中的犯罪人还贩卖了海洛因6.81克、咖啡因0.26克、氯氮平0.08克、氯胺酮0.32克。但从判决文书的表述来看，明显有直接依甲基苯丙胺量刑的倾向。而在（2015）朝刑初字第940号裁判文书中，被告人同时持有尼美西泮1.4克、氯胺酮47.23克、甲基苯丙胺76.96克，裁判文书中却只载明"被告人李某非法持有毒品甲基苯丙胺50克以上，其行为触犯了刑律，已构成非法持有毒品罪，应予惩处"[1]。其二，当一种毒品由其他毒品混合而成时，裁判文书中并未明确指出依据何种毒品类型确定最终毒品数量。在（2017）晋0423刑初136号裁判文书中，犯罪人贩卖一种由甲卡西酮及咖啡因混合而成的，被当地人称之为"筋"的毒品。裁判文书中的表述是"被告人陈某某违反国家对毒品的管理制度，向多人多次贩卖毒品，并被查获含甲卡西酮及咖啡因成分的毒品34.4克，其行为已构成贩卖毒品罪"。在《非法药物折算表》中，甲卡西酮与咖啡因分属不同类型，致害效果明显不同，这种情形是否需要折算？事实上，是直接以"筋"的数量作为量刑依据，还是寻求毒品折算后的结果，《武汉会议纪要》亦未明确。

从样本数据可以发现，当案件涉及不同类型毒品时，司法实务中计算毒品数量的方式差异极大，有严格按照相关司法解释与《武汉会议纪要》的，有将此作为量刑情节对待的，有继续采取估堆法的，也有只看其中一种毒品数量的。如果严格考察，仅有少数裁判文书符合《武汉会议纪要》的要求（情形A&B）。情形C将"犯罪行为涉及不同类型毒品"作为量刑情节，在《武汉会议纪要》之外重新开辟了一种考量毒品种类的模式，但这并不符合当下的制度规定；情形D则是估堆法的遗影；情形E中的两种处理方式明显存在问题。上述现象的出现，与既有的计算方法本身存在的问题密不可分。可以想象，此种情形下很难保障法律适用的统一性和判罚结果的权威

---

[1] 参见（2015）朝刑初字第940号判决书。

性，既有违罪责刑相适应原则的要求，也有突出刑罚个别化而减弱量刑均衡化之嫌。

二、折算法与直接计算法存在的问题

折算法不考虑毒品的纯度与化学成分，其将海洛因作为折算基础也面临现实挑战，并不利于实务中对毒品数量进行科学认定。直接计算法以将所有种类毒品登记在册为基础，不具有可操作性。二者并存也存在刑罚畸轻畸重的问题。

（一）折算法存在的问题

依照折算法，走私、贩卖、运输、制造、非法持有两种以上毒品者，可将其他毒品依《非法药物折算表》中海洛因之折算比例统一折算为海洛因，以折算后累加总量作为量刑依据。譬如，行为人走私10克可卡因和10克海洛因，根据折算比例，1克可卡因相当于0.5克海洛因，此时以15克海洛因对行为人量刑即可。如此做法看似合理，事实上并不妥当。

其一，折算法之下，司法人员有可能受其他因素影响而操纵毒品数量的认定，从而左右对犯罪人的刑罚裁量。我国刑法明确规定毒品犯罪中刑罚的裁量只看毒品数量而不考虑纯度，但在毒品折算时是否需要考虑纯度却并不明确。[①] 按照刑法典之精神，似乎也不必考虑纯度。然而《非法药物折算表》恰恰又是以纯品海洛因为折算标准，这就意味着毒品纯度在折算时不可忽视。更重要的是，是否考虑纯度将直接影响刑罚裁量结果，犯罪人可能因此遭遇完全不同的刑罚处遇。譬如，行为人同时走私了纯度为50%的可卡因100克，纯度为80%的海洛因10克。若不考虑纯度，此时行为人总共走私了60（100×0.5+10=60）克，[②] 最高法定刑为死刑；[③] 若考虑纯度，则行为人实际上只走私了33（100×0.5×50%+10×80%=33）克，依据

---

① 《刑法》第357条第2款："毒品的数量以查证属实的走私、贩卖、运输、制造、非法持有毒品的数量计算，不以纯度折算。"

② 依据《非法药物折算表》，1g可卡因相当于0.5g海洛因。

③ 依据《刑法》第347条第2款第1项，"走私、贩卖、运输、制造鸦片一千克以上、海洛因或者甲基苯丙胺五十克以上或者其他毒品数量大的"，处15年有期徒刑、无期徒刑或者死刑，并处没收财产。

《刑法》第 347 条第 3 款，法定刑为 7 年以上有期徒刑，并处罚金。① 由于折算法本身未明确表示在折算过程中是否需要考虑被折算毒品的纯度，折算时人为降低毒品数量成为可能，这为个人好恶表达与权力寻租留下了隐患。

其二，折算法忽视毒品成分的多样性，反而导致对毒品数量判断不准确。不同毒品具有不同的化学成分，对人体产生的危害效果也各不相同，它们或具有致幻性，或具有药物依赖性，或具有兴奋或镇静作用。由于化学成分和药理效果的本质差异，再精确的折算也会存在一定的误差。随着毒品种类日新月异，当所有类型的毒品均折算为一类时，其中误差将变得更大，这反而有悖于折算法确立的初衷——准确判断毒品数量。

其三，将海洛因作为折算基准是否合理存在疑问。

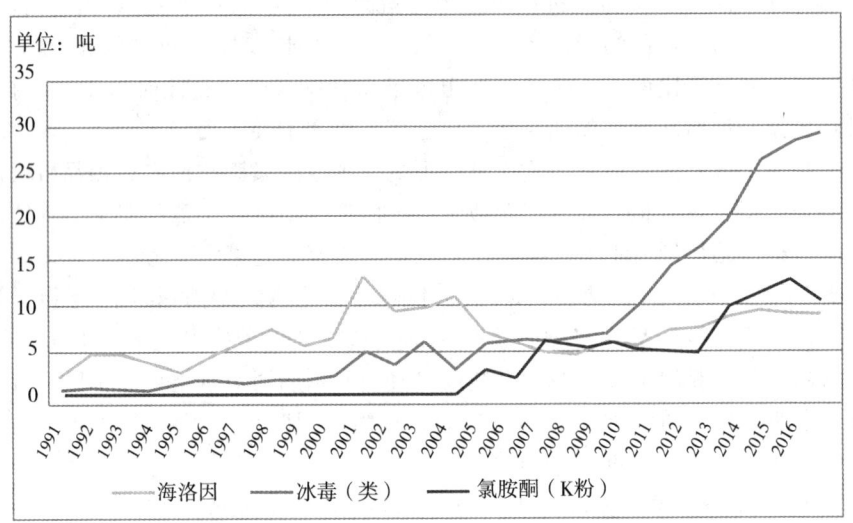

图一：1991—2016 年我国主要毒品数量折线图

从图一可以看出，② 自 2006 年以来，冰毒（类）成为我国毒品犯罪中主要毒品类型，冰毒数量居高不下；而作为新型毒品的 K 粉，总量也在 2013 年之后超过海洛因。由此可见，海洛因数量虽然一直保持了较为平稳

---

① 《刑法》第 347 条第 3 款："走私、贩卖、运输、制造鸦片二百克以上不满一千克、海洛因或者甲基苯丙胺十克以上不满五十克或者其他毒品数量较大的，处七年以上有期徒刑，并处罚金。"
② 根据国家禁毒委历年所发布的《中国禁毒报告》制作。

的发展态势,但在总量上已经不是最主要的毒品类型。如果确实需要选择一种毒品作为折算基准,以犯罪中最常见、数量最多的毒品为准似乎更为合理。而最高人民法院并未以数量最多的冰毒作为折算对象,若犯罪行为中海洛因为主要毒品,则折算为海洛因未尝不可;但如果主要毒品不是海洛因,如此规定未免有"一刀切"的嫌疑:明明可以折算为其他主要类型的毒品,却多此一举折算为海洛因,既增加办案难度,又浪费司法资源,实无必要。① 依此看来,结合毒品犯罪现状,即使需要确定一种毒品作为折算对象,海洛因也未必是最合适的。

(二) 直接计算法存在的问题

2016 年《毒品犯罪解释》试图通过对刑法典相关条文中"其他毒品数量大/较大/小"的判断直接给定标准。在该解释之下,对其他类型毒品数量的认定,不要考虑折算比例,而是直接以给定的标准裁量。其优点在于去掉折算过程,对不同类型毒品数量大小的认定直接对照给出的标准得出结论,过程简单明了、便于操作。如同既有立法中对鸦片、海洛因与冰毒的规定,在确定毒品种类的情况下,可以适用相应的标准来确定相应的刑罚。当然,如果能够对市场上所有的毒品进行完整统计并确立各自数量认定的标准,这种直接计算法未尝不是一种理想模式。然而,毒品种类多种多样,新型毒品层出不穷,如果彻底采取直接计算法,则意味着每发现一种毒品就需要通过立法或司法解释的方式明确其数量大/较大/小的标准及相应刑罚配置。一方面,随时需要对法律规范进行修订,成本过大;另一方面,法律规范将处于持续变动状态,稳定性受损。由此可见,直接计算法虽是一种理想的操作模式,但并不具备现实可行性。

另外,当案件涉及不同类型毒品时,虽然使用直接计算法对不同类型的毒品可以轻而易举地量刑,但最终刑罚的确定还是不明确。譬如,行为人贩卖 2 千克鸦片和 20 克海洛因,应当先根据《刑法》第 347 条第 2 款第 1 项对 2 千克鸦片量刑,再根据本条第 3 款对 20 克海洛因量刑。然而,行为人最终的刑罚如何确定?数罪之下刑罚计量存在并罚与限制加重的选择,而同罪之下,最终刑罚的确定似乎存在多种可能。

---

① 这里主要是指《刑法》第 347 条、第 348 条等条文中的"其他毒品数量大的""其他毒品数量较大的""其他少量毒品的"等类似规定。

（三）折算法与直接计算法并存时的问题

由于《武汉会议纪要》与《毒品犯罪解释》均未明确何者优先适用，这就造成了二者并存的局面，且二者在毒品数量划分标准上没有进行有效衔接，从而导致刑罚畸轻畸重的问题。不可否认，折算法有着化繁为简的神奇功能，这是其他计算方法无可比拟的。对于毒品犯罪而言，纷繁多样的毒品层出不穷，立法上不可能——确定各类毒品的认定标准，而折算法恰好可以解决这一问题。但由于折算法运用过程相对较为复杂，且具体折算规则也未细化，所以实践中存在诸多问题。《毒品犯罪解释》试图弥补折算法的不足，通过直接给定各类毒品数量认定标准来简化计算过程、减少对折算法的依赖度。应当说，该解释的出发点是好的，但这种做法却恰恰违背了折算法的初衷。正是因为毒品种类过多，法律上不可能规定每一种毒品的数量认定标准，所以折算法才有了用武之地。而《毒品犯罪解释》直接列举各类毒品的数量认定标准的做法，又回到了最初列举式思维的框架内。

首先，折算法与直接计算法并存时，可能会导致刑罚畸重，如案例一所示：

案例一：

A ⟶ 1g（海洛因）　《刑法》第347条第4款　⟶ 3年以下有期徒刑、拘役、管制

A ⟶ 30g（芬太尼）　《刑法》第347条第4款 + 《毒品犯罪解释》第2条第3项　⟶ 7年以上有期徒刑

A ⟶ 30g（芬太尼）+1g（海洛因）　折算法／《刑法》第347条第2款　⟶ 15年有期徒刑、无期徒刑、死刑

若A只贩卖1克海洛因，依《刑法》第347条第4款，法定刑为3年以下有期、拘役或管制。A只贩卖30克芬太尼，依《毒品犯罪解释》第2条第3项①与《刑法》第347条第3款，法定刑为7年以上有期徒刑，并处罚金。然而，如行为人同时贩卖1克海洛因与30克芬太尼，依《非法药物折算表》之比例，1克芬太尼相当于40克海洛因；在折算法之下，行为人相当于贩卖1201克海洛因，此时对行为人处以极刑亦不为过。而倘若将两种毒品分别量刑继而并罚，犯罪人并不至死。此时，折算法有导致刑罚畸重

---

① 2016年最高人民法院《关于审理毒品犯罪案件适用法律若干问题的解释》第2条："走私、贩卖、运输、制造、非法持有下列毒品，应当认定为刑法第三百四十七条第三款、第三百四十八条规定的'其他毒品数量较大'：……（三）芬太尼二十五克以上不满一百二十五克……"

之嫌。事实上，如若 A 始终只贩卖芬太尼，即使再多贩卖 50 克芬太尼，依《毒品犯罪解释》，也只是符合"其他毒品数量较大"标准，处 7 年以上有期徒刑，并处罚金。而 50 克芬太尼相当于 2000 克海洛因，仅仅因为 A 多贩卖了 1 克海洛因，折算之下就可能将其判处死刑，这是明显的刑罚不公。"罪责乃刑罚之上限，任何人不应因一般或特别预防之理由受超过其犯罪行为即个人罪责之刑罚。"虽然当前刑事政策将打击毒品犯罪作为重要着力点，但刑法的法益保护与人权保障功能亦不能被忽视，刑罚的多重目的应当得到调节，以最终实现法维护社会秩序的目的。

其次，在某些情形下二者并存亦可能导致刑罚畸轻，如案例二所示：

案例二：

B ⟶ 300g（度冷丁） $\xrightarrow[\text{《刑法》第347条第2款}]{\text{《毒品犯罪解释》第1条第2款第6项}}$ 15年有期徒刑、无期徒刑、死刑

B ⟶ 1g（海洛因） $\xrightarrow{\text{《刑法》第347条第4款}}$ 3年以上有期徒刑、拘役、管制

B ⟶ 300g（度冷丁）+1g（海洛因） $\xrightarrow[\text{《刑法》第347条第3款}]{\text{折算法}}$ 7年以上有期徒刑

若 B 只贩卖度冷丁 300 克，根据《毒品犯罪解释》第 1 条第 2 款第 6 项属于"其他毒品数量大"，① 结合《刑法》第 347 条第 2 款第 1 项，最高法定刑为死刑。若 B 只贩卖 1 克海洛因，根据《刑法》第 347 条第 4 款，法定刑为 3 年以下有期、拘役或管制。② 但如果 B 同时贩卖 300 克度冷丁和 1 克的海洛因，依《非法药物折算表》，1 克度冷丁相当于 0.05 克海洛因，B 实际上贩卖了 16（300×0.05+1=16）克海洛因，此时适用的是《刑法》第 347 条第 3 款，处 7 年以上有期徒刑，并处罚金。在折算法之下，当行为人多贩卖 1 克海洛因时，刑罚反而减轻了，危害结果更严重的犯罪行为反而承受更轻的刑罚处分，显然有失刑法公正。"某些法律和制度，不管它们如何有效率和有条理，只要它们不正义，就必须加以改造或废除。"当这样的计算方法导致严重的罪刑失衡、刑罚不公时，对其进行改造或废除便既是现

---

① 2016 年最高人民法院《关于审理毒品犯罪案件适用法律若干问题的解释》第 1 条："走私、贩卖、运输、制造、非法持有下列毒品，应当认定为刑法第三百四十七条第二款第一项、第三百四十八条规定的'其他毒品数量大'：……（六）哌替啶（度冷丁）二百五十克以上……"

② 《刑法》第 347 条第 4 款："走私、贩卖、运输、制造鸦片不满二百克、海洛因或者甲基苯丙胺不满十克或者其他少量毒品的，处三年以下有期徒刑、拘役或者管制，并处罚金；情节严重的，处三年以上七年以下有期徒刑，并处罚金。"

实所需，也是情理之中了。

三、同类折算、跨类并罚计算方式的提倡

基于上述分析，笔者提倡采取"同类折算、跨类并罚"的毒品数量计算方式。总体来说，以《非法药物折算表》为根据，将毒品分为若干大类，在每个大类中指定一种毒品作为折算对象（称为基准毒品，下同），本类中所有毒品均折算为基准毒品之后再进行刑罚裁量。当犯罪行为涉及的不同类型毒品跨越了各大类时，将涉案毒品在各自的大类中折算为基准毒品数量之后，将折算后所得基准毒品数量分别判处刑罚，再并罚得出最终刑罚。

（一）同类折算、跨类并罚计算模式的基本原理

国家食品药品监督管理局于2004年10月颁布的《非法药物折算表》将非法药物分为八种类型：阿片类、苯丙胺类、可卡因类、大麻类、其他类兴奋剂、苯二氮䓬类镇静安眠药类、巴比妥类、其他类镇静安眠药。每种类型中均可选择一种代表性药物，如属于阿片类的海洛因、苯丙胺类的甲基苯丙胺、苯二氮䓬类镇静安眠药类的溴西泮等。这就为同类折算、跨类并罚的实现奠定了基础。

同类折算指的是在同一类型的系列毒品中，确定一种毒品作为折算基准毒品，该类型中所有毒品均折算为该种毒品的数量来确定刑罚。具体而言，结合《非法药物折算表》的分类，笔者认为，鉴于本表中第五类"其他兴奋剂"中毒品类型的成分与药理反映和第二类"苯丙胺类"极为相似，二者可以共用一种折算基准毒品；① 第八类"其他类镇静安眠药"与第六类"苯二氮䓬类镇静安眠药类"都属于镇静安眠药类，也可以共用一种折算基准毒品。至此，可以根据《非法药物折算表》将所有毒品分为六大类型，并在每一类中选择一种毒品作为基准毒品：海洛因作为阿片类的基准毒品，去氧麻黄碱（学名甲基苯丙胺，俗名冰毒）作为苯丙胺类和其他兴奋剂的基准毒品，可卡因作为可卡因类的基准毒品，大麻作为大麻类的基准毒品，溴西泮作为苯二氮䓬类镇静安眠药和其他类镇静安眠药的基准毒品，巴比妥作为巴比妥类的基准毒品。如此以来，对任何类型的毒品，首先判断其属于

---

① 当下《非法药物折算表》第五类中其他兴奋剂主要有三种：咖啡因、麻黄碱和莫达芬尼。冰毒的主要化学成分去氧麻黄碱，所以将该类归于苯丙胺类，共用一种基准毒品。

哪一大类，然后将其折算为该大类中的基准毒品数量，并以此来确定刑罚。如属于阿片类的毒品，以海洛因为基准毒品，均折算为海洛因数量之后再确定刑罚。

跨类并罚是指当犯罪行为涉及多种毒品，且这些毒品在《非法药物折算表》中分属不同类别，对这些毒品折算为基准毒品分别量刑之后，再将各自的刑罚采取限制加重的方式确定最终的刑罚。譬如，行为人贩卖 1 克芬太尼和 1 克二甲基双氧安非他明（MDMA），根据同类折算、跨类并罚的计算模式，首先进行同类毒品的折算，芬太尼在《非法药物折算表》中属于阿片类毒品，1 克芬太尼相当于 40 克海洛因；MDMA 属于苯丙胺类，1 克 MDMA 相当于 1 克去氧麻黄碱。其次，根据折算以后数量各自进行量刑，假设贩卖 1 克芬太尼的宣告刑是 7 年有期徒刑，贩卖 1 克 MDMA 的宣告刑是 3 年有期徒刑，由于芬太尼与 MDMA 在《非法药物折算表》中属于不同分类的毒品，按照跨类并罚的要求，需要将两种毒品的宣告刑依照限制加重的方式并罚，即对犯罪人在 7 年至 10 年之间确定最终的刑罚。

（二）同类折算、跨类并罚的理论根据

一般而言，数罪并罚是指"人民法院对一人所犯的数罪，分别定罪量刑，然后按照刑法规定的原则决定应执行的刑罚"。而同类折算、跨类并罚是指在毒品犯罪中对不同毒品分别量刑之后，将针对不同毒品的刑罚进行并罚。换言之，通常意义上的并罚是基于数罪的并罚，而此时似乎是一罪内部的并罚，这在法理上存在疑问。笔者认为，同类折算、跨类并罚并非对一罪一罚、数罪并罚原则的违背，相反，是对这一刑罚裁量原则的回归。

首先，跨类并罚在当下的毒品犯罪立法中有着深层次的法律根据。《刑法》第 347 条、第 348 条明确规定了鸦片、海洛因与冰毒数量大小的认定，三者在语法结构上是选择关系而非并列关系。这意味着任何一种毒品都构成犯罪，当涉及两种以上毒品时，既可以分别量刑后并罚，也可以总体上一起量刑，还可以相互折算。根据前文所述，无论是估堆法还是折算法，均存在明显的不足，所以本文选择分别量刑后并罚的路径。某种意义上讲，这是 1997 年《刑法》关于毒品犯罪立法精神的体现，也是对最初立法原意的遵循。

其次，犯罪的本质是对法益的侵害，刑罚以犯罪行为对法益的侵害结果为惩罚根据，一次法益侵害结果承受一次刑罚，数次法益侵害结果承受数次刑罚，这是严格意义上的一罪一罚、数罪并罚。因此，行为人数次贩毒且既遂的，完全可以定数个贩卖毒品罪之后并罚。数罪原则上应当并罚，但有原则就有例外，不并罚只是例外。虽然《刑法》第 347 条第 7 款规定了累计计算规则，但这只是一种例外，既不能代替原则而存在，也不能彻底否认毒品犯罪中同种数罪并罚的合理性。行为人贩卖一定数量的鸦片构成贩卖毒品罪，贩卖一定数量的海洛因也应构成贩卖毒品罪。虽然罪名相同，但各自具有完整的犯罪形态，原则上就应当并罚。然而，此时依然存在疑问，行为人只是一行为，何以处罚两次？实际上，行为的次数与犯罪构成数量并不绝对一致。典型的如想象竞合犯，一行为构成数罪，原则上应当并罚，只是在量刑时采取了从一重罪的处断方式，但这并不意味着想象竞合中数罪并罚是不合理的甚至是错误的。同理，行为人同时走私或贩卖两种类型的毒品，依照本文观点，跨类型的毒品由于在化学成分和药理等各方面存在本质差异而无法彻底折算，对法益存在两次独立的侵害结果，所以两种毒品实质上应当分别成立两个走私或贩卖毒品罪，虽然是一行为，且共用一个罪名，但本质上是数罪，在刑罚裁量时应当并罚。

再次，并罚与否，最终取决于罪刑是否均衡、刑罚是否公正，也即是否实现罪责刑相适应。"犯罪的客观危害愈大，刑罚愈严厉，犯罪的客观危害愈小，刑罚愈缓和"，这便是罪责刑相适应。量刑是否公正，关键在于是否符合罪责刑相适应原则，这要求在量刑时寻求刑罚与犯罪性质、犯罪行为的社会危害性、犯罪人的人身危险性相适应。对不同类型的毒品到底是分别量刑之后并罚，还是折算为总量之后量刑，归根结底在于能否实现罪刑相适应。对于毒品犯罪而言，折算法有着难以克服的缺陷。相反，对不同类型的毒品分别量刑之后再并罚，既能充分评价每一种毒品所造成的危害性，又能在整体上实现刑罚的相当性，真正做到了刑罚公正与罪刑相适应。

最后，同类折算、跨类并罚的计算模式与量刑均衡原则的要求相统一。量刑规范化改革意在实现刑罚的公正与均衡，不管针对何种犯罪，传统的估算式量刑方法已经逐渐退出历史舞台，量刑机制正逐渐实现规范与明晰。在处理涉案毒品种类多样的案件时，相较于折算法、直接计算法，同类折算、跨类并罚的计算方式不仅更具有可操作性，而且更为简单直观，一定程度上提高了案件处理的可预测性。另外，该计算方式并不否认个案的特殊性，既迎合了量刑均衡原则对不同犯罪人之间刑罚适用同质性的考量，又能满足刑罚个别化的要求，科学性与合理性并存。

（三）同类折算、跨类并罚计算模式的实现路径

既有立法将鸦片、海洛因与冰毒列举在刑法条文中，要实现同类折算的

目的，必须将这部分刑法条文和司法解释进行较大幅度调整。

第一，构建刑法规范意义上的折算比例体系。显而易见，司法层面的数量认定与单纯药理上的认定存在一定的差异。根据《非法药物折算表》，1克芬太尼相当于40克海洛因，如果严格按照折算比例，则1.25克芬太尼相当于50克海洛因。换言之，行为人只要走私、制造、贩卖、运输1.25克芬太尼的，就已经达到了《刑法》第347条第2款第1项"其他毒品数量大"的规定。但根据2016年《毒品犯罪解释》，125克以上的芬太尼才符合"其他毒品数量大"的标准。因此，需要通过立法或司法解释的方式，以《非法药物折算表》为基础，确立刑法规范意义上的折算标准。笔者认为，折算标准的确定可能存在两种方式：其一，充分吸收2016年《毒品犯罪解释》的成果，对其他各类毒品数量大小认定的标准，重新确立一套刑法规范意义上的折算标准。其二，将现有的《非法药物折算表》中的结果直接引入（下文为了讨论方便，暂且以这种方式为前提）。

第二，在立法上完善基准毒品数量大小的标准和刑罚配置。将《刑法》第347条、第348条中的"其他毒品数量大/较大/小"等内容删除，将可卡因、大麻、溴西泮和巴比妥以列举的方式写入条文，参照海洛因与冰毒的数量设置标准，设定这四类毒品数量大小的认定确定标准并配置相应的法定刑。将第347条第2款第1项由"走私、贩卖、运输、制造鸦片一千克以上、海洛因或者甲基苯丙胺五十克以上或者其他毒品数量大的"修改为"走私、贩卖、运输、制造溴西泮五百千克、巴比妥二百五十千克、大麻五十千克、鸦片一千克、可卡因一百克、海洛因或者甲基苯丙胺五十克以上的"[①]。将本条第3款中"走私、贩卖、运输、制造鸦片二百克以上不满一千克、海洛因或者甲基苯丙胺十克以上不满五十克或者其他毒品数量较大的"修改为"走私、贩卖、运输、制造溴西泮一百千克以上不满五百千克、巴比妥五十千克以上不满二百五十千克、大麻十千克以上不满五十千克、鸦片二百克以上不满一千克、可卡因五十克以上不满一百克、海洛因或者甲基苯丙胺十克以上不满五十克的"。本条第4款以及第348条依照此逻辑和折

[①] 为了使表述更加明确，我们假设刑法规范上最终确定的折算比例就是《非法药物折算表》中所确定的比例。根据《非法药物折算表》，1克溴西泮相当于0.0001克海洛因，目前的刑法立法中，50克海洛因为数量大，相对应的，500千克溴西泮才达到数量大的标准。巴比妥、大麻的数量亦根据既有比例确定。

算比例修改即可,不再赘述。

第三,将同类折算、跨类并罚的计算规则写入刑法。具体而言,将《刑法》第 357 条第 1 款中的吗啡删除,增加溴西泮和巴比妥,原条文由"本法所称的毒品,是指鸦片、海洛因、甲基苯丙胺(冰毒)、吗啡、大麻、可卡因以及国家规定管制的其他能够使人形成瘾癖的麻醉药品和精神药品"修改为"本法所称的毒品,是指鸦片、海洛因、甲基苯丙胺(冰毒)、大麻、可卡因、溴西泮、巴比妥以及国家规定管制的其他能够使人形成瘾癖的麻醉药品和精神药品"。并在本条中增加两款作为第 3 款与第 4 款。其中第 3 款规定为:"海洛因、甲基苯丙胺(冰毒)、大麻、可卡因、溴西泮以及巴比妥作为基准毒品,其他类型毒品刑罚的裁量,依照《非法药物折算表》所确定的分类与比例,将涉案毒品折算为本类基准毒品数量之后确定。"第 4 款规定为:"涉案毒品为两种以上类型,且分属《非法药物折算表》不同分类时,分别折算为基准毒品之后确定各自的刑罚,再将各自的刑罚通过限制加重的方式来确定最终刑罚。"

同类折算、跨类并罚的计算方法较之现有的折算法和直接计算法看上去确实复杂。并且就常见毒品而言,既有立法与司法解释已经有明确规定,这种计算方法似乎意义不大。然而,同类折算既可以克服跨种类折算过程中产生的误差,又能保障同一毒品类型中刑罚的合理配置;跨类并罚既有利于公正地确定刑罚,也体现了针对毒品犯罪从严从重的刑事政策。更为重要的是,在同类折算、跨类并罚的计算方法之下,立法或司法解释上大可不必没完没了地增加不同类型毒品数量的认定标准;甚至对于折算标准而言,也可以在出现新型毒品时,通过技术手段迅速得出。这既保证了刑法典的稳定性,又克服了事前立法的机械性和滞后性,同时也满足了在毒品犯罪多发、毒品种类多样情况下,实务中对刑法规范灵活性的要求。

四、毒品数量的认定是否考虑纯度之争

《刑法》第 357 条第 2 款规定:"毒品的数量以查证属实的走私、贩卖、运输、制造、非法持有毒品的数量计算,不以纯度折算。"但 2015 年《武汉会议纪要》中却指出,对于既未规定定罪量刑数量标准,又不具备折算条件的毒品,综合考虑其致瘾癖性、社会危害性、数量、纯度等因素依法量刑;涉案毒品纯度明显低于同类毒品的正常纯度的,量刑时可以酌情考虑。这似乎开了个口子,即毒品纯度因素已经突破刑法典的规定而进入了定罪量

刑所考虑的范围。换言之，司法实务与法典规定相互之间已经存在偏离，司法实务中在特定情形下已经将毒品纯度作为定罪量刑的考虑因素。对此问题，学界亦有不同的观点。有学者认为，毒品数量的认定应当考虑纯度；①也有学者明确指出，在对毒品犯罪量刑时，不应以纯度折算毒品数量。立法上的坚守、实务中的改变以及理论上的分歧，使得毒品犯罪中毒品数量的认定到底是否需要考虑纯度依然充满争议。

五、毒品数量认定不以纯度折算的利弊分析

（一）不以纯度折算之利

1. 有利于提高司法效率

对毒品数量的认定不以纯度进行折算，可明显提高司法人员的办案效率。一方面，随着科技的发展，毒品种类越发多样化，各种类型的新型毒品、合成毒品层出不穷。仅 2016 年最高人民法院颁布的《毒品犯罪解释》中，就包含了可卡因、MDMA、吗啡、芬太尼等 31 种毒品。《武汉会议纪要》中的折算法以《非法药物折算表》为折算标准，而在《非法药物折算表》中更是包含了醋托啡、乙酰阿法甲基芬太尼等 156 种非法药物。要求对成分复杂、种类多样的毒品数量的认定考虑纯度，会明显增加认定难度，降低办案效率。另一方面，毒品犯罪案件数量一直高居不下。

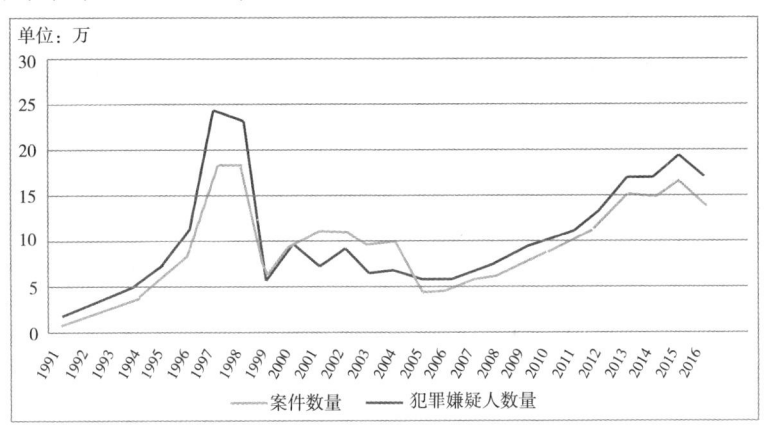

图二：1991—2016 年毒品犯罪案件及犯罪嫌疑人数量折线图

---

① 参见李希慧：《惩治毒品犯罪 刑事立法不能滞后》，载《检察日报》2009 年 6 月 26 日，第 3 版。

通过图二①可以发现，我国毒品犯罪案件数量和涉案人数 25 年间总体保持上升趋势。庞大的案件数量和涉案人员已经使得司法负担沉重，如果毒品数量的计算还需要精确到毒品的纯度，无疑会增加工作量，司法效率将更为低下，犯罪行为得不到及时处罚。"惩罚犯罪的刑罚越是迅速和及时，就越是公正和有益。"②罪犯得不到及时有效的惩处，刑罚效用大打折扣。相反，排除对纯度的考察，仅以数量作为定罪量刑依据，可明显提高案件办理效率。

2. 更好体现和贯彻从严从重打击毒品犯罪的刑事政策

毒品犯罪的危害显而易见，国家历来对毒品犯罪都坚持了严厉打击态度。毒品犯罪其入罪门槛之低、刑罚配置之重，遍历法典，鲜有可比拟者。只认数量而不看纯度的做法，展示了刑法对打击毒品犯罪的强横姿态，是从严从重打击毒品犯罪刑事政策的直接体现。

3. 是罪责刑相一致原则的体现

"一般来讲司法机关所查获的毒品数量就是犯罪分子主观上意欲进行毒品犯罪的数量"③，这就已经实现了主客观相一致，所以，对毒品数量的认定不应当考虑纯度。如果在计算毒品数量时通过纯度的折算，人为地减少毒品数量，并以此作为刑罚裁量根据，从而使犯罪人的刑罚降低，反而违背了罪刑相适应原则。并且市场上低纯度毒品数量更多，对于持有大量低纯度毒品的犯罪人员而言，危害人群更广，对其处罚更重符合罪责刑相一致原则。

（二）不以纯度折算之弊

1. 忽视纯度会导致实质的刑罚不公

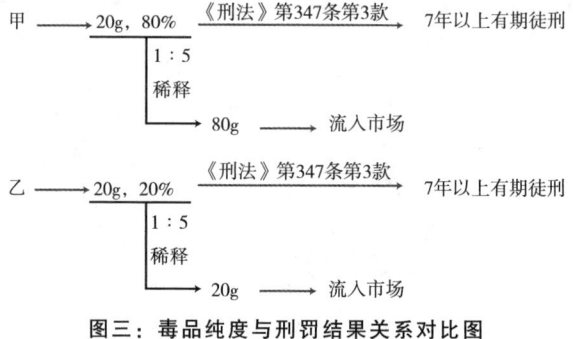

图三：毒品纯度与刑罚结果关系对比图

---

① 根据国家禁毒委历年发布的《国家禁毒报告》制作。
② ［意］切萨雷·贝卡里亚：《论犯罪与刑罚》，黄风译，北京大学出版社 2014 年版，第 57 页。
③ 司冰岩：《毒品犯罪疑难问题研究》，载《法律适用》2015 年第 12 期。

如图三，我们假设甲乙其他条件一致，各自贩卖纯度为80%和20%的海洛因20克，那么在不考虑纯度情况下，二者量刑应当是一致的。但由于高纯度毒品无法直接吸食，行为人通常会掺入其他物质进行稀释。假如对二人持有的海洛因分别以1：5的比例稀释，经过乙手流入市场的毒品依然是20克，但经过甲手最终流入市场的海洛因实际上是80克。然而，二人的最终刑罚却相同。其中的刑罚不公已经显而易见。迟来的正义非正义。不可否认，对犯罪行为的打击应当及时实现。但是，这种迅速和及时应当基于案件事实的准确认定、证据材料的全面搜集和刑罚的公正裁量。抛开案件事实和证据的高效，只会造成更大的司法不公和司法混乱，曾经的严打政策所带来的消极后果就是前车之鉴。不能因为司法效率而过分折损司法公正，尤其是在刑事司法领域，司法公正应当比司法效率更为优位。事实上，纯度的考虑也未必会影响司法效率。一方面，现有的科技手段足以应对市场上常见的绝大多数毒品；另一方面，在侦查、起诉阶段就对毒品数量有着准确的认定，为审判阶段打下良好的基础，使得判决结果更能为犯罪人所接受，可有效避免犯罪人不服一审判决而上诉，总体上反而有利于节约司法资源、提高司法效率。

2. 忽视纯度会导致打击对象出现偏差

毒品犯罪中，越处于上游的犯罪人所控制的毒品纯度越高，价格越昂贵，危害性越大。相反，随着毒品的流转，其纯度会大打折扣，真正到吸食者手中的毒品的纯度远不及上游阶段的纯度，但是数量却会大大增加。如果以数量为惩罚根据，则处于下游的持有数量不等低纯度的涉毒人员会消耗大量司法资源，使得对毒品犯罪的打击重点不自觉地偏向了中下游人员。而那些处于毒品流通链上游、掌握资金、制毒技术、原材料、销售渠道的人员，他们才是犯罪源头和真正需要重点打击的对象，却得不到有效打击。

3. 忽视纯度会间接地促进制毒技术的发展，使得毒品更加精致和高纯度化

走私10克高纯度的海洛因与走私10克低纯度的海洛因量刑一致，但是高纯度的海洛因在市场上的价值要比低纯度的高得多，利润也大得多，既然如此，为何不走私高纯度毒品？在利润的驱动和刑罚的压力下，行为人更愿意走私、运输、制造和贩卖数量少、纯度高的毒品。这种反向压迫反而推动了制毒技术的发展。

六、毒品数量计算应当考虑纯度的根据

（一）事实根据

对毒品纯度态度的转变，是近十几年来司法实务中不断检验和选择的结果。《刑法》第357条第2款的规定在一些情况下明显会导致判罚失当，于是司法实践中不得不采取变通之法。定罪方面，最高人民法院研究室对四川省高级人民法院〔2010〕438号《关于被告人贩卖、运输经过取汁的罂粟壳废渣是否构成贩卖、运输毒品罪的请示》的回复（以下简称最高法回复意见）指出，被告人贩卖、运输的是经过取汁的罂粟壳废渣，吗啡含量只有0.01%，含量极低，从技术和成本看，基本不可能用于提取吗啡，因此不认为构成犯罪。量刑方面，2007年由最高人民法院、最高人民检察院与公安部联合印发的《毒品犯罪案件意见》以及《武汉会议纪要》明确了三种需要考虑毒品纯度的情况：对于废料、废液的认定，犯罪人可能被判处死刑，以及毒品纯度明显低于正常纯度的，刑罚裁量时需要考虑毒品纯度。

上述司法实践中不得已的变通至少可以说明两点：其一，基于形式逻辑上的自洽性，既然毒品纯度会对此三种情形下定罪量刑产生影响，那就意味着《刑法》第357条第2款在现实中不完全成立。也就是说毒品数量的计算可以考虑纯度。其二，在价值判断层面，考虑纯度更有利于实现刑罚公正。譬如，甲乙二人同样贩卖100克海洛因，甲所贩卖的海洛因纯度为80%，乙所贩卖海洛因纯度为8%。从社会危害性来看，甲行为的社会危害性明显比乙大，毫无疑问，甲的刑罚应当更重。这实际上就是考虑毒品纯度的结果。相反，如果二人刑罚相同才是罪责刑不相适应。即使现在无法做到对每一件毒品犯罪案件中的涉案毒品进行纯度鉴定，"但是我们应积极创造条件，以便逐步做到对每一件毒品案件中查获的毒品数量均应进行含量鉴定"[①]。

（二）理论根据

毒品数量的计算考虑毒品纯度有利于实现实质上的罪责刑相一致。罪责刑相一致不仅要求形式上的一致，更需要实质上的一致，这就需要通过纯度分析对毒品的数量和客观危害性进行科学判断，而不是被表面的数量所掩盖。刑罚的轻重应当以犯罪行为的客观危害结果为标准。虽然被查处的毒品

---

① 袁登明：《毒品纯度与毒品犯罪的定罪量刑》，载《中国检察官》2011年第8期。

就是犯罪人实际欲进行犯罪行为的毒品，但毒品纯度不同时其危害性也各不相同，同等数量情况下，高纯度的毒品明显比低纯度的危害性更大。形式上数量相等的毒品，却可能产生完全不相同的危害结果。罪当其行、罚当其罪，罪责刑相一致，这是刑法的基本原则。仅仅以数量为根据，得出的结论形式上符合了法律规定，实质上却是对罪责刑相一致的违背。

警惕概念法学的枷锁关闭立法完善之门。"概念法学者认为成文法系国家唯一的法源，成文法在逻辑上系完美无瑕的。"[1] 概念法学的核心要义是认为法典无所不包，法律不可能存在缺陷，任何问题都可以通过对事实的分析甚至裁剪并结合对条文的解释即可有效解决。事实上，立法不可能百分之百完美，必然存在这样或那样的不足，在无法对条文进行合理解释的情况下，妥当的做法是直面立法不足，及时弥补漏洞，而不是背离现实对条文进行牵强附会的曲解。由于司法实践与立法规定产生了分歧，而司法实务中的做法明显具有实质合理性，于是有学者试图对"不以纯度折算"进行不同角度的理解，以期达到立法与实践的统一。较为有代表性的观点是："'纯度折算'是根据毒品含量计算毒品数量（或重量），含量鉴定是根据毒品含量辨别毒品质量（或品质），前者解决'量'的问题，后者解决了'质'的问题，二者虽有联系，但目的不同。折算纯度必须先做含量分析，但做含量分析并不一定为折算纯度，也不必然导致纯度折算。"[2] 笔者认为，这种观点并不具有充分的说服力。其一，纯度折算与含量分析并不存在先后关系，在毒品犯罪中纯度与含量本质上是同一个问题。譬如，在某一毒品犯罪案件中查获了100克纯度为50%的海洛因，我们也可以说查获的这100克毒品中海洛因的含量为50%。虽然表述不同，但意思实际上都指的是50克纯海洛因。换言之，所谓的毒品含量，实际上也就是在掺有杂物的毒品中纯毒品的数量，毒品的纯度也是此意。其二，无论是含量分析还是纯度鉴定，都是计算毒品数量的方式，最终目的都是认定毒品数量，并以此作为定罪量刑的根据。如果含量分析与定罪量刑无关，那么这种行为本身就毫无意义。当法条规定存在明显缺陷又不存在任何合理解释的空间时，我们就应当直面立法的不足，及时加以完善。

---

[1] 杨仁寿：《法学方法论》，中国政法大学出版社2013年版，第107页。
[2] 褚建新、包朝胜：《涉毒案件毒品定量鉴定是量刑的重要节点》，载《中国司法鉴定》2008年第5期。

七、将纯度因素引入毒品数量计算的具体路径

理论上,毒品数量的计算考虑纯度,有利于犯罪事实的认定、危害结果的评价和刑罚的合理配置;实践中,《武汉会议纪要》及相关司法解释中已经开了口子,司法人员对具体个案的处理也开始考虑毒品纯度的影响。而《刑法》第357条第2款依然抱残守缺,与理论和实践格格不入。笔者认为,标本兼治的路径是对《刑法》第357条第2款进行修正,并辅之以具体的司法解释,将毒品纯度正式作为毒品数量计算的法定考量因素。然而,立法的完善和司法解释的出台需要假以时日才能实现,且具体运用方式和标准也需要在实践中继续探索,积累经验。有鉴于此,可采取两步走的方式加以实现:第一步,近期可以通过指导案例、指导意见等形式,进一步明确将纯度作为毒品数量计算的考虑因素;此既可以满足当下办理案件的现实需求,也可以探索纯度在毒品数量计算过程中具体的适用方式,为以后的立法完善提供经验积累。第二步,待条件成熟,将《刑法》第357条第2款加以修正,并出台配套的司法解释,将前期的经验纳入立法和司法解释之中,在立法上明确规定毒品数量的计算需考虑纯度,以作为定罪量刑的重要根据。

(一) 第一步:近期探索

1. 定罪阶段,将毒品纯度作为影响犯罪事实认定的因素

在最高人民法院回复意见中,罂粟壳废渣中咖啡因含量为0.01%,假如行为人持有此种罂粟壳10吨,理论上就可提炼出纯度为100%的咖啡因1千克。如果此时对毒品数量的计算不考虑纯度,那么严格按照刑法典的规定,即使行为人运输了100克只含有0.01%咖啡因的罂粟壳也应当构成运输毒品罪。然而,纯度如此之低的罂粟壳中所含毒品数量实在微不足道,明显达不到毒品的标准,且行为人亦明显不具备提纯技术。此种情形认为行为人构成犯罪明显有失刑法公正。最高人民法院回复意见中对毒品数量的计算已经开了考虑纯度的先河,并且也获得了良好的司法效果和社会效果。由此可见,通过指导意见或指导案例的形式将毒品纯度因素纳入毒品数量的计算乃至犯罪事实认定之中具有充分的可行性。

目前国内有学者指出:"对于制造毒品现场查获的毒品含量在0.2%以下的物质,犯罪分子因受技术水平的限制,通常难以加工出毒品,且从成本

角度考量，犯罪分子也不太可能再对含量如此低的物质进行加工、提纯。"①笔者认为，最高人民法院可以通过指导案例或者指导意见的方式加以明示，当毒品到达一定纯度时可以直接定罪，低于此纯度时，需要综合考虑各种情形来判断行为是否构成犯罪。譬如，可以认为当毒品纯度大于等于0.2%时，无论毒品数量多少，可直接认为行为构成犯罪。当纯度小于此标准时，应综合考虑各种因素，如犯罪人员的技术手段、含毒物品是否属于成品或半成品、是否可以继续提纯、是否已经贩卖给他人、是否达到吸食条件等，再判断行为人是否构成犯罪。

2. 量刑阶段，将毒品纯度作为毒品数量计算依据而非量刑情节

2007年《毒品犯罪案件意见》中明确指出，可能判处死刑的毒品犯罪案件，毒品鉴定结论中应有含量鉴定的结论。《武汉会议纪要》中亦指出，涉案毒品纯度明显低于同类毒品的正常纯度的，量刑时可以酌情考虑。事实上，从条文含义来看，2007年《毒品犯罪案件意见》和《武汉会议纪要》实际上是把纯度作为量刑情节而非毒品数量计算的条件。这里存在的问题是，毒品纯度是法定情节还是酌定情节？是减轻情节还是从轻情节？作为量刑情节，纯度在多大程度上影响量刑？进一步导致的问题是，司法实践中对情节的适用很大程度上取决于司法人员个人情况，可能贩卖相同纯度毒品的犯罪人获得完全不同的刑罚。可见，虽然将毒品纯度纳入量刑情节之中相比于完全不考虑纯度有所进步，但并不是最妥当的方式。

笔者认为，毒品纯度不应是量刑情节，而应作为毒品数量计算的根据。将纯度直接作为毒品数量计算的根据，即可解决纯度作为量刑情节时存在的诸多问题，且有利于实现刑罚公正。具体而言，最高人民法院可在具体判例中，明确指出量刑时对毒品数量的计算需要根据纯度加以折算，以此做为量刑根据。一方面，将纯度作为毒品数量计算的考虑因素，可以避免其作为量刑情节带来的诸多问题；另一方面，相同数量下对纯度越高者处罚越重，不同数量时对折算后数量多者处罚更重，这更有利于实现刑罚公正。假如行为人在100克纯海洛因中掺杂80克面粉，如果不进行折算，对行为人就应当以180克海洛因进行量刑，这就意味着行为人需要对面粉承担同海洛因一样的刑事责任。

---

① 李静然、沈丽：《制造毒品行为及制毒数量的认定》，载《人民司法》2017年第35期。

（二）第二步：立法完善

1. 将《刑法》第 357 条第 2 款"毒品的数量以查证属实的走私、贩卖、运输、制造、非法持有毒品的数量计算，不以纯度折算"修订为"走私、贩卖、运输、制造、非法持有毒品的数量计算，应当考虑毒品纯度"

这里对毒品数量的计算考虑纯度考虑包含两个方面的含义。一方面，定罪过程中毒品数量的计算需要考虑纯度。定罪过程中对毒品数量的计算考虑纯度，并非意味着必须将毒品根据其纯度计算出精确的数量。而是只要某种物质中所含毒品达到一定的比例即可认为构成犯罪。如前述的 0.2%，只要该物品中所含毒品数量达到这一比例，即可认为行为构成犯罪。此时的标准是罪与非罪的判断。对于少量且纯度明显低于同类毒品正常纯度的，或者是制毒原材料、半成品中毒品含量极低明显不具备进一步提炼成毒品的条件的，不认为是犯罪。另一方面，量刑时对毒品数量的认定也需要考虑纯度。行为人走私或贩卖同等数量的毒品，但纯度高低不同，量刑时应当有所体现，走私或贩卖高纯度毒品的犯罪人的刑罚应当更重。行为人走私或贩卖不同数量、不同纯度的毒品，应当根据折算比例并结合纯度来确定毒品数量，然后再量刑。

2. 通过司法解释的方式确定定罪时毒品纯度的适用标准和量刑时毒品纯度与刑罚量的配置比例

《刑法》第 357 条第 2 款修正之后，配套司法解释的任务有二：其一，明确纯度在定罪过程中的适用标准。在毒品犯罪不考虑数量的当下，对于一些特殊情形可以依靠纯度的考察来出罪或区别此罪与彼罪。如前述的 0.2% 标准，当毒品含量低于此标准时，已不具备进一步加工成毒品的现实可能性。行为人实际上不构成犯罪。当然，至于 0.2% 的标准到底是否合适，目前只是一种参考意见，司法解释制定过程中可以结合实践经验对此进行明确的限定。还有某些药品中也会含有极少量的毒品，譬如含有磷酸可待因、盐酸麻黄碱的止咳水，含有三唑仑、阿普唑仑的安眠药等，大量服食后也会有一定的毒品效果。但由于毒品含量极少，且本身是作为药品使用，所以即使行为人大量贩卖此种止咳水或安眠药的亦不宜认定为贩卖毒品罪。其二，明确纯度在量刑过程中的适用标准。毒品数量的多少，直接决定犯罪人的刑罚轻重。由前述可知，只看数量而忽视纯度会导致刑罚实质上的不公，而将纯度作为量刑情节亦存在上述所提及的诸多问题。因此，刑罚阶段毒品数量的认定，应当以纯度折算，作为最终量刑依据。按照笔者观点，在《刑法》

第 357 条第 2 款修订之后，司法解释应当进一步明确具体的计算方式。数量相等时，涉及高纯度毒品者处以重刑；数量不等时，以纯度计算后数量多者刑罚更重。如此以来，刑罚裁量时排除了其他物质的干扰，决定刑罚量的是纯度为百分之百的毒品，即只以毒品为量刑根据，这才是实质上的罪责刑相一致。

不以纯度计算在某种意义上讲可能是一种立法宣示，它表明国家对毒品犯罪严厉打击的态度。从表明态度、宣示立场的角度来讲，这种规定具有一定的合理性。但是，如果想把宣示性口号纳入刑法典条文之中，这就不得不慎重了。对于一个国家而言，非战争状态下刑法规范是一切行为规范的底线，每字每句毫无疑问地应当具有操作性和执行力。宣示性的内容在情感上容易产生共鸣，但却不具有实际操作价值，甚至会对实务工作造成困扰。《毒品犯罪案件意见》《武汉会议纪要》既是对刑法典中不以纯度折算这一宣示性口号的填补，同时也显示了一种趋势，即对毒品数量的认定逐渐趋于科学，对毒品犯罪的打击更趋于公正和理性。虽然近期可以将《毒品犯罪案件意见》《武汉会议纪要》中的具体内容和精神通过指导意见、指导性案例等方式加以落实。但长远来看，出于立法与实务相统一的考虑，应当去除《刑法》第 357 条第 2 款中"不以纯度折算"这一宣示性的语言，并增加毒品数量的计算应当考虑毒品纯度的规定，以保持刑法典的科学、理性和权威。

第五节　贩卖毒品罪的基础理论问题研究[*]

毒品是世界三大公害之一，禁毒也是世界性难题。2014 年时，毒品贩运已涉及 170 多个国家和地区，全球每年毒品交易额在 8000 亿美元以上，20 多万人因吸毒死亡，1000 万人因吸毒丧失劳动能力。[①]《2014 年中国毒品形势报告》显示，"截至 2014 年底，全国累计发现、登记吸毒人员 295.5 万

---

[*] 本节撰写者：王登辉。

[①] 参见邹伟：《完善治理体系　推进禁毒工作——〈关于加强禁毒工作的意见〉解读》，载新华网，http://news.xinhuanet.com/politics/2014-07/06/c_1111479048.htm，2014 年 7 月 6 日访问。

名，其中 2014 年新发现吸毒人员 48 万名。参照国际上通用的吸毒人员显性与隐性比例，实际吸毒人数超过 1400 万。全国涉毒县市区增至 3048 个，占全国县市区总数 9 成以上……一名吸毒人员年均花费至少 4 万至 5 万元购买毒品，按实际吸毒人数上千万估算，全国每年因吸毒造成的直接经济损失达 5000 亿元……2014 年，全国各级公安机关共……抓获犯罪嫌疑人 1.1 万名，缴获各类毒品 29.7 吨，分别与 2013 年同比增加……47.9%、171.8%。全国破获单案缴毒量 10 公斤以上案件 1060 起，与 2013 年同比增加 14.3%。全国破获单案缴毒量公斤以上冰毒晶体案件 1656 起，同比增加 31.5%……"①

长期以来，我国打击毒品犯罪的决心不可谓不强，力度不可谓不大，时间不可谓不长，战果不可谓不多，但毒品犯罪"野火烧不尽，春风吹又生"的形势依旧严峻，整个家族、全村参与制造、贩卖上吨毒品的新闻已不再令人震惊。贩卖毒品罪是多发常见的犯罪，因其相当复杂，且人们对基础理论存在不少认识误区，以致经常产生尖锐分歧，其中以关于"贩卖""牟利""代购毒品"和"互易毒品"的分歧最为普遍、典型。这对凝聚共识、统一法制、准确打击毒品犯罪、提高司法公信力殊为不利，故有必要深入探讨，为解决普遍性问题提供较妥当的方案，亦可繁荣思想市场。

一、对"贩卖"的合理解释

何谓"贩卖"，莫衷一是。《汉语大辞典》（上海辞书出版社 2007 年版，第 5959 页）解释"贩"字有两个义项，其一为"贱的买进，然后加价以获

---

① 《2014 年中国毒品形势报告》，载国务院新闻办公室网站，http://www.scio.gov.cn/xwfbh/xwbfbh/xczb/xgzc/Document/1438521/1438521.htm。之所以引用较旧的数据，是因为这一报告的各项指标均高于 2015 年、2016 年、2017 年。此外，"截至 2015 年底，全国现有吸毒人员 234.5 万名（不含戒断三年未发现复吸人数、死亡人数和离境人数）。2015 年，全国破获制毒类公安部毒品目标案件 162 起，同比增加 76.1%，其中，缴毒量上吨级制毒案件 16 起，缴毒量上百公斤级制毒案件 59 起。2015 年，全国共破获毒品刑事案件 16.5 万起，抓获毒品犯罪嫌疑人 19.4 万名，缴获各类毒品 102.5 吨，同比分别增长 13.2%、15% 和 48.7%；全国打掉制贩毒团伙 5834 个，同比上升 18.1%，破获单案缴毒量公斤级以上毒品案件 5588 起"。（《2015 年中国毒品形势报告》，载 http://news.xinhuanet.com/live/2016-02/18/c_128730815.htm，2016 年 2 月 18 日发布。）"2015 年，全国法院新收毒品犯罪案件 142000 件，同比增长 30.79%。其中，被判处五年以上有期徒刑、无期徒刑至死刑的 27384 人，同比增长 10.17%；重刑率为 19.96%，高出同期全部刑事案件重刑率 10.59 个百分点。"（王小磊：《最高人民法院发布审理毒品犯罪案件司法解释》，载中国法院网，http://www.chinacourt.org/article/detail/2016/04/id/1835120.html。）这些数据既充分说明了毒品的巨大危害性，也说明庞大的毒品黑市在我国已经形成。

利",其二为"卖出货物",同页还解释"贩卖"为"商人买进货物再加价卖出以获取利润"。若强求先买后卖,则将自制、祖传、受赠、保管、拾得、盗窃、抢夺、抢劫等方式占有的毒品出售,会由于缺少买进环节而不能认定贩卖毒品罪——如此颇为荒谬。若强求加价出售才是贩卖,则涉及牟利的问题,后文将详述。若继而探究"贩毒者是否商人""毒品是否货物",如此分析显然误入歧途。可见,查阅《汉语大辞典》等工具书,尽管有助于理解词义,但对于准确解释法律条文的作用是有限的。张明楷教授指出:"我国刑法分则中的'贩卖'一词,只能被规范地解释为出卖或者出售、销售,而不能要求买进后再卖出(当然,该行为也符合贩卖的条件),否则便不当地缩小了处罚范围。……(《刑法》第 347 条第 1 款中)'贩卖',只要求单纯出卖,而不要求先买进毒品后再卖出毒品。……即使认为将'贩卖'解释为出售属于扩大解释,也不能认为是任意的,而是以刑法的正义理念、处罚的必要性等为依据的。"① 这一观点甚可赞同。"贩卖"一词略含贬义,简言之即"卖"。"卖"之于"贩卖"的关系,如同"卖"之于"出卖""倒卖""变卖""拐卖"的关系,也如同"用"之于"使用","带"之于"携带","骗"之于"诈骗"的关系。立法使用"贩卖"一词,在一定程度上与现代汉语中双音节词居多也有关,毕竟"卖毒品罪"这一表达不符合语言习惯。

有人认为,"贩卖"应当理解为一种过程性、系统性的行为,包含了以卖为目的的买进、储藏、中转等任一行为。这一观点较为新颖,尽管抓住了"卖毒品"这一核心,却忽视了目的的外化——客观行为的刑法意义,存在打击范围过宽之虞。其一,"将'以卖出为目的而非法收买毒品的行为'解释为贩卖毒品的实行行为,是贩卖毒品罪的特性决定的,属于扩张解释,并不违反罪刑法定原则"②。贩卖毒品一词的"贩卖"在行为方式方面可以是"买""卖"或者"买进后卖出"。③ 购毒者到案后很可能不会承认自己买进毒品是为了卖出,故有必要结合具体案情识别、确定其是否意图卖出毒品。

---

① 张明楷:《刑法分则的解释原理》(第 2 版),中国人民大学出版社 2011 年版,第 819 ~ 820 页。
② 何荣功:《毒品犯罪的刑事政策与死刑适用研究》,中国人民公安大学出版社 2012 年版,第 176 页。
③ 参见伍玉联:《贩卖毒品罪"贩卖"二字的真实含义》,载《湖南公安高等专科学校学报》2009 年第 5 期。但该文认为构成贩卖毒品罪必须具有牟利目的,我们难以苟同。

考虑到不吸毒的人购买毒品几乎可以肯定是为了卖出,① 无论数量多少,均可构成贩卖毒品罪。吸毒者买进较大数量的毒品(暂无统一标准),绝大多数也是为了卖出,宜拟制为存在出售毒品的目的,如果在毒品交易过程中或刚结束时被抓获,又无法定走私、运输毒品罪的,应认定其构成贩卖毒品罪。如果吸毒者在购买少量毒品时被抓获,是否以贩卖毒品罪追究似宜斟酌。吸毒者购买少量毒品,有可能用于本人吸食,也不排除部分或者全部用于出售的可能性。行为人即使只有0.2克毒品,也将其中0.1克或者全部出售的情形并不鲜见。笔者以为,如果所购毒品与所吸毒品系同一种类,一般不宜认定构成贩卖毒品罪;如果系不同种类,一般可以认定其构成贩卖毒品罪。② 其二,行为人储藏(持有)的毒品数量若未达到非法持有毒品罪的追诉标准,则不构成犯罪;若达到了非法持有毒品罪的追诉标准,又无法证明其有出售毒品的行为,即使其承认意图贩卖,也只构成非法持有毒品罪,而不构成贩卖毒品罪。譬如,某甲在路边拾得20克甲基苯丙胺片剂,苦于无销售渠道只好储藏家中,即使其承认自己意欲出售所拾毒品,也不能认定某甲构成贩卖毒品罪,而只能认定非法持有毒品罪。其三,以卖为目的而中转毒品,无论是将交给他人再运输,还是交由他人卖出,都构成运输毒品罪,不一定构成贩卖毒品罪。

有学者认为:"以毒品代为清偿,实际上是建立在买卖基础之上的,这种代物清偿实际上效力等同于清偿。也就(是)说虽然交付了毒品,但是本质上还是居于收买方的地位,不能认为是出卖方的地位,因此,不能认定为构成贩卖毒品罪。"③ 这种观点把"以毒换物"概括为"代物清偿",认为给付毒品的人居于收买方的地位,属于"先确定案件事实的性质,后寻

---

① 极少数情况下,有人可能为了减缓病痛折磨而购入毒品,不是为了贩卖,但这种地下交易几乎不会被公安机关查获。如果其成瘾后又购入毒品,则属于吸毒者购买毒品了。不吸毒的人为吸毒者代购毒品,可能不是为了贩卖,但后文已经论证可以将代购者评价为犯罪。

② 这是因为,毒品大体上可分为镇定类和兴奋类,除了毒瘾特别严重的以外,一般而言很少有人既吸食镇定类毒品又吸食兴奋类毒品。例如,吸食海洛因的人不吸食冰毒,吸食冰毒的人也不吸食海洛因。将多种镇定类或兴奋类毒品混吸的情形也颇为少见。当然,长期吸食毒品的人也可能改变"口味"。需要注意的是,冰毒和麻古的主要成分是甲基苯丙胺,同时吸食冰毒和麻古极为普遍,可视为同一种类。

③ 孙万怀:《互易毒品行为的刑法性质评析》,载《法律科学》2009年第2期。

找可能适用的《刑法》条文"，"固定案件事实的性质"，① 没有准确概括案件事实，颇为武断，也不符合三段论的要求，故不妥当。其实，该行为既是行为人以毒品作为购买物的对价，又是对方以物作为购买毒品的对价，是双方在价值相当的基础上省略了向对方交付同等数额的货币的买卖——无论同时抑或隔时，故应当认定将毒品换成物的一方构成贩卖毒品罪。如果以毒换物不构成贩卖毒品罪（按孙万怀教授的观点，大概也不构成其他犯罪），则贩毒者收取货币以外的其他财产即可"安全"，甚为不妥。将物换成毒品的一方若不吸毒或者所换毒品数量较大，宜推定其有贩卖目的，系为贩卖而购买毒品，故也宜以贩卖毒品罪追究其刑事责任。

1994年最高人民法院《关于执行〈全国人民代表大会常务委员会关于禁毒的决定〉的若干问题的解释》规定："贩卖毒品，是指明知是毒品而非法销售或者以贩卖为目的而非法收买毒品的行为。"2012年《公安机关立案追诉标准（三）》也有相同规定。这样规定颇为合理。贩卖毒品具有有偿性，其对价是财产性利益，包括但不限于金钱、日常用品、车辆、枪支、刀具、文物、假币、房屋等。贩卖毒品的本质是违反国家关于毒品管制的相关规定，用毒品换取财产性利益的违法行为。② 行为人明知自己占有的是毒品，与他人的财产性利益非法交换，或者为了这种交换而购买毒品的，构成贩卖毒品罪。因此，支付毒品作为购买物品、劳务、服务等的对价，如以毒品交换烟酒、枪支、假币等，也构成贩卖毒品罪。

下列情形不构成贩卖毒品罪：（1）将毒品无偿赠送他人，或者免费提供给他人吸食。（2）犯罪团伙头目、黑社会性质组织首要分子等将毒品免费提供给成员吸食的。（3）以毒品与性服务交换的，以及先免费提供毒品供他人（通常是妇女）吸食以博得好感，后提出发生性关系要求的。（4）医疗机构和科研机构依法购入、出售某些毒品、药品，以及某些毒品合法化后

---

① 张明楷教授指出："不能先确定案件事实的性质，后寻找可能适用的《刑法》条文，而应以构成要件为指导归纳、认定案件事实；……不能固定案件事实的性质，而应善于依据可能适用的刑法规范反复归纳和重新整理案件事实。"张明楷：《案件事实的认定方法》，载《法学杂志》2006年第2期。此说甚可赞同。

② 有学者认为，贩卖毒品本质是以毒品作为支付手段的交易行为。据此，以300元价格售出1克甲基苯丙胺片剂，可被解读为毒贩用1克甲基苯丙胺片剂购买了300元人民币，比较悖离常理，难以被人接受。有人认为："我国刑法中贩卖毒品罪的本质应该界定为对于不特定多数人生命、健康的危险，即对人民健康的侵害，该危险是一种抽象危险。"（高巍：《贩卖毒品罪的本质》，载《云南大学学报（法学版）》2007年第1期。）这种观点大而化之，且比较片面。

定点供给、出售少量毒品、药品的。① 第（1）（2）种情形因其没有卖的目的和行为，故不构成贩卖毒品罪，但有可能构成其他犯罪。由于现阶段未将性服务视为财产性利益，故第（3）种情形不应认为构成贩卖毒品罪。若将来通说认为接受性贿赂构成受贿罪，则将支付毒品作为性服务的对价的行为评价为贩卖毒品也不存在疑问了。第（4）种情形是正当业务行为，无社会危害性，无论是免费提供还是按规定价格出售，均不构成犯罪。

有人将贩卖毒品分为批发毒品和零售毒品，笔者以为欠妥。批发和零售的区分标准不可能明确——因地因时因人而异，又易变多变，且对大多数毒贩而言零售和批发是可以并存的，故这种区分毫无意义。用贩卖大量/少量毒品来描述这些现象似乎更为合适，也更利于研判毒品犯罪形势。

二、对"牟利"的合理解释

贩卖毒品本身已经破坏了社会管理秩序，且让毒品非法流入社会，危害人的身心健康，还会滋生盗窃、抢夺抢劫、故意杀人、自杀自残、毒后驾车、肇事肇祸、暴力抗法等大量其他违法犯罪，因此具有巨大的社会危害性。贩卖毒品的社会危害性，主要与毒品种类、数量、纯度、是否流入社会有关，而与毒品价值、买卖价格基本无关。在《刑法》第347条规定的毒品犯罪案件中，均有毒品疑似物成分鉴定和称量记录（毒品已灭失等少数情况下除外），少数（可能判处死刑的案件）有纯度鉴定，从来没有对毒品价值进行鉴定。

就犯罪的主观方面而言，罪过形式包括故意和过失。除了少数情况下刑法规定"以……为目的"外，各罪名对犯罪目的一般没有特别要求。牟利本来仅是一种主观心理活动，无论牟利与否，贩卖毒品均是故意为之。不少人认为，认定贩卖毒品罪需要行为人具有牟利目的；② 有人认为牟利目的是

---

① 例如，美沙酮既是毒品，也作为戒毒替代药品在美沙酮服务站免费提供给戒毒人员服用。
② 例如，"贩卖毒品罪之主观方面应该以具有牟利目的为必要条件……牟利目的为贩卖毒品罪之故意内容"。谢秋凌、高巍：《贩卖毒品罪之目的》，载《云南大学学报（法学版）》2006年第1期。

贩卖毒品罪的构成要件；① 还有人要求具有牟利的现实可能性乃至牟利结果。认为"不（能）牟利就不构成贩卖毒品罪"的司法人员往往纠结于犯罪嫌疑人是否有牟利目的及其现实可能性。这些观点没有法律依据，无法自洽，无法贯彻始终，还会造成不必要的混乱，故不可取。理由如下：

第一，毒品售价高低不影响定罪量刑，探讨是否牟利毫无意义。行为人出售 1 克甲基苯丙胺片剂的价格是 300 元抑或 600 元，对定罪量刑无任何影响。无偿赠送毒品（按现行刑法不是犯罪）、亏本出售毒品的社会危害性，其实比加价出售毒品的社会危害性更大；如果毒品定价昂贵（较之当地黑市上毒品的通常价格），由于无人问津、无法脱手，社会危害性反而趋小。在通常价格范围内，毒品售价（自变量）与贩毒行为的社会危害性（因变量）是负相关关系，而不是售价越高，社会危害性越大。

第二，犯罪所得收益减去犯罪成本不能说明对定罪量刑有价值的任何问题，即使犯罪成本高昂而所得为零亦不例外。② 购入毒品的价格属于犯罪成

---

① 司法实务中，人们所说的"构成要件"经常是"缺一不可的要件"的意思，实指"构成要件要素"，与学术界使用的"构成要件"有所不同。2008 年《全国部分法院审理毒品犯罪案件工作座谈会纪要》规定："对于以贩养吸的被告人，其被查获的毒品数量应认定为其犯罪的数量，但量刑时应考虑被告人吸食毒品的情节，酌情处理。"有人据此认为，只有被告人吸毒才是以贩养吸（甚至有人认为，将贩毒所得作为其吸食毒品的主要经济来源的被告人才是以贩养吸），才可适用这一规定；如果被告人不吸毒，就不是以贩养吸，其被查获的毒品数量就不能认定为其犯罪的数量。这样理解"构成要件"显然是错误的。很明显的道理是，如果被告人吸毒，其身上携带的毒品可能有部分用于自己吸食，只不过拟制为全部用于贩卖；如果被告人不吸毒，其被查获的毒品不会用于自己吸食，更应该全部计入犯罪数量。法律不可能规定以贩毒为业的人贩卖毒品构成犯罪，其他人偶尔贩毒不构成犯罪。办理贩毒案件若还需要查清"其吸食毒品的主要经济来源"，显属"剑走偏锋"，会放纵犯罪，造成司法资源不必要的浪费。也许正是基于这些原因，2015 年《全国法院毒品犯罪审判工作座谈会纪要》废除了"以贩养吸"的提法，是非常正确的。此外，不少法律工作者习惯于用"不符合某罪的犯罪特征"作为认定被告人的行为不构成某罪的理由。对于这两种现象，应予注意。

② 例如，小偷入户盗窃被发现在逃跑时摔成重伤而被抓获，无人会因为其成本高昂而一无所获就认为不是犯罪。又如，山东临沂三名男子投入 18 万元造出 16 万枚假的 1 元硬币的案件中，无人否认其制造假币是出于牟利目的，也不可否认其构成犯罪。案情可见《山东临沂三人投入 18 万造出 16 万假币：为安全只造 1 元硬币》，载光明网，http：//legal.gmw.cn/2015-03/01/content_14962302.htm。

本,① 用售价减去进价系无意义的计算——尽管常被用于判断有无牟利目的及其现实可能性。交易并不当然获利，有盈有亏属于常态，毒品交易亦如是。毒贩通常会加价，个别、偶尔不加价也属正常。因贩卖毒品而致富发财者有之，财尽人亡者亦有之。我们不能认为前者的社会危害性比后者大，更不能认为前者构成犯罪而后者无罪。绝大多数贩毒案件的起诉书、判决书，均只记述卖出毒品的价格而未提及买进毒品的价格。过分纠结于犯罪嫌疑人从某笔毒品交易中是否牟利（赚到钱），是不必要的。

第三，要求具备牟利的现实可能性，属于人为制造法律漏洞，会导致许多贩卖毒品的罪行不被认定为犯罪，会放纵许多犯罪分子，对打击毒品犯罪极为不利。若强求加价出售毒品才可定罪，则按进价卖出毒品、低于进价出售毒品、以毒品抵债等"没赚到钱"的行为，会被认为不构成贩卖毒品罪。若强求加价出售毒品，必须有确实、充分的证据证明进价低于售价才能定罪——实践中，大多数贩毒案件（尤其是零包贩毒）是现金交易而非可以产生电子数据的支付方式，往往只有口供和证言证明毒品价格——也意味着务必抓获毒贩的上线，且获取可以印证较低进价的口供。若未抓获上线，就无上线的证言（有时用"供述"更为准确），则购入毒品的价格未达到"犯罪事实清楚，证据确实、充分"的证明标准，不能认为存在牟利目的，将导致大多数贩毒案件无法定罪。只要毒贩"供述"一个较高的进价以证实自己"没赚到钱"，便可使自己脱罪。如此一来，如实供述者可以定罪，而虚假供述者无法定罪，这是极不正常、极不公平的。这还将导致公安机关过分依赖口供和证言，出现取得承认牟利的口供而体罚犯罪嫌疑人的情形,② 不利于保护人权。可见，强求售价高于进价，要求具备牟利的现实可能性，是行不通、不必要的。

---

① 严格而言，购毒过程中发生的交通费、食宿费、所耗费的时间等均属于犯罪成本，甚至被定罪判刑的风险也可纳入犯罪成本的范畴，只不过有的不易用金钱量化。若如此理解，无论如何确定某次毒品交易成本均难以令人信服。大概正因为如此，人们一般把贩卖毒品的犯罪成本等同于毒品进价。

② 笔者了解到这样一则真实案例：某甲贩卖毒品刚结束时被公安机关抓获，到案后如实供述了自己贩卖毒品的犯罪事实，但否认自己可以从本次交易中获利。办案民警劝告其承认牟利被拒绝，遂对其施以体罚，只为迫使其承认可以从本次交易中获利。在审查起诉阶段，检察机关发现存在刑讯逼供，启动非法证据排除程序排除其供述，以致某甲被不起诉。如果司法机关均存在"贩卖毒品不必牟利也可定罪"的共识，公安机关就不会对其刑讯逼供，检察机关也不必排除非法证据，而是依法提起公诉了。

第四，能否牟利（获利）受到多种因素的影响，具有较大不确定性。有的地方毒品黑市较为"成熟"，价格比较稳定，有的则不"成熟"，价格不稳定；有的毒贩比较"诚信"，甚至以赠促贩，有的则缺斤少两、以次充好；有的毒贩只认钱不认人，有的亲疏有别；甚至毒品错装、掺假也会影响获利与否。能否牟利，通常与财物价值存在密切关系。若强求牟利，必然要求对毒品进行价值鉴定，但实践中不存在毒品价值鉴定。例如，交易的毒品价值500元，某甲购入价格为300元，售出价格为400元。某甲在交易中究竟是赚取100元，还是亏损100元，恐怕会引起巨大争议，这俨然是关系到罪与非罪的重大问题。毒贩在贩毒刚结束时被抓获，毒品、毒资俱被缴获，有的辩护人会提出"没有发生牟利结果，所以不构成贩卖毒品罪（或者贩毒未遂）"，而司法人员基本不会这样认为。其实，这些可笑的争议是由不当解释引发的，也是完全可以避免的——不问是否牟利即可。

第五，要求牟利才可构成贩卖毒品罪的观点有随意添加要素之嫌，难谓符合罪刑法定原则。正如学者指出的那样："刑事立法把走私、贩卖、运输、制造毒品放在同一法条里面，表明四种行为具有相当的社会危害性，走私、运输、制造毒品并没有要求以牟利作为目的，如果要求贩卖毒品必须以牟利为目的的话，设置了比其他三种行为更高的门槛……这限制了贩卖毒品的范围，不利于打击犯罪，无疑与立法宗旨是相悖的。""举轻以明重，明知他人实施毒品犯罪而为其介绍、代购代卖的，其实质上是帮助犯……帮助犯尚且不以牟利为目的，实行犯更不需要。"①"即使行为人主观上不具有牟利目的，只要毒品作为交易的对价，具备有偿性要件，就不能否认其应当属于毒品的贩卖行为。"这些观点甚可赞同。对贩卖毒品罪进行诱惑侦查是其特殊性决定的，而且绝大多数是机会提供型，实质上是已知其很可能系毒贩而提供机会加以验证并取证，至于其在这次交易中是否牟利，并非验证的范畴。牟利既不是定罪情节，也不是法定或酌定的量刑情节，故纠结于牟利与否这一伪问题，是毫无意义的。

"将熟悉与必须相混淆"，是解释刑法的一个常见误区。尽管大多数毒贩均加价出售毒品以赚取差价，存在牟利目的，但贩卖毒品罪不是目的犯，控方不需要证明行为人存在牟利目的或者其他目的，不能认为一定要有牟利

---

① 石魏：《贩卖、运输毒品罪疑难问题解析》，载《上海政法学院学报（法治论丛）》2013年第3期。

目的方可构成贩卖毒品罪,更不能认为需要有牟利的现实可能性、牟利结果方可定罪。若将牟利解释为"赚得利润"(获利、赚到钱),则认定贩卖毒品罪不应要求有此目的;若解释为"换取财产性利益"(大多数情况下表现为换成金钱),则宜要求有此目的——这是"卖"的必然要求,亦可将无偿赠送毒品排除在犯罪圈外。① 严格地说,换取财产性利益才是贩卖毒品罪的目的,只不过人们习惯于使用"牟利目的"这一搭配而已。鉴于人们将"牟利"通常理解为"赚得利润",应当明确:牟利是犯罪动机,而不是犯罪目的,不是、也不应该是贩卖毒品罪的构成要件(要素)。

三、关于代购毒品的几个问题

代购毒品的人是否涉嫌犯罪,是一个存在尖锐争议的问题,且分歧未随着相关规范性文件的出台而消弭。"代购"一词在一些规范性文件中多次出现,但其内涵与外延并不明晰。因受托而为他人购买商品,系日常生活意义上的"代购"。与此不同,代购毒品中的"代购"要复杂得多,通过平义解释不能得出令人信服的结论。假设乙在购毒刚结束时或者在携毒返回过程中被抓获,供述自己系为甲代购毒品,但公安机关无法找到甲,或者找到甲但甲否认自己委托乙为其购买毒品,可以认定乙的行为是代购毒品吗?还存在一种代购者和托购者混同的特殊情况。例如,甲、乙、丙、丁四青年计划购买毒品后共同吸食,便各自出资100元,抽签决定由乙携带400元(含甲出资的100元)去购买毒品,乙遂照办并买回毒品供四人共同吸食。本案中,乙既是代购者,也是托购者;当然,认为乙受甲、丙、丁的委托购买了300元的毒品,同时为自己购买了100元的毒品,并无不可。可见,如何将代购毒品与为自己购买毒品区别开来,有时是一个相当困难的问题。这在某种程度上是"代购毒品"一词不具有独立意义所导致的。

(一) 代购毒品的分类

根据代购者的地位不同,代购毒品大体上可以分为托购者主导的代购毒品和代购者主导的代购毒品。(1) 托购者主导的代购毒品,一般是托购者

---

① 多名贩卖毒品案的犯罪嫌疑人亲口对笔者说:"在我们这一行看来,毒品就是钱(所以要妥善保管,不会白白送人)。"这也代表了广大贩毒者的心声。现行法律未将有相当社会危害性的无偿赠送毒品入罪,并不会导致行为人广泛地无偿赠送毒品给他人——即使个别、偶尔存在,较之贩卖毒品的庞大数量几乎可以忽略不计。

与贩毒者谈妥了毒品交易事项，确定了毒品的种类、数量、价格，甚至行动的时间、路线、联系方式等，代购者受托购者指使，只起跑腿、接洽的作用。由于长期合作形成默契，只要托购者说一句"帮我买点东西（毒品）"，甚至不必提及毒资、毒品的种类和数量，代购者就迅速买来毒品交给托购者的，何人居于主导地位恐怕存在争议。笔者以为，宜认定由托购者主导。（2）代购者主导的代购毒品，一般是代购者掌握了相应渠道，托购者（通常是吸毒者）有求于他，故委托其购买毒品。托购者因身体残疾、受伤或者患病等原因，委托他人为其购买毒品的，一般宜认定由代购者主导。无论代购者是否具有可替代性，其对促成毒品交易均起了牵线搭桥的作用，不容小觑。一提及代购毒品，人们潜意识里认为代购者是从属于托购者的，形成了思维定势，忽略了代购者主导的情形，有失偏颇。

根据是否有托购者的明确意思表示，代购毒品可以分为客观的代购毒品和主观的代购毒品。（1）客观的代购毒品，是指托购者明示代购者为其购买毒品，尔后代购者购买毒品并交给托购者。客观的代购毒品的情形比较复杂，大体上可以分为三种模式。以甲让乙为其代购毒品为例：一是甲把钱给乙，乙按甲的嘱托带钱去找贩毒者买毒品再把毒品交给甲。乙若未截留部分毒资、毒品，则未获利；乙若截留部分毒资、毒品，则会获利——甲是否知情就不得而知了。二是甲直接将钱给贩毒者（包括赊购的情形），乙按甲的嘱托只从贩毒者处把毒品取回交给甲——这时乙未获利。三是甲让乙为其代购毒品，乙先垫资买来毒品，甲收到乙买来的毒品后把同样数额的金钱（或者等值物品）交给乙，也可能向乙赊欠毒资——这时乙未获利，但理解为其按原价将毒品出售给甲在逻辑上也是成立的。第三种模式比较少见。（2）主观的代购毒品，是指他人未委托行为人为其购买毒品，行为人辩解是帮他人购买毒品。例如，甲向乙打电话购买400元的甲基苯丙胺片剂，乙说"现在我手上没有货（毒品），如果你确实需要，看在你是我朋友的面子上，我可以帮你想办法买一点货（毒品）"，甲未置可否。乙遂从丙处以400元的价格购得若干甲基苯丙胺片剂，又将该毒品交给甲，收取甲的400元。而甲未委托乙为其代购毒品，可以认定乙系为甲代购毒品吗？如果甲表示同意，那么乙是代购毒品吗？如果乙找自己的哥哥拿了若干毒品交给甲并收取甲的400元，又将400元交给其哥哥，那么乙是为其哥哥代卖毒品吗？还是为甲代购毒品？如果乙将自己占有的毒品卖给甲，谎称是自己刚从第三人处购得、系为甲代购，显然也构成贩卖毒品罪。其实，毒品从制造到吸毒者吸食的过程中往往历经多次转手买卖，购毒者根本不必知道毒品来源于何人，也不需要知道卖方是否为其代购；贩毒者也不需要知道购毒者将用于自己吸食，还是用于贩卖；代购者也不需要知道托购者是否吸毒。主观的代购毒品不是规范意义上的代购毒品，而应当一律认定贩卖毒品，后文将进一步论证。

（二）有关代购毒品的规范及其初步分析

1994 年最高人民法院《关于执行〈全国人民代表大会常务委员会关于禁毒的决定〉的若干问题的解释》规定："居间介绍买卖毒品的，无论是否获利，均应以贩卖毒品罪的共犯论处。"其实，许多代购者的行为至少包括了居间和运输毒品，其社会危害性比单纯居间介绍有过之而无不及，更应当受到刑法谴责。就此而言，把帮助他人购买毒品视为这里的居间介绍买卖毒品，未尝不可。2008 年《大连会议纪要》规定："明知他人实施毒品犯罪而为其居间介绍、代购代卖的，无论是否牟利，都应以相关毒品犯罪的共犯论处。"①《立案追诉标准（三）》也规定，这些情况下，"都应以相关毒品犯罪的共犯立案追诉"。对此可以从四个方面理解。其一，这里的"他人"通常理解为托购者，但解释为包括托购者和贩毒者，未超出文义射程，并无不妥。迟至托购者指使代购者去购买毒品时，代购者已经"明知他人实施毒品犯罪"，不可能不知道交给其毒品的人是在实施毒品犯罪。当然，狡猾的毒贩很可能"隐身贩毒"，并不当面交接，但代购者的"明知"不受影响。其二，既可以对居间介绍、代卖毒品的人定罪，又不排除对代购者定罪。其三，"是否牟利"与能否定罪无必然联系，客观上未牟利仍可能构成犯罪。其四，"共犯"一词极易使人联想到"共同犯罪""狭义的共犯""主犯与从犯"，容易使人误解。特别是在主观的代购毒品的情形下，行为人往往辩解自己是"纯粹给朋友帮忙"，是代购，没有牟利目而且没有获利——这种颇具迷惑性的辩解竟然能使一些司法人员陷入困惑，纠结于如何对这些"代购者"以共犯论处——由于特情（通常是购毒人员）不构成犯罪，贩毒者又未抓获归案，无法确定主犯，就以为无法认定"共犯"（狭义的共犯）也构成犯罪，导致办案错误。其实，该句应解释为"明知贩毒者、托购者

---

① 有学者认为："无论是何种情形的居间介绍买卖毒品，或者为了吸食者吸食，还是为贩毒者寻找买主，都成立贩卖毒品罪的共犯。"（赵秉志、于志刚：《毒品犯罪》，中国人民公安大学出版社 2003 年版，第 195 页。）笔者亦赞同这一观点。

实施毒品犯罪而为其居间介绍、代购代卖的，无论是否牟利，都构成犯罪，应当立案追诉"。

《立案追诉标准（三）》规定："有证据证明行为人以牟利为目的，为他人代购仅用于吸食、注射的毒品，对代购者以贩卖毒品罪立案追诉。不以牟利为目的，为他人代购仅用于吸食、注射的毒品，毒品数量达到本规定第二条规定的数量标准的，对托购者和代购者以非法持有毒品罪立案追诉。"① 据此，代购者无牟利目的，毒品数量未达到《立案追诉标准（三）》第2条规定的数量标准，很可能不构成犯罪；"仅用于吸食、注射的毒品"的数量也可以达到《立案追诉标准（三）》第2条规定的数量标准。② 而"刑法第348条对于非法持有毒品的数量未规定上限存在明显的缺陷，致使对持有毒品数量特别巨大的案件难以实事求是地公正处理，造成对此类犯罪打击不力"③。由于代购者、托购者几乎都不会承认所购毒品将用于贩卖，即使数量巨大也会坚称"仅用于本人（或托购者）吸食、注射"，那么"仅用于吸食、注射的毒品"便成为一句空话了。如果其辩解购入200克甲基苯丙胺片剂是供自己（或者托购者）吸食400天的量，难道是可信的吗？

2015年5月18日发布并实施的《武汉会议纪要》规定："行为人为吸毒者代购毒品，在运输过程中被查获，没有证据证明托购者、代购者是为了实施贩卖毒品等其他犯罪，毒品数量达到较大以上的，对托购者、代购者以运输毒品罪的共犯论处。行为人为他人代购仅用于吸食的毒品，在交通、食宿等必要开销之外收取'介绍费''劳务费'，或者以贩卖为目的收取部分毒品作为酬劳的，应视为从中牟利，属于变相加价贩卖毒品，以贩卖毒品罪

---

① 这里的"他人"亦应解释为吸毒者，否则"仅用于吸食、注射的毒品"就无从谈起。这里的"有证据证明"，应当如何理解？是需要达到"犯罪事实清楚、证据确实、充分"的证明标准，还是排除一切合理怀疑的标准、高度盖然性标准、优势证据标准？如果只有承认具有牟利目的这一口供，是否达到了证明标准？

② 这里的"可以"，是指毒品数量达到《立案追诉标准（三）》第2条规定的数量标准，仍可能被认定是"仅用于吸食、注射的毒品"，而不是说"仅用于吸食、注射的毒品"的数量达到《立案追诉标准（三）》第2条规定的数量标准是合法的。

③ 崔敏、周欣、董林燕：《论查处毒品犯罪中的几个问题》，载《中国法学》2004年第3期。

定罪处罚。"① 这一规定提高了代购者构成犯罪的入罪门槛；代购毒品且收取部分毒品又无贩卖目的的，不构成贩卖毒品罪。②

依据上述规范性文件，很多人会认为，代购者构成运输毒品罪的要件是：（1）代购者为吸毒的托购者购买了毒品，明知是毒品；（2）毒品数量达到较大以上；（3）在运输过程中被查获；（4）无证据证明托购者、代购者是为了实施贩卖毒品等其他犯罪。代购者构成贩卖毒品罪的要件是：（1）代购者为吸毒的托购者购买了毒品；（2）所购毒品仅用于托购者吸食、注射；（3）代购者有牟利目的，或者收取了介绍费、劳务费等必要开销以外的费用，或者为了贩卖而收取部分毒品。③ 代购者构成非法持有毒品罪的要件是：（1）代购者为吸毒的托购者代购仅用于吸食、注射的毒品；（2）代购的毒品数量达到《立案追诉标准（三）》第 2 条规定的数量标准；（3）代购者不以牟利为目的。但是，如此规定、解读，存在诸多大可商榷之处。

（三）对相关规范的批判性反思

第一，一切代购毒品都符合运输毒品罪的构成要件，将部分代购毒品非罪化与现行刑法存在重大冲突，有违法之嫌。《刑法》第 347 条第 1 款规定："走私、贩卖、运输、制造毒品，无论数量多少，都应当追究刑事责任，予以刑事处罚。"纯粹运输毒品的，无论数量多少，都应当追究行为人涉嫌运输毒品罪的刑事责任。有学者认为："运输毒品罪的适用范围，控制在明知是毒品而运输且无证据证实运输者本人是走私、贩卖、制造毒品者或

---

① 这里的"没有证据证明"如何理解，也存在巨大争议。如果同时查获了分装袋、电子秤，能否认定仅是代购毒品？能否认定其具有贩卖或牟利目的呢？由于有证据可以推定其为贩卖而购买毒品，显然足以认定其涉嫌贩卖毒品罪。如果公安机关提取了犯罪嫌疑人案发前三个月的通话清单，发现其每日凌晨 1 时至 5 时许通话异常频繁，即使办案人员内心确信这些反常的电话大多数是联系贩毒的，一般也不会认为这份通话清单足以证实其是为了实施贩卖毒品罪等犯罪。

② 将所获取的少量毒品供自己吸食即"蹭吸"。本文认为，为他人代购毒品且获取少量毒品作为酬劳构成犯罪，是因为其代购毒品的行为已经符合贩卖、运输毒品罪的构成要件，不是因为其获取少量毒品作为酬劳故构成犯罪。至于其收取少量毒品欲作何用在所不问，所以并不是吸毒行为犯罪化。

③ 吸毒者购买少量毒品不是犯罪，若代购者为托购者购买大量毒品，则涉嫌贩卖毒品罪，人们对此基本没有争议。这里主要探讨，在何种条件下，代购少量毒品的人会被认为构成贩卖毒品罪的相关问题。严格地说，"收取了介绍费、劳务费等必要开销以外的费用"和"为了贩卖而收取部分毒品"，均是"以牟利为目的"的表现形式，不宜与后者并列；但这两种表面上客观的行为也存在较大的主观性，将其与（狭义的）以牟利为目的并列起来并非重大不妥。

者窝藏、转移、隐瞒毒品者的范围内为宜。"① 此说甚可赞同。极少数人认为，认定运输毒品罪需要具有牟利目的，但这明显属于随意添加要素，形成"因为进行不合理的限制解释而造成不应有的漏洞"，也不被司法机关接受。运输毒品的人大多数是为了获取酬劳，即使受雇佣、受指使仅为赚取少量伙食费，也不可否认其构成运输毒品罪。单把"前往—购毒—返回"的代购毒品评价为运输毒品也不存在任何障碍，还有多余情节。既然代购毒品过程中已经产生交通费、食宿费——代购者收取或者拒收费用在所不问，应该是运输了较长距离，至少完全符合运输毒品罪的构成要件。实践中，包含购买、运输活动在内的代购少量毒品的行为却被认为不构成犯罪，这显然是荒谬的，还会导致代购毒品成为运输毒品罪的"挡箭牌"。例如，运输毒品的人被查获后谎称系为他人代购毒品，而"托购者"、托运者、贩毒者等均未到案，司法机关应该如何认定呢？以"事实不清、证据不足"为由将其无罪释放吗？实践中，犯罪嫌疑人经常提出自己系代购毒品且无牟利目的，有人以此辩解无法证实或证伪为由而作出有利于犯罪嫌疑人的认定、处理，属于误用了"存疑时有利于被告人"原则。

第二，一切代购毒品都可以合乎逻辑地解释为符合贩卖毒品罪的构成要件。代购者帮助他人非法购买毒品，促成了毒品与财产性利益的交换，至少在客观上对贩卖毒品的行为起到了帮助作用，而且对此是间接故意——即使代购者是托购者的朋友且与贩毒者素不相识也不例外。主观上只想帮助托购者买进毒品，而不愿意帮助贩毒者卖出毒品的情形，是不存在的。帮助托购者购买毒品和帮助贩毒者售出毒品是一个硬币的两面，二者的区别远远没有人们通常认为的那么大。有人认为："从表面上看，代购者是站在吸毒者立场，主观上似乎没有贩卖毒品的故意，仅有购买毒品的故意。但代购者明知他人贩卖毒品却仍然为其提供帮助，将毒品转移给购买者，在客观上促成了毒品交易。代购毒品与代卖毒品一样，其本质上都是贩卖毒品的帮助行为，处理方式应当一致。既然司法实践中对代卖毒品行为无一例外地认定为贩卖毒品罪（共犯），那么代购毒品行为也应当认定为贩卖毒品罪（共犯）。"② 代卖毒品被认为是贩卖毒品罪的帮助犯而立案追究，具有同等危害的代购毒

---

① 林亚刚：《运输毒品罪的若干问题研究》，载《法学评论》2011年第3期。
② 殷芳保：《不以牟利为目的代购毒品也应认定为共犯》，载《检察日报》2014年5月21日，第3版。

品的行为却被长期误读，令人费解。帮助吸毒者购买仅用于吸食、注射的毒品，表面上是帮助吸毒者实施了行政违法行为，不是帮助他人实施犯罪行为，其实完全可以评价为明知他人贩卖毒品仍给予帮助，应当认定为犯罪。① 固执地认定代购者是在托购者一端，而不是在贩毒者一端，殊不可取。在前述客观的代购毒品中，第一、二种模式可以评价为乙系贩毒者的帮助犯，第三种模式可以评价为乙向甲出售毒品。对代购者追究刑事责任，不受贩毒者到案与否的影响。当然，如果把代购毒品解释为托购者教唆代购者帮助贩毒者将毒品卖出，就等于把托购者作为贩毒者的共犯予以追究，等于把吸毒当作犯罪行为予以打击，是不可取的。

上述规范性文件对"牟利"颇为"青睐"，而相关规定之间存在不少矛盾。大概是受规范性文件的影响，许多人认为代购者需要具有牟利目的才能构成贩卖毒品罪。② 代购者的牟利目的表现之一是变相加价，基本可以等同于收取金钱（也许很多人会认为用"必要开销之外的费用"更恰当），表现之二是存在贩卖毒品的目的。一方面，是否存在牟利目的，是否变相加价，是否存在贩卖目的，均不易确定。就交通而言，有步行、自行车、摩托车、汽车（私家车、租车、计程车、公共汽车等）、市内轨道交通、火车、船舶、飞机等多种方式可供代购者选择。如果代购者是骑自行车或者步行代购毒品，如何计算交通费呢？如果代购者坐计程车往返，未索要发票，或者索要了发票又将其丢失，侦查人员是否需要进行侦查实验，按相同路线坐一遍计程车以确定交通费呢？代购者收取20元交通费后，为了省钱而改坐票价2元的公交车或者步行代购毒品，是否存在牟利目的呢？同理，准确认定食宿费、"必要开销"也存在较多难题。以甲让乙为其代购毒品为例，甲既可能在嘱托时给予酬劳，又可能在收受毒品时给予酬劳，也可能隔时支付酬

---

① 根据我国刑法，卖淫不是犯罪，但介绍卖淫是犯罪；吸毒不是犯罪，但容留他人吸毒是犯罪。二者的法理是相通的，没有什么难以理解、不能接受的。帮助他人购买毒品可以入罪，也是同理。

② 例如："如果代购者具有通过贩卖代购毒品而营利的目的，则显然构成贩卖毒品罪。（对'营利'的认定不应当过于狭隘，不能仅局限于佣金、劳务费，还应包括免费吸食部分代购毒品、被免除部分债务等情况。）但如果不具备这一目的，而是单纯出于自愿，不准备获取任何利益或回报而代购毒品的，尽管行为人帮助吸毒者购买毒品的行为促成了毒品交易的完成，但其主观上并没有帮助毒品卖家贩卖毒品的故意，而只有帮助吸毒者购买吸食所需毒品达到毒品消费的目的，行为人不符合贩卖毒品罪的主观要件，故不能以该罪论处。"（王园：《贩卖毒品行为界定中的若干疑难问题》，载《江苏警官学院学报》2014年第2期。）

劳,还可能反悔拒绝给予酬劳;乙可能收取、"自取"酬劳,也可能拒收酬劳。若双方本来没有约定酬劳、好处费等,甲收取毒品后为表示感谢或者表达长期合作的诚意而临时支付若干金钱,且乙收受了酬劳,那么乙存在牟利目的吗?甲托乙为其购买 1 克甲基苯丙胺片剂并交给乙 300 元,乙找到丙并支付 300 元购得 1 克甲基苯丙胺片剂,丙还赠送 0.1 克甲基苯丙胺片剂给乙,乙返回将 1 克甲基苯丙胺片剂交给甲,将 0.1 克甲基苯丙胺片剂留给自己。此时乙存在牟利目的吗?乙接受甲的委托后、实施购毒行为前,由于毒瘾发作等原因,用较少毒资转托他人成功购得同等数额的毒品,从中获利。此时乙存在牟利目的吗?乙代购毒品后返回,自述卖方临时加价(毒品涨价了),自己除了支付甲给的毒资以外还垫资若干才购得毒品。若贩毒者未抓获,或者抓获了但否认加价,还可以认定乙有牟利目的吗?这些问题都会引起较大争议。代购者收取少量毒品作为酬劳,如果承认为了贩卖,就会被认定贩卖毒品罪;如果不承认为了贩卖,就不会被认定贩卖毒品罪——行为人是否有贩卖毒品的目的、可否定罪,在很大程度上竟取决于其是否承认将用于贩卖,甚为荒谬。可见,欲查明相关费用、代购者是否获得酬劳、是否变相加价,存在较大不确定性,欲借此间接证明存在牟利目的可谓缘木求鱼。认为代购毒品需具有牟利目的才构成贩卖毒品罪的观点是欠妥的。另一方面,代购者可能出于牟利、贩卖、蹭吸等目的,也可能出于亲情、友情(哥们义气)、爱情而为他人代购毒品,但无牟利目的不等于无所企图。无偿代购毒品的人绝不是"毫不利己、专门利人"的"活雷锋"。代购毒品促进了毒品非法流通,是破坏社会管理秩序的行为,具有不亚于代卖毒品的社会危害性,也应当受到刑法的否定性评价。因此,要求代购者具有牟利目的才可构成贩卖毒品罪的观点是不成立的,有无牟利目的这些边缘事实根本无须查明、证明。

第三,既然代购毒品完全可以评价为其他罪名,就不应适用非法持有毒品罪这一具有拾遗补缺性质的罪名。如上文所述,一切代购毒品都符合运输毒品罪的构成要件,也可以合乎逻辑地解释为符合贩卖毒品罪的构成要件。行为人获取了毒品,要么出售给他人——构成贩卖毒品罪;要么用于自己吸食、注射——不构成犯罪;极少数情况下可能无偿赠送给他人——这可以忽略不计;如果自行销毁——公安司法机关就不会知道,不会成为案件。总之,不可能为持有而持有、永久珍藏。在许多案件中,法官即使判决被告人犯非法持有毒品罪,也深知被查获的毒品处于贩卖链条、仅无证据证明其存在贩卖毒品行为的可能性远远大于持有者仅用于自己吸食、注射的可能性。若代购者在购买毒品的过程中被查获，欲证明托购者构成非法持有毒品罪恐怕存在巨大困难；若已经完成代购，毒品由托购者实际占有、控制，则指控代购者构成非法持有毒品罪同样难以达到刑事诉讼证明标准。将部分代购毒品的行为评价为非法持有毒品罪，会导致一部分本可以评价为运输、贩卖毒品罪的行为被评价为较轻的非法持有毒品罪，而另一部分案件的办理会陷入困境，因而是不合理的。

第四，是否构成犯罪，主要不是看行为人自身的行为，而是过多地看重案内的次要因素和案外因素，殊为不妥。把金钱分为"交通费""食宿费""劳务费""好处费""必要开销"本身就是欠科学的。由推理可知，代购者收取托购者的交通费 30 元，未收取劳务费，不构成贩卖毒品罪；代购者收取托购者的劳务费 30 元，未收取交通费，构成贩卖毒品罪——如此显然失之荒谬。若代购者收取小费 30 元，辩解是交通费（或者必要开销），而公诉机关认为是劳务费（或者必要开销之外的酬劳），人民法院应该如何裁判？代购者可否定罪，取决于自己、托购者对钱的"称呼"，极不合理。甲让乙为其购买 1 克甲基苯丙胺片剂并支付 600 元给乙，未说其中毒资、路费各是多少。乙只用其中 400 元就购得 1 克甲基苯丙胺片剂，将节余的 200 元据为己有。那么乙有牟利目的吗？有学者认为："在为吸毒者代购毒品的场合，代购者即便出于牟利目的，事实上赚取的是介绍费，不宜将代购行为认定为贩卖毒品罪的实行行为。"[①] 既然赚取的是"介绍费"，那么可以认为代购者是居间介绍人吗？而居间介绍买卖毒品构成贩卖毒品罪是无争议的。这种观点径自将酬劳命名为"介绍费"，直接无视其他案情，显然欠妥。

第五，"数量较大""仅用于吸食的毒品""必要开销""变相加价"等用语过于模糊（甚至很难说是模糊的法律概念），无法准确界定，存在沦为具文之虞。相关规定大大拓展了司法人员的自由裁量权，在适用过程中必然引起诸多分歧，而认识分歧可能成为掩盖枉法行为的"合法外衣"，难免饱受诟病。毒资与交通费、食宿费、劳务费、介绍费、好处费、小费、酬劳等的关系如何？以什么标准衡量？交通费、食宿费相当于毒资多大比例才是"合理的"？多少酬劳才是"合理的"？酬劳高于毒资多大比例就被认定存在

---

① 梁彦军、何荣功：《贩卖毒品罪认定中的几个争议问题》，载《武汉大学学报（哲学社会科学版）》2013 年第 5 期。

牟利目的呢？……这些问题是无解的。代购者收受 300 元毒资和 20 元交通费，在 300 米外以 300 元购得毒品交还托购者——不少人会觉得代购者不构成犯罪。① 如果代购者收受 300 元毒资和 300 元交通费，在 300 米外购得 300 元的毒品交还托购者——人们又会觉得代购者存在牟利目的，构成贩卖毒品罪。如果代购者、托购者均称代购者收受了托购者赠送的 600 元，在 300 米外倒贴 300 元购得毒品，无偿赠送给托购者——人们会觉得这种荒谬的辩解不足采信，认为代购者构成贩卖毒品罪。如果由代购者先垫资或者赊购，对代购者的行为定性的争议会更大。如果核定"必要开销"为 29 元，而代购者甲、乙分别实收 30 元、28 元，那么甲、乙存在牟利目的吗？这些煞有介事的争议颇为可笑。

值得一提的是，刑事审判参考第 1014 号刘继芳贩卖毒品罪一案中，青岛市中级人民法院二审认为："刘继芳为杨淑双两次代购用以吸食的毒品的行为，因现无证据证实其从中牟利，故不应认定其构成贩卖。"有法官认为："为他人代购用于吸食的毒品，且没有从中牟利的，不能认定为贩卖毒品罪；证明行为人是否具有牟利目的的举证责任应当由公诉机关承担，举证不能的，应当依法认定行为人不具有牟利目的；不能因为代购者的行为客观上起到帮助上线贩卖毒品的作用，就认定其构成贩卖毒品罪。……刘继芳的行为虽然在客观上促成了卖毒者的贩毒活动，但其主观上并没有帮助卖毒者贩卖毒品的故意，其目的在于帮助托购者杨淑双购买毒品用于吸食，故对刘继芳不能以贩卖毒品罪的共犯论处。"② 笔者认为，上述结论和理由均存在问题：其一，代购毒品的社会危害性在于其促成了毒品的非法买卖，而不是代购者可以从中获利。一如无偿赠送毒品的社会危害性其实大于加价出售毒品的社会危害性，"乐于助人"的无偿代购毒品的社会危害性较之有偿代购毒品有过之而无不及。其二，代购毒品，无论是否牟利、有无贩卖目的，是为了获取少量酬劳，还是获取少量毒品供自己吸食，或者真的自愿无偿帮助

---

① 运输毒品经过多长距离的物理位移才构成运输毒品罪，理论界和实务界均存在较多争议。实践中，若同城且可定其他罪名，基于吸收犯原理一般不再定运输毒品罪；若不同城或者难以认定其他罪名，一般会认定运输毒品罪；若在国边境附近越境运输毒品，距离较短也可以认定运输毒品罪。这里的"300 米"，只是表示短距离运输毒品。

② 刘世明等：《刘继芳贩卖毒品案——为吸食者代购少量毒品的行为如何定性以及特情引诱情节对毒品犯罪案件的定罪量刑是否具有影响》，载中华人民共和国最高人民法院刑事审判第一、二、三、四、五庭主办：《刑事审判参考》总第 99 集，法律出版社 2014 年版，第 92~97 页。

吸毒者购买并运送毒品,均符合运输、贩卖毒品罪的构成要件,可归于白建军教授所说的"居间型不典型",① 而且不具有独立评价的意义。其三,把"帮助贩毒者贩卖毒品"和"帮助托购者购买毒品"这一有机整体分割对立是不对的,认为"其主观上并没有帮助贩毒者贩卖毒品的故意"过于武断,也不符合事实,以此作为否认其构成犯罪的理由不能成立。

此外,2018年浙江省高级人民法院、浙江省人民检察院、浙江省公安厅《关于办理毒品案件中代购毒品有关问题的会议纪要》(浙高法〔2018〕40号)规定,"代购毒品,一般是指吸毒者与毒品卖家联系后委托代购者前去购买仅用于吸食的毒品,或者虽未联系但委托代购者到其指定的毒品卖家处购买仅用于吸食的毒品,且代购者未从中牟利的行为"。这一规定颇有代表性,其影响绝不限于浙江省,谓之对全国其他司法机关具有重要参照意义并不为过。既然使用了"一般"一词,则说明这只是不完全归纳推理,所描述的这些行为中的一部分可能不属于代购毒品,所描述以外的少数行为有可能属于代购毒品。这实际上违背了"被定义概念=种差+邻近属概念"的规则,至少表明制定者并无十足把握。如果这是下定义,就不应当使用"一般"一词。这一"定义"还存在以下缺陷:(1)"吸毒者与毒品卖家联系后委托代购者前去购买"至少有三类情形,可能预付毒资交给代购者,也可能由代购者垫资,还可能是赊购,这三种情形是否均包括在内有待明确。(2)"虽未联系但委托代购者到其指定的毒品卖家处购买",从某种程度上可以说明代购者已经"轻车熟路"了,或者与某一方是长期合作关系,否则交易断然难以完成,仍将代购者视为无意志的跑腿者似乎欠妥。(3)"仅用于吸食的毒品"难以界定,有违反《刑法》第347条"无论数量多少,都应当追究刑事责任"之嫌,徒增纷扰。例如,5克海洛因是否为"仅用于吸食的毒品",控辩双方显然会存在不可调和的分歧。(4)相比不要求牟利,其强调"代购者未从中牟利",对代购者如实供述、侦查人员核查提出了较高要求,而这本来是犯罪构成要件事实、量刑事实以外的边缘事实,如此规定有浪费司法资源之嫌。

综上,部分代购毒品不构成贩卖毒品罪(或者不构成犯罪)的观点,夸大了代购毒品的特殊性,既陷入了"白马非马"的逻辑错误,也误用了

---

① "居间型不典型就是与两个甚至更多个刑法概念、原则、规范的代表性现象都有关联但又都相距较远的刑法现象。"(白建军:《论刑法不典型》,载《法学研究》2002年第6期。)

三段论,故不可取。一些规范性文件的部分条款过分看重边缘事实,表面上考虑周全、作了细致而较合理的区别对待,实际上烦琐且不合理,更有违法之嫌;不仅不能解决现实问题,反而会造成不必要的混乱,在一定程度上对行为人也起到了反向激励的作用,实践效果恐怕适其反,令人堪忧。

(四) 小结

鉴于人们对"代购毒品"的理解非常混乱,笔者建议:废除"代购毒品"的提法,用"帮助他人购买毒品"取代之。(考虑到当前习惯以及用语简洁,在不致引起误会的前提下,下文仍将沿用"代购"一词。)考虑到可接受性,立法或司法解释宜明确规定:帮助他人非法购买毒品的,追究其涉嫌运输、贩卖毒品罪的刑事责任。借此在全社会确立如下规则:无论出于什么原因、理由,即使存在父母、子女、夫妻、兄弟姐妹关系,也不能帮助他人购买毒品,否则涉嫌毒品犯罪;任何人向你求购毒品,或者请你帮忙买进、出售毒品,你应当拒绝;吸毒者本人如果购买数量较大的毒品,则涉嫌贩卖、运输毒品罪。① 只有严密法网、强化刑法威慑,让卖方不敢卖出毒品,② 让买方难以找到人帮他买进毒品,让吸毒者不能便捷地吸毒——如此有利于对毒品市场体系制造障碍,增大被发现、抓获的概率,从而减少毒品交易。

如果明确了代购毒品一律构成犯罪,下列新情况可能出现:(1) 一些代购者被抓获后,谎称是为自己吸食而购买毒品。如果代购者吸毒,由于有其他证据显示其是帮助他人购买毒品,其辩解意见是不成立的,仍然可以定罪。如果有证据证明代购者不吸毒,几乎可以肯定将用于贩卖,其辩解是不成立的。如果其辩解尽管自己以前不吸毒,但想尝试着第一次吸毒,那么能否认定代购者将用于自己吸食呢?这种情形非常罕见,却很可能成为幽灵抗辩的理由。考虑到法律的普适性、严肃性,不能采信其辩解,应认定其涉嫌

---

① 考虑到吸毒人员一般的吸食量,笔者认为,"少量"和"较大数量"以《立案追诉标准(三)》第2条规定的标准为界限较妥。即使吸毒者拥有巨额财富,喜欢一次性购买大量毒品供自己长期吸食,也应当推定其有贩卖目的,以贩卖毒品罪论处。否则,存在违反平等适用刑法原则、刑罚不公平之嫌。

② 基于贩卖毒品罪的特殊性,使用诱惑侦查既有合法性也有正当性。贩卖毒品的过程中遇上特情假购毒品,本是固有风险。立法不可能规定第一次贩卖少量毒品不构成犯罪,不可能规定特情只能向曾经出售过毒品给自己的人假购毒品,不可能规定诱惑侦查时不能反复劝诱,也不能禁止采用"假购毒品+色诱"的侦查方式,还不能明确禁止假扮托购者进行诱惑侦查。

犯罪。（2）特情假扮托购者进行诱惑侦查。一个基本共识是，行为人答应代购毒品、收取毒资，不是犯罪预备行为，更不是已经着手实施代购、运输或者贩毒行为。如果代购者在收取毒资、还未抵达毒品交易地点时就被抓获，属于时机不成熟，将导致无法定罪。①代购者已经实际占有毒品，或者与贩毒者均进入交易现场，才可认为是贩卖毒品罪的实行行为。如果特情假扮托购者，"代购者"收取购毒款（实为工作经费）后一去不复返的风险难以掌控。针对这一问题，需要侦查人员跟踪代购者；而贩毒者是否同意交易、是否改变主意、所在位置、行动路线等均不确定，公安机关会面临比假购毒品更大的不确定性，效率更低，投入更多，故一般不会采用这种方式。当然，如果贩毒者、代购者均被抓获，应当依法追究二者的刑事责任。（3）有人唆使他人为其代购毒品并向公安机关举报。例如，毒贩为了立功而唆使毒友为其代购毒品，或债务人出于某种不可告人的目的而唆使债权人为其代购毒品，并协助公安机关将其抓获。这些行为表面上不符合"朋友之义"，却可以破坏双方的信任，强化"不要帮助他人购买毒品"这一规则，有利于打击毒品犯罪，故刑法不应给予否定性评价。由于取证可能不规范、不及时，无法指控犯罪的情形可能较多。可见，将代购毒品一律犯罪化后，仍可以合理划定犯罪圈，防范滥用。

四、关于互易毒品的问题

所谓互易毒品，是指双方将自己占有的毒品换成对方占有的毒品。以毒品换取金钱、毒品以外的利益，毒友在共同吸食毒品时误拿了对方的毒品，或者试吸、求鉴定品位等，不属于互易毒品。关于互易毒品如何评价，规范性文件暂未涉及，理论界存在不同观点。张洪成博士认为："在互易毒品的时候，毒品的非法性质决定了双方是为了追求毒品的使用价值而进行的交易，但因为毒品在我国属于限制流通物，私人之间是不允许买卖的，因此，在私人之间用于交易的毒品本身属于不可货币化的物质，即该行为从本质上

---

① 2008年《全国部分法院审理毒品犯罪案件工作座谈会纪要》规定："有些毒品犯罪案件，往往由于毒品、毒资等证据已不存在，导致审查证据和认定事实困难。在处理这类案件时，只有被告人的口供与同案其他被告人供述吻合，并且完全排除诱供、逼供、串供等情形，被告人的口供与同案被告人的供述才可以作为定案的证据。"这里的"毒品已不存在"应理解为毒品确定存在后灭失或者无法提取，一般表现为毒品被吸食、售出且未查获、抛入水中或泥土中等情形，不能把代购者未来得及购买毒品理解为"毒品已不存在"。

讲，不属于贩卖毒品罪中的购买行为，不能视同为买卖。……互易毒品行为之所以不是贩卖毒品行为，主要是因为承担给付义务的双方所提供的对价物在法律上均不属于可货币化的物品，其行为明显不属于贩卖型犯罪中的购买行为。"① 孙万怀教授认为，如果将互易毒品的行为认定为贩卖行为，其大前提"有偿转让的行为就是贩卖行为"设定错误；"从实质合理性角度来说，互易等提供毒品行为与贩卖毒品罪具有等价的社会危害性，应当加以同等制裁，但是刑法更要追求形式合理性，更要遵循罪刑法定原则的要求。将互易等诸多其他方式理解为'贩卖'，是对概念确定性的损害，也是对于语言规范性的冲击"。② 刘艳红教授认为："互易毒品与贩卖毒品之间是一种交叉关系，将互易毒品行为一律不作为犯罪处理或一律作为犯罪处理，在方法论上存在错误，由此而划定的互易毒品的内涵，也为罪刑法定原则所不容。将成立买卖关系的高纯度与低纯度毒品、硬性毒品与软性毒品以及相同纯度但数量不等毒品间的互易，作为贩卖毒品罪处理，其他情况的互易毒品行为不作为犯罪处理，才是合适的。……脱离买卖关系的互易毒品行为超出了'贩卖'的文义'射程'，将其认定为贩卖毒品属于不当地扩张了贩卖毒品罪的处罚范围。"③ 而何荣功博士认为："互易毒品的场合，同样促进了毒品的流通，交易双方都是有偿交易，符合贩卖毒品罪的本质，应当认定为成立贩卖毒品罪。"④ 上述观点中，笔者基本赞同何荣功博士的观点，对其他观点难以苟同。

理由如下：其一，互易毒品是省略了货币交换环节的非法买卖毒品，是贩卖毒品的特殊表现形式。以物易物是历史悠久的交易形式，至今犹存。商品—商品（commodity - commodity）、商品—货币—商品（commodity - money - commodity）是两种基本流通公式。毒品与毒品的交换也是交易，或曰买卖，这并不损害概念的确定性。毒品易于变现，不少还贵比黄金，很多人愿意出资购买毒品，也有很多人以贩毒营生，这足以说明毒品也是一种财产性利益。即使"在法律上不属于可货币化的物品"，也不可否认其在实践中是可

---

① 张洪成：《论几类特殊毒品流通行为的法律认定》，载《周口师范学院学报》2012 年第 3 期。
② 孙万怀：《互易毒品行为的刑法性质评析》，载《法律科学（西北政法大学学报）》2009 年第 2 期。
③ 刘艳红、梁云宝：《互易毒品行为定性"相对说"之提倡——兼与孙万怀教授商榷》，载《法律科学》2011 年第 1 期。
④ 高艳东：《贩卖毒品罪基本理论问题探析》，载《云南警官学院学报》2004 年第 1 期。

货币化的物品——与法律是否禁止流通无关。省略了向对方支付同样数额的金钱的环节，不表明没有财产性利益的交换。毒友圈在一定范围内可能把毒品当作一般等价物。互易毒品既是将自己占有的毒品出售，也是将其作为支付手段购买对方的毒品，而且这种地下非法交易同样是遵循价值规律的。互易本身就是买卖，"脱离买卖关系的互易毒品"是不存在的。其二，互易毒品只是阶段性、过渡性目标，目的仍在于获取货币等财产性利益，仅用于本人吸食、注射的除外。互易毒品后并不当然马上各自吸食、注射完毕，完全有可能一方或双方将互易后的毒品用于出售——事实上许多人正是基于出售的目的而互易毒品的。故认为互易双方追求的是毒品的使用价值的观点不能成立。不少高度重视牟利目的的学者此时不去分析"人为什么会互易毒品"的问题，对目的的探究止于"换成对方的毒品"或者"取得毒品的使用价值"，未把片断放到更宏大的视野中审视，有浅尝辄止、"盲人摸象"之嫌。其三，如前文所述，贩卖毒品即用毒品交换财产性利益，不需要牟利，何况毒品本身也是一种财产性利益，故将互易毒品评价为贩卖毒品并不违反罪刑法定原则，也不违反形式合理性。

行为人（毒贩）为了调剂各自毒品的种类和数量、完善待售毒品的结构以便于贩卖而互易毒品的，① 交易双方均构成贩卖毒品罪。若互易一方或双方不吸毒——无论其是否知道对方吸毒与否，应当认定双方均构成贩卖毒品罪。毒友互易少量毒品供各自吸食、注射的，以及当即吸食、注射完毕的，颇似吸毒行为，似乎可以不认为是犯罪；如果毒品已经灭失，事实上很难追究相关人员的刑事责任。如何将毒贩互易毒品用于贩卖和毒友互易毒品用于吸食区分开来，可以从毒品种类、数量、是否吸毒等方面具体分析，但二者的界限仍难以明确。如果互易毒品数量较大、双方都吸毒，如何评价会引起巨大争议。鉴于互易毒品的特殊性，以成年人一次吸食毒品的量为参考，宜明确规定双方互易毒品共计超过1克海洛因（或者甲基苯丙胺，其他毒品按《非法药物折算表》折算，当然这样也不完善）的，应当追究双方涉嫌贩卖毒品罪的刑事责任。互易毒品的双方不是共同犯罪，但基于事实和证据上的紧密联系，宜并案处理。行为人贩卖的毒品数量应以源于自己的毒品数量为准，不能把双方的毒品数量相加作为共同犯罪的数量。例如，甲将500克甲基苯丙胺（冰毒）与乙的500克海洛因交换，应当对甲、乙以

---

① 毒品种类越齐全，"生意越好"，同时售卖多种毒品的"毒品超市"已经大量出现。

贩卖毒品罪论处，贩毒数量分别是 500 克甲基苯丙胺（冰毒）、500 克海洛因。如果甲将 500 克甲基苯丙胺（冰毒）与乙的 490 克海洛因交换，同时乙还付给甲 3000 元，应当评价为甲贩卖了 500 克甲基苯丙胺（冰毒），乙贩卖了 490 克海洛因，而不能解读为乙用 3000 元购买了甲的 10 克甲基苯丙胺（冰毒），同时甲将 490 克甲基苯丙胺（冰毒）与乙的 490 克海洛因互换，也不能解读为乙用 3000 元购买了甲的 500 克甲基苯丙胺（冰毒），同时向甲赠送了 490 克海洛因。

大多数有关互易毒品的学术探讨均未考虑刑事侦查和司法证明的特点，可谓一大缺憾。由于绝大多数情况下，特情不会被允许持有毒品，故互易毒品几乎不存在诱惑侦查的可能性，一般会采用控制下交付的方式侦查。尽管如此，公安机关可能仍难以确知互易毒品开始和结束的时间，哪部分毒品源自何人，故对侦查水平提出了更高的要求。如果互易毒品的行为人到案后均辩解不是互易毒品，而是互相赠送毒品，或者指责毒品是对方的，"自己只是把对方的毒品拿过来看一下"，或者不知道对方给自己的是毒品之类，由于有证据证实其辩解意见不成立，应当认定其构成贩卖毒品罪。

严禁毒品是我国的一项重要政策。2014 年中共中央、国务院《关于加强禁毒工作的意见》指出："加强禁毒工作，治理毒品问题，对深入推进平安中国、法治中国建设，维护国家长治久安，保障人民群众健康幸福，实现'两个一百年'奋斗目标和中华民族伟大复兴的中国梦，具有十分重要的意义。"毒品蔓延迅速，危害与日俱增。究其原因，除了毒瘾极难戒除、很多人为了暴利铤而走险、毒品犯罪隐蔽性强等复杂因素外，一个重要原因是打击毒品犯罪的刑事法网并不严密，以致体系化的毒品市场未受到全方位打击——这在一定程度上与人们存在诸多认识误区、客观上放纵了毒品犯罪有关。孙万怀教授认为，"将犯罪行为不仅仅局限于贩卖，而是将扩展到流通环节中，无论是买卖还是互易，无论是有偿的还是无偿的，无论是支付对价的还是附条件的交易，只要是提供毒品造成毒品流通和扩散并且达到定量的要求的，均应该上升为犯罪，而且具有罪质的相当性"[①]。对这一观点本文基本赞同。在现行法律框架内，通过刑法解释，把除吸毒以外的其他涉毒行为尽可能纳入犯罪圈，也许是一个较可取的方向。唯有对毒品的生产、流

---

① 孙万怀：《互易毒品行为的刑法性质评析》，载《法律科学（西北政法大学学报）》2009 年第 2 期。

通、消费等各个环节形成立体打击态势，进一步破坏毒品市场体系、涉毒人员社交网络，使之原子化、孤立化，方可更有力地打击毒品犯罪。

社会生活、案件细节纷繁复杂，呈现在我们面前的案件事实都是经过剪裁的部分事实，如何剪裁得合法、合理，是需要司法智慧和技艺的。只有快刀斩乱麻，直奔主题，运用逻辑推理，才能抓住关键。通过对相关规范性文件的批判性反思，可以得出如下结论：行为人明知自己占有的是毒品，与他人的财产性利益非法交换，或者为了这种交换而购买毒品的，构成贩卖毒品罪。牟利是犯罪动机，而不是犯罪目的，不是也不应该是贩卖毒品罪的构成要件（要素）。代购毒品完全符合运输毒品罪的构成要件，也可以合乎逻辑地解释为符合贩卖毒品罪的构成要件，而不应评价为非法持有毒品罪。互易毒品是省略了货币交换环节的非法买卖毒品，双方均符合贩卖毒品罪的构成要件，仅在少数情况下可不必追究。

第六节　毒品代购行为的刑法认定[*]

毒品代购行为，随着吸毒人数的增加与毒品严格管制不断出现。为此，有关于毒品代购的会议纪要在刑法中没有规定代购毒品罪的情况下相继出台，一定程度上对毒品代购的认定起到积极的作用。但是不同的会议纪要对同一行为规定存在差异，司法实践中遇到的行为方式多种多样，认定结果也不同。截至 2017 年 11 月 18 日，以 "毒品代购" 为主题词进行搜索，发现 2001 年至 2017 年有 71 篇文献涉及毒品代购问题。主要内容涉及毒品代购的认定①、居间介绍毒品与代购毒品的区分②、代购毒品吸食认定③等，大多是从单个或者几个案例着手去分析毒品代购的认定。笔者从中国裁判文书网这一案件搜索平台，以代购、毒品犯罪为搜索条件，选取 C 省 2008 年至 2017 年 7 月 23 日期间 441 个判决案件中的 475 个被告人为样本，将数

---

[*] 本节撰写者：史丰丽。
① 王登辉、罗倩：《贩卖毒品罪若干基础理论辨正》，载《中国刑事法杂志》2016 年第 2 期。
② 魏东：《毒品犯罪的解释性疑难问题》，载《政法论丛》2017 年第 2 期。
③ 梁彦军、何荣功：《贩卖毒品罪认定中的几个争议问题》，载《武汉大学学报（哲学社会科学版）》2013 年第 5 期。

据量化输入 SPSS24.0 版本，通过交叉分析、描述分析等方法，了解司法实践中毒品代购适用，分析毒品代购认定因素，探讨如何合理认定毒品代购。

一、司法解释中毒品代购的认定

2004 年至 2015 年，全国吸毒人员数量总体呈上升趋势（如图一所示）。

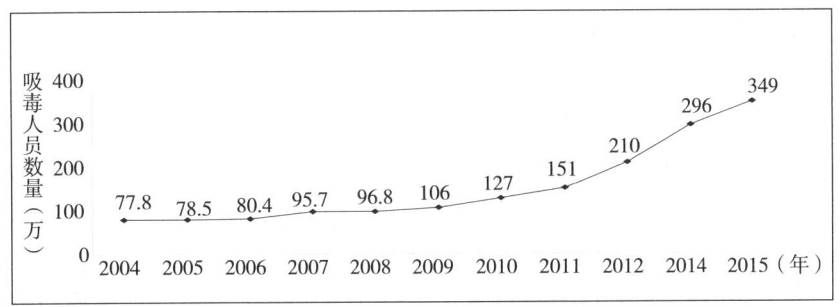

图一：不同年份吸毒人员数量
（数据来源：2006—2016 年《中国法律年鉴》）

不断上涨的吸毒人员意味着毒品需求量的增长，而禁毒政策目标是毒品数量的下降，当吸毒人员没有购买毒品渠道，代购就应运而生，并随着毒品需求与"严打"禁毒政策矛盾的加剧而愈演愈烈。刑法没有规制吸毒行为，也没有明确代购毒品的治理方式。为此，最高人民法院 2000 年、2008 年、2015 年相继出台《南宁会议纪要》《大连会议纪要》《武汉会议纪要》，并在目的、毒品数量、用途、牟利等方面作出具体的规定来有效地认定毒品代购。

具体分析几个纪要通知内容可以看到：（1）主观方面。《南宁会议纪要》《大连会议纪要》在主观方面要求行为人具有牟利目的，《武汉会议纪要》进一步要求行为人不具有贩卖等犯罪目的，此观点与单纯要求牟利目的的存在一定的差别，否定了索要必要开支的牟利性。具体认定牟利目的方面，从《南宁会议纪要》无详细规定到《武汉会议纪要》的列举式规定，对于牟利的认定不再是一刀切，而是从常识常理常情出发，当行为人是收取必要开销之外的费用、为了贩卖而收取毒品时才认定具有牟利目的。（2）客观方面。代购的行为方式，有别于居间介绍、贩卖。居间介绍者在毒品交易中属于买方与卖方的桥梁，只是介绍联络，且依据《武汉会议纪要》不以牟利为目的。毒品代购主要是直接购买人受委托人的委托帮其购买毒品，包括帮助他人购买用于吸食的毒品以及他人用来贩卖的毒品。争议最大的是帮他人购买用于吸食的毒品如何认定。依据司法解释规定，当数量没有超过非法持有毒品罪的最低要求，直接购买人也不具有牟利目的的时候，不构成犯罪。（3）罪名方面。当行为人属于毒品代购，且毒品数量超过非法持有毒品罪最低数量标准，或者是有牟利目的的，行为人构成的罪名从《南宁会议纪要》的非法持有毒品罪扩大到《武汉会议纪要》运输毒品罪。

二、司法实践中毒品代购的认定

刑法实施的过程即刑法解释的过程，是随着社会发展不断变化的、动态的过程，[①] 制定得再完美的法律规范也需要司法实务中合理的适用。从469个样本信息中提出委托人与代购人之间是否事先约定好处费（事先约定）、直接购买人是否垫资购买毒品（是否垫资）、是否另外从他人处购买毒品（是否另外购买）、是否以吸毒为目的（吸毒）、被代购人是否自有毒品来源、是否代购人主动要求代购（代购人主动），量化后通过SPSS24.0交叉分析法院将哪些因素组成的行为认定为代购，结果显示占总样本39.61%的案件没有明确描述被告人的行为方式。在其余描述被告人行为方式的案件中，直接购买人用委托人的资金购买的所占比重最大，占存在描述样本的25.89%。明确认定被告人毒品代购的占总样本的21.20%，其中代购人用委托人预付的毒资，另外从他人处购买毒品的行为方式在认定代购案件中最普遍，占认定为代购样本的21.21%。

（一）毒品代购行为方式认定

通过对法院最终认定代购和行为人行为方式的交叉分析看：第一，代购标准不一。在99个认定代购案件样本中，行为方式有23种，所占比例从高到低依次为：没有垫资+另外购买、没有垫资、预先约定+没有垫资+另外购买、预先约定+没有垫资、没有垫资+另外购买+吸毒、另外购买、吸

---

① 陈忠林：《刑法的解释及其界限》，载赵秉志、张军主编：《中国刑法学2003年度年会文集》，中国人民公安大学出版社2003年版，第41页。

毒、垫资+另外购买、预先约定+垫资、预先约定、预先约定+没有垫资+另外购买+吸毒、预先约定+垫资+另外购买、没有垫资+另外购买+被代购人自有毒品来运、垫资+吸毒等。认定方式最多的是没有垫资+另外购买，造成这种情况原因，首先，受法院案件说理程度的限制，很多案件信息没有体现。其次，刑法中没有明确规定，司法解释中的规定不够详尽，导致司法适用缺乏明确的操作标准。最后，法官在适用法律法规的过程中，受自身理解局限性影响，结果可能不同。第二，对同样的行为方式认定不一。认定代购最多的"没有垫资+另外购买"行为方式，在贩卖毒品罪认定中占9.09%。这说明，一方面，行为人代购毒品，毒品数量超过非法持有毒品罪数量最低要求的，可能判处非法持有毒品罪、贩卖毒品罪、运输毒品罪；另一方面，法官对涉毒案件认定从严。

（二）牟利目的的认定

牟利目的在毒品代购的认定中起重要作用，因此对474个样本中被告人目的进行分析。首先，出现在案件中被认定具有牟利目的的，按照占样本比重依次为：获取好处费（45.78%）、吸食毒品（9.92%）、盈利（3.59%）、私自截留毒品（0.84%）、吸食并贩卖毒品（0.21%）。其次，各个牟利目的主要是推定所得。被告人代购毒品活动中委托人给予的车费、油费、电话费或者报酬、毒品，均被认定在好处费之列。委托人给予的毒资减去实际购买毒品的金额差额被认定为盈利。

在现有涉及毒品代购的三个纪要中，《大连会议纪要》在《南宁会议纪要》没有具体描述牟利的基础上，提出变相加价贩卖属于牟利。随着毒品案件主观目的认定出现问题，《武汉会议纪要》进一步提出交通、食宿等必要开销之外收取介绍费、劳务费，或者以贩卖为目的收取部分毒品作为酬劳的是牟利。依据新法优于旧法的原则，牟利目的的认定排除必要开销，排除以吸食毒品为目的收取毒品。而在牟利目的的司法认定中，车费、油费、电话费甚至以吸食毒品为目的收取毒品、截留部分毒品均被认定为牟利目的。一方面，《武汉会议纪要》颁布前，牟利目的的认定不够具体，出现扩大认定的情况；另一方面，《武汉会议纪要》出台后，依然存在扩大认定的情况，说明法官受严打刑事政策以及自身认识局限性的影响。

牟利目的的认定多采用推定的方式。主观目的本身难以确定，因此更多依靠客观外化情况来认定，特别是毒品类案件本身证明就有难度，因此毒品案件中牟利目的的认定更多依靠推定的方法，变更认定对象。即"案件中本需认定 A，实际依然认定 A，只是可以通过证明 B 来推定 A，而不需直接证明 A"①。一方面，司法解释在没有明确证据证明牟利目的的情况下，通过对行为人变相加价、必要开销之外收取的费用、以贩卖目的收取的部分毒品的认定，推定牟利目的的存在。另一方面，在司法实践中，事先约定好处费或者分食毒品的只占总样本的 18.78%，事先约定不具争议地预示着被告人具有牟利目的。当被告人不具有事先约定情况，案件中所反映的推定情况如下：第一，被告人实际购买毒品金额与委托人给予的毒资存在差额，认定被告人具有牟利的目的。第二，被告人在代购毒品过程中截留部分毒品，系从中牟利、变相加价的贩卖毒品行为。第三，被告人运送毒品索要车费、联络电话费、开车的油费均被认定为具有牟利目的。

（三）刑事推定的适用

司法解释中规定对牟利目的的推定，司法实践中也运用了刑事推定，"从 A 事实（前提事实）推认 B 事实（推定事实）"②但并不影响控诉方的证明责任，也不意味着将证明责任转移给被告人。但是司法解释、相关法律规范中没有规定反证，也没有规定推定的程序性规则，实践中运用规范化程度不够，导致被告人、辩护人对牟利目的的认定争议颇多。在 474 个样本中，被告人意见、辩护人意见除了关于量刑方面的意见外，就是关于被告人不具有牟利目的、是代购不是贩卖毒品的意见。对于被告人没有牟利目的，法院以被告人、辩护人没有证据证明为由否定，实际上将主观目的的证明责任在一定程度上转嫁给被告人一方。

推定本身的局限性决定了它在刑事诉讼中，只能是一种认定事实的辅助方法，不能与证明平分秋色，不能成为认定事实的主要方法。③ 普遍认为刑事诉讼中的证明标准需要达到排除合理怀疑的程度。毒品案件证据难以收集，加之主观目的难以证明，司法解释通过改变证明事实，认定牟利目的，但由于我们国家没有实行强制辩护制度，在毒品案件样本中有辩护人的只有 16.67%，而被告人的学历均在高中及以下，其中 58% 是初中学历。被告人

---

① 褚福民：《证明困难解决体系视野下的刑事推定》，载《政法论坛》2011 年第 6 期。
② ［日］田口守一：《刑事诉讼法》，张凌、于秀峰译，中国政法大学出版社 2010 年版，第 276 页。
③ 参见肖中华、张少林：《刑事推定与犯罪认定刍议》，载《法学家》2002 年第 3 期。

文化水平较低，法律相关知识缺乏，对公诉方主张的事实难以实行有效的反驳。但是被告人未反驳或反驳无理，并不意味着推理的正确。

三、毒品代购认定的具体完善

(一) 司法解释规定进一步明示

司法解释中并没有明确阐述行为人在为他人吸毒代买＋具有牟利目的＋毒品数量不大的情形下，是否构成毒品犯罪。因此，学者们出现不同的理解。有学者认为"吸毒者在购买、运输、存储毒品的过程中被查获，毒品未达到数量较大标准的，不作为犯罪处理"①。有学者从推理的形式逻辑与实质逻辑出发，认定毒品代购，由于毒品本身不合法，且毒品购买者无论是从代购人手中还是直接购买，两者没有区别，都增加了毒品对其身心的危害，因此无论是否牟利、毒品数量多少，是否为他人吸食毒品，均构成贩卖毒品罪。② 针对后者的观点，一方面，2015 年最高人民法院刑五庭负责人就《武汉会议纪要》答记者问中谈道："确有证据证明被告人购买的部分毒品并非用于贩卖的，包括已被其本人吸食的、不以牟利为目的为吸食者代购的或者被其赠予他人的，不应计入其贩卖毒品的数量。"说明司法解释在制定的时候考虑到吸食毒品不被刑法规制的情形，不以牟利为目的为吸食者代购毒品数量被排除出贩卖毒品数量认定。根据同样的理念，不以牟利为目的为吸食者代购毒品数量不符合相应毒品犯罪数量要求的，也不应该认定为犯罪。另一方面，毒品本身不是合法物，吸食毒品也是被行政处罚的行为，但是代购物本身的合法与否并不影响代购行为的认定。因此笔者更加赞成前者观点。

行为人属于毒品代购，且毒品数量超过非法持有毒品罪最低数量标准，或者是有牟利目的的，行为人构成的罪名从《南宁会议纪要》的非法持有毒品罪扩大到《武汉会议纪要》的运输毒品罪。代购行为本身蕴含着持有、运输行为，而运输过程又掺杂着持有，持有可能包含运输，因此持有、运输需要进一步划分，指导罪名的适用需要进一步明确。《武汉会议纪要》相比

---

① 周芹、石晓琼：《毒品犯罪若干法律适用问题探讨——以〈武汉会议纪要〉为视角》，载《湖北警官学院学报》2017 年第 2 期。
② 参见曾洵杰：《代购毒品不能与自购行为完全等同处理》，载《检察日报》2017 年 3 月 27 日，第 3 版。

于《大连会议纪要》，对有关牟利的规定更为具体，对于司法实践中的认定起重要作用，但是其中规定以贩卖为目的收取毒品具有牟利目的，此时就出现一个问题：贩卖目的又该如何证明？这意味着用需要再证明的主观目的来认定主观目的，陷入主观目的认定的循环之中。

（二）案件因素的综合性考察

法院认定为代购的行为方式多种多样，具体的因素涉及直接购买人是否垫资购买毒品、是否另外从他人处购买毒品、是否以吸毒为目的、被代购人是否自有毒品来源、是否代购人主动要求代购等，但是法院实际考虑选择性适用，大部分代购认定是以委托人预付毒资为考察因素，忽视委托人购买毒品的用途、委托人是否自有毒品来源、委托人与代购人之间是否就要购买的毒品类型及毒品数量有约定等。即使是出现委托人预付毒资、且代购人从他人处另外购买毒品的情形才认定行为人代购，也忽视了委托人毒品是用于贩卖还是吸食、是否事先就毒品类型及数量商议等。结果就是司法实践中同样的情节认定代购、居间介绍、贩卖的都有，导致案例对普通民众的指引作用减弱。

牟利目的的认定也需要综合全案，当出现私自截留、收取毒资与实际所付毒资的差额、车费、油费、电话费等不同形式的好处费的时候，不能够一刀切，要综合全案的信息，坚持主客观相统一原则。对于司法实践中出现的私自截留毒品、分取一些毒品用于自己吸食、收取毒资与实际所付毒资的差额、车费、油费、电话费在认定牟利目的中所起作用进一步明确。总体的判断：（1）行为人是否多次实施该行为。如果行为人多次实施该行为，而非偶尔实施该行为的，可以说明行为人具有牟利目的。"因为行为人多次实施该行为，表明有驱使他反复继续实施该行为的动因。在通常情况下，这种动因只能是营利目的。"[①]（2）毒品数量。行为人一次或多次大规模地代购毒品，可以说明行为人具有牟利目的。因为大规模地实施某种犯罪行为，即使是一次，也可以营利。（3）行为的顽固性。行为人曾经因贩卖毒品受到司法机关制裁或有关组织的处理后，仍然继续实施该行为的，可以认定行为人具有牟利目的。具体判断：首先，对于当委托人与代购人之间没有约定好处费，最终除了代购人私自截留毒品之外没有其他形式好处费，是否可以认定

[①] 张明楷：《论刑法中的"以营利为目的"》，载《检察理论研究》1995年第4期。

代购人牟利目的，法院在认定牟利目的的时候是以代购人为对象，截留毒品对于代购人而言是一种牟利，如果是用于贩卖，毋庸置疑是贩卖毒品罪。当以吸毒为目的的时候，代购人是为了满足自己的生理需求，是一种变相牟利。其次，分取一些毒品用于自己吸食的。代购人从托购的毒品中分取一些毒品用于自己吸食"应当认定代购者具有牟利的目的，对其为吸毒者代购仅用于吸食的毒品的行为应当以贩卖毒品罪论处"①。再次，收取毒资与实际所付毒资的差额。委托人与代购人之间没有约定好处费，存在收取毒资与实际所付毒资的差额，此种情况不能够一刀切地认定为牟利，需要综合全案的情况，判断代购人是否牟利。最后，车费、油费、电话费的认定要考虑是否是必要的开销。如果是，则不属于牟利，否则就属于牟利。

（三）刑事推定的审慎适用

"修改后的刑事诉讼法虽然借鉴英美法系当事人主义的合理内容，但职权主义的色彩仍比较浓厚，法庭审理中比较注重发挥司法官的职能作用，被告人在庭审中的作用弱化"②，且司法实践中许多毒品案件没有辩护人，被告人知识水平有限，对推定未反驳或者反驳效果弱的情况普遍存在，因此要慎重使用推定，确保案件事实的准确认定。

在牟利目的认定中推定具有不可避免性。鉴于推定是一把"双刃剑"，在强调保护国家的同时，极有可能会危及刑法的人权保障机能。首先，在对各国有关推定的规定来看，推定要有全面准确的案件事实基础，在判断罪犯的主观心理态度是其行为时主观心理态度的基础上，综合所有的客观存在的事实，经过仔细推理，排除其他可能性，得出正确的结论。其次，坚持常识、常理、常情。在对牟利目的认定时要坚持那些被社会大众所普遍接受的、经受社会实践考验的正确的经验、规律、情感等。最后，要允许反证。推定减轻司法证明压力，降低证明标准的情况下，推定也会带来不精确性或盖然性结果的出现，因此必须要求反证的存在。此时的反证需要有具体的操作程序、反证的程度等的规定。毒品案件辩护人存在率不高，被告人本身知识水平有限，要求被告方的反驳达到排除最大合理怀疑程度，显然将被告方的证明能力与需要证明案件情况的控方等同，这是不合理的，因此被告方的

---

① 古加锦：《非法持有毒品罪相关司法认定疑难问题研析》，载《江苏警官学院学报》2017年第32期。

② 肖中华、张少林：《刑事推定与犯罪认定刍议》，载《法学家》2002年第3期。

证明只需要达到合理怀疑,也就是使裁判者对推定的可靠性产生动摇和怀疑。值得注意的是,被告人提出证据反驳,这种举证在大多数情况下也仅是被告人的一种权利而不是义务,不是被告人的举证责任,且被告人的举证不要求达到证据确实、充分的要求。

第七节　诱惑侦查下贩卖毒品罪既遂标准的判断[*]

毒品犯罪一直是各国着重打击对象,一是因为毒品本身会严重危害公民的身体健康,二是因为频繁的毒品交易行为会在某一地区形成黑色市场和黑色产业链,严重破坏正常的市场秩序。因毒品交易在黑色市场上进行,具有隐蔽性,故给公安机关侦破此类案件加大了难度。为解决该问题,许多国家的侦查机关开始使用诱惑侦查手段,我国在改革开放以后,为了控制毒品犯罪率逐年增长的局面,公安机关也开始采取诱惑侦查,效果立竿见影。但是,诱惑侦查涉及引诱他人犯罪的风险性极大,且目前我国《刑事诉讼法》没有对其合法要件作出统一规范,在诱惑侦查下实施贩卖毒品罪的既遂标准在司法实践和学术观点中也有较大冲突。对该问题,基于我国目前贩卖毒品罪既遂标准考虑,如果仅从诱惑侦查程序限制,则在被告人的刑事责任上无法体现对诱惑侦查风险的控制;如果仅从既遂标准入手,则无法保证诱惑侦查程序是合法正当的。所以应当严格把握程序合法标准和既遂标准两个方面,才能更好地规范贩卖毒品诱惑侦查。

一、诱惑侦查的概念

诱惑侦查是国家侦查机关的工作人员以侦查犯罪、获取犯罪证据为目的,用诱饵对与某一确定的犯罪相关的对象进行引诱,从而使该对象因引诱而实施被诱惑的行为的侦查手段。诱惑侦查有机会提供型诱惑侦查和犯意诱发型诱惑侦查之分。[①]

机会提供型诱惑侦查又分为机会迎合式和机会偶合式的诱惑侦查:前者

---

[*] 本节撰写者:秦宗川、陈小艺。
[①] 金星:《诱惑侦查论》,法律出版社2009年版,第71页。

指设诱人在实施诱惑侦查之前,利用受诱人的明显犯罪意图且积极寻找犯罪机遇的心理,为其提供有利可图的假象,使其误以为真而实施犯罪,如已持有相当数量毒品的甲在某娱乐场所中向他人打听欲购买毒品者;后者则指设诱人对设诱前有过类似犯罪或已有潜在犯罪意图的人实施诱惑侦查,受诱人最终实施犯罪,如警方对常年毒贩乙实施诱惑侦查,正中乙欲再次贩毒的心意。

犯意诱发型的诱惑侦查又分为犯意型设陷和数量型设陷:前者指设诱人对本无犯意的但落入陷阱的受诱人进行过限的犯意诱惑型设陷,如警察便衣对从未接触过毒品及相关方面的出租车司机百般劝说,最终司机难以拒绝只好答应帮其运输毒品;后者指设诱人针对已经落入诱惑陷阱的受诱人继续加大诱惑,进而使其犯罪结果更重,如警方安排的线人在与毒贩交易毒品过程中,提出若提高交易数量就支付高价,毒贩禁不住高额金钱诱惑而同意提高交易数量。这种分类与我国司法实践相契合。接下来的阐述和论证也将以前述机会提供型和犯意诱惑型的诱惑侦查为基准展开。

二、贩卖毒品罪诱惑侦查的价值考量

(一) 积极价值

1. 符合有效治毒的现实需要

贩卖毒品罪的社会危害大,具有明确的犯罪客体,但是在现实中难以找到具体的犯罪对象,即受侵犯的法益通常不具备直接具体的现实载体,因此贩卖毒品的案件隐蔽性高、事后侦破难度大。且贩毒交易场所变化不定、交易迅速,尤其在大数据时代,交易可以通过快递和微信转账等不需要碰面的方式完成,侦查机关当场抓获和取证可能性大大降低。为有效及时阻止危害扩大,侦查机关适时实施诱惑侦查措施有存在的现实必要性。

2. 有力击溃贩毒市场和链条

在许多贩毒案件中,犯罪分子之间往往形成结构稳定的团伙,并且通过不断地发展"下线"来扩大犯罪链条,促成更大的贩毒市场。司法实践中,众多跨省,甚至跨国的贩毒案件发生印证该点。但是,此类"上下线"的联系案发后极易中断,这使得侦查机关事后难以通过"下线"追踪"上线"。此种情形下,侦查机关通过采取诱惑侦查手段,事先打入贩毒团伙内部,收集足够的证据,最终一举攻破贩毒团体,能为维护正常健康的社会经济秩序提供更有力的保障。

3. 有效弥补传统侦查手段的被动缺陷

传统的侦查手段是从案件结果追溯至源头和犯罪嫌疑人，侦查机关相对被动。但贩毒案件灵活性极高，传统的侦查手段应对起来捉襟见肘。诱惑侦查手段可以化被动为主动，侦查机关能够从案件源头切入，尽早发现犯罪并从根源控制危害进一步扩散。

4. 提高侦查效率

因贩卖毒品案件隐蔽性强、不易发现、难取证等特点，侦查机关即使投入大量的资源进行侦查，仍需承担无法形成完整有效证据链的风险。诱惑侦查提高侦查机关发现犯罪并当场取证的可能性，有利于节约司法成本，提高侦查效率。

（二）消极价值

1. 损害国家司法机关公信力

诱惑侦查行为与引诱他人犯罪的违法行为乃至犯罪行为的界限模糊，侦查机关在实施诱惑侦查时若未严格控制侦查行为的限度，就会演变成以"一种犯罪行为"去发现、打击"另一种犯罪行为"，侦查机关便沦为"合法化的犯罪者"，这与民众预期的正当形象严重不符，易引起民众的不信任。

2. 有违罪责刑相适应原则

一方面，诱惑侦查的介入推进了侦查对象的故意犯罪既遂，因为在部分案件中，行为人可能只是处于犯罪预备阶段，此时侦查机关若在掌握一定线索的基础上直接阻断，则行为人只需承担预备或预备未遂的刑事责任；若采取诱惑侦查，则行为人的犯罪形态会被直接推至既遂，进而承担犯罪既遂的刑事责任。另一方面，在司法实践中，不乏犯意引诱和数量引诱的现象，前者与犯罪是否成立直接相关，而后者则直接影响刑罚。因此，在对被告人进行刑事责任追究时，无法排除有违背罪责刑相适应原则的可能。

3. 易滋生司法腐败

为响应严厉打击毒品犯罪的号召，公安机关内部通常会设立每月破获毒品案件的数量要求。而诱惑侦查能够有效提高案件侦破率，所以容易成为某些侦查人员完成要求的手段。此外，由于毒品交易市场中大量金钱交易屡见不鲜，侦查人员自身作为设诱人开展诱惑侦查时，必定长时间暴露于存在毒品和大量金钱的环境中，稍不注意就易受其诱惑，跌入犯罪深渊。

（三）应然价值取向

1. 解决冲突应当适用比例原则

从价值角度分析，贩卖毒品罪诱惑侦查的积极、消极冲突本质上是法的秩序和自由的价值冲突，这其中的争议就是如何权衡秩序和自由。首先，秩序和社会生活的安定密切相关，人民对稳定和秩序的追求与向往使秩序这一价值在法的价值系统中处于优先地位；其次，自由与人权紧密联系，如果在秩序与自由中舍弃自由，则违背我国宪法对人权的规定。所以，无论是秩序还是自由，都不可以排除，并且也难以在二者之间确定哪一价值处于优先地位。在这一对价值冲突中，只能适用比例原则，对二者同等对待，同时兼顾。

2. 解决冲突应当严格以公民忍受义务为限

具体实践中如何兼顾秩序和自由，即如何在把积极价值发挥到最大的同时将消极价值降至最低甚至为零，迫在眉睫。若能保证贩卖毒品罪诱惑侦查不突破公民愿意通过牺牲一部分自由换取正常社会秩序所对应的忍受义务限度，便能在刑法适用的范围内做到最大程度的兼顾。

三、贩卖毒品罪诱惑侦查的立法限制不足

（一）只作宽泛限定，缺乏具体的程序要求

1. 对实施主体和引诱对象限定不严

《刑事诉讼法》规定"侦查人员"可以采取技术侦查措施，"根据侦查犯罪的需要"批准适用对象，但是该规定只起宣示作用，缺乏实质性指向。"侦查人员"的范围不明确，如目前我国公安机关、检察院、缉毒部门等内部都有"侦查人员"，"侦查犯罪的需要"的具体评判标准以及由谁进行评判批准也缺乏配套规定。《南宁会议纪要》和《大连会议纪要》均允许特情介入毒品案件，但未详细规定特情人员的外延和具体引诱对象。在我国目前司法实践中，特情人员包括"警察、其他司法人员及其代理人"，[1] 但是没有相关法律就"其他司法人员"和"代理人"的主体适格要件和引诱对象制定统一标准。诱惑侦查在实践中容易被非法适用。例如，侦查人员在没有足够证据的情况下，对一个没有贩卖毒品前科的出租车司机实施引诱，促使

---

[1] 参见李勇：《结果无价值论的实践性展开》，中国民主法制出版社2013年版，第71页。

其实施贩卖毒品行为，此时，这一引诱对象的选择就有不合法之要求的嫌疑。

2. 对引诱的合法方式和合理限度规定不明

《刑事诉讼法》第151条规定了侦查机关可以采取技术侦查措施，在一定程度上承认了诱惑侦查的合法性，但是缺少对具体引诱方式的规定，如侦查机关能否以卖者身份进行诱惑侦查等。限度条件上，《刑事诉讼法》只规定"严禁刑讯逼供和以威胁、引诱、欺骗以及其他非法方法收集证据"，其中的"引诱"是否排除诱惑侦查中的"犯意引诱"、"欺骗"是否作为诱惑侦查的限度条件都未能在条文中予以明确。① 从《南宁会议纪要》和《大连会议纪要》的规定来看，"犯意引诱""数量引诱"和"双套引诱"均被认可，即对诱惑侦查不做限度要求。但这种做法有变相承认公安机关"以罪揭罪"的正当性和合法性嫌疑，易加剧诱惑侦查滥用风险，减损司法威信。例如，由侦查人员 A 向引诱对象出售毒品，并由另一侦查人员 B 向该引诱对象购买该毒品，此类"双套引诱"使行为人贩卖毒品行为产生的危险完全在侦查机关的掌控之下，或者侦查人员反复游说本无犯意的行为人实施贩卖毒品行为，类似的引诱行为就明显超出了合理的限度。

3. 对证明诱惑侦查合法的证据未作要求

《南宁会议纪要》只针对依据特情引诱所获证据的证据资格作要求，但是未提及证明特情引诱本身合法的证据，即使在无法证明特情引诱是否合法的情况下，也按照贩卖毒品案件处理，但在量刑时予以考虑。《大连会议纪要》也没有对证据方面作进一步规定。缺乏证明诱惑侦查本身合法的证据，既难以保证诱惑侦查严格遵守程序要求，也难以保证最终对被告人追究刑事责任的司法公正性。实践中，缺乏该方面证据，应依照疑罪有利于被告人原则，认定诱惑侦查不合法，而不是置之不顾，仍然认定成立犯罪。例如，针对存在诱惑侦查的贩卖毒品案件，起诉书中没有对诱惑侦查措施进行说明，而只是说"购毒人员刘某某打电话联系被告人阳某某"，在移交的证据中也没有证明诱惑侦查合法的证据，这反映了司法机关不重视诱惑侦查对贩毒案件实质性影响，一旦被告人对诱惑侦查不合法提出异议，案件就会陷入两难境地，若退回补充侦查会加大侦查成本，若按照《南宁会议纪要》或《大

---

① 参见石春燕：《毒品案件中诱惑侦查的合法性审查》，载《人民司法（案例）》2017年第17期。

连会议纪要》的规定处理,则判决结果难以让人信服。

(二)既遂标准没有与一般贩毒案件区分

根据《南宁会议纪要》的规定,"犯意引诱"和"数量引诱"均被司法机关认可,但没有对既遂标准另作规定,只是规定"应当从轻处罚""不应判处死刑立即执行"和"在量刑时,应当加以考虑"。《大连会议纪要》亦延续《南宁会议纪要》的规定。我国司法实践中,贩卖毒品包括明知是毒品仍非法销售和以贩卖为目的非法收买毒品两种行为,实质上最高人民法院的司法解释基于我国基本国情和刑事政策的考量,对贩卖毒品罪进行了扩大解释,降低了犯罪既遂标准。但是在诱惑侦查案件中,若不考虑既遂后法益实质侵害扩散性减缓而对既遂标准作出一定改变,难免出现罪责刑不相适应的情形,而且易在司法实践中造成一种误导——忽视诱惑侦查对行为人犯罪既遂形态产生的推进作用。

四、诱惑侦查下贩卖毒品罪既遂标准的优化

基于以上分析,从程序和实体两方面入手,程序上界定诱惑侦查的合法标准,实体上提高诱惑侦查下贩卖毒品罪的既遂标准,并且在判处刑罚时体现个案正义。

(一)第一阶标准——诱惑侦查程序合法标准

1. 准确把握机会提供型诱惑侦查和犯意诱发型诱惑侦查的本质区别

要解决二者本质区别的问题,首先从犯罪心理学的角度切入,对故意犯罪心理的整个形成阶段有明确的把握。行为人实施贩卖毒品罪的故意心理形成一般需依次经过需要、犯意形成、犯罪动机形成、犯罪决意四个阶段。

在需要阶段,行为人的需要要么是超越和违反社会共同需要结构的特殊需要,如吸毒的需要;要么是客观的需要加之不良的心理因素,如牟利的需要;加之通过所谓快捷的不正当手段进行牟利的不良因素。[①] 当这些需要受到某些外来因素的刺激后,便转化成最初的犯意,这是狭义上的犯意,仅是一种模糊的犯罪意识。内在的需要在外在的诱因或刺激(如贩卖毒品在短时间内收获的巨大利益的引诱)的作用下会促使行为人进入下一个心理阶段——犯罪动机的抉择。在该阶段,行为人在内心会综合各方面因素对犯罪

---

① 参见梅传强主编:《犯罪心理学》,法律出版社2010年版,第72页。

主导动机和反犯罪动机进行衡量，当吸毒或者牟利的需要过于强烈或行为人认为实施贩卖毒品的收获的利益更大时，便会倾向于选择犯罪主导动机，而一旦行为人作出该选择则必定会有外化的犯罪活动与之相照应。犯罪动机形成的下一阶段是犯罪决意，犯罪决意包括预谋犯罪决意、机会犯罪决意和冲动犯罪决意。① 预谋犯罪决意指行为人自主实施犯罪行为无须外来刺激、强化等因素，机会犯罪决意和冲动犯罪决意则要求一定的外因诱惑或外来刺激。

依据诱惑侦查的两种类别的概念内涵和特征来看，在机会提供型诱惑侦查中，在侦查机关实施诱惑侦查之前行为人自身需要已存在，故侦查机关提供的外来诱惑是在犯罪决意阶段介入或者无须介入行为人自己就已经完成了犯罪决意形成的全部过程；而在犯意诱发型诱惑侦查中，行为人的犯罪动机的形成和进一步转化成犯罪决意完全是侦查机关诱导因素的介入导致的。所以，两种诱惑侦查的本质区别在于，当侦查机关的诱惑因素介入时行为人的需要和狭义的犯意、犯罪动机是否已经具备：机会提供型诱惑侦查中已经具备，犯意诱发型诱惑侦查中未具备。

2. 借助以上区别和现有立法限制不足确立诱惑侦查程序合法标准

（1）贩卖毒品罪诱惑侦查只能由直接介入相关案件侦查工作的公安机关侦查人员实施，存在"代理人"的案件，"代理人"必须对案件侦破起实质性作用且时刻处于侦查人员的监督之下。

在资格审查方面，必须经公安机关负责人书面批准；在人员设置方面，一般由两人或两人以上实施诱惑侦查，其中一人主要负责监督和收集证据（主要指用于起诉时证明诱惑侦查合法的证据），特殊案件只能由一人实施诱惑侦查的，需要报县级以上公安局局长书面批准，并且侦查人员还应配备相应的记录侦查过程的仪器以起间接监督作用；在"代理人"方面，"实质性"要求公安机关应当有足够的理由相信该"代理人"能够推进案件侦破进程，比如，曾经和行为人进行毒品交易或者与行为人之间有"上下线"关系等，并且"代理人"引诱不适用于只以毒品终端销售者为侦查对象的贩毒案件。

（2）侦查机关必须事先掌握充足的证据或可靠的线索证明引诱对象具有严重的犯罪倾向。

针对掌握了充足证据的贩毒案件，引诱对象必须是具有超限需要或相关

---

① 参见梅传强主编：《犯罪心理学》，法律出版社 2010 年版，第 99 页。

犯罪动机的人，即有证据证明该引诱对象先前有实施过贩毒行为但未被公安机关察觉，且有极大的可能正在或将要继续实施贩毒行为。而针对某些仅有可靠线索的贩毒案件，侦查对象可以是不特定多数群体，但是经筛选后确定的引诱对象也必须符合前述要求。司法实践中，侦查机关可以利用贩毒人员普遍具有的趋利、贪婪心理以及以贩养吸、制毒贩毒等特点，借助行为人此前是否有吸毒、制毒、运毒、贩毒等相关的犯罪活动来判断确定的引诱对象是否符合要求。

（3）侦查机关只能充当"购买者"身份，处于"被动购买"地位，且诱惑侦查需以公众应当承担的忍受义务为限。

只允许侦查人员以"购买者"身份进行引诱，一是为了保证诱惑侦查行为不违法，因为出售毒品往往具有一定的主动性，其行为本身就具有刑法的可谴责性；二是为确保侦查人员在与行为人进行毒品交易过程中始终处于被动地位以不超越必要限度。既然贩卖毒品本质上是毒品交易，则可以借助民法合同成立要件对侦查人员具体实施行为进行限定。侦查人员具体实施的首先行为必须限定在要约邀请阶段，即仅表达购买毒品之意愿，关于价格和数量方面只能被动提出，并且提出的价格数额不得与一般价格差距过大，数量也不能过分超过行为人的预计范围。在引诱程度上，必须在公众的忍受义务范围内，欺骗程度不得超过公众的一般期待性。引诱是否符合合理限度，还应当依据具体案件对行为人可能造成的法益侵害结果和因引诱受到的权利侵害程度进行衡量，但必须在一般公众的可接受限度内。并且，"双套引诱"必须禁止。

（4）侦查机关应当对诱惑侦查承担举证责任，并以该证据作为起诉必备条件。

侦查机关应当建立并完善自我监督管理制度，在实施诱惑侦查时就应当配置监督人员或者技术装置收集证明诱惑侦查合法的证据，并且将收集到的该方面证据附于案件卷宗。检察机关应当把侦查机关能否证明诱惑侦查合法作为决定是否符合起诉的条件之一。在案件进入审判程序后，法院在认为必要的时候可以对该证据主动启动合法性审查。

3. 诱惑侦查程序合法标准的立法形式

根据我国现行的《刑事诉讼法》等法律的体例，程序合法标准中关于主体、对象、方式、限度和证明责任方面的宗旨性规定应在《刑事诉讼法》中明确，如"贩卖毒品罪诱惑侦查只能由直接介入相关案件侦查工作的公安机关侦查人员实施，存在'代理人'的案件，'代理人'必须对案件侦破起实质性作用且时刻处于侦查人员的监督之下"此类规定，涉及主体、对象、方式和限度的内容应规定在技术侦查措施部分，关于证明责任的内容则规定在证据部分。而针对具体的主体资格审批、人员设置或对象判断标准等细致性内容则应由公安部另行出台相关规定。

（二）第二阶标准——贩卖毒品罪既遂标准优化

1. 关于我国现有贩卖毒品罪既遂标准学说

关于该罪既遂标准，刑法学界相关学说主要有故意说、交易条件说和交付行为说。① 其中，故意说认为行为人只需具备贩卖毒品的故意去购买毒品即可构成既遂，这有违刑法的主客观相一致原则。仅依购买毒品的行为无法证明行为人具备贩卖毒品的犯罪动机，有主观归罪的嫌疑，故不具备可取性。交易条件说认为行为人无须全部完成毒品交付行为，只需具备相应的交易毒品条件、进入相关的交易环境即可构成既遂。交付行为说则认为行为人需全部完成交付毒品时才既遂。交易条件说和交付行为说是实务界和理论界之间产生较大争议的两个观点，司法实践中普遍适用交易条件说，这与学界通说——交付行为说相抵触。基于贩卖毒品罪的隐蔽性强、取证困难、危险扩散迅速且难控制等特点，② 以及刑法条文结构的合理性和保证较高的立法效率考虑，针对一般贩卖毒品罪，司法实践中较为普遍的做法——以交易条件说作为贩卖毒品罪的既遂标准，符合我国当前的基本国情的现实需求。但是，采用该既遂标准本身是否完全具备合理性则另当别论。

2. 现行诱惑侦查下贩卖毒品罪既遂标准之缺陷

（1）存在公众承担忍受义务过限可能。

依照我国有关司法解释和规定，诱惑侦查下贩卖毒品罪采取与一般贩卖毒品罪相同的既遂标准，即交易条件说。对一般贩卖毒品罪采交易条件说，是个体的权利和自由向整个社会的秩序作部分妥协与让步的结果，在当前公众的忍受义务限度内。但是，侦查机关实施诱惑侦查措施，本身就要求公众作出了让步，这种情况下仍按照一般的既遂标准处理，则有超越公众忍受义务限度的可能性。

---

① 参见温登平：《论贩卖毒品犯罪的既遂与未遂》，载《山东警察学院学报》2018 年第 3 期。
② 参见龙宗智：《诱惑侦查合法性问题探析》，载《人民司法》2000 年第 5 期。

(2) 存在限制行为人犯罪中止可能。

诱惑侦查手段与传统侦查手段不同，它是从源头追溯至结果，往往在犯罪预备阶段或之前，侦查机关就掌握了行为人某些犯罪情况，但侦查机关一般不会在早期直接介入，而是待行为人将犯罪进程推进至着手以后再介入。如果采交易条件说，一旦行为人与侦查人员之间达成合意、具备了交易条件，则行为人就丧失了犯罪中止的可能，此时只要侦查机关介入，行为人就极有可能构成贩卖毒品罪的既遂。但如果是没有采取诱惑侦查措施的一般贩毒案件，即使行为人和交易对象达成了合意、具备了一定的交易条件，行为人仍有反悔的选择余地，即行为人依旧有犯罪中止的可能，只有当行为人在现实中与交易相对人接头后其中止可能性才完全丧失。即在采交易条件说情况下，诱惑侦查直接推进犯罪形态达到既遂的风险无法通过刑事责任控制。

(3) 存在罪责刑不相适应可能。

贩卖毒品罪的社会危害性随着手开始发展到既遂，逐渐扩大并现实化，对此类犯罪一律采取统一标准可能出现以下情况：非诱惑侦查下的贩毒案件，社会危害性难以得到控制，但因贩毒隐蔽性强等特点，现实的既遂标准较高；诱惑侦查下的贩毒案件，社会危害性受到侦查机关的控制，但因在侦查机关掌控下，现实的既遂标准相较前者而言更低。既遂、未遂的认定又直接影响行为人需承担的刑事责任大小。如，非诱惑侦查下，甲、乙二人约定在某酒店大堂交易毒品，购买人乙在大堂内等候甲，当甲进入酒店大堂时不能认定为既遂，缺乏证据的情形下甚至难以成立着手，只有当甲、乙二人接头后才能认定为既遂。但换作在诱惑侦查下，"代理人"乙在大堂内等候甲，一旦甲进入酒店大堂，就有可能被认定为进入了交易环境进而认定为既遂。在诱惑侦查手段介入的情况下，即使采同一既遂标准，在现实中也难免出现既遂标准被降低的情形，进而可能加重行为人的刑事责任。

3. 诱惑侦查下贩卖毒品罪既遂标准的优化

(1) 诱惑侦查下贩卖毒品罪既遂标准的价值导向。

首先，应坚持以追求法价值平衡作为诱惑侦查下贩卖毒品罪既遂标准的价值导向。法律赋予侦查机关实施诱惑侦查措施的权力，就是在秩序与自由的天平上拿掉了一部分属于自由一边的砝码，此时天平必然朝"秩序"倾斜，为了让其恢复平衡的状态，就应当向"自由"一边增补砝码。

其次，在该价值导向的指导下进一步优化既遂标准，以达到调平天平的目的。因为诱惑侦查会对既遂标准产生推进作用，既遂标准又会直接影响对行为人的量刑,量刑轻重又能体现对诱惑侦查风险的控制,所以优化"既遂标准"尤为重要。其直接有效的方式就是提高行为人承担更重的刑事责任的门槛,故提高既遂标准也就不言而喻。

(2)诱惑侦查下贩卖毒品罪既遂的具体标准。

①不能将诱惑侦查下贩卖毒品罪一律认定未遂。

对如何提高诱惑侦查下贩卖毒品罪既遂标准这一问题,有学者提出将诱惑侦查下贩卖毒品罪一律认定为未遂。① 其主要理由是诱惑侦查下的贩毒的法益侵害性得到了控制,无法对公众身心健康造成实际的侵害,因此原则上应当将其定为未遂。换言之,诱惑侦查下的贩卖毒品罪没有成立既遂的可能。但是贩卖毒品罪侵害的法益具有复杂性,其不仅侵害公众的身心健康,而且严重干扰社会的正常秩序。如果认为这种情形下行为导致的法要求的实质侵害不存在,那么直接认定为"无罪"更恰当,因为处罚一个只是形式上违反刑法规定但实际上不会造成社会危害的行为,与刑法的立法初衷相悖。而且,这种观点把立法和实践混为一谈,在立法上提高既遂标准不要求必须完全否定在现实中成立既遂的可能。

②不能将诱惑侦查下贩卖毒品罪一律认定既遂。

针对贩卖毒品罪,其着手和既遂之间仍存在相当的时间间隔,即使介入诱惑侦查手段,在实践中仍存在很大成立未遂的空间。如前所述的例子,甲和"代理人"乙约定在某酒店大堂内交易毒品,只要甲未实施验货行为,无论其有向乙走近或者是与乙有眼神上的交流的行为,均可能成立未遂。

③将既遂认定时间点适当向前推进具有可采纳性。

针对诱惑侦查下贩卖毒品罪,以毒品交付行为完成作为既遂标准,既遵循价值导向,也符合行为向前发展的逻辑要求。机会提供型诱惑侦查下的贩卖毒品案件和一般的贩卖毒品案件并无本质上的区别,两者形式上的区别仅在于毒品交付完成之时至公安机关破获案件之间的时间间隔不同,前者的时间间隔短而后者的时间间隔长,所以在前一种情形下公安机关能够迅速控制犯罪嫌疑人和毒品,但这并不意味着前一情形下的贩卖毒品行为造成的社会危害性就因此降低或消失,换言之,两者中间的时间间隔的长短并不影响行为人完成毒品交付行为时所产生的刑法上法律效果,交付行为完成时成立既

---

① 参见庞维俊:《论特情引诱下贩卖毒品罪的法律适用规则》,载《法制与经济》2016 年第 12 期。

遂，但不排除交付行为完成之前成立未遂或者中止的空间。再者，以毒品交付行为完成作为诱惑侦查下贩卖毒品罪的既遂标准，使得法律对其评价的起点与普通贩卖毒品罪的起点一致，这也是严格遵守罪刑法定原则的表现。

④既遂标准在实践中的具体运用。

第一，针对多次贩毒分子，侦查机关往往掌握了一定的证据，若行为人在进入交易环境时被抓获，则司法机关应当将最后一次贩卖毒品罪认定为未遂，有证据证明的先前的贩卖毒品罪认定为既遂；若行为人在毒品交付行为完成时被抓获，则司法机关应当将最后一次贩毒行为与先前有证据证明的贩毒行为合并认定为贩卖毒品罪既遂，次数和数量等作为量刑加重情节。

第二，针对吸毒分子或持有毒品者，侦查机关不具备相当的证据证明其具有贩毒经历的，若行为人在进入交易环境时被抓获，则司法机关应当认定为贩卖毒品罪未遂；若行为人在毒品交付行为完成时被抓获，则司法机关应当认定为贩卖毒品罪既遂。

第三，针对采用邮寄等特殊方式交付毒品的贩毒分子，更应当严格以能使毒品交付实现的行为完成作为既遂标准。若行为人仅在进入邮局或与工作人员商议时被抓获，则司法机关应当认定为贩卖毒品罪未遂；若行为人在签发快递单完成时被抓获，则司法机关应当认定为贩卖毒品罪既遂。

第四，若行为人在前述情形中符合犯罪中止要件，即在毒品实际交付或使毒品得以实现交付的行为完成之前，自动停止了犯罪并有效防止了贩毒结果的发生，则司法机关应当认定为贩卖毒品罪中止，并同时适用刑法总则中关于犯罪中止的规定。

第五，即使行为人的行为符合既遂标准，也应当限制死刑的适用。换言之，适用死刑时应当同时考虑危害结果和人身危险性。如果适用死刑的危害结果主要是由诱惑侦查下的贩毒所致，则不应当适用死刑；反之，也必须在把人身危险性作为重要的评价指标的前提下，慎重适用死刑。

综上所述，对贩卖毒品罪诱惑侦查进行程序和实体上的严格限定，能有效防止其被滥用进而沦为践踏人权的工具。要保障人权，首先应当保证诱惑侦查符合程序合法标准，否则，后续的实体保障都失去应有的意义，因为在第一步侦查对象的人权就已经遭受了严重的侵害。因此，在第一阶标准就通过进行程序上的严格限定方式尽可能地规范侦查机关的行为，在符合第一阶标准后，才能进入第二阶标准——进一步对既遂标准进行优化，以达到严格规制贩卖毒品罪诱惑侦查的目的，争取充分保证秩序和自由的价值平衡，实现人权保障和诱惑侦查打击毒品犯罪效用的统一。

第八节　毒品犯罪刑罚适用问题之理性反思*

毒品作为世界公认的三大公害之一，如何更好地预防与惩治毒品犯罪引起了国内外学者的广泛关注。在毒品犯罪遭受各国共同打压的威严态势下，其刑罚运行的现状如何、存在哪些问题、如何予以应对？提出这些问题并进行认真思考，无疑具有极强的现实意义，也是刑罚学者的责任所在。基于此考虑，笔者拟对我国毒品犯罪的刑罚适用进行系统梳理，寄望能够对此有一更加清晰的认识，并对未来毒品刑罚制度的完善有所裨益。

一、我国与域外毒品犯罪的法定刑现状

（一）我国毒品犯罪的法定刑现状

毒品犯罪全部集中于我国刑法分则第六章第七节的"走私、贩卖、运输、制造毒品罪"之中，一共涉及11个罪名。① 就现有的罪名来看，其具体的法定刑规定如下。第一，走私、贩卖、运输、制造毒品罪，其法定刑共4档，分别为：15年有期徒刑、无期或死刑，并处没收财产；7年以上有期徒刑，并处罚金；3年至7年有期徒刑，并处罚金；3年以下有期、拘役或管制，并处罚金。第二，非法持有毒品罪，其法定刑共有3档，分别是：7年以上有期徒刑或无期徒刑，并处罚金；3年至7年有期徒刑，并处罚金；3年以下有期徒刑、拘役或管制，并处罚金。第三，包庇毒品犯罪分子罪，其法定刑共有2档，分别是：3年以下有期徒刑、拘役或管制；3年至10年

---

* 本节撰写者：陈伟。

① 在2015年8月29日颁布的《刑法修正案（九）》之前，刑法分则第六章第七节的毒品犯罪共为12个，在《刑法修正案（九）》之后，由于《刑法》第350条把买卖与走私制毒物品进行了合并，成为现有的非法生产、买卖、运输制毒物品、走私制毒物品罪一个罪名，本节的毒品罪名从12个成为当下的11个罪名。具体包括走私、贩卖、运输、制造毒品罪，非法持有毒品罪，包庇毒品犯罪分子罪，窝藏、转移、隐瞒毒品、毒赃罪，非法生产、买卖、运输制毒物品、走私制毒物品罪，非法种植毒品原植物罪，非法买卖、运输、携带、持有毒品原植物种子、幼苗罪，引诱、教唆、欺骗他人吸毒罪，强迫他人吸毒罪，容留他人吸毒罪，非法提供麻醉药品、精神药品罪。

有期徒刑。第四，窝藏、转移、隐瞒毒品、毒赃罪，其法定刑共有2档，分别为：3年以下有期徒刑、拘役或管制；3年至10年有期徒刑。第五，非法生产、买卖、运输制毒物品、走私制毒物品罪，其法定刑共3档，分别为：3年以下有期徒刑、拘役或管制，并处罚金；3年以上7年以下有期徒刑，并处罚金；7年以上有期徒刑，并处罚金或者没收财产。第六，非法种植毒品原植物罪，其法定刑共2档，分别为：5年以下有期徒刑、拘役或管制，并处罚金；5年以上有期徒刑，并处罚金或没收财产。第七，非法买卖、运输、携带、持有毒品原植物种子、幼苗罪，其法定刑只有1档，即3年以下有期徒刑、拘役或管制，并处或单处罚金。第八，引诱、教唆、欺骗他人吸毒罪，其法定刑共2档，分别为：3年以下有期徒刑、拘役或管制，并处罚金；3年至7年有期徒刑，并处罚金。第九，强迫他人吸毒罪，其法定刑只有1档，即3年至10年有期徒刑，并处罚金。第十，容留他人吸毒罪的法定刑亦只有1档，即3年以下有期徒刑、拘役或管制，并处罚金。第十一，非法提供麻醉药品、精神药品罪的法定刑共2档，分别为：3年以下有期徒刑、拘役，并处罚金；3年至7年有期徒刑，并处罚金。

（二）德国毒品犯罪的处罚现状

德国关于毒品犯罪的立法规定集中在《麻醉品法》中，其法定刑大体可以分为8档。[①] 经过对其所列行为类型进行概括，笔者认为，其中的主要罪名（笔者归纳）和法定刑如下：第一，吸食毒品罪，首次吸食可免予刑事处分，只罚款。第二，非法持有毒品罪，依据毒品数量或情节的不同，其处罚分别为：2年以下徒刑；3个月拘禁至5年徒刑；1个月至4年徒刑或5马克至560马克日罚金。第三，非法种植、生产、销售毒品罪，依据是行为情节，其处罚分别为：1年以下拘禁或罚金；2年徒刑；3个月拘禁至5年徒刑；1个月至4年徒刑或5马克至560马克的日罚金。第四，非法提供毒品罪，依据对象、结果的不同，其处罚分别为：1年以下拘禁或罚金；2年以下徒刑；2年徒刑；3个月拘禁至5年徒刑；1个月至4年徒刑或5马克至560马克的日罚金。第五，走私毒品罪，为个人消费而少量走私的，可以免予刑事处分；1个月至4年徒刑或5马克至560马克日罚金。第六，以盗窃、欺骗方式购买毒品罪，处1日拘留至4年徒刑或罚款。第七，广告毒品

---

① 参见曲玉珠：《德国禁毒立法与戒毒方法概述》，载《德国研究》1998年第3期。

罪，处 1 日拘留至 4 年徒刑或罚款。

（三）日本毒品犯罪的法定刑现状

《日本刑法》专章规定了"关于鸦片烟"的犯罪，其规定意在提前禁止毒品输入和吸食行为，对行政法规定的其他毒品管制制度的违反，也比照刑法规定的刑罚予以处罚，其禁止范围不断扩大，但刑罚在整体上并不苛刻。① 除了《鸦片烟法》之外，日本还有《兴奋剂取缔法》《麻药以及精神药品取缔法》《大麻取缔法》，即所谓的"药物四法"，并于信纳水等有机溶剂，还制定了《毒物以及剧毒物取缔法》。② 综合而言，日本毒品犯罪可以分为六大类，其法定刑均只有 1 档，具体如下：第一，输入、③ 制造、贩卖、持有鸦片烟罪，其法定刑为 6 个月以上 7 年以下惩役。④ 第二，输入吸食鸦片烟的器具等罪，其法定刑为 3 个月以上 5 年以下惩役。第三，海关职员输入鸦片烟等罪，其法定刑为 1 年以上 10 年以下惩役。第四，吸食鸦片烟罪，其法定刑为 3 年以下惩役。第五，提供鸦片烟等罪，其法定刑为 6 个月以上 7 年以下惩役。第六，持有鸦片烟罪，其法定刑为 1 年以下惩役。

（四）法国毒品犯罪的法定刑现状

《法国刑法》第二章"伤害人之身体或精神罪"第四节规定了毒品走私罪，共 11 个条文；其危害性内容仍评价为"伤害身体"。法国毒品犯罪刑法规制的重点并不刻意适用重刑，除此之外，法国刑法规定了毒品犯罪的特别立功制度，立功者刑期可以减半，一方面既缓和刑法的严厉，另一方面又减少追诉的困难。具体而言，法国毒品犯罪的法定刑规定如下：第一，领导或组织毒品犯罪集团罪的法定刑共 1 档，即无期徒刑并科 750 万欧元罚金。第二，非法生产或制造毒品罪的法定刑共 2 档，分别为 20 年徒刑并科 750 万欧元罚金、30 年徒刑并科 750 万欧元罚金。第三，非法进口或出口毒品罪的法定刑亦是 2 档，分别为 10 年徒刑并科 750 万欧元罚金、30 年徒刑并

---

① 参见李世清：《毒品犯罪的刑罚问题研究》，吉林大学出版社 2007 年版，第 79 页。

② 参见[日]西田典之：《日本刑法各论》，刘明祥、王昭武译，中国人民大学出版社 2007 年版，第 249 页。

③ "输入阿片烟者，使自外国来之阿片烟，登于我国之陆之谓耶？抑使入领海之谓耶？颇滋争论。判例采前说，积载阿片烟之船舶仅入我领海内，未登之陆者，不得谓为输入焉。"参见[日]牧野英一：《日本刑法通义》，陈承泽译，中国政法大学出版社 2003 年版，第 135 页。

④ 《日本刑法》第 12 条规定："惩役分为无期和有期二种。有期惩役为一个月以上十五年以下。惩役是拘禁在监狱内服一定劳役。"

科 750 万欧元罚金。第四，非法运输、持有、提供、转让、取得或使用毒品罪的法定刑仅 1 档，即 10 年监禁并科 750 万欧元罚金。第五，欺诈进行毒品走私罪、协助毒品走私罪的法定刑共 5 档，分别为无期徒刑并科 750 万欧元罚金、10 年徒刑并科 750 万欧元罚金、20 年徒刑并科 750 万欧元罚金、30 年徒刑并科 750 万欧元罚金，罚金数额可以增加至洗钱活动所涉及的资金或财产的价值之一半。第六，向他人非法转让或提供毒品罪的法定刑共 2 档，即 5 年监禁并科 750 万欧元罚金、10 年徒刑并科 750 万欧元罚金。

（五）墨西哥毒品犯罪的法定刑现状

《墨西哥联邦刑法典》在第七编"妨害卫生罪"中，规定了"毒品犯罪"。① 具体罪名（为笔者根据其法条内容概括）和法定刑如下：第一，无授权生产、运输、交易、经营、提供毒品罪（第 194 条、第 196 条），其法定刑共 2 档，分别为 10 年至 25 年监禁并处 100 至 500 日罚金、加重前项刑罚的 1/2。第二，非法持有毒品罪（第 195 条、第 195 条 A），其法定刑共 2 档，分别为 5 年至 15 年监禁并处 100 至 350 日罚金、4 年至 7 年零 6 个月监禁并处 50 至 150 日罚金。第三，非法制作毒品罪（第 196 条 B），其法定刑为 5 年至 15 年监禁并处 100 至 300 日罚金，没收犯罪工具、犯罪对象和犯罪所得。第四，无处方权者非法提供毒品罪（第 197 条），其法定刑共 4 档，分别为 3 年至 9 年监禁并处 60 至 180 日罚金、加重前项刑罚的 1/2、2 年至 6 年监禁并处 40 至 120 日罚金、加重前项刑罚的 1/2。第五，非法种植毒品罪（第 198 条），其法定刑共 4 档，分别为 1 年至 6 年监禁、不超过第 194 条刑罚 2/3 的幅度、2 年至 8 年监禁、剥夺从事公共职务或公共委托的资格 1 年至 5 年。

通过对上述毒品犯罪法定刑的比较考察可以发现，我国对毒品犯罪的刑罚惩处十分严厉。我国的毒品犯罪最高可判死刑，与上述各国规定之间的差异非常明显，依赖重刑惩治的立法思路也异常醒目。从我国刑事立法来看，尽管刑法修正案在不断地往前推进，但是毒品犯罪的重刑并没有得到实质改变，因而在毒品犯罪猖獗的情况下，重刑观仍然是当权者惩罚和预防毒品犯罪的重要思路和主要依赖。另外，我国对毒品犯罪的刑罚处罚档次较多，从

---

① 参见陈志军：《墨西哥联邦刑法典》，中国人民公安大学出版社 2010 年版，第 85~91 页。

1 档到 4 档法定刑的都有，一般来说，刑罚档次越多，法官的裁量权越大。由此可见，我国法定刑接续式的立法模式，赋予了法官较大的自由裁量权，因而，需要法官审慎进行刑罚裁量也是我国毒品犯罪刑罚裁量的鲜明特征。再则，我国毒品刑罚处罚的幅度跨度比较大，从管制到死刑的跨度囊括了我国全部的主刑类型，这也体现了在刑罚法定刑设置时，立法者同样考虑到了毒品犯罪的多样性与差异性。但是，法定刑的升格条件却并不严格，因而重刑适用的可能性较大，刑罚趋重很容易变为现实。

从立法现状来看，我国对毒品犯罪的规定也相当细致，从非法买卖、运输、携带、持有毒品原植物种子、幼苗罪到各国都有规定的走私、贩卖、运输、制造毒品罪，涉及毒品犯罪的诸多环节，基本上一体化地反映了毒品行为的各个方面，打击毒品的思路痕迹清晰可鉴。这也直接反映出，当权者不遗余力、严厉打击毒品的基本立场，寄望通过刑事立法的从严规定来治理当下严峻的毒品犯罪形势的指导思想。

二、我国毒品犯罪刑罚适用的重刑化现实

司法实践中，重刑适用同样呈现趋重态势。毒品犯罪整体数量不断增加，证明前期重刑惩治未能达到理想效果；另外，也可以看到 5 年以上的重刑率较同比有所增长，重刑率远远高出其他犯罪。在当下毒品犯罪仍然比较严重的情势下，按照惯常性思维，自然认为其他非刑事措施难以起到应有作用。于是，为了保障其他法律法规的有效运行与规范效力，作为第二位与保障性法律的刑法自然要被推向前位，并在刑罚适用中予以更加严厉的惩处。

另外，从 2016 年 4 月 6 日发布的最高人民法院《毒品犯罪解释》来看，其指导思想仍然是依法从严惩处毒品犯罪，以刑罚的严厉制裁来达到控制毒品高涨态势的目标。本次解释进一步细化了有关 28 种毒品定罪量刑的数量标准，重新厘定了先前没有明细规定的一些情节，并新增了有关甲卡西酮、曲马多、安钠咖等 12 种新型毒品定罪量刑的数量标准；针对当下实践中高发且未能有效控制的氯胺酮和美沙酮等毒品类型，下调了此类毒品在刑罚适用中的定罪量刑的数量标准。

在司法实践中，各地人民法院依照刑法规定和从严打击的刑事政策，判处了相当一部分毒品犯罪分子极刑，以至于在一些毒品较猖獗的地方出现了

"寡妇村""老人村"。① 从毒品犯罪案件的司法适用情况来看,我国《刑法》第347条规定的走私、贩卖、运输、制造毒品罪是毒品犯罪中最主要的犯罪类型,映衬到刑罚适用上,该罪的刑罚配置是我国毒品犯罪中规定刑罚档次最多的,也是法定刑最严厉的罪名。

就毒品的刑罚适用来说,整体的趋重性仍然较为明显。以前述的统计数据来看,毒品犯罪不仅5年以上的重刑适用率高于其他犯罪,而且非监禁刑的适用也远远低于其他犯罪。比如,2015年《武汉会议纪要》规定:"对于毒品犯罪应当从严掌握缓刑适用条件。对于毒品再犯,一般不得适用缓刑。""判处无期徒刑的,可以并处没收个人全部财产;判处死缓或者死刑的,应当并处没收个人全部财产。"就实践情形来看,司法机关把握的标准是对毒品犯罪原则上不适用缓刑,而对判处无期徒刑的,则基本上都是没收个人全部财产。由此可见,无论是对毒品犯罪的缓刑适用还是财产刑的附加适用,司法机关都是严格掌握的,其从严的刑罚适用基本上得到了实践的一致认可。

三、我国毒品犯罪刑罚重刑化的症结剖析

从我国毒品犯罪法定刑的立法设置与司法适用的现状来看,通过上述陈述可以较为直观地看出,其最大特点在于重刑化明显。由于毒品犯罪在国际国内呈现出高涨态势,为了更好予以惩罚层面的回应,适用较重刑罚往往成为直接应对的首要选择,因而刑罚幅度不断增长在我国也呈现出较为明显的趋势。

笔者认为,毒品犯罪重刑化的存在主要有如下方面的原因:

(一) 毒品犯罪的刑罚设置整体趋重

从我国现有的11个毒品犯罪的罪名来看,刑罚的重刑化趋势十分明显。在刑罚的配置过程中,不仅有死刑罪名存在,而且即使在没有死刑的罪名之中,最高法定刑为10年有期徒刑及其以上的有7个,比例达到63.6%。由此可见,在立法层面上,以重刑惩治毒品犯罪的立法倾向成为主导思想。当然,这或许与我国刑法"定性+定量"的立法模式存在紧密关系,因为在

---

① 参见马骊华:《宽严相济刑事政策在毒品犯罪案件中的应用》,载《云南大学学报(法学版)》2008年第4期。

入罪门槛较高的情形下,如果不配置较高的法定刑,就会与犯罪行为的入罪需要与打击毒品犯罪的社会需求之间产生更大的阻滞,其不协调性就越发明显。

反观其他国家毒品犯罪的刑罚设计,更能深化我们对此特征的认识。"与其他各国的刑法条文设计相比较,我们大概可以得出一个直观的感觉,我国的毒品犯罪刑罚设定比其他各国都要重得多。"从近年来的刑法修正案来看,通过刑事立法回应社会现实成为一种常态,立法关注社会形势已经成为法律的重要使命。在此情形下,在现有刑事立法已经拟定了较重法定刑的前提下,司法机关作为严格依法办事的主体,受制于罪刑法定原则的制约,会将重刑观从立法转化为司法现实。

(二)刑事政策依赖重刑惩治毒品犯罪的刑罚适用

我国是一个深受毒品侵害的国家,从鸦片战争的历史教训来看,毒品给我国带来百余年的屈辱,其对国家和国民造成的沉重灾难仍然历历在目。由于客观历史的既往教训,以及现实禁毒的重大压力,毒品犯罪的刑事政策都是以重刑惩治为其指导方向。

在刑事立法的变革到刑事法网的严密性或严厉性上,从重惩治的刑事政策都可窥见一斑。在 1979 年刑法中,只有第 171 条规定了制造、贩卖、运输毒品罪,而且其法定刑规定,"处五年以下有期徒刑或者拘役,可以并处罚金。一贯或者大量制造、贩卖、运输前款毒品的,处五年以上有期徒刑,可以并处没收财产"。1990 年 12 月 28 日第七届全国人民代表大会常务委员会第十七次会议通过的《关于禁毒的决定》,增加了走私毒品罪,非法持有毒品罪,包庇毒品犯罪分子罪,窝藏、转移、隐瞒毒品、毒赃罪,走私制毒物品罪,非法种植毒品原植物罪,引诱、教唆、欺骗他人吸毒罪,强迫他人吸毒罪,容留他人吸毒罪,非法提供麻醉药品、精神药品罪。1997 年的刑法又增加了非法买卖制毒物品罪和非法买卖、运输、携带、持有毒品原植物种子、幼苗罪。从刑事法网的严密性上来说,毒品犯罪的刑事处罚范围逐渐扩大,刑罚适用面不断扩展。

在刑事司法中,受刑事政策的指导,对毒品犯罪的侦查、审查起诉以及审判过程都日益体现出重刑惩治的趋势。有学者直接指出:"近年来打击毒品犯罪中存在的忽视人权保护的现象。这些现象包括:侦破毒品犯罪中存在的'特情引诱'问题、认定毒品犯罪中以'推定明知'代替'明知'的认定问题、将毒品犯罪的未完成形态认定为完成形态、随意估计毒品数量、死刑过多，出现认定范围'宽'而处刑'严'的问题。"① 究其根本原因，之所以在毒品犯罪查处中会存在上述种种情形，与毒品犯罪从严的刑事政策关系重大。

（三）毒品犯罪处罚方式决定了其趋重性

1. 毒品数量是刑罚适用的基本标准

在毒品犯罪中，行为人涉毒的数量是影响刑罚适用的绝对指标，其数量的大小直接决定刑罚裁量的轻重。比如，我国的走私、贩卖、运输、制造罪规定，行为人走私、贩卖、运输、制造鸦片1000克以上、海洛因或甲基苯丙胺50克以上或其他毒品数量大的，就可以判处15年有期徒刑、无期徒刑或者死刑。然而，在毒品犯罪较为高涨的社会背景下，当前规定的毒品数量在司法实践中极易达到，重刑标准极易触及，重刑适用因而并非难事。

2. 毒品数量累计计算方法容易导致重刑的适用

《刑法》第347条规定："对多次走私、贩卖、运输、制造毒品，未经处理的，毒品数量累计计算。"由此可见，由于毒品犯罪在立法设置时数额标准本来就不高，加之毒品犯罪的量刑仍然主要取决于毒品数量的多寡，因而在毒品入罪相对容易的情形下，累计计算的方式使毒品数量较易叠加，往往使行为人轻易触碰到最重档次的法定刑，从重惩处就从法律文本变为现实。

3. 毒品数量不以纯度计算

我国《刑法》第357条第2款规定："毒品的数量以查证属实的走私、贩卖、运输、制造、非法持有毒品的数量计算，不以纯度折算。"从司法实践来看，涉毒犯罪中间加入的中间线条越长，为了获得更多的非法利益，毒品的纯度越难得以保证。显而易见，由于实践中毒品类型不同，加之相同毒品的纯度也是五花八门，在此情形下，我国现有刑法规定毒品不以纯度计算的方法，必将增加犯罪行为人触及重刑的概率。

4. 从重处罚的特别规定

我国《刑法》第356条规定了毒品犯罪从重处罚制度，即对"因走私、贩卖、运输、制造、非法持有毒品罪被判过刑，又犯本节规定之罪的，从重处罚"。虽然现今学者对该条款究竟是毒品累犯还是毒品再犯仍存争议，但

---

① 李邦友：《惩处毒品犯罪的"宽"与"严"》，载《华中科技大学学报（社会科学版）》2006年第6期。

是现有的刑法规定使毒品犯罪从重处罚无疑是一个明显的体现。就实践情形来看,毒品犯罪的重新犯罪率明显高于其他普通刑事案件,因而在毒品再犯率较高的情形下,此种立法模式必然会带来刑罚趋重的后果。

(四) 刑事司法的趋重惯性

从刑事立法来看,毒品犯罪刑罚的趋重性已经有目共睹,这一趋重主要体现在最高法定刑的配置上。除此之外,从刑事立法上还可以发现另一鲜明的特点,即毒品犯罪刑罚的最高法定刑与最低法定刑之间的幅度较大。例如,走私、贩卖、运输、制造毒品罪包括了刑罚体系中所有的主刑刑种,从最低的管制到最高的生命刑,全部囊括于该罪的刑罚之中;有的是从管制到10年有期徒刑;有的是从拘役到7年有期徒刑;有的是从管制到15年有期徒刑;有的是从管制到无期徒刑。从中不难看出,法定刑间距跨越的幅度比较大,而这一现实为法官的自由裁量权预留了较大空间,也为较重法定刑的适用留下了较大余地。

受刑事立法模式的影响,以及从严惩治毒品犯罪刑事政策的导向,加之司法实践中相关犯罪重刑率整体较高,因而法官在选择毒品犯罪的宣告刑时,往往会在惯性引导下倾向适用较重的刑罚。毒品犯罪的死刑适用一直都呈较高比例,也正如学者所言,"近年来,全国法院判处毒品犯罪死刑的人数一直是居于各种犯罪之榜首,有的毒品犯罪案件一个案件判处死刑的人数多达数人甚至十人以上"。受"重刑治毒"思想的影响,长期的实践操作为法官的"审判经验"积累了现实前提,也创设了前行轨道,相当程度上导致法官对毒品犯罪的判处往往选用较重法定刑。

四、毒品犯罪的刑罚预期与客观形势之间的悖反

据统计,2015年,全国抓获毒品犯罪嫌疑人员19.4万名,其中,18岁以下未成年人3588名,18岁至35岁以下人员11.5万名,35岁以下人员数量占被抓获毒品犯罪嫌疑人员总数的61.3%。农民和无固定职业人员15.3万名,占被抓获毒品犯罪嫌疑人员总数的78.9%。此外,贩毒人员还涉及国家公务员、工人、学生、个体工商业者、公司职员等。2015年,全国打掉制贩毒团伙5834个,同比上升18.1%;破获公安部毒品目标案件1139起,抓获犯罪嫌疑人员1.6万名,同比分别上升54.6%和51.8%。全国破获单案缴毒量公斤级以上毒品案件5588起,其中,海洛因案件1292起,冰

毒晶体案件 1582 起，冰毒片剂案件 1350 起，氯胺酮案件 407 起。① 据联合国统计，毒品贩运已涉及 170 多个国家和地区，130 多个国家和地区存在毒品消费问题；全球每年毒品交易额达 8000 亿美元以上，相当于世界贸易额的 1/3；全球吸毒人数近 2.2 亿人，每年有 10 万人因吸毒死亡、1000 万人因吸毒丧失劳动能力。②

由此可见，当下的毒品犯罪形势仍然相当严峻，通过重刑来达到毒品治理的期望并没有转化为客观现实。毒品犯罪重刑化的司法适用，带有明显的以刑抗罪的内在追求。无论是刑事立法者还是刑事司法人员，通过刑罚的内在报应性惩戒规制毒品犯罪的迅猛势头是其共同预期。这样的思维模式实质上也是我们惯常的思维模式，即寄托刑罚的高威态势实现对犯罪的扼制，这从毒品犯罪的现实运转中更是清晰可见。然而，以刑制罪没有在毒品犯罪中起到灵验性效果，也无法达致"以刑去刑"的理想图景。

"驱动毒品犯罪的原动力，是毒品贩卖所带来的巨额利润。"③ 高额利润对于毒品犯罪分子具有极大的诱惑力，许多毒品犯罪分子抱着侥幸的心理，愿意为此铤而走险。在重刑观念下，死刑的威慑并没有成为消除毒品犯罪的利器。相反，在暴利的刺激下，毒品犯罪人无视刑罚痛苦的现象随处可见，毒品犯罪亦愈演愈烈。正如菲利所言："为了获取暴利，犯罪人不畏惧砍首，甚至死刑等酷刑。"④ 费尔巴哈曾经说过："即使违法行为中蕴含着某种痛苦，已具有违法精神动向的人就不得不在违法行为可能带来的乐与苦之间进行细致的权衡，当违法行为所蕴含的苦大于其中的乐时，主体便会基于舍小求大的本能，回避大于不违法之苦的苦，而追求大于违法之乐的乐，自我抑制违法的精神动向，使之不发展成为犯罪行为。"⑤

由于数十年来国家持续不懈地对毒品危害的宣传，加之打击毒品现实案例的推动，以及毒品重刑化在社会产生的扩散性效应，毒品犯罪人在实施毒品犯罪前，往往都知道自己的行为性质及其可能带来的责任后果。但是，即

---

① 参见《2015 年中国毒品形势报告》，载中国禁毒网，http：//www.nncc626.com/2016-02/18/c_128731173.htm。
② 参见陈丽平：《中国禁毒立法近六十年风雨历程》，载《法制日报》2008 年 6 月 26 日，第 8 版。
③ 崔敏：《毒品犯罪发展趋势与遏制对策》，警官教育出版社 1999 年版，第 239 页。
④ [意] 菲利：《实证派犯罪学》，郭建安译，中国人民公安大学出版社 2004 年版，第 73 页。
⑤ 陈兴良：《刑法的启蒙》，法律出版社 2003 年版，第 111 页。

使毒品犯罪的刑罚成本很高，受高利引诱的驱使，加之犯罪黑数的存在，毒品犯罪者仍然"前赴后继"，甚至出现了"民不畏死，奈何以死惧之"的诘问。

这一现实情形已经告诉我们，毒品犯罪的重刑化路径并非一条防控毒品犯罪的通途，更不是行之有效的灵丹妙药。我国对毒品犯罪采取重刑立法及其司法适用，意图以此威慑公众远离毒品，惩罚、教育和改造毒品犯罪人，遏制毒品犯罪的理想与现实产生了较大差距。就现实来看，吸毒人数和毒品犯罪人数都呈现出逐年增加的趋势，这种客观形势与我国的刑罚预期存在严重的悖反关系。这一事实提醒我们，应当反思毒品犯罪的刑罚体系，合理安排其刑罚结构，从而更好地实现防控毒品犯罪的现实预期。

五、改革毒品刑罚适用的理论主张

（一）通过刑事立法改变现有的重刑趋势

贝卡里亚指出："刑罚的规模应该同本国的状况相适应。在刚刚摆脱野蛮状态的国家里，刑罚给予那些僵硬心灵的印象应该比较强烈和易感。为了打倒一头狂暴的扑向枪弹的狮子，必须使用闪击。但是，随着人的心灵在社会状态中柔化和感觉能力的增长，如果想保持客观与感受之间的稳定关系，就应该降低刑罚的强度。"[①] 我国对毒品犯罪的规定即体现了从严从重的立法精神。从上述分析可知，我国刑事立法现有的重刑化对遏制毒品犯罪收效甚微，达不到刑罚预期效果。随着法治进程的推进和世界法治发展的潮流，我们可以尝试通过刑事立法改变现有的重刑趋势，降低刑罚强度，探索通过毒品犯罪的刑罚适用改变现状的途径。

1. 废除毒品犯罪的死刑适用

我国死刑的适用仅限于"罪行极其严重的犯罪分子"。"罪行极其严重"意味着判处死刑的犯罪，必须是侵害了刑法所保护的最重要利益的犯罪。相比刑法所保护的其他价值而言，人的生命无疑具有不可比拟的重要性，因此，只有严重危及公民的生命安全的犯罪才可能是"罪行极其严重"的犯罪。[②] 而毒品犯罪作为一种贪利型犯罪，其犯罪目的不是为了夺取他人的生

[①] ［意］贝卡里亚：《论犯罪与刑罚》，黄风译，中国大百科全书出版社1993年版，第44页。
[②] 参见陈忠林主编：《刑法总论》，高等教育出版社2007年版，第257页。

命或健康，而是为了暴利。① 也有学者直接指出，毒品犯罪并不属于刑法中最严重的犯罪，这已经为国际公约所明确确认。② 毒品犯罪明显与死刑所要求的"罪行极其严重"并不严格对应，以剥夺生命的刑罚方式惩罚毒品犯罪，也在某种程度上违背了罪刑相适应原则。

事实上，绝大多数国家都没有将死刑作为打击毒品犯罪的刑罚手段，即使在毒品最大的消费国美国，对毒品犯罪最严厉的刑罚也仅仅是 30 年监禁；在德国，对毒品犯罪最重的处罚也只是 15 年自由刑；而在日本，毒品犯罪中处罚最重的只有 10 年惩役。③ 从理论上分析，毒品犯罪具有不应适用死刑的坚实理论基础。同时，毒品犯罪适用死刑也悖反了当下废除或者限制死刑适用的历史趋势，况且死刑的适用并未达到预防毒品犯罪的刑罚预期。基于此，我国应顺应世界法治发展潮流，废除毒品犯罪的死刑适用。正如刑法学家贝卡里亚所言："一种正确的刑罚，它的强度致使足以阻止人们犯罪就够了。"这正是希望通过适当的刑罚措施树立大多数普通人的规范认识，而非寄望于通过死刑来肃清当下的全部毒品犯罪。

从国际禁毒公约来看，对毒品犯罪并没有规定死刑，相反在死刑废除的世界潮流之下，毒品不适用死刑的呼声一直较高。如 2002 年的第五十六次联合国人权大会上，人权委员会就明确呼吁废止毒品犯罪的死刑。近些年来，联合国人权委员会更为明确地表明了禁止对毒品犯罪适用死刑的立场，例如，在 2005 年 7 月根据《公民权利和政治权利国际公约》发布的针对泰国定期报告作出的结论性观察报告中，人权委员会较为正式地指出，缔约国应修正对贩毒者执行死刑的规定，通过此方式来减少可以执行死刑的犯罪类型。

2. 对毒品犯罪数量以纯度予以计算

毒品的数量对毒品犯罪刑罚适用具有至关重要的作用，它不仅是区分罪与非罪的界限（如非法持有毒品罪），而且在司法实践中还起着调节刑罚幅度的裁判作用。我国刑法明确规定毒品犯罪中毒品的数量不以纯度折算，其

---

① 参见梅传强、徐艳：《毒品犯罪的刑罚适用问题思考——兼论毒品犯罪限制适用死刑》，载《甘肃政法学院学报》2006 年第 3 期。

② 参见何荣功：《当前我国毒品犯罪死刑限制与废除的主要障碍与对策》，载《法治研究》2013 年第 6 期。

③ 参见梅传强、张昇：《论毒品犯罪刑罚适用中的宽严相济》，载《重庆工学院院报（社会科学版）》2008 年第 2 期。

合理性确实值得反思。在毒品犯罪过程中，为了获取高额利润，很多毒品犯罪分子往往在毒品中掺假以增加其数量，甚至以非毒品冒充毒品。试问，在此情形下，如果我们不对毒品进行事前的纯度检测，又如何进行合理化的定罪与量刑？又何以保证量刑的公正性？

有的学者认为，不同种类毒品的真毒品含量不同，可能造成的社会危害性大小也不同。如果把不同含量的犯罪毒品总量都作为量刑依据，那就等同于将非毒品视为毒品处理，就会造成罚不当罪。① 需要注意的是，在两个毒品犯罪分子所贩毒品的种类相同、数量相同的情形下，如果不考虑纯度而单就数量判处不同的刑罚，罪责刑相适应原则又何以能够实现？如果简单或者粗糙地据此予以重刑惩治，不仅不能达到通过刑罚让犯罪分子认罪服法的效果，反而会使毒品犯罪分子对于自己的行为产生误会，形成错误的法律规范意识。因此，笔者认为，在毒品犯罪中据以定罪量刑的毒品数量，不应单纯地以毒品数量计算，而应以毒品纯度计算。对此，毒品纯度鉴定不仅要适用于可能判处死刑的案件，而且要整体性地适用于所有的毒品犯罪案件。

3. 注重财产刑作为附加刑的适用

众所周知，犯罪分子从事毒品犯罪的根本动力在于牟取暴利，那么财产刑就成为打击和遏制毒品犯罪不可或缺的手段。曾有西方学者经过实证研究后认为，对毒品犯罪处以财产刑可谓釜底抽薪。有关禁毒国际公约也强调："决心剥夺从事非法贩运者从其犯罪活动中得到的收入，从而消除其从事此类贩运活动的主要刺激因素。"② 而且，对毒品犯罪注重适用附加财产刑的规定，不仅符合国际公约的精神，更有利于严惩毒品犯罪，彻底消除毒品犯罪的内在动力。

然而，从我国《刑法》来看，没收财产刑只适用于走私、贩卖、运输、制造毒品罪判处 15 年有期徒刑、无期徒刑或者死刑的，非法生产、买卖、运输制毒物品、走私制毒物品罪情节特别严重的，以及第 351 条第 2 款规定的非法种植罂粟 3000 株以上或其他毒品原植物数量大的；除此之外，对其他毒品犯罪则只处罚金刑，并且没有如一些国家的刑法那样规定具体的刑罚幅度。我国对毒品犯罪财产刑的规定还不细致，致使司法实践中对财产刑的

---

① 参见张华封：《如何确定毒品犯罪中量刑的毒品数量标准》，载《人民司法》1991 年第 12 期。

② 赵秉志、于志刚：《毒品犯罪》，中国人民公安大学出版社 2003 年版，第 122 页。

适用难以尽如人意，不能很好地发挥财产刑的价值。因此，我们在立法中应注重财产刑的附加适用，尤其注重罚金刑与没收财产刑对毒品犯罪的惩治与预防功用。

（二）通过刑事司法抑制重刑适用

在毒品犯罪案件中，毒品数量是法院对犯罪分子定罪量刑的重要依据。人民法院在审理毒品犯罪案件时，应综合考虑被告人的主观恶性、人身危险性、犯罪动机、手段、目的、生活状况、家庭情况以及毒品纯度、社会后果和悔罪态度、当地毒品犯罪客观形势等。然而，由于我国刑事立法的规定，加之毒品数量在惯常量刑中的主导性影响，反馈到司法实践中，毒品数量往往成为人民法院定罪量刑的唯一依据，无形中就出现了对毒品犯罪分子较多处以重刑的现象，偏离了刑罚理性化、公正化的目标。因此，在现有毒品犯罪刑事立法整体趋重的前提下，我们就更应通过刑事司法抑制重刑适用，通过刑事司法的理性发挥第二道防线功能，抑制重刑的泛化适用。

宽严相济刑事政策是刑事司法实践中抑制重刑适用的指导性原则。它作为引导立法与司法的方向性政策，就是要在严格惩治的同时兼顾宽大的一面，这样才能取得与犯罪作斗争的积极效果。这一政策的提出，体现了刑罚理性主义的观念，顺应了世界刑事政策的潮流。刑罚不是万能的，更不是消灭犯罪的工具。犯罪是社会运行中多元矛盾的结合体，多元因素的存在注定了犯罪永远不可或缺地必然存在，而刑罚作为一种来自外部的心理威慑力量，不可能与促成犯罪的社会基本矛盾等深层次原因相抗衡。"工欲善其事，必先利其器"，因此，司法工作人员在办理毒品犯罪案件过程中，必须理解并领悟宽严相济的刑事政策，做到当宽则宽、当严则严，理性把握毒品犯罪定罪量刑过程中的轻重两极政策的合理协调，避免之前思维定势的重刑化思想，抑制重刑适用。

（三）注重毒品案件保安处分的适用

保安处分是近代学派以预防刑理念为根基，提出的一种预防犯罪的方法。李斯特说过："现代刑事政策研究的一个重大成就是，最终造成了这样一个共识：在与犯罪作斗争中，刑罚既非唯一的，也非最安全的措施，对刑罚的效能必须批判性的进行评估。由于这一原因，除刑罚制度外还需要建立一套保安处分制度。"保安处分制度是对实施了危害社会的不法行为的无责任能力人、限制责任能力人以及法律上特定的有相当社会危害性的有责任能力人等所实施的刑罚以外的医疗施治、保护观察等特定措施，以预防和控制犯罪，确保社会平安和矫治行为者本人的不良人格或病理身心的各类刑事制裁制度的总和。因此，如何在现有刑罚适用的框架与视域下，在现有刑罚的局限性之外合理发挥保安处分功能，同样是毒品犯罪需要考虑的重要事项。

在毒品犯罪案件中，相当部分的毒品再犯罪人员仍然主要是受利益诱惑，单纯地运用刑罚并不足以打消毒品犯罪分子再犯罪的念头。正如吸毒人员"毒瘾易戒，心瘾难除"一样，很多毒品犯罪分子在刑罚执行完毕之后，受暴利的诱惑与利益促发，很容易重操旧业。因而对毒品犯罪分子适用保安处分，可以更好地对毒品犯罪分子进行教育和改造，一方面从思想上确立毒品犯罪的危害意识，使其建立良好的规范意识；另一方面通过保安措施的有效运转，使其拥有良好的劳动意识和谋生方式，以减少和预防犯罪，维护社会安全。

（四）推进毒品犯罪社区矫正的开展

在我国，毒品犯罪分子通常是在监狱里执行刑罚。我国《禁毒法》第33条规定："对吸毒成瘾人员，公安机关可以责令其接受社区戒毒，同时通知吸毒人员户籍所在地或者现居住地的城市街道办事处、乡镇人民政府。社区戒毒的期限为三年。戒毒人员应当在户籍所在地接受社区戒毒；在户籍所在地以外的现居住地有固定住所的，可以在现居住地接受社区戒毒。"除了吸毒人员，我们更要落实毒品犯罪分子的社会化，必须为毒品犯罪分子顺利回归社会，寻求一种可行的方式。根据我国最高人民法院、最高人民检察院、公安部、司法部2009年9月联合下发的《关于在全国试行社区矫正工作的意见》，我国目前正在全面实施的社区矫正，是与监禁矫正相对的非监禁行刑方式。《刑法修正案（八）》的出台，通过法律的形式将社区矫正予以正式确立，而且在《刑法修正案（九）》中，为了彰显社区矫正的价值，在异种刑数罪并罚中把管制刑与他种自由刑予以并科处罚。随着非监禁刑价值的确立与理念的完善，社区矫正制度必将得以进一步实践运行。

社区矫正基于教育刑的目的，为了更好地让罪犯回归社会，将罪犯放回原居住地社区予以行刑监督、教育改造和帮助服务，具有非监禁性、社会参与性、人文关怀性及经济谦抑性，较监狱矫正而言，更能体现行刑目的与行刑手段的统一，更有利于犯罪分子的再社会化，更加人道、经济，更加有利于提高改造质量，把罪犯改造成为适应社会的主体，是短期自由刑的有效替代措施，也是长期自由刑的合理补救性措施。① 而且从我国社区矫正的现实效果来看，重新犯罪率得到有效降低，社会效果较为明显。因此，对毒品犯罪分子大胆地开展社区矫正不失为一种可选路径，当然如何有选择性地筛选、结合个体特征予以人身危险性的评估，从而为社区矫正的顺利开展提供保障，这将是笔者下一步研究的问题。根据社区矫正的安排来看，其任务包括"帮助社区服刑人员解决在就业、生活、法律、心理等方面遇到的困难和问题，以利于他们顺利适应社会生活"。对毒品犯罪分子适用社区矫正，最主要是要斩断其涉毒网络，创设切合实际的矫正项目，利用社会多方资源，加大监督查处机制，通过各种技能培训，加强配套机制的完善，锻炼其社会适应性，引导其规范意识，培育劳动积极性，使他们自觉地重新融入社会正常的生活圈，从而实现非监禁罚的价值追求。

---

① 参见王顺安：《社区矫正研究》，山东人民出版社2008年版。

第四章
毒品问题治理的程序法保障

第一节 调查性侦查措施的类型化界定与侦查监督机制[*]

近年来,随着经济社会的迅速发展,非公经济体量呈现不断增长的发展态势,逐渐成为社会经济发展中不可或缺的重要一环。如何保障非公经济健康发展,避免侦查机关以刑事手段介入经济纠纷,成为侦查机关不可回避的实践问题。基于此,为规范侦查机关办理经济犯罪案件的手段方式,保障经济秩序平稳有序发展,贯彻落实经济犯罪案件中"慎用强制措施"的理念倡导,最高人民检察院与公安部联合出台《关于公安机关办理经济犯罪案件的若干规定》(以下简称《经济犯罪案件规定》),对先前公安部出台的《公安机关办理经济犯罪案件的若干规定》进行了重大修订,并于 2018 年 1 月 1 日起实施。在此次修订中,针对经济犯罪案件中强制性侦查措施适用的高风险性,首次提出了调查性侦查措施的理论概念,主张在经济犯罪案件侦查中应适用调查性侦查措施,在确有必要的情况下方可适用限制人身、财产权利的强制性侦查措施。由此,在经济犯罪侦查活动中刑事立案与适用强制

---
[*] 本节撰写者:马方、吴桐。

性侦查措施这种常规逻辑关系被打破，强制性侦查措施适用的程序正当性并不交由刑事立案程序赋予，而是根据是否确有必要予以实施。这种独特的侦查活动逻辑转变根源于调查性侦查措施概念的提出。调查性侦查措施不应仅仅局限于经济犯罪案件当中，对于包括毒品犯罪案件在内的广义上的刑事案件侦查都具有重要的理论意义。在法治国家的视野内，作为一种惩罚权力机制，侦查制度本质上就是国家机关运用侦查权力调查案件的程序。这一程序性结构的产生根基于两项社会功能。其一是权力制约功能，其二则是权力正当化功能。[①] 调查性侦查措施概念的提出，一方面于权力正当化而言，其对于保障侦查机关正常开展侦查工作，缩限立案审查中初查活动的范围具有重要意义；另一方面于权力制约而言，其对于维护社会秩序的稳定发展，保护公民的基本权利不受过度的侵犯也起到了积极作用。

但与此同时我们也应注意到，本次修订虽然提出了调查性侦查措施的理论概念，但相关规定却缺乏必要的细化，多表现为原则性规定，体现于《经济犯罪案件规定》的总则之中。然而，在侦查活动中无论是侦查权力的制约还是权力运行的正当化都依托于具体的侦查措施体现，原则性的规定于侦查实践中指导作用不容乐观。从概念属性来看，调查性侦查措施作为侦查措施的下位概念，其在种类划分上属于广义上侦查措施中的一种。但相较于强制性侦查措施而言，调查性侦查措施更偏重于对于案件事实的调查证明，而非对犯罪嫌疑人权利的限制。由此，我们可以看出，目前的调查性侦查措施所呈现的是一个开放型概念体系。由案件事实查明所统领的调查性侦查措施，实质上囊括了强制性侦查措施与非强制性侦查措施两种。但由人身、财产权利非限制所界定的调查性侦查措施，又排除了强制性侦查措施存在的合理性，这种矛盾冲突在此次规定的条文内容中已有所展现。《经济犯罪案件规定》的第18条表明："公安机关立案后，应当采取调查性侦查措施，但一般不得采取限制人身、财产权利的强制性措施。"从转折逻辑关系上可以看出，强制性措施应属于调查性侦查措施的下位概念。这与《经济犯罪案件规定》第77条中所称"本规定所称的'调查性侦查措施'，是指公安机关在办理经济犯罪案件过程中，依照法律规定进行的专门调查活动和有关侦查措施，但是不包括限制犯罪嫌疑人人身、财产权利的强制性措施"有所

[①] 万毅：《程序正义的重心：刑事侦查程序论——兼论我国侦查程序改革》，载《金陵法律评论》2002年第2期。

出入，不免有混淆之虞。总之，我们面临的状况是，一方面，在调查性侦查措施的概念证成上，目前调查性侦查措施的概念有待进一步深化，并形成清晰完整且闭合的概念体系；另一方面，在侦查实践中调查性侦查措施具体包括哪些侦查措施，在犯罪案件中如何适用以及如何对于调查性侦查措施进行侦查监督，都有待进一步说明。因此，笔者意图从调查性侦查措施的概念性质出发，在对其行为类型进行必要区分的基础上，构建调查性侦查措施的侦查监督机制。

一、调查性侦查措施的行为类型化界定

概念是法律构造的工具，亦是法律体系形成的基础。概念的抽象性往往能够使其涵摄整个行为指向对象，具有高度的凝练性。但在司法实践中概念的适用却不仅仅是单纯的逻辑涵摄，而是蕴含着具体的价值判断。在此框架下，概念抽象性所形成的极度的语言的精密性只能达到极度的内容空洞化与意义空洞化的目的。[①] 此种论述对于调查性侦查措施而言，表现得尤为显著。从调查性侦查措施的概念构成上看，与国外以基本权利限制为核心的强制性侦查措施概念体系不同，我国对于强制性侦查措施概念的界定较为狭窄，仅包括人身、财产权利。因此，对人身、财产权利的非强制性侦查措施均属于调查性侦查措施。然而随着信息化社会的发展，信息的价值属性日益凸显。当我们在考量侦查活动的特殊性，而提出相较于强制性侦查措施更为缓和的调查性侦查措施时，也不得不重视隐私权、信息权的对于社会活动的重要性。然而，目前，调查性侦查措施中对人身、财产权利的非强制性侦查措施与对隐私权的强制性侦查措施的异体同构，使其难以被划入强制性侦查与任意性侦查的概念体系之中。因此，应结合类型化思维以概念—类型的二元化模式，构建完整且具体的调查性侦查措施行为体系。

（一）调查性侦查措施行为类型化的必要性

首先，调查性侦查措施的概念复合性需要通过行为类型化加以明确。从概念内容上可以看出，调查性侦查措施与侦查措施都是由"专门调查工作"和"有关侦查措施"两部分构成，但二者不同之处在于调查性侦查措施不

[①] ［德］亚图·考夫曼：《类推与"事物本质"——兼论类型理论》，吴从周译，学林文化事业有限公司1999年版，第173页。

包括"限制犯罪嫌疑人人身、财产权利的强制性措施"。而从强制性侦查措施的分类来看，强制性侦查措施分为对人的强制、对物的强制以及对隐私的强制。调查性侦查措施仅仅形成了人与物的非强制性，并未涉及公民的隐私权与信息权。因此，调查性侦查措施实际上是信息、隐私强制性与人身、财产非强制性所共同构成的。故而，调查性侦查措施并非一个封闭性概念。总体而言，凡是非直接限制人身、财产权利且以调查为行为目的的侦查措施，都应纳入调查性侦查措施理论体系之中。调查性侦查措施成为一个以调查性行为目的为概念核心的，不具有明确范围的不确定法律概念。而类型所具有的边界不确定性、鲜明层次性、各元素之间的流动性与灵活性的特点，① 使其对于不确定法律概念具体化具有重要意义。借助类型化思维有利于明晰法律概念，能够使抽象型概念在司法实践过程中形成与案件事实的准确对应。通过层层转化的方式将调查性侦查措施的抽象概念具体化为不同类型的实践样态，进而明确其适用的场域。

其次，行为类型化界定是调查性侦查措施正当性的理论基础。调查性侦查措施作为法律概念，在借助其高度抽象性达到法秩序安定性的目标追求的同时，也应防止抽象概念所导致的不同性质的行为被同质化。各类侦查措施归属于调查性侦查措施源于行为本质上的相似性，即行为目的的调查性。但在调查性的行为目的的联系下，具体侦查措施的侵权性则呈现出不同的表现形态，在行为规制层面也不应等而视之。在《经济犯罪案件规定》第 4 条、第 18 条第 2 款规定了调查性侦查措施的适用原则，第 4 条规定："公安机关办理经济犯罪案件，应当严格依照法定程序进行，规范使用调查性侦查措施，准确适用限制人身、财产权利的强制性措施。"第 18 条第 2 款规定："公安机关立案后，应当采取调查性侦查措施，但是一般不得采取限制人身、财产权利的强制性措施。确有必要采取的，必须严格依照法律规定的条件和程序。"从条文内容上看，调查性侦查措施并未明确其适用条件与适用依据，仅是对于限制人身、财产权利的强制性侦查措施明确其应在确有必要时，依据法律规定的条件和程序行使。一方面，调查性侦查措施作为一般性条款来说，其范围远远超过其他侦查概括条款，侦查人员自由裁量空间较大；另一方面，调查性侦查措施条文内容的抽象性使得难以对内部不同性质

---

① 参见张斌峰、陈西茜：《试论类型化思维及其法律适用价值》，载《政法论丛》2017 年第 3 期。

的侦查措施进行有效的侦查监督。因此，仅仅依靠调查性侦查措施的概念难以通过抽象特征点将对应的侦查措施涵盖其中，进而导致相应规制监督体系难以构建。而正如拉伦茨所说："当抽象——一般概念及其逻辑体系不足以掌握某生活现象或意义的多样表现形态时，大家首先会想到的补助思考形式是'类型'。"① 经验类型作为立法的基础，经由价值判断形塑为规范类型，为一般条款的具体化提供助力，为漏洞补充提供思考的原点，为法律发展提供正当性说明。② 调查性侦查措施亦需要通过类型化，明确其行为样态，有针对性地进行侦查监督。

（二）调查性侦查措施的具体类型化界定

若从行为目的的调查性以及人身、财产权利的非强制性来审视既有的侦查措施，无论是案前的初查还是立案后所采取的非直接限制人身、财产权利的侦查措施都应属于调查性侦查措施的理论范畴，但二者在行为启动以及法律授权上应进行必要的类型区分。在调查性侦查措施类型化界定标准上，笔者认为应以侵权客体为基础，辅之以侵权行为表现形式、权利主体自愿性等标准进行综合性判断。而在宏观的刑事诉讼程序上，将调查性侦查措施分为案前的初查措施与立案后非直接限制人身、财产权利的侦查措施两部分，进而通过权利客体与权利主体紧密程度，将非直接限制人身、财产权利的侦查措施进一步细化。

1. 案前初查措施

从《刑事诉讼法》中关于侦查的概念界定可以看出，侦查活动主要分为开展专门的调查活动与采取有关强制措施两部分。两个活动行为目的的不同决定其行为方式的差别，专门调查活动通常以案件事实调查为首要目的，而强制性侦查措施通常是以控制与限制基本权利为首要目的，通过强制性侦查手段获得相关案件信息与证据。在侦查实践中，侦查机关需要依靠立案审查的"初查"来认定是否有犯罪事实发生，以及是否需要追究刑事责任。然而，初查活动在行为性质上的模糊定位使其在理论研究中饱受质疑，于立案之前实施的初查活动在概念上缺乏必要的界定，亦不能等同于国外随机侦查启动模式下的任意侦查。因此，调查性侦查措施概念的提出实际上在一定程度上明确了初查活动的行为性质。

---

① ［德］卡尔·拉伦茨：《法学方法论》，陈爱娥译，商务印书馆2005年版，第337页。
② 参见张志坡：《法律适用：类型让概念更有力量》，载《政法论丛》2015年第4期。

从"初查"与"调查性侦查措施"的概念上看,两者在概念界定上都是针对人身、财产权利的非强制性侦查措施,其都以案件事实的调查为行为目的。但在刑事程序上初查是限定于立案之前所进行的侦查活动,而调查性侦查措施在《经济犯罪案件规定》中属于原则性规定,并未限定其适用的时间范围。因此,调查性侦查措施不应排除立案前初查措施的适用,立案后对直接涉及人身、财产强制性侦查措施排除适用,但对于非直接限制人身、财产的侦查措施,如涉及信息收集查证的视频、网控,依据刑事诉讼法规定应予适用。

2. 立案后非限制人身、财产权利的侦查措施

立案后的非限制人身、财产权利的侦查措施根据权利客体以及侵权手段行为方式的不同,主要分为人身、财产权利的非限制性侦查措施(手段的非侵权性)与限制非人身、财产权利侦查措施(侵犯权益的排除性)两部分。

人身、财产权利的非限制性侦查措施,主要是指在侦查活动中虽然侦查行为的客体是犯罪嫌疑人人身、财产的权利,但对于犯罪嫌疑人人身、财产权利并未采取限制手段。从公民与国家的关系发展来看,侦查措施始终作为一种必要的"恶"而存在。一方面,侦查措施适用的合理性来源于公民基于对社会稳定秩序的期待和依赖,而对侦查机关让渡的部分权利;另一方面,对侦查措施适用裁量权的有效监控成为公民与侦查机关信任的基础。因此,即使侦查机关采取了干预人身、财产权利的侦查措施,只要未达到限制性、强制性的程度,理论上都属于调查性侦查措施的范畴。在行为界定上,基本上与任意侦查重合,以考量侦查措施手段的强制性与否为主。而在行为类型上,应效仿国外任意侦查非法定化趋势,对人身、财产权利的非限制性调查措施无须一一列举,可仅依靠侦查概括条款形成行为的授权依据。

非限制人身、财产权利的强制性侦查措施主要表现为针对公民隐私权、信息权进行强制性限制的侦查措施。就权利演变发展而言,随着信息交流的日益频繁化以及虚拟数据的价值性凸显,公民对于虚拟信息的权利需求、权利意识与权利能力也在日益完善。[1] 信息权、隐私权对于公民的重要性也与日俱增。但囿于我国立法上对于强制措施规定过于狭窄,相关技术侦查措施

---

[1] 参见马方、吴桐:《信息化侦查的维度冲突与法律规制》,载《中国人民公安大学学报》2017年第2期。

的规定又略显粗疏，难以周延侦查实践中以信息权、隐私权为对象的侦查措施。为此，调查性侦查措施应涵盖非限制人身、财产权利的强制性侦查措施，但此种调查性侦查措施在具体实施过程中应区别于上述两种实质意义上的任意侦查措施。

二、调查性侦查措施的侦查监督机制构建

侦查监督是检察机关法律监督的首要环节，没有侦查监督对侦查行为的监督与规制，侦查的违法行为既无从发现，也无从纠正，案件证据的合法性就难以保证。① 《经济犯罪案件规定》针对经济犯罪案件中立案迟滞问题、强制性侦查措施的适用问题以及检警机关信息沟通问题，进行相应的规定与完善。在经济犯罪案件中明确了立案监督、证据合法性审查、羁押必要性审查以及检察机关派员适时介入等制度，基本上形成了对侦查监督的系统性规定。但对于调查性侦查措施而言，一方面，调查性侦查措施所体现的侦查程序自由形成原则，使其在适用与实施过程中不应受到过分的限制；另一方面，调查性侦查措施对人身、财产权利的非强制性，对于信息权、隐私权的强干预性，又使其在缺乏授权的情况下不免有滥用之虞。以审判为中心要求诉讼特征贯彻程序始终，即侦查机关的搜查、扣押、监听、羁押等行为应受到诉讼化审查，使审前程序体现诉讼特征，以平衡、稳定的诉讼结构推进刑事诉讼程序，保障当事人合法权益。② 而《经济犯罪案件规定》对调查性侦查措施的性质界定较为模糊，相应的侦查监督机制也有待进一步完善。因此，应结合调查性侦查措施的类型化分类，根据案前初查措施与立案后非直接限制人身、财产权利侦查措施的行为差异，分别设立同步介入引导、事前审查、事后救济模式三种侦查监督机制。

（一）针对初查措施的同步介入引导模式

初查是立案之前对案件线索进行初步的筛选和过滤，以判断是否达到立案条件，并为正式侦查作准备的调查活动，已成为刑事办案中不可或缺的前

---

① 参见陈卫东：《"以审判为中心"视角下检察工作的挑战与应对》，载《学习与探索》2017年第1期。

② 参见卞建林、谢澍：《"以审判为中心"视野下的诉讼关系》，载《国家检察官学院学报》2016年第1期。

置程序。① 案件性质以及基本案情较为复杂时，仅凭对书面材料的审查难以获取必要证据、展开刑事追诉，初查作为非强制性调查措施对于案件侦查具有重要意义。而从侦查活动本质上看，初查行为实际上就是侦查性质的调查活动，两者具有连续性，后者是前者的继续。② 因此，初查活动理应属于侦查监督的理论范围。与此同时，我们也应注意，一方面，初查作为任意侦查的表现形式，其行为种类以及程序启动应以侦查机关自我授权决定为常态，不应施以过分的干预，以期能够及时、有效地展开侦查活动；另一方面，为防止侦查机关滥用刑事手段干预民事案件，对于初查措施的适用仍需进行必要的监督。

因此，应建立针对初查措施的同步介入引导的侦查监督模式，将监督工作置于动态的侦查活动之中，由静态的立案监督审查前置转变为动态的过程监督，形成在初查活动中检警协作模式。在同步介入的具体制度构建上，首先应划定检察机关同步介入的案件范围，对于检察机关同步介入的案件应明确案件性质、介入时间、介入方式，避免介入案件过于泛化影响侦查效益、诉讼效率的实现。在案件性质上同步介入应针对案件性质重大复杂的疑难案件，有选择性介入，此时检察机关的同步介入实质上起到了指引与制约的作用。一方面，依托于自身专业的法律知识为侦查机关提供必要的引导；另一方面，能够有效形成对初查活动行为方式、行为事件的及时审查。在介入时间上应依托于检警信息平台，建立侦查机关与检察机关的实时沟通机制，对于重大案件及时进行介入；而在介入手段上应采取柔性介入方式，以检警协作为依托，引导侦查机关及时有效地全面搜集固定证据，并及时审查初查手段的合理性。

（二）针对干预隐私权侦查措施的事前审查模式

从域外法治国家的实践经验来看，对强制性侦查措施进行事前的审前或司法授权是限制侦查权力、保障人权的必要之举。而在我国，强制性侦查措施所对应的是刑事诉讼法明文规定的五种强制措施以及侦查实践工作中的强制性措施两个概念。总体而言，强制性侦查措施是采用强制手段，对当事人的重要生活权益造成侵害的侦查行为。③ 当事人权益的重要性往往依托于公

---

① 参见万毅：《初查的若干法律问题研究》，载《中国刑事法杂志》2008年第3期。
② 参见孙长永、杨柳：《论刑事立案前的初查》，载《河北法学》2006年第1期。
③ 参见谢佑平、万毅：《刑事侦查制度原理》，中国人民公安大学出版社2000年版，第28页。

民基本权利而展现，随着基本权利的演变，当事人重要生活权益也逐渐由人身自由、财产安全的二元模式向人身、财产、隐私演进。因此，对于调查性侦查措施中干预限制隐私权，如监听、监控、密搜密取等秘密侦查措施，应建立相应的侦查监督模式。

目前在侦查监督中，对于侦查措施的监督主要体现在事后监督、结果监督上，事前审查的适用范围过于局限使得侦查监督缺乏时效性。应将干预隐私权的调查性侦查措施纳入侦查监督的事前审查范围，检察机关在调查性侦查措施实施前审查其合法性、合理性、合目的性，防止侦查权力滥用，确保侦查活动与适用强制措施的合法性，夯实诉前诉讼的正义基础。① 具体而言，检察机关对于干预信息权、隐私权的调查性侦查措施，应首先审查其合法性，即其行为形态是否属于技术侦查措施。调查性侦查措施的适用合理性的依据来源于侦查概括条款，但侦查概括条款无权授予技术侦查措施的实施正当性。另外，应审查其行为实施的合理性，即行为实施是否符合比例原则的要求，若其他性质的侦查措施能达到相应目的，并不过分拖延侦查效益的实现，干预信息权、隐私权的调查性侦查措施的适用即不具有合理性。最后，应审查其行为的目的性是否妥当，干预信息权、隐私权的调查性侦查措施应与相应的查证目的相符，表现为调取、比对、拦截的信息应与案件事实相关，相关信息的运用应与侦查阶段性目的相匹配。

（三）针对非强制性侦查措施的事后救济模式

一项运行良好、控制有效的侦查监督机制除了在同步介入、事前审查上予以细化以外，还需要相应的救济机制。因此，对于调查性侦查措施中非强制性侦查措施的侦查监督，应着力于其侦查措施的实施后的补救与解除。目前《经济犯罪案件规定》中仅仅针对强制性侦查措施规定了撤销与补救机制，对于调查性侦查措施缺乏必要的规定。调查性侦查措施的事后救济，主要体现在其行为实施后的行为人告知与相对人告知以及措施的及时撤销。在行为告知上，侦查机关在实施调查性侦查措施后，应在一定期限内或附一定条件下对相关行为人与相关企业单位采取措施，对于已经采取调查性侦查措施中非强制性侦查措施的种类、时间、行为方式进行告知，以保障相关人员、企业的知情权。而在相对人告知上，对于相关行为人、企业经查证确无

---

① 参见樊崇义：《检察机关深化法律监督发展的四个面向》，载《中国法律评论》2017 年第 5 期。

犯罪嫌疑的，应及时予以公布，消除其消极社会影响。

在侦查活动中，发现真实与保障人权作为价值选择上的两极，势必无法达到绝对的平衡。基于诉讼模式的差异，各国在两种价值上各有侧重，也形成了相应的刑事程序构造。调查性侦查措施概念的提出，一方面，将由刑事立案所引发的错误定性的风险通过制度设计予以调和；另一方面，是基于毒品犯罪案件的特殊性，最大限度地降低侦查活动对于社会秩序的干扰。在肯定这种程序设计的同时，应注意将调查性侦查措施由原则性规定转化为具体程序规则，使调查性侦查措施概念进一步明确化、类型化，以期能有效指引侦查实践工作的进行。进而在行为类型化界定的基础上，应对调查性侦查措施，实行区别化的侦查监督，形成同步指引、事前审批、事后救济三种迥异的侦查监督模式，从而形成对于调查性侦查措施完备的司法程序构造。

第二节　非法诱惑侦查的认定与证明[*]

一、我国非法诱惑侦查认定与证明的制度规范、司法实践及理论研究现状

在我国诱惑侦查中，通过"认定"与"证明"这两个维度检视诱惑侦查制度。在制度规范层面，相关法律规范主要以概括性规定的形式展现出来，并未细化犯意引诱的认定标准，也未涉及证明责任、证明标准。在司法实践层面，法院依据"犯意引诱"这一主观标准认定是否存在非法诱惑侦查，以犯罪行为人一方要素即作出判断的现象比较突出，并且不同法院或不同法官在评估是否存在犯意引诱的要素选择及理解上也存在一定差异，呈现较大不确定性。此外，即使法院认定存在犯意引诱，也只是在构成犯罪的前提下，量刑时予以从轻处罚，这无疑规避了《刑事诉讼法》关于禁止诱使他人犯罪条款的适用。而且，法院在无形中将本应由控方承担的证明责任转嫁给了被告一方。在理论研究层面，学界主要以介绍域外诱惑侦查的合法判

---

[*] 本节撰写者：冯科臻。

断标准为主线,一方面,大部分理论未能跳脱传统二分法(犯意引诱型和机会引诱型)的研究框架,以行为人事先有无主观犯罪意图作为是否合法的界限,实际上已经窄化了非法诱惑侦查的边界;另一方面,少数强调应当跳脱传统二分法框架的理论研究,对非法诱惑侦查的证明责任分配和证明标准设定关注不足。

(一) 非法诱惑侦查认定与证明的制度规范

在制度规范层面,2008 年 12 月最高人民法院印发《大连会议纪要》,首次以"准司法解释"形式在毒品犯罪案件中引入"犯意引诱""双套引诱"以及"数量引诱"等概念,① 确立了"犯意有无"以及"犯意大小"的主观认定标准。而且,该纪要规定,一旦侦查行为被认定属于上述三种情形,对被告人处刑时,应当从轻从宽处罚或者依法免除处罚,即使毒品数量达到死刑标准,也不应当判处死刑立即执行,但是并不影响定罪。同时,该纪要明确规定"对已持有毒品待售或者有证据证明已准备实施大宗毒品犯罪者,采取特情贴靠、接洽而破获的案件,不存在犯罪引诱,应当依法处理",即将"持有毒品代售""有证据证明准备实施毒品犯罪"作为毒品犯罪中"存在犯意"的认定要素。但是,《大连会议纪要》也存在以下问题:第一,该纪要虽然确立"犯意有无""犯意大小"的主观认定标准,并部分涉及"存在犯意"的认定要素,但是以是否从轻处罚作为其制裁手段,显然缺乏有效的威慑力;第二,该纪要对由谁对"犯意有无""犯罪大小"承担证明责任并达到何种证明程度这一重要问题未曾涉及,可能导致实践中演变为由犯罪嫌疑人或被告人承担证明责任,无疑会加重被告一方负担。

时隔四年,《大连会议纪要》关于诱惑侦查的规定被 2012 年《刑事诉讼法》第 151 条所吸收,确立了诱惑侦查禁止性条款,即"不得诱使他人犯罪"。② 全国人大常委会法工委在《关于修改〈中华人民共和国刑事诉讼法〉的决定:条文说明、立法理由及相关规定》中明确说明:"'不得诱使

---

① "犯意引诱"是指行为人本没有实施毒品犯罪的主观意图,而是在特情诱惑和促成下形成犯意,进而实施毒品犯罪的;"双套引诱"是指行为人在特情既为其安排上线,又提供下线的双重引诱,实质仍属于"犯意引诱";"数量引诱"是指行为人本来只有实施数量较小的毒品犯罪的故意,在特情引诱下实施了数量较大甚至达到实际掌握的死刑数量标准的毒品犯罪的。

② 2012 年《刑事诉讼法》第 151 条第 1 款:"为了查明案情,在必要的时候,经公安机关负责人决定,可以由有关人员隐匿其身份实施侦查。但是,不得诱使他人犯罪,不得采用可能危害公共安全或者发生重大人身危险的方法。"

他人犯罪',主要是指不得诱使他人产生犯罪意图。"① 该条款一方面虽然仍旧沿用《大连会议纪要》所确立主观认定标准,但是在面对非法诱惑侦查的态度上发生巨大转变,由"默认合法"转变为"禁止实施";另一方面,其适用范围由毒品犯罪延伸至所有犯罪,即在所有刑事犯罪中,禁止采取诱使他人犯罪的方法。但是,该条款依旧没有明确"犯意引诱"的认定要素、证明责任及证明标准等。2012 年 12 月 13 日,公安部紧接着发布的《公安机关办理刑事案件程序规定》也仅将"不得诱使他人犯罪"扩展为"不得使用促使他人产生犯罪意图的方法诱使他人犯罪"。同年,最高人民法院公布的《最高人民法院关于适用〈中华人民共和国刑事诉讼法〉的解释》和最高人民检察院公布的《人民检察院刑事诉讼规则(试行)》对该问题只字未提,那么,司法机关又以什么为依据认定"犯意引诱"是否存在,让人不无疑问。2018 年 10 月 26 日,第十三届全国人民代表大会常务委员会第六次会议通过了全国人民代表大会常务委员会《关于修改〈中华人民共和国刑事诉讼法〉的决定》,关于诱惑侦查的规定,也只是将其由第 151 条调整为第 153 条,内容方面并没有变化。简言之,"如此重要且备受争议的内容却用极其简略的法律条文,不仅难以消解人们对该制度存在的一贯争议,而且极易导致其实践失灵抑或变异"②。

(二) 非法诱惑侦查认定与证明的司法实践

在司法实践层面,主要以在聚法案例网③中用"犯意引诱"为关键词检索的 148 份各省、自治区、直辖市高级人民法院裁判文书为研究样本,原因在于,各省、自治区、直辖市高级人民法院关于诱惑侦查是否合法认定的裁判文书,能够代表和反映该地区的司法实践操作。各省、自治区、直辖市高级人民法院的案件数量、案由分布情况如图一:④

---

① 全国人大常委会法制工作委员会刑法室:《关于修改〈中华人民共和国刑事诉讼法〉的决定:条文说明、立法理由及相关规定》,北京大学出版社 2012 年版,第 188 页。
② 陈在上:《诱惑侦查的是非之争与规则细化》,载《北方法学》2015 年第 3 期。
③ 聚法案例网所载案例全部来源于中国裁判文书网站。
④ 表格是以"犯意引诱"为检索词和以"高级人民法院"为限缩,共检索到 148 分裁判文书,由聚法案例网站自动生成而来的。

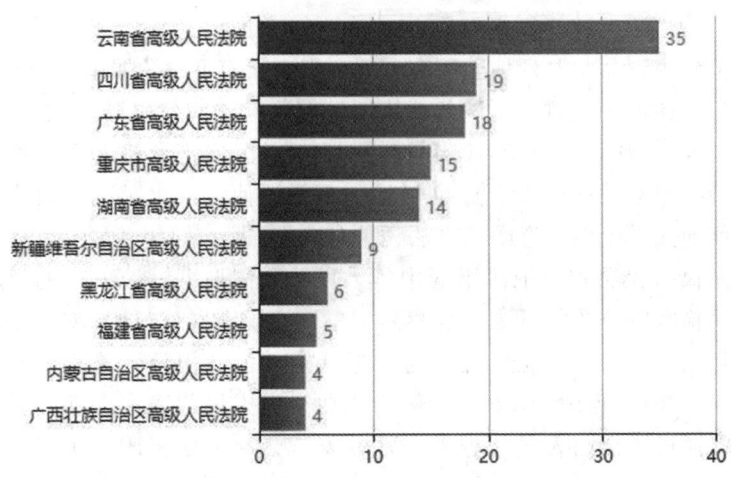

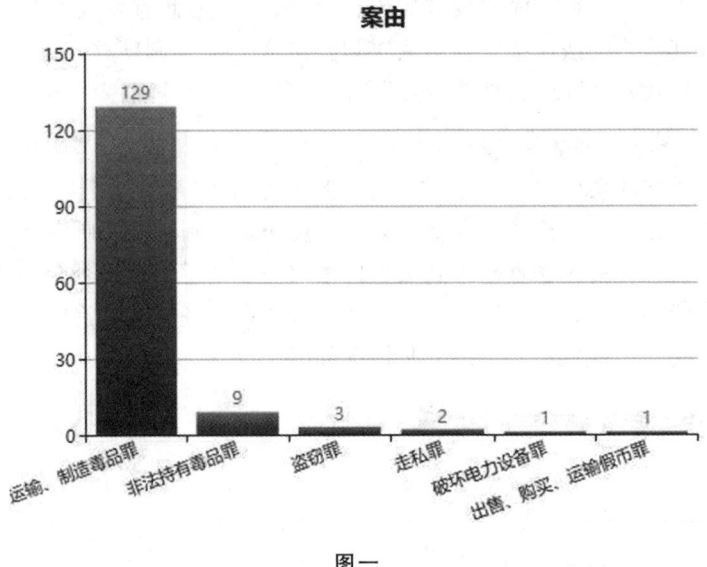

图一

通过对 148 份裁判文书仔细研读、分析发现，认定存在诱惑侦查的裁判文书共计 28 份，其中，有 17 份裁判文书认定存在犯意引诱，有 11 份裁判文书认定存在数量引诱（仅指不存在犯意引诱，存在数量引诱的情形），犯意引诱认定率为11.5%，数量引诱认定率为7.4%，非法诱惑侦查认定率为18.9%；认定不存在犯意引诱的裁判文书共计131份，其中认定既不存在犯意引诱，也不存在数量引诱有65份，认定不存在犯意引诱，但存在数量引诱的有11份，认定不存在犯意引诱，是否存在数量引诱不清楚的有55份，犯意引诱不认定率为88.5%。

在定罪和量刑方面，认定存在犯意引诱或数量引诱的28份裁判文书表明，一旦认定存在犯意引诱或数量引诱，在构成犯罪的前提下，量刑应当从轻处罚，法官裁判主要依据《大连会议纪要》关于"犯意引诱""数量引诱"应当从轻处罚的规定。由此可见，行为人本来没有实施毒品犯罪的主观故意，在侦查人员或其指派特情的引诱下萌发了犯意，进而实施毒品犯罪，即使法院认定存在犯意引诱，行为人依然构成犯罪，只是在量刑上予以从宽处罚。这无疑规避了《刑事诉讼法》关于"不得诱使他人犯罪"这一条款的适用，为侦查机关采取非法诱惑侦查保驾护航。

在认定是否存在犯意引诱的方面，以侦查机关或其指派特情人员介入为前提，以侦查机关或其指派特情人员介入是否主动为形式要件，以犯罪行为实施前是否存在犯意为实质要件。如果案件不存在侦查机关办案人员或指派的特情人员介入，则不存在犯意引诱或数量引诱认定的问题。例如，在"陈某堂、陈某媛走私、贩卖、运输、制造毒品二审刑事裁定书"中，广东省高级人民法院认为，该案由于无证据证明存在特情引诱，故不存在犯意引诱；① 在"陈某贵、江某峰走私、贩卖、运输、制造毒品二审刑事裁定书"中，广西壮族自治区高级人民法院认为，本案系群众举报，非特情介入，故不存在犯意引诱及数量引诱。②

如果案件系犯罪行为人主动联系侦查人员或特情人员而发生的，则认定不存在犯意引诱。但是，对于案件系侦查人员或特情人员主动联系犯罪行为人而发生的，各高级人民法院则呈现以下两种不同意见：一是如果案件系侦查人员或特情人员主动联系犯罪人而发生的或者主动提出毒品犯罪的交易数量，因其满足形式要件，一般不再考虑其他要素，应当认定存在犯意引诱或数量引诱。在收集的148份裁判文书中，有3份裁判文书因毒品数量系侦查

---

① 参见广东省高级人民法院（2016）粤刑终1659号二审刑事裁定书。
② 参见广西壮族自治区高级人民法院（2016）桂刑终262号二审刑事裁定书。

人员或特情人员主动提出，认定存在数量引诱；① 有 4 份裁判文书因侦查人员或特情主动求购毒品，认定存在犯意引诱。② 二是如果案件系侦查人员或特情人员主动联系犯罪人而发生的，在满足其形式要件的前提下，需要考量犯罪行为人是否有贩毒前科，是否为累犯，是否具有概括故意，对某类犯罪是否熟悉以及清楚认识，是否积极响应，是否具有实施犯罪能力、条件以及资源，事前是否进行犯罪准备，是否积极主动策划、参与犯罪整个过程以及在犯罪过程作用大小等因素，以此判断其事前是否已经具有犯意，进而认定是否存在犯意引诱和数量引诱。例如，在"叶某、徐某主走私、贩卖、运输、制造毒品二审刑事裁定书"中，湖北省高级人民法院认为，本案系特情人员主动请求犯罪人帮忙所致，犯意引诱十分明显，同时还考虑了犯罪行为人无犯罪先科以及无毒品可售等因素，最终认定存在犯意引诱；③ 在"阮某学走私、贩卖、运输、制造毒品二审刑事裁定书"中，贵州省高级人民法院除了考量特情人员主动联系犯罪行为人帮忙外，还考虑了特情人员多次联系犯罪行为人、以让其假扮货主与他人进行毒品交易骗取他人钱财、给予其很大好处虚假承诺诱使犯罪行为人等情况，最终认定存在犯意引诱；④ 在"方某利走私、贩卖、运输、制造毒品二审刑事判决书"中，广东省高级人民法院认为，本案系特情人员主动提出求购毒品发生的，但是犯罪行为人是毒品再犯，而且对毒品犯罪有着清楚的认知和较强的敏感性，接到要约立刻应允并积极商讨价格和交易方式，积极组织货源（一小时内筹集到 2 千克冰毒），显示其不仅具有通畅的毒品交易渠道，而且对于该笔交易表现出极大的积极性、迫切性，由此可见，在此之前主观上已隐含有毒品交易的意向，客观上有为实施毒品交易而建立渠道、收集信息等准备行为，因此不存在犯意引诱。⑤

由此可见，一方面，在各高级人民法院裁判文书中，主要以犯罪行为人

---

① 参见湖南省高级人民法院（2018）湘刑终 111 号二审刑事裁定书；广东省高级人民法院（2016）粤刑终 452 号二审刑事判决书；广东省高级人民法院（2015）粤高法刑四终字第 293 号二审刑事判决书。
② 参见广东省高级人民法院（2016）粤刑终 624 号二审刑事判决；新疆维吾尔自治区高级人民法院（2016）新刑终 21 号二审刑事判决书；四川省高级人民法院（2015）川刑终字第 107 号二审刑事裁定书；陕西省高级人民法院（2017）陕刑终 346 号二审刑事裁定书。
③ 参见湖北省高级人民法院（2017）鄂刑终 15 号二审刑事裁定书。
④ 参见贵州省高级人民法院（2017）黔刑终 106 号二审刑事裁定书。
⑤ 参见广东省高级人民法院（2016）粤刑终 452 号二审刑事判决书。

是否事前存在犯意为原则判断特情介入是否为犯意引诱，如果事前犯罪行为人存在犯意，特情介入只是起到接洽、补充作用；如果事前犯罪行为人不存在犯意，则是存在犯意引诱。这说明在认定标准上，法院仍然沿用主观认定标准，未能认识到诱惑侦查合法与非法的界限。另一方面，认定是否存在犯意引诱的方式或者考量因素不同，少数法院重视"是否为特情人员主动"这一形式要件，大多数法院主要考量犯罪行为人一方因素来判断"犯意是事前即有，还是诱发产生"这一实质要件，这说明在认定要素上，法院重视犯罪行为人一方要素的考量，轻视侦查引诱行为的程度以及作用。此外，需要注意，在相关要素的选取、理解以及认定上，一方面法官拥有较大的自由裁量权，有些法官可能会选择并重点考虑是否系侦查人员或特情人员主动引诱这一因素，有些法官可能选择并重点考虑犯罪行为人是否为再犯、是否持毒等因素；另一方面不同法官认定结果也会有差异。①

在犯意引诱的举证责任方面，多数高级人民法院未曾涉及，只有少数高级人民法院在裁判文书中体现出犯意引诱的举证责任应当有被告方承担，无疑是转嫁侦查机关证明责任和义务，加重被告负担。例如，肖某涛走私、贩卖、运输、制造毒品二审刑事裁定书裁判理由指出："肖某涛及其辩护人提出，肖某涛是在他人犯意引诱下实施的犯罪，受他人指使、安排，系从犯的上诉理由及辩护意见无证据证实，本院均不予采纳。"② 马某普走私、贩卖、运输、制造毒品二审刑事裁定书裁判理由指出："马某普的辩护人提出本案不能排除特情介入和犯意引诱、建议对马某普从轻处罚的辩护意见没有事实和法律依据，本院不予采纳。"③

---

① 例如，在方某利走私、贩卖、运输、制造毒品一案中，一审法院认为，"本案不排除方某利在黄某向其求购毒品后才购进毒品的可能性，社会危害性有别于持有毒品待售的情形"，即不排除存在犯意引诱；二审法院认为，"方某利系毒品再犯，对毒品犯罪有着清楚的认知和较强的敏感性，其在接到黄某提出购买2000克冰毒的电话后，没有任何迟疑和犹豫，立刻应允并积极商讨价格和交易方式，在黄某表示当晚要货并需要方某利亲自从广州送到佛山，否则便不交易时，方某利也当即同意，积极组织货源，在约一小时之内筹集到2000克冰毒并连夜驾车送往佛山进行交易，显示出方某利不仅具有通畅的毒品交易渠道，而且对于该笔交易表现出极大的积极性、迫切性，证实方某利在此之前主观上已隐含有毒品交易的意向，客观上有为实施毒品交易而建立渠道、收集信息等准备行为，在举报人发起毒品交易的邀约时积极响应，一拍即合，迅速达成合意，不属于'本没有贩毒犯意，在特情诱惑下产生犯意进而实施毒品犯罪的情形'，不构成'犯意引诱'"。详见广东省高级人民法院（2016）粤刑终452号二审刑事判决书。
② 参见云南省高级人民法院（2018）云刑终158号二审刑事裁定书。
③ 参见云南省高级人民法院（2017）云刑终783号二审刑事裁定书。

（三）非法诱惑侦查认定与证明的理论研究

在理论研究层面，现如今学界对于诱惑侦查的合法性判断标准主要存在以下三种观点：（1）混合的双重标准，即不是单纯地评价被告人主观是否存在犯意或侦查行为是否过度，而是以全面的视角审查判断。但是，部分学者基于对主观标准和客观标准的侧重点不同，又作细化区分：主观标准为主，客观标准为辅，即客观标准只是在主观标准难以判定的情况下才适用；① 客观标准为主，主观标准为辅，即主观标准只有在客观标准难以判定的情况下才适用。② （2）分离的双重标准。该观点强调跳出传统二分法研究框架，采用控权最为严格的分离式的混合模式，即侦查人员无论是违反诱发他人产生犯意的主观标准，还是僭越客观标准，使用了过度且令普通人难以抵御诱惑的手段，都应当被认定为非法诱惑侦查。③ （3）新混合标准。该观点认为，根据诱惑侦查的犯罪是单次性犯罪，还是多重性犯罪，分为单次诱惑侦查和多重诱惑侦查，继而确定单次诱惑侦查和多次诱惑侦查的合法标准。其中，单次诱惑侦查合法性的判断标准应取决于以下要素：一是是否具有犯罪嫌疑；二是是否具有犯罪倾向；三是国家机关事实引诱的方式与强度；四是单次诱惑侦查行为是否超出被告人本来意欲实施的犯罪范围。多重诱惑侦查合法性判断的标准包括两个方面：一是多重诱惑侦查中每一次引诱需要符合单次诱惑侦查设定的引诱的方式底线和强度底线；二是作为整体的多重引诱"不得逾越被告人的本来的犯罪意图和犯罪范围"。④ 其实，"新混合标准"实质上仍是对主观标准和客观标准的混合搭配使用，单次诱惑侦查合法判断标准是主客观标准相结合的混合标准，多重诱惑侦查合法判断标准主要是以客观标准为主，以主观标准为辅的混合标准。

学界都一致强调以"合理怀疑"作为判断诱惑侦查行为是否合法的前置性要素，以主观标准或客观标准为诱惑侦查合法性判断标准的组成部分。不同的是，上述三种观点所采取组合方式不同，主要包括混合模式和分离模式。同时，学界对非法诱惑侦查认定中证明问题关注不足，在仅有的数篇文

---

① 参见龙宗智：《诱惑侦查合法性问题探析》，载《人民司法》2000年第5期。
② 参见蒋石平：《也论诱惑侦查行为》，载《法学评论》2004年第4期。
③ 参见程雷：《诱惑侦查的程序控制》，载《法学研究》2015年第1期。
④ 参见潘金贵、李国华：《诱惑侦查的合法性标准与审查判断——以欧洲人权法院"戈尔巴诉克罗地亚案"为例》，载《华东政法大学学报》2018年第6期。

献中也都主张由控方承担证明责任,并适用排除合理怀疑的证明标准,被告方只需承担提出相关材料的责任。① 诚然,学界对诱惑侦查制度孜孜不倦地理论研究,为我国诱惑侦查规范发展提供参考样本,具有一定积极意义和价值。但是,在理论研究层面还主要存在以下不足:

第一,大部分理论研究深陷传统二分法研究框架,简单地认为犯意引诱型诱惑侦查即为非法,机会引诱型诱惑侦查即为合法。在此前提下,进行诱惑侦查合法判断标准的研究,不仅窄化了诱惑侦查的非法界限,造成逻辑起点设置的混乱,而且也会影响证明责任分配和证明标准的设定。例如,新混合理论说,虽然通过将诱惑侦查类型化,即单次诱惑侦查和多次诱惑侦查,确定了相应的审查认定标准,具有积极的实践指导价值,但是实质上仍是以犯意为核心的主观标准和客观标准的混合使用。在单次诱惑侦查合法性判断标准中,虽然强调国家的引诱强度和方式,但是仍然以是否存在犯罪倾向为主要判断因素。在适用概括故意案件的多次诱惑侦查合法性判断标准中,虽然强调客观标准为主,以主观标准为辅,但是仍旧以概括故意为判断前提。据此,依然不能解决主观上的犯意引诱与客观上的过度引诱之间的关系,即认定诱惑侦查合法与否,是以事前犯意判断为主,还是以引诱行为为主。

第二,少数理论研究跳脱传统二分法研究框架,提出分离的双重审查标准。然而,该学者所主张的主客观相分离的认定模式主要存在以下两点不足:一是该观点虽然能够有效防止侦查权滥用,起到敦促侦查人员合法侦查的作用,但是从制度的合理性上看,主观上的犯意与客观上的过度引诱两标准如果分离,是否有可能出现矫枉过正的现象而有碍刑事侦查活动的推进,该观点未能充分说理,以致主客观相分离的认定模式理论根基不牢;二是未能对证明责任分配及证明标准的设定进行探讨,无疑削弱了该理论研究的实践效力。这是因为在没有明确控辩双方关于非法诱惑侦查主张的证明责任及证明标准情形下,上述司法实践已经证明该主张的证明责任由辩方承担,其证明标准由法官自行掌握。所以,该分离式审查标准的作用势必会被司法实践操作大大削弱。

---

① 持此观点文献有:万毅:《违法诱惑侦查所获证据之证据能力研究》,载《法律科学》2010年第4期;艾明:《犯意引诱型诱惑侦查的认定与证明:实务观察与理论思考》,载《法律科学》2016年第2期;潘金贵、李国华:《诱惑侦查的合法性标准与审查判断——以欧洲人权法院"戈尔巴诉克罗地亚案"为例》,载《华东政法大学学报》2018年第6期。

第三，针对非法诱惑侦查证明研究，因未能与被告人诉求以及犯罪构成要件联系在一起，即被告人是基于犯罪构成要件中积极抗辩事由提出实体抗辩，还是因为基于违法取证提出程序抗辩，容易流于空谈。而且在域外法系，非法诱惑侦查所引发抗辩事由的性质归属，与证明责任分配以及证明标准的设定密切相关。

第四，认定要素是认定非法诱惑侦查的主要内容，其主要涉及两个层面的问题：（1）要素的选择，即哪些要素应当纳入认定非法诱惑侦查的范畴中；（2）要素之间互动关系，即如何协调各要素之间互动关系。然而，关于非法诱惑侦查认定要素的研究主要以列举的方式将相关因素简单罗列，未能明确各要素之间的互动关系。

二、传统二分法的缺陷

理论上，诱惑侦查分为犯意引诱型和机会引诱型两类，并建立"犯意引诱与非法诱惑侦查""机会引诱与合法诱惑侦查"之间的对应关系。虽然在一定程度上能够帮助我们认识非法诱惑侦查的边界，但是这种传统的二分法实际上是窄化了诱惑侦查的非法边界，扩大了诱惑侦查行为合法的边限。因此，我们应当摒弃传统二分法的分类标准，回归以是否合法为界限区分诱惑侦查的分类方法，即合法的诱惑侦查和非法的诱惑侦查，非法的诱惑侦查包括犯意引诱和行为过度引诱。

第一，传统二分法中机会引诱型诱惑侦查并非为当然的合法行为。对于犯意引诱型诱惑侦查为非法行为在理论研究和司法操作并无争议，但是对于机会引诱型诱惑侦查为当然合法行为存有疑问。对此，我们认为行为人的犯罪倾向往往没有明确的界限，只有程度上的差异，对于有较小犯意的行为人，根据刑罚预防理论，侦查机关应当有义务阻止其犯罪，而不是提高诱因强化犯意促使其实施犯罪。所以，对于侦查机关的诱惑侦查行为非法边界的限定，不仅仅包括犯意引诱型侦查行为，还应当包括过度引诱行为。[①] 换言之，所谓"机会引诱"不仅仅是被动的、消极的提供犯罪机会或条件，还可能是主动地、积极地提供作案工具、场所便利，甚至异常利益引诱等。因此，对"机会引诱"的理解应当作广义解释，即侦查机关为行为人提供犯

[①] 参见吴巡龙：《合法与违法诱捕侦查之区别标准》，载《台湾法学杂志》2009年总第139期。

罪所需的任何手段、便利或利益等。言下之意，机会引诱型诱惑侦查也并非完全合法的侦查措施，其中，对于提供过度诱因促使行为人犯罪的侦查行为，应认定为非法诱惑侦查。否则，如果对原来有犯罪倾向之人，允许侦查机关提供过度诱因促使其犯罪，诱惑侦查只会沦为对被告人或犯罪嫌疑人道德品格的检测。因此，传统二分法致命缺陷在于将部分机会引诱型诱惑侦查行为排除在非法诱惑侦查之外，无疑扩大不法权力的边界，缩小了权利保障的救济圈。

第二，传统二分法中犯意引诱型诱惑侦查在实践中并非当然的"非法行为"。所谓犯意引诱型诱惑侦查在实践中并非当然为非法行为，是指在司法实践中，事先犯意存在与否通常难以判断，以致在大部分案件中，即使事实上属于犯意引诱，法官一般也都认定不存在犯意引诱。其之所以难以认定，一方面是因为将以无限理性为基调的认识理论应用于司法领域，背离了司法认知规律的要求。"作为一个历史性存在的人，其认知能力与认识范围总是有限的，对包括人的思想与灵魂等自身的认知也极其受限。"① 行为人主观上是否已经产生犯罪决意也并非一成不变，而是以起伏的曲线呈现，有时行为人本身也难以确定，其他人更是难以捉摸；另一方面，从证据角度来讲，犯意在一定程度上会有外化的表现，但是这种蛛丝马迹的直接证据鲜有出现，一般都是通过间接证据予以认定。以我国毒品犯罪为例，法院主要以"犯罪前科""线人主动求购后被告人行为、态度"等单一间接证据认定是否存在犯意引诱，但是一般都未达到"证据之间相互印证、不存在无法排除的矛盾和无法解释的疑问、全案证据已经形成完整的证明体系、排除合理怀疑，结论具有唯一性、推理符合逻辑和经验"的间接证据的证明要求。而且，对于上述间接证据解读、认识、采用也会存在偏差，有些法官可能倾向认定存在事先犯意，有些法官可能倾向认定不存在事先犯意。任何尝试用客观尺度予以衡量存在于脑海当中、尚未付诸实施的犯罪意图的行为无异于自欺欺人。因此，在本来就已经被窄化的非法诱惑侦查的边界上，在实践适用中，更进一步压缩其边线，最终导致非法诱惑侦查的认定只能被视为"难得的恩惠"。

---

① 张伟：《诱惑侦查的规范解释学研究》，载《甘肃政法学院学报》2017年第5期。

三、比较法考察：非法诱惑侦查的认定与证明

综观域外法治发达国家或地区，它们都经历了由最初强调侦查圈套的违法性，到有条件地承认侦查圈套在打击犯罪、维护社会秩序的必要性，从而有条件地承认部分侦查圈套的合法性这样一个发展历程。[1] 其诱惑侦查的合法判断标准也由单一标准向混合的双重标准和分离的双重标准发展，并形成各自独有的证明模式。

（一）非法诱惑侦查的认定标准

在美国，诱惑侦查的认定标准在1932年的索勒斯（Sorrels）违反禁酒令案件[2]、1958年谢尔曼（Sherman）毒品交易案[3]、1973年拉赛尔（Russell）制造毒品案[4]、1976年汉普顿（Hampton）毒品交易案[5]以及1992年雅各布森（Jacobson）案[6]得以确定和发展。在这五个典型案例中，美国联邦各级法院在认定标准上，大致可以分为两派：一派主张主观标准；另一派主张客观标准。[7] 其中，主观标准说又可分为纯粹主观标准和修正的主观标准，前者强调在陷阱抗辩中，主要集中考虑被告人是否具有实施被指控犯罪的事先犯罪意图，而不考虑执法办案机关诱惑行为等因素，即被告人如果具有事先犯罪倾向，无论执法机关实施何种过度手段，被告人对指控犯罪都难辞其咎；被告人如果无事先犯罪倾向，无论执法机关实施多么轻微手段，被告人都无须对指控犯罪承担罪责。经过长期判例的积累，美国司法实践中主要通过以下五种因素的考量认定犯罪倾向性：（1）过去类似的行为。这种类似行为性质上具有相似性，在发生时间上具有紧凑性。（2）被告人对引诱行为的反应以及是否抓住了放弃被指控犯罪的机会。（3）被告人的后继

---

[1] 参见何泽宏、余胜辉：《陷害教唆与侦查圈套》，载《中国人民公安大学学报》2003年第3期。
[2] 287 U.S. 435（1932）.
[3] 356 U.S. 369（1958）.
[4] 411 U.S. 423（1973）.
[5] 425 U.S. 484（1976）.
[6] 503 U.S. 540（1992）.
[7] 直至1992年雅各布森（Jacobson）案，除12个州采用客观标准，5个州采用混合标准，联邦法律体系与超过四分之一的州采用主观标准。See Paul Marcus, The Entrapment Dfense, 3rd ed., LexisNexis, 2002, p.174. 转引自程雷：《诱惑侦查的程序控制》，载《法学研究》2015年第1期。

行为及言论。(4) 被告人的品格。通常被告人在所在社区具有不良的社会声誉或者被告人的先前定罪记录，是证明其具有犯罪倾向的有力的品格证据。(5) 被告人实施犯罪的能力。即被告人对该种类犯罪是否专业、完成的难易程度，以此间接证明其具有从事该犯罪的丰富经验。① 修正的主观标准是对客观主义的某些合理成分予以吸收和融合，体现为犯意的产生与政府行为是否具有因果关系。然而，由于主观犯意的难以判断，企图设置一个界限无异于制造了更大的不确定性，② 并且在犯罪嫌疑人被引诱实施了犯罪行为而又认罪的情况下，侦查圈套根本不为人所知。所以，联邦各级法院及法官逐渐接受客观标准。客观标准主要强调以诱惑行为本身性质为判断标准，着重考虑侦查机关的参与程度，如侦查机关有无实施强制、胁迫等不适当的诱惑行为，是否提供了一般人难以抗拒的异常利益诱惑，是起主要作用还是次要作用等。简言之，在依据客观标准认定是否构成警察圈套的关键并不在于某个特定的被告是否具有"事先犯意"或"事前倾向"，而在于警察在具体案件中是否滥用了职权。③ 随后，美国部分州法院在主观标准和客观标准的基础上，形成了混合双重审查标准和分离双重审查标准。④ 前者是指被告人不仅必须证明侦查人员的行为已经超越正常职权范畴或者对普通民众而言具有极大的诱惑，而且还需证明对所起诉罪行事先并不具有犯罪倾向性；后者是指只需证明其中之一，"陷阱抗辩"即可成立。

就欧洲各国而言，诱惑侦查合法判断的单一客观标准或主观标准都无出美国之右，但在主客观混合标准呈现出不一样的特色。

首先，作为欧洲各国司法裁判风向标的欧洲人权法院，在诱惑侦查合法判断标准方面强调以主观为主、客观为辅。欧洲人权法院于1998年针对卡斯特罗诉葡萄牙的毒品交易案的处理，在欧洲各国具有最高的约束力与指导意义，奠定了欧洲国家对诱惑侦查进行规制的基石。在该起案件中，葡萄牙政府的侦查行为被欧洲人权法院认定为非法诱惑侦查，主要考虑因素包括：

---

① 参见林钰雄：《国家机关教唆犯罪之认定与证明》，元照出版公司2007年版，第582页。
② 参见吴丹红：《美国规制诱惑侦查的法理评介》，载《国家检察官学院学报》2001年第3期。
③ 参见陈立：《美国有关警察全套认定标准的争议及其启示——以拉塞尔案为视角》，载《厦门大学法律评论》2003年第1期。
④ 以新泽西州为代表的部分州发展出混合的双重标准，以佛罗里达州为代表的部分州发展出分离的双重标准。

（1）卧底警察并非由法官所授权。（2）卧底警察与被告接触前，办案机关并无任何关于被告人具有贩毒嫌疑的根据。（3）被告人无犯罪前科。（4）被告人家中并无囤积毒品，且被告人正是因为警察的要约而设法从第三人取得毒品。（5）被扣押毒品并未超过警察订购的数量。（6）本案并无证据显示，被告人先前已有犯罪的倾向。对此，我国台湾地区林钰雄教授将（2）（3）归为"已经存在犯罪嫌疑"要素、（3）（6）归为"被告的犯罪倾向"要素、（4）（5）归为"查获之犯罪范围是否超越诱惑范围"要素。① 前两项为体现被告人意图的主观判断要素，后一项强调"查获之犯罪范围是否超越诱惑范围"这一较次要且不科学的客观判断因素，② 并未重视诱惑行为的方式及强度这一最为重要的客观因素。随后，欧洲人权法院在格里巴诉克罗地亚一案中确立了以诱惑侦查延期理由是否有根据为核心的多重诱惑侦查的合法性标准，并指出当国家当局使用涉及安排与一名嫌疑人进行多项非法交易的侦查手段时，卧底探员在每一次非法交易的渗透和参与中，绝不能把警方的作用从卧底探员扩大到引诱探员。③ 换言之，欧洲人权法院认为既要考虑侦查机关延期诱惑侦查的理由是否正当，也要考虑在每一次诱惑侦查中是否超过必要的行为限度。同时，在该案中，欧洲人权法院明确表示在单次诱惑侦查或多重诱惑侦查中，为了公平起见，所判处的刑罚应反映被告人实际计划犯下的罪行。因此，如果犯罪行为人因国家当局不当行为造成的那部分犯罪活动而受到惩罚，是不公平的。④

其次，德国判断诱惑侦查合法界限采用主客观相结合标准，综合考量主观因素和客观因素予以判断：（1）被告存有的犯罪嫌疑的基础及程度。（2）被告犯罪倾向。（3）警方所采取诱惑措施的方式及强度，是否造成过当的犯罪压力或诱因。德国主客观相结合标准是其一直所倡导的利益权衡原则在此处的应用，实质乃是保障人权与打击犯罪之间的利益权衡，因为没有明确各因素之间的关系，也会产生法院依据某一单一因素即作出判断的现象。

---

① 参见林钰雄：《国家挑唆犯罪之认定与证明——评三则"最高法院"九十二年度之陷害教唆判决》，载《月旦法学杂志》2004 年第 111 期。
② 欧洲人权法院认为，这种"巧合"说明被告人纯粹是受侦查机关犯意引诱而犯意，但是笔者认为这一客观因素既不重要，也不合理。
③ Grba v. Croatia, no. 47074/12, 23 November 2017.
④ Grba v. Croatia, no. 47074/12, 23 November 2017.

最后，法国对诱惑侦查的合法性认定则采用客观标准为主，主观标准为辅，即主要考量客观因素，主观因素具有参考意义：（1）是否依据法定的程序要件和实体要件启动。（2）诱惑行为是否符合取证正当性原则。（3）诱惑行为是否适用比例原则，即诱惑侦查的适用应与犯罪行为的严重程度构成比例，且系侦查的最后手段。（4）侦查的目的是否为了取证，而非诱发犯罪。（5）是否具有合理犯罪嫌疑。（6）之前是否具有类似犯罪行为。①

综上所述，主观标准与客观标准之争的深层问题是："因诱惑侦查抗辩而宣告无罪，究竟是因为（像赞成主观标准的人认为的那样）被告人'无辜'而不应当予以惩罚，还是因为（像赞成客观标准的人认为的那样）警察的行为违法，所以，尽管被告人有罪，但应当免除其刑事责任。"② 前者的理论根基是"国会不可能意在惩罚这样的被告人——其行为虽然符合某一犯罪的构成要件，但却是在政府执法官员的引诱之下实施的"③，即刑罚预防理论，是指国家制定刑事法律是为了通过刑罚的威慑力预防犯罪，而不是由国家制造犯罪，进而追诉犯罪；后者的理论基础是司法纯洁理论和威慑理论，一方面为了维护"法院殿堂的纯洁性"，法院有责任宣布某些警察行为构成了诱惑侦查，另一方面通过对被告人宣告无罪对警察违法诱惑侦查行为产生威慑作用。④ 所以，主观标准抑或客观标准的选择实际是对其理论基础的认同。沿着这一逻辑延伸，主张采用主客观混合标准国家或学者，无疑是没有充分认识到彼此理论根基的差异，而是基于利益权衡原则模糊了、淡化了其内在差异性；而单独地强调主观标准或者客观标准实则忽视了彼此理论基础的正当性及其价值，更是默认了彼此诱惑侦查的合法性。基于此，我们理应认识各自理论根基的合理内涵和价值，即刑罚预防理论是为了抑制国家制造犯罪、国家追诉犯罪，司法纯洁理论和威慑理论是为了规范司法权和侦查权。所以，不管是引诱无犯罪意图之人实施犯罪的侦查行为，还是政府

---

① 参见施鹏鹏：《诱惑侦查及其合法性认定——法国模式与借鉴意义》，载《比较法研究》2016年第5期。
② [美]约书亚·德雷勒斯、艾伦·C. 迈克尔斯：《美国刑事诉讼法精解》，吴宏耀译，北京大学出版社2009年版，第589页。
③ [美]约书亚·德雷勒斯、艾伦·C. 迈克尔斯：《美国刑事诉讼法精解》，吴宏耀译，北京大学出版社2009年版，第586页。
④ 参见[美]约书亚·德雷勒斯、艾伦·C. 迈克尔斯：《美国刑事诉讼法精解》，吴宏耀译，北京大学出版社2009年版，第588页。

执法机关实施过度的诱惑侦查行为，都应当被认定为非法诱惑侦查。

(二) 非法诱惑侦查的证明制度

通过考察一些国家和地区，发现关于诱惑侦查中犯意引诱的认定可能会出现排除证据、终止诉讼、判决无罪或有罪等数种样态，换言之，被告人可以通过选择程序抗辩或是实体抗辩以此获得最大司法优惠。

主张证据排除式的程序抗辩以英国、我国台湾地区为例。在英国，根据《1984年警察与刑事证据法》第78条规定，如果法庭考虑到所有情形，认为采纳这些证据会对诉讼程序的公正性产生不利的影响，以至于不应当允许它进入诉讼，那么法庭就有权排除控方准备利用的这些证据。即根据程序的公正性原则，英国法庭明确承认，如果采纳不适当使用诱惑侦查手段所取得的证据将会对诉讼的公正性产生不利影响，则会当然被排除。① 根据该法第78条规定，采取传统的"谁主张，谁举证"的方式，即申请排除某一控方证据的被告人，如果能够证明法官采纳该证据将会使诉讼的公正性受到不利影响，则法官就可以裁定该证据不具有可采性。② 在我国台湾地区，根据"警察职权行使法"第3条第3项规定"警察行使职权，不得以引诱、教唆人民犯罪或者其他违法之手段为之"和"刑事诉讼法"第158条之4规定"除法律另有规定外，实施刑事诉讼程序之公务员因违背法定程序取得之证据，其有无证据能力之认定，应审酌人权保障及公共利益之均衡维护"，台湾地区"最高法院"主要采用证据禁止使用说，即因非法诱惑侦查是司法警察采用引诱或教唆犯罪的不正当手段，使原无犯罪意图的人产生犯罪意图并实施犯罪，再进而收集犯罪证据或予以逮捕。虽然其目的在于侦查犯罪，但是其手段显然违反宪法对人权之基本保障，且已经逾越侦查犯罪的必要程度，对于公共利益的维护并无意义，其因此等违反法定程度所获得证据资料，应不具有证据能力。③ 其中，对于诱惑侦查合法与否应该由检察官承担举证责任，但是关于证明标准问题不仅在立法层面未曾涉及，而且在司法实践中台湾地区"最高法院"只有极其少数判决涉及证明标准问题，如93年台上字第580号刑事判决提到"在某乙（警察线民）欲购买毒品之前，必有积极证据足以证明某甲（被告）具有贩毒之故意"，但积极证据达致何种

---

① 参见杨志刚：《英国诱惑侦查制度的评析与借鉴》，载《现代法学》2006年第2期。
② 参见陈瑞华：《比较刑事诉讼法》，中国人民大学出版社2010年版，第47~48页。
③ 参见我国台湾地区"最高法院"二〇一五年度台上字第八一一号判决。

证明程度则语焉不详。①

主张实体抗辩则以美国"警察圈套"为典范。在美国实行的是犯罪二阶层理论，即犯罪的本体要件（表面成立要件，包括客观行为和主观心理）和责任充足要件（即不存在未成年、精神病等责任阻却事由或紧急避险、正当防卫等违法阻却事由）。通常情况下，犯罪的本体要件决定是否入罪，责任充足要件决定是否出罪。一般观点认为，"警察圈套"属于责任阻却事由，② 即虽然被告人的行为符合犯罪本体构成要件，但是由于犯罪是由政府一手造成的，没有政府的引诱被告人根本就不会产生犯罪意图，也不会实施犯罪，被告可以因不符合责任充足要件为由反对由其承担的刑事责任。③ 同时，证明责任的分配和证明标准的设定也因美国联邦及各级法院所采取认定非法诱惑侦查的标准不同而有所不同。第一，主观标准着重于被告方提出证据首先证明政府具有引诱行为，即指控的犯罪是在政府引诱下实施的，且其不具有实施犯罪的犯罪倾向性，被告方举证证明上述事项的标准只需达到"表面证据"（a prima facie）即可。在被告承担了提出证据责任之后，案件则由法官指示陪审团进行审理，此时陷阱抗辩的证明责任由辩方转移给控方，且证明标准需达到排除合理怀疑的程度。④ 第二，客观标准着重于侦查人员的诱导行为，证明责任完全由被告方承担，⑤ 并达到优势证据的证明标准。也就是说，"当控方完成了犯罪本体要件的证明责任，就推定行为具备社会危害性、刑事违法性和有责性，被告若提出积极抗辩就需要承担一定的证明责任"⑥。

需要特别指出的是，在欧洲人权法院相关判例中，欧洲人权法院表达关于"非法诱惑侦查证明"的观点具有重大参考价值。在 Bannikova v. Russia 案中，欧洲人权法院表示应当审查有表面证据（a prima facie）证明存在诱惑侦查的申诉是否构成国内法下的实体抗辩（a substantive defence），或提

---

① 参见陈立：《美国有关警察圈套认定标准的争议及其启示——以拉塞尔案为视角》，载《厦门大学法律评论》2003 年第 1 期。
② 参见李静：《犯罪构成体系与刑事诉讼证明责任》，载《政法论坛》2009 年第 4 期；储槐植：《美国刑法》，北京大学出版社 1996 年版，第 89~100 页。
③ 参见程雷：《秘密侦查比较研究——以美、德、荷、英为样本分析》，中国人民公安大学出版社 2008 年版，第 208 页。
④ 参见陈瑞华：《比较刑事诉讼法》，中国人民大学出版社 2010 年版，第 221~222 页。
⑤ 参见孙长永：《侦查程序与人权》，中国方正出版社 2000 年版，第 42 页。
⑥ 李昌盛：《积极抗辩事由的证明责任：误解与澄清》，载《法学研究》2016 年第 2 期。

供排除证据的理由将导致类似后果。① 在 Ramanauskas v. Lithuania 案中，如果被告人声称他被引诱犯罪，法院必须对案卷中的材料进行仔细审查，因为为了使《欧洲保障人权和基本自由公约》第 6 条第 1 款所指的审判公平，必须排除因警察引诱而获得的所有证据。尤其是在警察行动没有充分的法律框架或充分的保障的情况下。② 可以看出，欧洲人权法院，一方面尊重缔约国国内法关于被告人因诱惑侦查所提抗辩是否属于实体抗辩的规定，另一方面也表明了排除因警察引诱获得所有证据是保障公正审判的态度。在证明责任分配上，欧洲人权法院认为只要被告人的指控并非完全不可能（not wholly improbable），就应由控方证明没有引诱行为。③ 而且，欧洲人权法院强调了法院自身的审查责任，即如果提出了诱惑侦查的抗辩，并且有某种表面证据表明存在诱惑侦查，法院必须审查案件事实，并采取必要步骤揭露真相，以确定是否有任何引诱行为，即使被告人对刑事指控认罪这一事实并不免除法院审查是否存在诱惑侦查的责任。④

综上所述，因非法诱惑侦查所引发证据排除式的程序抗辩，英国采用传统的"谁主张，谁举证"证明责任分配模式，我国台湾地区采取由控方承担举证责任的模式。因非法诱惑侦查所引发无罪的实体抗辩，美国依据合法判断标准差异，采取不同证明责任分配模式，主观标准由被告一方先承担初步证明责任，达至"表面证据"证明标准后，证明责任由辩方转移至控方，并且需要达到"排除合理怀疑"的证明标准；客观标准则由被告一方承担全部的证明责任。不管是程序抗辩，还是实体抗辩，以当事人主义为中心的英美法系更倾向于由被告一方承担证明责任，以职权主义为中心的大陆法系更倾向于由控方承担证明责任。欧洲人权法院则是兼顾了实体抗辩和程序抗辩，并强调了排除因警方引诱犯罪所获得的所有证据是保障公正审判的应有之义；在证明责任分配上，被告人只需要证明非法诱惑侦查的指控并非完全不可能的程度，控方就应当承当证明责任，而且法院自身也有审查的责任。

---

① Bannikova v. Russia, no. 18757/06, 4 November 2010.
② Ramanauskas v. Lithuania〔GC〕, no. 74420/01, ECHR 2008.
③ Ramanauskas v. Lithuania〔GC〕, no. 74420/01, ECHR 2008.
④ Ramanauskas v. Lithuania〔GC〕, no. 74420/01, ECHR 2008.

四、我国非法诱惑侦查认定与证明的完善路径

"既然法律本身包含着产生专横的权力的巨大危险，那么法治的使命就是把法律中专横之恶性膨胀危险降低到最低程度。"① 非法诱惑侦查就是侦查权恶性扩张的表现，而抑制非法诱惑侦查核心问题在于确立主客观分离的双重审查标准，量化分离式双重审查标准的认定要素，协调各要素之间的互动关系，纠正异化的证明责任分配，明确控辩双方的证明责任和证明标准。

（一）非法诱惑侦查的认定标准

如前所述，主观标准与客观标准之争背后本质问题是：被告一方之所以能够获得无罪判决、量刑减让、诉讼终止、证据排除等司法优惠，究竟是因为事先无犯罪意图，由国家制造犯罪，进而追诉犯罪，还是因为代表国家的侦查机关滥用侦查权实施过度诱惑行为。前者是依据刑罚预防与惩治理论，国家旨在通过惩治真正的犯罪，教育犯罪分子达到预防与威慑的目的，而不可能旨在惩治由国家所制造的犯罪。后者是基于司法纯洁和威慑理论，更加注重程序正当性和侦查权本身问题，即一方面，法院作为中立客观、公正公平的最后一道司法防线，绝对不允许任何有"污染"的证据抑或是因侦查机关违法所获得可预期的追诉利益通过审判程序，以维护司法的纯洁性；另一方面，集大权于一身的侦查机关理应规范行使侦查权，不能滥用侦查权进行过度侦查引诱，否则就偏离规范权力行使轨道。然而，笔者认为，两大理论其实殊途同归，前者通过严控入罪条件，保障无辜犯罪嫌疑人或被告人不受刑事处罚，后者通过严把程序关口，保护犯罪嫌疑人或被告人免受刑事处罚，都旨在保障人权，救济无辜的个体，这也是两者能够共存的基础。此外，除了主观标准与客观标准之争外，主客观混合的双重审查标准与主客观分离的双重审查标准之争也在暗中较劲，前者不仅在我国大部分学者中受到青睐，在欧洲人权法院、法国、德国等也备受欢迎，后者除了我国极少数学者赞成外，主要被以美国佛罗里达州为代表的部分地方适用。

诚然，上述四种标准虽然各有优劣，但是笔者更倾向于采纳分离式双重审查标准。首先，从实然角度，单一主观标准或客观标准都未能脱离传统二

---

① 董郁玉、施滨海、王沪宁等：《政治中国：面向新体制选择的时代》，今日中国出版社1998年版，第253页。

分法的框架，即以是否"产生犯意"为核心，主观标准主要考察被告一方是否存在事前犯意，客观标准则注重引诱行为与犯意产生的因果关系，无疑窄化非法诱惑侦查的界限；混合式的双重审查标准虽然看似科学合理，但实际上不利于保障被告救济权利，因为既要满足犯罪嫌疑人或被告人主观具有事前犯意的要求，还要满足侦查机关客观上实施过度引诱行为的要求，方能被认定为非法诱惑侦查，无疑加大了认定难度；反观分离式审查标准，只要满足其中之一，即可被认定非法诱惑侦查。其次，从主客观标准各自所依据的理论角度，主观标准或者客观标准实则忽视了彼此理论基础的正当性及其价值，更是默认了彼此诱惑侦查的合法性；混合式双重审查标准导致主客观标准理论根基模糊进而丧失了正当性基础；分离式审查标准则是在兼顾、吸收两大理论前提下，充分发挥主客观标准的优势。最后，基于"目前我国侦查权配置的总体情况是侦查权的强制色彩浓，对侦查权行使的自由裁量权缺乏限制"①，应当对诱惑侦查给予相对严格的控制。而且分离式双重审查标准无疑破除了传统的二分法模式，重新调整了诱惑侦查合法与非法的界限，即只作合法诱惑侦查与非法诱惑侦查之分。所以，分离式双重审查标准无疑是最利于保障人权、限制侦查权的认定标准。当然，为了避免主观上的犯意与客观上的过度引诱两标准分离会出现矫枉过正而有碍刑事侦查活动推进的现象，应当合理界定"过度引诱"认定要素，准确判断"过度引诱"的认定要素，严格把控启动诱惑审查的申请审批程序，以此实现保障人权与打击犯罪的均衡。

（二）非法诱惑侦查的认定要素

在我国应当适用分离式审查认定标准，即以"是否具有事先犯意"为核心的主观标准或以"诱惑行为是否过度"为核心的客观标准，只要符合其中之一，就能被认定为非法诱惑侦查。但是，如何量化主观标准和客观标准中认定要素以及衡量要素之间的互动关系，是当前最为困扰我国司法机关的难题。对此，笔者认为：

1. "事先犯意或犯罪倾向"是主观标准的核心内涵，对判定主观标准的认定要素也具有导向作用

笔者主张认定要素可以分为直接要素和间接要素。前者可以细化为行为

---

① 蒋石平：《也论诱惑侦查行为》，载《法学评论》2004年第4期。

要素、角色要素、能力要素和条件要素;后者可以细化为前科要素和品格要素。具体而言:(1)行为要素是指犯罪嫌疑人或被告人在该犯罪中是否具有积极主动、积极响应等表现行为。这一要素可以具体分为两个方面:一是行为人主动联系侦查人员或特情人员;二是侦查人员主动或其指派的特情人员主动联系行为人,行为人是积极响应,还是犹豫不决。对于前一种情况,应当认定行为人案发前存在犯意;对于后一种情况,需要结合其他因素综合判断,包括行为人实施犯罪的便利条件和能力等。(2)角色要素是指犯罪嫌疑人或被告人在该犯罪中角色大小,是否具有不可替代性,是否处于支配和控制地位。(3)能力要素是指犯罪嫌疑人或者被告人是否具备实施该犯罪的能力和条件,比如在毒品犯罪中,被告人在相当短的时间能够获得大量的毒品,显示具有通畅的毒品交易渠道,客观上有为实施毒品交易而建立渠道、收集信息等准备行为,一般就会被认为具有从事毒品交易的事先犯意。(4)条件因素是指行为人实施犯罪的便利条件,例如在毒品犯罪中,行为人是否持有毒品以及毒品数量大小,是否能够满足他人求购毒品数量等。(5)前科要素是指在行为性质上具有相似性,在发生时间上具有紧凑性,而不能借用过于久远犯罪前科,否则易陷入犯罪人难以矫正理论误区,以此判断犯意的连续性和持续性。(6)品格要素是指犯罪嫌疑人或被告人所在社区对其品格的公共评价,也可以证明其具有犯罪倾向。对于上述五类因素应当综合考量,其中(1)(2)(3)(4)属于判断是否具有犯罪倾向的直接要素,应作为重点考量因素。(5)(6)属于判定是否具有犯罪倾向的间接要素,应作为辅助考量因素。

2. "诱惑行为限度"是客观标准的主要内容,即在刑事案件侦查过程中,以诱惑行为本身性质、方式及强度为认定要素

虽然诱惑行为强度因案件性质或诱惑对象不同而有所变化,很难做到精确把握,但是我们仍可以从"程序要素"和"行为要素"两个层面把握其底限。

(1)程序要素。所谓程序要素是指侦查人员是否按照申请、审批等法定程序启动诱惑侦查措施,而且在申请过程中,侦查人员必须列明侦查线索或情报来源、诱惑侦查的方式、案件适用范围等,拟定详细《侦查计划书》。同时,侦查机关应当将合理怀疑作为程序开启的必要条件。加拿大最高法院对合理怀疑曾作出过一种著名的解释:"……它不是一种想象出来的怀疑,也不是基于同情或者偏见而产生的怀疑。它是这样的一种怀疑,也就

是如果你问自己'为什么我要怀疑'的时候，你能够通过回答这一问题，而给出一种逻辑上的理由。这种逻辑上的理由可以是指与证据关联的理由……也可以是指与某一证据的不存在相关的理由，而该证据在这一案件中属于定罪的前提条件。"① 笔者认为，合理怀疑在诱惑侦查中的适用，具体是指侦查人员为了合理地启动诱惑侦查，对于行为人实施犯罪的怀疑必须是明确的。即是说，侦查人员必须有具体的证据，并能够将其形成书面材料，向负责人解释清楚。

（2）行为要素。在行为要素判断上，英国采取行为限度应当坚守三原则的做法：② 第一，普通人行为检验原则。该原则强调，如果警察的行为与其他任何普通人会作出的行为一样，就不能视为诱人犯罪。但是，同时也要认识普通人行为标准的局限性，例如，在大宗贩毒、抢劫等严重犯罪的侦查行为中，就很难以普通人行为标准解释侦查行为的合理性，因为普通人很难介入。第二，诱惑行为限度区别原则。即在评估警察行为所起作用时，必须将被告的个人情况一并纳入考虑范围，这是因为，同样强度的诱惑行为，对于自制力较弱的人来说可能有效，对于自制力较强的人来说可能毫无作用。第三，积极介入适度许可原则。虽然警察可以实施积极、主动的侦查行为，但是不能超出普通的诱惑程度。其中，诱惑强度以是否实施异常利益诱惑为底线，并结合侦查机关在该起犯罪所起作用大小。笔者认为，行为要素这三个方面的要求，由于过于强调综合考虑被告方抵抗诱惑能力和侦查方诱惑行为限度之间的因果关系，难免最终异化为对被告的道德检测。所以，行为要素的考量还是应当以侦查行为限度为核心，这一限度可以从两个方面予以说明：一是是否积极、主动，在积极主动行为中是否实施异常诱惑利益，比如在毒品交易案件中，以明显高于犯罪市场价格购买毒品；③ 二是侦查人员的作用大小，对犯罪发展是否有主导性作用。简言之，如果诱惑侦查是消极、被动的行为，一般不属于非法诱惑侦查；如果诱惑侦查是积极的、主动的行为，我们还应当考虑侦查机关是否实施异常利益诱惑，所起作用大小以及要约的次数等因素。例如，在毒品犯罪中，如果侦查人员或特情人员只是发出

---

① 陈瑞华：《刑事证据法的理论问题》，法律出版社2015年版，第277页。
② 参见［美］约书亚·德雷勒斯、艾伦·C.迈克尔斯：《美国刑事诉讼法精解》，吴宏耀译，北京大学出版社2009年版，第188～189页。
③ 参见田宏杰：《诱惑侦查的正当性及其适用限制》，载《政法论坛》2014年第3期。

了一次简单的口头要约，包括求购要约或贩卖要约，犯罪嫌疑人或被告人毫无犹豫立即响应的，可以推定侦查人员只是起到接洽和贴靠的作用，应当认定不存在非法诱惑侦查。

此外，对于程序要素和行为要素层次关系把握，笔者认为，程序要素是基本要素，凡是不符合程序规定的诱惑侦查行为一律认定为非法诱惑侦查；行为要素是主要因素，凡是在符合程序规范基础上，侦查人员实施过度诱惑或者在案件中起主导作用也应当认定为非法诱惑侦查。

（三）非法诱惑侦查的证明制度

经域外比较可知，被告是选择程序抗辩还是实体抗辩，除了产生不同法律效果外，还影响证明责任的分配和证明标准的设定。因此，首先必须明确我国因非法诱惑侦查而引起抗辩事项的性质归属，明确相应的处理方式。继而，通过合理分配证明责任和设定证明标准，纠正司法实践中"加重辩方举证责任、减轻控方举证责任"的错误做法。

1. 程序抗辩和实体抗辩的选择

经域外比较可知，针对非法诱惑侦查，被告人既可程序抗辩（排除非法证据或终止诉讼程序），也可实体抗辩（无罪或量刑减让），进而影响证明责任的分配和证明标准设定。程序抗辩根据程序法定原则，其证明责任和证明标准因各国诉讼制度配置不同而有所差异。实体抗辩根据无罪推定原则，证明被告是否有罪责任一般由控方承担。于我国而言，又该如何呢？2008年，最高人民法院发布的《大连会议纪要》，首次以"准司法解释"形式规定对于属于"犯意引诱""数量引诱"的情形，被告人能够享有"应当从轻"的量刑优惠，似乎表明了最高人民法院认可以"非法诱惑侦查"为由进行量刑减让实体抗辩的态度。2012年《刑事诉讼法》新增"不得诱使他人犯罪"这一条款，虽然明确表明了立法者禁止侦查机关采取诱使他人产生犯罪意图手段的态度，但是对诱使他人产生犯罪意图进而犯罪是否构成犯罪以及所收集证据材料如何处理则没有涉及。就学界而言，大致分为三种观点：（1）排除非法证据。虽然违法诱惑侦查行为与后续取证环节所获证据不存在直接的因果关系，但是却存在间接因果关系，即可将后续取证行为视为诱惑侦查行为之延伸，因此，仍有适用违法排除规则之基础。[①]

---

① 参见万毅：《违法诱惑侦查所获证据之证据能力研究》，载《法律科学》2010年第4期。

（2）维持量刑减让的实体抗辩。实为对《大连会议纪要》做法的重申，其主要观点是基于当前我国对非法诱惑侦查认同的前提下，明确控辩的证明责任，以纠正司法实践中"加重辩方举证责任、减轻控方举证责任"的错误做法。① （3）无罪的实体抗辩和终止诉讼程序的程序抗辩并驾齐驱。该观点强调违法引诱的法律后果应当与诱惑侦查合法判断标准保持一致，即依据主观标准认定为非法诱惑侦查的，被告人可进行无罪的实体抗辩，依据客观标准认定为非法侦查的，被告人可进行终止诉讼程序的程序抗辩。② 在现阶段，笔者认为，从务实角度而言，不管是非法证据排除，还是量刑减让，在规范层面和司法实践层面不存在较大阻力。然而，对于无罪抗辩和程序终止抗辩，不仅脱离现行法律框架调整范围，需要面临重新立法的困难，而且在现行司法环境下，法官作出无罪判决或者终止诉讼程序本身就困难重重，以致最终可能会异化为量刑减让这一折中结果。

因此，笔者认为被告人既可以通过非法证据排除的程序抗辩达致无罪辩护的效果，也可以提起"量刑应当减轻"实体抗辩。简言之，程序抗辩和实体抗辩可共存。前者，一方面通过证据排除的方式，遏制侦查机关滥用职权采用过度引诱行为；另一方面，一旦被告抗辩成功，因非法诱惑侦查所获全案证据即被排除，如控方再无其他充足证据证明被告罪责，法官即可作出无罪判决。后者在于提供兜底保障，即一旦被法官认定为非法诱惑侦查，同时控方又有排除之外证据证明被告人罪责，被告人还能获得"量刑减让"的司法优惠。但是，在时机成熟之时，笔者认为，应当将非法诱惑侦查行为作为积极抗辩事由纳入犯罪构成要件，即被告人可以进行无罪的实体抗辩。因为，不管是侦查机关诱惑事先无犯意之人犯罪，还是侦查机关实施过度引诱行为，非法诱惑侦查行为在推进犯罪向纵深发展过程中都起到至关重要的作用，不能将违法行为的恶果让被告承担。

2. 证明责任的分配和证明标准的设定

通过比较法考察，结合我国特有司法制度，笔者认为无论证据排除式的程序抗辩，还是量刑减让式的实体抗辩，辩方都应当承担初步证明责任，只要达到引起法官怀疑的程度，证明责任就从辩方转移到控方；控方应当承担

---

① 参见艾明：《犯意引诱型诱惑侦查的认定与证明：实务观察与理论思考》，载《法律科学》2016年第2期。

② 参见蒋石平：《也论诱惑侦查行为》，载《法学评论》2004年第4期。

主要证明责任,并达到"排除合理怀疑"的证明标准。

针对证据排除式的程序抗辩,可类推适用我国《刑事诉讼法》第 58 条第 2 款规定:"当事人及其辩护人、诉讼代理人有权申请人民法院对以非法方法收集的证据依法予以排除。申请排除以非法方法收集的证据的,应当提供相关线索或者材料。"第 59 条第 1 款规定:"在对证据收集的合法性进行法庭调查的过程中,人民检察院应当对证据收集的合法性加以证明。"即在证明是否存在非法诱惑侦查时,被告人及其辩护人至少应承担提出相关线索或材料的责任,一旦使得法官产生怀疑,证明责任则由被告一方转移至控方。控方证明是否存在非法诱惑侦查时,不仅需要证明被告人事先不存在犯意,而且还需要证明侦查引诱行为本身没有超过必要的限度或侦查机关没有实施异常的利益诱惑,并适用排除合理怀疑的证明标准。由于证据排除式的程序抗辩在前,事关非法诱惑侦查的认定与否,而且可能会因为证据的排除,法院作出无罪的判决,所以,量刑减让式的实体抗辩,一般只起到"替补"的作用,即在法院认定存在非法诱惑侦查又判决被告有罪前提下,被告方能直接获得量刑优惠。此外,可能存在被告人及其辩护人不提出证据排除式的程序抗辩,只提出量刑减让式的实体抗辩的情形,那么,证明责任又如何分配呢?根据我国《刑事诉讼法》第 51 条规定,公诉案件中被告人有罪的举证责任由控方承担。但是,对于量刑中的举证责任分配问题,我国法律没有作出明确规定。对此,有学者将量刑事实分为非纯正量刑事实和纯正的量刑事实,前者因为既是定罪事实,也是量刑事实,应当适用定罪事实的举证责任分配规则;后者适用"谁主张,谁举证"举证责任分配原则,一般而言,罪重事实由控方承担,罪轻事实由被告方承担。① 从表面观察,非法诱惑侦查的事实似乎属于纯正罪轻事实,应当由辩方承担证明责任,但是深层分析可知,控方可能因为侦查机关实施非法诱惑侦查所获取全案证据皆被法庭排除,丧失了证明被告人罪责的证据基础。可以说非法诱惑侦查这一事实与定罪事实密不可分,可以视为定罪事实。所以,即使只提起量刑减让式的实体抗辩,也应当由控方承担主要责任。此外,尤其值得注意的是,在明确控辩双方的证明责任的前提下,法院需要强化自身的审查责任,即只要有表面证据表明存在诱惑侦查,法院必须审查案件事实,并采取必要步骤

---

① 张吉喜:《量刑事实的举证责任和证明标准》,中国人民公安大学出版社 2015 年版,第 42 ~ 43 页。

揭露真相，以确定是否有任何引诱行为，即使被告人对刑事指控认罪这一事实并不免除法院审查是否存在诱惑侦查的责任。

第三节　人身搜查程序中的权益表达[*]

人体运毒或者人体藏毒，在毒品案件侦破中较为常见，但是刑事诉讼法关于人身搜查的法律规定却又较为粗疏，相关机关也没能进行详细的"二次立法"，导致人体搜查执法存在较大法律风险。第一，人身搜查中所涉及的主要权益没有表述。基于对公民人身自由的保护，人身搜查应该列明保护权益的范围，权益不同，执法的对象和程序就应该存在差异。如，根据对象不同，人身搜查是否应当包含体表搜查、体内搜查、生物样本提取，或者更具侵犯性的内容。第二，人身搜查的执法程序没有具体表述。作为强制性侦查措施，人身搜查与警察行政执法中的人身检查应该具有明显区别。但实际执法过程中，刑事搜查与行政检查的程序、方式、要求，实际基本一致，难以表现刑事强制性侦查行为的严肃性。第三，司法审查程序没有表述。没有表述搜查程序的司法事后审查程序，使得不当搜查行为难以受到有效制约。

在贴身隐秘部位藏毒或者将毒品严密包裹之后藏入身体器官之内，此种情形下执法困境主要表现在，搜查的法律规定不具体，搜查的执行程序缺乏依据。2010年公安部发布的《公安机关人民警察现场制止违法犯罪行为操作规程》第六章"人身安全检查"，是目前能够找到的对于人身搜查规定得最为详细的法律规范。其中第35条第2款规定："对于体内可能藏有可疑物，现场没有检查设备的，以及其他不适合当场检查的，公安民警可以将违法犯罪行为人带至公安机关或者指定地点进行安全检查"；第38条规定："一般情况下，公安民警检查违法犯罪行为人的人身应当采取用手轻拍、触摸违法犯罪行为人衣服外层的方法；经轻拍、触摸，怀疑违法犯罪行为人可能携带赃款赃物、作案工具或者违禁品的，可以翻开衣帽检查"。按照上述规定，体表藏毒只能进行隔衣拍触方式进行排查，未允许进行赤身目视、赤身搜查、工具探查；对于体内藏毒，只能进行仪器检查，不允许使用药物

---

[*] 本节撰写者：祁亚平、黄荣昌。

(泻药)、触摸、工具探查等方法。但是在实践中,这种规定难以付诸实施,物理探查、泻药等方法在特定情况下可能是无法避免的。因为没有法律明确规定,侦查一线执法人员必须承担物理探查、泻药等方法所产生的不利风险,导致执法人员遇到带毒"特殊人员"后自身处于极为不利的执法环境。执法人员必须严密观察使用泻药,必须注意是否会导致其发生严重身体危害,还要防止被搜查人乘机破坏销毁证据,防止其发生自伤自残行为。一旦发生上述情况,执法人员可能面临"非法搜查"的指控。

一、人身搜查程序中的主要权益

(一)人身权益与序列

按照一般理解,人身权益是指人身法益,显然是包括但并不局限于具体权利。[①] 人身搜查的权益,并不是指公民所具备的全部人身权益,或者法律所保护的所有范围的人身权益,而是在人身搜查中刑事搜查所针对和刑事搜查应当保持克制的执法边界。与刑事搜查相关联的人身权益,主要是生命健康权、人格受到尊重权、人身自由权。生命健康权是指,搜查行为包括生物标本提取、物理探查,不能够危及被搜查人的生命权、健康权,应该在有保障的医疗条件下进行搜查行为或者为保障被搜查人的生命健康确实已经采取了足够充分的医疗条件准备。人格尊重权是指,执法人员不能进行羞辱性搜查,不能以故意羞辱为目的或者故意采取羞辱性行为进行搜查。搜查行为应该事先明确陈述搜查的部位、目的,搜查的必要性,要求被搜查人配合搜查,以被搜查人自愿进行证据交出为最佳执法手段;当强制进行搜查时,执法过程应当尊重被搜查人的人格尊严,不虐待被搜查人。

很明显,这些权益也并不是处于同一位置或者序列,在强制性侦查中,人身自由权是受到明显强制限制的,只有生命健康权和人格尊重权受到优先保护,其中生命健康权应该受到最优先保护,属于人身搜查程序中不受限制的权利。生命健康权应该受到最优先保护,要求禁止使用可能危及被搜查人生命的搜查方式。如,不能对特定疾病患者使用禁用药物,不能使用不安全的生物样本提取方式,不能交由不具备医师资格的人进行体内证据提取。人身搜查中执法主体必须优先保护生命健康权,另外关注人格尊重权和人身自

[①] 参见杨立新等:《人身权的延伸法律保护》,载《法学研究》1995年第2期。

由权。人格尊严,是否应当包括不允许进行赤身检查、搜查,应当分情况而定。作为一种普遍思维,赤身检查对于被搜查人确实可能具有一定羞辱性,但在特定案件中如果生命健康权与人格尊严权出现矛盾时,优先考虑生命健康权。如,赤身检查如果比物理探查方式更有利于保护被检查人的身体健康,那就应该使用赤身检查。

(二)人身权益与搜查程序

我国《宪法》第 37 条共分三款。第 1 款规定:"中华人民共和国公民的人身自由不受侵犯。"第 2 款规定:"任何公民,非经人民检察院批准或者决定或者人民法院决定,并由公安机关执行,不受逮捕。"第 3 款规定:"禁止非法拘禁和以其他方法非法剥夺或者限制公民的人身自由,禁止非法搜查公民的身体。"其中"禁止非法搜查公民的身体"应当从全文来理解,而不能局限于字面表达。笔者认为,第一,《宪法》第 37 条主要关注的是公民自由的保护,禁止非法逮捕、非法搜查行为,而没有限制合法逮捕、合法搜查;第二,在所有的搜查对象中,单列出"禁止非法搜查公民的身体",是因为人身搜查具有更明显侵犯公民人身自由的可能。不是禁止执法机关进行人身搜查,而是禁止非法人身搜查,包括执法主体非法搜查以及非执法主体实施人身搜查。这一理解,实际符合现代国家的主要立法精神。如,1789 年法国《人权宣言》第 7 条规定:"除非在法律所规定的情况下并按照法律所指定的手续,不得控告、逮捕或拘留任何人。"1949 年联邦德国《基本法》第 2 条规定:"人身自由不容侵犯,这些权利只有根据法律才能进行干预。"1963 年《意大利共和国宪法》第 13 条规定:"人身自由不得侵犯。不得以任何形式进行拘禁、检查或人身搜查,亦不得对人身自由加以任何限制,但持有司法当局逮捕令和在法定场合根据法定程序进行者不在此限。"1948 年联合国大会通过的《公民权利和政治权利国际公约》第 9 条第 1 款规定:"人人有权享有人身自由和安全。任何人不得加以任意逮捕或拘禁。除非依照法律所确定的根据和程序,任何人不得被剥夺自由。"

我国现行《刑事诉讼法》第 138 条内容来自 1979 年《刑事诉讼法》第 81 条。1979 年《刑事诉讼法》第 81 条规定:"进行搜查,必须向被搜查人出示搜查证。在执行逮捕、拘留的时候,遇有紧急情况,不另用搜查证也可以进行搜查。"条文表述中存在的问题主要包括:第一,用搜查证来限制非法搜查,实际只能限制"非法主体实施搜查"这一种情况,而无法限制执法主体非法搜查问题;第二,在该条前后均无具体规定搜查证取得程序;第三,没有规定具体的人身搜查程序,执法主体在取得搜查证后搜查实施的范围、搜查实施程序不清楚,执法搜查风险没有规定;第四,只规定附带搜查,没有规定无证搜查;第五,没有规定对搜查程序的司法审查程序。

(三)人身权益与司法事后审查

侦查权实施的强制性侦查行为,可能会造成对公民权利的伤害,但是现行的侦查行为控制,在实践运行中尚有不足之处,主要表现为:第一,法律未能明确设置搜查证的签发条件、签发程序、实施程序,侦查机关负责人可以实施对侦查行为的事前控制,但是难以进行事后监督和侦查行为控制;第二,检察院在侦查阶段和审查起诉程序中进行的侦查监督,一般都进行案卷审查,往往难以发现警察的非法侦查行为;第三,法院进行的非法证据排除,实践中对于非法取得的物证只是适度排除"可能影响案件公正审理"部分,而不是针对侦查行为实施进行司法审查。实际在我国刑事诉讼中,法院是不具有司法审查权力的。"在公诉案件中,法院几乎从不参与审判前也无从对警察、检察官所采取的强制措施进行司法审查。对于拘留、逮捕,中国的法院既不能通过发布令状实施事前的司法授权,也不能就羁押的延长问题举行任何形式的司法听证,更不能就上述措施的合法性问题接受嫌疑人、被告人的申诉。"① 上述侦查行为控制方式的弊端主要表现为两点:第一,"我国被追诉人人身自由保护模式的首要弊端,是权力在其中几乎主导一切";第二,"我国被追诉人人身自由保护模式的另一大弊端,是忽视公民或被追诉人权利的运用"。②

对于人身搜查的司法事后审查,实际是针对侦查主体搜查程序合法性问题由法院进行的合法性审查,是一种司法事后审查程序,也是国家给公民提供的一种司法救济程序。"所谓司法救济,是指在诉讼过程中,嫌疑人及其辩护人如果对有关强制侦查措施不服,可以向一个中立的司法机构或司法官提起诉讼,在诉讼中,司法警察和原作出强制侦查措施的法官都要承担举证责任,以证明其强制侦查措施具有合法性和正当性。"③ 刑事侦查程序中,

---

① 陈瑞华:《审前羁押的法律控制——比较法角度的分析》,载《政法论坛(中国政法大学学报)》2001年第4期。
② 周强:《刑事被追诉人人身自由保护模式之完善》,载《法学》2010年第12期。
③ 陈卫东、李奋飞:《论侦查权的司法控制》,载《政法论坛(中国政法大学学报)》2000年第6期。

缺乏司法事后审查机制的最直接后果，就是涉讼公民的一系列重要诉讼权利缺乏现实可能的救济途径，"涉讼公民的司法救济是其可以凭借的、有限的权利救济途径之一，如果连这为数不多的救济途径也被切断，那么公民在侦查中的地位就会更加客体化"①。

司法审查实质上是对公民基本权利的一种救济途径，一种权利保障。但是随着刑事案件数量的增长，尤其是暴力案件的增加，司法事前审查的可靠性和效率低下问题逐步暴露，以令状制度约束特定侦查行为实施的司法事前审查实践中正在逐步减少，警察通过行政检查替代刑事搜查的操作在逐步增加，这使得司法事前审查的必要性不断降低。司法事后审查保证了刑事警察在侦查需要时，能够迅速实施人身搜查，同时也通过司法事后审查监督警察搜查行为，救济被非法搜查行为侵害的公民利益。司法事前审查实际只是一种许可性审查，司法机关根据警察的申请，只能决定允许或者不允许实施特定行为，对于搜查实施过程是否侵犯公民权益，实际既无法监督也无法救济。司法事后审查是一种复合型监督，警察实施的侦查已经实施结束，不再存在案件的紧急情况需要，法官可以综合全案对搜查的实施目的、实施必要性以及实施过程的合法性进行全面审视，司法事后审查是一种从案件实体方面到案件程序方面的符合审查。

二、优先保护的人身权益

（一）人身权益保护

如上文所述，在社会主义国家一般将公民的人身自由视为首要保护的宪法性权利，因而在我国搜查程序中，容易出现搜查措施与公民人身权利之间的冲突。在搜查程序中被涉及的被追诉者的基本权利包括人身自由权、人身权、平等权等，其中人身权利是其他权利的基础，是生存和发展的基本权利，人身权利若得不到保障，其他权利都无法行使。人身权利是指公民的人身自由和与人身有关的其他权利和自由受法律保护，不受非法侵犯的权利。按照一般理解，人身自由权之所以是公民最基本的权利，"是因为公民具有人身自由，才有可能进行生活、学习和工作，才可能参加国家管理，享有民

---

① 谢佑平：《论公民人身自由权的宪法保障与司法保护——以刑事司法为中心》，载《上海交通大学学报（哲学社会科学版）》2003年第4期。

主权利和其他权利。可见，公民人身自由权利的重要。生命权和健康权是互为一体的，生命权是健康权的基础，健康权是生命权的保证"①。我国《宪法》第37条规定内容实际正是这种思路的实施和具体展开方式。《宪法》第37条明确提出"公民的人身自由"不受非法侵犯、非经依法决定以及法定机关执行不受逮捕、禁止非法限制公民的人身自由、禁止非法搜查公民身体。在第37条的字面表述中，并不包含"不允许人身搜查的含义"，而是禁止"非法"人身搜查，但宪法并没有对"非法搜查"进行定义或者要点列举，这是目前刑事搜查的主要争议问题。

按照宪法的立法原则，宪法主要关注的是公民基本权利的保护范围以及国家机关的职权范围，并不会深入涉及具体制度的设计、规范。"宪法成为人本和自由的价值法则，通过人民主权的政治法则和程序理性的程序法则在公共领域里的运用。约束国家权力，保护公民权利，乃宪法之核心问题。这两个方面，通过高级的政治智慧和精巧的法律技术构成现代宪法制度的基本内容，犹车之两轮，鸟之双翼，相互配合，不可偏废。"② 按照上述理解，人身搜查的合法形式以及合法程序应该表述于刑事诉讼法。但是尽管刑事诉讼法已经经历了三次大的修改，但是立法者似乎忘记了人身搜查的立法问题，在刑事诉讼法和其他法律中始终没有对人身搜查程序、搜查的发动、搜查的行为规范进行细致立法。《刑事诉讼法》中第136条至第140条，只是涉及搜查的几个局部规定：搜查目的、被搜查人的义务、必须出示搜查证（附带搜查可以不用搜查证）、在场见证人、女性的身体搜查、搜查笔录这几项内容。这种简要规定，越来越不适应刑事执法的需要：第一，从职权角度来讲，目前的法律规定无法明确搜查的启动条件、搜查的实际执行程序、搜查的强制力度、搜查的侵入程度等问题；第二，从权利保护角度来讲，现有的规定同样没有明确规定被搜查人的权利保护问题，没有明确公民非法搜查的拒绝权、权利救济程序等。中国正在走进权利的时代。现有刑事诉讼法的规定既不利于司法机关的执法，也不利于普通公民的权利保障。"车之两轮，鸟之双翼"必须是表现为权力与权利的规定，能够伸张并举、共同推进，但是在搜查程序中的法律立法建设滞后，明显出现"两轮过小"问题。

---

① 宋京霖：《从人身权利保护的国际标准看我国刑事诉讼法》，载《黑龙江省政法管理干部学院学报》2009年第1期。

② 夏勇：《中国宪法改革的几个基本理论问题》，载《中国社会科学》2003年第2期。

以"特殊人群"贩毒而论,现有的搜查程序既不利于公安民警执法,也不利于被搜查人员的权利保护。①

"在这个时代里,人的尊严和自由借助权利语言逐渐成为社会进步和制度建设的核心价值;人的愿望和要求通过转换为权利诉求而更多地依赖常规化、程序化的立法活动、司法诉讼和行政管理,而非更多地依赖道德关怀、行政裁量、社会运动乃至暴力革命;治理不仅因为民主权利的效能而逐步成为自治,而且因为以私人权利为公共权力的边界而必须走向法治。"② 所以,对人身权利的具体保护形式、权利行使途径必须进行法律的明文规定。

对于我国刑事诉讼法的搜查立法程序,已经多有学者提出建议,这里不再赘述。但是依旧应当说明的是,随着时代的发展,刑事搜查立法应该有一定观念的转变,毕竟在新时代人民的法治观念已经有较大程度的提高,人民对于法治社会的要求明显提高。我们有理由质疑现有的立法模式存在对公民权利保护的不足之处:"主体模式和法定模式各有其产生的历史原因,也各自在历史上发挥过不同的作用,因而具有不同的特点。从形式和内容上看,前者突出决定和批准逮捕的主体,即司法机关;后者突出逮捕和拘禁的法律规定和法定程序。从作用和影响方面看,前者易于树立国家司法机关的权威,后者却易于树立法律的权威。从隐含着对事物本性的认识,前者相信国家司法机关不会为非,而后者却宁愿相信法律。"③

(二) 身体健康权保护

人身搜查,是指为了从公民的身体或贴身隐秘部位、隐秘空间内获取有关证据或物件,而实施的搜查措施。人身搜查的目的,一般包括获取公民的生物样本,私密部位、私密空间藏匿的物品等。人身搜查主要涉及公民的身

---

① 涉毒特殊人群疾病缠身,身体条件差,特别是"两怀"贩毒妇女还涉及怀孕生产、婴孩抚养、救助等多个环节,需司法、民政、妇联、卫计委、财政等多个部门共同参与,责任共担。由于看守所拒收贩毒特殊人群,因此,贩毒特殊人群在被公安机关禁毒职能部门抓获后只能由办案单位自行看守,体内藏毒的特殊人群的排毒过程中只能依靠办案民警或武警战士全天看守;有的医护人员担心怀孕妇女的排毒致其流产或胎死腹中,不愿协助其排出毒品;社会福利院对不符合法定收养条件的婴幼儿普遍不予收养,甚至不同意临时寄养。公安机关对非正常死亡进行严格的责任倒查,一旦发生体内藏毒者由于排毒、怀孕生产、生病等引起的死亡事件,办案单位和收押部门都可能会被严肃追责。参见李云鹏:《特殊人群涉毒问题研究》,载《云南警官学院学报》2017年第5期。
② 夏勇:《中国宪法改革的几个基本理论问题》,载《中国社会科学》2003年第2期。
③ 周伟:《保护人身自由条款比较研究——兼论宪法第37条之修改》,载《法学评论》2000年第4期。

体健康权,但是并不局限于身体健康内容,由于搜查发生的场所、搜查发生的侵入程度不同,搜查还涉及公民的人格权、隐私权等内容。"与人身搜查联系在一起的是个体的人身自由权、人格权、隐私权、健康权等与人的身体有着密切关系的权利,特别是当人身搜查是在公共场所进行时,搜查行为对个体的人身自由、人格、隐私等权利的限制和侵犯表现得特别明显。"① 人在诉讼中应当受到有尊严的对待,即使在紧急情况下国家出于公共利益需要,在执法人员采取强制侦查措施时,也应当保证公民身体健康和基本的人格尊严。正因为人身搜查具有侵入性、伤害性的可能,国家需要对于侦查机关的执法程序进行规定,不能仅仅因为其主体身份就直接推定执法过程具有合法性;需要国家建立严格的司法事后审查程序,纠正错误的执法程序,使得被执法对象能够有最基本的权利救济途径。

"健康权是指各人都有使自己身体各器官系统发育良好,功能正常,并使自己体质健壮,精力充沛的权利","人身自由权是指行为主体自主决定支配自身起居、行动自由的权利"。② 对权利人来说,人身健康、自由是仅次于生命权的重要权利,如果这些权利都得不到国家的及时、有力救济,财产权就更难以得到国家的基本保障。我国刑法对于普通主体侵犯人身权利,如生命权、健康权、性的不可侵犯权、人身自由权、人格名誉权、住宅不受侵犯权以及婚姻家庭权等都作出了明确详细的规定。故意杀人罪、故意伤害罪至今依然保留了死刑刑罚,不可谓刑罚不重。在法定主体执法程序方面,没有道理不进行更加细致的规定,以防范执法人员滥用权力。事实上,这种权力滥用所能导致的伤害结果,其危害性远远大于所谓普通主体的犯罪行为。从根源上说,普通主体伤害的是国家公民的人身自由,破坏的是国家的法律秩序;而执法主体的滥用权力,伤害的不仅是国家公民的人身权利,更是国家统治的根基(国家掌控力)。如果普通犯罪分子猖獗,国家还可以及时治理,但是如果国家掌控力丧失,政权就会直接受到冲击。相比普通刑事犯罪,国家更应当防范那种无视公民保护、滥用国家暴力的行为,严惩利用国家权力谋取个人利益的不法行为。基于此,国家刑事执法程序、刑事执法过程,需要进行更加完善、具体的立法。

---

① 刘方权:《人身搜查和场所搜查的比较——域外法治的简单考察》,载《四川警官高等专科学校学报》2005年第3期。

② 刘海年:《中国法律关于人身权利的保障》,载《中国社会科学》1996年第4期。

刑事搜查程序和行政检查程序在这个时代，越来越难以区分各自法律边界、使用目的、具体手段。这种混同现象应该不属于中国刑事司法实践中的独有问题，很可能是各国所普遍面临的执法问题。其原因大概有如下几个：第一，立法与执法存在一定脱离环节。行政检查与刑事搜查原本在立法上具有各自明确的针对对象，行政检查只适用于行政执法问题，刑事搜查只能针对涉嫌刑事犯罪的犯罪嫌疑人；但是在警察执法时却具有一定执法选择权，立法者难以具体规范警察执法中的不规范行为。第二，警察的执法选择权具有一定合理性。刑事案件的发生往往难以事先预计，警察在长期的执法中会形成一定的执法经验，在行政执法程序中也可能发现刑事案件的线索，这种执法环境的变化具有一定合理性，不能一概禁止警察的侦查手段变化，即使在行政执法中也应当保留一定的机动权力。第三，刑事搜查的司法事前审查程序可能存在一定缺陷。为了避免警察无理搜查，司法事前审查往往会设置搜查批准的一定证据标准，但是警察往往会通过行政检查绕过事先审查的手续，使之成为一种制度虚设。这种警方操作未必一定不能接受，如情况紧急时候，应当允许警察无证搜查，只要增设对于无证搜查的事后审查程序即可。"在犯罪控制压力较大的情况下，为了满足侦查实践的需要，从近期来看，消除无证搜查的制度性障碍，一方面可以使法定的无证搜查措施具有现实的可操作性，另一方面也可以消除侦查人员规避无证搜查程序的外部因素。"①

三、附条件优先保护的人身权益

（一）隐私权保护

尽管在一些论文中同样会把隐私权作为搜查程序中应当保护的公民基本权利，②但是基于以下四个原因，笔者并不认同这一观点：第一，中国宪法并没有明文列举隐私权，即使在中国民法研究中，隐私权也只属于人格权之下的一个分支权能，不具有与人身权并列的资格。③第二，人身搜查中应该优先考虑"人身健康权"，而不是隐私权，个人隐私权在搜查程序中也可能

---

① 左卫民：《规避与替代——搜查运行机制的实证考察》，载《中国法学》2007年第3期。
② 参见袁周斌：《隐私权视野下的刑事搜查之限制》，载《湖北警官学院学报》2010年第3期；廖丹：《场所搜查范围的判断基准——以宪法隐私权为视角》，载《时代法学》2011年第2期。
③ 参见王利明：《隐私权概念的再界定》，载《法学家》2012年第1期。

会必须处于暂时受到压制状态①。第三，场所搜查、电子搜查时，应该会存在隐私权问题，但是这种权能的重要性依旧不会高于公民身体权。第四，在使用技术侦查措施时，秘密搜查中的"线人""线民"是不构成搜查问题的。

按照一般理解，隐私权属于住宅权附带产生的民事权利，"在一个隔离公众视野，能充分自主的空间里这种愿望总是能比较容易得到实现，因此住宅与隐私具有天然的契合性。一方面，隐私需要住宅来为其提供空间和物理的保护；另一方面，住宅则需要隐私权为其提供法律支持"②。因而，当警察的搜查行为涉及住宅时，美国和加拿大"隐私合理期待"确实具有一定参考性。

住宅搜查之所以应该区别于其搜查方式，主要在于住宅搜查所涉及法益不同，这种法益主要表现为隐私权。根据相关介绍，美国联邦宪法第四修正案以及加拿大权利与自由宪章在正文中并未明确规定隐私权，但是基于公民反对不合理的搜查和扣押的权利，美国联邦最高法院和加拿大最高法院在刑事诉讼中建立了隐私权对刑事搜查程序的限制条件。③ 美国最高法院在卡兹案中确立了判断个人是否享有"隐私的合理期待"的双重标准。哈伦法官表述为：第一，该人已经表现出对其隐私的真实的期待。第二，该种期待被社会承认为是"合理的"。④ 据现有资料，美国法律所支持的隐私权包括以下方面：空间隐私（Territorial or spatial Privacy）、人身隐私（Privacy of the Person）、信息隐私（Privacy in the Information Context）。⑤ 空间隐私权，是指人所应当具有的独处的物理空间，每个人都应当拥有一个可以主张安静独处的物理空间，核心问题是私人居所的隐私权利。人身隐私，是指建立在道德与尊严的基础上，对非法搜查所具有的抗拒权利。信息隐私，是指本人对其个人信息所有的基本和持续的利益。"隐私权可以被合法的权力所侵害。

---

① 比如赤身检查、赤身搜查时，隐私权不应该高于公民身体健康权。
② 廖丹：《场所搜查范围的判断基准——以宪法隐私权为视角》，载《时代法学》2011 年第 2 期。
③ 参见向燕：《搜查与隐私权保护——加拿大宪法与美国宪法第 4 修正案之比较》，载《环球法律评论》2011 年第 1 期。
④ Katz v. U. S. , 389US. 347, 361 (1967)，转引自向燕：《搜查与隐私权保护——加拿大宪法与美国宪法第 4 修正案之比较》，载《环球法律评论》2011 年第 1 期。
⑤ 王芳：《美国刑事诉讼法对隐私权的保护》，山东大学 2012 年博士学位论文。

隐私权可以被国家侵害，但是并不是无理由或者授权的无端侵害。搜查或者逮捕必须有法律的授权。无论这一授权来自成文法或者普通法，法律本身必须合理，并且搜查和逮捕所采取的方式必须合理。"①

卡兹案之后，公民隐私权保护范围存在一定幅度的调整，例如，1967年的怀特案②上诉法院就作出了与卡兹案相反的判决。③ 1976 年的米勒案、④ 1979 年的史密斯案⑤进一步限制了被告人的隐私权保护范围，"如果本人愿意让政府或他人知道自己的某些秘密并自愿的将秘密告知某个人，那么他对自己泄露出去的信息不享有宪法上的隐私期待利益，并需承担隐私风险"。随着电子通信时代的到来，电子通信设备、电子银行信息、电子账单等问题随之更加复杂，政府在刑事侦查中所能使用的信息收集手段、渠道更加多元化。个人隐私权的边界问题与公共犯罪侦查更加呈现出一定的矛盾。笔者的主要意见是，公共利益维护与个人权利保护实际是存在一定共同性的，这种共同性、一致性甚至高于公共利益与个人权利可能存在的"紧张"关系。维护公共利益，实际也是在维护每一个公民的个人权利，这种个人权利中就包含了隐私权。特定侦查行为的实施，在局部范围确实具有一定权利侵入性，甚至可能对于特定隐私权具有破坏性。但是基于公共利益维护的正当性，隐私权主张只能局部存在对抗性。首先，隐私权本身不具有对抗国家刑事侦查行为的资格，隐私权主张只能针对不法侦查行为提出。维护公共秩序的需要高于个人权利主张。其次，隐私权主张只能在事后提起，不能以此为据对抗正在进行的侦查行为。隐私权主张依据的权利维护程序是基于非法证据审查的司法审查制度，执法主体如果不具有法定的执法依据，其行为将会受到司法否定，丧失合法性。

（二）人格权限制与保护

在搜查中，人应当受到有尊严的对待，包括执法主体应当尊重人的身体健康权和人格尊严。显然在一般搜查、检查中，不会直接提出被搜查人的人

---

① 王芳：《美国刑事诉讼法对隐私权的保护》，山东大学 2012 年博士学位论文。
② United States v. White，441 U.S. 745（1967）.
③ 怀特被指控涉嫌多种不法交易，违反了禁用麻醉剂的联邦法律。政府机关用隐藏在情报人员身上的无线电发送器窃听到怀特与政府情报人员之间的某些对话，并将对话内容提交给法院。受理案件的法院采纳了政府的证词，陪审团作出有罪判决。
④ United States v. Miller，425 U.S. 435（1976）.
⑤ Smith v. Maryland，442 U.S. 735（1979）.

格权保护问题，一般的行政检查或者刑事搜查，比如身体贴靠、隔衣触摸、拍身目视，均不应当被视为侵犯被搜查、检查人员的人格权。但是在某些人身搜查、人身检查程序中，人格权保护又不得不作为特别关注问题进行讨论。如"赤身检查""公众场合搜身""药物催吐""药物排出"等情况下，不仅对人格权应当进行保护，可能还存在人格权保护与身体健康权保护的选择问题。

虽然"赤身检查"并不是中国的司法操作，但是并不意味着这种形式的检查、搜查司法实践中不存在或者未来不会出现。赤身搜查（strip search）通常是指执法者对人的裸体体表进行的搜查，包括对全部或部分裸露的皮肤、毛发及身体附属物的查验。从广义上来讲，它还包括对人身更具侵犯性的搜查，如对人体深度口腔、胃腹、肠道、阴道等体腔的搜查，以及从人体强行提取血液等化学物质。[①] 毒品案件中，常会出现怀疑体表藏毒、体内藏毒问题，这时候按照规定应该进行仪器检查，但是如果是在"查封拦截"过程中，仪器条件并不具备时，赤身检查问题可能是难以避免的。法学界不予讨论，并不意味着这些问题不存在，而是目前缺乏具体规定。

同样的问题也存在于"公众场合搜身""药物催吐""药物排出"等情况，当警方怀疑某个公民可能体内藏毒时，这些搜查、检查操作基本是难以避免的。在这些搜查、检查程序中，不仅存在人格尊严是否得到尊重问题，还存在身体健康权与人格权的选择问题。首先，应当明确保护公民必须受到有尊严对待，禁止不必要的搜查侵入。能够使用较轻搜查、检查措施时，不应该使用更重的带有侵入性的搜查、检查措施，警方有义务提示被搜查人主动交出。其次，当侵入性搜查、检查不可避免时，警方应当提供基本的医疗条件，禁止在不具备医疗条件下的侵入性搜查、检查。这是法律进行的权利选择，保护更为重要的身体健康权，屈就人格尊严权。最后，适用"比例性原则"。公民所涉嫌的案件应当与所采取的侦查、检查措施具有大致相同的比例，不允许对于较轻的罪名使用过重的搜查、检查措施。

---

① 参见吴玲等：《美国警察无证裸身搜查的法律控制及其对中国的启示》，载《比较法研究》2015年第3期。

四、司法救济权

公民遭遇强制性搜查、检查时,能够得到的司法救济主要包括以下三种:第一,若干强制搜查、检查的实施,事先需要获得司法授权。① 随着无证搜查、附带搜查、经被搜查人同意等事例的增多,司法事先审查的实际作用正在逐步减弱。第二,强制侦查手段执行中的司法救济。在若干强制性侦查行为实施中,嫌疑人及其辩护人如果对有关强制侦查措施不服,可以向一个中立的司法机构或司法官提起诉讼,在诉讼中,司法警察和原作出强制侦查措施的法官都要承担举证责任,以证明其强制侦查措施具有合法性和正当性。② 主要表现为羁押措施和保释权程序。第三,在强制性侦查措施实施结束后,借助庭审非法证据排除程序进行的司法权利救济。这种权利救济程序依赖于法官对非法证据的具体解释范围和法院司法能动性的现实调整幅度呈

---

① 在英国,警察要对嫌疑人实施逮捕或搜查、扣押等行为,必须事先向治安法官提出申请,并说明正当、合理的根据。治安法官经过审查发布许可逮捕或搜查、扣押的令状后,警察方能实施上述行为。在美国,基于宪法上的"正当法律程序",警察要对公民实施逮捕、搜查、扣押、窃听等强制侦查措施,应首先向法官提出申请,证明犯罪行为的发生存在"合理根据",并说明采取相关的侦查措施是必须的。法官经审查,认为符合法律规定的条件,才签发相关的许可令。德国自1974 年开始司法改革以来,法官在侦查阶段不再直接领导指挥或者实施具体的侦查行为,其职能主要是根据检察官或司法警察的申请发布许可令。

② 在英国,遭受羁押者可向羁押警察提出保释请求,如遭拒绝,则可以向治安法院提出请求,治安法院举行听审后作出裁断。如果有关保释的申请不被接受,嫌疑人可以将此程序性问题上诉到高等法院。此外,在侦查阶段遭受不当或非法羁押的嫌疑人,还可以向高等法院王座庭申请人身保护令。该法庭一旦接受申请,就将专门就羁押的合法性和正当性举行由控、辩双方同时参与的法庭审理活动,并作出裁决。在德国,被羁押的人不但可以在任何阶段向法官提出撤销羁押的申请,而且还可以直接向德国宪法法院提出申诉,要求对羁押的合法性进行审理。在意大利,被告人及其辩护人对预审法官作出的有关羁押等涉及人身自由的强制措施裁决,有权向该法官所在地的省府驻地法院申请复查,对复查结果不服,还可以向意大利的最高法院提出上诉,由后者作出最后裁决。在法国,嫌疑人对预审法官在正式侦查中所作的裁定不服,有权向上诉法院起诉审查庭提出上诉,后者经过审查可以撤销预审法官的裁定。在日本,嫌疑人对法官作出的有关羁押、保释、扣押或者返还扣押物的裁定不服,有提出准抗告的权利。对简易法院法官所作的裁定可以向管辖地方法院,对其他法官作出的裁定可以向该法官所属的法院,请求撤销或者变更该项裁定。

现不同的样态。① 由于毒品案件自身的社会危害性，在现有各种案件中，司法救济程序中能够得到非法证据排除的机会相对较少。但是也应当注意到在所有的权利救济途径中，只有非法证据排除途径正在各国刑事司法实践中不断扩大适用范围，这对于毒品等重罪案件的适用条件和使用程序具有非常现实的意义。即使在如毒品案件这样的重罪案件，也会存在警察滥用强制侦查行为的可能性，尤其在重大案件的督办压力之下，这种司法保护、救济程序更是迫切。

（一）司法事后救济具有现实性

线人、窃听、特情贴靠等措施，既难以进行司法事前批准，也难以进行程序中的司法救济，唯一现实可行的救济途径就是司法事后救济。但是问题在于，秘密侦查所获证据向来不会向法庭出示侦查卷宗，法庭也难以得到取证程序的具体信息，公安机关移送的高度概括化的"情况说明"往往并不具有司法审查的可能性。

在刑事强制性措施体系中，只有针对人的强制措施——逮捕规定了须由人民检察院审查批准，而针对物的强制措施——搜查由侦查机关自行决定。② 从公民权利保护的角度看，没有设置司法事后救济程序以及法院无法进行侦查行为控制是我国刑事诉讼法中最主要的缺陷。

（二）司法事后救济具有必要性

"强制侦查指为了收集或保全犯罪证据、查获犯罪嫌疑人而通过强制方法对相对人进行的侦查，如强制到案（拘捕、拘传）、搜查、扣押、查封、冻结、强制采样、强制体检、监听、秘密录音或录像等。"③ 这些侦查措施往往使得公民基本权利受到限制，甚至被完全剥夺。如果这些措施被侦查人

---

① 美国联邦宪法第四修正案规定，以非法手段收集的证据不得在刑事指控中作为证据使用，对于非法收集的物证，联邦最高法院通过一系列案例确立了排除规则，并于1961年将该规则适用于各州的刑事诉讼。法院可以将警察根据非法证据而获得的其他证据予以排除，也就是禁食"毒树之果"。德国刑事诉讼法典第136条a规定了对违犯禁令所获得的陈述，即使被指控人同意，也不允许使用的原则。对于非法获取的物证，德国以权衡原则为标准予以处理，即侵犯人的尊严和人格自由所得的证据应予禁用。意大利1988年修改的刑事诉讼法第191条规定，法院或者法官发现警察或者检察官通过违反禁令获得的证据材料，不得加以适用。日本宪法第38条和日本刑事诉讼法第319条均规定非法取得的自白不得作为证据。对于非法取得的物证，日本采取排除的态度，但又有所保留，为了追求实体真实，而对这类证据材料的排除设定较为苛刻的限制。

② 参见熊秋红：《秘密侦查之法治化》，载《中外法学》2007年第2期。

③ 孙长永：《强制侦查的法律控制与司法审查》，载《现代法学》2005年第5期。

员错误采用，或者违法采用，将会造成严重后果。出于对公民基本权利保护需要，应该在法律中设计司法救济程序。法定原则、比例原则和司法救济程序是强制侦查措施应该负担的主要法治社会成本。法定原则，是指这些强制侦查措施必须具有法定依据，即法律明文规定的许可以及法律明文规定的执法程序。包括未经法定授权，不得实施相应强制措施和禁止违反法定程序进行强制侦查执法两个方面。比例原则，是指强制侦查措施在法律授权范围内和程序规定范围内，权力行使应该符合必要性、合理性要求。其基本精神就是把强制侦查措施控制在合理范围内，避免不必要的权力滥用和权力使用过度。司法救济程序，是指必须在法律中明确设置司法救济程序，允许被强制侦查人通过司法途径在事前、事中、事后进行权利救济。由于侦查行为本身在法律上不具有"可诉性"，在司法实践中，违法侦查的受害人不仅不能向法院提起行政诉讼，而且也不能在刑事诉讼过程中申请法院进行违法审查；公安、检察机关和法院也一致认为法院没有审查违法侦查的职权和职责。①

（三）毒品案件侦查法治化

在现代刑事诉讼中，与科学技术的发展以及犯罪的复杂化相适应，秘密录音、秘密录像、电话窃听、互联网上信息拦截、卧底侦查、诱惑侦查等秘密侦查方法在刑事侦查中扮演着日益重要的角色。② 对于复杂、疑难、严重的刑事犯罪而言，强制性侦查措施与秘密侦查都是有效的侦查手段，当信息来源极为有限、其他侦查手段难以有效时，这些侦查手段的采用几乎是无法避免的。但是在这些侦查手段中，均可能存在很大的权力滥用可能，会对公民基本权利造成极大威胁。

实践中，当犯罪嫌疑人及其法定代理人或者律师就公安机关的违法侦查活动提出申诉和控告时，检察机关应当予以监督，并在调查核实后提出纠正意见，从而发挥制约侦查权力、保障犯罪嫌疑人合法权利的功能，由此就形成了一种由侦查机关、犯罪嫌疑人以及作为监督者的检察机关共同参与的"准诉讼化的侦查程序构造"。③ 但是在实践运行中，这种"准诉讼化的侦查程序构造"，明显表现出权力设置存在不足：以检察监督以及侦查机关内部审批为主的权力控制方式，难以防范侦查权力滥用可能；缺乏法官的介入和

---

① 参见孙长永：《强制侦查的法律控制与司法审查》，载《现代法学》2005 年第 5 期。
② 参见熊秋红：《秘密侦查之法治化》，载《中外法学》2007 年第 2 期。
③ 参见周长军：《语境与困境：侦查程序完善的未竟课题》，载《政法论坛》2012 年第 5 期。

制约，被采取强制侦查措施的公民缺乏有效的权利救济途径；现有的证据审查格局，背离了侦查程序的规律性和国际刑事诉讼准则的基本要求。核心问题是检察官作为公诉人和法律监督者的双重角色之间存在天然的冲突，既难以保持中立和超脱位置，也往往难以深入侦查实践，纠正侦查中的违法操作。《刑事诉讼法》第 19 条第 2 款规定了检察院两种侦查权：诉讼监督中发现的"司法工作人员利用职权实施的非法拘禁、刑讯逼供、非法搜查等侵犯公民权利、损害司法公正的犯罪"与检察院机动侦查权。其中，检察院立案侦查司法工作人员利用职权实施的非法拘禁、刑讯逼供、非法搜查等侵犯公民权利、损害司法公正的犯罪，存在两大问题：第一，在检察院下属侦查机关转隶监察委之后，检察院需要重建侦查机构，并且需要重建侦查网络；第二，检察院对于自身不具有侦查权案件，可能难以有效实施侦查监督，难以发现、纠正不合法的强制侦查行为。要聚焦人民群众反映强烈的突出问题，抓紧完善权力运行监督和制约机制，坚决防止执法不严、司法不公甚至知法犯法、司法腐败。① 应该说，新时代刑事搜查程序法治化正当其时。

第四节　毒品犯罪案件技术侦查措施的运用*

近年来，受国内外环境的影响，毒品犯罪的发案率居高不下。2015 年至 2017 年，全国共破获毒品刑事案件 44.5 万起。② 《2017 年中国毒品形势报告》指出，"不法分子越来越多地应用现代技术手段，全方位利用陆海空邮渠道走私贩运毒品，贩毒手段的科技化、智能化明显升级"。由此，毒品犯罪的隐蔽性日益增加，为缉毒侦查工作带来新的挑战。毒品犯罪案件的特殊性，使得技术侦查措施在案件侦办过程中得到了较为普遍的运用。在有效打击毒品犯罪的同时，技术侦查的秘密性、主动性、程序性等特点，使其不断受到来自被告人、律师、法院、检察院以及公众的质疑和拷问。毒品犯罪的日益蔓延与执法规范化建设、审判中心主义等改革相互交织和作用，使得

---

①　参见《习近平出席中央政法工作会议并发表重要讲话》，载中国政府网，http：//www.gov.cn/xinwen/2019 - 01/16/content_ 5358414.htm，访问日期：2019 年 4 月 3 日。

*　本节撰写者：王锐园。

②　数据摘自国家禁毒办发布的 2015 年、2016 年、2017 年《中国毒品形势报告》。

技术侦查的规范化运用成为化解公检法分歧、实现打击犯罪与人权保障有机统一的关键且疑难问题。

一、技术侦查措施运用的内部审视

《刑事诉讼法》第 150 条规定："公安机关在立案后，对于危害国家安全犯罪、恐怖活动犯罪、黑社会性质的组织犯罪、重大毒品犯罪或者其他严重危害社会的犯罪案件，根据侦查犯罪的需要，经过严格的批准手续，可以采取技术侦查措施。"该条款为技术侦查提供了法律上的依据，并被解读为技术侦查从幕后走向前台。① 从法律规定来看，技术侦查措施实施主体限定为公安机关，采取节点为"立案后"，且需要"严格"的批准手续；就毒品犯罪案件而言，也必须在符合"重大毒品犯罪"的情形下才可以采取技术侦查措施。立法的原则性和模糊性表述以及侦查实践的疑难、复杂特点，使得技术侦查在实践运用过程中呈现出不同的样态。

（一）毒品犯罪案件侦办高度依赖技术侦查

禁毒实践中，毒品犯罪的隐蔽性、智能性和跨地域性日益明显。毒品犯罪案件需要充足的情报指引侦查取证工作。技术侦查在搜集情报、锁定嫌疑人轨迹等方面的优势在毒品犯罪案件中得以充分体现；此外，技术侦查措施所收集的材料往往成为案件批捕、起诉和审判的关键证据，由此导致技术侦查措施成为公安机关打击毒品犯罪的主要甚至是首要措施。调研显示，重大毒品犯罪案件技术侦查措施使用率达 90% 以上；某县级禁毒大队在办理毒品案件过程中，几乎全部案件和情报依赖行动技术部门。② 在中国裁判文书网上以"技术侦查"和"毒品"为关键词搜索，共找到 1648 个结果，一定意义上再次印证毒品案件办理过程中对技术侦查措施的高度依赖。对技术侦查的高度依赖性，源于案件性质、情报搜集、案件经营、考评考核等多重因素，公安机关禁毒部门将技术侦查作为侦办案件的"利器"，并广泛运用，具有一定的合理性。

（二）禁毒与技侦警种之间的协作问题

公安机关内部分为多个警种，如刑侦、禁毒、网侦、技侦等，不同的警

---

① 参见刘广三、李胥：《刑事诉讼法关于技术侦查措施规定中的模糊性语言及其限定研究》，载《中国刑事法杂志》2017 年第 1 期。

② 参见刘虎：《论毒品犯罪侦查手段的运用》，载《云南警官学院学报》2016 年第 2 期。

种承担不同的侦查职能，探讨公安机关的权力问题必须要结合各个警种的职能划分，而这往往是一些学者所忽略的。虽然我国刑事诉讼法将技术侦查的实施主体规定为"公安机关"，但具体负责部门是公安机关技术侦查部门（如 X 市技术侦查支队）。也就是说在毒品犯罪案件中，技术侦查措施的运用并非由禁毒警察来实施，而是由禁毒部门交由技术侦查部门来实施。

厘清技术侦查的"供给侧"与"需求侧"，才能对技术侦查措施运用进行科学审视。对于技术侦查部门而言，其对毒品案件信息的掌握并不全面、充分，只是借助技术手段开展相关技术措施，其作用是配合与辅助，角色类似于信息的"搬运工"。① 由此也很容易理解为何在涉及技术侦查作为证据使用或核实时，技术侦查部门的反对意见比较强烈。此外，在技术侦查运用过程中涉及禁毒部门与技侦部门之间的协作问题，对此，禁毒部门也常常"叫苦"。调研发现，虽同属公安队伍，在部分地区，禁毒与技侦部门双方的协作问题往往成为毒品犯罪案件办理的障碍。毒品犯罪案件在案件时效、跨地域协作方面要求较高，在寻求技侦部门配合时候，往往也存在"排队"、配合程度不高的现象，一定程度上影响了毒品犯罪案件办理实效。

（三）技术侦查所获取材料的转化使用

刑事诉讼法规定，采取技术侦查措施收集的材料"在刑事诉讼中可以作为证据使用"。对于该规定，公安机关有自己的解读和苦衷。毒品案件中，犯罪嫌疑人的反侦查意识和能力较强，对公安机关的侦查措施有一定掌握，所以在进行毒品交易、意思联络、资金支付等环节时，多使用涉毒"暗语"，且具有保密性、地域性、变动性等特征。② 例如，将冰毒称作"冰糖"，将海洛因称作"奶茶"。技术侦查所获取的材料，从表面上看就是冰糖或者奶茶的交易信息，如果不经过语义转化，在法庭中的实际价值有限。在技术侦查所获取材料的提供方面，公安机关内部文件与刑事诉讼法也存在一定的冲突：公安部技术侦查局文件规定，在毒品案件中的毒品数量超过 1 千克的情形下，技术侦查部门才能够提供技侦资料，1 千克以下的案件不提供。而在证据裁判理念下，法院、检察院对此做法意见很大，认为法律规定

---

① 参见王锐园：《价值考量与立场选择：我国技术侦查的分歧与衡平路径实证研究》，载《西南政法大学学报》2018 年第 2 期。

② 参见欧阳国亮：《我国出现的几类新型涉毒隐语研究》，载《中国刑警学院学报》2017 年第 2 期。

明确，只是公安机关落实不到位，随即将矛头指向禁毒部门；禁毒部门即使想提供技术侦查资料，但由于其不是实施主体和保管主体，为了推进案件流程，得求助于技侦部门；技侦部门又认为自己只是辅助部门，且担心会暴露技术侦查方式，移送技侦材料的配合程度不高。由此，技术侦查逐渐成为公检法三机关办理毒品犯罪案件过程中的"心结"。

二、技术侦查运用的外部考问

在审判中心主义改革、被告人权利保障、公众隐私权保护的大背景下，除了公安机关内部审视，技术侦查还遭受着来自法院、检察院、辩护律师以及社会公众的多重考问。在毒品犯罪领域，技术侦查在实体和程序方面、公权力和私权利之间、犯罪治理与人权保障权衡方面一直都处于风口浪尖之上。

（一）审判之问

毒品犯罪案件的重刑适用率较高，2017年，全国法院判处五年以上有期徒刑、无期徒刑至死刑的毒品犯罪分子21733人，重刑率为21.93%。[①] 由此，不难推测这些重大的毒品犯罪案件中，普遍会运用技术侦查措施。检察院和法院对于技术侦查的意见主要集中于证据相关方面。毒品案件本身证据就相对缺乏，一些技术侦查所获材料对事实认定和法官内心确认具有关键作用，为此，在审判中心诉讼体制改革以及司法责任制的推行下，法官对技术侦查证据的使用呼声强烈。一方面，要求技术侦查所搜集的证据应当在法庭上出示并进行质证；另一方面，要求公安机关配合庭外核实，且庭外核实过程中要求辩护律师参与。此外，对于技术侦查证据转化方面，实践中缺乏相关的操作规范，在审批程序、制作规范、转交办法等方面没有具体规定，法院对此也颇有意见；在技术侦查材料保管时间方面，与案件的审限也存在不匹配之处。法院普遍担心技术侦查资料保存时间有限（一般为3~6个月），会造成案件后期诉讼中证据不充分；实践中也有部分法院要求警察出庭作证，但公安机关技侦部门出于保密的考虑，在实践中配合程度不高。法院为此对于一些缺少关键性技术侦查证据的毒品犯罪案件，"不敢判"的心理较为明显，往往作出不判或轻判的处理。诚然，在裁判文书上网、司法责

[①] 参见罗书臻、孙航：《最高人民法院发布毒品犯罪司法大数据》，载《人民法院报》2018年6月26日。

任制等影响下，法院的顾虑也情有可原。

（二）辩方之争

技术侦查运用问题往往也成为毒品犯罪案件辩护过程中的核心和焦点问题。辩护律师对技术侦查提出的疑问主要集中在几个方面：第一，采取技术侦查的节点问题。刑事诉讼法中要求采取技术侦查措施的时间点是立案之后，由于毒品犯罪案件需要长期经营，并且犯罪网络层级较多，经常出现侦查过程中又发现新的犯罪嫌疑人的情形。辩护律师为此往往提出公安机关所采取的技术侦查措施是在立案之前，违反法律规定，要求进行证据排除。第二，在案件范围方面，许多辩护律师提出公安机关侦办的毒品犯罪案件不属于刑事诉讼法所规定的"重大毒品犯罪案件"，故不能采用技术侦查措施收集证据，认为公安机关办理案件存在程序问题和错误。第三，在技术侦查证据出示方面，辩护律师认为技术侦查证据必须要经过当庭质证，否则不能作为审判的依据。[①] 同时，在庭外核实环节，辩护律师要求参与，要求保障自己的辩护权和被告人的知情权利。第四，技术侦查相关文书方面，如技术侦查审批决定书，文字摘录、通话记录等转化材料方面，也往往成为辩护律师的辩论焦点。

（三）公众之忧

在热播剧《人民的名义》之中，原公安分局局长程度私下监听市委书记李达康，又把监听所获得的视频资料作为自保的筹码。这样的桥段在现实中也发生过，美国"棱镜计划"就曾引发全球热议。[②] 因此公众对于技术侦查的隐忧也情有可原。技术侦查的关键特征在于，为了寻找犯罪证据和犯罪

[①] 参见程雷：《技术侦查证据使用问题研究》，载《法学研究》2018年第5期。

[②] 美国的"棱镜计划"（PRISM）曾引发公众对于个人隐私的担忧。2013年6月，前中央情报局职员斯诺登首次向媒体披露了一项由美国国家安全局（NSA）实施的电子监控计划——"棱镜计划"（PRISM）。这个计划包括两个秘密监视项目，一是监视、监听民众电话的通话记录；二是监视民众的网络活动。借助先进的电话监控技术，美国政府可以监听民众的所有通话。根据斯诺登披露的文件，美国国家安全局可以接触到大量个人聊天日志、存储的数据、语音通信、文件传输、个人社交网络数据。美国政府实施的庞大监控计划实际上取消了美国公民的个人自由空间，所有美国人都被视为潜在的罪犯加以监视。2013年6月11日，美国民权组织"美国公民自由联盟"针对"棱镜计划"正式起诉联邦政府，称联邦政府实施的秘密情报监视项目"棱镜计划"侵犯言论自由和公民隐私权，违反宪法，请求联邦法院下令中止这一监控计划。参见李云龙：《肆意践踏人权的美国"棱镜计划"》，载《光明日报》2014年3月2日，第8版；邵国松：《损益比较原则下的国家安全和公民自由权——基于棱镜门事件的考察》，载《南京社会科学》2014年第2期。

线索而使用技术手段、秘密地侵入他人私人生活领域。技术侦查具有技术性、秘密性和隐私侵入性,导致了技术侦查本身存在着被滥用的风险,而且容易引发更深层次的危险。①

诸如暴恐犯罪、黑社会性质的组织犯罪,公众的知晓范围较广,对技术侦查措施的运用有着较高的认可度。就毒品犯罪案件特点而言,其属于主动式侦查,完全在秘密状态下进行经营,多数公众认为自己跟毒品犯罪毫无关系,对于毒品犯罪危害的认知或感受并不强烈。故在知晓技术侦查这一侦查手段后,对于技术侦查的运用较为敏感。公众担忧的一方面是技术侦查容易被滥用,技术侦查措施由公安机关负责审批,并由公安机关负责实施,存在"又当裁判员又当运动员"的嫌疑,如果稍不注意,就可能成为少数人滥用公权力的工具,严重侵犯公民基本权利。② 另一方面,公众担忧自己的隐私权有可能被侵犯。在大数据时代背景下,技术侦查与个人信息数据的联系更为紧密,公权力与私权利的紧张关系势必加剧。③ 毒品犯罪案件在采用技术侦查措施过程中,除了犯罪线索外,还有可能搜集到婚姻关系、健康状况、行动轨迹等信息,而这其中有许多信息是与案件侦办无关的个人隐私信息,也可能包括与案件无关的其他自然人的相关隐私信息,一旦泄露,可能会对人格尊严、权利保护等方面产生较大的负面影响。在当今的大数据时代,民众数据权利意识崛起,更加强调隐私权利保护,这是技术侦查措施在运用过程中不可回避的问题。

三、毒品犯罪案件技术侦查运用的法治化设计

当前,禁毒形势日益复杂、严峻,法治理念也逐渐深入人心,两种因素相互作用,使得技术侦查的运用在打击犯罪与保障人权、效率与公正、比例原则适用等维度上徘徊循环。提高技术侦查运用的水平,关系到禁毒工作的成效问题,也关乎法治中国的建设推进问题,为此必须要全面分析、统筹协调、谨慎调整。

---

① 参见刘军:《技术侦查的法律控制——以权利保障为视角》,载《东方法学》2017年第6期。
② 参见郭开明:《我国公安情报监听监督制度初探》,载《情报探索》2018年第4期。
③ 参见彭俊磊:《技术侦查中大数据取证的法律规制》,载《重庆邮电大学学报(社会科学版)》2018年第5期。

（一）严格遵守技术侦查使用原则

第一，底线使用原则。毒品犯罪案件中对技术侦查的高度依赖有其合理性，但过度依赖也会产生一定的负面作用，如侦查意识固化、线索来源单一、阵地控制弱化等问题。为消解分歧，毒品犯罪案件运用技术侦查时，必须要强调底线使用原则。底线使用原则又称为最后性原则，即通过其他证据足以证明案件事实的，尽量不在诉讼中使用技术侦查材料；另外，应当将技术侦查当作收集其他法定证据类型的途径，如确定毒品位置、锁定犯罪嫌疑人后进行相关的取证工作。简而言之就是技术侦查措施"能不用就不用"。一方面能够节约技术侦查资源，"集中精力办大案"，另一方面也降低公检法之间的分歧，顺利推进诉讼流程。

第二，保护保密原则。毒品犯罪案件运用技术侦查手段时，必须要遵守保护和保密原则。首先要保护技侦力量，明确技术侦查"辅助"的职能定位，加强对技侦民警的保护，避免出现毒品犯罪嫌疑人报复等不良现象。在警察出庭作证方面，要区分禁毒警察和技侦警察在毒品犯罪案件中的分工与权限。基于职能定位和保护技侦力量角度考虑，不建议对技侦警察作出庭作证的设计（当然，禁毒警察出庭作证可能会成为未来的趋势）。其次要对技侦手段保密。目前有些影视剧、专业论文中对技侦手段过度暴露，不利于毒品犯罪的打击。在嫌疑人反侦查意识不断增强的现实背景下，更应当加强对技侦手段的保密工作，使其真正能发挥情报搜集和证据固定的作用。此外，保密原则还体现为在采取技术侦查措施过程中，要严格对获取到的公众隐私信息进行保密，要通过过程监督、责任倒查等方式确保公民隐私权不受侵犯。也可通过司法解释或者指导性案例，对技术侦查的适用范围予以细化和明确，消除适用范围的模糊性和适用标准的地区差异性，增强对隐私权程序性保护和救济的合理预期。①

第三，程序合法原则。我国刑事诉讼法规定，采取技术侦查措施必须要经过严格的审批。具体实践中，公安机关内部对技术侦查的案件适用范围、技术侦查措施的种类、适用对象以及适用期限都作出了相应的细化规定，并且规定相关批准文书都应当附卷。通过程序上的硬性要求，能够在一定程度上限制技术侦查滥用的现象。当然，在具体的案件办理过程中，还应当进一

---

① 参见谢登科：《论技术侦查中的隐私权保护》，载《法学论坛》2016年第3期。

步加强对技术侦查运用的监督,实现毒品犯罪治理中的程序正义。

第四,重罪使用原则。重罪使用原则在我国刑事诉讼法中得以体现,这是节约技术侦查资源、加强民众权利保障的必然要求。但从实践运行来看,对于"重大毒品犯罪案件"的理解,各地把握不一。《刑事诉讼法》以及《公安机关办理刑事案件程序规定》对于重大毒品犯罪案件也未作出明确限定。结合禁毒实践,建议"重大毒品犯罪案件"应当限定为"可能判处无期徒刑、死刑的案件"。我国《刑事诉讼法》第 123 条的表述也可作为参考。① 此类案件一审由中级人民法院管辖,技术侦查措施也是由设区的市一级以上公安机关负责,通过对案件范围进行限定,能够对技术侦查措施的运用形成较好的制约与监督,也有利于相关司法制度的运行。

(二)完善技侦部门与禁毒部门的协作机制

技侦部门与禁毒部门之间的良好协作是提高毒品犯罪案件办理时效与实效的有利方式。禁毒部门作为办案单位,需要技侦部门的力量实现情报导侦、证据固定、诉讼推进等工作;技术侦查部门作为技术支撑部门,其所掌握的技术数据也需要通过业务部门来进行转化,将"死的数据"变成"活的数据",以此应用于警务实践,提高犯罪治理能力。因此,就毒品犯罪而言,禁毒部门与技侦部门对彼此都有各自的诉求,双方具有高度协作的有利条件。为此在实践中,应当进一步构建禁毒部门与技侦部门之间的协作机制,通过建立联席会议制度,加强双方之间的交流,化解在案件侦办过程中的协作不畅问题。具体操作层面,禁毒与技侦部门的共同主管部门应大力开展业务交流、专业知识分享等主题活动,了解彼此立场和现实需求。此外,在人才培养方面也应当加大力度,培养"技侦+禁毒"双通的复合型人才,以此更好地适应日趋严峻复杂的禁毒形势。

(三)规范技侦证据的移送和庭外核实制度

部分毒品犯罪案件中,技术侦查证据是案件事实认定的关键证据,如果公安机关不移送,不在法庭上出示并质证,不利于案件事实的查明,也容易被辩方扣上"公检法联合办案""暗箱操作"的帽子。质证是落实以审判为

---

① 《刑事诉讼法》第 123 条规定:"侦查人员在讯问犯罪嫌疑人的时候,可以对讯问过程进行录音或者录像;对于可能判处无期徒刑、死刑的案件或者其他重大犯罪案件,应当对讯问过程进行录音或者录像。"该规定中,"可能判处无期徒刑、死刑的案件"与"其他重大犯罪案件"在表述时为并列关系,故重大犯罪案件认定为"可能判处无期徒刑、死刑的案件"更为合理。

中心的重要关键环节,也是庭审实质化的内在要求,但对所有采取技术侦查措施的毒品犯罪案件都进行当庭质证,又会违背技术侦查保护保密的原则。为此,必须要寻求相对合理的折中途径。

首先,对毒品犯罪案件的事实认定或者死刑适用有重大影响的,技术侦查所搜集的材料应当作为证据移送。我国《刑事诉讼法》第154条规定的是"依照本节规定采取侦查措施收集的材料在刑事诉讼中可以作为证据使用",这种模糊性的规定不利于实践把握和操作,没有根据案件性质赋予侦查机关强制性义务,由此才导致了公检法三机关对法律规定的理解不一,分歧不断;必须要强调的是,应当移送证据的案件类型限定为"对毒品犯罪案件事实认定有重大影响或可能判处死刑的毒品犯罪案件",事实认定依赖技术侦查证据的,技术侦查证据必须要及时移送,以助于法官的内心确认;死刑案件的证据规格要求高,对于犯罪嫌疑人而言,也要通过充分确实的证据使其伏法。从禁毒实践来看,多地技侦部门也放宽技侦证据的移送标准,并且也有多数案件实现了当庭质证。笔者在调研过程中也发现,从公安部的意见来看,对于技侦证据的移送和质证工作也是持支持意见,并且还曾为此协调过相关案件,这为加强技侦证据的移送使用工作提供了新的契机与方向。

其次,庭外核实环节应准予律师参与。《刑事诉讼法》规定:"必要的时候,可以由审判人员在庭外对证据进行核实。"具体到禁毒实践中,对技术侦查证据庭外核实时,参加人员如何确定,实践中做法不一,但公安机关普遍对于律师参与庭外核实环节持反对意见,部门省级层面的文件对此问题也少有涉及,也有个别省份排除律师参与。如安徽省高级人民法院、安徽省人民检察院、安徽省公安厅于2014年4月联合发布的《毒品案件证据收集审查判断规则》中第42条将辩护律师排除在外,规定庭外核实参加主体为审判人员、检察人员和侦查人员。① 庭外核实环节律师的缺席,会导致控辩双方结构失衡,也容易给案件审理留出猜测空间;在法庭上,辩护律师也必

---

① 该法条表述为:"侦查机关通过技术侦查措施收集的物证、书证及其他证据材料,经查证属实,在刑事诉讼中可以作为证据使用。对于使用该证据可能危及有关人员的人身安全,或者可能产生其他严重后果的,审判人员可以在庭外对证据进行核实。对采取技术侦查措施收集的材料进行庭外核实的,审判人员可以通知检察人员、侦查人员到场,共同进行。审判人员对核实有关材料的内容、过程等情况,应当制作笔录,笔录由侦查机关的技术侦查部门、在场参加核实人员签字确认。"

然会对技术侦查运用提出一系列反对意见。实践中排除律师的做法往往是基于保密的原因，律师作为法治建设的重要力量，应当被给予充分的信任。为此，建议通过签订保密协议、终身追责制度构建等方面加强对律师的制约，提高律师保密意识。律师参与庭外核实环节是人权保障的体现，也是技术侦查运用规范化的监督方式，所以在庭外核实环节，律师的参与权必须要得到保障。

（四）尽快出台技术侦查专门性立法

从禁毒实践来看，已有部分省份通过公检法三机关联合会签法律文件的形式，进一步细化了毒品犯罪证据采集和审查判断工作，其中对技侦证据的使用也作出了相关规定。如辽宁省公检法三机关共同出台了《关于办理毒品犯罪案件审查判断证据若干问题的规定》（2014年7月1日），安徽省公检法联合印发了《毒品案件证据收集审查判断规则》（2014年4月10日），浙江省公检法联合发布了《重大毒品犯罪案件证据收集审查判断工作指引》（2015年1月5日）。针对技术侦查证据使用，浙江省高级人民法院还专门印发了《关于刑事诉讼中技术侦查证据材料使用若干问题的指导意见》（浙高法〔2018〕45号）。这些地方性文件的出台对于技术侦查的规范化运用、消解公检法三机关分歧等方面发挥了重要的作用。

目前，最高人民法院、最高人民检察院、公安部正在起草制定《毒品犯罪证据规则》，笔者也参与了该规则的制定工作，并参加了多次三部门共同召开的专题座谈会，其中技术侦查证据使用的相关规定是三部门争论的核心问题。这在一定意义上也凸显了技术侦查专门性立法的必要性和紧迫性。《毒品犯罪证据规则》主要针对毒品犯罪案件，并且主要围绕技术侦查证据使用方面作出规定，这对于完善技术侦查措施运用、加强监督制约、保障公众隐私权而言，显得不够全面，操作性也不强。为此，必须以毒品犯罪技术侦查规范化运用为契机，推动技术侦查专门性立法工作，加强对技术侦查运用的事前、事中、事后监督与管理，在实施条件、救济措施、侦查终结等实质内容方面形成整套、完备的体系。

操作层面，建议由公安部技术侦查部门牵头，禁毒部门参与，并联合最高人民法院、最高人民检察院共同商讨并出台相关规定（笔者也了解到，公安部技术侦查局已经启动了相关的立法工作）。立法过程中要积极参考浙江、安徽等地已经施行的规范，并根据实际情况加以完善，尽快出台全国性的统一立法规定并制定全国性的技术侦查操作模式。就毒品犯罪案件而言，技术侦查证据的使用方面也应当明确规定，为此，建议《毒品犯罪证据规则》尽快出台，以此推动技术侦查证据的有效运用，减少不必要的分歧，确保毒品犯罪案件的办理实效。

总之，技术侦查措施的运用涉及实体正义与程序正义、效率价值与公正价值、惩治犯罪与保障人权等多个层面之间的冲突。刑事诉讼法"宜粗不宜细"的立法技巧对于技术侦查措施的规范化、法治化运用留下了可填补的空白。技术侦查的模糊授权未必有利于控制犯罪，也可能使得侦查机关无法可依并造成法律的可操作性较差；严格规制未必不利于打击犯罪，也可能会指明一条明确而正当的路径。① 在毒品犯罪案件中亦是如此，一方面要充分发挥技术侦查在打击毒品犯罪方面的优势作用，有效遏制毒情蔓延；另一方面也要通过细化且具有可操作性的法律规范，实现对技术侦查措施的有效控制，满足公安机关、司法机关、被告人与社会公众的合理期待与诉求。化解毒品犯罪案件技术侦查运用之分歧，要立足我国现实国情与毒情，理性考量冲突因素，充分尊重各自立场，探索一条有机统一的衡平路径。

第五节 网络贩毒犯罪电子证据的收集和审查*

随着互联网电子技术的高速发展，计算机网络已然成为了社会大众日常生活生产中的重要组成部分。根据第 42 次《中国互联网网络发展统计报告》显示，截至 2018 年 6 月，我国网民规模为 8.02 亿，互联网普及率为 57.7%。② 然而，我国庞大的网民基数给了犯罪分子侵害网民合法权益的契机，各类网络犯罪日渐增多，网络安全问题愈加严峻。其中，毒品犯罪分子利用互联网实施贩毒活动已然呈现出了新的犯罪态势。电子证据作为打击网络贩毒犯罪的核心证据，在审查认定案件事实和定罪量刑等方面具有不可替代的关键作用。根据重庆市公安机关 2018 年办理的 28 起比较典型的网络贩毒案件进行实证研究，可以发现电子证据自身的特点以及侦查取证人员自身

---

① 参见胡铭：《技术侦查：模糊授权抑或严格规制——以〈人民检察院刑事诉讼规则〉第 263 条为中心》，载《清华法学》2013 年第 6 期。

* 本节撰写者：张雷、胡江。

② 参见王誉霏：《禁毒十年理论研究与实践展望》，载《人民法治》2018 年第 12 期。

工作的一些缺失，导致网络贩毒犯罪电子证据的收集和审查工作存在一定问题。因此，需要从司法实践着手，改进对于网络贩毒犯罪电子证据的收集方式和审查程序，加强对于网络贩毒犯罪的打击力度。

一、网络贩毒犯罪电子证据的种类和形态

在互联网高速发展的背景下，传统的贩毒犯罪改头换面，网络贩毒活动日益猖獗。2018年，重庆市公安机关共办理比较典型的网络贩毒案件28起，对其进行调查分析，可以发现网络贩毒犯罪的基本模式，并在对犯罪活动的基础认定上对其电子证据进行准确的认定和分类。[①]

（一）网络贩毒犯罪的基本模式

"网络贩毒"，也有学者称呼其为"网上贩毒""利用互联网贩毒"，从其字面意思来看，就是利用互联网贩卖毒品，即贩毒人员在虚拟的互联网中购买毒品、销售毒品，利用支付宝、微信等手段收取毒资的行为。其中，互联网是网络贩毒的载体。网络贩毒包含制毒、卖毒、运毒、吸毒等行为，是一个复杂的毒品犯罪系统。为了更好地区分其电子证据的种类和形态，有必要先对其实施模式进行分析探讨。从重庆市公安机关的司法实践来看，主要有以下几种基本的犯罪实施模式：

1. 利用网络发布销售信息

根据调查，犯罪嫌疑人利用网络进行贩毒活动，首先要在网络世界中寻找毒品需求者。犯罪嫌疑人会在各种网络平台上大量发布毒品销售信息，但为了躲避监测和侦查，往往以保健品或食品等产品加以伪装。在反复确认并排除"钓鱼执法"的情况后，犯罪嫌疑人才将实情告知对方。有的犯罪嫌疑人也会使用"圈内暗语"或毒品别名发布毒品销售信息。

在调查中，被用以发布信息的平台分为以下几种：一是网络聊天工具，利用该平台发布毒品销售信息的对象相对特定，通常是具有贩毒或者吸毒前科的人；二是专门的交易网站，犯罪嫌疑人通过各种渠道获取域名并建立网站，通过伪装、掩饰等手段逃避网络监测，在交易网站上发布毒品销售信息，对象不特定；三是网络论坛，有些网络论坛中有不少吸毒、贩毒者，因而犯罪嫌疑人常常选择在论坛上发送有关毒品销售的帖子，对象也不特定；

---

① 案件来源于重庆市公安禁毒总队通报的禁毒工作情况和相应的各区县新闻。

四是电子邮件，犯罪嫌疑人编辑好毒品销售信息的邮件后，批量发送给不特定的电子邮箱用户；五是视频聊天室，不少犯罪嫌疑人利用专门的视频聊天室，发布毒品销售信息。在 28 起案件中，主要利用网络聊天工具进行贩毒活动联系的有 14 件，主要利用交易网站、网络论坛、电子邮件的有 11 件，主要利用视频聊天室的有 3 件。但值得注意的是，多数案件都涉及了多种网络电子工具，其犯罪实施手法正呈现多种手段联合并用的态势，增加了案件侦办的难度。①

2. 通过网络交流平台联络交易

在调查中发现，发布信息得到回应后，出于安全之考虑，犯罪嫌疑人先会使用微信等交流平台与对象联络，联络使用的往往是"圈内暗语"，确定对方的真实意图后才决定是否交易，整个过程分为试探与商谈两个阶段。经过商谈，双方确定毒资支付、毒品移交方式。重庆市公安机关所侦办的 28 起案件仅包含破获的实际实施的犯罪，通过网络交流预备实施的犯罪远远超过了这个数量。

3. 实际交易

在侦办的案件中，购毒者与犯罪嫌疑人达成协议后，往往利用网络第三方支付平台支付毒资。具体流程为：购毒者先行支付货款给第三方；第三方收到货款后通知犯罪嫌疑人发货；犯罪嫌疑人以虚假的发件人地址，通过快递物流将毒品寄送至购毒者指定之地；购毒者验货后通知第三方付款给犯罪嫌疑人，第三方从中收取服务费。第三方平台通常并不明知双方交易的对象系毒品。此外，也有不通过第三方而采取"定金＋尾款"模式的情形，即购毒者先将定金打入犯罪嫌疑人用虚假身份开立的账户，待验收毒品后完成尾款支付。

(二) 网络贩毒犯罪电子证据收集的种类和表现形态

在传统毒品犯罪中，毒品本身是最常见的证据，也是侦查人员关注的重点。而在网络贩毒中，电子证据成为案件证据的重心，对犯罪事实的认定起着关键作用，网络贩毒行为必然会在相应的网络设备上留下作案痕迹，案件侦查的核心就是收集和固定这类痕迹。研究网络贩毒犯罪电子证据的收集和审查，必先明确电子证据的种类。一般认为，电子证据是指以数据形式保存

---

① 参见司继涛：《治理网络毒品犯罪亟须网上网下合力》，载《检察日报》2017 年 1 月 22 日，第 3 版。

在计算机等存储介质中的信息，具体包括文档、音频、视频、短信、通话记录等。在重庆市公安机关的侦办实践中，主要是按照存储位置的不同，将网络贩毒案件的电子证据分为以下几种类型：

1. 储存在本地计算机上的电子证据

犯罪嫌疑人使用计算机，不论是浏览网页、即时通信、发布信息还是在不连接网络的情况下查看、新建数据，都会留下活动痕迹。在重庆市公安机关侦办的网络贩毒案件中，本地计算机存储的数据是最主要的电子证据。侦查人员对涉案计算机进行证据收集时，通常是重点围绕以下内容进行：

一是本地计算机上存储的电子文件。主要指犯罪嫌疑人在该计算机上新建或者存储的、可以证实整体或部分案件事实的数据，文件类型主要包括文档、图片、音频、视频等，如犯罪嫌疑人为记录毒品交易详情而在计算机上建立的 Word、Excel 等文档。

二是本地计算机上存储的网络聊天记录。随着网络即时通信科技的发展，QQ、微信等软件相继成为人们日常生活中的常用网络聊天工具，其普及性远远高于其他社交软件，犯罪嫌疑人利用这些工具从事贩毒犯罪的情况也十分普遍。通过对侦办的案件进行分析发现，微信等即时通信工具通常都具备自动保存聊天记录的功能，如 QQ 等还开发有移动客户端与计算机默认关联的设置，犯罪嫌疑人常会百密一疏，忘记删除，从而给侦查工作提供了一定程度上的便利。而且即时通信工具上的聊天记录往往涉及是否交易、如何交易等犯罪全过程，有些记录还涉及实施其他犯罪的犯罪嫌疑人，足见其对于案件侦破价值之大。多数即时通信工具除文字聊天外，还具备语音、视频等聊天功能，计算机上自动保存的语音、视频文件不仅可以作为证据使用，还能够帮助侦查人员获取犯罪嫌疑人的声音、体貌等特征。

三是本地计算机上存储的网页浏览记录。在调查中发现，犯罪嫌疑人使用浏览器登录相关网站发布毒品交易信息，就会在计算机中留下记录。这些记录结合服务器终端数据，可以还原犯罪嫌疑人使用浏览器的全过程。

2. 储存在网站服务器上的电子证据

犯罪嫌疑人通过网站提供的聊天室从事贩毒犯罪，或者在网站上发布毒品销售信息等行为都会在网站服务器上留下痕迹，将这些数据提取并固定下来，是网络贩毒案件侦查的重点。在重庆市公安机关的侦办实践中，对服务器数据进行证据收集具体包括以下几个方面：

一是犯罪嫌疑人的登录信息，主要有犯罪嫌疑人的登录时间、IP 地址、网卡地址等。根据这些信息，侦查人员很容易锁定涉案计算机以及犯罪嫌疑人。

二是犯罪嫌疑人发布的信息，如毒品销售信息、互动交流信息。

三是电商交易、移动支付数据，犯罪嫌疑人可能会通过阿里巴巴、京东等电商平台以及支付宝、银联等第三方支付平台（包括移动终端App）实施毒品交易或者购买犯罪工具，从而在相关网站上留下交易和支付信息。

四是电子邮件，只要掌握了犯罪嫌疑人的邮箱账号，就可以在邮箱网站管理者的配合下获取犯罪嫌疑人收发邮件的内容。

3. 储存在其他位置上的电子证据

在调查中，除本地计算机、网络服务器之外，移动硬盘、光盘、U盘、存储卡等移动存储媒介也经常成为网络贩毒案件的电子证据载体。特别要指出，移动存储媒介无法生成、修改数据，其存储的数据通常是在计算机等设备中生成后经拷贝或刻录形成的。另外，相机、录音笔等数码产品也具有存储数据的功能，以之为载体存储的图片、视频或者音频等文件也常成为网络贩毒案件的电子证据。

二、网络贩毒犯罪电子证据收集审查过程中存在的问题

以往对于贩毒犯罪的电子取证主要是采用收集、提取犯罪活动中的视听资料作为佐证，并不是将电子证据作为主要证据进行收集。但随着网络贩毒案件的日渐增多，以往对于视听资料的收集提取方式已经不能满足侦破案件的客观要求。在2018年重庆市公安机关办理的28起案件中，有的案件的电子证据在发现、收集、提取、审查工作中存在瑕疵，有的案件因操作不当而严重影响了案件的侦办工作，对其进行分析可以发现当下公安机关对网络贩毒犯罪电子证据收集审查过程中存在的具体问题。

（一）程序问题：法律规定依据不够完善

以往的网络贩毒案件的侦查取证工作缺乏法律依据，从而使得侦查人员在侦办网络贩毒案件时容易将电子证据与其他证据类型相混淆，也使得侦查人员习惯性地使用传统取证方式来开展此类案件的侦查，导致侦查效果不佳。直到2012年，修订后的《刑事诉讼法》将电子数据作为独立的证据类型予以了明确规定。2016年"两高一部"出台的《关于办理刑事案件收集提取和审查判断电子数据若干问题的规定》（以下简称《电子数据规定》）

开始明确了电子数据的收集、提取、移送、展示、审查、判断规则，为司法实践提供了指南，但仍不够完善，如未针对电子证据的概念以及范围等进行明确界定，使得过去网络贩毒案件侦办中存在的问题没有得到彻底性解决，完善电子取证立法迫在眉睫。①

（二）线索问题：数据隐蔽性强，发现不及时

通过对瑕疵案件的调查，得出在电子证据的发现方面主要存在如下两项问题：

1. 即时通信工具的发展缩短毒品交易时间，毒品交易活动难以被发现

在调查中，通过即时通信功能，犯罪嫌疑人能够及时有效地传递、推送毒品交易信息，方便犯罪嫌疑人与毒品需求者进行深度交流。同时，犯罪嫌疑人既可以采取"定点式"方式向特定的对象推送信息，又可以采取"撒网式"方式向不特定的群体发布信息，实现"点对点"和"点对面"两种模式的结合，从而使得毒品交易活动能够在较短时间内完成，且不受时间和空间的限制。这就使得网络贩毒活动难以被系统监测或他人目击，不容易被发现。比如，在瑕疵案件中，有几起案件因为只发现了QQ联系记录，而且其中的"毒品"材料都是用暗语代指，无法通过单独的记录辨识哪些是真正的犯罪记录，影响了最后对于贩毒下家的侦查工作。

2. 电子数据涉密性、隐蔽性强，容易被忽略

随着犯罪嫌疑人反侦查能力日渐提高，犯罪后将计算机与移动电话等设备上和犯罪有关的信息数据删除、隐藏或者加密已然成为网络贩毒犯罪的常态，案发之时还能够明显注意到的电子数据就十分有限。而且电子证据本身十分脆弱，容易损毁、灭失，网络贩毒的隐蔽性决定了此类犯罪难以被及时发觉，相关的电子证据难以被及时提取。实践中有很多网络贩毒案件都因未及时发现犯罪活动，导致电子证据无法获取。比如，2018年1月重庆市某区公安局侦办的杨某等人通过网络聊天室贩卖冰毒案，杨某等人连续数月通过聊天室与吸毒者进行联系，然后通过视频确定贩卖毒品的方式和时间地点。但侦查人员在对涉案计算机进行设备操作时遗漏了一些关键证据，在一周后将涉案计算机交给技术取证人员时才发现了重要的通话记录证据，但此时已经无法确定与其联系的其他涉案人员。

---

① 参见王忠勇、王永贵：《毒品犯罪案件常见证据问题及审查要点》，载《人民法治》2018年第12期。

（三）收集问题：专业素质不够，收集不全面

在调查中，网络贩毒犯罪的电子证据主要存储在计算机、移动电话、移动硬盘、U盘等媒介或者网络服务器中，重庆市公安机关采取普通的搜查、收集方法通常只能提取、固定其中的显性数据，对于事先就被犯罪嫌疑人隐藏、加密甚至删除的电子数据，则还须依赖具有专业知识的人员使用专业设备对隐藏数据进行读取，对加密数据进行解密，对被删除的数据进行恢复。然而，笔者根据2018年底重庆市公安机关的内部通报文件发现，全市38个区县基层公安机关中，具有专业知识、能够及时全面提取、固定电子证据的人才主要集中在主城10个区内，其他偏远区县缺乏专业人才，此类案件中的瑕疵案件也主要发生在偏远区县，因而在很大程度上影响了网络贩毒案件侦查取证活动的开展，从而影响了司法机关对网络贩毒犯罪活动的侦破和打击。

（四）提取问题：电子证据数量巨大，获取数据不完整

1. 电子证据数量巨大，难以全面提取

与传统毒品犯罪相比，网络贩毒犯罪通常涉及面较广，犯罪事实笔数较多，加之电子证据形式多样化，物证、书证等传统证据类型也有可能以电子证据的形式体现出来，由此导致此类犯罪的电子证据数量巨大，侦查人员在提取、固定相关数据时难免有所遗漏。比如，重庆市某区公安局办理的王某某等人网络贩毒案，犯罪嫌疑人利用微信平台向数以百计的毒品需求者贩卖毒品并通过微信转账的方式支付毒资，数百份的微信聊天记录、微信转账记录都需要作为电子证据提取、固定下来。但面对如此庞大的工程，侦查人员中有人因疏忽大意或者其他客观原因，不能全面提取到相关数据，从而导致部分犯罪事实无法认定。

2. 电子证据片段性分布，获取信息不连贯

在侦办存在瑕疵的网络贩毒案件中，有的侦查人员为图方便，只是提取电子证据中有价值的文件或内容，致使电子证据提取有失全面；有的侦查人员将与犯罪事实直接相关的证据内容从电子数据整体中剪拼起来，表面上强化了证据与案件的关联性，但也使得证据改变了其本来的面目，有损于证据的客观性，最终得不偿失。实际上，在即时通信工具聊天记录、手机通话记录之类的电子数据中，与犯罪事实无直接关联的内容往往占据绝大部分，仅仅将其中直接涉及毒品交易商谈的聊天内容提取、固定下来，常常会面临证

据逻辑不顺畅的问题,不利于庭审指控和法官内心确信的形成。①

(五)审查问题:判断运用程序不健全

在调查中,对网络贩毒案件电子证据的取证审查模式主要是由侦查人员对涉案的计算机、手机以及其他网络电子设备进行收集,然后交由专业技术人员利用各种电子取证技术进行取证,通常采用恢复删除文件,分析网络聊天、浏览记录,破解加密电子邮件,克隆基站电子数据等,然后根据取证得出证据审查报告。然而,当下对于网络贩毒的取证模式基本都是事后的被动取证,侦查工作和取证审查工作相对独立。而从重庆市公安机关的侦办实践来看,将侦查与取证审查分离开来的证据审查模式成功率较低。

其一,电子证据证明力的大小认定起来较难。在侦办存在瑕疵的网络贩毒案件中,公安机关常将电子证据转化为书证或者鉴定意见,以增强电子证据的证明力,但这种"二次转化"的模式无疑使得电子证据失去其本身的证据能力,如何准确地认定电子证据的证明力,是电子证据审查运用的又一难题。其二,电子证据关联性判断难。在几起存在严重问题的案件中,电子证据的内容都是因人为破坏或者机器设备故障等原因发生变化,无法准确判定其与案件的关联性。而且侦办实践中电子证据是否与案件事实存在关联,常具有较强的迷惑性,如何在表象之下寻求内在的因果联系也是审查电子证据关联性的重点。②

三、网络贩毒犯罪电子证据收集取证和审查运用的发展路径

笔者通过对成功侦办的案件进行综合分析后认为,当下对于网络贩毒犯罪电子证据的收集和审查工作,需要全面完善收集取证的工作方式,并在坚持"客观全面、迅速及时、深入细致、高效低耗"的基本取证原则下,重点从电子证据合法性、客观性、关联性三个方面进行审查,以便在起诉审判环节能够得以切实运用。

(一)严格按照法律程序进行取证,提高侦查人员专业素质

一方面,我国《宪法》《刑事诉讼法》等法律都十分强调尊重和保障人

---

① 参见罗华英:《公诉视角下毒品犯罪案件证据审查之若干问题研究》,广西师范大学 2017 年硕士学位论文。

② 参见蒋平、陆娟:《计算机犯罪与电子取证研究》,社会科学文献出版社 2018 年版,第 32 页。

权。个人隐私是人权的重要组成部分，但网络贩毒案件侦查中的电子取证活动不可避免会对犯罪嫌疑人的个人隐私造成侵害。这就意味着，打击犯罪与保障人权有时会产生价值冲突。为此，电子取证立法应当在规范取证程序的同时，着重强调针对电子证据的非法证据排除规则，否定通过侵犯个人隐私获取的电子证据的证据效力，切实保障犯罪嫌疑人的基本人权。技术侦查手段经常被用于毒品犯罪案件侦查，因技术侦查的特殊性，《刑事诉讼法》对技术侦查措施规定有严格的审批、执行程序。所以，在侦办网络贩毒案件时，侦查人员要严格按照"两高一部"2016年颁布的《电子数据规定》开展电子取证工作。在聘请专家参与网络贩毒案件电子取证工作时，要注重审查相关专家是否具有侦查取证的主体资格，是否需要依法回避等，以保证电子取证工作的正常进行。①

另一方面，培养掌握多种专业知识与技能的复合型侦查人才。基于网络贩毒犯罪电子证据易灭失、易篡改等特征，普通侦查人员很难及时全面地提取、固定与案件相关的电子证据，电子证据提取不及时可能会给予犯罪嫌疑人篡改、破坏、删除电子证据的可乘之机，给侦查取证工作造成重大损失。为及时全面且合法地提取电子证据，侦查人员应同时掌握多种专业知识和多种取证技能，除具备常规侦查技能之外，还须具备必要的法律知识和电子取证技能。因此，公安机关有必要定期对侦查人员进行法律、互联网知识和电子科技应用、数据分析技能的培训，逐渐培养一批熟练掌握法律、侦查、计算机等相关知识与技能的复合型人才。

(二) 及时发现、完整保存，获取全部涉案电子证据

网络贩毒案件在犯罪预备、犯罪实施、犯罪结果等各个环节所使用的网络电子设备并不相同。与一般犯罪不同，网络贩毒的数据既包括在犯罪嫌疑人被查获处的计算机等电子设备中的静态数据，也包括在互联网中进行贩卖联系等活动的动态数据。如 2018 年 4 月，重庆市南岸区公安局在办理王某某网络贩毒案时，因王某某拒绝回答所有问题，案件侦办处于"零口供"状态。公安机关在研讨后决定从扣押物品中被犯罪嫌疑人摔坏的 3 部手机进行证据调查。在技术鉴定机构的帮助下，公安机关恢复了犯罪嫌疑人的部分手机数据，其中显示了王某某与上家的手机短信和 QQ 聊天记录，根据对话

---

① 参见文森：《电子取证技术在打击毒品犯罪中的应用》，载《电脑知识与技术》2018 年第 1 期。

中的毒品价格、数量和交易时间等信息与现场查获的毒资形成了完整的证据链，从而证实其构成贩毒罪。

所以，网络贩毒电子证据的特殊性要求电子取证活动尽量一次性完成，避免电子数据因时间的推移而发生篡改、灭失。如有的电子证据是在计算机操作系统运行过程中自动、实时生成的，在操作系统随后的运行过程中，原始数据可能会发生变化，不能真实地反映案件事实，对其进行的电子取证工作应当及时进行，尽早将电子证据提取并且固定，以保证相关数据无损。这就要求电子取证人员直接参与侦查活动，一旦获取存储有电子证据的移动媒介或者获悉电子证据所在服务器，就应当及时收集并提取相关电子证据，并通过必要措施保护最原始的电子证据，以防止证据毁损灭失，确保证据真实可靠。①

（三）分类收集、全面汇总，保证电子证据的采信力

在网络贩毒案件侦办实践中，电子证据与物证、书证等证据之间通常会具有内在联系。如重庆市黔江区公安局办理的陈某某等三人网络贩毒案中，公安机关将三人从 2018 年 5 月至 7 月的全部手机通话清单进行了调取，然后根据手机使用的时间与对方所处的基站地理位置相比对，从而分析出具体的毒品运输地点。而且通话清单是由移动通信部门提供，调取时由 2 名以上的侦查人员签名并加盖公章，归总证据时也将其中与贩毒活动相关的记录进行标示，并附上说明材料，公诉机关经审查后直接采信了此证据。因此，电子取证应当坚持网络虚拟与线下现实相结合原则，全面获取各类证据，联系在案其他证据对电子证据的内容进行数据分析，争取实现证据之间的相互印证，以形成证据链条。根据司法实践需要，其收集的具体流程如下：

1. 静态数据收集

网络犯罪活动中有关于犯罪实施交易记录、账目信息的文档、视频音频等便属于静态数据。以重庆市南岸区公安局办理的陈某网络贩毒案为例，在提取涉案计算机数据时，是采用硬盘克隆技术，用专用的克隆机在计算机存储设备中原样拷贝数据。实践中的静态数据具体收集流程如下：其一，拆除涉案计算机的硬盘；其二，检测硬盘中与毒品犯罪有关的内容；其三，格式化处理硬盘；其四，正确连接涉案硬盘、克隆机器和转移硬盘；其五，将涉

---

① 参见魏勇：《电子数据的关联性实证研究》，载《中国刑警学院学报》2017 年第 2 期。

案硬盘数据复制到转移硬盘中。

2. 动态数据收集

网络贩毒活动中存储在网站和基站中的电子邮件、即时通信记录等动态数据信息，应通过捕获、过滤、分类三流程进行收集。在 Windows 环境下，应着重对于网络数据包进行捕获，因为数据包中包含了访问网络从高层到低层的所有数据。其收集流程为：其一，获取本地网卡数据列表；其二，设置过滤器的参数，寻找毒品犯罪的重点关键词；其三，捕获数据包，通过调用从核心缓冲区拷贝到用户缓冲区；其四，经过木马杀毒软件处理后，将数据包拷贝到证据存储设备中进行分类处理。[①]

（四）提取数据注重技术性和无损性相结合

如 2018 年 3 月，重庆市某区公安局在办理张某网络贩毒案时，因检察机关对证据瑕疵提出意见，案件经过了两次退查。为了提高证据证明力，公安机关将几千个通话记录进行筛选核对，将其中有关于运毒车辆流转 GPS 路线图、作案联系聊天记录全部转化为书证，再以原件作为印证，增强了证明力，证据被依法采纳。所以，要全面、及时获取网络贩毒犯罪中的电子证据，就必须坚持技术性取证原则。一是要根据侦查取证需要，及时更新、升级电子取证设备；二是要大力研发电子取证相关软件，推进电子取证的智能化；三是要在电子取证活动中树立电子证据易毁损的意识，尽量避免因侦查人员的人为过失造成的证据损坏与灭失。

在无损取证方面，不能对涉案电子设备作任何修改，最大限度地保持涉案设备中数据信息的完整，对于扣押的电子设备、提取的数据内容，要妥善保存，采取远离高磁场、静电、高温、机械挤压等措施，以保证证据的完整。在打击网络贩毒犯罪的司法实践中，只有保证电子证据的客观、全面，才能充分发挥其在庭审指控中的证明效力。

因为网络贩毒犯罪嫌疑人通常都会对涉案信息和电子设备进行加密和删除处理。在提取时，应重点保证其数据的完整性，根据司法实践，应从数据整理、恢复、解密、挖掘、保全五个方面进行处理。

1. 数据整理

因为网络贩毒活动中涉及大量的音频视频、语音通话记录，数据收集时

---

① 参见李钊：《网络犯罪电子数据收集与固定》，中国人民公安大学 2017 年硕士学位论文。

经常存在有噪声和前后不一致的情况，有时还会有冗长的杂音。如果直接对所有数据进行提取，不仅会影响分析结果的准确性，还会影响办案效率。因此，要对数据进行整理，其具体流程为：其一，采用人工先写缺失值来补充异常值；其二，分类汇集后，利用数据平滑技术及时处理掉噪声数据和冗余数据，从而得出规范准确的数据。

2. 数据恢复

数据恢复工作主要着重于对计算机等电子设备中静态数据的取证，包括对磁盘闲置空间和对已删除文件的恢复。对于已删除或是已格式化的文件，只要是尚未覆盖新的数据，就可以利用 EasyRecovery、RecoverNT 等软件进行原始数据恢复。

3. 数据解密

在网络贩毒活动中，犯罪嫌疑人的加密处理文件通常会包含自我销毁和隐藏功能。在提取时，不能直接进行数据包解析提取，要通过解密算法进行解密，将加密数据还原成初始数据才能进一步解析真实内容。

4. 数据挖掘

在数据分析的基础上，通过行为关联分析，涉毒物品关键字分析等预测跟踪潜在的网络贩毒犯罪证据，做到及时发现线索，及时收集证据。

5. 数据保全

网络贩毒电子证据大多都是加密、隐藏、易损伤的数据，可以采取利用哈希函数①对数据进行包装，以确保原始数据的完整性，以便提高电子证据的真实性和采信力。

（五）完善网络贩毒犯罪电子证据的审查运用程序

从规范层面上看，《刑事诉讼法》和有关的司法解释对电子证据的审查运用程序均没有作详细规定。以《电子数据规定》为基本依据，结合《刑事诉讼法》及其司法解释、2014 年"两高一部"《关于办理网络犯罪案件适用刑事诉讼程序若干问题的意见》（以下简称《网络犯罪意见》）等规定，笔者认为，对网络贩毒案件电子证据的审查应当从以下几个方面着手：

---

① 一般的线性表，记录在结构中的相对位置是随机的，即和记录的关键字之间不存在确定的关系，因此，在结构中查找记录时需进行一系列和关键字的比较。对应到网络贩毒案件电子证据的收集，则是必须在记录的存储位置和它的关键字之间建立一个确定的对应关系，使每个关键字和结构中一个唯一的存储位置相对应，保证真实性。

1. 审查电子证据的合法性

合法性是电子数据能够成为刑事诉讼证据的根本性条件,审查网络贩毒电子证据最先就要审查取证主体、取证程序等是否合法。

其一,取证主体方面。《网络犯罪意见》规定,电子取证应当由具备专业知识的侦查人员进行。《电子数据规定》取消了"具备相关专业知识"的标准,故对于网络贩毒案件取证主体是否合法的衡量,主要是看审查取证主体资格是否属于侦查人员。

其二,取证程序方面。《网络犯罪意见》规定,取证设备和过程应当符合技术标准,《电子数据规定》亦有此规定,结合《刑事诉讼法》相关内容,笔者认为网络贩毒案件审查电子取证程序是否合法,应重点审查:第一,是否由2名以上侦查人员进行;第二,取证方法是否符合技术标准;第三,是否附有相关的笔录与清单,并经侦查人员、数据持有人或提供人、在场见证人签名、盖章,见证人是否符合法律规定;第四,数据类别、文件格式是否清晰注明;第五,是否对提取过程进行拍照、录像;第六,是否采取读写保护、备份等数据保全措施。①

其三,非法证据排除。在网络贩毒案件侦查取证工作中,取证主体不适格的,不能作为证据使用。取证程序有瑕疵的,应当予以补正或者作出合理解释,否则不能作为证据使用;取证程序严重违法、影响司法公正的,不能作为证据使用。

2. 审查电子证据的客观性

网络贩毒案件电子证据的客观性强调证据内容真实可靠,基于网络贩毒案件的特殊性质,对其进行的客观性审查规则也与其他证据类型不同,主要应审查电子证据来源是否真实、电子证据有无删改。

其一,审查电子证据来源是否真实。审查电子证据,首先要审查原始存储介质是否随案移送。原始存储介质随案移送的,应审查提取、固定的数据内容是否与介质存储内容一致,证据提取、固定时相关设备是否正常运行,提取、固定的时间是否在原始数据生成之后。当原始存储介质不便提取、依法应当返还或交由其他部门保管时,则应审查对电子数据进行提取的过程是否存在,提取过程是否注明原始存储介质存放的地点。

---

① 参见徐冉:《论毒品数量计算方式的完善——基于98例裁判的文本分析》,载《中国人民公安大学学报(社会科学版)》2018年第6期。

其二，审查电子证据有无删改。审查网络贩毒案件电子证据时，尤其要注意审查证据是否被删改。网络贩毒案件侦办实践中，确实存在部分侦查人员为图方便，将自认为与案件有关联的电子证据片段剪辑、拼接，在某种意义上造成证据丧失真实性。但很多时候，电子证据是否存在剪裁、拼凑、篡改等伪造或者变造情形，侦查人员、公诉人不能够以感官直接判定，这就有赖于证据鉴定。鉴定机构出具的关于电子证据真伪的鉴定意见，司法机关一般予以认可，犯罪嫌疑人如有异议，可以重新鉴定，以确定电子证据的真伪，也可以结合专家辅助人意见进行综合判断。为更好地审查电子证据的真实性，司法机关应当严格落实证人、鉴定人出庭和专家辅助人制度，加大控辩双方对电子证据的质证力度，尽最大可能确保对电子证据真实性作出正确判断。

3. 审查电子证据的关联性

网络贩毒案件电子证据的关联性是指证据内容与案件事实有关联，能够直接或者间接证明案件事实。其关联性分为两个层面：

其一，实体关联。所谓实体关联，是指电子证据与犯罪事实相关联，能够对犯罪事实起到证明作用。在网络贩毒案件中，电子证据的关联性主要体现为实体关联。审查该类犯罪案件电子证据的实体关联，首先要审查电子证据是否与犯罪构成相关，包括犯罪嫌疑人的年龄与特定身份情况、犯罪活动的客观行为、犯罪主观罪过等标准的犯罪构成，也包括法定加重、减轻等派生的犯罪构成；其次要审查电子证据是否能够用以证实犯罪行为造成社会危害的严重程度；最后要审查电子证据是否能够用以证实犯罪形态以及犯罪嫌疑人是否具有自首、立功、累犯、从犯等法定量刑情节。①

其二，程序关联。所谓程序关联，是指电子证据与程序法上的事实相关联，能够对程序是否合法起到证明作用。程序法上的事实主要包括犯罪嫌疑人提出的作为申请回避理由的事实、影响诉讼程序的事实、影响证据合法性的事实、影响司法公正的其他事实。电子证据只有与以上程序法上的事实有关联，才可以证明上述事实是否存在，才能够成为侦办网络贩毒案件的定案依据。

---

① 参见任惠华、金浩波：《我国毒品犯罪刑事治理之回顾与展望》，载《中国刑警学院学报》2018年第2期。

第六节　网络涉毒犯罪的侦防*

互联网技术与多领域高科技技术的日益融合，使得网络涉毒行为的隐蔽性和跨地域性等特点日益突出。随着网络信息技术的快速发展、人们生产生活方式的巨大变化，网络涉毒犯罪手段也在不断翻新，更呈现出了成本越来越低、取证越来越难的新特点。互联网技术的高速发展，使得人们之间的沟通交流方式、信息传播方式更新迭代，同时也使得网络涉毒违法犯罪的侦办工作面临的挑战越来越多。

网络涉毒行为是指利用互联网从事与毒品相关的违法犯罪活动。在禁毒实务工作中，网络涉毒违法行为通常包括：利用互联网贩卖毒品、制毒物品、毒品原植物种苗的交易流通型行为；利用网络聊天室、网络视频语音非法传授制毒方法，或在网络上宣扬吸毒快感引诱、教唆他人吸毒的教唆传授型行为；利用网络聊天室聚众吸毒，以通话或视频形式交流吸毒感受，观看表演视频等场所型行为。① 在互联网背景下，制造、贩卖毒品，容留他人吸毒，引诱、强迫他人吸毒等传统涉毒违法犯罪呈现出截然不同的表现形式。传统的涉毒违法犯罪行为的危害性已经十分严重，而网络的聚集性和便捷性使得网络涉毒违法犯罪行为的危害性在传统犯罪基础上迅速增长，其犯罪总量、犯罪人数、犯罪额、犯罪的社会危害性都远远超出了现实中的涉毒犯罪行为。

一、网络涉毒犯罪问题的现状和特点

互联网在数字化时代中扮演着越来越重要的角色，随着网络技术的迅猛发展，网络犯罪也日益严重，许多传统型的刑事犯罪以迅猛的态势向互联网渗透。2018年8月20日，中国互联网络信息中心（CNNIC）在京发布第42次《中国互联网络发展状况统计报告》。该报告显示，截至2018年6月30日，我国网民规模达8.02亿，互联网普及率为57.7%，网民平均每周上网

---

* 本节撰写者：李亚可。
① 参见国家禁毒委牵头多部门出台的《关于加强互联网禁毒工作的意见》。

时长为 27.7 小时。① 据《2017 年中国毒品形势报告》显示，2017 年全国共破获毒品犯罪案件 14 万起，抓获毒品犯罪嫌疑人 16.9 万名，缴获各类毒品 89.2 吨。其中海洛因 9.5 吨、冰毒晶体 17 吨、冰毒片剂 11.2 吨、氯胺酮 7.3 吨。② 当前我国互联网涉毒案件涉毒领域广，作案手段隐蔽，团伙组织严密，涉及地区广泛，涉案人员众多，取证困难，严重影响网络安全和社会治安秩序，危害广大人民群众的身心健康和网民的合法权益。

互联网已经成为经济发展的重要战略资源和社会生活不可或缺的重要组成部分。当互联网的发展和应用渗透到社会的方方面面的时候，一个不同于现实社会但与现实社会密不可分的"虚拟社会"便油然而生，这个"虚拟社会"以互联网作为技术支撑，毒品犯罪行为人脱离了时空的限制，对毒品犯罪侦查的传统途径形成了有力的冲击。和传统的各类毒品犯罪相比，利用网络平台进行涉毒违法犯罪是摆在我们面前的一个陌生的犯罪形式。网络贩卖的毒品主要有冰毒、海洛因、K 粉、麻古、盐酸曲马多、摇头丸、艾司唑仑片、舒乐安定片等，其中以冰毒等新型毒品为主，这与近年来现实社会中的毒品犯罪发展趋势保持一致③。

（一）网络涉毒犯罪问题的现状

毒品犯罪作为危害国家稳定和发展的严重犯罪，历来都是困扰国家乃至世界的严重问题。我国的毒品犯罪发展经历了三个阶段：第一阶段是 2000 年以前的以鸦片、海洛因、可卡因、大麻为代表的第一代毒品；第二阶段是 2000 年以来以冰毒、摇头丸、K 粉为代表的第二代毒品；目前已经出现了第三代毒品，即新精神活性物质，这类新型毒品具有形态多样、变化较快、难鉴定等特点，是现阶段毒品犯罪治理问题中的重中之重。

网络涉毒以其低成本、隐蔽性、广泛性、高科技性等特点在网络世界迅速蔓延开来，对解决这一问题来说雪上加霜。网络涉毒犯罪是毒品犯罪分子利用自身的网络知识，以计算机、智能手机为主要工具，利用网络作为平台所进行的毒品犯罪活动。早在 2001 年，联合国麻醉品管理局就向全球发出警告："毒品正通过互联网销售，私人聊天室正被毒品商利用，人们在互联网上正面临着毒品的威胁。" 2011 年 10 月，中国公安部指挥全国公安机关

---

① 参见中国互联网络信息中心第 42 次《中国互联网络发展状况统计报告》。
② 《2017 年中国毒品形势报告》。
③ 黄炎霞：《网络贩毒案件的现状及侦查对策》，载《网络安全技术与应用》2015 年第 9 期。

统一行动,成功破获"8·31"特大网络吸贩毒案。"8·31"特大网络吸贩毒案,涉及全国31个省区市,查获涉毒违法犯罪嫌疑人12125人,破获制贩毒案件496起,打掉制贩毒团伙144个、吸毒窝点340个、制毒工厂22个,缴获毒品308.3千克,是我国首例利用互联网视频交友虚拟平台进行涉毒违法犯罪活动的毒品案件。

2015年4~6月,中国公安部部署全国公安机关开展为期3个月的网络扫毒专项行动,破获互联网涉毒案件14878起,抓获毒品违法犯罪嫌疑人32871名,缴获各类毒品3.37吨、易制毒化学品9.51吨,清理整治互联网上贩卖毒品、易制毒化学品、制毒工具及传授制毒方法工艺等违法信息8.3万余条,关停取缔涉嫌联络销售毒品、易制毒化学品及组织聚众吸毒等违法互联网站832家,关停涉毒通讯账号576.8万个,通报有关部门停止解析涉毒违法网站域名529个。①

(二) 网络涉毒犯罪活动的特点

1. 网络涉毒犯罪活动具有较强的隐蔽性

在网络空间中,毒品犯罪分子的身份是虚拟的,因此,其涉毒行为便会更加肆无忌惮。其利用各种不同的通信传输工具在互联网上传播涉毒信息,使用暗语、"黑话"等方式在互联网上发布帖子或者留言,然后使用 MSN、微信、手机短信等即时通信工具进行联络,实现并完成双方在不见面的情况下的涉毒活动。网络贩毒分子如果利用动态主机配置协议、网络地址转换和动态护地址,匿名 web 邮件和匿名重发等技术,则会让网络涉毒犯罪案件的发现难上加难。②

2. 网络涉毒犯罪行为具有跨地域性

网络不受地域的限制,因此网络涉毒犯罪行为往往具有较强的跨地域性的特点,即超时空特性,这使网络涉毒犯罪所涉及的地域范围较广,一起网络涉毒案件所涉及的省市通常会超过2个甚至更多。同时,网络即时通信工具可以瞬时传达涉毒行为的意思。物流快递业、支付行业的迅速发展,使得"网上联络—平台支付—快递发货"成为新型毒品交易的模式,跨省交易、甚至跨国交易都变得简单和普遍。此外,网络涉毒案件跨地域性特征明

---

① 载 http://www.mzsgaj.gov.cn/showarticle.aspx?id=5123)。
② 参见姜康康:《网络贩毒案件的侦查难点及侦查对策研究》,载《北京警察学院学报》2013年第4期。

显，需要进行跨区域甚至跨国警务合作。公安部督办、统一指挥领导侦破的"8·31"特大网络吸贩毒案件，涉及全国 31 个省区市，所抓获的违法犯罪嫌疑人就有 12125 人，破获制贩毒案件 496 起，打掉的吸毒窝点 340 个，缴获各类毒品 308.3 千克。①

3. 网络涉毒犯罪的行为人呈现低龄化特点

据统计，在我国的互联网犯罪案件中，90% 以上的涉案人员年龄在 20～35 岁之间②。个人主义的极端发展，道德意识的物欲化、庸俗化在某种程度上导致了青少年网络涉毒犯罪活动比例的提升。同时，高等教育的普及使得青少年都较为精通网络技术，公安机关侦破的"8·31"特大网络吸毒、贩毒案件中，涉案人员以 18～35 岁为主，约占涉案人数的 70%，其中年龄最小的仅有 15 岁。

二、网络涉毒犯罪侦查的困境

近年来，随着网络的发展以及通信技术的不断升级，教唆毒品的"讲堂"和毒品交易的"市场"出现在互联网中，利用网络进行的毒品违法犯罪活动日益增多。与传统毒品犯罪相比，通过网络等从事毒品犯罪，呈现隐蔽性强、犯罪风险低、智能化突出、涉毒犯罪行为低龄化、以及犯罪行为方式模式化、与电子商务和物流寄递的联系越来越紧密等特点。互联网涉毒活动发现难、认定难，其成因是多方位多领域的，新型毒品的社会需求量日益增大、犯罪分子的反侦查能力较强、网络涉毒犯罪取证难等都是网络涉毒违法犯罪活动的成因。

（一）互联网的隐蔽性使得毒品需求增多

较之传统毒品，许多人对新型毒品没有特别的抵制和厌恶，自二十一世纪以来，世界毒品生产和消费格局已发生显著变化，滥用新型毒品成为一个日益严重的社会问题。新型毒品在国外被称为"俱乐部毒品""派对毒品"，由此可见新型毒品的吸食场所具有较为典型的情境性，也就是说需要在特有的氛围、相对封闭的场所，且与休闲娱乐活动分不开。因此，新型毒品滥用和吸食通常发生在卡拉 OK 包房、迪厅、各种大型的聚会性等场所。

---

① 参见刘仁文、刘瑞平、谢金金、陈羽、关振海、张水生：《网络吸毒——8·31 特大网络吸贩毒案》，载《中国检察官》2011 年第 24 期。

② 载 http://baike.baidu.com/view/573426.htm。

当公安机关对新型毒品的滥用和吸食者进行强烈的打击和控制时，一些吸食者也逐渐将目标转向网络空间，他们利用网络聊天室，进入者缴纳高额的费用，在聊天室发布吸毒视频，或者传授制作新型毒品的方式，或通过发布视频语音宣扬吸毒的快感、交流吸毒的经验。一些潜在的吸毒者在虚拟空间的掩盖下，便会大胆试探吸毒行为。

（二）网络涉毒犯罪分子具有较强的反侦查能力

网络技术、多媒体技术、通信技术的高速发展，使得网络平台日益成熟和完善，网络涉毒犯罪是一种新兴的毒品犯罪手段方法，多数的网络涉毒犯罪分子都具有较多的互联网知识和计算机操作知识，在网络涉毒活动中通常设置重重障碍和关卡。他们或采取组建私人聊天室的方式聚众吸毒，或采取频繁更换服务器、跳转域名，或通过即时点对点通信软件和电子邮件传递涉毒信息，来应对侦查人员的侦查活动。如近来高发的利用互联网销售、购买毒品及易制毒化学品案件，其犯罪行为的实施离不开 VOIP 网络电话服务器，一般这类服务器都设在国外，通过互联网进入国内的电信、网通、铁通网络，国内则有专门的技术人员对其进行技术支持与服务。①

（三）网络涉毒犯罪证据难以固定

传统的侦查模式所采取的是由案到人、由人到案模式，网络涉毒犯罪行为的出现，在案件和行为之间引入了一个新的元素，即计算机。犯罪现场是犯罪行为人实施犯罪行为的地点和遗留有与犯罪有关的痕迹、物证的一切场所。然而，网络涉毒违法犯罪利用网络支付软件，采用线上交易，毒品通过物流、快递等形式运输，使得人钱货分离，很难发现毒品犯罪证据。② 网络涉毒犯罪案件并无可供提取痕迹物证的犯罪现场可言，犯罪行为发生地和犯罪结果发生地呈现出相分离的特点，时间和空间这两大要素在网络涉毒犯罪案件中几乎用不到，因为网络涉毒犯罪案件具有瞬时性和动态性的特点，很难把握其作案时间，其所涉及的相关证据也极容易被删除或者更改，因此，网络涉毒犯罪案件的侦查员必须具备相关的专业知识，才能顺利开展该类案件的侦查取证工作。例如，广东惠州一起微信贩毒案件，吸毒人员通过微信进行沟通，通常使用暗语以交流涉毒信息，一般将病毒称为"猪肉"，并在

---

① 参见李云鹏：《互联网涉毒犯罪侦查问题初探》，载《云南警官学院学报》2015 年第 6 期。
② 参见胡青、刘杨：《网络涉毒犯罪的侦查难点及对策》，载《云南警官学院学报》2018 年第 6 期。

聊天后将聊天内容及时删除，且经常更换手机。①

网络涉毒违法犯罪利用网络支付软件，采用线上交易，毒品通过物流、快递等形式运输，使得人钱货分离，很难发现毒品犯罪证据。另外，使用暗语进行交流联系，增加了发现难度。由于网络涉毒犯罪的证据大多是电子证据，毒品犯罪分子可以远程操作，瞬间销毁电子证据。如果这些电子证据收集、固定不及时，很容易导致其流失和灭失。有些交易软件还有自动删除聊天记录功能。这使得公安机关即使知道其通信工具有涉毒违法信息，也无法查看记录进而固定证据。因此，证据及时地收集、固定成为困扰禁毒缉毒部门的一大难题。

三、网络涉毒犯罪的侦防对策

网络涉毒犯罪的特点和侦查困境，决定了在进行网络涉毒犯罪案件侦查过程中必须以侦破案件为目标，创新侦查思维；重视技术手段的应用，加强传统侦查手段与技术手段的结合；同时，要加强毒品犯罪预防教育，分级分类明确教育目标，追求教育实效；此外，更要重视禁毒专项工作和社会综合治理的结合，群策群力，才可以取得最终的胜利。

（一）禁毒专项与综合治理相结合

针对日益突出的毒品问题，毒品犯罪问题的治理工作必须以专项斗争为主，结合社会各领域综合施策、综合治理来共同完成。《禁毒法》第 4 条规定："禁毒工作实行预防为主，综合治理，禁种、禁制、禁贩、禁吸并举的方针。"这为我们防治毒品犯罪指明了必要而科学的指导性原则。毒品问题是一个复杂的社会问题，毒品犯罪的产生和发展是多种因素共同作用的结果，因此在治理和防范中，单一的治理和防范手法并不会奏效，需要坚持禁毒专项工作与社会综合治理相结合。

1. 要坚持打击和帮扶相结合

巨额的经济利益是毒品犯罪的原始驱动力，且大多犯罪行为的根源都是对经济利益的追逐。因此，对毒品犯罪问题，仅靠"打击"还远远不够。在一些偏远地区，由于当地的经济落后，一些人面对毒枭所提供的丰厚报酬，会选择铤而走险，以此来获得支撑自身和家庭开销的经济来源。因此，

---

① 参见《微信打暗语贩毒》，载 http://paper.oeeee.com/nis/201412/23/309152.html。

"禁毒与脱贫相结合这是现阶段治理中国毒品问题的一个不能回避的命题"①,如果要解决这类因贫涉毒的问题,必须加大社会的帮扶力度。

2. 要做到分类整治和重点推进相结合

禁毒工作事关国家安危、民族兴衰、人民福祉,毒品一日不除,禁毒斗争就一日不能松懈。要依法严厉打击毒品违法犯罪,加大重点地区整治力度,坚决摧毁制贩毒团伙网络,深挖涉毒黑恶势力及其"保护伞",铲除毒品问题滋生蔓延的土壤。针对网络涉毒行为日益严重的现状,要进一步强化禁毒措施,提升网络涉毒行为的治理能力,就必须做到坚持依法管网、以人管网、技术管网,注重网上网下相结合、打防管控一体化,依法严厉打击互联网违法犯罪活动。遏制毒品犯罪的根本途径在于综合治理,对制毒物品、麻醉药品、精神类药品进行行政监管;对网络涉毒行为开展重点整治,动用行政、法律等多种手段严控禁毒工作形势。

(二)情报思维与禁毒实战相结合

1. 强化网络涉毒犯罪情报的搜集

二十一世纪以来,情报主导警务已成了全球各国发展警务模式的共识,并且正在成为全球警务模式的主流。在涉毒犯罪中,情报更是在案件侦查中占据主导地位。② 在大数据时代,网络涉毒犯罪侦查活动更应引入数据思维,以弥补传统侦查措施的不足,提高破案效率。有研究表明,整个人类文明所获得的全部数据中,有90%是过去5年内产生的,而到了2020年,全世界每天会上传超过5亿张图片,每分钟就有20小时时长的视频被分享。如此多的基础网络用户和网络数据,说明网络已经深深地融入了人们的生活,绝大多数人在今后都难以离开网络而生活,一个不同于现实社会但与现实社会又密不可分的"虚拟社会"油然而生,毒品犯罪行为人脱离了时空的限制,对毒品犯罪侦查途径形成了冲击。因此,必须用情报思维,在繁冗的网络数据中,准确、快速搜集到涉毒人员的信息,获得其涉毒证据。

2. 将涉毒情报应用于禁毒实战工作

在毒品犯罪案件侦查中应用情报思维,并形成情报主导警务的侦查模式,充分利用互联网信息、公安信息、社会行业信息、社会视频监控信息等

---

① 崔敏:《毒品犯罪发展趋势与遏制对策》,警官教育出版社1999年版,第428页。
② 参见王泽华:《网络数据在毒品案件情报搜集中的应用》,载《云南警官学院学报》2017年第1期。

庞大的网络信息资源库，这些信息涉及社会生活的方方面面，极大限度地拓宽了毒品犯罪情报的来源渠道。利用网络信息来发现毒品犯罪嫌疑人的活动轨迹，且找到毒品犯罪嫌疑人的落脚点。具体而言，网络涉毒犯罪活动中所留下的信息资源主要有网络信息、金融信息和物流信息。涉案信息资源是开展信息化侦查的基础，信息化侦查手段则是侦查破案最有利的对策。信息化侦查手段对于"网上作案，网上出现""网下出现，网上作案"等涉及网络行为案件的侦破都非常的有效，[①] 可利用涉毒情报来进行网上摸排、网上串并、网上调控等，拓宽侦查途径。

（三）预防教育与多措并举相结合

1. 分级分类加强毒品预防教育

2017年北京市网信办等单位发布的《毒品易感人群搜索大数据分析报告》显示，学生是关注毒品问题的最主要群体，占比54%。与"60后""70后"和大部分"80后"更关注吸毒的危害所不同的是，"90后""00后"所关注的前三位问题是明星吸毒、大麻在中国合法化、吸毒是否会上瘾，更有部分"90后"和"00后"会搜索"吸毒减肥"等易遭受误导的词汇。

"90后""00后"对于媒体资源的利用率和掌控能力较强，因此，若想取得网络涉毒行为整治的决定性胜利，就必须强化宣传教育，坚持预防为主，将防范的关口前移，引导广大青少年以及人民群众自觉抵制网上涉毒行为。毒品预防教育工作要因地制宜，对于小学生，主要使其了解毒品危害的简单知识，远离毒品危害；对于初中生，使其了解相关的禁毒法律知识，用理性拒绝毒品诱惑；对于高中生，使其学会自我保护，同时培养禁毒意识和社会责任感，如若发现可疑情况能够及时报告。除此之外，中年和老年群体也不容小觑，找准中年涉毒群体和老年涉毒群体的涉毒主要原因，统筹多方力量，将禁毒宣传教育工作落到实处，以提高毒品预防教育工作的针对性和实效性。

2. 多措并举扩大宣传范围

宣传教育工作是社会化程度较高的一项工作，禁毒宣传教育工作更是集专业性与社会性于一体的工作，需要各级政府、社会团体、各个单位、各场

---

① 参见黄燕芳、王钢：《网络侦查及网上作战方法新探》，载《中国人民公安大学学报（社会科学版）》2011年第5期。

所部门的大力支持和合力完成。在未形成机制之前，要有量化考核指标，将禁毒宣传工作推广开来，利用大众媒体，和各大业务部门的业务宣传手段进行资源整合，用融合思维来推广禁毒宣传工作。当形成了固定的宣传推广模式之后，要充分地发挥人民群众的作用，真正发挥人民群众的优势，发动基层群众投入禁毒宣传一线。真正把毒品的危害和现状以及国家禁毒的政策和相关法律法规都宣传到位，将宣传工作深入每个乡村、每个家庭，使广大群众普遍形成恐毒、避毒心理，打造强大的社会禁毒舆论氛围，提高人民群众的防毒、抗毒能力，提高自觉除毒、排毒意识，积极检举揭发毒品犯罪。

（四）联合打击与规范刑罚相结合

1. 多侦联动加大打击力度

网络涉毒违法犯罪行为的打击需要依托刑侦、技侦、网侦"三侦"相互配合和紧密合作，创新工作机制和工作方法，有效地整合资源和拓宽侦查思路，抓措施、抓落实、抓实效，形成联合作战、协调配合、各负其责的常态化工作格局，集刑侦、技侦、网侦、情报中心、治安、特警为一体的联动打击工作机制，打破部门与部门间、地区与地区间、警种与警种间的工作壁垒，全面地整合各警种的情报信息、共享侦查资源，最大限度地激发情报信息的潜能，提高整体合成作战能力。

2. 严格规范刑罚的适用和执行

毒品问题对整个社会和家庭的影响是不可估量的，我国目前进入中国特色社会主义建设的关键期，家庭是构成社会的最小单元，良好的家庭氛围是构建和谐社会的关键，因此，必须对涉毒犯罪严格依法惩处和加以训诫，维护家庭和谐和社会稳定。对于初犯要重教育和引导，防止其再犯；对于再犯，要严厉打击、从严执法；对于大宗涉毒犯罪行为，要加大惩处的力度，并加大对非法买卖制毒物品等源头性毒品犯罪的打击力度，严惩穷凶极恶的主犯，严格执行我国"宽严相济"的刑罚原则。同时，需要进一步规范和完善毒品犯罪的法律体系，规范毒品犯罪的缓刑适用情形，严格限制毒品犯罪的假释适用条件，在实际执行期限上予以延长，同时，完善毒品犯罪案件的证据规则。

完善互联网涉毒法律体系建设，切实加大互联网监管力度，加强互联网涉毒情报信息的收集、分析和研判，加大互联网涉毒违法犯罪活动的打击力度，促进和加强涉案区域间和部门间的协作配合，在新的互联网禁毒工作形势下，从当前互联网涉毒违法犯罪问题的概况、突出难点及应对之策等方面进行分析，统筹考虑网络社会管理和现实社会管理的关系，统筹分析互联网涉毒问题和现实社会毒品问题的关系，构建立体化的毒品犯罪防控体系，有效遏制网络涉毒违法犯罪行为。

第七节 广东禁毒行政执法的现状与对策[*]

一、当前广东禁毒行政执法现状及存在的问题

（一）当前广东吸毒行为的现状及特点

1. 吸毒人员毒品滥用种类多元并存，传统型毒品滥用规模仍然居首位，但冰毒、氯胺酮等新型毒品滥用规模扩大，混合毒品滥用人数急速增加

经广州、清远、肇庆、揭阳、潮州五市调研发现，目前，广东省吸毒人员总量增长速度趋向平稳，海洛因滥用人群所占比例仍然最大，但增势放缓；以冰毒、氯胺酮为主的合成毒品滥用人群迅速增长，但增速稳定；混合毒品（以滥用海洛因和冰毒为主）滥用人数增长迅猛；毒品滥用不再以单一吸食传统型毒品或合成毒品为主，混合毒品滥用问题凸显，毒品滥用结构发生明显的改变。如广州市 H 区，截至 2018 年 9 月，全区现有户籍在册吸毒人员 4773 名，滥用海洛因的人数 2115 人，占 44.31%；滥用冰毒的人数 1405 人，滥用氯胺酮的人数 492 人，合成毒品人数占 39.74%；滥用海洛因和冰毒的混合毒品人数 740 人，占 15.50%；滥用其他毒品（主要为大麻、丁丙诺非）的人数 21 人，占 0.45%。

2. 吸毒人员年龄结构仍以青壮年为主，呈现年轻化趋势

经广州、清远、肇庆、揭阳、潮州五市调研发现，目前，广东省吸毒人员从年龄来看，主要由 16～18 周岁、19～35 周岁、36～45 周岁、46～60 周岁这四个年龄段组成，其中 26～45 周岁占在册登记总数的 70% 以上，在新发现吸毒人员中，35 岁以下人员占比超过 50%，且年龄最小的只有 14 岁，存在年轻化趋势。如广州市 Z 区，截至 2018 年 8 月，该区在册本地户

---

[*] 本节撰写者：何邵军。

籍吸毒人员共有6222人,其中35岁以下的有3260人,占52.4%,18岁以下的有7人,占0.1%;2019年1~8月新发现35岁以下户籍吸毒人员223人,占2019年全区新发现吸毒人员数的63.5%。

3. 吸毒人员地域分布主要还是以本省籍为主,但呈现本地籍人数下降、外来籍人数上升的趋势

经广州、清远、肇庆、揭阳、潮州五市调研发现,目前,广东省查处吸毒人员中,地域分布主要由本地籍、外市籍、外省籍、外国籍构成。其中本省户籍的吸毒人员占50%以上,但是外地籍人员上升趋势明显,且幅度有所增大,甚至查处到有外国籍人员,特别是珠三角地区外省户籍比例相对较高,已超过50%。如潮州市,截至2018年8月,该市查处896名吸毒人员,在这些查处的吸毒人员中,查获本市户籍549人,占查处吸毒人员的61.27%,本省外市籍43人,占4.79%;外省户籍221人,占比24.66%;越南国籍83人次,占9.26%。

4. 吸毒人员职业结构主要以无业为主,以贩养吸问题比较突出

经广州、清远、肇庆、揭阳、潮州五市调研发现,目前,广东省查处吸毒人员中,职业结构主要涵盖无业人员、农民、个体经营者等五类,其中无固定职业的吸毒人员,占查处吸毒人员的50%以上。在禁毒重点市区,在查处的吸毒人员中,以贩养吸问题比较突出。如广州市B区,截至2018年9月,该区在册本地户籍吸毒人员共有4374人,无固定职业人数2406人,占在册登记总人数的55%,以贩养吸问题比较突出。

(二)当前广东吸毒人员管控工作中存在问题、原因及特点

1. 查处工作方面

经广州、清远、肇庆、揭阳、潮州五市调研发现,目前,广东省查处吸毒人员中,落实"逢嫌必检""双逢双查""预警必查""酒毒同检"等措施,最大限度地发现和查处吸毒人员,但是在查处过程中存在以下问题:

一是执法一线取证存在缺陷。在查处时,对吸毒人员进行尿检,由于吸毒人员进行规避手段,致使尿检试剂呈现阴性,这样导致尿检失效,无法立案并对其进行强制隔离戒毒决定。

二是执法一线验毒检测手段缺乏资金技术支持。办案机关采取毛发检测,需要通过有司法鉴定资格的机构进行检测结果才在法律上有效,而这样进行一例毛发检测需要4000~5000元,广东省绝大部分办案机关都缺少资金支持和技术保障。

三是法制部门与执法一线查处案件程序存在偏差。首先，法制部门在运用法律条例时适用的程度与执法一线工作产生偏差；其次，法制部门对查处案件把关程度与执法一线把关程度不同；最后，法制部门作出强制隔离戒毒决定的标准与执法一线立案标准不统一。

2. 社区戒毒、社区康复方面

经广州、清远、肇庆、揭阳、潮州五市调研发现，目前，广东省在开展社区戒毒、社区康复工作方面创建了"一个重视＋两支队伍＋三大工程＋四个环节"工作模式："一个重视"是指地方政府党政主要领导重视，发挥市、县（区）、镇街三级禁毒办作用，扎实开展社区戒毒康复工作；"两支队伍"是指组建禁毒专职人员、禁毒专业社工两支队伍，打造精干高效的基层禁毒专业力量；"三大工程"是指强力推进社区戒毒康复工作站、美沙酮药物维持治疗、病残吸毒人员收治工程建设；"四个环节"是指紧紧抓住戒毒人员出所前介入、出所时衔接、出所后三个月重点跟踪和再就业帮扶环节，帮助吸毒人员逐步融入社会、走向新生。但是在实施过程中仍然存在以下问题：

一是"人户分离"，异地公安机关责令社区戒毒（康复）执行难。首先，吸毒人员呈现"人户分离"现象。部分社区戒毒（康复）人员因到外地务工、就业、就学等客观原因变更居住地，也有部分人员想通过脱离原有社交圈达到戒毒目的，往往选择到外省市打工，导致户籍地镇街无法对该部分人员进行有效管控和尿检。其次，异地公安机关与本地区镇街尚未建立对接机制。异地公安机关对本地区户籍吸毒人员作出责令社区戒毒（康复）决定，但没有按规定将决定书送达戒毒人员本地区执行地镇街，致执行地镇街无法与社区戒毒（康复）人员签订协议书并对其进行管控；异地公安机关责令的社区戒毒（康复）人员，其状态出现变动时，戒毒人员本地区无法在吸毒人员动态管控系统进行更改，导致出现脱管的情况。如社区戒毒（康复）人员户籍迁出、因刑罚被收监等，均需要查获单位才可录入。

二是非本地户籍吸毒人员的管控和外流户籍吸毒人员的托管机制尚不统一，存在处置信息滞后、空挂户等情况。如：广州市 B 区，目前系统内查到管控地为该区的非本地户籍人员 6708 人（不包括在监所执行的），其他或是该区执法部门处置的，或是因错误录入的，或是通过管控系统推送至该区的。

三是脱失吸毒人员查找难度较大。通过持续开展"清源""清零"专项行动，大部分地区已找回些脱失吸毒人员，但因吸毒人员查找并非追逃等执法手段，尚无强制力和技术支持。

四是对超期未报到和严重违反社区戒毒康复协议的吸毒人员处罚程序尚不健全。在实际工作中，对超期未报到和严重违反社区戒毒康复协议的行为取证难度较大，没有统一的举证模板，法制部门审核环节不畅。

五是公安与司法衔接不顺畅。一方面，司法行政强制隔离戒毒所建立的强戒人员信息数据库系统未与公安建立的吸毒人员动态管控系统对接，导致吸毒人员的后续接管单位不能及时掌握吸毒人员的动态管控现状；另一方面，戒毒人员出所后，司法戒毒系统开展的社区戒毒康复指导未与公安开展的社区戒毒（康复）执行实现无缝衔接。

六是社区戒毒、社区康复工作基础比较薄弱。首先，地方党委、政府对社区戒毒、社区康复工作认识不足、重视不够；乡镇、城市镇街办事处法定职责履行不到位，仍然是基层派出所、司法所"独挑大梁"的局面。其次，社区戒毒、社区康复基础工作薄弱，专职工作人员未依法配备到位；社区专职工作人员配备不到位，更缺乏专门业务培训及相关工作指导，各级财政对社区戒毒、社区康复工作的经费保障不力，严重滞后。如 J 市 H 县城区建立的一个社区戒毒（康复）中心，共有工作人员 8 人，拥有社工师资格的只有 3 人。再次，各级禁毒委成员单位职责任务履行不到位，多流于形式。最后，社区戒毒、社区康复人员的管控没有形成长效的管理帮教、戒毒治疗、康复指导、就业安置、救助服务等工作机制，对在社区实行戒毒康复的吸毒人员，缺乏相应的配套政策和有效的管理措施；多数吸毒人员没有稳定职业，使戒毒康复工作要求的内容和管控措施难以得到落实，监管工作难度较大，直接影响了社区戒毒康复工作的开展。

3. 病残吸毒人员管控方面

经广州、清远、肇庆、揭阳、潮州五市调研发现，目前，广东省在开展病残吸毒人员管控方面，注重病残吸毒人员收治场所建设，并且通过"自建、共建、共享"三种途径，强力推进病残吸毒人员收治场所建设。"自建"是指向地方编制部门申请事业编制、申请财政专项资金，建立由民政部门主管的病残人员专业医院；"共建"是指当地公安机关与地方公立医院合作，建立公安负责监管、医院负责医疗的专业收治中心；"共享"是指通过购买服务，依托社会医院对病残吸毒人员开展医药治疗。但是，近年来，随着全省病残吸毒人员不断增多，由于法律不健全、工作机制缺失、保障不到位，对患有艾滋病、肺结核、肝炎等传染病的吸毒人员，有时"抓了放，放了抓"，造成了此类吸毒人员"强戒执行难、刑事入所难、转送监狱难"的尴尬局面。部分吸毒人员以患病作为"护身符"，有恃无恐地在社会上公然进行贩毒、抢劫、抢夺、盗窃和敲诈勒索等违法犯罪活动，形成了"作案—抓捕—释放"的恶性循环。由此，全省对病残吸毒人员管控主要存在以下问题：

一是病残吸毒人员执行强制隔离难。《广东省禁毒条例》与国家禁毒委员会下发的《关于进一步加强和规范强制隔离戒毒工作的意见》中关于强制隔离戒毒人员收治标准的规定有冲突，导致现行司法行政强制隔离戒毒所对病残人员拒收率高。如广州市 Z 区，2016 年以来，该区对吸毒人员作出强制隔离决定 2843 人，送司法行政强制隔离戒毒所执行强制隔离戒毒，因病残原因拒收达 404 人，拒收占比达 14.2%。

二是病残吸毒人员执行社区戒毒（康复）难。由于病残吸毒人员无法被正常关押、收治，病残吸毒人员通常被抓了又放或者取保候审，导致"放虎归山"，流入社会继续实施违法犯罪活动。正是基于上述原因，使得很多病残吸毒人员认为"我们的违法犯罪行为抓了又放顶多是取保候审，我们仍然是'自由人'，法律奈何不了我们"。这让他们有恃无恐，更加猖狂，助长了他们拒绝执行社区戒毒（康复）。

三是建立专业病残吸毒人员收治场所难。由于受财政、编制、专业等方面的限制，目前全省绝大部分地方政府都未建立专业病残吸毒人员收治场所，即使有些市区建立了病残吸毒人员收治中心，但现有收治场所的保障条件有限、专业医护人员不足，难以对病残吸毒人员采取单独关押、医疗救治等有效措施。

（三）当前广东禁毒行政执法队伍建设

经广州、清远、肇庆、揭阳、潮州五市调研发现，目前，广东省禁毒行政执法队伍建设滞后，保障机制有待建立和完善。具体体现在：

一是禁毒专门执法力量不足。目前，绝大部分县区公安局虽然成立了禁毒大队，但队伍内人数基本不超过 10 人，他们不仅担负本地区涉毒违法犯罪的缉查和案件侦破工作，且要履行本地区禁毒委办公室的工作职责，难以适应目前禁毒形势任务的需要。

二是禁毒办实体化运作程度低。目前，全省绝大多数市、县（区）两级禁毒办设置在禁毒支（大）队，实行的是"两块牌子，一套人马"，禁毒办专职人员普遍只配备1人，无法承担毒品预防指导、社区戒毒（康复）督导、禁毒单位协调考核等职能。

三是禁毒办领导、协调等主体职能弱化。目前，全省市、县（区）两级禁毒办建制设置偏低，在传达上级文件会议精神时贯彻落实不到位；在部署禁毒工作时，相关禁毒成员单位不配合，不支持。

四是财政专项、警务技术保障不到位。目前，全省绝大多数市、县（区）两级禁毒办在警务技术配置运用方面，专业科技设备缺乏，智能科技运用落后，跟不上大数据时代下禁毒工作要求；在财政保障方面，由于受各地财政制约，市、县（区）禁毒专项经费缺口较大，禁毒工作经费得不到有效保障，办案经费、特情经费等也得不到有效保障。

（四）当前广东制毒物品的管理

经广州、清远、肇庆、揭阳、潮州五市调研发现，目前，广东省在制毒物品管理方面，紧紧抓住"物流"与"人流"两大关键要素管控，加大对易制毒化学品经营、购买、使用、运输企业的严格管控，建立完善物流寄递行业管控和外来人员管控新机制，建立完善易制毒化学品管理制度。但是在实施过程中仍然存在以下问题：

一是公安办案机关执法不规范。目前，全省绝大部分公安机关对易制毒化学品行政案件不重视，操作中简化程序，不仅违反了行政案件的办理规定，而且对企业也起不到监督、管理或震慑作用。

二是行业执法管理缺失。目前，全省物流寄递行业存在管理体制机制不健全、法律法规不完善、管理制度零散化碎片化、执法主体不明确等突出问题，这导致行业"谁来管、怎么管、管得住"的三大难题出现，滋长了毒品通过物流寄递渠道中转集散现象的出现。

三是建立联席会议工作和联合开展执法检查机制滞后。目前，全省市、县（区）公安、工商、环保、安监等部门在建立情报会商联动机制和联合开展执法检查机制方面不成熟、不完善。

四是推进智慧管控力度较弱。目前，全省市、县（区）两级公安机关在开展对互联网、物流网、企业网等"三网"的制毒物品的管理过程中，大数据的运用力度、智能装备的使用程度还较低。

二、提升广东禁毒行政执法之对策

禁毒行政执法工作是一项复杂的社会系统工程。要充分发挥制度优势，整合各方资源，统筹各方力量，积极构建共治共建共享的禁毒行政执法工作新格局，形成毒品治理合力。

（一）整合职能资源，凝聚禁毒行政执法工作合力

各级党委要夯实禁毒责任，不断推进禁毒行政执法工作社会化进程，建立起"部门协同、社会共治"的禁毒行政执法社会化工作体系。

一是全面升格禁毒委员会。由各地市、县（区）委书记任主任，市、县（区）长任常务副主任，市、县（区）领导任副主任，政府机构为成员单位，镇街全面实施禁毒"一把手"工程，建立常态化研究禁毒工作例会制度，专题研究部署禁毒工作。

二是全面充实专职力量。成立禁毒重点整治指挥部，市、县（区）禁毒办配10个以上干部编制，增设1名副处级专职副主任，镇街按照"五个一"（一个办公室、一块牌匾、一套机制、一支专职队伍、一套台账）要求实行实体化运作；新组建物流管控警种，成立打击、查缉等专业队伍，广泛发动行业从业人员积极参与禁毒，招聘禁毒辅警；各成员单位、镇街、村（居）、经济社全部成立禁毒工作机构，指导物流寄递企业强化组织机构建设，组建禁毒信息员、志愿者队伍。

三是组建县（区）、镇街、村（居）三级物流管控队伍。针对经济发达地区，成立由副县（区）长、公安局局长任组长的县（区）物流寄递行业管控领导小组，抽调民警、政府部门干部，招聘辅警组建县（区）物流管控大队；各镇街分别成立物流寄递管控大队，由分管禁毒工作的镇街班子成员任大队长，配置不少于10人的专职队员；各村社整合综治、出租屋管理等力量，成立物流寄递管控专职队，专职人员分片包干，实行物流寄递网格化管理，把管理的触角延伸到最基层。

四是开展禁毒网格管理。在禁毒治理过程中，坚持社区党建治理和群众自治相结合，以党建网格为标准，划分禁毒管理网格，将吸毒人员服务管理落实到党建网格工作中。借力党建"百千万"走访、"周访谈夜"机制，将县（区）级机关干部、镇街领导及联系服务小组、社区责任社工等力量纳入网格，强化吸毒人员管理服务，密切党群干群关系。开展网格党员对吸毒人员的"五个一"活动，即"一次走访了解、一次谈心帮教、一次解困援助、一次就业帮扶、一次回访问效"，帮助解决实际困难。

（二）借助"科技优势"，建设智慧禁毒管控系统

一是借鉴智慧警务，开发"智慧新禁毒"信息系统。根据智慧警务系

统设计原理，市、县（区）与科研机构合作开发"智慧新禁毒"信息系统。系统设置吸毒人员管理、物流寄递企业管理、工作人员绩效评估三大模块，对每名吸毒人员做到身份信息、照片、住址、工作单位等"七个动态掌握"，实现人员信息网上录入、档案网上管理、工作网上监督、服务网上响应，形成地区吸毒人员"一网管控"的工作模式。

二是利用"互联网+"，建设智慧禁毒管控系统—禁毒社工网。市、县（区）政府要将社区戒毒（康复）工作作为创新社会治理体制机制纳入特色改革项目推进，把"互联网+禁毒管控"综合服务平台建设作为促进发展的改革举措优先落实，创新打造出具有信息统一记录、违规自动预警、工作量化考核等功能的云上智慧禁毒管控系统——禁毒社工网。市、县（区）禁毒办根据全面梳理社区禁毒、康复、管控各项工作要求，与通信公司合作，自主研发"社区戒毒社区康复人员动态管控平台"，在禁毒社工网上设置尿检提醒、定位服务、线上咨询、网络帮教等功能，实现禁毒社工与帮教对象的"一对一"跟踪服务，进一步健全"六帮一"社区戒毒、社区康复工作体系；实时掌控人员动态信息，对社区戒毒（康复）人员实现全覆盖，实现"一网式"管控管理。

三是运用信息技术，创新"智慧禁毒戒毒"体系。镇街上下要紧紧围绕市、县（区）禁毒行政执法工作各项要求，借助发挥"基地+中心+网格"（禁毒教育基地+社区帮教中心+全民禁毒网格）的平台优势，逐步开创"各项基础牢固、打击整治深入、各类风险可控、形势持续向好"的全民禁毒新局面，特别是在打击整治、宣传教育、管控帮教等禁毒重点环节，创新引入科技元素（互联网+、VR等信息技术），深入推动吸毒人员心理咨询、网格管理等措施落实，创新智慧禁毒戒毒体系：

（1）建立互联网管理服务站。为解决吸毒人员异地管控难题，镇街可以专门建立"社区戒毒社区康复网络谈心室"，定期与吸毒人员及其家属实时视频连线，开展网络谈心家访工作。同时，打通镇街禁毒办、派出所及各相关社区网络链接，进一步摸清吸毒人员底数，掌控动态。

（2）打造大数据心理工作室。镇街根据吸毒人员心理服务需求，聘请县（区）卫健系统、镇街、社区的心理咨询师为骨干，引进VR心理戒毒服务仪器、心理减压调节训练系统等高技术产品，建立专门的心理工作室。依托"智慧新禁毒系统"对接卫健、公安、教育、民政、司法、信访、残联等部门相关数据，形成禁毒工作信息数据库，多途径建立涉毒人员利益表达机制和社会心态预测预警平台，为吸毒人员心理服务、戒毒个案研究等提供数据支撑。

（3）建设智慧管理服务平台。针对吸毒人员就业难的问题，镇街依托社区网格化管理服务，整合辖区力量，链接社会资源，开发"智慧就业"平台，将提供安置岗位的单位与戒毒康复人员通过 App 关联，根据双方需求碰撞，实现就业适合度的最优化。同时利用平台收集吸毒人员的各项需求和社会公益人士信息，提升戒毒康复服务效率和亲和力。

（4）建立"线下＋线上""实体＋动态"禁毒宣教平台。镇街开设禁毒微信公众号，安排专人，定期更新禁毒工作动态，同时在公众号中创新设置网上禁毒展厅、禁毒知识平台、禁毒答题系统、禁毒志愿者服务等功能，确保网络信息时代禁毒工作的先进性和高效性；主动引入"禁毒机器人""禁毒 VR"等科技禁毒元素，通过趣味引导、场景模拟等动态形式，充分调动不同群体参与禁毒的积极性，并在轻松地参与中进一步增强识毒防毒的能力。

（三）联动融合禁戒毒两端，建立禁毒戒毒链接机制

一是进一步健全禁毒联席会议协调工作机制。为了及时协商、落实收治、评估、解戒等过程中的问题和困难，在省的层面上，由省禁毒办主导、联合省戒毒局、公安厅禁毒局、监管总队等禁毒成员单位，建立禁毒联席工作会议机制，确定负责领导和工作联络员，坚持每季度召开一次会议，互通情况，解决问题，会后下发会议纪要，由省禁毒办督促相关部门执行落实。通过联席会议，加强工作磋商，及时协调解决收治、诊断评估、出所衔接等方面存在的突出问题。

二是进一步加强禁毒行政执法工作的打击和管理力度。其一，强化专项打击。坚持吸毒"零容忍"，以"打团体、摧网络、抓复吸、防未成年"为重点，开展禁毒行政执法专项整治行动，始终保持对吸毒行为的高压态势。公安司法等部门要密切配合，不断规范完善强制隔离戒毒工作运行机制，依法惩治涉毒违法人员，形成打击吸毒人员强大合力。其二，加强防控网络建设，强化动态管控。县（区）、镇（街）、村、组要建立防控网络，信息能及时上传下达，便于掌控了解。要对县（区）的流动、隐形、失控漏管吸毒人员进行不间断的排查、清理，做到心中有底数，发现一个收戒一个，努力做到社会面上基本无失控吸毒人员。其三，强化部门协作联动。文化、市场监管等部门要加大对涉毒歌舞娱乐场所的整治力度，遏制歌舞娱乐场所贩

卖吸食毒品问题的发展蔓延。要加强毒品查堵工作，进一步延伸毒品查缉触角，将查缉战线扩展到全县（区）物流、快递行业，形成全方位、立体式的毒品公开查缉网络，有效堵截毒品进入。公安、安监、卫生、市场监管等部门要强化对易制毒化学品和麻醉、精神药品的监管，强化源头管理，规范经营秩序，严防易制毒化学品流入非法渠道。

三是进一步强化解戒人员后续照管，实现安置康复社会化服务。市、县（区）相关部门按照"以人为本，规范管理，统筹兼顾，稳步推进"的工作思路，认真贯彻国家禁毒委等部门《关于加强戒毒康复人员就业扶持和救助服务工作的意见》（禁毒办通〔2014〕30号），落实戒毒康复人员职业技能免费培训政策，特别是司法行政戒毒系统要帮助解戒人员掌握一技之长；健全戒毒人员后续照管工作平台，在禁毒重点地区建立康复指导站，加强对社区戒毒、社区康复的指导；完善社会帮教对接机制，加强解戒人员后续帮扶工作，逐步建立街道、社区后续照管指导站，提升戒毒延伸服务职能；探索建立所地合作医疗、所地合建专科医院模式，构建场所负责安全、地方医院负责治疗、财政负责医疗经费的医疗救治机制，并争取将戒毒人员纳入全民医保体系，提升戒毒人员医疗保障水平。

第五章
毒品问题治理的立法完善

第一节 关于修改《禁毒法》的十个问题*

一、修法的必要性、策略与方法

（一）修改《禁毒法》的必要性和意义

目前已经形成两大共识，即通过修法的契机，首先，将禁毒政策法治化，主要是把中共中央、国务院《关于加强禁毒工作的意见》中的内容予以法律化。这是全面依法治国的要求，最终目标是推进国家禁毒体系和毒品治理能力的现代化。其次，将禁毒实践中的一些行之有效的做法予以制度化。特别是将地方禁毒立法中的有效经验和有益探索予以吸收和确认，从而解决禁毒事业在法律依据方面的突出问题和困境，最终在顶层设计上使禁毒工作走上法治化轨道，用法治保障禁毒事业的有序、平稳、健康发展。

（二）修法的指导思想

关于修法的指导思想方面，存在一些争论。

---

* 本节撰写者：褚宸舸。

例如，准备大改、中改还是小改？这个问题不仅涉及修法的目标，也涉及修法工作的相应规模、内容和范围。因为立法资源具有稀缺性，每届人大常委会安排修法的数量有限，应当以修法之后至少管用十年作为控制修法规模的标准。

有观点提出，修法时《禁毒法》原先目录的章节不能改动，只能修改、增加部分条文。笔者认为，修改章、节、条、款、项、目，在我国立法实践中均有先例。有观点建议，修法的目标应是形成禁毒法典，即通过法典化技术，吸收《戒毒条例》和一些规章的部分内容。笔者认为，法典化固然可取，但修订难度颇大、耗时较长。从减少修法难度和可行性来看，可以考虑分阶段修改，即先修改《禁毒法》，再修改《戒毒条例》，然后再修改相关规章。但是，此次修法要连带把《戒毒条例》等行政法规、规章的内容通盘考虑整体设计。这是因为《禁毒法》修改后，《戒毒条例》等势必要紧接着修改，要着眼长远，深谋远虑。

实践中很多同志提出的修法意见或建议，不是完全针对《禁毒法》的，相当一部分是针对《戒毒条例》以及其他规章。所以，首先，要明确《禁毒法》《戒毒条例》及规章各自的功能定位。其次，要明确是对哪一层级法律规范进行修改，杀鸡焉用牛刀，假如通过修改《戒毒条例》或规章就能解决问题，为何要浪费《禁毒法》的修法资源呢？

《禁毒法》应定位为禁毒组织法、授权法、行政法。按照《立法法》的要求，《禁毒法》应对公民基本权利的限制性规定予以明确。而且《禁毒法》的授权要明确，用授权性规范留出将来制度创新的"插线口"，方便《戒毒条例》进行具体化。《戒毒条例》应是具体标准的规定，可以侧重程序内容。《戒毒条例》部分条文，应当升级成为法律。

（三）修法有待举措推动

首先，尽快将《禁毒法》的修改列入人大立法规划。按照我国通常的工作部署，新一届全国人大常委会最迟5月通常会公布未来五年的立法规划。立法规划由全国人大常委会法制工作委员会的立法规划室负责拟定，由常委会通过。建议国家禁毒办提早联系全国人大内务司法委员会、全国人大常委会，力争将《禁毒法》的修改在新一届常委会立法规划中立项。

其次，邀请国务院法制办或全国人大常委会法工委或全国人大内司委、法律委的同志提前介入修法工作。例如，修法的调研工作就可以邀请人大常委会立法干部参加。人大常委会的立法部门早介入，对于减少返工、提高修法效率有很大好处,而且后续修法程序中,人大常委会也比较容易通过。

再次,为了让修法得到禁毒委成员单位、国务院法制部门、人大立法部门的广泛支持和认可,不能闭门造车,要有意识地设置修法的议题和话题。例如,由国家禁毒办主办,由一些高校及研究机构承办1~2次《禁毒法》修改的专题性的学术会议,采取"请进来,走出去"的做法,在法律界形成《禁毒法》修改的浓厚氛围和共识,吸引领导和专家们的关注,使《禁毒法》的修改深入人心,同时也夯实修法的民主性、科学性。

最后,深入开展《禁毒法》修改研究、调研工作。充分准备资料,修法要有前瞻性,有预见性,要考虑古法今法、中法外法、前法后法的规定。同时要和相近法衔接。例如,《禁毒法》就需要考虑《社区矫正法》,还要考虑国际公约的动向。中国法域内,台湾地区和香港、澳门特别行政区的立法也要参考。建议中国禁毒基金会设立招标项目,资助全国高校和研究机构的学者深入开展对《禁毒法》修改的研究。

二、禁毒委和禁毒办的组织体制

(一)关于禁毒委的组织体制

首先,《禁毒法》明确规定了国家禁毒委,但是对于地方禁毒委是否设置,只规定了"可以"。鉴于各地县级以上均设置禁毒委,所以《禁毒法》将地方禁毒委改为"应当"设置,属于水到渠成。也有人认为,地方禁毒委设与不设可以因地制宜,保留"可以"两字。乡镇、街办及开发区、高新区等是否设禁毒委问题也值得研究。有人建议,法律应该规定乡镇街办一级设置禁毒机构。因为很多地方,吸毒人员是由基层司法所代管的。

其次,《禁毒法》应增加禁毒委内部法律关系的规定。例如,上下级禁毒委的关系,禁毒委成员单位内部是否设置专门的禁毒部门,禁毒从业人员是否像法律职业人员要具备专门的资格或任职条件。有人认为,应当把国家禁毒委的职能改为"组织、领导"禁毒工作。

最后,禁毒委或禁毒办实体化的呼声不断。因为非常设的机构确实难以保证工作的有效开展。可通过将其实体化,提高禁毒办的层级规格。有人建议,国家禁毒委可作为国务院组成部门,国家禁毒办也应当纳入国务院序列。还有人建议仿照综治办的先例单设,通过实体化还可以进一步确立经费保障的法定化。只有实体部门,其机构才具有独立编制预算的资格,也才能实现预算部门化、预算科目化。有观点提出,禁毒应该属于中央事权,应由中央财政承担经费。对于一些经济落后地区,中央财政有给予特别补助的义务。

(二) 关于禁毒办的组织体制

《禁毒法》虽然将禁毒委法定化,但是并未规定禁毒办的组织体制。目前,全国各地(除上海)都仿效国家禁毒办和公安部禁毒局合署办公的体制。该体制的优点自不待言,但"小马拉大车",也造成地方禁毒办工作薄弱,公安的禁毒部门工作压力增大。首先,公安禁毒部门负责禁毒工作的组织、协调、指导工作,特别是毒品预防宣传教育、戒毒等工作,往往力不从心。其次,禁毒办作为禁毒委常设机构,负责考核禁毒委各成员单位的工作,当然也包括公安禁毒部门自己主管的查缉毒品、打击犯罪的工作。禁毒办设在公安禁毒部门,在工作上是自我考核,不符合行政、监督相分离的现代法治原则。

地方禁毒办的机构设置需要改革已有基本共识,但是如何改革争论很大。有人建议,禁毒办从公安系统独立出来,归属政法委。但也有专家认为禁毒办不应设在政法委。有人建议,禁毒办成为地方政府下面单列一个部门,类似于政府法制办的地位。不论禁毒办设在哪里,都需要法律作出明确回答。

笔者建议,禁毒办体制不宜大动,应当微调。首先,组织法和组织体制问题是"牵一发而动全身",涉及编委(编办),更需要中央决策。禁毒办实体化是行政体制的改革,属于政治体制改革,立法层面不宜作出统一规定。因为立法仅是政治改革结果的确认,目前尚未启动改革,进行立法确认为时还早。而且体制机制运行,也不宜采取修法的方式,别的方式同样也可以达到目的。建议由法律作出授权,或者部署各地进行禁毒办体制改革的试点。待时机成熟,再进行法律层面的修改。其次,在改革时期,作为一种权宜之计,建议地方禁毒办和公安机关的禁毒部门分别设置,即禁毒办在公安部门内单独设置,这既能解放公安禁毒部门,也能维持公安机关主导禁毒的体制,使禁毒委的工作保持稳定。

三、综合治理体制及法律责任

(一) 通过修法强化法律责任,落实综合治理

通过明确各成员单位职责、强化法律责任,来促进禁毒委各成员单位的

工作。具体而言，就是在总则部分将禁毒各成员单位职责罗列，予以法定化，在法律责任部分设定相应规定。例如，将禁毒工作责任制和考核入法。目前禁毒工作的考核主体、考核方法、程序、评估、结果使用，奖励、问责、法律监督、权利救济都应予以明确规定。又如，应在《禁毒法》中写入相关单位和企业的协助义务。政法机关查处毒品犯罪嫌疑人，移动、电信、淘宝、腾讯等企业如果拒绝配合或配合不够，建议参照《反恐怖主义法》的立法先例作出相应规定。对一些物流基地、出租车、网约车、互联网、娱乐业涉毒，要增加处罚条款。

有人建议，《禁毒法》总则中应补充重点整治的规定。还有人提出，存在国际合作机制和批准两张皮的问题。立法规定禁毒国际合作是要由公安部批准，但是实践中有些地方（如Y省）的边境联络官办公室在合作机制中起了较强作用，立法应该对提高效率的创新模式予以确认。

（二）完善禁毒信息研判和评估体系

应当构建全国统一的毒情预测、研判、共享平台，为决策提供依据。吸毒人数、戒毒所设置数量、戒毒医院数量这些相关数据由不同部门在管理，没有发挥大数据对研判的作用。有些地方把人、事、物的信息整合起来，进行分级研判。但是，跨国、跨省域的信息还需要国家层面做。通过信息化、标准化工作，可以提高禁毒的科学化、精细化水平。

笔者建议，首先，进一步完善公安部毒情监测系统和吸毒人员网络管控系统。毒情监测系统欠缺对毒品的技术信息、消费市场监测以及毒情监测预警等重要内容。吸毒者管控系统存在诸多法律问题，管控涉及对公民基本权利的限制。现有系统信息未能及时更新，三年管控期限起始及终了的认定和具体操作程序不明确，造成已戒毒多年的公民信息未能退出，这使戒毒者身份标签化、固化，阻碍其回归社会、摆脱歧视、走上生活正轨。其次，建立保密和开放相结合的禁毒信息共享机制，研制禁毒政务网络系统和禁毒公众网络信息系统。要实现综合治理、社会力量参与，必须开放信息。因为公安业务的专业性和保密性，现有禁毒信息系统只有各级公安禁毒部门才有权使用，国家禁毒委各成员单位，特别是和禁毒社会化工作密切相关的司法行政、卫生、教育、宣传、共青团等部门，以及禁毒社会力量均难以获得其工作所需的信息。例如，地方卫生部门、人民银行反映，禁毒数据信息来源渠道不畅，获得资料很困难，对成员单位开展禁毒工作有掣肘。因为信息封闭化、内部化，全国禁毒研究工作也难以深入。建议将不涉密的信息剥离出来，或使用加密技术手段，使禁毒委各成员单位能利用信息化的便利，更好地做到工作研判。在现有系统基础上，开发禁毒政务网络系统和禁毒公众信息系统。前者使各单位能利用大数据资源开展禁毒工作，后者使禁毒社会力量通过系统，能够有效对接所服务的人群和事项，使社会公众能获得权威、最新的禁毒知识和资讯，通过信息化推动禁毒工作社会化。

（三）通过增删在立法技术方面完善法律责任部分

《禁毒法》"法律责任"一章的立法技术存在明显问题并亟待修改。首先，现有规定和《刑法》《治安管理处罚法》高度重合，烦琐且无必要，而禁毒法执法主体、禁毒委各成员单位的责任却未写入。

其次，《禁毒法》第 59 条第 1 项走私贩毒运输规定和《刑法》冲突，且逻辑不通，27 个违法行为没有必要列举。

再次，不仅要规定吸毒人员的权利，还要规定限制吸毒人员权利的方式和限度。目前的抽检，既侵犯吸戒毒人员的隐私权，也侵犯其劳动权。有人提出，有些吸毒人员有劳动能力，但不愿意就业，不履行劳动义务，政府若采取措施应有法律的授权。更重要的是，"法律责任"部分要规定非法侵犯吸毒人员权利的法律责任。

最后，应仿照《反洗钱法》的立法先例在《禁毒法》设定行政奖励，以鼓励相关单位和个人的工作热情。

四、病残等特殊群体收戒

特殊人群不仅包括病残，还包括怀孕者等。为打破特殊人群抓放恶性循环的问题，大部分人认为应当收戒。少部分人认为收戒有法律风险和行政风险。例如，如果收戒，万一怀孕妇女所内生育，生下的婴孩如何妥善处理照料。

为了规避风险，建议场所设置要法定化。因为目前存在管医和办医相分离的体制，应明确病残人员收戒的负责主体。上海禁毒办建议，明确卫生行政部门为主体，司法强制力为保障的戒毒制度。特殊人群收戒应定义为强制医疗，需要成立专门医院、中心，不能放进强戒所。建议对特殊群体，可以仿照《刑事诉讼法》规定，设计类似监视居住的制度。

笔者认为，设置集中收治场所，要处理好人权保障和限制的关系。建议可由民政部门牵头成立特殊的救助中心或关爱中心，公安、医疗部门参与管理，给予强制力和专业的保障。特殊人群需要综合治理，单靠一家或采取强戒模式不可行，而且存在人权问题。

五、毒品的法律定义和强制检测

（一）毒品的法律定义

毒品范围的大小、毒品检测的认定（定性、定量）不仅涉及行政案件，而且关系犯罪圈的大小，不能不慎重。

关于毒品的定义问题。大多数人认为，应对《禁毒法》中的毒品定义进行修订，纳入"新精神活性物质"。例如，有人提出，"精神药品"和"麻醉药品"中的"药品"，就可以改为"精神活性物质"。也有实践部门提出，新精神活性物质外延太大，基层检测手段不够，不易执法。另外，把精神活性物质纳入毒品定义，需要征求卫生和药监部门意见。也有个别专家认为，毒品定义可以不修改。至于怎么列管，只要建立新精神活性物质的解释制度，并形成动态制度和机制就可以。有人建议借鉴美国、我国台湾地区的经验，建立毒品分级管理制度。也有人认为，刑法在定罪量刑时实际上已经对不同毒品做了区分，建立毒品分级制度有利有弊。

笔者认为，首先，目前精神活性物质管制的难题，是法律规范的稳定性和实践的变动性之间的固有矛盾，即使把毒品的定义从"药品"变为"物质"，这矛盾仍然存在。而且毒品外延一旦变宽，会产生连锁反应：我国犯罪圈相应变宽，毒品犯罪判刑人数增加，吸毒人数及纳入管控的人数增加。还涉及和原先精麻药品管理办法、联合国公约的衔接，需要和卫计委、药监局等单位沟通，征求意见后慎重决策。

其次，立法语言方面应做具体修改。例如，在毒品定义中的"管制"前增加"法律"二字，即修改为"法律管制"；"甲基苯丙胺（冰毒）"，建议去掉"（冰毒）"。

（二）毒品的强制检测

毒品的强制检测涉及人权保障等问题。

存在较大争议的是强制检测的对象人群。一些禁毒一线干警认为，检测对象应扩大到所有涉嫌违法犯罪者，这样有利于打击吸毒。有人建议，涉及参军、入学、特殊行业就业、公务员都要检测。还有人建议，提干、征兵都应该检测。部分实务工作者认为，基层检测条件不具备，而且会成倍增加工作量,所以反对检测。

检测权应当限制,但是违法到什么程度才能检测,实践中并不好把握。学者普遍对强制检测,特别是扩大检测范围有担忧,因为涉及对公民人身权利的限制,实践中容易出现滥用检测权。强制检测制度兹事体大,掌握不好,极易引起大量诉讼和法律风险。如果规定,就要建立正当程序的制度。对敏感、高危职业从业人员,不妨规定自愿检测或个人提供检测报告。

六、强制隔离戒毒双轨体制

第一,《禁毒法》修改可以暂不涉及公安、司法行政部门分段执行强制隔离戒毒的双轨体制。

双轨体制主要是《戒毒条例》规定的,《禁毒法》并未明确,可以考虑以后改革时机成熟时,修改《戒毒条例》。首先,应加强对监所的监督。戒毒所要设置驻所检察室,由检察院派驻(过去劳教场所曾有设置),作为监所是否违法的中立监督机关,也可以为监所纠纷提供裁判依据。其次,强制隔离戒毒要强化医疗色彩,引入社会力量参与。有专家建议,戒毒措施"重管理、轻治疗"这一点需要改革,强制隔离戒毒所的治疗可以考虑纳入公共卫生医疗体系。

第二,强制隔离戒毒的决定和执行权应"两权分离"成为共识。

有人指出,强制隔离戒毒延期或提前,交到原决定机关决定,在衔接方面经常出问题。决定权由公安机关决定,但司法行政和公安两家对接困难。例如,1个强制隔离戒毒场所最多对应40个公安机关。有时戒毒者在所内已经到期,解除戒毒决定书还未送到。有人建议,把强制隔离戒毒解除、变更权交予法院。笔者认为,强制隔离戒毒的司法化改造目前并不现实,但目前的规定也不合理,应当给予行政相对人足够的救济途径。

七、社区戒毒和社区康复

近年来,不断有医学专家建议,戒毒和预防需要转变观念,把吸毒纳入公共卫生服务、保障体系来解决,并指出吸毒成瘾是一种疾病,吸毒成瘾认定应由医疗机构进行。戒治工作要在诊断评估基础上实施,但目前诊断评估制度没有落实。

笔者认为,社区戒毒、社区康复集中反映了理念、立法、实践之间的张力。第一，戒毒治疗、康复纳入公共卫生体系，从理论上没问题，但是在立法、实践方面存在瓶颈。例如，按照《社会保险法》规定，强制隔离戒毒和社区戒毒人员参保（医保）出现断保。美沙酮不是药准字药物，不在药物目录，美沙酮维持治疗也不是诊疗项目。再如，实践中，除了北京、上海等超大型城市，我国大多数地区戒毒医疗资源非常有限。所以，把戒毒从目前政法模式完全转变成医疗模式，需要逐步转变，不可能通过立法毕其功于一役。例如，对戒毒人员在低保方面一视同仁，就需要观念转变（有群众、干警认为这会使戒毒者产生优越感、助长吸毒，有这种观念能够理解，但需要慢慢转变），地方党委、政府主导，社区参与，把责任界定清楚。社区戒毒、社区康复工作中，基层政府对社区戒毒、社区康复重视不够，人员配备不够，对接、管控流于形式，安置难度大，这些问题是否需要从立法层面解决，立法如何解决，也需要研究。

第二，社区戒毒、社区康复的服务体系不健全，服务能力不够。社区戒毒、社区康复关键是社区建设。要在社会中恢复戒毒者的社会功能，不能只靠政法机关。基层党委、政府有责任培育社会组织，承接社区戒毒、康复服务，购买转介禁毒服务。目前社会力量参与不够，"专干不专"，相关公益组织也不多。

第三，社区戒毒、社区康复的现存问题，大部分不是《禁毒法》本身的问题，而是没有落实《禁毒法》的问题。有些是《戒毒条例》的问题，有些是配套政策、制度的问题。例如，《戒毒条例》设计基于以户籍管理为基础的静态社会，而实际我国是动态社会，人口流动大，人户分离已经成为常态。再如，社区戒毒以"戒毒协议"来执行，不严肃，无刚性，而且没有规定法律救济的渠道。《戒毒条例》中严重违反戒毒协议和拒绝执行协议之间的表述有矛盾。

八、社会戒毒医疗机构

我国戒毒医疗机构可以分为监所戒毒医疗机构和社会戒毒医疗机构两类，后者包括戒毒医院（包括戒毒专科医院与综合医院中的精神科或戒毒治疗科）和戒毒药物维持治疗门诊（简称美沙酮门诊）。

笔者通过调研，发现社会戒毒医疗机构存在以下问题：第一，从戒毒医院方面看，一是医院数量逐渐下降，二是相关专业人才缺乏。前者主要是因为病患不愿意去诊治，医院的医疗和管理成本高，医疗机构开办者不愿意办，政府尚未将治疗毒瘾的费用纳入医保范围，住院治疗时间过短，疗效不稳定，随访回访制度没有落实等。后者主要是因为相关专业医生待遇相对较差，医护人员职业压力大，缺乏职业成就感。第二，从美沙酮门诊方面看，主要是病患数量减少，门诊覆盖面不够，患者外出时服药困难，管理难度大。总之，社会戒毒医疗机构发展状况堪忧。上述问题需要认真面对，积极并尽快地解决。

　　立足于医疗机构的角度，笔者提出以下两方面的对策与建议：第一，应准确定位社会戒毒医疗机构的功能。自愿戒毒和戒毒药物维持治疗的医疗机构是国家救治责任的载体，不论其是民办还是公办，政府均应投入一定的经费予以扶持，使自愿戒毒、药物维持治疗和强制隔离戒毒、社区戒毒、社区康复等均衡发展。首先，完善并明确政府对社会戒毒医疗机构的政策性投入。对于戒毒医院和美沙酮门诊，国家财政补贴的力度需要进一步加大。政府应在政策、经济上对戒毒医院予以鼓励支持、倾斜照顾，应尽快加大对美沙酮门诊的财政补贴力度。按照《戒毒药物维持治疗工作管理办法》第40条的规定："符合规划设立的维持治疗机构所需设备购置等必要的工作经费纳入同级财政预算安排，中央财政给予适当补助。"据了解，部分经济发达省份目前已经通过对门诊增加补贴费用的方式，实现对美沙酮药品费用的全部减免，但西部地区很多地方还对药物维持治疗者收取费用。其次，建议地方政府将戒毒治疗项目纳入医保。我国有不少省份已经将自愿戒毒、社区戒毒、社区康复期间因戒毒产生的戒毒诊疗费用纳入医疗保障体系。例如，参加城镇职工基本医疗保险、城镇居民医疗保险或者新型农村合作医疗的戒毒人员，在自愿戒毒、社区戒毒、社区康复期间产生的戒毒诊疗费用，符合基本医疗保险基金支付范围的，按有关规定从医保基金中支付。如果不将戒毒治疗项目纳入医保，病患因戒毒住院期间，一些并发症也不能通过医保报销。最后，对戒毒者的治疗和管理应该带有一定的强制性。戒毒要达到效果，必须预防一些危险因素尤其是毒品的流入，在技术和药品上进行严格管理。所以，封闭管理是最佳的选择。在封闭式的自愿戒毒过程中，戒毒者的个人自由和严格的监管必然发生冲突，并且登记注册制度也存在保密（按照戒毒协议）和信息上报（公安机关）的矛盾。现实中医院、美沙酮门诊想要通过"戒毒协议"约束住病患，难度很大。同样因为缺乏强制性手段，戒毒医疗机构管理中很容易出现纰漏，一旦管理方面出现问题，卫生行政机关、公安机关对医疗机构更严格的监管措施就会纷至沓来，问责和处分也随之而来，戒毒医疗机构进退失据、左右为难。

第二，对社会戒毒医疗机构应创新管理方法。首先，应将自愿戒毒、戒毒药物维持治疗的医疗机构与社区戒毒、社区康复制度有机结合。将社会戒毒医疗机构的专业性和基层政府的强制力相结合，可以取长补短。建议尽快健全完善"医社合作"模式，鼓励社会戒毒医疗机构通过政府购买服务等公私协力形式，参与到社区戒毒、社区康复工作中，成为后者的医疗支持资源，以解决经费和病人不足的问题。其次，还要有效提升医护人员的待遇和职业荣誉感。拓宽戒毒专科医生的晋升渠道，提供较广阔的职业发展空间。国家和地方禁毒委对禁毒先进工作者的评选，应给社会戒毒医疗机构预留部分名额。改善医护人员的薪资待遇，结合戒毒医疗工作的特殊性，制定相适应的绩效考核制度与福利保障制度。

九、社会化和社会参与

这方面的共识是立法应该规定国家的扶持、投入义务。建议参考《社区矫正法》的规定，把相关政策归纳出来予以立法。

第一，公共卫生体系要保障相应投入，保证专业性，做好技术培训。

第二，对自愿戒毒机构要予以帮助、支持。自愿戒毒人员不要列入动态管控，鼓励自愿戒毒。有人建议自愿戒毒信息只在公安机关备案，但暂时不录入系统。

第三，社会对禁毒的捐赠，给予减税、免税的保障。这方面要和《慈善法》等立法进行衔接。

第四，对禁毒社会组织、禁毒社工作出规定。在总则中把社会工作介入予以规定。明确禁毒社会工作的职业任务、相关制度安排、禁毒社会工作从业人员的职业保护。这方面可以借鉴《上海市禁毒条例》第40条。

十、禁毒预防宣传教育

第一，禁毒预防宣传教育应写入总则。禁毒预防宣传教育说得多，但是没有实体机构来落实。建议采取"列举+兜底"的形式，规定主要禁毒部门宣传教育的职责，并对宣传教育评估进行规定。目前政策制度只规定谁做，没规定各主体做什么，成效不明确，归根结底缺乏目标任务机制评估。加强预防教育考核和责任追究，宣传教育的效果如何评估，应以当地新生吸毒人员增长率作为重要指标。预防教育的预算应列入禁毒工作经费中单独设立科目，并加大投入。

第二，加强预防宣传教育中的志愿服务活动。志愿服务活动管理不够规范，人员需要培训，但是培训不够，大都是临阵磨枪。志愿服务覆盖面不够广，资金不稳定，特别是企业投入不高，志愿服务吸收社会资金的能力弱。建议立法规定志愿者队伍建设，通过配套规章进行任务分工，加强培训，强化政府购买。

笔者建议，在立法中要制定毒品预防宣传教育工作的标准，打通社会力量参与的机制。首先，鼓励社会力量参与，推进政府购买禁毒预防宣传教育领域的服务。其次，研究并制定毒品预防宣传教育评估指标体系和参数，构建科学客观的评估模式。

第二节 地方性禁毒法规的发展完善方向[*]

毒品是全球性的社会公害。我国政府一直采取厉行禁毒的刑事政策，坚持预防为主，综合治理，禁种、禁制、禁贩、禁吸并举的方针，进行着一场持续的禁毒人民斗争，禁毒工作取得了一定成效。根据《2016年中国毒品形势报告》的毒情形势描述："中国毒情形势保持稳定，毒品蔓延势头总体可控。"[①] 然而，随着全球化浪潮的纵深发展和中国改革开放的不断深入，"周边毒源地和国际贩毒集团对中国渗透不断加剧"[②]，我国毒品问题加速蔓延、毒品犯罪多发高发、毒品滥用危害凸显、毒品治理窒碍难行，[③] 毒品问题已成为中国社会最为复杂的、最为严峻的、最难治理的社会问题之一。

---

[*] 本节撰写者：魏东、张福英。

[①] 《2016年中国毒品形势报告》，载 http://www.nncc626.com/2017-03/27/c_129519255.htm，2019年6月8日访问。

[②] 《2017年中国毒品形势报告》，载 http://www.iolaw.org.cn/showNews.aspx?id=65986，2019年6月8日访问。

[③] 参见李文君：《禁毒防控理论研究与实践探索》，上海社会科学院出版社2017年版，第1~44页。

在禁毒立法上，我国现阶段基本形成了以《禁毒法》为中心，毒品犯罪刑事立法、行政法规、地方性禁毒法规相配套的禁毒法律体系。但我国幅员辽阔，地区差异巨大，全国性的禁毒法律法规只能就普遍性的问题作出规定，一方面其无法涵盖各省、自治区、直辖市的特殊情况，更无法有针对性地解决一些"毒品重灾区"的问题；另一方面全国性统一法规无法对毒品犯罪和毒品治理中出现的新情况、新问题作出及时、有效的回应，因此需要地方性禁毒法规有所作为。迄今为止，全国共有 20 多个省、自治区、直辖市制定了禁毒条例，其中 2018 年 12 月 7 日修订的《四川省禁毒条例》较能反映当前我国地方性禁毒法规的面貌和发展完善方向。地方性禁毒法规应该以《刑法》《禁毒法》《戒毒条例》等全国性禁毒法规为指导，既要与全国性禁毒法规在原则性的规定上保持一致，又要考虑各地毒品问题现状，因地制宜地制定符合地方实际的禁毒条例，如针对本省内范围大麻泛滥的情况，黑龙江省在 2017 年通过的《黑龙江省禁毒条例》中设"工业用大麻管理"专章对大麻的选育、种植、销售和加工进行详细规定。具体而言，在地方性禁毒法规的发展完善上，需要考虑如何对全国性禁毒法规的禁毒措施进行细化规定，如何消解地方性禁毒障碍并创新规定禁毒措施，如何利用地方性禁毒法规精准填补《刑法》毒品犯罪解释适用中出现的问题，从而有效打击毒品犯罪。

一、细化规定《禁毒法》和《戒毒条例》中的禁毒措施，确保厉行禁毒政策的功能发挥

（一）细化规定主体责任，多维联动厉行禁毒

《禁毒法》第 4 条第 2 款规定"禁毒工作实行政府统一领导，有关部门各负其责，社会广泛参与的工作机制"，这一规定明确了禁毒工作的责任主体，但未能明确各责任主体的工作内容和承担责任的方式，地方性禁毒法规应当以《禁毒法》为指导，对禁毒工作中的政府责任、禁毒委员会各部门责任和社会团体责任进行分工，细化各个责任主体职责，建立职责明确、内容充实的禁毒工作机制。以《四川省禁毒条例》为例，1993 年的《四川省禁毒条例》尚未做到这一点，因为它也仅原则性地规定了"各级人民政府组织、协调禁毒工作；公安机关是禁毒工作的主管部门"，而 2018 年的修订则完成了这一任务。新修订的《四川省禁毒条例》对禁毒主体职责的细化

规定主要体现在三个方面。

其一，细化地方政府领导职责。《四川省禁毒条例》确定了县级以上地方人民政府统一领导，禁毒委员会组织协调，乡镇政府和街道办具体落实禁毒防范措施，禁毒委员会各成员单位密切配合的禁毒工作机制，确保国家机关始终是禁毒工作的核心力量，也确保了禁毒工作始终是地方各级政府的重要工作之一。

其二，细化禁毒委员会各成员单位职责及协作机制。《四川省禁毒条例》规定由地方政府建立健全禁毒协作机制。具体表现在禁毒委员会建立各成员单位之间的禁毒信息通报和信息共享制度，并要求各成员单位定期向禁毒委员会报告禁毒情况，从而推动禁毒工作的区域交流合作和部门共同协作。不仅如此，在成员单位各自的职责上，四川省人大常委会2019年5月23日批准的《凉山彝族自治州禁毒条例》第4条第2款至第10款更进一步明确了公安机关、司法行政部门、卫生健康管理部门、民政主管部门、人力资源和社会保障主管部门、市场监督管理部门、财政部门、共青团等群团组织以及禁毒委员会其他成员单位的详细职责，确保毒品预防、毒品管制、戒毒管理服务、禁毒保障制度等都有专门的机关负责。

其三，细化规定社会团体参与禁毒的方式。除了政府组织领导开展禁毒工作以外，《四川省禁毒条例》还详细规定了社会团体参与禁毒的方式，主要包括：要求村民委员会、居民委员等基层群众自治组织积极开展禁毒防范措施，引导毒品违法犯罪行为高发多发的行业广泛进行禁毒宣传和禁毒教育，鼓励社会工作者和志愿者积极参与禁毒宣传教育和戒毒社会服务等。应当认为《四川省禁毒条例》将政府、有关部门和社会力量各自的职责进行细化规定，建立了三方之间的协调合作机制，三维联动能够有效遏制毒品泛滥的现状，依法有效打击毒品违法犯罪。

（二）区分毒品易感对象，细化规定禁毒宣传措施

禁毒宣传教育是毒品预防的重要手段，也是禁毒工作的重要内容之一。但长期以来，我国毒品工作普遍存在"重打击、轻预防"的问题，毒品预防教育"常态化不足、教育对象不精准、内容不科学、预防效果无评估标准"等问题长期未能得到解决。① 《禁毒法》仅总体规定了政府承担禁毒宣

---

① 参见王锐园：《大数据在禁毒工作中的运用》，载《中国刑警学院学报》2018年第5期。

传教育的责任，1993 年通过的《四川省禁毒条例》也仅用了一个条文总体上规定了国家机关、社会团体、企事业单位和基层群众自治组织承担禁毒宣传教育的责任（1993 年《四川省禁毒条例》第 5 条），粗疏的原则性规定在实践中欠缺可操作性，不能完全满足地方禁毒宣传教育工作的需求，在禁毒宣传教育上的作用不明显，因此需要地方性禁毒法规细化禁毒宣传教育的形式。2018 年新修订的《四川省禁毒条例》关于禁毒宣传教育的规定有明显的改变。从条文设置上来看，它将 1993 年《四川省禁毒条例》第 5 条扩展为单独的一章，即第二章"禁毒宣传教育"，并用了第 10 条至第 17 条共 8 个条文全面规定了禁毒宣传教育的主体和措施。例如，规定了县级以上地方政府应当建设禁毒教育基地，编制禁毒教育读物、音像制品和互联网文化产品等。更为重要的是，新修订的《四川省禁毒条例》关注四川省禁毒现状，以本地区毒品易感人群、毒品易感场所、毒品易感行业作为重点教育宣传对象，靶向设计禁毒宣传教育措施。

其一，细化毒品易感群体的禁毒宣传教育措施。毒品严重危害青少年的身心健康，青少年心智尚未成熟，不能精确识别毒品样态，不能完全意识毒品危害，容易受到引诱而染上毒品。我国吸毒人员低龄化特征突出，根据《2015 年中国毒品形势报告》数据，在当时我国 234.5 万吸毒人口中，不满 18 岁的有 4.3 万人，18 岁到 35 岁之间的有 142.2 万人，青少年吸毒人数占总吸毒人数的 62.4%，① 且新型合成毒品滥用群体中 80% 以上是 35 岁以下的青少年。② 在他们当中，一部分是资源禀赋薄弱的群体通过吸毒抵御生活困境，另一部分是富裕群体出于消遣、娱乐的目的而使用俱乐部毒品，③ 青少年无疑是毒品易感人群。《禁毒法》将教育行政部门和学校纳入禁毒教育的责任主体，并规定了未成年人父母及其他监护人的禁毒教育责任，但未规定具体的禁毒宣传教育措施，需要地方性禁毒法规予以细化。例如，《四川省禁毒条例》规定了教育行政部门和学校的禁毒宣传责任，要求教育行政部门和学校将禁毒知识纳入教学计划、课程内容和初中、高中以及中职学校

---

① 中国禁毒网：《2015 年中国毒品形势报告》，载 http: //www.nncc626.com/2016 - 02/18/c_ 128731173_ 2.htm，2019 年 6 月 2 日访问。

② 中国禁毒网：《禁毒教育，从青少年抓起》，载 http: //www.nncc626.com/2015 - 06/16/c_ 127922832.htm，2019 年 6 月 2 日访问。

③ 参见彭睿、王玡强：《社会排斥与毒品亚文化：青少年群体吸毒的双重诱因及其消解路径》，载《公共行政评论》2019 年第 2 期。

德育课程考核内容。《凉山彝族自治州禁毒条例》还进一步规定了"自治州各级教育行政主管部门对涉毒家庭未成年学生实行寄宿制教育",从而预防未成年人受吸毒家庭成员的影响和诱导染上毒品。

其二,细化毒品易感场所的禁毒宣传教育措施。一直以来娱乐场所都是毒品易感场所,一些娱乐场所鱼龙混杂、藏污纳垢,是滋生毒品违法犯罪行为的高发地,群体成员聚集在酒吧等特殊社会情境中时,特殊的音乐节奏、疯狂的舞蹈、鼓点,使吸食新型毒品的氛围得到强化,群体容易放松警惕、放纵自己,从而产生吸食新型毒品的激情和冲动,① 因此地方性禁毒法规应当对娱乐场所的禁毒规范进行细化规定。例如,《禁毒法》只总体上规定了娱乐场所,而《四川省禁毒条例》将娱乐场所的范围细化到"娱乐场所和旅馆、洗浴、茶馆、酒吧、会所、网吧";《禁毒法》仅规定了娱乐场所应当落实禁毒防范措施,《四川省禁毒条例》进一步将娱乐场所的禁毒防范措施细化为设立禁毒警示标志、公布涉毒举报方式、张贴或摆放禁毒宣传资料、对娱乐场所从业人员进行禁毒宣传教育培训等。

其三,细化毒品易感行业的禁毒宣传教育措施。毒品在地区之间的流动是毒品泛滥、地区之间毒品问题"交叉感染"的重要原因,只要能在流通环节掐断毒品的流动可能性,就能有效遏制毒品泛滥的态势,因此地方性禁毒法规应针对交通运输业和快递物流业制定有针对性的禁毒宣传教育措施。例如《四川省禁毒条例》在《禁毒法》第15条规定的基础上,细化规定了邮政、快递、物流等经营单位和交通运输经营单位应当采取播放禁毒宣传视频、发放禁毒宣传资料、张贴禁毒标语、设立禁毒警示标志、公布涉毒举报方式等开展禁毒宣传,从而预防本场所内发生毒品违法犯罪行为。

(三)细化规定戒毒措施,关注吸毒者权利保障

《禁毒法》关于"戒毒措施"的规定是其最引人注目之处,它"重构并在形式上统一了戒毒措施,在一定程度上改变了自行戒毒、强制戒毒、劳教戒毒各自而为政的局面"②,并增设了社区戒毒这一新的戒毒措施,为我国以后逐步建立完整、严密、科学的戒毒体系搭建了框架。但《禁毒法》在戒毒措施的规定上也有局限之处。第一,《禁毒法》从2004年起草到2007

---

① 参见徐仁明、钱锋、马俊、曹磊:《吸食新型毒品人员特征调查及矫治对策研究》,载《犯罪与改造研究》2012年第6期。
② 姚建龙:《禁毒法与戒毒法律制度》,法律出版社2015年版,第28页。

年通过仅用了三年多的时间，许多条文中都具有仓促立法的痕迹，例如"戒毒措施"一章中未对社区戒毒这种新的戒毒措施的操作方式作出完善规定，也未对强制戒毒、社区戒毒的程序性问题作出细致规定。第二，"吸毒人员是介于正常人、病人和罪犯之间的灰色群体"①，《禁毒法》改变了1990年全国人大常委会《关于禁毒的决定》对吸毒人员惩罚为主的基本态度，表明吸毒人员既是违法行为人也是毒品受害者，规定"国家采取各种措施帮助吸毒人员戒除毒瘾，教育和挽救吸毒人员"。但《禁毒法》对吸毒人员的权利救济和保障的规定是极其有限的。基于以上原因，地方性禁毒法规细化"戒毒措施"规定，一方面应尽可能弥补《禁毒法》仓促立法留下的弊病，另一方面应细化规定吸毒人员的权利救济和保障制度。

其一，细化规定多种戒毒措施的整合和转化机制。《禁毒法》和《戒毒条例》重构了我国的戒毒法律体系，基本形成了以教育、救治为方针，以自愿戒毒、社区戒毒、强制隔离戒毒为主要戒毒措施，以社区康复和药物维持治疗为补充的戒毒体系。但《禁毒法》只规定了"国家采取各种措施帮助吸毒人员戒除毒瘾"（第31条），却回避了戒毒措施，特别是带有不同程度强制性质的社区戒毒措施和强制隔离戒毒措施之间的整合和转化问题，导致戒毒措施之间"各自为政"的局面并未得到根本解决，地方性禁毒法规在进行戒毒措施立法时需要弥补《禁毒法》和《戒毒条例》这一缺陷。例如，2018年新修订的《四川省禁毒条例》就设专门条款对戒毒措施之间的整合和转化作出规定，主要表现为两个方面：第一，社区戒毒向强制隔离戒毒的转化（第36条），"社区戒毒、社区康复人员在社区戒毒、社区康复期间，逃避或者拒绝接受检测三次以上，擅自离开社区戒毒、社区康复执行地所在县（市、区）三次以上或者累计超过三十日的，属于严重违反社区戒毒、社区康复协议，由县级以上公安机关作出强制隔离戒毒决定"；第二，强制隔离戒毒向社区戒毒的转化（第39条第2款），"对依法可以变更强制隔离戒毒为社区戒毒的，由强制隔离戒毒场所提出建议，报强制隔离戒毒决定机关批准"。笔者认为，由《禁毒法》和《戒毒条例》对三种戒毒措施分别作出规定，再由地方性禁毒法规对戒毒措施之间的转化和衔接作出细化规定，将使我国戒毒法律体系更为系统、更为完善，使戒毒管理服务工作更为顺畅、更为有效。

---

① 褚宸舸：《中国禁毒法治论》，中国民主法制出版社2016年版，第79页。

其二，细化规定戒毒人员权利保障制度。《禁毒法》确定了对吸毒人员的教育、挽救方针，实现了"从惩罚到救治"的思路转变，但实际上在禁毒法律体系中，惩治毒品违法犯罪行为、维护社会安全、保障吸毒者权利三者之间存在一定张力，[1] 特别是在《禁毒法》后颁布的《戒毒条例》虽然对吸毒人员的权利保障作出了一些规定，但总体上显著强化和严密了对吸毒人员的控制，加强对吸毒人员的防备和监督，实际上更加侧重对社会安全的维护，[2] 对吸毒人员的权利保障重视不够。为了缓解和改善目前我国戒毒法律体系中"重防控、轻保障"的局面，地方性法规应当在《禁毒法》和《戒毒条例》的基础上细化规定吸毒人员的权利保障制度。第一，引导戒毒工作人员转变工作理念。2018年修订的《四川省禁毒条例》没有沿用《禁毒法》的章标题"戒毒措施"的表述，转而使用"戒毒管理服务"的表述，从而引导戒毒工作相关部门在戒毒工作中慢慢实现由"管控吸毒人员"向"管理和服务吸毒人员"的理念转变和职能转变。第二，细化规定戒毒人员一般性权利条款。例如，《四川省禁毒条例》规定了"对吸毒人员实行分类评估、分级管理、综合干预，纳入网格化管理服务体系"（第30条），保障戒毒人员得到教育和挽救的权利。第三，细化规定戒毒人员特别性权利条款。（1）戒毒人员有获得就业帮扶权利（第42条），"加强对戒毒人员的职业技能培训、就业指导、就业援助，鼓励和扶持戒毒人员自谋职业、自主创业，帮助其回归社会"；（2）对吸毒成瘾人员的特别保障（第32条第2款），"合理布局、科学设置戒毒药物维持治疗机构和延伸服务点，方便符合条件的吸毒成瘾人员就近治疗"；（3）强制隔离戒毒中对病残吸毒人员特别保护（第37条第2款、第38条），具体规定包括设置病残强制隔离戒毒人员的专门场所、提升戒毒场所医疗服务能力等。

二、创新规定新的地方性禁毒措施，积累厉行禁毒的新经验

地方性禁毒法规除了要细化《禁毒法》和《戒毒条例》规定的禁毒措施以外，还应该根据地方毒品问题现状，结合地方打击毒品违法犯罪中积累的经验，创新规定新的禁毒措施。

---

[1] 参见褚宸舸：《中国禁毒法治论》，中国民主法制出版社2016年版，第81~82页。
[2] 参见姚建龙：《禁毒法与戒毒法律制度》，法律出版社2015年版，前言第4页。

（一）增设禁止毒驾的规定

毒驾行为的法律规制问题是基于社会现状而衍生出来的法律问题，《禁毒法》颁布时毒驾问题尚不突出，因而未有规定。近年来毒驾问题渐渐凸显并得到社会广泛关注，据统计，"1000 万以上的在册和隐性吸毒人口中，至少有 200 万以上的吸毒人员持有机动车驾驶证，对交通安全构成了极大的威胁"①。2011 年《刑法修正案（八）》增设"危险驾驶罪"以来，社会公众和一部分学者认为，毒驾行为对公共安全造成的威胁相比于酒驾而言有过之而无不及，进而呼吁在危险驾驶罪中增设毒驾条款或者在刑法中单设"毒驾罪"，但由于毒驾入刑的技术障碍大、介入程序复杂、执法成本高、司法效率不乐观，②刑事立法中暂时回避了这个问题。虽然刑事立法目前还未有规定，但毒驾行为的社会危害是不可忽视的，在我国刑法与行政法二元制裁体系下，对于刑法未作规定的违法行为，行政法应当有所作为，而在《禁毒法》未修订之前，地方性禁毒法规可以对禁止毒驾行为进行补充、细化和完善。事实上，近几年新通过或者新修订的省、自治区、直辖市的禁毒条例已经逐渐开始回应毒驾问题，且这些地方性禁毒法规不仅弥补了刑事立法对毒驾行为规定的空白，还对毒驾的特殊群体、交通领域的范围、交通运输单位的法律责任作了创新规定。

其一，创新规定毒驾特殊群体。近几年，校车营运单位和校车司机违反《校车安全管理条例》和《道路交通安全法》规定驾驶校车，导致重大安全责任事故时有发生，在全国性统一的禁毒法规相关规定暂时缺位的情况下，地方性禁毒法规表现出对校车司机毒驾行为的特别关注，也表现出对社会需求和舆情民意积极回应的态度。例如，2012 年修订的《江苏省禁毒条例》规定"禁止吸食、注射毒品后驾驶机动车，禁止有吸毒行为记录人员驾驶校车"；2015 年通过的《广东省禁毒条例》和 2017 年修订的《安徽省禁毒条例》均规定应当注销有吸毒行为的校车驾驶人的校车驾驶资格。

其二，创新规定公共交通领域的涵摄范围。相比《刑法》第 133 条之一将危险驾驶罪限定在"在道路上驾驶机动车"范围内，地方性禁毒法规

---

① 廖斌主编：《毒品违法犯罪防治研究》，中国政法大学出版社 2016 年版，第 112 页。
② 参见刘春园：《危险行为入罪的程序性标准——以"毒驾入刑"之技术障碍、介入程序与司法效率为视角》，载《法律科学（西北政法大学学报）》2017 年第 5 期。

在毒驾问题上规定的"公共交通领域"的范围比《刑法》要大得多，且表现了对公共交通工具的特别关注。例如，《江苏省禁毒条例》规定了公共汽车和出租车驾驶人有吸毒行为的，应当对其加强监管或者调离工作岗位；而《广东省禁毒条例》规定大中型客货车和出租车驾驶人吸毒成瘾未戒除的，应当取消其营运资格；《安徽省禁毒条例》规定大中小客货车和出租车驾驶人吸毒成瘾未戒除的，依法注销驾驶证。就四川省而言，1993 年《四川省禁毒条例》没有相关规定，而 2018 年新修订的《四川省禁毒条例》在回应社会需求的情况下，借鉴了广东省、江苏省、安徽省等地的做法，规定"被查获有吸食、注射毒品后驾驶机动车、船舶、轨道交通工具、航空器行为……其已经取得的相关驾驶证照应当依法注销"，从而进一步扩大了公共交通工具的范围。通过以上四个省份禁毒条例的对比可见，从仅限制公共汽车、出租车扩大到大中型客货车，再扩大到中小型客货车；从加强监管、调离工作岗位到取消营运资格、注销驾驶证，都表现了地方性禁毒法规在禁止毒驾的问题上监管越来越全面、措施越来越严厉、法律后果越来越严重，表明了地方性禁毒法规在禁绝毒驾行为上的严厉态度。

其三，创新规定交通营运单位的监督责任。吸食、注射毒品行为具有一定的隐蔽性，吸毒后驾驶交通工具的行为给公共交通造成的风险是不可估量的，等到交通事故已经发生再进行规制为时已晚，且完全依赖司法机关、行政机关进行查处也是不可能的，因此需要交通运营单位加强对驾驶人员的日常管理，强化日常巡查制度。《禁毒法》对交通运营单位的责任规定是空白的，因此需要地方性禁毒法规作出创新规定。第一，交通运营单位应当将吸毒筛查纳入驾驶员日常体检项目，并对未将吸毒筛查纳入体检项目的单位进行行政处罚，如《安徽省禁毒条例》第 29 条、第 55 条的规定。第二，交通运营单位应当将驾驶员吸毒行为及时报告公安机关，对包庇吸毒驾驶员、不向公安机关报告的单位进行行政处罚，如《四川省禁毒条例》第 23 条第 2 款和第 47 条。其中第 23 条第 2 款规定交通运营单位发现驾驶人员有吸毒行为的，应当及时停止其驾驶行为，调离驾驶岗位，并向公安机关报告；第 47 条规定交通运营单位未向公安机关及时报告的由公安机关对单位进行警告、罚款等处罚。

（二）增设禁止向食品中添加毒品原料的规定

长期以来，在汤料中添加罂粟壳是餐饮行业"公开的秘密"，罂粟壳不仅可以提鲜，还能使顾客上瘾，提高顾客回头率，从而增加收益。① 据媒体报道，80%的罂粟壳都流向了火锅店。② 毒品流向餐桌的问题成为必须正视的食品安全新课题。由于《禁毒法》未有规定，近年来通过或修订的地方性禁毒法规都将在食品中添加毒品原料的行为纳入规制范围。例如，新修订的《四川省禁毒条例》第29条规定："禁止在食品中添加罂粟壳、罂粟籽、罂粟苗等毒品原植物及其非法制品。"类似的规定还有《安徽省禁毒条例》第31条、《福建省禁毒条例》第27条、《广西壮族自治区禁毒条例》第25条、《贵州省禁毒条例》第31条、《山东省禁毒条例》第22条等。此外，一些地方性禁毒法规还规定了在食品中添加毒品原料的法律后果，如《安徽省禁毒条例》第56条规定"由县级以上人民政府食品药品监督管理部门、公安机关依照食品安全法律、法规的规定处理"。

（三）增设重要行业参与禁毒的规定

毒品是全社会的公害，厉行禁毒需要社会各行各业的努力和配合。《禁毒法》"明确了娱乐场所的内部巡查制度以及反洗钱部门对涉毒资金的监测管理制度"③，同时对交通运输业和快递物流业作了较为粗糙的规定，这远远不够。一些关系到国民经济安全和民生领域的重要行业、处于毒品犯罪和毒品泛滥重要环节的行业也需要加强禁毒力度，地方性法规应当增设引导重要行业参与禁毒的规定。

其一，创新规定汽车租赁行业的禁毒责任。运输环节是毒品流通的重要环节，实践中不少毒品犯罪分子采取先租赁汽车，再改装汽车运输毒品的贩毒方式，规范汽车租赁行业的租车行为，能够为毒品案件的侦破和减少毒品犯罪提供助力。例如，《四川省禁毒条例》第26条规定，汽车租赁企业应当保存承租人信息不少于一年，发现承租人利用租赁车辆进行毒品违法犯罪活动的，应当及时向公安机关报告。而2019年1月31日通过的《凉山彝族自治州禁毒条例》更具体要求"自治州内从事汽车租赁行业的单位和个人，应当对运营车辆安装车辆卫星定位系统"，严密预防毒品的运输和流通。

---

① 参见谢幸福、宋文田：《在食品中添加罂粟壳犯罪问题实证分析——以40起案件数据为样本》，载《人民检察》2018年第12期。

② 参见蔡璐：《罂粟壳乔装混上美食餐桌，80%流向火锅店》，载《现代物流报》2016年5月27日，第A10版。

③ 参见蔡璐：《罂粟壳乔装混上美食餐桌，80%流向火锅店》，载《现代物流报》2016年5月27日，第A10版。

其二，创新规定房屋出租人、物业服务企业的禁毒责任。不论是吸食毒品还是毒品犯罪都需要在一定的场所进行，赋予房屋出租人、场所管理人对发生在被管理房屋内的毒品违法犯罪行为的监督义务能够有效预防毒品违法犯罪，特别是在新型合成毒品违法犯罪问题上。新型合成毒品泛滥是我国打击毒品犯罪的新难题，"新型合成毒品的出现改变了种植提取毒品的传统方式，转为化学合成，使得作坊化简易生产成为可能……在制造地点的选取上，从过去多依靠大的厂房发展到现在只需要一个小小的厨房，增加了制毒的隐蔽性"①，通过赋予房屋出租人、物业服务企业对管理领域的监督义务，能够降低公安机关发现和查处毒品违法犯罪的难度。基于此，部分地方性禁毒法规增设了关于房屋出租人、物业服务管理人禁毒责任的规定，例如《四川省禁毒条例》第 25 条第 1 款规定"住宅、厂房等房屋的出租人、管理人、物业服务企业发现承租人或者出租房屋内有涉嫌毒品违法犯罪活动的，应当及时向公安机关报告"，②《福建省禁毒条例》第 24 条还规定房屋出租人有协助公安机关调查取证的义务。此外，由于四川省农村地区面积占比较大，《四川省禁毒条例》还创新规定了农村土地承包人和农村土地承包经营权流转受让人的禁毒责任，规定其对在管理土地范围内的毒品违法犯罪活动承担向公安机关报告的义务。

三、精准填补《刑法》中毒品犯罪解释适用的地方性知识，依法有效惩治毒品犯罪

（一）地方性禁毒法规应当完善新型合成毒品的规定

首先，完善毒品类型是《刑法》毒品犯罪解释适用的内在需求。我国《刑法》第 357 条规定"本法所称的毒品，是指鸦片、海洛因、甲基苯丙胺（冰毒）、吗啡、大麻、可卡因以及国家规定管制的其他能够使人形成瘾癖的麻醉药品和精神药品"，通过"概括式＋列举式"的定义方式，明确了毒品的典型类型和毒品的特征，具有合理性。然而列举式规定不能穷尽毒品所

---

① 阮惠风：《新型合成毒品滥用实证调查与治理对策》，上海社会科学院出版社 2016 年版，第 75 页。

② 类似的规定还有《安徽省禁毒条例》第 26 条、《福建省禁毒条例》第 24 条、《广东省禁毒条例》第 32 条、《海南经济特区禁毒条例》第 22 条、《贵州省禁毒条例》第 28 条、《湖南省实施〈中华人民共和国禁毒法〉办法》第 23 条、《上海市禁毒条例》第 26 条等。

有种类因而缺乏客观性，概括式规定"使人形成瘾癖"又未能将毒品与具有药物依赖性的药品区分开因而缺乏识别性，在理论上毒品的定义还存在很大分歧，甚至是重大误解。① 再者，完善毒品类型的规定是应对实践中新型毒品滥用的外在需求。新型合成毒品也被称为第三代毒品，主要是指利用实验室制造出来的毒品，如在四川地区出现的"彩虹烟"②"小树枝""开心果""咔哇潮饮""邮票""笑气"，新型合成毒品俨然已成为毒品市场的"主力"。然而，对于"笑气""新精神活性物质"等新型成瘾物质是否属于毒品，刑法理论上必须通过对毒品含义进行解释才能厘清。③ 笔者认为，毒品作为一个规范性构成要件要素（具体来说，"毒品"是法律的评价要素），当刑法本身对毒品的定义存在模糊性时，应当继续寻找前置法规范以明确其内涵，《禁毒法》作为毒品管控及教育矫正的专门性法律无疑是最恰当的前置法，然而不幸的是，《禁毒法》第2条对毒品的定义与《刑法》第357条所作的规定几乎完全相同。笔者认为，在这种情况下，可以由地方性禁毒法规根据本地区毒品犯罪的实际，对活跃在本地区内的新型合成毒品"可疑物"进行调查研究，将确实符合《禁毒法》和《刑法》规定的毒品特征的物品纳入新型合成毒品的范畴，完善新型毒品类型，先行一步解决毒品犯罪中对新型合成毒品的认定问题。

（二）地方性禁毒法规应当细化规定"违反国家规定"的具体内涵

《刑法》第350条"非法生产、买卖、运输制毒药品、走私制毒药品罪"和第355条"非法提供麻醉药品、精神药品罪"中均有"违反国家规定"的表述，根据《刑法》第96条"违反国家规定之含义"对法律法规层级的要求，两罪中的"国家规定"应当依照《禁毒法》《戒毒条例》《麻醉药品和精神药品管理条例》《易制毒化学品管理条例》等法律、行政法规确定。由于《禁毒法》对禁毒实践中所遇到的难题回应有限，实践中仍然需要通过地方性禁毒法规来丰富《禁毒法》的内容，从而间接填补《刑法》中"违反国家规定"的内涵。例如，医生违规开具麻醉药品、精神药品

---

① 参见廖斌主编：《毒品违法犯罪防治研究》，中国政法大学出版社2016年版，第1~15页。
② 攀西全接触：《新型毒品"彩虹烟"出现！四川人千万别碰！》，载 https://mp.weixin.qq.com/s?_biz=MzI0Mjc4ODk4NA%3D%3D&idx=1&mid=2247484467&sn=848a493bae7608b4f1ec0c5f7ea8f826，2019年6月6日访问。
③ 参见靳澜涛：《论毒品定义要素的立法选择》，载《江南大学学报（人文社会科学版）》2017年第6期。

的处方或者使用证明是否构成非法提供麻醉药品、精神药品罪的问题。根据《刑法》第 355 条之规定，医生属于依法使用国家管制的麻醉药品、精神药品的人员，因而满足本罪的主体条件，问题的关键在于违规开具麻醉药品、精神药品的处方或者使用证明是否等同于非法向他人提供麻醉药品、精神药品。从实质解释的角度来看，医生具有开具处方和使用证明的权限，这里的处方、使用证明与"支票"的效力是相同的，药剂师需根据医生的处方"见票即付"，而不再对"持票人"是否满足使用麻醉药品、精神药品的条件进行实质审查，因此医生提供处方或者使用证明就相当于提供了麻醉药品、精神药品本身。但是这样的实质解释具有类推之嫌，因而还需要进一步论证，最具说服力的办法就是寻找违规开具麻醉药品、精神药品处方或者使用证明的违法依据。在确定本罪"违反国家规定"的前置法规范中，《禁毒法》第 21 条第 3 款仅规定了禁止非法提供麻醉药品、精神药品，《麻醉药品和精神药品管理条例》第 38 条也仅规定了不得为自己开具此种处方，即法律、行政法规对为他人开具此种处方或者使用证明的行为的性质未明确表态，这时就需要地方性禁毒法规发挥作用。《山东省禁毒条例》第 22 条第 3 款规定："禁止违反规定开具麻醉药品、精神药品的处方或者使用证明"，① 通过对《禁毒法》和《麻醉药品和精神药品管理条例》的规定进行细化和扩大解释，将非法向他人提供该类药品处方和使用证明的行为纳入《刑法》第 355 条规制的范畴。但需要注意的是，由于地方性禁毒法规不符合《刑法》第 96 条对"国家规定"的法规层级要求，因而它对《刑法》"违反国家规定"解释适用的填补只能间接实现，即通过细化、填补、完善《禁毒法》《麻醉药品和精神药品管理条例》等法律或者行政法规而实现。

"在 2007 年《禁毒法》颁布之后，我国的禁毒法律法规已经相当齐全，但'齐全'并不意味着'相互配套'。"② 尽管禁毒法律体系已经相对完善，地方性禁毒法规在细化规定《禁毒法》等全国性统一法规层面、在根据地区现状创新规定新的禁毒措施层面、在精准填补《刑法》毒品犯罪解释使

---

① 相同的规定还有《安徽省禁毒条例》第 22 条第 2 款、《福建省禁毒条例》第 19 条第 2 款、《广西壮族自治区禁毒条例》第 26 条，以上条文均规定"禁止违反国家规定开具麻醉药品、精神药品的处方或者使用证明"。

② 郑伟：《论禁毒法律体系的失范与冲突》，载《华东政法大学学报》2012 年第 3 期。

用的地方性知识层面仍然大有可为。

其一，在细化规定既有禁毒行政措施层面，地方性禁毒法规首先应当细化禁毒责任主体，明确政府责任、禁毒委员会各部门责任、社会团体责任，促进"多维联动"协同参与禁毒。其次，应当根据毒品易感对象，"靶向"射击禁毒宣传教育措施，对易受毒品侵蚀的青少年群体，对毒品违法犯罪高发多发的娱乐场所、重要行业"量身定制"禁毒宣传教育措施。最后，应当细化戒毒管理服务规定，促进多种戒毒措施之间的整合与衔接，同时细化吸毒人员权利保障制度，确保这类介于罪犯、病人、正常之间的特殊群体的权益不受不当侵害。

其二，在创新规定禁毒行政措施规制层面，地方性法规首先应当对《刑法》和《禁毒法》等未规定而又具有较大社会危害性的涉毒行为进行规制，目前较为突出的是毒驾行为和在食品中添加毒品原料的行为。其次，地方性法规应当增设重要行业参与禁毒的工作，例如增设汽车租赁企业的监督责任，增设房屋出租人、物业管理人的监督责任，增设农村土地承包人和农村土地承包经营权流转受让人的监督责任等，真正把禁毒变成一场持续的人民战争。

其三，在精准填补《刑法》解释适用的地方性知识层面，地方性法规应当为《刑法》毒品犯罪的解释适用提供地方性知识，增强毒品犯罪解释适用的针对性和有效性。就当前毒品犯罪现状而言，最亟须解决的是不断翻新的新精神活性物质等"疑似毒品"物质的刑法定位问题，地方性禁毒法规应当对本地区内活跃的"疑似毒品"物质进行调研和鉴定，先行一步解刑法之忧。其次，地方性法规应当细化《禁毒法》《戒毒条例》等法律、行政法规，间接为毒品犯罪中"违反国家规定"的解释使用提供依据。

可以说，地方性禁毒条例应当在以下三个方面进行细化完善努力：一是细化规定既有禁毒行政措施层面，二是创新规定禁毒行政措施规制层面，三是在精准填补《刑法》解释适用的地方性知识层面。本文希望通过归纳分析《四川省禁毒条例》在这三方面工作中所取得的成功经验，抛砖引玉，启迪理论界和实务界共同努力探索出更多更有效的禁毒措施，正确指引地方性禁毒法规的发展完善方向。

第三节　制毒物品法律管控的现实问题与完善对策[*]

毒品犯罪是国际社会普遍深恶痛绝的公害犯罪，严厉打击毒品犯罪也是我国一直秉持的刑事政策。在近年来的毒品犯罪中，新型毒品不断出现，制毒技术不断提高，毒品制造越发简便，唯独对于制毒原材料的需求是不变的，对制毒物品的管控也许会成为堵住毒品犯罪最有效的出路。但制毒物品具有双重性质，在具有制毒可能性的同时也有医用或化学研究价值，我国现状是依靠"刑事规范＋行政法规范"双重管制。但是以目前的状况来看，我国在管制制毒物品上存在一定的规范缺失、行刑衔接等问题，使得管控不全面、不细致，效果有待提升。

一、制毒物品管控沿革及现状

我国目前的管控有刑事规范管控和行政法规管控两个方面，由行政法规先行制定行业利用合法的管控范围和管控程序，违反前述规定且达到一定程度的则纳入刑法规定，形成一种"层级式"管控的模式。

（一）管控规范沿革

1. 刑事法规范

最早对于"制毒物品"进行规定的刑事规范是1990年全国人民代表大会常务委员会《关于禁毒的决定》第5条，[①] 但其表述为"醋酸酐、乙醚、三氯甲烷或者其他经常用于制造麻醉药品和精神药品的物品"，并未有"制毒物品"这一概念，直至1994年最高人民法院发布《关于执行〈全国人民代表大会常务委员会关于禁毒的决定〉的若干问题的解释》，其中第7条对前述《关于禁毒的决定》第5条第1款称为"非法运输、携带制毒物品进出境罪"，以"制毒物品"指代"醋酸酐、乙醚、三氯甲烷或者其他经常用于制造麻醉药品和精神药品的物品"。此二规范目前均已失效，但"制毒物

---

[*] 本节撰写者：刘宛春。
[①] 参见1990年全国人民代表大会常务委员会《关于禁毒的决定》第5条第1款规定。

品"的概念和此二规范中规定的"非法运输、携带制毒物品进出境"的行为禁止却沿用下来。

1997年刑法将《关于禁毒的决定》中的制毒物品犯罪囊括进去，变成走私制毒物品罪、非法买卖制毒物品罪，① 几乎与《关于禁毒的决定》中的行为模式相同，但是去掉了"经常"二字，等于实际扩大了相应"制毒物品"可供纳入解释的范围。同时删去了"数量较小"部分的规定。

直至2015年《刑法修正案（九）》发布，增加了非法生产与运输制毒物品罪，同时修改了走私制毒物品的行为方式，变"数量犯"为"情节犯"②（但在司法解释中又以数量和情节两种方式认定"情节较重""情节严重"和"情节特别严重"，实质上是变成了"数量+情节犯"），提高了最高法定刑并将两档法定刑变为三档。整体上体现了我国打击毒品更加注重综合治理，更加注重从源头治理，③ 体现了立法对于制毒物品犯罪的重视程度、规范的严密程度以及打击力度都有极大提高。

目前现行有效的、涉及制毒物品定罪量刑实质内容的司法解释则仅有2016年最高法发布的《毒品犯罪解释》，其中第7条规定了制毒物品犯罪认定中的"情节较重""情节严重""情节特别严重"的认定标准，以数量规定为主，行为情节、结果规定为辅，综合认定情节严重程度。

2. 行政法规范

因为刑法规定的简洁与司法解释的有限，促进了行政法规在制毒物品管控方面的极大发展。据笔者不完全统计，针对制毒物品犯罪实质定罪量刑的中央行政法规范共有4部，现行有效的地方性法规有4部，涉及对其相关概念"易制毒化学品"进行管控的法律有2部，分别是《禁毒法》和《广告法》，较为重要的行政法规有《反兴奋剂条例》和《易制毒化学品管理条例》。另外还有数十部地方性法规和上百部地方政府规章，以及数量难以统计的地方规范性文件。对于易制毒化学品的范围，则依照国务院颁布的《易制毒化学品管理条例》的附表《易制毒化学品的分类和品种目录》确定。

---

① 参见1997年《中华人民共和国刑法》第350条第1款规定。
② 参见《中华人民共和国刑法修正案（九）》第41条规定。
③ 参见胡江、于浩洋：《我国毒品犯罪刑事立法四十年的回顾与前瞻》，载《贵州警官职业学院学报》2019年第1期。

如此众多的行政法规范中有着大量十分具体的内容，包括制毒物品与易制毒物品定性、定量、分类以及行政处罚、定罪量刑问题，立案追诉标准问题，行政管辖与刑事管辖问题，侦查程序及证据使用问题等。各地也因情况各异制定了各种不同的标准与程序。无论是在行政执法程序还是刑事审判程序中，这些规定都起着或大或小的作用，一定程度上弥补了刑事立法上的缺陷，但也在一定程度上产生了冲突，包括行政法规范与刑事法规范之间的冲突以及行政法规范互相之间的冲突，这些都是需要梳理解决的问题。而且，即使是如此众多的法规也无法完全衔接刑事法规范未完成的任务，在对制毒物品的管控上仍然存在很多问题。

（二）制毒物品犯罪发展及现状

1. 制毒物品犯罪发展趋势

据近几年的中国毒品形势报告显示，2014年至2017年间，公安机关破获的制毒物品犯罪数量持续下降（参见图一），表明近年来对制毒物品的管控有了较大进展，犯罪数量减少，但不能说明参与犯罪总人数减少；缴获制毒物品的数量在2015年下降后稳定一年，但在2017年再度上升，且是大幅上升（参见图二），表明2015年《刑法修正案（九）》的颁布实施起到了良好的抑制制毒物品犯罪的效果，但效果短暂，需要寻找新的突破口。

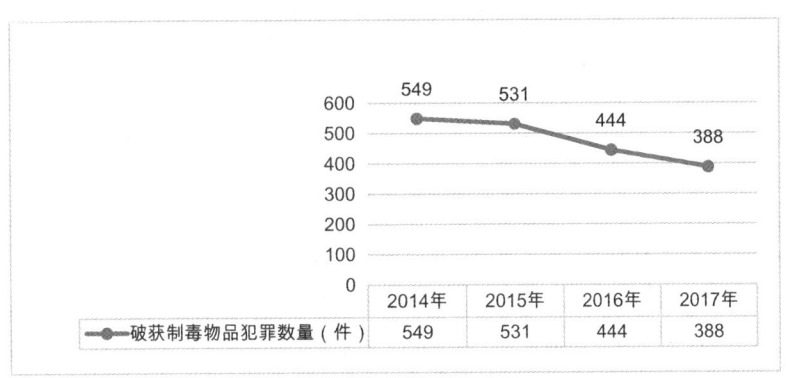

图一：2014—2017年破获制毒物品犯罪数量趋势

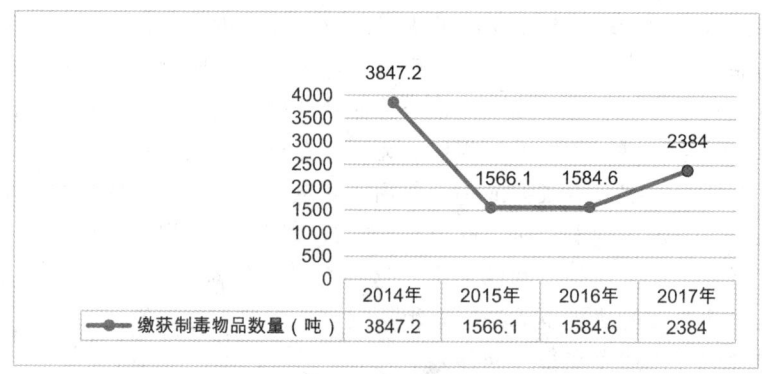

图二：2014—2017 年缴获制毒物品数量趋势

2. 制毒物品犯罪发展特点

随着立法的完善，制毒物品犯罪的势头得到了扼制，仍"坚持犯罪"的犯罪分子"投鼠忌器"，在进行犯罪活动时更加"小心翼翼"，并且"开发"出各种新的手段，使得制毒物品犯罪呈现出了新的特点。

第一，隐蔽性增强。随着毒品犯罪整体管控加强，制毒窝点逐步转向偏远、便于藏匿、易于逃离的省市县交界地带，有的制毒分子甚至潜入深山林区、海上。相应地，制毒物品犯罪分子也将活动范围大幅转向管控薄弱地区，尤其是各地毒品管理条例的陆续出台，也影响着制毒物品犯罪分子对于犯罪地点的选择，进而更加增强其隐蔽性，使得查处难度增加，一定程度上引起查处到的相关犯罪的数量减少。

第二，组织化、职业化特点突出。近几年公安机关破获的制毒物品犯罪数量持续下降，但同时缴获的易制毒化学品数量却在不断上升，一定程度上是因为犯罪分子开始有组织、成规模地进行犯罪，而"一些地方出现了专门为制毒活动提供化学品和设备的职业犯罪团伙，形成代理采购、按需打包、套餐供应的销售模式"，[①] 呈现出职业化的特点。

第三，寻求替代性未列管原料。由于司法解释规定制毒物品范围的划定依照易制毒化学品目录确定，对于未列入易制毒化学品目录的物质在认定上存在难度，在一定程度上属于犯罪分子可钻之"漏洞"，但在技术上对用于制毒的化学物质进行改变却并不是一个难题，尤其是新型毒品层出不穷，相

---

① 参见《2017 年中国毒品形势报告》。

应的制毒原料也有所改变。"由于我国加大了对易制毒化学品的管制力度，犯罪分子转而使用尚未列管的易制毒化学品制造毒品。国内也不断出现新型合成毒品，而用于制造这些新型合成毒品的原料……尚未列入管制。"① 有许多犯罪分子采取将未列管的含制毒原料的合成物进行提取或直接走私、运输、非法买卖的方式为制造毒品提供原料，而制毒者仅需简单的步骤就可提取所需制毒物质。因此，将目光转向替代性未列管化学品成为犯罪的新特点。

二、制毒物品法律管控问题

（一）管控范围不明确

1. 概念不明

刑事审判中对制毒物品进行认定，除了《刑法》第 350 条直接规定的三种物品外，其余的根据司法解释"具体品种范围按照国家关于易制毒化学品管理的规定确定"。"易制毒化学品"同"制毒物品"概念上存在一定差异。易制毒化学品有明确的管制目录，对于以"易制毒化学品"为概念的规定可以明确适用，但是也存在目录更新变化赶不上毒品市场变化的速度这一问题。而"制毒物品"则没有明确的范围，有观点认为等同于"易制毒化学品"，以易制毒化学品目录为其全部范围。但是，首先，刑法规定制毒物品的范围是一种"列举概括式"的描述，依字面解释，常用于制毒的原料或配剂都可解释进其范围内；其次，由于毒品发展变化迅速，各类新型毒品层出不穷，所用原料或配剂可替代性强，制毒物品市场也随之发展变化，完全以易制毒化学品目录为范围认定制毒物品，不能适应制毒物品犯罪的发展特点。

因此，笔者对制毒物品和易制毒化学品概念等同的观点持否定态度，主张以刑法条文为准，制毒物品是指常用于制毒的原料和配剂，其范围是以列举的几类物质为标准可判断为常用制毒原料或配剂的物质。那么其与易制毒化学品便有一定差异，制毒物品范围与易制毒化学品目录便存在一定的差异，而对其中超出目录范围但属于常用制毒原料或配剂的物质，就存在一定的管控问题，未能达到全面管控的效果。

---

① 莫文球等：《毒品犯罪定罪量刑与办案精要》，中国法制出版社 2018 年版，第 81 页。

2. 行为缺失

刑法中对生产、买卖、运输、走私制毒物品的行为都已作了明确规定，与毒品犯罪行为基本保持了行为打击方向的一致，但唯独对于非法持有制毒物品的行为，始终未有涉及，而行政法规目前也未有相关规定，也就是说对仅持有制毒物品而无其他犯罪嫌疑的行为目前并未有明确法律规制。如果可以证明行为人持有制毒物品是为了制毒犯罪，则可以适用制毒犯罪条款，以制造毒品罪主犯或共犯进行处理；但是，在行政法规范管控易制毒化学品的审批、许可以及处罚未经审批、许可行为，刑事法规范管控制毒物品犯罪行为时，不明目的的未经审批、许可的持有制毒物品的行为却无法可依，也就是说在难以证明其持有目的时无法入罪，在适用行政法规范时也存在认定和证明难题。且在持有十分大量的制毒物品又难以证明目的的情况下，适用行政法规范进行处置可能存在放纵制毒犯罪的问题，但刑法对此又无规定，非法持有制毒物品的行为就明显划在了行刑管控范围外。

（二）法律衔接有断层

1. "国家规定"的断层

刑法在制毒物品犯罪的规定中，明确表述了构成犯罪的前提条件是"违反国家规定"，而根据刑法相关规定，"国家规定"的制定主体只能是全国人民代表大会及其常委会和国务院，"当刑法分则条文所要求的是'违反国家规定'时，仅违反部门规章的行为，不成立犯罪"[①]。但是，大量有关"制毒物品""易制毒化学品"的规定均属部门规章及其以下范畴。按照此标准，很多关于新型制毒物品的规定都不能作为认定制毒物品犯罪的法律依据，就会造成一种"刑法面对新型毒品犯罪却无能为力的尴尬处境"[②]。

2. 适用规范的断层

首先，对于制毒物品相关行为的定性，是否必然要通过符合行政法与否的判断，仍然是理论上没有解决的难题，也无具体适用规范可依。其次，如何判断行政法和刑法的使用边界以及不符合行政法规定的行为是否一定适用刑法，理论和司法上都没有统一意见。最后，为弥补地方管控需要，各地纷纷出台地方性管理法规在实践中予以适用，其规定内容较"国家规定"而

[①] 张明楷：《刑法分则的解释原理》（下）（第二版），中国人民大学出版社2011年版，第546页。

[②] 郑伟：《毒品罪三疏两议》，法律出版社2011年版，第171页。

言更为细致和全面,"例如,硫酸钡、氯化铵等化学品作为制毒犯罪活动中常见的化学用品,尽管没有出现在国家的管制目录中,却已经纳入了 Y 省、四川等地方法规的管制范畴"①。在量刑上,各地亦有针对本地毒品犯罪特殊情况出台毒品犯罪量刑指导意见。可以预见,在制毒物品犯罪走入毒品犯罪治理视野后,各地也会有相应应对措施。而是否能适用这些规范以及如何适用这些规范,都没有明确的规定。

3. 其他法律衔接断层

在明确刑事审判、行政处理可适用的规定中,也存在一定的规定断层问题,即应当在行政法中规定的内容存在缺失,使得作出罪处理时无行政处置可用。如《治安管理处罚法》中针对毒品问题管理的部分缺失制毒物品管控内容;《易制毒化学品管理条例》第 39 条规定依照海关法律、行政法规给予行政处罚,但无行政法规级别规定应对此处罚,而更低效力法规难以援引。

(三) 数量认定不合理

刑法司法解释在规定制毒物品犯罪情节认定依据时,将制毒物品数量明确规定在其中,成为主要定罪量刑依据。但是在具体数量认定上,认定方式没有任何依据,一是是否需要累计计算,二是纯度对数量认定的影响。未经处理的数量累计一般是比照《刑法》第 347 条的规定,对多次实施制毒物品犯罪且尚未超出追诉时效的情形进行数量累计,但"这种做法难免有'类推'适用《刑法》之嫌"②;而对某些半成品或者其他合成物数量的认定则缺乏依据。"随着法律对于制毒物品打击力度的不断增加,很多的犯罪分子采用取巧后盾,不再单一地运输纯粹的制毒物品,而是将制毒物品与少量其他非管制物品先简单地合成。"③ 在司法实践中,纯度往往是参照毒品处理方式,以实际查处的数量为准,不以纯度折算。

但是,在 2012 年"两高一部"联合发布的《关于办理走私、非法买卖麻黄碱类复方制剂等刑事案件适用法律若干问题的意见》中,却明确规定了麻黄碱类复方制剂以其中麻黄碱类物质的含量作为涉案制毒物品的数量,而且未经处理的数量累计计算。这表明司法解释走在了法律的前面,同时也体现出了制毒物品管控中的数量认定存在法律规定缺失的问题。

---

① 肖卓然:《论制毒物品相关行为的刑法规制》,湘潭大学 2017 年硕士学位论文。
② 肖卓然:《论制毒物品相关行为的刑法规制》,湘潭大学 2017 年硕士学位论文。
③ 白金凯:《我国制毒物品相关行为刑法规制问题研究》,辽宁大学 2017 年硕士学位论文。

（四）处罚设置尚不足

首先，在行政处置方式上，最为常用的《易制毒化学品管理条例》第38条缺失行政拘留的处置方式，其他规定中也无可援引的行政拘留处置措施，因此导致在处罚体系上与刑罚之间形成自由刑衔接上的断裂。《治安管理处罚法》对制毒物品违法行为也未有明确的处置规定。

其次，在刑法规定中，对制毒物品犯罪处自由刑和罚金刑都有明确规定，并且司法解释中也有相应的具体处理内容，但是对罚金刑的规定却不够全面。我国在治理毒品犯罪的态度上采取的是"宽严相济"的刑事政策，在刑罚设置上加大财产刑的适用，是"宽严相济"政策中"宽"的一面在刑罚层面的体现。① 制毒物品犯罪也是毒品相关犯罪，也应当贯彻相应的刑事政策，而其前提自然是有明确可适用之刑。刑法中对制毒物品犯罪的刑罚规定缺失单处罚金刑，在定罪无疑义而处自由刑过重时，单处罚金刑可以限制罪犯经济能力、避免再犯，同时保证量刑适当，不至于过重。

最后，刑法及司法解释中对罚金的具体数额均无明确规定，而在行政法中却有细致规定，以相应行为数额为基准作加倍处罚，而具体倍数均有规定。在处罚适用上，一般对同种类处罚方式，不可一事二罚，如果根据刑法定罪后处以罚金则不能再援引行政法处以罚款。因此，刑法对于罚金数额规定不明确容易造成处置上的难题，也会形成罪刑不均或效果不足的问题。

三、制毒物品管控完善对策

（一）明晰相关概念

第一，制毒物品的概念与易制毒化学品的概念应作一定区分。刑事制裁的界限不应当与行政管控范围完全一致，而应当以极其严重的社会危害性、绝对的刑事处罚必要性为前提划定刑事制裁的范围。在刑事上采用"制毒物品"概念，在行政上采用"易制毒化学品"概念，有利于刑事制裁边界划定，有利于对罪与非罪进行区分。

第二，"制毒物品"范围应大于已列管的"易制毒化学品"。"基于物理

---

① 参见胡江：《毒品犯罪司法适用中的宽严相济》，载《重庆工学院学报（社会科学版）》2009年第12期。

化学技术的学科特点,为达成同一目的的化学反应,试验者可以通过更换多种试剂,使用包含同样化学元素的不同原料、同时结合反应过程的需要来配置相应的溶剂来实现。"① 随着犯罪分子将目光转向非列管化学品,我国面临着堵截列管易制毒化学品流入非法渠道和非列管制毒原料配剂用于制毒的双重挑战。对此,应当转变司法视角,由形式认定转为实质认定,对非列管物品符合制毒物品定义及性质的,应当认定为"制毒物品"。

第三,以名录为依据定性、以"列举+概括"方式定义"制毒物品"。首先,从形式认定转为实质认定必然会一定程度上扩大司法自由裁量权,因此要从定义上下手,将范围划定准确,以免出现自由裁量中的不合理的扩张或类推解释。其次,规定制毒物品的范围按照易制毒化学品名录确定,本意是希望用行政法规的动态性弥补刑法固态化、滞后性的不足,以适应制毒物品市场发展变化快的特点。但是,实践中完全依照易制毒化学品名录认定制毒物品却对刑法发挥作用产生了一种束缚性,使得动态性范围失效。为达到动态性管控与裁量权限制之间的平衡,可以采用"列举+概括"的方式定义制毒物品,阐述制毒物品本质特征,并列举典型物质作为对比判定依据,同时将易制毒化学品名录作为参照,即能达到良好效果。

(二)增设非法持有制毒物品罪

增设非法持有制毒物品罪是基于完善制毒物品管理制度、加强毒品相关犯罪治理方面考虑,但在入罪上应当作严格限制,量刑也不宜过重。

第一,增设非法持有制毒物品罪有利于毒品相关犯罪治理体系的完善。构建惩治毒品犯罪的严密刑事法网是我国毒品犯罪刑事政策的特点之一,②针对毒品犯罪,从走私、贩卖到非法持有都有相应罪名规制,形成了一整条锁链,近年来的严格治理也非常有效果,唯独非法持有制毒物品行为被遗漏在外,造成了法网的"小漏洞"。而从源头上来讲,非法持有毒品原植物种子亦在刑法规制范围内,而制毒物品作为毒品制造的原料和配剂却没有相应规制。对应制毒物品相关行为过程设置整条管控锁链,对其进行体系性管控,才能真正做到有效治理制毒物品犯罪,同毒品犯罪形成不间断连接,真正形成针对从源头到结果整个过程的毒品相关犯罪治理体系。

第二,增设非法持有制毒物品罪有利于严密法网及司法认定。在刑事实

---

① 肖卓然:《论制毒物品相关行为的刑法规制》,湘潭大学2017年硕士学位论文。
② 参见胡江:《我国毒品犯罪刑事政策之检视》,载《法治论丛》2010年第3期。

体法上，持有型犯罪构成利用刑法干预犯罪预备行为及法益侵害危险或义务违反行为，达到严密刑事法网、严格刑事责任的目的，发挥堵截犯罪的功能；而在司法实践中，持有型犯罪通过改变刑事证明内容、降低证明要求以及部分倒置举证责任，应对公诉机关难以证明特定物品或财产来源、去向和用途的追诉难题。① 增设非法持有制毒物品罪亦是基于制毒物品双重性质的特殊性及国家对其进行严格管控的前提，为达到上述目的和功能而作出的考量。

第三，针对非法持有制毒物品罪应设置轻刑，并注重罚金刑设置。首先，在不能证明查获的制毒物品是用于制毒时，制毒物品的最终危害程度较低，而在不能证明制毒物品有走私、贩卖、运输等流向下一环节的可能性时，制毒物品的危害性则更低一些。与相应制毒物品犯罪、毒品犯罪刑罚设置相比，在设置非法持有制毒物品罪的刑罚时，应当设置低于非法持有毒品罪以及其他制毒物品犯罪的法定刑。其次，制毒物品犯罪一般数量较大，犯罪所需要的资金支持较大，且选择制毒物品犯罪而非毒品犯罪的犯罪分子胆量较小，背后支持有限，一般切断资金链可有效抑制其再犯。因此，罚金刑的设置应当明确而有层次，并且应当与行政法规中对制毒物品设置的罚款有一定衔接。另外，针对此罪名甚至所有制毒物品犯罪，都应当有单处罚金刑的设置，以应对情节较轻但已构成犯罪的涉及制毒物品的行为。

（三）设置行政处置前置

制毒物品犯罪具有一定的法定犯性质，是以基于国家治理的目的设定的行政管控为前提，以违反行政法规范为行为特征，进而构建犯罪构成要件。"法定犯不仅具有行政违法和刑事违法的双重违法属性，而且行政违法性的具备是刑事违法性得以产生的根本前提，刑事违法性的具备是行政违法性达到严重程度的结果。"② 因此，在处理制毒物品行刑管控衔接问题时，行政优先刑事的原则应当得到适用行政处置前置的设定，便有其存在的必要性及合理性。

首先，应删除"违反国家规定"的限制。制毒物品犯罪构成中"违反国家规定"的条文设置导致对于效力低的行政法规难以适用，而能够对应"国家规定"的规定又不够细致全面，也难以实际应用于司法，尤其是在毒

---

① 参见梁根林：《刑法总论问题论要》，北京大学出版社2018年版，第223~224页。
② 田宏杰：《行政优于刑事：行刑衔接的机制构建》，载《人民司法》2010年第1期。

品相关犯罪严重的地区，制毒物品犯罪管控对地方性法规的依赖极强，这也反映出了此句条文限制的不切实际之处，删除此条文能够达到扩大行政法规范适用范围的效果，对于认定制毒物品犯罪提供更多的规范依据，弥补刑事法规范概括性强而细致度不足的缺陷。但仅仅删除此句规定有无限扩大处罚范围的趋势，不符合严格的罪刑法定原则及刑法谦抑原则，因此需要增添限制入罪的条文，即设置行政处置前置的入罪前提。

其次，设置行政处置前置作为入罪前提，即增添因走私、制造、贩卖、运输及非法持有制毒物品等行为经行政处置1~2次后再犯即构成犯罪的刑法条文。具体处置次数可依行为危害性不同而有所区分，可由司法解释进行细化，而行政处置的依据则可相应扩大至较低效力的行政法规范。作此种处置可以有效改善前文所述因扩大解释"制毒物品"概念范围、删除"违反国家规定"以及增设非法持有制毒物品罪造成的刑事处罚范围扩张问题。经过此种"扩张—限缩"路径的处理，可以使制毒物品犯罪的刑事规制体系更为清晰，解决大量司法认定模糊的问题，提升制毒物品管控效果。

（四）提炼统一性规范

低效率行政法规范、地方性法规的多样化、适用依据不明、适用困难等问题，也从一定程度上体现出建立一个更高等级的统一性规范的必要性，同时由于各地已经将部分规范践行得很好，建立统一性规范的时机也已到来。

首先，统一性规范的等级可以考虑与《易制毒化学品管理条例》为同等级，即为行政法规级别，甚至可以考虑直接完善该条例作丰富性补充，这样可以弥补此等级法规不完善造成的下位法无依据的问题，同时作为统一性规范，效力高于其他行政法规范方便其制约丰富多样的下位法，避免行政权扩张。

其次，作细化式对比，提炼各个行政法规范中的共性问题，作为统一性规范的内容。作为效力较高的行政规范，此统一性规范并不适宜具体考虑所有部门、所有地区的管控特点和现状，否则会变成简单的汇总。因此，应当提炼共性问题明确，针对违法程度划定处罚范围，同时处罚方式应当包含行政拘留，以达到与刑法衔接的目的。这是非常复杂、浩大的工程，但也是行政法发展必然要经历的由"散乱"到"整齐"的过程，在制毒物品管控的完善过程中，即使缓慢也应当一步步向前走。

最后，对于非共性问题，则可由统一性规范明确规定授权国务院部门、各地区在划定的授权范围内自行适用已有规定或建立新的规范。"法律应该顾及国家的物质条件，顾及气候的寒冷、酷热或温和，土地的质量，地理位置，疆域大小，以及农夫、猎人或牧人等民众的生活方式等等"①，中国疆域辽阔，法律难以适应全国各地的具体状况，允许各地在需要"因地制宜"的情形下制定合理有效的低等级规范，有一定的必要性。但是，授权范围必须限制在各部门管理必要、各地区管理类特殊性的必然要求中，而不能任意授权；对于行政处罚的授权则更要极为严格，设置上限的实体限制及上报批准的程序限制。

（五）其他完善措施

第一，对制毒物品数量认定进行司法解释。对于制毒物品犯罪数量认定中未查处过的制毒物品是否累计计算，以及制毒物品纯度对于数量认定的影响等问题，必须通过司法解释进行进一步明确，简单参考毒品数量认定有"类推"之嫌。且对制毒物品来说，其数量意义同毒品并不一样，毕竟制毒物品在制成毒品前仅对管理秩序有实质危害，对于社会公众的生命、健康则只是一种可能形成危害的危险，在衡量制毒物品犯罪的社会危害性时，"必须考虑单位数量的制毒物品究竟能够制造出多少毒品"②。对于制毒物品合成物则必须通过提取制毒物品再制造毒品两个步骤才能形成真正的危害物品，更不能简单以查处数量或估算制毒物品含量作出认定，至少应当有明确的数量折算依据。

第二，完善罚金刑的设置。"罪刑相称"是贝卡里亚刑事政策的思想和核心，其中一层含义就是指"特定的刑罚与特定的犯罪对称，即刑罚所剥夺的利益应当恰恰是犯罪所追求或侵害的利益"，刑罚造成的"恶果"应当把犯罪人所追求的利益抵消。③ 制毒物品犯罪的目的十分明确，就是追求极大的经济利益，对其进行"相称"的刑罚设置，必然要有相应的经济剥夺。另外，如前所述，制毒物品犯罪一般数量较大，所需资金支持较大，切断资金链对抑制其再犯较为有效，而罚金刑的设置应当明确而有层次，并且应当与行政法规中对制毒物品设置的罚款有一定衔接。因此，刑法应对制毒物品

---

① ［法］孟德斯鸠：《论法的精神》（下卷），许明龙译，商务印书馆2012年版，第15页。
② 尹德坤：《走私制毒物品罪定罪量刑的数量标准》，载《法学》1993年第3期。
③ 参见［意］切萨雷·贝卡里亚：《论犯罪与刑罚》，黄风译，北京大学出版社2008年版，第165页。

犯罪规定明确的罚金数额范围,以给司法解释的制定和刑事审判的适用提供依据;同时应当有单处罚金刑的设置,以应对情节较轻但已构成犯罪的涉及制毒物品的行为。

第四节　毒品代购行为的规范完善*

毒品侵害人们的身体,破坏美满的家庭,也掠取着社会的财富,自鸦片战争以来中国近代的惨痛历史,更使得毒品犯罪成为严重伤害中国人民民族情感的一类犯罪。也因此,毒品犯罪在我国刑法被明确规定为一类重罪。对于毒品犯罪,我国一直采取严厉打击的态度。然而,"毒品的危害虽大,但其要实现从制造商到吸毒者间的转移,必须要符合商品的流通过程,即实现毒品的商流与物流"①,买卖毒品的行为被我国法律法规明确禁止,而对于起到"桥梁"作用的毒品代购行为的认定在司法实践中却存在相当多的问题,有必要深入研究。

一、毒品代购行为规范层面的考察

(一)刑法和司法解释中相关规范的缺失

有关毒品的犯罪,在我国刑法中主要被规定在分则第六章"妨害社会管理秩序罪"的第七节"走私、贩卖、运输、制造毒品罪"中,从第347条至第355条共9个刑法条文规定了11个毒品犯罪罪名。但是这11个罪名中却都没有明确涉及代购毒品行为的表述,即我国刑法中并不存在"代购毒品罪"这样的专门规制代购毒品行为的罪名。

2016年4月6日最高人民法院公布的最高人民法院《毒品犯罪解释》

---

* 本节撰写者:胡江、于浩洋。
① 何鑫:《代购毒品行为定性进路之辩正——基于"贩卖"和"运输"的阶层审视》,载《上海公安高等专科学校学报》2017年第4期。

是唯一现行有效的关于审理毒品犯罪案件中法律适用问题的司法解释。① 但遗憾的是，最高人民法院在该司法解释中并未对毒品代购行为的认定及法律适用问题作出明确规定。

由此可见，从我国司法适用中具有明确司法效力的法律和司法解释层面来看，毒品犯罪行为的认定存在规范缺失的情况。司法人员在毒品代购行为认定、寻求法律适用的过程中并没有直接法律依据，这也在规范层面导致了司法实践中出现毒品代购行为认定的困难。

（二）最高人民法院会议纪要中的规定

随着最高人民法院对死刑复核权的统一行使以及《禁毒法》的实施，在毒品犯罪逐渐出现新形势、新情况、新问题的情况下，最高人民法院于2008年12月印发了《大连会议纪要》。此后，为了应对《大连会议纪要》中尚未充分解决的法律适用问题以及毒品犯罪的新变化，同时为了积极贯彻中共中央、国务院印发的《关于加强禁毒工作的意见》的精神，最高人民法院于2015年5月印发了《武汉会议纪要》。这两份会议纪要是目前有效的指导毒品犯罪案件审判工作的司法文件，对于毒品代购行为的认定处理进行了规定，其中《武汉会议纪要》对于《大连会议纪要》的规定作了进一步细化和发展。

《大连会议纪要》与《武汉会议纪要》均是由最高人民法院印发的法院系统内部的司法文件，是最高人民法院对于地方各级法院的司法审判工作进行指导的一种体现。两份文件中对于毒品犯罪中代购行为的规定不甚详细，只是对于类型化的行为进行了规定。但在现实禁毒工作中，公安、司法人员能够适用的、对于毒品代购行为进行规范指导的文件寥寥无几，以至于这两份会议纪要在实践中突破了对于法院审判活动进行指导的作用范围，公安机关、检察机关将其视为办理毒品犯罪中代购类案件的"宝典"。

---

① 此前，最高人民法院、最高人民检察院、公安部曾联合下发了三个关于处理毒品犯罪案件的意见，即《办理毒品犯罪案件适用法律若干问题的意见》（公通字〔2007〕84号）、《关于办理制毒物品犯罪案件适用法律若干问题的意见》（公通字〔2009〕33号）和《关于办理走私、非法买卖麻黄碱类复方制剂等刑事案件适用法律若干问题的意见》（法发〔2012〕12号），但均不是司法解释。同时，最高人民法院研究室《关于被告人对不同种毒品实施同一犯罪行为是否按比例折算成一种毒品予以累加后量刑的答复》（法研〔2009〕146号）、最高人民检察院法律政策研究室《关于安定注射液是否属于刑法第三百五十五条规定的精神药品问题的答复》（〔2002〕高检研发第23号）等司法文件亦不属于司法解释。

二、毒品代购行为刑法认定的困难

（一）毒品代购行为的共犯问题认定困难

1. 不以牟利为目的为他人代购仅用于吸食的毒品行为的共犯认定的困难

根据《大连会议纪要》的规定，行为人不以牟利为目的为他人代购仅用于吸食的毒品，毒品数量已经达到非法持有毒品罪定罪数量标准的，对托购者、代购者应以非法持有毒品罪定罪。该规定此处仅仅规定托购者、代购者以非法持有毒品罪定罪，并未明确二者是否构成共犯，这对实践中认定毒品数量等造成了一定障碍。

2. 代购者在运输途中被抓获情形的共犯认定的困难

根据《武汉会议纪要》，行为人为吸毒者代购数量达到较大以上的、仅供吸毒者自己吸食的毒品，在运输过程中被查获的，对托购者、代购者以运输毒品罪的共犯论处。

若托购者指使代购者通过运输毒品的方式来为其代购毒品，该会议纪要的规定固然是合理的。但是，现实中托购者对于代购者的指示不一定是明确的，其委托甚至可能只是"去给我搞点'冰'来吸"这样的模糊表述，也未指明从何处购买，代购者在其中既起到了代购的作用，又相当程度上充当了居间介绍者的角色。在这种情况下，很难说托购者对于代购者如何代购、从何处代购具有清楚的认识，甚至有可能其对毒品数量的认识都是模糊的。此时将代购者运输较大数量毒品的行为归属于代购者与托购者双方，并且认为双方具有共同的故意、具备共谋的情节进而认定双方构成运输毒品罪的共犯，其合理性值得商榷。

（二）毒品代购行为的犯罪界限认定困难

1. 代购行为中是否牟利的认定困难

两份会议纪要对于代购者牟利情节的规定发生了一定的变化，具体而言：《大连会议纪要》中规定，代购者从中牟利，变相加价贩卖毒品的，对代购者应以贩卖毒品罪定罪；而《武汉会议纪要》中对此作了进一步的规定并有一些在认定上的改变，认为在交通、住宿等必要开销之外收取"介绍费""劳务费"，或者以贩卖为目的收取部分毒品作为酬劳的，应视为从中牟利。

由此我们可以看出，代购者"变相加价贩卖毒品"的行为应当一律被视为"牟利"。按照此规定我们也可以认为，即使代购者变相加价贩卖后仍然无法抵消其用于代购的开销，我们也应当认定其"从中牟利"，进而认定代购者的行为属于贩卖毒品罪。在《大连会议纪要》之后的《武汉会议纪要》缩小了认定"牟利"的范围，具体表现为，因收取一些代购的必要费用而进行加价的行为不再被视为"牟利"，即代购者变相加价贩卖毒品，只要所加金额与其交通费、食宿费等必要开销相当，便不构成贩卖毒品罪，而是以非法持有毒品罪定罪处罚。

然而，设置"牟利"的规定首先在实际侦查中就会遇到困难。"从查办贩卖毒品犯罪案件的实际情况来看，以牟利作为本罪的构成要件，会导致查办该类案件存在证明难度，无法打击犯罪。"[①] 同时，对于代购者是构成贩卖毒品罪还是非法持有毒品罪的界定除了"牟利"之外，还要考虑"必要开销"的认定。但是究竟何为"必要开销"呢？《武汉会议纪要》只是列举性地指明交通费、住宿费属于"必要开销"。尚且不论在这两项之外的部分如何界定是否属于"必要开销"，单就交通费、住宿费而言，从何角度判断其开销的必要性也是一个充满争议的问题。若是从司法机关的角度判定，很容易因为严厉打击毒品犯罪的政策影响，使其划定的"必要费用"金额过低而令行为入罪，对于行为人来说是不够公平的。若是从托购者的角度进行划定，即托购者与代购者事前约定好其食宿标准，以此来判定代购者所加金额是否超过必要开销。以此标准进行判定固然对于代购者来讲相对公平，也是日常生活中一般的合法代购行为通常使用的标准。但是，以此为标准必然会放纵相当一部分实际上原本符合"牟利"的含义而触犯贩卖毒品罪的行为人。例如，代购者本是衣食无着的流浪人员，托购者许诺其乘坐飞机头等舱、住五星级酒店，代购者在代购毒品的过程中享受了其从未享受过的豪华待遇，实际上得到了物质上的利益。倘若以此标准认定代购者符合非法持有毒品罪而不是贩卖毒品罪，在一定程度上就是放纵了犯罪，也有违罪刑相适应原则。如何认定"牟利"成为司法实践中的一大难题。

2. 代购者与托购者构成下游毒品犯罪共犯后罪名的认定困难

行为人为托购人代购毒品并牟利，同时在主观上明确知晓其是为了实施

[①] 黎宏：《刑法学各论》（第二版），法律出版社2016年版，第460页。

毒品犯罪而托购，则行为人在构成贩卖毒品罪的同时，也与托购者构成相应毒品犯罪的共犯。根据共犯从属性理论，托购者在后的其他毒品犯罪正犯行为的结果也应当归属于与其构成共犯的代购者，即代购者在没有实行正犯行为的情况下也应当以相应的毒品犯罪定罪。因此，若托购者实行的在后的毒品犯罪为除贩卖毒品罪之外的其他毒品犯罪，则对于代购者以贩卖毒品罪和托购者实行的其他毒品犯罪数罪并罚即可。但如果托购者在接到代购者代购的毒品后，又实行了贩卖毒品的行为，对于代购者的行为应当如何认定呢？这便产生了司法实践处理上的困难。

三、现行规范下毒品代购行为的实践处理

（一）毒品代购行为的共犯认定

1. 不以牟利为目的为他人代购仅用于吸食的毒品行为的共犯认定

对于行为人不以牟利为目的为他人代购仅用于吸食的、达到非法持有毒品罪定罪数量标准的毒品时，对托购者、代购者间共犯问题的处理，笔者分两种情况具体讨论：

（1）认为托购者与代购者不成立共犯。

代购者为托购者代购仅用于吸食的、达到非法持有毒品罪定罪数量标准的毒品，其代购的整个过程自然属于非法持有毒品的行为。此时，行为人代购毒品行为本身即是构成非法持有毒品罪的正犯行为，对代购者以非法持有毒品罪定罪处罚并没有什么问题。在毒品交付后，托购者也实际存在了该罪的正犯行为，也当然可以被单独认定为非法持有毒品罪。

但是，若代购者尚未将该毒品交付给托购者时即被公安机关抓获，那么托购者自始至终便不存在非法持有毒品罪的正犯行为。在托购者没有非法持有毒品罪的正犯行为的情况下，司法机关若按照《大连会议纪要》的规定来认定托购者单独构成非法持有毒品罪，显然是缺乏根据的。因此认为代购者与托购者不成立共犯的观点在《大连会议纪要》有关规定的执行上会出现严重的无法适用的问题，此种观点在有关司法指导文件规定的层面上讲是错误的，实践中难以采纳。所以，二者应成立非法持有毒品罪的共犯，而不是单独成立非法持有毒品罪。

（2）认为托购者与代购者成立共犯。

"持有可以是共同持有，也可以是单独持有，前者的成立只须所有共同

犯罪人实际上共同享有对毒品的支配权并相互明知这一点即可。"① 代购者受托购者的委托，为了让托购者达到持有一定数量（达到非法持有毒品罪定罪数量标准）的毒品并且吸食的目的，为其进行购买的行为，促成了托购者非法持有毒品状态的达成。"在代购者接受托购者的委托时，彼此之间已形成了非法持有毒品的故意，如果共谋购买超过刑法第348条规定数量最低标准的毒品，则构成非法持有毒品罪的犯罪故意"②，此时代购者与托购者成立非法持有毒品罪的共犯。根据共犯从属性理论，一行为人在共同犯罪犯意之内的行为及结果要归属于共同犯罪人的全体，因此即使出现前述代购者尚未将该毒品交付给托购者即被公安机关抓获的情况，代购者和托购者也同样构成非法持有毒品罪的共犯。

《大连会议纪要》和《武汉会议纪要》均存在对于贩卖毒品同时又吸食毒品的贩毒人员进行定罪量刑时扣减或酌情考虑毒品数量的规定。非法持有毒品罪在社会危害性上较贩卖毒品罪要轻微，从两份会议纪要体现的刑事政策来看，国家针对具有吸毒情节的行为人在贩卖毒品罪量刑中加以酌情考虑，那么对于被指控犯非法持有毒品罪并具有吸毒情节的被告人来说，司法机关对其量刑时也应当酌情考虑其吸毒的情节。

例如，托购者委托代购者为其购买仅供个人吸食的甲基苯丙胺20g，代购者成功购买后向托购者交付，整个过程中代购者无任何牟利。公安机关根据群众举报，将正在吸毒的托购者抓获并当场查获尚未吸食的甲基苯丙胺15g（即代购的毒品已经被其吸食5g）。在此例中，托购者与代购者无疑构成非法持有毒品罪，而在毒品数量的认定上便会出现一定的问题。如果我们认为，非法持有毒品罪属于持有型犯罪，其社会危害表现为行为人持有相关违禁品时对于社会秩序的潜在危害，故应当以行为人持有的数量来定罪量刑。按此观点，由于该20g甲基苯丙胺在代购者手中时尚未被吸食，对于代购者应当以20g甲基苯丙胺来定罪处罚，而相应地就应该以15g甲基苯丙胺对吸毒的托购者进行定罪处罚，二人只是在非法持有毒品的行为上成立共犯，数量并不要求一致。

但是上述推论存在一定问题。按照共犯从属性理论，二人的毒品数量认定应该统一，而在上述对于持有型犯罪的解释中却出现了矛盾。这是因为上

---

① 赵秉志、于志刚：《毒品犯罪》，中国人民公安大学出版社2000年版，第207页。
② 郦毓贝：《毒品犯罪司法适用》，法律出版社2005年版，第57页。

述观点是以两种标准来认定二人的毒品犯罪数量的：若代购者在途中被抓获，因为代购者与托购者是共犯，则对于托购者也可以非法持有甲基苯丙胺20g的事实来定罪处罚；而当吸毒的托购者被抓时，二人非法持有的毒品不可能造成与之前20g甲基苯丙胺一样的危害结果，再以代购者曾经持有20g甲基苯丙胺的行为来进行评价是缺乏合理性的，且割裂了共犯人的从属性联系。因此，对于代购者与托购者，均应该认定非法持有甲基苯丙胺15g的事实来定罪处罚。

2. 代购者在运输途中被抓获的情形中共犯认定

代购者为托购者代购仅用于自身吸食的毒品且数量达到较大以上的，认定其构成非法持有毒品罪并无争议。根据《大连会议纪要》的规定，可以认定托购者与代购者构成非法持有毒品罪的共犯。若代购者又实行了运输毒品的行为，《武汉会议纪要》认定二者构成运输毒品罪的共犯。此时，二者既构成运输毒品罪又构成非法持有毒品罪，而由于运输毒品的行为必然伴随着持有毒品的行为，根据刑法上吸收犯的原理，只认定托购者与代购者构成运输毒品罪一罪即可。笔者认为，《武汉会议纪要》此处的规定是一种提示性规定，因为正常情况下行为人既非法持有毒品又运输毒品的行为就应当以运输毒品罪定罪处罚，其规定只是对于这类情况作了再次明确，从而起到提醒和指导司法人员的作用。

当然，若要认定此种情况的托购者与代购者成立共犯，应当首先认定托购者是否存在与代购者运输毒品的共同故意。由于理论上和司法实践中对于运输毒品罪中"运输"行为的理解和认定存在很大分歧，具体如何明确行为人的运输行为进而认定行为人运输毒品的故意尚存在相当大的困难，但是基于理论上对于"运输"的通常理解，如行为的主观性、空间性（距离不能过短）、运输工具（可以是交通工具也可以是人身）等，司法实践中对于一些明显的运输毒品行为以及运输毒品的故意是可以进行明确判别和认定的。但是，对于代购者自作主张进行"运输"行为并且已经超出托购者主观故意的，就不能认定托购者与代购者构成运输毒品罪的共犯，对于代购者的运输毒品行为只能单独定罪处罚。

此外还应当强调的是，对于代购数量未达到较大且用于托购者自身吸食的毒品的代购者，若其同时实行了运输毒品的行为，应当认定为运输毒品罪，若托购者同样存在运输毒品故意的，托购者和代购者也应以运输毒品罪定罪处罚。《武汉会议纪要》中的规定是提示性规定，并不排除其他可以认定托购者和代购者成立运输毒品罪共犯的情况出现，只是由于毒品数量未达到较大的标准，对于托购者与代购者的定罪过程中就不涉及吸收犯的认定问题。

（二）毒品犯罪中代购行为的犯罪界限认定

1. 毒品代购行为中是否牟利的认定

在认定毒品代购行为的过程中，行为人牟利与否是区分行为人构成贩卖毒品罪还是其他犯罪的重要标准。《武汉会议纪要》中将收取"必要开销"的行为排除在"牟利"的范围外，可以说是对于《大连会议纪要》中有关规定的一种细化。《武汉会议纪要》中有关"必要开销"的规定，在某种程度上体现了最高法对于司法实践中以贩卖毒品罪打击毒品代购行为的一种审慎态度，也是刑法谦抑性在司法中的体现。"必要开销"的具体范围可以由司法文件来进一步明确，但是对于纷繁复杂的具体案件，我们也要充分考察案件的具体情况，从"必要开销"的实质上进行把握，进行具体判断。实践中对于代购者获得的明显超出必要范围的开销就可以认定为"非必要开销"，不必因为其具体范围不明确而有所犹豫。如前述"飞机头等舱""五星级酒店"等奢侈开销，就明显超出了必要范围，无论托购者与代购者约定如何，此种情况下认定代购者进行了"牟利"进而认定其构成贩卖毒品罪是合理的。

对于"收取部分毒品作为酬劳"的行为认定问题同样值得讨论。根据《武汉会议纪要》，行为人收取部分毒品作为报酬，而主观上又以贩毒为目的的，应该认定行为人进行了"牟利"行为，进而认定行为人构成贩卖毒品罪。针对行为人以供自己吸食为目的收取部分毒品作为报酬的行为认定，学界存在不同的认识。一种观点认为："为他人购买毒品，表面上并未从中获取金钱利益，但是其克扣部分毒品供自己吸食的行为应当认定为获取了好处。代购行为中的有偿可以表现为直接的金钱利益，也可以是其他非金钱利益"[①]，所以应当认定行为人通过代购行为牟利，构成贩卖毒品罪。另一种观点认为："《武汉会议纪要》隐含克扣少量毒品用于吸食（或非贩卖目的）不认为是'牟利'的旨意。其中规定，代购者'以贩卖为目的收取部分毒品作为酬劳的'，视为'从中牟利'。换言之，以吸食为目的或非贩卖目的

---

① 阮兰：《为他人购买毒品且克扣供自己吸食如何定性》，载《中国检察官》2012 年第 14 期。

收取部分毒品作为酬劳，就不视为'牟利'。"① 故对于此类行为人，只能在其代购毒品数量超过非法持有毒品罪的最低数量时认定其构成犯罪，否则即应当认定无罪。还有学者同样认为代购者仅能构成非法持有毒品罪，但其理由是"代购者的'蹭吸'是为了让自己能吸食毒品，并非让代购而来的毒品进入流通领域，并未造成严重的社会危害性"②，此时代购者的"蹭吸"就可以认定为"不以贩卖为目的收取部分毒品作为报酬"的情况，二者在此种情况下是等同的。

笔者认为，对于行为人收取毒品作回报，而同时行为人主观上又具有贩毒目的的情况，《武汉会议纪要》单独进行了强调，认为对于此种情形应该认定代购者构成贩卖毒品罪。这是因为实践中存在代购者收取毒品作为回报进而再贩卖，甚至为了利益将部分毒品克扣后将剩余部分掺假再交付托购者的行为。"刑法'严格解释原则'并不强制刑事法官仅限于对立法者有规定的各种可能的情形适用刑法。只要所发生的情形属于法定形式范围之内，法官均可将立法者有规定的情形扩张至并无规定的情形。"③ 代购者从托购者处得到部分毒品作为报酬，甚至直接从代购的毒品中扣除相应数量毒品，即使其目的不是贩卖毒品而是供自身吸食，从刑法解释的角度也很难否认其获得的毒品是一种物质利益，我们不能因为会议纪要中没有对于除"以贩卖为目的收取部分毒品"的行为之外收取毒品的行为进行明确规定就否认其行为属于"牟利"的实质。"代购者能直接从代购毒品行为中获取某种财产性利益，就会刺激代购者不断从事代购毒品的行为，这与为牟利而转手贩卖毒品的行为性质无异。"④ 毒品虽然是违禁品，但是无论是购买毒品还是制造毒品都是需要有相应对价的支付才可以得到的，获得毒品供自身吸食的行为，无论从法律用语的角度还是从生活用语的角度将其评价为"牟利"都没有超出正常的解释范围，认定行为人构成贩卖毒品罪也是合理的。

---

① 赵海霞、胡公枢：《"代购毒品"的司法适用分析——借鉴"商业实质"的概念》，载《中国检察官》2017 年第 14 期。
② 季伟、潘春燕：《毒品犯罪案件中若干争议问题的法律适用》，载《江苏警官学院学报》2017 年第 3 期。
③ ［法］卡斯东·斯特法尼：《法国刑法总论精义》，罗结珍译，中国政法大学出版社 1998 年版，第 143 页。
④ 古加锦：《非法持有毒品罪相关司法认定疑难问题研究》，载《江苏警官学院学报》2017 年第 3 期。

2. 代购者与托购者构成下游毒品犯罪共犯后罪名的认定

对于行为人明知托购者为了贩卖毒品而为其代购毒品并牟利的行为，笔者认为应当认定代购者构成一个贩卖毒品罪，不宜认定为同种数罪。托购者与代购者属于贩卖毒品罪的共犯，二者在贩卖毒品罪的范围内存在共同故意。代购者加价的行为是共犯人之间的行为，只是其完成犯罪行为的一种内部流转方式，其对于毒品的加价并没有侵害到其他法益，其行为的社会危害性整体上是通过托购者的贩卖毒品罪正犯行为体现的。因此代购者此种加价的行为不应该认定为构成另一个贩卖毒品罪，认定其成立一罪即可。

四、毒品代购行为的规范完善

（一）明确区分行为人的行为模式

刑法现有条文中并没有明确毒品代购行为的定义及行为模式，在司法解释以及会议纪要中亦是如此，仅是在会议纪要中对于代购者是否"牟利"进行了区分，这在一定程度上导致了目前相关司法规定存在混乱和不合理的情况的发生。

考察民法领域，在委托代理合同中代理人按合同约定到第三人处购买商品，而后再交付给被代理人的情况下，代理人和被代理人存在"先付款再购买"以及"先购买再付款"两种形式。笔者认为，与前述民法中的代理行为类似，刑法中对于"托购者将钱款交由代购者前去购买"以及"由代购者先行垫付后，托购者再进行付款"这两种行为模式均应当认定为"代购"行为。

若将刑法上"代购毒品"的行为完全比照民事法律关系上的代理关系进行处理和分析，那么我们就可以认为，代购者在贩毒者处购买到毒品，实际上发生的社会关系变动就是毒品从贩毒者处转移到了托购者处。但实际上这种推断是完全行不通的。不但《合同法》第52条将违反法律、行政法规的强制性规定的合同认定为无效，以毒品这类违禁品作为标的物的这种代理关系根本不可能成立，而且从刑法本身的规范限制和逻辑结构上也是充满矛盾的。例如，甲雇用乙代其杀死仇人张三，张三的死亡结果要归属于甲、乙二人，而不是像代理关系一样仅将结果归属于被代理人一方（相当于本例中的甲）。因此我们不能想当然地认为，因为代购者是受人之托进行代购，所以代购者买到毒品就是托购者购买到了毒品。代购者和托购者是两方独立的主体,这与代理关系中代理人和被代理人的"捆绑式关系"是截然不同的。

在代购者明知托购者存在实施其他毒品犯罪的主观目的的情况下,法院将代购者与托购者认定为相应毒品犯罪的共犯不存在什么问题。以下讨论的行为模式均建立在代购者代购毒品仅供托购者个人吸食的前提下:

第一,对于托购者已经同贩毒者沟通完成并且交付了购毒款后,代购者经要求为托购者将购买的毒品带回的情况,其行为在广义上属于毒品犯罪的代购行为,此时代购者的行为完全依附于毒品的买家即托购者。由于其仅有取货再交付的行为,不存在有关毒品交易的行为,不可能涉及贩卖毒品罪,则不论其是否牟利(如收取"跑腿费"),仅在明知毒品数量是超过《刑法》第348条规定的最低数量标准的情况下,构成非法持有毒品罪。

第二,在"托购者将钱款交由代购者前去购买"的模式下,代购者的两个行为是"从贩毒者处购买毒品"和"将毒品转移给托购者"。对于此类型的毒品代购行为,有一类观点认为"主观上只想帮助托购者买进毒品而不愿意帮助贩毒者卖出毒品的情形是不存在的"①,因此"既然司法实践中对代卖毒品行为无一例外地认定为贩卖毒品罪(共犯),那么代购毒品行为也应当认定为贩卖毒品罪(共犯)"②。实际上倘若代购者没有在代购的过程中谋得任何利益,那么由于钱是种类物,交付后即为代购者所有,同时标的物为违禁品的买卖不可能产生合同法上的债权债务关系,代购者交付毒品的行为应认定为"无偿转赠"。因为无偿转赠不属于贩卖毒品罪中的"贩卖"行为,故仅当行为符合非法持有毒品罪的构成要件时,法院可以认定代购者和托购者构成非法持有毒品罪。倘若代购者在代购的过程中有所牟利,其代购毒品交付给托购者的行为与贩毒犯罪分子加价贩卖毒品的行为无异,构成贩卖毒品罪。

第三,在"由代购者先行垫付后,托购者再进行付款"这种模式下,代购者实际上进行的是两个行为,即"从贩毒者处购买毒品"以及"将毒品转卖给托购者"。即使其以从贩毒者处买进的原价转给托购者并未赚取差价,其第二个行为也构成了贩卖毒品罪,因为贩卖毒品罪并不要求确实谋到

---

① 王登辉、罗倩:《贩卖毒品罪若干基础理论辨正》,载《中国刑事法杂志》2016年第2期。
② 殷芳保:《不以牟利为目的代购毒品也应认定为共犯》,载《检察日报》2014年5月21日,第3版。

利益。也因此，无论代购者在代购毒品的过程中是否牟利，此种行为方式中其均构成贩卖毒品罪。实践中的毒品代购案件中，有相当一部分是托购者并未指明卖家而让代购者自行寻找的，同时不排除代购者本身也是贩毒者的情况，在这种情况下代购者所做的代购行为与倒卖毒品的贩毒者的行为没有什么差别，代购者与托购者所谓"一手交钱一手交货"的行为也与贩卖毒品的行为无异，这与"托购者将钱款交由代购者前去购买"的模式中代购者最后"无偿转赠"毒品的行为是有明显不同的。

有学者认为，贩卖毒品罪的"'牟利'是以毒品作为对价交易而获取的利润，'为吸毒者代购毒品'的场合，其中的'利'并不是毒品的对价"①，并以此推断代购者为托购者代购仅用于个人吸食的毒品并牟利不能认定为贩卖毒品罪。笔者不同意上述观点。贩卖毒品罪中，贩毒人收取的固然是毒品的对价，但是其获取的"利"只是交易中支付的对价扣除其成本后的部分，即"购买者支出＝贩毒者卖价＝成本＋利"。而在代购者获利（加价、收取报酬等）的情况中，托购者的支出＝贩毒者卖价＋代购者获利，即托购者支出＝成本＋利（贩毒者）＋利（代购者）。由此我们可以清楚地看出，此时托购者进行购买毒品的行为与其向一个要价更高的贩毒者直接购买是没有任何区别的，代购者的行为与参与贩毒者的贩毒行为没有实质性区别。

（二）明确区分行为人的主观内容

根据现有司法文件，只要行为人为他人进行居间介绍或代购的同时明知他人实施毒品犯罪，就要以相应毒品犯罪的共犯论处。此处，判断行为人与毒品犯罪正犯人之间构成共犯的关键在于"共谋"的体现，即条文中"明知"的判断，有关司法规范应当对此进行进一步明确。

笔者认为原条文中"明知他人实施毒品犯罪"的表述，应当理解为"明知他人欲借自己的居间介绍、代购行为实施毒品犯罪"，而绝不应该是"明知他人正在实施毒品犯罪"或者"明知他人之前在实施毒品犯罪"，即行为人"明知"的内容应该是请求居间介绍、代购者的主观，而不是对其客观进行的犯罪行为的认知。

例如，甲是一个小毒贩，专卖海洛因，自身还吸食甲基苯丙胺。因各种原因，甲原来购买甲基苯丙胺的渠道被切断，甲找到消息灵通的好友乙，请

---

① 梁彦军、何荣功：《贩卖毒品罪认定中的几个争议问题》，载《武汉大学学报（哲学社会科学版）》2013年第5期。

求其为自己无偿代购一点甲基苯丙胺用于吸食。后经乙的代购,甲成功得到甲基苯丙胺 8g 用于自身吸食。

在此例中,乙对于甲找其代购的行为的认知,应当是"从事海洛因贩卖的毒贩甲找我代购一点甲基苯丙胺来吸食"。在乙"明知"的内容中,其认识到甲在实施着毒品犯罪,也认识到甲购买甲基苯丙胺不是为了贩卖、甲购买甲基苯丙胺 8g 自己吸食不构成犯罪。若坚持"明知他人实施毒品犯罪"指的是认识到甲的一种客观状态,那么我们就应当认为:乙明知甲实施贩卖毒品罪,而为其进行代购,构成贩卖毒品罪的共犯。这显然是荒谬的,乙的行为对于甲本身贩卖毒品的犯罪没有任何支持和帮助力,甲购买甲基苯丙胺是为了自身吸食。显然,明知的内容应当是请求人的主观,我们应当进行的推断是:乙知道甲购买甲基苯丙胺不是为了实施毒品犯罪,为其进行无偿代购,不构成犯罪。

有关规范应当对于行为人认识请求人的主观要求的程度作进一步的规定,仅仅是笼统地要求行为人认识到请求者的主观在实践中很容易出现适用疑难。如上例中甲是请求乙介绍贩卖甲基苯丙胺的毒贩,甲仅向乙表明自己要购买甲基苯丙胺来吸食但是并没有明确购买量,乙认识到甲可能购买甲基苯丙胺超过 10g 进而构成非法持有毒品罪,也可能不超过 10g 不构成犯罪,此时如何判断乙"明知"的内容是否符合此条文中规定的构成共犯的情况呢?

笔者认为,针对上述的"可能进行犯罪"的情况,行为人意识到请求人有进行毒品犯罪的可能,其仍然进行居间介绍或代购的行为,实际上对于后者的毒品犯罪对法益的侵犯有一种放任的态度。"明知"在主观上表现的是行为人的故意的罪过,既包括直接故意,也包括间接故意,上述对于法益侵犯的放任态度即是行为人间接故意的表现。因此,我们仍然应当认定行为人"明知"请求者欲进行毒品犯罪的主观意图,在请求者实际触犯非法持有毒品罪的情况下认定其成立非法持有毒品罪的共犯。在法律或司法文件中,条文应当将"明知"的判断标准进行明确,以清楚地指导司法人员进行法律适用。

(三)借鉴域外相关毒品犯罪的处理方式

考察法国、俄罗斯、墨西哥等国家的刑事立法以及我国台湾地区的有关刑事规范可以发现,为了解决毒品代购行为的认定困难,其他国家或地区主要采取了以下方式:

第一种方式是将购买毒品的行为纳入刑法规制范围。例如，《俄罗斯联邦刑法典》中的"非法购买、存储、运送、制造、加工麻醉品、精神致幻物或麻醉品、精神致幻类物质罪"即将不以销售为目的的购买毒品行为认为是犯罪，① 这就将购买毒品供自身吸食以及毒品代购者的代购行为纳入刑法调整。毒品在社会上的流动最主要的方式就是交易形式的买卖，行为人依靠自己制毒供自身吸食的情况少之又少，可以说打击毒品的一种"市场化"的交易行为是有效控制毒品在社会中扩散蔓延的方法。在出现这种毒品交易"市场化"情况下，买方和卖方在整个毒品非法流通中是一种互相促进、互相依靠的关系。目前我国不将吸毒行为纳入刑法调整范围，认为吸毒者是毒品的受害者，不能对其过于苛刻乃至认定其犯罪。但是我们也应当认识到，吸毒者在认识到自己染上了毒瘾后，就应当知道毒品是法律上的违禁品，并且吸食毒品对于人的身体健康和精神意志都具有很大的害处。吸毒者沉溺于毒品带来的精神欢愉以及其致幻效果中，其在痛苦的毒品戒断和欢乐的吸毒过程中选择的是后者，已经表现出明显的违法性。在不认定吸毒行为构成犯罪的情况下，认定吸毒者购买毒品、促进整个毒品"市场化"交易的行为构成犯罪也是合理的。

第二种方式是将转让毒品供个人吸食的行为纳入刑法调整。例如，《法国刑法典》中就规定了"转让毒品供个人使用罪"，将行为人转让毒品供他人吸食，包括无偿转让的行为。② 转让的行为不属于"贩卖毒品"的行为，所以不能以贩卖毒品罪定罪处罚，而同时转让毒品的行为确实对于整个毒品流通产生了与贩卖毒品类似的作用，促进了毒品由制毒、贩毒的供方向吸毒的需方的流动，与贩毒行为的危害相差无几。同时我们应当注意到的是，"转让毒品供个人使用罪"在《法国刑法典》中属于轻罪，判处的刑罚也可以通过非监禁刑的方式代替执行。

---

① 《俄罗斯联邦刑法典》第228条"非法购买、存储、运送、制造、加工麻醉品、精神致幻物或麻醉品、精神致幻类物质罪"规定："不以销售为目的，非法购买、存储、运送、制造、加工麻醉品、精神致幻物或麻醉品、精神致幻类物质，数量巨大的……"参见《俄罗斯联邦刑事法典》，赵路译，中国人民公安大学出版社2009年版，第164页。

② 《法国刑法典》第222-39条"转让毒品供个人使用罪"（Stupéfiants - Cession pour usage personnel）规定："向某人非法转让或提供仅供该个人使用的毒品的，处5年监禁并处75000欧元罚金。"此处的"转让"（cession）不要求存在金钱交易，亦即无偿转让毒品供个人使用也可以构成本罪。

第三种方式是将吸毒者吸毒的行为认定为犯罪。例如，我国台湾地区"刑法"中设立"吸用鸦片毒品罪"，将行为人吸食鸦片等麻醉、致幻类毒品质料的行为认定为犯罪，并处以有期徒刑、拘役或罚金刑。吸毒者虽然主要伤害的是自身的身体健康，但是吸食一些致幻类的毒品会对于他人生命健康和财产安全造成重大威胁，同时也严重威胁着公共安全，因毒品致幻而乱砍乱杀甚至开车冲击人群的事件也不再罕见。吸毒者既是违法行为的实施者，同时也是毒品的受害者；既是社会规则的破坏者，也是值得公众同情的对象。① 从社会危害性角度来说，吸食毒品的行为无疑是违反社会管理秩序的行为，不过吸毒犯罪化与非罪化的刑事立法在世界各国刑法中都是存在的。虽然对此存在较大争议，但应该看到，将吸毒行为认定为犯罪，对于打击毒品交易，在供需关系上打击"毒品市场"有着相当的借鉴意义。

为解决毒品代购行为而在立法上所采取的上述三种方式，对于解决我国刑法中毒品代购行为的认定困难具有相应的借鉴意义。例如，将吸毒行为认定为犯罪行为，就可以将行为人通过代购行为来对吸毒行为起到帮助作用的行为认定为共犯行为，从而解决其认定困难。又如，借鉴《法国刑法典》的立法模式，不仅将购买毒品的行为认定为犯罪，而且将包括无偿转让在内的转让毒品供个人吸食的行为认定为轻罪，有助于认定代购者在整个毒品交易过程中的作用，将其认定为轻罪的共犯也可以罚当其罪。

笔者认为，我国刑法有关毒品犯罪的 11 个罪名中，能够对于不以犯罪为目的的购买毒品的需求方进行打击和规制的罪名仅有"非法持有毒品罪"和"运输毒品罪"，且非法持有毒品罪存在最低数量限制，未达到该数量的行为不能认定为犯罪。毒品代购者在整个毒品交易中起到的作用，实际上和贩卖毒品者的共犯人并无二致，"代购毒品与代卖毒品一样，从本质上看都可以视为贩卖毒品的帮助行为"②，但是因为其与贩毒者不存在共谋，难以认定其与贩毒者成立共犯。此时若其未达非法持有毒品罪的最低数量，按照罪刑法定原则，在我国很难认定其成立犯罪，这就会造成刑法对有关毒品交易行为的打击失衡。对其以行政处罚的方式进行处理，固然可以对于行为人进行一定程度的惩罚，但是其惩罚力度以及法律示范作用与刑法惩罚相比相

---

① 参见胡江：《我国毒品犯罪刑事政策之检视》，载《法治论丛》2010 年第 3 期。
② 廖天虎：《代购毒品行为的刑法学分析》，载《广西大学学报（哲学社会科学版）》2016 年第 2 期。

去甚远。我国毒品代购行为刑法认定的难点即在于对为了托购者自身吸食而代购毒品的代购者的认定，关键是此时行为人不从属于贩毒者，难以从认定其与供方构成共犯的角度进行规制。对此，我国立法上应当加强对毒品交易的需求方的刑法规制，譬如将包括无偿转赠行为在内的转让毒品的行为纳入刑法规制的范围。从需求方对毒品犯罪进行刑法规制，一方面可以从共犯从属性上解决有关毒品代购行为和数量的认定，化解目前行为数量未达到法定标准时认定违法而非犯罪的情况下不能认定代购、托购方共犯的尴尬；另一方面有利于从供需两端对毒品交易进行打击，同时使得处于"桥梁"地位的中间人量刑均衡，达到罪刑相适应。

毒品问题治理涉及社会管理、法律法规等多个方面，虽然"刑法无法从根本上解决毒品犯罪的问题，但这并不意味着刑法应该退出毒品犯罪领域。在毒品犯罪面前，刑法自然应该谦抑，但它不能缺席"[①]。毒品犯罪问题在我国依然形势严峻，毒品代购行为作为整个毒品交易中的"桥梁"，连接着毒品非法交易中的供需两端，应是打击毒品犯罪的重要一环。"代购毒品者的行为，同样具有严重社会危害性，不予严厉打击，截断吸毒者的毒品来源，无法阻断毒品对社会危害的继续扩散。"[②] 我国刑事立法以及相关司法解释对于毒品犯罪问题的解决仍有待进一步规范和完善，而精准打击毒品代购行为，是对其准确定罪的第一步也是至关重要的一步。随着我国刑事立法的不断完善以及相关司法解释规定的进一步系统化，对于毒品代购行为的刑法认定将更加合理化、规范化。

---

① 莫洪宪：《毒品犯罪的挑战与刑法的回应》，载《政治与法律》2012年第10期。
② 聂云：《代购毒品从中分食该当何罪？》，载《广西政法管理干部学院学报》2002年第1期。

第六章
涉毒人员的管控与矫治对策

第一节　法律多元视角下的吸毒预防手段*

一、对吸毒行为的认识

在人类历史的早期就出现了关于植物提取物和酒精的记载。这些物质最初的用途主要是治病，但很快就出现了消遣和祭祀的作用。例如，在我国东汉末年就有华佗"麻沸散"的传说。虽然其真实性有待考证，但足以说明当时我国已经存在利用植物提取物来进行麻醉的想法。酒的使用则更为普及，能追溯到更早。这也使得我们与这些成瘾物质的战争源远流长。毒品也是一种成瘾物质。如果将毒品视作一种商品，那么一定是因为有一个庞大的市场，才导致贩毒的猖獗。因此我们的禁毒工作也可以从两方面考虑，一是对于毒品制造贩售的打击，二是对购买吸毒人员的控制。我们"禁吸"的手段多种多样，但更多的是通过教育宣传和及时制止来实现，通过对吸毒行为进行劝阻达到"禁吸"的目的。但仅仅这样是否已经足够呢？实践中我们对于吸毒这一行为是否"过于宽容"呢？

---

* 本节撰写者：吴大华、李策。

（一）大众眼中的吸毒行为

近年来，媒体时常爆出各类明星吸毒涉毒的新闻，据笔者在网络上进行的简单统计，从 2007 年至 2016 年间，被曝光的吸毒涉毒明星共计 29 位，其中不乏知名歌手、作家、编剧等。一份由北京市网信办、北京市禁毒教育基地管理中心、禁毒教育高校公益联盟发布的《毒品易感人群搜索大数据分析报告》公布了这样一组数字：明星吸毒的新闻阅读量最多的居然达 3.2 亿，柯某某涉毒被抓的阅读量达 1.2 亿，讨论量高达 33.7 万。对于"明星吸毒你怎么看"这个话题，网友的态度占比最多的是"不稀奇"，占受访比例的 66%，态度显得较为麻木。还有不少年轻人以娱乐心态看待明星吸毒事件，甚至觉得"酷"，对毒品危害认识严重不足。① 为什么我们终日宣传毒品的危害，对于毒品持"零容忍"的态度，依旧会有这么多的人对其麻木，以娱乐甚至羡慕的心态去看待吸毒这一问题呢？或许这和我们日常对吸毒行为的处理方式有一定的关系。

戈夫曼的著作《污名》一书谈论到了一些具有"污名"的个体或群体。我们对于某个个体或者是群体的认识，是从他或他们对外表达出的信息开始的。如果这个个体或群体稳定而长期地向外表达着类似的具体的信息，可以常年累月地被我们所接收和认识，那么我们就会将这些信息"符号化"。例如，一个人长期开豪车，出入高档酒店，我们接收到的信息就是他有钱，是个富人。这种"符号化"可以类推，我们会认为长期开豪车、出入高档酒店的人都是有钱人。再例如，宋江、林冲脸上的刺字是负面的"符号"，当时的人们看到脸上刺字的人都会认为是恶徒，至少也不会是好人。而在我们的时代，一个重要的特点就是媒体的发展迅速。相比较于正面的报道，人们容易被负面的新闻所吸引，因此无形中就形成了对很多负面新闻的"符号化"印象。过多的"符号化"会使得我们对某一类事物或是群体产生固有的认识。就以明星吸毒为例，当我们得知某一明星吸毒后，在网络媒体上看到相关报道，看到艺人接受惩罚，而经过了一段时间，涉毒明星又一次回到大众的视野中，这就会给大众尤其是青少年留下一个印象：原来相比较于贩毒，吸毒并不会受到很重的处罚，事实上也确实如此。这样的印象久而久之就会造成误导，使得公众尤其是涉世不深的青少年认为，吸毒也不是一件不

---

① 资料来源：https://www.takefoto.cn/viewnews-1189194.html。

可原谅的事情,毕竟处罚得并不重。甚至有的观点认为,自己吸毒仅仅是行政违法行为,如同开车违章一样常见,并不用小题大做。事实上,笔者认为这是根本没有认识到吸毒的危害性,是彻底错误的。

(二) 司法实践中的吸毒行为

在我们日常的"禁吸"宣传中,一大部分是基于毒品的实际危害。毒品对身体健康的摧残,毒品引发的一系列违法犯罪行为,自不必多说。2012年6月26日在第十一届全国人民代表大会常务委员会第二十七次会议上国务院《关于禁毒法实施和禁毒工作情况的报告》中明确提出"广泛开展宣传教育"。其中针对不同地区,根据各地区的实际情况设立开展一系列的活动,广泛开展"青少年远离毒品""不让毒品进我家""职工拒绝毒品零计划"等活动,积极推动禁毒宣传教育进社区、进学校、进单位、进场所、进乡村、进家庭,不断提高公众参与禁毒的意识和自觉抵制毒品的能力。该报告还指出:"4年来,全国共募集禁毒捐款9000多万元,根据群众举报破获毒品违法犯罪案件13.6万起。目前,全国有国家和省级禁毒教育基地36处、禁毒社会组织700多个、禁毒志愿者队伍1.5万支100多万人。新发现吸食海洛因人员从2008年的9.3万名降至2011年的8.5万名。"可以看出,我国政府对于毒品的预防宣传力度非常大,希望能通过预防吸毒来切断毒品在我国的发展蔓延。该报告还强调:"全面加强禁吸戒毒工作。创新动态管控机制,提高了发现和管控吸毒人员的能力。科学整合戒毒资源,顺利完成强制性戒毒措施改革。"这里我们看出国家对于吸毒人员主要是对其进行帮助和治疗,而非严厉惩罚。

我国《治安管理处罚法》第72条、第73条是针对吸毒人员的相关规定。该法第72条规定:"有下列行为之一的,处十日以上十五日以下拘留,可以并处二千元以下罚款;情节较轻的,处五日以下拘留或者五百元以下罚款:(一) 非法持有鸦片不满二百克、海洛因或者甲基苯丙胺不满十克或者其他少量毒品的;(二) 向他人提供毒品的;(三) 吸食、注射毒品的;(四) 胁迫、欺骗医务人员开具麻醉药品、精神药品的。"第73条规定:"教唆、引诱、欺骗他人吸食、注射毒品的,处十日以上十五日以下拘留,并处五百元以上二千元以下罚款。"因此,在报告中提及的对吸毒人员进行的管理也是有法律依据的。我们再回到大众的视角。平日的禁毒宣传通常从毒品对身体的危害说起,但综观明星涉毒新闻,很多明星在吸毒后不仅没有像宣传描述的那样憔悴枯槁,反而频频出现在大众的视线中,这不由得让一些人尤其是青少年产生怀疑，毒品的危害性是否有宣传的那么大？为什么有的人吸食了以后并没有像外界描述的那样身心备受摧残？相比较贩毒，吸毒受到的处罚最多是罚款，从接受到的处罚反推责任，似乎吸毒的可责性并不大。二十世纪六十年代美国在大麻的问题上就面临着同样的困境。当时美国政府宣传大麻会成瘾，会导致精神病、暴力行为和不正当的性行为，但当时的年轻人经过尝试发现实际并不与宣传完全相符，一度认为是政府在欺骗他们。不过基于当时美国的立法，这样的风气被遏制住了，因为当时吸食大麻甚至会被判处 20 年监禁。但这样的思考方式却一直存在。究其原因，毒品的危害距离我们的生活过于遥远，在日常生活中尤其是青少年，很难对"成瘾"这一概念有切身的体会和认识，没有亲身的经历，只是从宣传中得知，会过高地估计自身的毅力，同时过低地估计毒品成瘾性的特点。很多涉毒明星仅是在涉毒初期就被发现，情况并没有恶化，但不代表吸毒对身体毫无影响。长期吸食毒品的人都毫无例外地精神萎靡不振，但这是媒体很少报道的，从而使得大众对毒品的危害产生误解。

用语言去解释感受总会有难以描述的时候，就如同对毒瘾的描述。但我们对于其他的处罚确实可以明确量化，例如财产刑和监禁时间。这些都可以给大众一个直观和明确的信号，即这样做要承担很重的责任，后果很严重。对于吸毒行为，我们为其设置更高的责任，不是为了惩罚，而是为了保护。这样可以更好地阻止潜在的吸毒人员吸毒，使其明白吸毒行为的危害性远大于驾驶机动车违章。当然，笔者此处不是想表达严刑峻法有利于管理，更不是支持吸毒行为入刑，而是基于当前一部分人因为对于吸毒的行政处罚而对吸毒行为危害产生误解所提出的。对于加重吸毒行为的责任，一方面我们有法律法规的规定，另一方面我们还可以借鉴少数民族地区对吸毒行为的管理惩罚方法，从法律多元视角下来看待这一问题。

二、法律多元视角下的吸毒预防

法律多元泛指一国之内或不同国家间多种法律制度、法律文化的共存现象。法律多元这一概念始于人类学的研究。[①] 法律多元的来源基础是文化多元，在现代法治社会，国家统一的法治同法律多元并存是一个不可回避的现

---

① 参见朱苏力：《法治及其本土资源》，中国政法大学出版社 2004 年版，第 52 页。

象,在我国更是如此。在讨论法律多元之前,首先应当明确的是,众多的规则包括国家统一颁布的法律之中,没有所谓的高低优劣之分,只有有效和无效的管理,因此我们应当借鉴和学习其他规则中的好方法。人类学家马林诺夫斯基在其著作《原始社会的犯罪与习俗》中认为即使是原始社会,也有自己的一套解决纠纷的规则,也可以视其为法。而且各个社会并无高低贵贱之分,文化如此,法律也如此。我们国家作为一个多民族国家,法律多元现象更是常见。由于各民族的历史、文化、社会状况、自然条件不一样,各民族在其发展过程中形成并保持着与本民族文化相协调的民族法律文化。就是在这样的背景下,国家法与民间法相互冲突磨合,相互学习改造,形成了法律多元的格局。

我们承认了法律多元在我国普遍存在以后,下一步就是如何将各个不同的规范进行相互融合和学习,力图帮助我们解决一系列的社会问题。法律多元学说纷繁复杂,概念也各有所指,但归根结底就是国家统一的法律制度与民间各个地方不同的习惯法之间的关系。这样的分类不需要有多精确,只是让我们对问题有更清晰的认识。国家法在全国范围内推行的同时,也可以吸收一些地方特色制度进入;在一些特殊地区,国家法结合地方特色的管理方式,可能产生远超过国家统一管理的效果。法律与文化息息相关,因此对于法律的影响,同时也是对文化的影响。我们在改变法律的同时,要注意是否与文化相契合,即现存法律体系、社会—法律秩序、法律文化应该如何及在什么程度上被修正、替代或保存,特别是法律体系应该如何及在什么程度上吸收或拒绝本土的和域外的因素。①

在我国,民间习惯法是在长期的生活与劳作过程中逐渐形成的,是用来调整一定区域内的权利义务关系,分配资源和解决利益冲突,其实施受一定的地域范围限制。就其来源而言,习惯法不同于国家法的制定,而是一种知识传统,在一定程度上受制于不同的原则。同样确实的是,作为"小传统"的习惯法从来都不是自主的和自足的,事实上,它是在与包括国家法在内的其他知识传统和社会制度的长期相互作用中逐渐形成的。民间法与国家法之间存在既互相渗透、配合,又彼此抵触、冲突的复杂关系。② 众多人类学家

---

① 参见[日]千叶正士:《法律多元》,强世功等译,中国政法大学出版社1997年版,第179页。
② 参见梁治平:《清代习惯法》,中国政法大学出版社1996年版,第2页。

逐渐注意到这一问题,并深入田野调查来研究中国一些地区的少数民族习惯法,使中国的法律多元理论更为丰富、更为实证化。法律多元问题至少已经成为法律人类学和法律社会学研究的基本内容,而且正在对法人类学研究产生越来越大的影响。① 通过逐步分析一些地区独特的禁毒手段,找出其中的利弊,同时反思能否对我们的禁毒实践提供一些新的思路。

(一) 传统信仰监督

凉山彝族自治州作为我国最大的彝族聚居区,因为历史及社会等种种因素,导致这一地区毒品泛滥,而且还有不断扩散蔓延趋势。国家司法力量不断加大力度的同时,这一地区的彝族人民更是自发地开始了抵抗毒品的斗争。其中被许多学者研究的一种禁毒方法便是利用家支道德文化来实施禁毒宣传。概括来说,家支制度就是以父系血缘关系为纽带,整个家族围绕这一纽带,经过长期生活形成一套内部共同遵守的习惯准则。正是这套制度维持着整个家族乃至彝族的秩序。这一制度有其内部纷繁的规则和约束,如尊敬祖先、不得偷盗、一些祭祀或节日有其自身的礼仪规范等,其内涵与我们的道德要求异曲同工。

利用家支制度开展反毒品教育主要体现在两个方面,一是平日召开家支会议,实施禁毒制度;二是在一些特殊的日子,举行禁毒仪式,以类似宣誓的形式来警示和教育吸毒人员,如"虎日"禁毒仪式。这些手段在一定程度上起到了作用,但也有其自身的局限性。

美国著名的犯罪学家、社会学家萨瑟兰曾提出了"学习理论"。他认为我们所有的行为包括违法犯罪行为都是通过后天的学习掌握的。而我们的学习对象主要是身边对自己影响最大的人或群体。如果这个人或群体是经常吸毒的,那么我们很快就会接纳并开始一起吸毒。由此可见,这个理论主要讨论周围密切的人对于我们行为的影响。当我们周围的人或群体达到一定数量时,他们的行为方式就会构成一种文化。如果这种文化是小众的,与大多数人所接纳的文化不同,那我们就把这样的文化称为亚文化,这样的群体称为亚文化群体。如果说不吸毒的群体是一般大众,那吸毒的群体则可以被称为亚文化群体。因为吸毒是违背社会主流价值风俗、违反主流规则的越轨行为,因此支持实施吸毒行为的人与主流文化和群体相抵触,即为亚文化群

---

① 参见张晓辉:《论哈尼族的习惯法及其文化价值》,载《思想战线》1993年第4期。

体。而亚文化群体之所以发展，主要就是因为新的个体加入，即不断有个体学习到吸毒这一行为，同时在心理上也认可了吸毒这一行为。这仅仅需要一开始认同即可，因为毒品的成瘾性使其在后面也不得不接纳毒品。现实中一些吸毒人员不是一开始就吸毒，而是从吸烟、酗酒等其他成瘾物质开始，逐渐发展至吸毒。整个过程就是一个学习并接纳亚文化的过程。还有很多年轻的吸毒人员，他们一开始并没想吸毒，就是朋友推荐或者一起"玩"，接触到了毒品，最终染上毒瘾。可见，吸毒一方面是个体的学习，另一方面是一个亚文化群体的影响导致的。

家支制度归根结底属于一种道德约束，是用于抵抗亚文化和亚文化群体的有力武器，因为其在当地有着深远的影响和近似于法律般强大的约束力。但是实际上更多的还是依赖于成员的自觉遵守。近年来随着外出打工人员的增多，本土文化对人们的约束也逐渐减弱，这种道德的约束不断被弱化。同时，我们还应当认识到家支制度是源于父系血缘关系，一旦整个血缘关系被吸毒贩毒的思想吞噬，他们所形成的亚文化群体也有其内部的"家支制度"，也是一种稳定而且牢固的精神力量，对于我们禁毒和改造形成强大的阻力。这也是很多贩毒村以家族为单位进行的一个原因。因此从某种意义上说，家支制度是一把双刃剑。学者李戬在对一些凉山彝族家支成员的调查中，"得知我所在的家支成员参与贩毒，我也想去的"占总调查人数的46.2%。① 可见，仅仅从道德层面来约束，会有一定的效果，但并不理想。

（二）增强实际惩罚

在Y省德宏一些地方，也有一套当地管理吸毒人员的方法。在我们看来这种方法更加"简单粗暴"：如果发现谁家吸毒，村委会就会没收他家的土地，将土地归为集体所有，相当于剥夺了吸毒者的生产工具。因此在当地人们都不会吸毒，因为一旦吸毒被发现，就相当于全部生产资料要被没收，在当地就没有办法维持生计。虽然大家不会真的让吸毒者饿死街头，村委会的行为是否合法也有待商榷，但这样做确实有效地遏制了吸毒，而这又是为什么呢？

这次我们用到社会控制理论。这种理论论述了在社会中客观存在各种各样的行为，当然也包含吸毒和犯罪等行为，但是有的人会去吸毒和犯罪，有

---

① 参见李戬：《传统与现代的协同：凉山彝族家支道德文化反毒品教育研究》，人民出版社2018年版，第130页。

的人却不会，产生这种差异的主要原因是有的人会衡量这样行为的后果，比如社会评价降低，会面对周围人的孤立和惩罚，会影响自己在整个社会中的评价和地位。在德宏，一旦吸毒被发现，相当于向整个村子宣战，可以说几乎就丧失了一切社会资源和地位，这对于在村子里的人来说是毁灭性的。因此在这样强大的制约因素下，村子里的人都会选择不吸食毒品。这不代表他们真的认识到毒品有多么大的危害，而是村委会将吸毒这一行为和没收土地联系在了一起，他们可以认识到没收土地的后果，因而会去衡量吸毒这一行为所带来的益处与土地被没收后带来的坏处能否相抵。效果相对于之前家支文化禁毒宣传也有了一定的提升。

两种情况相对比，当吸毒面临更严厉的后果时，禁吸的效果更好，那我们就提高对吸毒的处罚。那么吸毒能否入刑呢？用最严厉的刑法来管理这种行为，其后果非常严重，是否能达到理想的禁吸目的呢？笔者看来，将吸毒与严厉的后果相联系是为了阻止公众接触毒品，并不用达到入刑这样的程度。首先是刑法谦抑性原则。刑法调整众多的社会关系，但刑法绝对不是万能的，同时也不应当将刑法的触手伸得过长。吸毒这一行为直接危害的是个人自身，并不是直接对他人和社会进行伤害，因此我们很难界定毒品所侵害的法益是什么。吸毒可能会引发一系列的犯罪行为，但由吸毒所引发的犯罪行为都有刑法规制，无须对吸毒行为再进行刑法意义上的评价。如为了生计去盗窃，犯罪行为是盗窃行为，而为了生计不是刑法所讨论的行为。从这个角度看，吸毒入刑的依据并不充足。

其次，从法经济学角度考虑，吸毒入刑意味着吸毒人员要接受刑罚处罚，其身份变为了罪犯。2018 年 6 月 25 日，国家禁毒办发布《2017 年中国毒品形势报告》中指出，截至 2017 年底，全国有吸毒人员 255.3 万名（不含戒断三年未发现复吸人数、死亡人数和离境人数），占全国人口总数的 0.18%，同比增长 1.9%，增幅较上一年下降 5 个百分点。这一数量还有上升的趋势。① 吸毒入刑意味着一下将 255.3 万人的行为评价为犯罪，一个后果就是罪犯数量的激增。对于罪犯的管理、改造等一系列的配套设施都需要大量的人力物力，这会在短时间内大大加重我国司法系统的负担，得不偿失。

我们每个人作为社会的组成部分，行为很大程度上会受到周围人和群体

---

① 资料来源：http://baijiahao.baidu.com/s?id=1604330807928492703&wfr=spider&for=pc。

的影响,会从中学习。同时,我们的一些行为会得到社会及周围人的评价,好的行为受到正面的评价,我们就会不断加强这样的行为;而错误的行为受到负面的评价,我们就会弱化这样的行为。我们在不断地和社会及周围人群进行着这样的交互作用。吸毒作为一种行为,如果周围人不断赞赏鼓励,那很快就会"蔚然成风"。但如果我们严厉制裁,将吸毒行为与各种处罚连接在一起,就能表明整个社会对吸毒这一行为的否定态度。外界对一个行为的评价能够影响到我们对这个行为的态度,因此加强对吸毒行为的管理可以降低社会对吸毒行为的评价,进而减弱人们对吸毒行为的意愿。将吸毒行为和日常惩罚行为相联系,还能使得人们尤其是青少年即使不知道毒品的实际危害,也会因为忌惮惩罚,避免吸毒行为。德宏一些地方对于吸毒行为的管理,笔者认为值得我们去探索。毕竟毒品的流动是涉及买卖双方的,同时监管,效果才能达到最优。

第二节　司法行政戒毒工作基本模式的构建与运作[*]

戒毒作为毒品违法犯罪治理中的一环,在社会综合治理工程中发挥着重要的作用。当然,有效戒除吸毒人员毒瘾是一个国际社会面临的难题。司法行政戒毒作为我国戒毒体系中的主阵地,在降低复吸率、挽救吸毒人员和维护社会治安方面取得了斐然的成就。特别是十八大以来,努力践行习近平总书记的重要指示,积极适应职能转变和工作转型要求,建立了较为完备的司法行政戒毒工作制度体系,建成了一支正规化、专业化、职业化的人才队伍,推出了一批戒毒康复新技术、新方法,不断提高戒毒工作科学化、专业化水平。同时,构建了全国统一的司法行政戒毒工作基本模式,开创了新时代司法行政戒毒工作的新局面。

---

[*] 本节撰写者:姜祖桢、张凯。

一、统一司法行政戒毒工作模式的重要意义

（一）有利于实现执法公平

公平是法律的首要价值。司法行政戒毒工作作为执法工作应当遵循公平原则。然而，以往司法行政戒毒工作模式强调地方特色与经验，呈现"百花齐放"的发展状况。例如，贵州"三分四期"戒毒模式、宁夏"3·3·3"工作模式、广西"四四"戒毒管理模式、北京"三期五疗一延伸"模式、福建"三期六疗一延伸"模式、安徽"3451"戒毒模式、河北"365"戒毒模式、陕西"三三三"戒毒管理模式、内蒙古"三期六级"戒毒模式、河南"三五六九"戒毒教育矫治模式、山东"三六三"戒毒模式、广东"三三六"模式、重庆"三期三自"模式、江苏"三四二"模式、浙江"四四五"强制隔离戒毒模式、四川"常青藤生命复原戒毒模式"、海南"精神戒毒法"教育矫治模式等。上述地方戒毒模式既有共性，亦有个性。大部分戒毒模式遵循"三期"的阶段开展，但是否有延伸内容并不统一。差异化的地方戒毒模式可能产生有损执法公平之风险。例如，各地区诊断评估的标准不同，戒毒人员因所处地区的诊断评估标准不同，进而导致诊断结果以及法律处置不同。在某些地区可能达到提前解除的待遇，但在另外一些地区可能未达到提前解除的标准，地区间"人为的"差异性规定无疑违背执法公平之原则。

司法行政戒毒工作模式的统一能够克服以往地方戒毒模式的差异，可以保障戒毒执法工作的公平、公正。近年来，全国司法行政戒毒机关在确保场所安全稳定的基础上，将提升教育戒治质量作为中心任务，积极探索，勇于实践，总结和提炼了一批各具特色的戒毒模式。在此基础上，司法部进一步总结经验，提出了符合戒毒工作规律和中国国情、具有中国特色的司法行政戒毒工作基本模式——"以分期分区为基础、以五大专业中心为支撑、以科学戒治为核心、以衔接帮扶为延伸"的全国统一的司法行政戒毒工作基本模式。这一模式的建立，标志着新时代司法行政戒毒工作已经由转型走向定型，也消解了地方戒毒模式间的差异，保障了执法工作公平进行。

（二）有利于提高戒治效果

戒毒模式的科学性、专业性直接决定着戒治效果的优劣。以往各地区戒毒模式各具特色，优势与局限并存。统一戒毒模式的缺位，地区间经济水平

以及物质投入的差异，导致戒毒工作面临着一些发展不平衡、不充分的问题。问题之一，戒毒工作的发展水平地区间差异显著，浙江、江苏、上海、广东、北京等省市在戒毒工作理念、戒治场所建设、戒毒方法创新、专业人才培养等方面优势明显，而有些地区则略显滞后，亟须跟进。问题之二，戒毒工作自身的科学化、专业化、规范化水平仍有待提升，以进一步提高戒毒效果与戒断质量。

司法行政戒毒工作模式的统一能够解决戒毒工作发展不平衡、不充分的问题。其根据有二，其一，统一的戒毒工作模式是将全国范围内的戒毒管理、医疗、教育、心理矫治、康复训练，以及戒毒工作的机制、戒毒方法体系、戒毒效果评价的整合与统一，是顶层设计层面的统筹与规范，无疑可以促进全国戒毒工作协调发展，以此解决戒毒工作发展不平衡的问题；其二，统一的戒毒工作模式是对以往地区戒毒模式的总结与提升，是将过去戒毒工作中不完整的链条补齐，不科学的部分剔除，不清晰的流程理顺，不严密的地方进行规范，进而通过全链条、体系化、科学性戒毒模式的建立，提高戒治质量的整体水平，提高教育戒治科学化、专业化的程度，以此解决戒毒工作发展不充分的问题。综上所述，统一戒毒工作模式的建立有利于促进戒毒模式的整齐划一，更有利于提高戒治效果。

二、司法行政戒毒工作模式的构架分析

全国统一的司法行政戒毒工作基本模式的建立标志着新时代司法行政戒毒工作已经由转型走向定型。

（一）分期分区是基础

司法行政戒毒工作模式是将戒毒人员从入所到出所的戒毒过程划分为四期，即生理脱毒期、教育适应期、康复巩固期和回归指导期，不同时期的戒治对象、目标与措施明确界定；同时，将戒毒人员生活区调整划分为四区，即生理脱毒区、教育适应区、康复巩固区和回归指导区，不同区域的环境布置、设施设备、张贴悬挂等区别明显。

戒毒人员入所后为生理脱毒期，在生理脱毒区接受戒治。在生理脱毒期以医疗戒护为主，辅以心理诱导，力求让戒毒人员平安、无痛苦地度过生理脱毒期，消除剧烈的生理依赖；同时，引导他们认识吸毒违法，减轻逆反心理，主动配合戒毒脱瘾，解除对毒品的生理依赖，恢复生理健康。戒毒人员

在完成生理脱毒经诊断评估合格后进入教育适应期，在相应的区域接受教育。

在教育适应期，戒毒场所主要开展场所生活适应教育，明确认知戒毒人员的身份和法律地位、权利与义务；组织法律道德教育、禁毒戒毒教育，通过晨会、背诵戒毒三字经、戒毒信条、静坐反思等多种形式，营造良好的戒毒氛围；进行系统的戒毒动机强化、行为矫正、心理矫治工作，帮助控制负性情绪，改变认知结构，减轻人格心理障碍，初步建立戒毒脱瘾的决心和信心；给予必要的康复治疗和体能恢复训练，有效地控制稽延性戒断症状，消除或削弱产生心理依赖的物质基础；借助养成教育和习艺劳动，养成良好的行为习惯，达到身体素质明显好转，心理健康水平得到提升，身心逐步康复的目标。同时，戒毒场所实施严格的一日生活管理与规范化管理；不定期召开思想动态分析会、研判会，准确掌握戒毒人员思想变化，摸排、确定重危人员；完善大队层级的突发事件应急处置机制，制定预案，组织演练；建立防控工作机制，严把"三道"防线。戒毒人员在完成教育适应阶段经评估合格后进入为康复巩固期，在相应区域继续康复。

在康复巩固期，戒毒场所开设康复健身课程，包括身体功能恢复训练、体能训练和常用健身项目辅导，促进戒毒人员身体机能逐步恢复；实施严格的日常行为规范管理、奖惩管理以及适度的民主管理，加大行为矫治力度，纠正戒毒人员散漫、懒惰、偏激的不良行为；强化心理康复训练，消除或减轻戒毒人员对毒品的心理渴求；解决戒毒人员实际生活中遇到的人际关系不良、环境适应能力差、情绪不稳定等问题；组织法传统文化教育，相关法律法规教育，科学、人文和审美教育，举办文学、历史、音乐、书画等专题讲座，帮助戒毒人员提高文化修养，培养健康的兴趣爱好；开展职业技能教育，使每名戒毒人员掌握至少一项劳动技能；加强与戒毒人员家属的联系，通过所区开放日、座谈会、亲情餐等活动，动员家属来所对戒毒人员进行规劝和帮教，充分利用社会资源，积极联系机关、学校、社团组织、企事业单位，开展有针对性的帮教活动。戒毒人员在完成康复巩固期的任务经评估合格后进入回归指导期，在相应区域接受相应的帮助。

在回归指导期，戒毒场所组织戒毒人员进行拒毒心理技能和有毒环境适应训练，增强他们对毒品的心理抵抗力；开展健康的生活方式教育，教会他们减缓社会压力的技能，正确择友交往的技巧，以实现拒绝"毒友"的引诱；开展家庭与社会功能培养、健康的性教育及降低危害教育等，以提高他们回归社会后的生活质量；进行职业技术教育、就业指导与帮扶，特别是与当地公安机关、司法行政机关、人力资源和社会保障部门、家庭成员及亲属建立联系，逐步构建戒毒人员社会帮教体系和志愿者服务体系，建立志愿者队伍；出所前进行出所尿检和鉴定总结，签署解教通知书，并订立跟踪帮教协议。

（二）专业中心是支撑

戒毒是一项具有复杂性、疑难性、系统性的工作。戒毒场所承担戒毒医疗、教育矫正、心理矫治、康复训练、诊断评估等多项戒治工作，需要专业中心支撑。根据戒毒场所承载的戒治工作，其专业中心应当包括戒毒医疗中心、教育矫正中心、心理矫治中心、康复训练中心、诊断评估中心。从功能主义角度讲，强制戒毒是系统性、综合性的工作，其质量高低、效果好坏取决于其构成要素功能的发挥及要素之间的协作，即各专业中心实现职能最大化，并保持专业中心之间的互动协作。强制戒毒场所专业中心的职能区分是其功能发挥的前提。各专业中心的主要职能如下所述：

1. 医学治疗是戒毒工作的基础

戒毒医疗中心的主要职能是组织戒毒人员进行身体健康程度测查，疾病检测，性病、艾滋病筛查，毒瘾依赖程度检测与评估，健康状况档案建立等；开展生理脱毒，具体包括医疗方案的制定、临床脱毒与监护、生理戒断症状的解除、显性生理疾病的治疗等；开展生理康复，对症支持疗法，必要的营养补充，体质、体能训练等；进行疾病治疗、日常疾病的治疗、伴发症的处置、传染病（艾滋）处置等；进行稽延戒断症状的后续治疗，包括医疗、食疗、仪疗、音疗、针灸治疗和气功治疗等抗复吸治疗。

2. 教育矫正是戒毒工作的前提

教育矫正中心的主要职能是组织开展各类教育活动，帮助戒毒人员树立并强化戒毒动机，改变对毒品、吸毒、戒毒以及自身、社会的错误认知，掌握必要的法律、道德、文化、职业技术知识，以利于保持操守，回归社会。教育矫正中心组织的内容重点是思想道德教育（三观教育、历史教育、道德伦理教育）、法治教育（禁毒、治安处罚、刑罚等）、适应性教育、戒毒专题教育（毒品危害、戒毒流程、戒毒方法）、文化教育、劳动安全教育、职业技能教育等。同时，戒毒场所定期组织戒毒人员教育效果的考核与评价工作，以了解戒毒人员的学习情况，反思教育工作的利弊。

3. 心理矫治是戒毒工作的关键

戒毒人员吸食、注射毒品会产生的生理依赖与心理依赖需要相应的生理治疗与心理治疗。心理依赖是指戒毒人员为寻求愉快满足或者欣然的感觉而反复吸食注射毒品，表现出对毒品渴求的一种状态。心理矫治的目标是帮助戒毒人员摆脱心理依赖，主要是引导戒毒人员纠正错误认识，树立自信心、责任心和意志力，强化其戒毒动机；帮助戒毒人员分析吸毒原因，提高自控能力，减少不良习惯、不良行为、不良心理反应；帮助其依靠自身力量和精神摆脱对毒品的依赖，达到戒毒目的。心理依赖是戒毒人员最难戒除、最复杂的症状，需要专业的医务人员与心理矫治工作者。心理矫治中心的主要职能是测评戒毒人员的心理健康状况、毒品成瘾程度，建设戒毒人员心理健康档案，做好脱毒期戒毒人员的心理护理，组织戒毒人员及人民警察心理健康教育，开展戒毒人员的心理疏导与咨询、心理矫治与康复、心理危机干预与治疗等。

4. 康复训练是戒毒工作的保障

由于长期吸食、注射毒品，戒毒人员普遍身体情况较差，患病率较高，特别是慢性病、传染病。2017 年以来，全国戒毒人员诊疗共约 290 万人次。戒毒人员有必要在戒毒治疗的同时进行康复训练，以恢复并增强体质。身体康复训练包括体育训练、生活技能训练、文体活动和习艺劳动等。康复训练中心的主要职能是组织戒毒人员进行生理康复训练，每天训练不少于 2 小时，实施推广"康复操""太极拳""五禽戏"等体能训练科目，并坚持工间操制度；开展心理康复训练，主要有拒毒训练、团体心理训练、VR 虚拟现实厌恶训练、动机强化训练、记忆激起—消退干预训练等；进行社会技能康复训练，即通过家庭治疗、同伴关系训练、健康生活方式教育等，使其学会选择交往对象，正确处理人际关系，培养健康的生活方式。

5. 诊断评估是戒毒工作的手段

诊断评估既是掌握戒毒人员生理、心理、认知等方面状况的工具，也是评价戒毒措施有效性的路径。更重要的是，诊断评估结果关乎戒毒人员的戒治期限以及相应权利的维护。因此，评估工作应当坚持客观性、科学性、系统性原则。诊断评估中心的主要职能是诊断评估戒毒人员体质体能、疾病及治疗情况；诊断评估毒品成瘾程度及消除情况，即稽延性戒断症状是否消失、吸毒行为认识是否深刻、拒毒意识的强弱；诊断评估戒毒人员的行为，主要包括戒毒人员是否自觉服从教育和管理，日常行为养成如何，是否具备较强的自我约束能力，能否积极参加习艺劳动、完成或超额完成习艺任务；诊断评估戒毒人员的认知情况、人际关系、行为方式等心理健康程度；诊断评估戒毒人员接受教育的情况，是否认真参加学习，是否遵守课堂纪律，教育考核是否达标；诊断评估戒毒人员的康复情况，即康复训练项目、测试是否达标。

（三）科学戒治是核心

戒毒是世界性的难题。目前，全球范围内还没有一种药物，或是单一的方法能够彻底地戒断和消除毒瘾。毒品具有成瘾性，可以使吸毒者产生生理以及心理的依赖，从而产生强烈的获取毒品的意愿。相对于生理依赖，我们认为心理依赖更加具有顽固性和持久性，解决起来相对来说更为困难。戒毒工作是一个专业性很强的工作，涉及医疗、教育、心理矫治、身体康复等各个领域，也涉及教育学、社会学、医学、心理学、管理学等各个学科。因此，提高戒治的科学化、专业化水平，既是戒毒工作的一个基本要求，也是实现戒毒工作持续健康发展的一个根本方法。

实现科学戒治的路径重点在以下方面：首先，戒治的科学化、专业化要围绕影响复吸的关键因素，构建一个科学化的课程体系，从帮助戒毒人员强化戒毒动机、纠正认知偏差、管理负性情绪、掌握防复吸的技能，构建社会支持系统等方面，不断丰富教育的内容；其次，戒毒医疗的科学化、专业化应当开展科学规范的生理脱毒治疗和疾病治疗，应用科学规范的诊疗技术和治疗措施，由专业的医务人员进行对症治疗，构建完善的全面的诊疗体系，把医疗工作覆盖到戒毒人员从入所到出所的各个环节；再次，康复训练的科学化、专业化应当对戒毒人员进行体能测试和科学的评定，科学制定训练的规划，设计训练的项目，为戒毒人员开具运动处方，组织开展有针对性的身体康复训练，并以恢复正常的心理功能、塑造积极人格特征为重点，来加强心理康复训练，开展脱瘾训练和拒毒训练，帮助戒毒人员戒除心瘾；最后，戒毒方式方法的科学化、专业化应当研究戒毒康复的新技术、新方法，为科学戒毒、精准戒毒提供有力的科技支撑。

（四）衔接帮扶是延伸

戒毒工作的最终目标是提高戒毒人员的操守保持率，降低复吸率。戒毒人员在一个无毒的、封闭的戒治环境下，并接受全链条、系统化与专业化的综合戒治，能够全面提升戒毒人员的认知能力、拒毒能力、心理健康水平、社会适应力，其身心也得到全面康复，有利于其摆脱对毒品的依赖。但是，戒毒人员回归社会后，得不到认同，家庭不和睦，生活无着落，环境不净化,管控不到位,是导致其复吸率居高不下的主要因素。因此,戒毒人员出所后的衔接帮扶必要且重要。以衔接帮扶为延伸,着力打通戒毒人员融入社会"最后一公里",是全国统一的司法行政戒毒工作基本模式的目标。戒毒场所有效地加大衔接帮扶力度,推进戒毒康复指导的社会化延伸,有利于戒毒人员重新融入社会,帮助其自谋生路,自食其力,从而巩固戒毒成果。

衔接帮扶的主要措施如下:第一,戒毒场所应当建立与禁毒部门、社区戒毒社区康复等部门、社会组织之间的信息对接平台,签订帮教协议,做到互通信息,沟通顺畅,实现出所人员后续照管的有效衔接。第二,开展出所后调查评估,回访跟踪出所人员的就业状况、家庭情况、生活情况、保持戒毒操守等情况。第三,指导社区戒毒、社区康复,通过建立戒毒康复指导站等形式,对社区戒毒、社区康复进行专业指导、就业帮扶、困难帮助和戒毒指导;办好戒毒康复场所,鼓励戒毒人员到戒毒康复场所接受戒治,调动戒毒康复人员自觉主动戒毒的主体意识。

三、司法行政戒毒工作模式的运行保障

(一) 转变理念,充分认识司法行政戒毒工作模式的重要意义

戒毒场所应当坚持政治意识,提高政治站位,强调习总书记对禁毒工作作出的重要指示精神是我们今后做好禁毒戒毒工作的指明灯;充分认识建立全国统一戒毒模式的重要意义,切实把思想和行动统一到中央和上级的决策部署上来,增强使命感、责任感、紧迫感,强调抓好全国统一戒毒模式的落实,通过真抓实干,确保戒毒工作模式落地生根、开花结果。

具体而言,各地应当组织全体戒毒人民警察认真学习司法部印发的《关于建立全国统一的司法行政戒毒工作基本模式的意见》,开展"贯彻落实全国统一戒毒模式大学习大讨论"活动,集思广益,贡献智慧;同时,坚持因地制宜原则,遵循"学习动员、组织实施、总结验收"的推进思路,认真制定、贯彻落实建立统一司法行政戒毒工作模式的具体方案,按照司法部要求,"固强项、补短板、抓规范、求实效、高标准"地完成基本模式建立的任务。在推进统一戒毒模式的建设过程中,戒毒场所应当处理好以下几个方面的关系:一是正确认识和处理好政治工作与业务工作的关系,坚持政治学习和业务工作齐抓并进,确保戒毒工作始终保持正确政治方向。二是正

确认识和处理好"塑形"和"立魂"的关系，坚持软硬并举，既对标基本模式各项要求，加快四区五中心硬件建设，为戒毒工作模式"塑形"；又通过建设骨干戒治人才队伍开展专业化研究，丰富戒毒文化内涵，打造特色亮点等，为戒毒工作模式"立魂"。三是正确认识和处理好五大中心与科室大队的关系。要深刻认识和厘清五大中心一线实体单位的职能定位、科室订计划抓监督开展考核的职责分工、大队负责戒毒人员日常组织管理的任务要求，整合优化职能配置、机构设置和警力配备，做到五大中心功能明、形态清、机制活，实现五大中心见人、见物、见效果，使五大中心真正做到独立实体、专职人员、规范运作。四是正确认识和处理好基本模式和规范化建设的关系。把推动建立统一戒毒模式作为规范化建设的重头戏，通过建设统一戒毒模式，解决目前工作中的不科学不规范问题。五是正确认识和处理好传统工作模式和现代信息技术的关系。加快推进信息化在戒毒各个环节的应用，用大数据思维服务戒治工作实践。六是正确认识和处理好所内流转与衔接帮扶的关系。加强各类戒毒措施的关联性，完善戒毒工作的全链条，确保所内所外衔接顺畅、一体化运作。通过正确认识和处理好六个关系，戒毒场所着力破解重点难点问题。

（二）强化保障，积极推进司法行政戒毒工作模式的贯彻落实

一方面，建立组织领导机制和督导推进机制，是建设司法行政戒毒工作模式的保障。戒毒场所应当成立工作领导小组，确保统一工作模式建设工作有部署、有要求、有督查、有落实。同时，戒毒场所进一步深化党的领导，将党建工作贯彻于统一工作模式的建设过程中，加强政治建设，以领导班子建设为基础，夯实党建工作的责任制，以党建带队建，推进统一工作模式的全面推进。另一方面，切实加大经费投入，重点解决医疗、康复设备等基础设施薄弱问题，集中力量建设专业中心，打造智慧场所。具体而言，戒毒场所应当设置戒毒医疗中心，配齐医务人员、医疗功能用房、医疗设施设备；设置教育矫正中心，配备教学、图书阅览、文化活动等设施及电化教学设备，建立一体化教育管理网络，建立专兼职教师队伍；完善心理矫治中心设置，完善功能治疗室建设，配齐配强专业心理矫治力量和专业设施设备；设置康复训练中心，设置室内运动康复训练场地和满足需要的操场（运动场）、球场等，配备训练器械和测试仪器，建立专兼职康复训练指导队伍；设置诊断评估中心，建立诊断评估会商制度；运行微博、微信、App 手机客户端等新载体，打造"互联网+"宣传教育平台，加快戒毒工作信息化平

台、业务软件、数据库等的建设与开发。

(三) 创新技术，不断提高司法行政戒毒工作模式的实际效果

戒毒人员的特殊身份决定了戒毒工作必须坚持科学性与专业性。戒毒人员明显不同于劳教人员，具有病人、受害者、违法者三重身份。戒除毒瘾需要医学、心理学、教育学等多学科的知识与技术。各地司法行政戒毒场所结合本地工作实际，以教育戒治优势项目为指导，积极探索应用戒毒新技术新方法，心理学、教育学、医学、运动学的科学理念和正念、内观、VR、经颅磁等先进技术被广泛应用，在帮助戒毒人员恢复身心健康、增强戒毒信心、掌握拒毒方法等方面发挥了积极作用，戒毒人员教育戒治质量不断提高。例如，对于戒毒人员来讲，脑功能康复治疗已成为合成毒品成瘾治疗的关键。在建设统一工作模式的过程中，戒毒场所要打破思维定势，更新工作理念和方式方法，坚持走科学化、专业化的道路，实现教育戒治质量整体提升。大力加强戒毒康复和教育矫治优势项目的研发和实施，加强戒毒新技术、新方法的研发、运用和推广，努力形成综合配套的戒毒技术标准和规范体系，实现科学精准戒毒。

专业人才是戒毒技术创新的关键。戒毒场所应当注重人才培养，加强医学、教育、心理等多方面的戒治专业人才建设；鼓励戒毒人民警察加强基础理论研究，争取形成研究成果，激励他们勇挑重担、发奋作为，为新时代司法行政戒毒工作贡献智慧；积极推进专业戒治人才认证管理，建立戒治专家资源库。同时，戒毒场所要加强所外合作，积极与大专院校、科研院所、行业协会合作，加强项目研发和实施。

综上所述，司法行政戒毒工作模式的统一克服了以往地区间戒毒模式的差异，保障了戒毒执法工作的公平、公正。统一的司法行政戒毒工作模式是以分期分区为基础、以五大专业中心为支撑、以科学戒治为核心、以衔接帮扶为延伸，是对过去戒毒工作经验的总结与反思，具有体系化、科学性之特征，其运作实施有利于戒毒效果的全面提升。然则，打破现有戒毒模式、体系、制度与方式，建立统一的戒毒工作模式并非易事，需要理念的更新、组织与物资的保障、技术的创新。但是，建立统一的司法戒毒工作模式是"时间表"，各地区司法行行政机关应当以时不我待之精神，在守旧与待成中寻找良方善策，加速新型戒毒模式的"落地、生根、开花、结果"，发挥其预期的法律价值。

（四）因地制宜，积极稳妥推进司法行政戒毒工作模式的建设

根据司法部的指示精神，要求全国各地在 2020 年前完成统一司法行政戒毒模式的建设与完善。各地要根据本地的实际情况，征得地方政府的支持，加大财政投入，分期分批完成建设目标与任务。第一个阶段，在 2019 年中期，首先在软硬件较好的戒毒所完成统一模式的建立；第二阶段，在 2020 年中期，大部分戒毒所完成统一模式的建立；第三阶段，在 2020 年底，完成统一模式的建设收尾工作。统一模式的建立可采取首先建立制度、规范和操作标准，同时设立四大功能区；其次，改进、完善五大中心的设置与规划，购进必要的设施设备，在硬件上达标；最后，强化人才配置、引进、培训等软件方面的建设，力争在规定的期限内使统一模式有效地运转起来。

第三节　强制隔离戒毒人员社会关系的重构[*]

一、问题的提出

2017 年，中国毒品滥用人数仍在增多，但同比增幅下降，吸毒人数占全国人口总数的 0.18%，吸毒人员滋生持续减缓。截至 2017 年底，全国有吸毒人员 255.3 万名（不含戒断 3 年未发现复吸人数、死亡人数和离境人数），同比增长 1.9%，增幅较上年下降 5 个百分点。其中，不满 18 岁的吸毒人员 1.5 万名，占 0.6%；18 岁至 35 岁的吸毒人员 141.9 万名，占 55.6%；36 岁至 59 岁的吸毒人员 109.9 万名，占 43%；60 岁以上的吸毒人员 2 万名，占 0.8%。2017 年，全国查获 35 岁以下青少年吸毒人数同比下降 19%，其中新发现人数同比下降 29.3%，占新发现人员总数的比例同比下降 2.2%，青少年毒品预防教育成效继续得到巩固。

为持续有效治理毒品问题，国家要求深入开展专项行动、全环节管控吸毒人员。强制隔离戒毒作为管控吸毒人员最严厉的措施，肩负着生理脱毒、

---

[*] 本节撰写者：王付、莫关耀。

心理脱瘾、康复矫治和回归适应的使命。毒品问题作为一个社会问题，其产生、发展和治理都与社会结构有着紧密的联系，吸毒同样也是社会结构影响下产生的特殊社会行为，行为主体都有着其独特的社会关系。社会关系和社会结构是解析和治理毒品的重要依据，强制隔离戒毒必须关注和研究吸毒人员的社会关系，通过重构其社会关系解决吸毒人员的脱瘾和回归问题。

二、研究的理论工具

强关系和弱关系理论是美国社会学家格兰诺维特提出的。格兰诺维特认为个人的人际关系网络可以划分为强关系网络和弱关系网络两种。强关系是指个人人际关系网络中同质性较强，人际间关系紧密，强情感关系维系的人际关系；弱关系则是个人人际关系网络中异质性较强，人际间关系松散，情感维系弱的人际关系。格兰诺维特的研究发现，关系的强弱决定着人际间行为互动的目的性、可能性和能动性。格兰诺维特的"弱关系的力量"假设认为，弱关系社会网络中的个人认识的人更多，社会结构松散但宽广，更容易获得信息和资源，而强关系社会网络中个人间情感联系虽然密切，但对于个人行为有着颇多限制。从吸毒人员的角度来说就是，弱关系社会网络中吸毒人员更容易获取到毒源，而且没有强关系社会网络那种狭窄结构的限制和约束。

根据格兰诺维特的社会支持网络理论，针对格兰诺维特对美国是一个弱关系社会的界定，以边燕杰教授为代表的"中国关系学派"提出了强关系假设，认为中国是一个强关系社会。结合费孝通先生关于中国乡土社会"差序格局"的论述来看，边燕杰教授等中国关系学派的强关系假设很符合中国社会的社会事实。在强制隔离戒毒的过程中，强关系也确实更能够引导吸毒人员的心理重建，唤醒吸毒人员的情感依恋，摆脱其对毒品的不正常依赖关系。但边燕杰教授的假设并不能被称为理论，强关系假设只是其在格兰诺维特理论基础上的一次中国化研究、一次强关系理论的中国经验检验，得出的中国社会结构下的检验假设。

三、强制隔离戒毒人员社会关系的抽离和回归

吸毒人员从开始吸食毒品到依法接受强制隔离戒毒的过程可以看作一个特殊的生活事件，吸毒和强制隔离戒毒刺激并引发了吸毒人员生活的改变。

当被动接受强制隔离戒毒这一生活事件发生时,戒毒人员生活的社会结构已经发生了变化,戒毒人员和相关的社会主体面对各种因素的考量,主动或被动地产生了社会关系疏离,加之强制隔离戒毒的封闭性,从社会结构上就会造成戒毒人员社会关系的连接的阻隔。因此,笔者试图通过强制隔离戒毒事件中戒毒人员生活社会结构的微观变动,来研究强制隔离戒毒人员的社会关系。

(一) 强制隔离戒毒人员社会关系的抽离

社会关系的强制抽离,是笔者在 Y 省两个强制隔离戒毒所实地调研时发现的一个普遍存在的现象,被依法确定强制隔离戒毒后,吸毒人员在强制隔离戒毒所外的社会交往结构会瞬间改变,强制隔离戒毒所的高墙大院仿佛福柯描述的那条令人无助的"愚人船"。除了直系亲属外,所有的以前的社会关系都被阻断,但随着时间的前进,戒毒人员会在强制隔离戒毒所内和工作人员、其他戒毒人员建立起新的社会关系,新的社会关系会帮助他们迅速适应新的社会角色,开始再社会化。

1. 毒友关系全面中断

吸毒人员染毒的原因多种多样,但朋友圈的影响无疑是占比最大的一种原因。在吸毒人员的深度访谈中,笔者发现有超过 70% 的人第一次吸食毒品都是因为身边的朋友。这样的朋友圈中有着独特的毒品亚文化,圈内的好友间会相互交流关于毒品的认知,吸食新型毒品的毒友会鄙视吸食传统毒品的毒友,但大家都一致认为新型毒品的危害要小于传统毒品,新型毒品只有心瘾没有生理依赖。这个圈子对外具有极强的隐蔽性,吸毒人员被抓以后会短期中断和这个圈子的联系,直到短期管制结束、复吸时才会又通过这个圈子重新建立起和毒源的联系。

当其中有毒友被动接受强制隔离戒毒时,除了司法行政机关和公安机关对吸毒人员的强制隔离外,毒友圈里的其他成员为了规避风险也会主动中断联系。强制隔离戒毒快速有效地切断了吸毒人员的毒品供应,也中断了吸毒人员的毒品社会关系,中断了吸毒人员和毒品亚文化的接触。结合后期的教育矫治,吸毒人员关于毒品的认知会摆脱毒品亚文化消极的叙事,不断重构人生观、价值观体系,对毒品形成正确的认识。

2. 非直系亲属关系的阶段性暂停

强制隔离戒毒实施以后,戒毒人员的非直系亲属会从社会结构性阻隔和主体个人心理考量两个方面阶段性的暂停。一方面,《戒毒条例》和相关的司法程序规定，强制隔离戒毒期内（一般是 3 年，可根据戒毒期内表现适当缩减），除了戒毒人员直系亲属，其他人不得探视，这从社会结构上直接阻隔了戒毒人员与非直系亲属的交流。另一方面，由于社会关系主体对于毒品的不同认知，出于个体心理各种因素考量，戒毒人员社会关系中交往主体存在主动暂停联系的行为。毒品问题危害巨大，吸毒人员作为被害者也会被贴上社会标签，这也是造成戒毒人员康复回归困境的主要原因。

3. 家庭关系的变化

同一屋檐下共同生活的家人是吸毒人员最亲密的社会关系主体，是距离吸毒最近的社会关系主体，强制隔离戒毒事件的发生对这一社会主体关系的冲击最为直接。亲人之间剧烈的情感冲突是强制隔离戒毒事件对吸毒人员家庭关系最直接、最猛烈的破坏；但同时亲人的依恋和支持又是最无私、最有力。家人可能对吸毒人员的行为感到愤怒，感到羞愧，但并不会因为这些短暂的负面情绪而放弃吸毒人员。短期的情感冲突之后，家人之间会重新建立亲密的互动联系，鼓励、引导、支持吸毒人员戒毒，迅速重建生命体系。家庭关系是戒毒人员最重要的情感来源和支持。

4. 强制隔离戒毒所内新关系的建立

强制隔离戒毒所是一个相对比较简单的社会结构和社会环境，社会关系也相对比较单纯一些。强制隔离戒毒所内主要的人员构成只有两方：工作人员和戒毒人员，偶尔会有科研机构或监察机构介入。主要的社会关系就是工作人员和戒毒人员的戒毒互动，同所戒毒人员交往，新老戒毒人员之间因为劳动、学习等因素建立的新的朋友关系、师徒关系等。其中对戒毒人员心理和戒毒行为变化影响最大的因素当属师徒关系，师徒关系往往是在劳动中建立的，是由表现比较优秀的老戒毒人员带领新来的戒毒人员进行劳动学习的一种关系。师傅往往先完成戒毒任务，提前离开强制隔离戒毒所，师傅离开强制隔离戒毒所后的行为对徒弟接下来的戒毒活动具有非常大的影响。因为离所后的戒毒人员是被允许回来探视的，当然也有复吸被再次强制隔离戒毒的。他们的这些"事迹"会对在所的戒毒人员产生巨大的影响，在所的戒毒人员会羡慕和向往那些戒毒成功后顺利回归社会的人，也会被师傅的复吸回所打击到放弃所有的希望，摧毁好不容易重构的心理建设。所以，如果说家庭成员的关爱是戒毒人员最有力的情感动力支持，那么同所前辈的社会回归成败就是对戒毒人员影响最大的参照体系。

（二）强制隔离戒毒人员社会关系的回归

1. 不恰当关系的切割

强制隔离戒毒只是一个短期的法律程序上结构化的过程，戒毒人员完成戒毒之后，终归要告别比较简单化的社会结构回归到正常的社会结构，回归以前的社会关系。经历了一个阶段的强制隔离戒毒之后，吸毒人员的社会关系中，一部分由于社会结构的阻隔和时间的迁移已经完全疏离，也有一部分因为情感间依恋变得更加紧密。当然，变得紧密的关系中家庭关系和强制隔离戒毒期间新建立的关系较为多一些，这是戒毒人员社会回归重要的动力来源和情感支持。但这毕竟只是少部分，戒毒人员必须依托这部分关系作为情感纽带将原本中断的其他关系拉回来，重新建立新的社会关系。

但旧的社会关系的恢复重建，并不是过往社会关系的全部修复，而是以教育矫治以后积极的人生观、价值观作为指导，舍弃消极的社会关系，建立积极的社会关系。这就意味着，戒毒人员回归社会以后，要切割一些不恰当的社会关系，包括吸食毒品建立的毒友圈子、非法买卖毒品的毒品供给关系、涉及消极的毒品亚文化的娱乐关系等。切割这些不恰当社会关系是保障戒毒人员不出现复吸等情况的重要关系建设措施。

2. 亲友关系的恢复

以直系亲属的情感为纽带，关系较为亲密的亲属关系很容易得到恢复。在强制隔离戒毒发生后，非直系亲属关系的暂停存在利己性，同时也是社会关系交往对涉毒家庭尊严的一种反向。非直系亲属在交往中遵循原则和人情世故，血缘的相近使得这些社会关系很容易得到恢复。而朋友关系则因为没有亲缘关系的参数，遇到的情况比较复杂。从莎伦·布雷姆的相互依赖理论来看，在与朋友的交往中，主体间存在比较行为和价值预期。朋友关系的恢复更依赖于戒毒人员社会回归以后的效果，如果回归顺利，能够带来价值预期，则关系容易恢复且比较稳定，反之，则不太稳定。这是一组夹杂着情感和利益的复杂社会关系。

3. 新社会关系的建立和生命建设

戒毒人员社会回归后，必然要开始新的生活、学习和工作等社会活动，这个过程就会建立新的社会关系。这种新的社会关系的建设往往与戒毒人员的生命建设和未来规划息息相关。戒毒成功后，戒毒人员如果有良好的个人心态，积极的人生态度和美好的生活预期，生命建设积极向上，未来规划合理可行，那么其在建立新的社会关系时就会有些积极的社会交往意愿。再加上相关职能部门的社会引导和帮扶,戒毒人员可以在社会回归后迅速建立新的社会关系。随着新的社会关系的建立,戒毒人员对社会结构的接受度会提升,在社会关系中的交往变得愈加平和,新的社会关系稳定并改变戒毒人员生活的微观社会结构,使之形成稳定的正态生命轨迹。

4. 强制隔离戒毒期内关系的筛选和保持

相似的生命历程和阶段性的共处会产生社会关系交往中的人际吸引力,但彼此知根知底的熟悉又会造成交往的隔阂。强化理论认为,来自他人的相似可以成为一种自我的社会支持,具有相当高的自我强化力量,所以同质性比较高的两个人很容易产生交往的动力。一致律也强调,心理背景相近的人群更可能结成非正式组织。但是社会心理学和博弈论的理论又认为,相互比较熟悉的两个人纵使知道合作有利也会很难达成合作,因为双方存在被彼此出卖的风险。所以,加上地域因素等限制,强制隔离戒毒人员出所后能够保持持续社会关系的比例相对较低,能够保持的社会关系中还存在一定毒友风险和毒品亚文化负面影响。强制隔离戒毒期内建立的社会关系极难保持,保持的社会关系还要经过慎重的选择,筛选并保持一段强制隔离戒毒期内建立的社会关系对戒毒人员后期社会回归和复吸预防具有十分重要的意义,彼此共同的过去会督促着各自差异的未来。

四、强关系与弱关系:强制隔离戒毒人员社会关系重构的结构分析

通过对强制隔离戒毒人员社会关系时空上的梳理,笔者发现强制隔离戒毒人员社会关系的抽离、回归和重建这样一段复杂的叙事中,强制隔离戒毒人员社会关系重构存在以下几个方面的结构性特征:

(一) 强关系影响大于弱关系

从强制隔离戒毒人员社会关系抽离来看,强制隔离戒毒期内家庭关系和新建立的师徒关系等强关系对于戒毒人员的影响远远大于非直系亲属关系等其他弱关系。这有结构性的原因,强制隔离戒毒后许多社会关系行为社会结构被阻隔,同时,这些弱关系主体利己性和照顾对方尊严的选择也确实疏远了彼此之间的社会关系。在戒毒过程中,强关系无论是在戒毒人员情感上的依恋和支持还是复吸等挫伤上的影响都要强于弱关系,弱关系相对而言具有更多的理性选择的性质。边燕杰教授关于中国社会的强关系假设从这个角度

来看无疑是正确的。

从强制隔离戒毒人员社会关系的回归来看，强关系和弱关系在强制隔离戒毒人员社会关系恢复中的功能也是有差异的。强制隔离戒毒人员不管是在强制隔离戒毒的哪一个阶段都特别依恋家庭关系的情感。而家庭关系给予的支持和引导也更有利于他们的生命建设。同时，前期弱关系的退出使得他们在社会回归过程中更加依赖强关系。所以其在恢复弱关系的过程中，往往不是出于心理需求的情感满足，只是为了回归社会的需要，为了美好生活的未来预期和目标。尽管，社会关系恢复的过程中强关系和弱关系的影响力存在很大的差异，但两类关系各有其特有的目标功能，既不能被替代，也不能缺少。

（二）弱关系结构被重构

通过前面的分析，不难发现，强制隔离戒毒人员弱关系前后结构被大量重构。由于弱关系利益和情感的交互性，且情感性低于理性选择的特征，强制隔离戒毒人员的弱关系呈现的核心是利益化选择。相比较而言，强关系更加关注情感性，弱关系更关注价值性，更具有工具意义。所以，在弱关系重构的过程中，前期因为价值选择疏离的双方，会在价值关怀下进行新一轮的选择，那些不具备工具意义或者工具意义有害的弱关系会被强行切割或者默认放弃。而强制隔离戒毒人员社会回归后，会根据当下的价值需要建立新的弱关系，价值丧失的关系选择会被迅速搁置，资源供给的能力会冷漠地剥夺理性选择仅有的情感维系。

（三）强关系为媒，弱关系为介，引导强制隔离戒毒人员社会关系的回归

通过前面对于强制隔离戒毒人员社会关系重构的结构特征分析，笔者发现，强制隔离戒毒人员强关系和弱关系在功能上出现了极大的分化。强制隔离戒毒人员的强关系交往情感高度依恋，弱关系明显价值取向。原本情感和利益夹杂的社会关系结构趋向于简单化，目标功能明确，两者界限清晰，机制独立，更加纯粹直接。

正因为这种功能上的分化，目标选择的纯粹，两者独特性极高，在强制隔离戒毒人员的社会回归中缺一不可，具有极强的不可替代性。情感导向的强关系是引导强制隔离戒毒人员社会回归重要情感归宿，是强制隔离戒毒人员社会关系回归的首发站和心理依托，保障了戒毒人员社会回归的可能性，

是戒毒人员恢复和重构其他弱关系的基础和前提。

弱关系的建立则是戒毒人员回归家庭后走向社会的第二步，只有在家庭关系的情感支持下，重新恢复和建立起赖以生存的工具性关系，才能从社会结构中获得社会回归和生命建设的资源，使戒毒人员真正回归社会结构，成为其中稳定的参与者，并形成其正态的人生轨迹。强关系为媒，弱关系为介，强关系是情感纽带，弱关系是价值纽带，只有媒介连接，情感和价值相互协同，才能实现强制隔离戒毒人员的社会价值，使之为社会结构运行所需要，扮演一个积极向上、有利于社会进步的社会角色。

综上所述，我们可以得出结论：强制隔离戒毒前后，强制隔离戒毒人员的社会关系被普遍重构，强关系和弱关系分化。同时，笔者发现了社会关系利益化选择过程中，情感和价值的界限明确，当强制隔离戒毒发生后，原有的社会关系网络萎缩，情感支持剥夺，理性选择加剧。因此，在强制隔离戒毒人员回归社会的过程中，弱关系的恢复更加需要价值支持也更倾向于价值选择，在工作环境中利益关系取代了原来的情感交互。

在这一结论的基础上，笔者引发了一个讨论。以强关系和弱关系研究强制隔离戒毒人员社会关系重构是对于格兰诺维特理论的一次运用和研究，但在这一理论的运用和研究过程中，却与边燕杰教授的中国社会强关系假设存在着差异，从强关系的情感支持来说，边燕杰教授的强关系假设是成立的，但随着强制隔离戒毒过程的发生，弱关系也是强制隔离戒毒人员社会关系的重要组成部分。而且在今天，随着社会经济的不断发展，弱关系的价值选择越来越多发生，冲击着传统的强关系情感和弱关系原有的情感和价值的交互性。所以，格兰诺维特对美国社会的弱关系社会界定也好，还是边燕杰教授中国社会的强关系假设也罢，都不能把强关系和弱关系简单对立。

虽然使用强关系和弱关系来讨论强制隔离戒毒人员社会关系的重构问题，可能与格兰诺维特和边燕杰等前辈学者研究的经验假设不符合，理论上生搬硬套，理解不够，实际调查中结合不到位，反思不够。但强关系和弱关系对强制隔离戒毒人员社会关系的分析有利于司法行政机关实际实务中的工作提升，具有不可替代的借鉴意义。不同关系的划分，可以使得不同社会关系对吸毒人员产生和戒毒人员恢复的影响更加细化明确，更能够针对实践环节宣传、预防和戒除工作采取具体的措施。

第四节　未成年人涉毒社会预防模式的创新发展*

创新发展未成年人涉毒的社会预防模式,[①] 顺应当下中国社会变迁与未成年人涉毒新形势,[②] 是进一步牢固构筑预防防线的一项重要基础性紧迫工作,也是立足中国社会实际、完善和丰富预防体系与措施的开创性实践探索。笔者试图以湖南具有特色的"妈妈禁毒联盟"为"样本",进行实证分析,总结经验、反思现实,以期进一步推进这一项工作创新发展,收到更大实际成效。这在一定意义上,也为我国犯罪治理体系与治理能力现代化整体性推进,提供一线本土化实践创造的希望曙光。

一、妈妈禁毒联盟概况

妈妈禁毒联盟是以"关爱生命、呵护家庭"为目标,动员群众特别是广大妇女携起手来,构建识毒、防毒、拒毒的防线。在三湘大地,这一妈妈禁毒联盟是由湖南省妇联、禁毒办携手指导建立的禁毒民间公益组织,首个联盟于2011年在长沙挂牌成立。之后如同雨后春笋般,湖南省14个市州地区接连创办了34168个妈妈禁毒联盟,有519178名妈妈报名创立或加入这一行列中。截至2017年底,已陆续涌现出万余个妈妈禁毒联盟,近百万名妈妈禁毒志愿者加入其中,形成了较大规模和独具特色的湖湘品牌,开创了全国之最,影响也渐至深远。对此,官方有识之士认为:"开展妈妈禁毒联盟行动是关爱生命、呵护家庭的有效载体,是深化禁毒斗争、深化禁毒宣传的一种创新,妈妈禁毒联盟更是首开全国民间公益禁毒新模式,必将在全社会产生不可估量的影响。"而在社会上更有人盛赞其为"用亲情叩开失落的心灵,用母爱唤醒社会良知,用爱的力量筑牢拒绝毒品防护墙"。事实表

＊ 本节撰写者:王燕飞。
① 参见张远煌、吴宗宪主编:《犯罪学通论》,北京师范大学出版社2013年版,第160页。
② 参见陈瑜:《我国未成年人吸毒人数逐年增多》,载《科技日报》2014年8月27日;袁林:《我国未成年人毒品犯罪从严刑事政策的检验和修正——以某省法院系统近十年的判决为研究样本》,载《法学》2015年第6期。

明，妈妈禁毒联盟对于未成年人涉毒预防与矫治上显示出独特的功效，是具有中国特色的禁毒模式在新形势下的大胆创新发展，所展现的内涵与行动逻辑表达出了中国深厚传统文化承继与我国社会现代化发展撕裂过程中重组、综合、融合、整合为有机一体的社会实质。这大致可以从其现实中凸显的事例的日常模式、过程模式、典型模式等不同状态的断面显示出来，具体而言：

(一) 日常模式

这是妈妈禁毒联盟最为日常性活动所显示的状态。比如，某镇的一帮母亲，因共同禁毒组成了妈妈禁毒联盟。这支爱心禁毒团队的成立，始于一个帮教成功的典型。在当地，一名未成年人因父母在外打工，缺少管束，好奇而染上了毒品。热心的邻居朱阿姨得知后，主动与他结对帮教，电话一次不接就打第二次、第三次。慢慢地，他在朱阿姨的帮助下，能定期主动到社区尿检，并经常宣传染毒的危害。为了让更多的"朱阿姨"参与到禁毒工作中来，该镇在社会上广泛招募禁毒妇女志愿者，联手成立妈妈禁毒联盟公益组织。妈妈们设"小课堂"开展禁毒教育，建"小基地"宣传禁毒文化，组织"小分队"开展一对一帮扶。她们用亲情和母爱凝聚了一个个平安的家庭，全家总动员与吸毒人员家庭结对，用和谐、平安的家文化，警醒广大家庭特别是未成年人远离毒品，珍爱生命。

(二) 过程模式

这是妈妈禁毒联盟持续展开活动的整个行动过程显示出的历史结构体系。较为完整的过程性事例代表为：首先，妈妈禁毒联盟组织成立。由某街道办事处禁毒办、妇联牵头，以妇女为主体，广泛宣传发动，招募禁毒志愿者62名，成立了某处妈妈禁毒联盟民间公益组织。这些志愿者中，有教师、医务工作者、机关干部、离退休职工、居民等，有在禁毒公益活动中表现突出的禁毒妈妈、帮助子女成功戒毒的禁毒妈妈以及正在帮助子女与毒品作斗争的禁毒妈妈。为提高妈妈禁毒联盟成员的毒品常识，增强开展公益活动的工作实效性。某处组织禁毒妈妈们到某市禁毒教育基地参观学习。通过观看图片展览、实物陈列、多媒体视频播放，使大家了解了100多年来毒品给中华民族带来的沉重灾难，认识到了当前毒品问题的严重性和危害。同时，教育基地也展示了我国党和政府禁毒的严正立场和坚定决心，增强了大家战胜毒品的信心。其次，按照部署，2011年3月中旬以来，启动了"关爱生命·

呵护家庭——妈妈禁毒联盟行动"。具体内容包括：第一，开展禁毒宣传。第二，开展系列主题突出的禁毒活动。第三，开展禁毒宣传"六进"活动。第四，开展禁毒帮扶活动。第五，寻找发现和认真推介典型"禁毒妈妈"。最后，积极探索，逐步完善禁毒志愿服务工作体系。①

（三）典型模式

例如，妈妈禁毒联盟中最为突出的代表，中国首个妈妈禁毒联盟。2011年3月22日，全国首个以"妈妈"为主体的民间禁毒公益组织——"雨花区妈妈禁毒联盟"公益组织由第五届全国道德模范提名奖获得者、中国十大民间禁毒人士之一的知名社会公益人孟繁英发起成立，并建立社区青少年禁毒教育基地，延伸帮教戒毒学员2000多名，针对青少年人群，开展禁毒法律宣传教育100多场，发展民间禁毒志愿者2万多名。该妈妈禁毒联盟开展象征"自强不息、包容友爱、禁毒拒毒"的"蓝结行动"，以"全社会行动起来，共筑禁毒拒毒防火墙"为目标，通过妈妈联盟来带动整个家庭、整个社会参与禁毒工作，联合社会力量对吸毒人员不放弃、不离弃。在2011年第24个"6·26"国际禁毒日，孟繁英又发起了"蓝结行动之手语《呼唤》"暨"世界最大规模的禁毒公益歌曲手语表演原创世界纪录"活动，此次活动由长沙市雨花区的30个禁毒妈妈联盟、共计13800名禁毒志愿者以接力的方式在社区、学校、机关、广场等表演手语《呼唤》。"举民间禁毒之力，倡民间禁毒之风，献湖湘之爱，创世界之最"，吹响了民间禁毒的号角，在社会上起到了震撼效应。由此创下了"世界参与人数最多的禁毒公益歌曲手语表演"的世界纪录。

可见，妈妈禁毒联盟形态多样、多维并举、充满朝气活力并不断创新发展，呈现出独到的湖湘乡土特色，不仅融入人们日常生活之中不断激发出人世间的慈善与真情，而且也参与到政府治理毒品犯罪防控体系之中成为不可或缺的一部分，所展示的既是一种真情与大爱的正能量，又是一种社会责任自觉担当的奉献精神，仿佛是我国一种传统文化失落的复活回归，但所闪现出的蓬勃朝气与活力更是一种新形势下面对毒品侵蚀、民间积极应对的大胆实践创新。

---

① 参见李红姣:《"妈妈禁毒联盟"用母爱过滤"毒素"》，载http://www.ldnews.cn/Police/culture/201106/79528.shtml，2017年11月20日访问。

二、妈妈禁毒联盟模式理论解析

妈妈禁毒联盟模式得以在湖湘地区生成与不断创新发展，尚需要进一步从犯罪学理论视角，透视其对未成年人毒品犯罪所发挥的社会预防的内在机理与外在动力，更为全面地从宏观与微观层面整体上理解其产生功效的社会作用过程与内在逻辑机制。在众多犯罪学理论中，社会解组理论、社会凝聚理论以及犯罪共通理论（A General Theory of Crime）[①] 可望提供解析视角。

（一）社会解组理论解析

这一理论发端于二十世纪初，是美国工业化、城市化的大背景下发展起来的，核心思想是工业化或城市化导致快速的社会变迁及人口流动，使得社区或邻里正式或非正式的社会控制功能下降即社会解组导致了犯罪/青少年犯罪观念和行为的发展。[②] 根据这一理论可知："湖南是流动人口大省，也是流出人口大省，截至 2015 年 9 月 30 日，全省人口总数达 7326 万人，流动人口 1518 万人，占总人口的 21%，其中跨省流出人口 1033 万人，跨省流入 44 万人，省内流动人口 440 万人。"[③] 作为全国劳务输出大省，相关的数据显示，2014 年湖南全省 0～17 岁留守儿童约 349.52 万人，0～14 岁留守儿童约 286.4 万人。根据多个部门调研总结，大部分留守儿童，尤其是学前留守儿童缺乏自我保护的意识和能力，对突发性事件缺乏应变和自救能力，也容易受到不法分子侵扰，[④] 往往成为被诱、被骗卷入吸食毒品、贩卖毒品的高危群体。而妈妈禁毒联盟的建立与持续性公益活动一定程度上弥补了家庭、学校、社区等社会结构瓦解或疏离后引导、管控功能的弱化与破损，形成了一种新的自发式民间性的非正式社会控制机制，大大提高了"拦截"毒品侵害未成年人的社会能力。

[①] 在学界对于这一理论的英语翻译，大陆学者与台湾地区学者存在不同，大陆的学者如吴宗宪将其翻译为"犯罪一般理论"；台湾地区学者如曾淑萍将其翻译为"犯罪共通理论"，前者是直译方式，后者是意译。笔者主张意译，这是较为明确表明这种理论的实质，更为可取。

[②] 参见江山河：《犯罪学理论》，格致出版社、上海人民出版社 2008 年版，第 86 页。

[③] 《湖南省全力推进流动人口卫生计生基本公共服务均等化》，载 http://www.hunanwst.gov.cn/gzdt/zsdwdt/201512/t20151202_45617.html，2017 年 11 月 22 日访问。

[④] 参见《湖南留守儿童约 350 万 部分人家境贫寒 1 天仅吃 2 顿》，载 http://news.163.com/15/0713/09/AUD3AI5V0001124J.html，2017 年 11 月 22 日访问。

（二）社会凝聚理论视角解析

社会凝聚理论（social bond theory）是美国著名犯罪学家特拉维斯·赫希（Travis Hirschi）所提出占主导地位的社会控制理论。① 该理论中的社会凝聚主要由四个要素构成：联结感（attachment）、大众性投入（commitment）、常规活动参与（involvement）和信念（belief）。② 该理论试图解释未成年人如何被社会约束束缚住，以及哪些因素可预防未成年人踏上犯罪的道路。此理论强调，预防未成年人犯罪，必须通过强化青少年对传统价值的信念来达到，而不是通过恫吓、逮捕行动来达到。可见，妈妈禁毒联盟对涉毒未成年人所释放出的妈妈式的亲情与爱心，形成了强烈的联结感，持续而牢靠，阻止着涉毒未成年人坠入深渊，鼓起勇气战胜毒魔，重返正常健康生活。③ 此外，妈妈禁毒联盟所编制的强大的爱心行动网络体系，让涉毒未成年人不断参与其中，形成了强大的遏制毒魔侵蚀的社会力量，具有了牢靠的群众基础，并汇聚成一种社会"大爱"，释放出充满社会关爱与宽宥的正能量，消除了涉毒未成年人重返社会的顾虑，渐次树立起戒毒信心与坚强信念。与此同时，未成年人涉毒的亚文化④也渐次在禁毒妈妈上述宣扬性、倡导性主流文化下消蚀与褪色，一种积极向上、勇于攀登、不畏艰苦的"抗战"（抵抗毒品战争）精神激励着充满未来前景的、自强不息的"中国少年"。

（三）犯罪共通理论视角解析

这一理论为美国当代著名犯罪学家迈克尔·戈特弗里德森（Michael R. Gottfredson）与特拉维斯·赫希在1990年提出，基本观点认为，犯罪是犯罪性的表现，而犯罪性的实质是自我控制低，因此，自我控制低是犯罪和其他类似行为的根本原因。⑤ 而"影响自我控制能力的一般因素有两个方

---

① Frank P. Williams III, Marilyn D. Mcshane. Criminology theory Sixth Edition [M]. Pearson Education, Inc 2014. 71.

② Kelly Frailing Dee Wood Harper, Fundamentals of crimnology: new dimensions, Carolina Academic Press, 2013, 108.

③ 参见王燕飞：《未成年人严重不良行为矫治的实证分析——湖南"青护园"的经验》，载《青少年犯罪问题》2016年第6期。

④ 参见王列宾：《未成年人毒品犯罪的现状、原因、对策分析及相关审理疑难问题探讨——以2010—2013年上海未成年人毒品犯罪为例》，载《上海公安高等专科学校学报》2014年第5期。

⑤ [美] 迈克尔·戈特弗里德森、特拉维斯·赫希：《犯罪的一般理论》，吴宗宪等译，中国人民公安大学出版社2009年版，第7~8页。

面：一是幼年期显示的上述低自我控制特征的程度，二是父母或小孩托管人对其低自我控制程度的识别即纠正低自我控制特征的意愿和能力"①。据此可知，自我控制低便是未成年人初涉毒品犯罪或者吸收毒品内因的根本所在。很显然，妈妈禁毒联盟使得广大的妈妈们懂得如何勇敢地面对子女尤其是未成年人涉毒问题，科学诊疗涉毒的子女，学会用爱心、耐心与真情唤回涉毒未成年人自我珍惜生命、呵护家庭的良知，在母子（女）之"爱"与"情"中点燃激情，培育自控能力，从而超越自我、战胜自我，走上健康之道。此外，妈妈禁毒联盟使得妈妈们具有"火眼金睛"，对于可能初涉毒品的未成年人前期行为或表现能够及早发现，采取有效措施予以监督，从而对于未成年人涉毒的低自我控制的表现或行为进行有效矫正，有效提高未成年人的自我控制能力，抗制各种毒品的侵蚀。

三、反思与启示

上述解析从三个犯罪理论角度对妈妈禁毒联盟这一具有特色性的未成年人毒品犯罪的社会预防模式效能进行了科学解构，当我们立足湖南实际，在此基础上进一步对其创新发展问题作出经验教训的全面总结与社会思考时，对于未来未成年涉毒问题甚至其犯罪问题现代治理上有更多的启示。

（一）特色道路：未成年人涉毒社会预防模式的创新

在湖南，妈妈禁毒联盟兴起与发展，显示出在毒品犯罪尤其是未成年的社会预防上发挥了无与伦比的功用，这根源于这种公益组织替代或者弥补了传统的家庭结构、学校与社区的整合机制在不同程度上瓦解与破坏而导致的功能衰竭。此外，在以农村占主导性的湖南省份，妈妈禁毒联盟一定程度上顺应了农村、乡镇妇女的职业化发展以及城市退休女性职工"再就业"的需求，从而使其结盟具有源源不断的生力军；更为重要的是这种公益的工作虽然是辛苦的，但是面对毒品泛滥、社会"毒"害频发、政府治理力量有限的严峻形势下，这项工作能够赢得良好的社会赞誉。从这个意义上，妈妈禁毒联盟是从社会层面而不是从政府层面开创了（未成年人）毒品犯罪社会预防模式的一条新的道路，实现了毒品犯罪治理体系的进一步完善与治理能力的大大提高。可见，这条道路的探索，是从我国（省）的现实条件出

---

① 江山河：《犯罪学理论》，格致出版社、上海人民出版社2008年版，第117页。

发创造性前进的，是充分估量了我国（省）的"历史传承和文化传统"①，也开创了湖湘民间禁毒的特色道路。

（二）新力量：社会柔性治理的民间力量崛起

中国共产党第十九次全国代表大会报告指出："加强和创新社会治理……打造共建共治共享的社会治理格局。"这成为新时期我党解决当下社会问题的基本思路，也是我国治理体系与治理能力现代化推进的一个重要方向。很明显，妈妈禁毒联盟便是以鲜活的现实例子生动诠释与践行了这一重要理论创见。事实上，这种立足湖南实际的民间公益组织，充分激发出妈妈们的热情与积极创造性，以慈母的大爱、女人的柔和、女性的执着，温暖了失足涉毒少年冰冷无望的心，点燃生活在毒品滋生蔓延吞噬下人们沉寂的心灵之火，向全社会吹响了虎门销烟式的铿锵号角，渐次掀起了全民反毒、禁毒的滚滚浪潮。可见，这种"人民力量"以一种柔性的治理方式发挥出自己力量，与政府所进行的官方的刚性惩治、打击等防控力量有机结合，整合成相互作用、相得益彰、强大的治理毒品、预防未成年人涉毒的综合合力，避免了政府单方的"片面抗战"的不足。

（三）坚定文化自信：本土文化转化与创新发展

妈妈禁毒联盟在湖湘兴起与发展，一定程度上也展示了我们需要坚定文化自信，积极推行本土文化转化与创新发展。"中国特色社会主义文化，源自于中华民族五千多年文明历史所孕育的中华优秀传统文化，熔铸于党领导人民在革命、建设、改革中创造的革命文化和社会主义先进文化……"② 很显然，妈妈禁毒联盟不仅弘扬了"父慈子孝、兄友弟恭"传统的、处于中部地区的湖湘家文化传统，催发母子情深的传统的亲情伦理关系，给广大的留守儿童、流浪少年重构家的温暖；而且积极开展丰富多彩的禁毒民间公益活动，显然是沿袭着我党开辟与坚持的群众路线大道前进的，从而形成了良好的合作互动关系，更加推进其向前发展，得到党与政府积极支持。更为重要的是，官方禁毒的行动与政策通过妈妈禁毒联盟这种民间方式得以在社会中广泛地传达，并以大众认同的平等方式执行，大大提高了其效力。

---

① 中共中央文献研究室编：《习近平关于协调推进"四个全面"战略布局论述摘编》，中央文献出版社2015年版，第84页。

② 习近平：《决胜全面建成小康社会 夺取新时代中国特色社会主义伟大胜利——在中国共产党第十九次全国代表大会上的报告》。

第五节　美沙酮维持治疗的现状与完善[*]

一、美沙酮维持治疗背景与现状

美沙酮维持治疗是一种基于交叉依赖性原理，用美沙酮代替海洛因降低依赖性程度的治疗方法。2008年6月1日，我国颁布《禁毒法》，进一步明确了美沙酮维持治疗作为强制性戒毒措施的有力补充的法律地位。但由于我国现行法律法规及相关配套服务设施还不够健全完善，美沙酮治疗的优势还没有充分地发挥出来，还需结合我国国情、社情、毒情，不断思考总结、调整改进。

美沙酮，一种阿片类人工合成麻醉药品，有镇痛和镇静的作用，临床表现有药物依赖性较低的优势特点。美沙酮最早是在"二战"期间由德国的一家药物公司合成的，作为镇痛药品——吗啡的替代品。二十世纪中叶，滥用麻醉药品的问题在美国日益严重，引发了许多社会及公共卫生问题。为了更好地解决麻醉药品成瘾问题，美国医学研究人员 Drs Vincent Dole 和 Marie Nyswander 根据多年的实践经验和研究提出了美沙酮维持治疗法（Methadone maintenance treatment，MMT），在改善药物依赖性方面得到广泛的认可和肯定。二十世纪七十年代，美沙酮作为阿片类物质成瘾治疗的手段被确立下来，之后在全球范围迅速推广。近些年来，随着艾滋病威胁的加重，各国对阿片类物质成瘾机制的研究和认识逐步深入，运用更加广泛，已逐渐成为最重要的维持治疗方法之一。

二十世纪六十年代末，天津中央制药厂曾将美沙酮作为镇痛药投入过生产。1993年，卫生部颁布《阿片类成瘾常用戒毒疗法的指导原则》，美沙酮成为我国阿片类成瘾治疗的首选手段。2001年，国务院颁布《中国遏制与防治艾滋病行动计划（2001—2005年）》，推动药物治疗在社区医疗机构中进行试点工作。2003年，《海洛因成瘾者社区药物维持治疗试点工作暂行方

---

[*] 本节撰写者：李波阳、贾敏。

案》颁布下发，同年 11 月，美沙酮维持治疗工作在 Y 省、贵州等 5 个省（自治区）的 8 个社区医疗机构试点单位开展进行。

2006 年，我国印发《滥用阿片类物质成瘾者社区药物维持治疗工作方案》，开始在全国范围内推广使用美沙酮维持治疗。2008 年颁布的《禁毒法》中，第 51 条规定："省、自治区、直辖市人民政府卫生行政部门会同公安机关、药品监督管理部门依照国家有关规定，根据巩固戒毒成果的需要和本行政区域艾滋病流行情况，可以组织开展戒毒药物维持治疗工作"，进一步为美沙酮维持治疗的推广使用奠定了法律基础。目前，我国美沙酮维持治疗工作取得了阶段性成果，在禁毒和防治艾滋病工作中发挥了积极作用。截至 2016 年底，全国共设有戒毒药物维持治疗门诊 789 个，配备流动服药车 30 辆，延伸服药点 600 余个，在治人员 16.2 万人；全国共有自愿戒毒医疗机构 69 家，提供床位共计 3030 张，年均接诊 87.1 万人次。[①]

二、美沙酮维持治疗的作用

国内大量的研究显示美沙酮维持治疗在减少吸毒行为、降低社会犯罪率、遏制艾滋病等病毒传播、改善和恢复社会家庭功能等方面起着积极作用。

（一）减少吸毒行为

美沙酮是一种阿片受体激动剂，其最显著的特点是口服有效、药物作用持续时间久及镇痛效力强，可以与其他阿片类毒品产生交叉依赖性和耐受性，因此，坚持按时口服美沙酮，可以有效抑制吸毒者使用毒品后产生的欣快感，减缓戒断症状，降低对毒品的依赖性和使用量，从而控制共用针具等高危吸毒行为，也有效地缩小了毒品消费市场。有研究表明，617 名海洛因成瘾者接受美沙酮维持治疗 6 个月后，70% 的成瘾者海洛因用量明显减少；治疗 4 年后，90% 的成瘾者可以不再使用海洛因。我国对 8 个试点门诊 1200 名海洛因成瘾者治疗的评估结果显示，同非治疗的吸毒人员相比，在治人员的注射吸毒行为大幅减少，治疗 3 个月后，注射吸毒行为人比率从 69.9% 减少到 7.1%，而非治疗的吸毒人员的这一比率仅有小幅下降，从

---

① 参见国家禁毒委员会《2017 中国禁毒报告》。

76.6%下降到53.6%。①

（二）降低社会犯罪率

吸毒所需金钱数量巨大，经常会导致吸毒者为此倾家荡产。许多吸毒者为了可以吸毒，会不择手段，不惜一切代价，通过盗窃、抢劫、诈骗、绑架等违法犯罪活动来获得毒资，带来一系列严重危害社会和治安的问题。美沙酮维持治疗的开展，为药物成瘾者获取依赖性成瘾物质提供了来源，而且该药物成本低，接受美沙酮维持治疗的药物成瘾者只需交付非常低的成本费，一般情况下每天的费用不会超过10元，并且每次维持的时间可达24小时以上。因此，吸毒者接受美沙酮维持治疗就可以避免购买毒品和为寻求毒资而实施的一系列违法犯罪活动。在新疆对部分海洛因成瘾者药物维持治疗门诊的调查结果表明，吸毒者犯罪比例与接受美沙酮治疗时间呈负相关，接受美沙酮治疗6个月后，吸毒者犯罪的比例开始明显下降，接受美沙酮治疗12个月后，有85%的吸毒者减少了与吸毒相关的偷、抢、骗、以娼养吸、以贩养吸等现象，并且随着治疗时间的持续增加，这些现象逐步减少。②

（三）遏制艾滋病等病毒传播

共用注射器静脉注射吸毒可以导致艾滋病的传播。由于美沙酮维持治疗是一种完全口服的治疗方法，可以避免静脉注射，这样就不会因共用注射器而产生血液交叉感染，从而有效遏制艾滋病、病毒性肝炎等疾病通过吸毒者共用针具静脉注射的途径传播。美国一项研究显示，经过18个月的随访，未参加治疗的吸毒者其艾滋病感染率是参加治疗者感染率的5.4倍。除上述途径外，吸毒者还可能通过性行为将艾滋病传播给他们的性伴侣。在对30对一方为艾滋病病毒阳性、参加美沙酮维持治疗的吸毒者，另一方为艾滋病病毒阴性、非吸毒者的夫妇进行调查研究发现，不使用或不经常使用安全套的比例由治疗前的90%下降到治疗后的68%，大大降低了高危性行为。③因此，美沙酮维持治疗除了能使阿片类物质成瘾者戒除毒瘾外，在防治艾滋病等疾病传播方面也有重要作用，因此美沙酮维持治疗具备了深远的推广

---

① 参见罗燕：《对美沙酮维持治疗的思考》，载《中国人民公安大学学报》2005年第5期。
② 周敬东、陈育涛、张昆：《新疆社区美沙酮维持治疗的调查报告——以乌鲁木齐市美沙酮维持治疗中心门诊为例》，载《云南警官学院学报》2012年第4期。
③ 参见郭萍：《美沙酮维持治疗工作中存在问题及对策研究》，载《云南警官学院学报》2010年第3期。

意义。

(四) 改善和恢复社会家庭功能

恢复吸毒者的社会与家庭功能是美沙酮维持治疗的重要目的之一,主要涉及给予吸毒者就业、婚姻、人际关系和社会支持。美沙酮不会损害治疗者的正常功能,可以改善治疗者的身体状况,因此,美沙酮维持治疗会使治疗者有更多的时间参与正常的社会活动,同时家庭和社会的介入也会大大提高脱毒治疗的成功率。此外,治疗者在治疗期间可以接受职业技能培训,重塑正确的世界观、人生观与价值观,改善其自身的社会功能,为他们早日融入社会、立足社会创造了有利条件。研究结果表明,保持美沙酮维持治疗3年以上的吸毒者就业率比中途退出治疗的吸毒者高。在香港,通过美沙酮维持治疗,有55.9%受治者从事全职或兼职工作,与受治者治疗前就业率51.3%相比,就业率增加了4.6%;有52.1%受治者与家人关系较以前有所改善,有35.5%受治者报称和朋友的接触增多。内地一项研究也显示,通过美沙酮维持治疗,受治者参加工作比例逐渐上升,治疗前为27.1%,治疗1年后上升到33.5%,2年后增加到37.9%;对家庭关系的自我感觉也在逐步改善,治疗前有41.5%受治者对家庭关系感觉较好,接受治疗1年后这一比率为60%,2年后为74.3%。[1]

三、美沙酮维持治疗面临的主要问题

(一) 入组条件过高,转介服务尚待完善

目前,根据法律规定,对戒毒者使用美沙酮进行维持治疗入组条件过高,虽经过各项科学研究和开展大量试点工作,现已将之前规定的入组条件进行完善和改进,但是还有许多条件阻碍和影响广大成瘾者的入组。一是要求年满20周岁以上。根据数据分析,当前的吸毒者以海洛因成瘾者占绝大部分,并且在年龄上呈有年轻化发展的趋势,不满20周岁的阿片类物质成瘾者比比皆是,且这部分人回归社会的愿望很强烈。一旦拒绝对他们使用美沙酮进行维持治疗,弊大于利。二是法律规定要求在本地居住半年以上及持有本地公安机关的暂住证明。吸毒成瘾者自然不会像"守法公民"一样去

---

[1] 参见赵艳霞、郭燕、张连生等:《社区人群对药物成瘾的认知研究》,载《中国社会医学杂志》2008年第1期。

办暂住证等,以便保守自己吸毒的秘密不为外人所知,这种规定对大部分成瘾者来说又是其入组治疗的一大障碍。此外,选择使用美沙酮进行维持治疗成瘾者就不能离开当地,相当于一定程度限制人身自由,又将引起许多矛盾和冲突。三是全国各地维持治疗机构之间对治疗者的转介治疗服务不尽相同且不完善,要么无法进行转介服务,要么有这方面服务,但存在转介手续复杂、办理时间较长等问题。治疗者跨地区转介治疗问题矛盾突出,亟待解决。

(二) 服用美沙酮过量可导致中毒反应

使用美沙酮进行维持治疗仍然存在用药盲目、凭经验用药、用药剂量偏大等不专业治疗问题。美沙酮从本质上来说就是一种毒品,为 μ 阿片受体激动剂,药效与吗啡类似,对人体伤害较大,是变相"合法毒品"。根据戒毒者的个人体质差异,美沙酮使用药量难以掌握,一旦在治疗中使用剂量过大,会导致严重的中毒症状和不良反应,一般无耐受性成人剂量超过 100mg/d 可发生中毒症状。[1] 阿片类物质成瘾者大多属于多药滥用,如使用海洛因与镇静剂类混合使用现象普遍存在。而目前我国使用美沙酮进行维持治疗的方法仅适用于单一的阿片类毒品中海洛因滥用的维持治疗,并不能针对其他多药滥用进行有效的治疗。有些海洛因成瘾者日常吸食量大,导致美沙酮药理作用在治疗中发挥有限,为尽量解除其毒瘾,治疗者凭经验又选择同时加用其他药物,一旦使用剂量不当,导致意外死亡时有发生。这不仅给生理脱毒的治疗研究带来难度,也同样大大增加了公安机关禁吸戒毒工作的压力。

(三) 流入非法渠道导致滥用

美沙酮作为一种阿片类麻醉药品,可能会流入黑市,导致非法滥用。在现有体制下,部分医疗单位和戒毒机构在麻醉药品、戒毒药品的管理上不规范,由于个别管理者存在监管不力、不负责任的工作疏忽,导致有的海洛因成瘾者浑水摸鱼,将美沙酮带出医疗单位或戒毒机构,供自己吸食。更有甚者将其偷出的药品进行贩卖交换等,非法牟取利益。根据经济学市场规律的原理,有大量消费市场的存在,就势必会涌现大量非法生产者。特别是自行

---

[1] 参见赵扬子、师伟、刘英杰:《美沙酮维持治疗及其效果的研究进展》,载《新疆医科大学学报》2012 年第 3 期。

合成美沙酮具有合成成本较低、方法容易掌握、加工较为隐蔽等特点，在监管力度不强的局面下，在强大的利益驱使下，容易大量出现美沙酮地下加工厂，导致美沙酮吸食者数量增加，滥用更为广泛，最终可能会使美沙酮代替海洛因成为主导吸食毒品。

（四）对治疗者管控脱失，偷吸行为时有发生

虽然使用美沙酮进行维持治疗具有作用时间较长、不易产生耐受性、药物依赖性低等优点，但真正能因此而成功戒除毒瘾的吸毒者比例不足30%。同样针对不同体质的吸毒者，使用美沙酮进行维持治疗所需的时间不尽相同，治疗情况要视治疗者毒瘾大小而定。对于轻微依赖者有可能坚持服用较长一段时间后，就能减轻或消除其对阿片类毒品的依赖；对于毒瘾较大的吸毒者，很可能需要终身服用。事实上由于美沙酮的特殊药物性质，使用美沙酮进行维持治疗就是以一种毒性较小的毒品维持治疗一种毒性较大的毒品，因此戒毒者进行维持治疗的过程中，可能仍存在继续偷吸海洛因等毒品的不良行为，在得不到毒品无法满足需求时便以美沙酮代之，当有机会得到海洛因等毒品时，便脱离治疗，极大程度上增加了公安戒毒机关对戒毒者的管控难度。研究发现，偷吸行为多发生在参加美沙酮维持治疗后的20～30天，作为复吸的"心理危险期"，偷吸概率必然增加，其相关因素纷繁复杂，与戒毒者的心理状况、治疗者使用的美沙酮药剂剂量、身边"毒友"的诱惑等息息相关，而偷吸的结果自然是被公安机关强制戒毒，又成为脱失的一个重要原因。[1]

（五）缺乏对药物成瘾和美沙酮维持治疗的认知

吸毒行为不仅会给自身和家庭带来不好的影响，对社会也会造成严重危害。社会群众对吸毒者往往抱着厌恶、歧视的态度，对于美沙酮维持治疗方法存在很多误解和争议。绝大多数受治者也未能全面正确地认识美沙酮，几乎都存在不同程度的错误认知。受治者家属也不能做到完全支持，有的甚至坚决反对已经进行治疗的受治者继续服药。社会上对受治者的偏见更为普遍，误解也更深，往往会认为服用美沙酮就是在吸毒，有的受治者因此被单位辞退。为促进更多的药物成瘾者顺利接受美沙酮维持治疗、尽快重新融入

---

[1] 参见薛丽燕、潘启超、朱紫青等：《上海地区美沙酮维持治疗患者脱失原因调查》，载《中国药物依赖性杂志》2008年第3期。

社会，有必要对美沙酮维持治疗的政策及相关知识进行大力宣传，引导公众认识、了解药物成瘾，增进对美沙酮维持治疗的认知，降低对药物成瘾人群的社会歧视。

（六）缺少社会支持服务和社会心理干预

单纯依靠药物维持治疗并不能一次性解决全部问题。美沙酮维持治疗方式得到全世界范围的普遍认可，不仅在于它能够有效消除渴求感、减轻戒断症状，一定程度上防止艾滋病的传播，意义更为重大的是它能够提供社会支持服务和心理干预，为受治者彻底戒除毒瘾、重新返回社会奠定很好的基础。但我国目前能够提供此种社会及心理支持的机构还较少，只有屈指可数的几家。大部分门诊和机构工作人员缺乏专业的知识和技能，心理疏导方式简单，综合干预措施尚未全面开展，不能很好地满足受治者需求，治疗效果不佳。同时，美沙酮维持治疗门诊配置缺乏合理性，由于受治者工作往往不确定，流动性大，集中治疗难度较大，固定的门诊覆盖率小，难以满足全部受治者的治疗需求。

四、美沙酮维持治疗的完善对策

在社区戒毒工作中实施美沙酮维持治疗，不仅要制定相关政策法规防止滥用，还要完善相关措施，这样才能使美沙酮维持治疗达到预期的目的、效果。在开展社区戒毒工作时，运用美沙酮维持治疗应当采取以下措施以提高效果。

（一）降低入组门槛，提高美沙酮维持治疗服务质量

首先，美沙酮维持治疗在社区戒毒工作中要以人为本，入组的条件和办理手续尽量简化，把14周岁以上20周岁以下的药物成瘾者和异地流动的药物成瘾者早日纳入治疗范围。其次，针对当前人口流动性大、外出务工多的现象，应建立美沙酮维持治疗全国计算机联网转介服务机制，积极推广异地服药的一卡通制度，为外出人员继续服药提供方便，解决人口流动人员异地服药的难题。最后，应合理设置美沙酮维持治疗门诊点，在当前布局基础上扩大乡镇和农村地区美沙酮维持治疗门诊点的覆盖面，针对吸食海洛因的重点地区增设门诊服药点，并延长门诊点和流动服药车的开诊时间，以解决当前受治者的实际需求，提高在治人员维持率。同时对在治戒毒人员实行免费艾滋病毒筛查制度，对感染艾滋病人员提供免费医疗。

(二) 完善药品监督管理制度，防止药品滥用和流入非法渠道

美沙酮因其具有双重性，既是戒毒药品又是一种毒品，本身可导致滥用和依赖的危害。若对这种药品管理不当致其流入社会，便会形成一种新毒源而导致新的社会危害。因此，应当严格管理美沙酮药品，这是美沙酮维持治疗在社区戒毒工作中成功开展的前提。在进行美沙酮维持治疗时，除应严格执行《麻醉药品管理办法》《戒毒药品管理办法》，实行专人专管、在专柜加锁、账册管理、专用处方和专册登记外，还应制定一整套严密的责任制度，推行逐级负责制的多层次管理模式，相互制约，相互督促。

该套管理制度应规定，社区戒毒医疗机构购买的戒毒用美沙酮只准在本机构供戒毒人员使用，不得转售外机构。戒毒机构自行配制的戒毒药品应当经所在地省级药品监督管理部门批准后方可使用，同时必须制定制备时的规章制度和相关质量标准，严格考察药品的稳定性、安全性、疗效性。这种由机构自行配制的戒毒药品只供该机构的戒毒人员使用，不准流入市场。机构医生应根据戒毒人员戒毒情况，以及阿片类成瘾者戒毒临床使用指导原则合理使用戒毒药品，严禁滥用；护士在进行具体医疗操作时应当按医生开具的处方提供治疗量，督促治疗者当场服下，严格记录，以确保戒毒人员私藏药物。

(三) 加强监督，做好受治者心理辅导工作，防止偷吸行为发生

针对美沙酮维持治疗期间受治者偷吸海洛因的现象，在加强监管力度的同时应当做好受治者的心理辅导工作。当发现受治者有偷吸海洛因的行为时，要分析受治者偷吸的具体原因，针对不同的偷吸原因采取相应的对策和措施。对于"心理危险期"的偷吸者，要及时给予生物—社会—心理综合干预和社会帮教来阻止其偷吸；当偷吸者在受原吸毒环境和吸毒人员的影响、引诱或怂恿下偷吸海洛因时，门诊医生可采取积极干预和教育的措施来阻止其偷吸；而对因美沙酮剂量偏小导致偷吸或复吸情况，门诊医生应视个体具体情况适当加大美沙酮剂量，通过提高其维持治疗的依从性来避免偷吸。同时，要让偷吸者明白偷吸容易导致毒品过量而中毒甚至死亡。此外，针对戒毒出现的新问题要及时调整防控思路，完善配套服务体系，减少认知误区，这样可以对偷吸问题的解决起到促进作用，而不是出现偷吸时一味将偷吸者送强制戒毒所。

(四) 加强宣传，提高人们对药物成瘾和美沙酮维持治疗的认知

人们在药物成瘾和美沙酮维持治疗上错误的认知对戒毒工作进入社区十分不利，因此有必要加大宣传力度，提高吸毒人员及其家属对药物成瘾和美沙酮维持治疗正确的认知，同时使社区其他群众了解美沙酮维持治疗，减少对戒毒人员的歧视。一是加大街道、社区相关宣传工作。针对吸毒人员较为集中的地区大力宣传美沙酮维持治疗的法律法规、政策，让更多的吸毒人员及其家属充分了解美沙酮维持治疗的相关医学知识、目的和意义，明确美沙酮维持治疗对于减少因毒品而引发的犯罪和艾滋病的传播等方面的意义，使他们正确理解和从内心上接受美沙酮维持治疗。同时，对于美沙酮维持治疗可能带来的危害也应当进行宣传，防止一些药物成瘾者滥用毒品。二是加大对禁毒法律法规和政策的宣传教育力度。在美沙酮维持治疗点，通过宣传震慑吸毒人员，使其坚定戒毒的决心不再偷吸，使美沙酮维持治疗在防止艾滋病工作中发挥作用。三是注重对其他群众的宣传工作。通过宣传让其他群众深知毒品的危害以及美沙酮维持治疗对于戒毒人员的意义，避免对戒毒人员的歧视。

(五) 开展社会心理干预，树立自强自立的信念

为了提高美沙酮维持治疗效果，开展社会心理干预必不可少。社区门诊在美沙酮维持治疗的日常治疗基础上应定期或不定期聘请专门心理咨询师对在治人员进行心理矫治，定期访谈关心他们的生活起居。当在治人员受到个人心理、家庭、社会等一系列因素影响时，心理咨询师应及时了解具体情况，针对性地对其进行疏导和排解，帮助他们树立戒毒信心。同时，社会心理干预也需要社会多个部门的相互配合，消除对吸毒人群的歧视，为他们营造一个轻松愉快的治疗环境。国内外大量研究表明，进行美沙酮维持治疗时结合开展社会心理干预比单纯进行美沙酮药物治疗更加有效。调查结果显示，接受心理辅导及支持服务后，受治者的健康状况、家庭关系、社会支持、日常生活等都有显著改善；研究还表明，开展社会心理干预措施可以提高在治人员的治疗维持率。①

---

① 参见李培凯、罗建、张存敏：《美沙酮维持治疗及心理干预对海洛因依赖者家庭功能的影响》，载《中国心理卫生杂志》2007年第3期。

(六) 开展帮教服务，促进社会功能恢复

回归社会是美沙酮维持治疗的目的之一。每个药物成瘾者都经历了一个由正常人到"瘾君子"的过程，在被毒品吞噬期间，他们大多因吸食毒品丧失了工作能力，失去经济来源，甚至连世界观、人生观、价值观都发生了变化，家庭生活也产生了巨大变化，因而我们除了应该在治疗期间对其进行职业技能培训外，还应积极对其进行家庭和社会的综合干预。加强职业技能培训就是要在治疗期间为在治人员开设一些基本的技能培训班，使他们掌握一定的专业技能，为以后回归社会、适应新生活、重新走上工作岗位创造有利条件。家庭和社会的综合干预就是定期或不定期的开展家属、门诊医生、社区人员和受治者的座谈、联络活动，成立社区帮教小组，帮助受治者解决生活困难，鼓励受治者参加社会有益活动，帮助受治人员再就业，使其早日适应新生活，最终戒除毒瘾、回归社会。

第六节　我国台湾地区毒品滥用戒治机制的反思与镜鉴[*]

毒品防制是一项世界性议题，联合国毒品和犯罪问题办公室2018年发布的《世界毒品报告（2018）》显示，2015年全球约有45万人死于吸毒，2016年全球约有2.75亿人至少使用一次毒品，约3100万人患有药物使用障碍并需要接受治疗。[①] 我国大陆虽不断强化与完善吸毒戒治机制，但吸毒人数仍持续增长，毒品滥用形势十分严峻。[②] 而台湾地区近年对毒品戒治机制不断改革完善，取得一定成效。笔者在总结台湾地区毒品防制政策的基础上，阐释台湾地区毒品滥用戒治机制的运作逻辑，并探讨其毒品戒治机制中

---

[*] 本节撰写者：施鑫。

[①] See United Nations Office on Drugs and Crime, World Drug Report, Booklet 1, 2018, p. 7, http://www.unodc.org/wdr2018/prelaunch/WDR18_Booklet_1_EXSUM.pdf.

[②] 国家禁毒办发布的2015年、2016年、2017年三年的《中国毒品形势报告》显示，截至2017年底，全国有吸毒人员255.3万名（不含戒断三年未发现复吸人数、死亡人数和离境人数）。2015年我国新发现吸毒人员为53.1万人，2016年新发现吸毒人员为44.5万人，2017年新发现吸毒人员为34万人，吸毒人员的总体数量不断增长。

的有益和争议部分,最后为大陆毒品滥用戒治机制的完善提供合理建议。

一、政策变迁:台湾地区实用主义戒治政策观的形成

我国台湾地区毒品政策的发展可分为四个主要阶段,第一阶段为清朝时期的毒品政策;第二阶段为日本殖民统治时代的毒品政策;第三阶段为肃清烟毒条例时期(戡乱时期)的毒品政策;第四阶段为"毒品危害防制条例"实施起至今的毒品政策。① 台湾地区针对毒品问题虽仍保持严刑峻法,但立法演进中也表现出宽缓的一面,尤其在毒品戒治政策上由早期注重形式上严厉的道德惩罚,转向了追求实际的戒治效果提升的实用主义政策观。

台湾光复后沿用了民国时期 1935 年"刑法"第二十章中设立"鸦片罪"专章(第 256 条至第 265 条之规定),并于 1946 年开始适用"禁烟禁毒治罪暂行条例",对施打吗啡或吸食毒品和鸦片行为适用有期徒刑,并对经勒戒断瘾后复吸者可处以无期徒刑甚至死刑。1955 年颁布"动员戡乱时期肃清烟毒条例"(以下简称"戡乱烟毒条例"),仍可对戒断后三犯者适用死刑。直至 1992 年对该条例进行大范围修正:将法令名称修改为"肃清烟毒条例";降低了毒品犯罪的刑度,还进一步完善了对吸毒人员的保护,创设了勒戒前观察制度,规定勒戒观察期可以折抵刑期,完善了吸毒人员的保安处分制度。② 此时,对吸毒者仍采用严厉的"惩罚模式",试图通过强化道德教化、刑罚威慑促使行为人自觉抵制毒品诱惑,对吸毒人员与制造、贩卖毒品者不加区分地施以刑罚;但在吸毒人员戒治措施上变得更加人性和宽缓。1998 年以后,检讨本地区戒毒工作的实际效果并受到国际上毒品减害政策的影响,台湾地区出台"毒品危害防制条例"(以下简称"毒品危害条例"),吸收了国际上"医疗优先于刑罚"的观点③。此后,"毒品危害条例"以毒品等级不同区分吸毒者处遇,强化对施用第一、二级毒品的人刑法替代措施,对其中"初犯"和戒治释放后"五年后再犯"的人先以保安处分措施(观察勒戒、强制戒治)进行管束,仅对戒治释放后"五年内再

---

① 参见施奕晖:《现行毒品政策之困境与展望:以施用毒品行为除罪化为中心》,载《军法专刊》2013 年第 3 期。
② 参见台湾地区"肃清烟毒条例"第 9 条。
③ 参见《联合国禁止非法贩运麻醉药品和精神药物公约》第 3 条第 4 款。

犯"科处刑罚，实现司法上的"除刑不除罪"①。针对施用第三、四级毒品的行为人，司法上完全实现"除罪化"，实施有针对性的戒瘾治疗、社区医疗，以减少毒品对个人和社会所造成的危害。从此确立了台湾地区除刑化戒毒措施的基本立场及制度框架，即在规范上保留对吸毒者刑事处罚，但在"惩戒—矫正"中寻找适度平衡，对吸毒者实施相对轻缓的处遇。② 台湾地区吸毒人员的管制政策的调整，使刑罚威慑在毒品戒治工作中发挥杠杆作用，为吸毒人员提供有效戒除毒瘾的动机和主动戒瘾机会，强化对吸毒者的权利保护，减少了毒品对个体与社会的危害，表现出明显的实用主义倾向。

二、台湾地区"多元整合"戒治模式的运行逻辑

台湾地区吸毒人员的戒治分为"生理解毒""心理复健"和"追踪辅导"三阶段规划施行，③ 形成了多元整合的戒治模式。结合戒治场所和戒治方式的差异，可将其戒治模式分为机构外的医疗矫正模式和机构内的刑事司法模式。

（一）医疗矫正模式

1. 医疗机构治疗

医疗机构的治疗模式主要是对施用第三、四级毒品者和"缓起诉处分者"④的一种机构外的戒治处遇模式。透过公立医院开办特别治疗门诊，让吸毒人员可主动选择到医院寻求帮助，在机构外实现戒瘾治疗。在此种模式下，吸毒人员需要在医护人员的照护下，以药物或活动治疗的方式进行生理治疗，培养吸毒人员的体力和毅力，以增强其戒治毒品的信心，并减缓吸毒

---

① 所谓"除刑不除罪"原则，是指就一、二级毒品施用者，首先施以治疗，通常程序是检察官向法院申请裁定，令行为人进入勒戒所进行观察、勒戒，并在观察、勒戒期后，根据行为人有无继续施用毒品的倾向，裁定不起诉、不予审理，或申请法院裁定进入戒治所强制戒治，而不适用刑罚。
② 参见包涵：《"道德模式"与"医疗模式"的交错并行：台湾地区戒毒制度的现状考察与经验借鉴》，载《中国刑事法杂志》2016年第2期。
③ 参见杨士隆、林健阳：《犯罪矫正——问题与对策》，五南出版社2007年版，第203页。
④ 戒瘾治疗"缓起诉处分"是我国台湾地区2008年修订"毒品危害条例"第24条后新增的特别程序，适用"缓起诉处分"的吸毒人员将排除适用"毒品危害条例"第20条、第23条关于"观察勒戒"与"强制戒治"处遇，无论行为人属于"初犯""五年后再犯"或"五年内再犯"均可由检察机关裁定适用缓起诉处分。检察机关在缓起诉期限内对吸毒人员宣告一定期限的替代治疗方案。

人员因戒治毒品所产生生理上的戒断症状。生理解毒后，医院将开始对施用吸毒人员开展心理治疗，通过心理辅导、家庭会谈、药物配合治疗等措施和卫生教育手段，强化吸毒人员自我调适，激发其戒毒动机和回归社会的再社会化意志。在完成生理解毒与心理复健的疗程离开医疗机构以后，医疗机构通常会以门诊方式进行追踪辅导，建议施用吸毒者进入卫生福利部门所设立的戒瘾机构（中途之家），持续性地与施用吸毒者进行联系沟通以协助其保持戒瘾状态。台湾地区较为成功的医疗模式包括台北市立疗养院毒品戒治模式、高雄市立凯旋医院毒品戒治模式、草屯疗养院毒品戒治模式等。①

2. 治疗性社区

台湾地区还借鉴美国的治疗社区方案，② 建立了本土的治疗性社区。一般的医疗手段和强制戒治手段可以实现生理脱毒但难以实现吸毒者完全复归社会。生理脱毒只是戒毒的第一步，更重要、更艰难的是脱毒后针对吸毒人员心理、行为和社会适应等各方面的缺陷而进行的康复治疗。治疗性社区是一个无毒品的居住性机构，以"社群"又称为"治疗集体"为方法，成员之间通过团体治疗、团体活动等结构性互动，来影响与药物有关的态度、感知及行为，重新获得身体及情绪上的健康。③ 治疗集体中成员被视为居住者，成员间相互尊重，借助专业的治疗、支持与帮助，重获追求知识的动力，通过学习体验找回丢失的自尊，重新树立人生新的价值体系，并摆脱毒品亚文化群体，恢复主流社会的生活态度，从根本上改变人本身，从而戒除毒品。

3. 宗教性戒毒

这种模式实际上也是一种社区性医疗，由于其戒治方案中借助了宗教精神力量的特殊约束，与一般的社区型医疗差异较大。宗教戒毒通常是在治疗性社区中通过宗教信仰的力量，从道德层面教化吸毒人员，提升吸毒者戒除

---

① 参见潘国仁：《我国药物滥用戒治处遇作为兼论毒品防制与社会工作》，载《青少年犯罪防治研究期刊》2013 年第 1 期。

② 美国治疗性社区是世界上较为成功的戒毒项目，美国称之为"无毒社区支持计划"，该计划以社区为基础，为其提供适当的毒品问题解决方案，加强社区、公共和私人非营利机构以及联邦、州、当地政府和部落之间的合作，建立安全、健康、无毒社区，降低药物滥用者的危险因子。台湾地区的毒品戒治也参考了这种戒治模式。See "Office of National Drug Control Policy", National Drug Control Strategy. P75 – 78. http：//www.whitehouse.gov/sites/default/files/ndcs_ 2013. pdf.

③ 参见薛瑞元：《发展本土戒治医疗专业处遇方案——社区追踪治疗模式与社区药瘾复健治疗模式之比较》，载《研考双月刊》2007 年第 6 期。

毒瘾的动机与毅力。台湾当前宗教戒治以佛教和基督教为主。佛教戒毒模式以禅修理论为基点,依据原始佛教经论,辅以现代脑神经科学,寻找染上毒瘾的根源所在,并从探讨禅修者的身心变化中,提出协助毒瘾者杜绝毒害侵扰的方式。[1] 基督教戒治模式又被称为"福音戒治",是对全人的治疗,主要经过福音课程由过来人提供身心灵全面教育,使戒治者认识生命本质、灵性的内涵,进而正面积极地思考问题,帮助吸毒者的身心灵康复及生命改变并回归社会。[2] 此种方式的关键是成瘾者自身有强烈的戒毒意愿,通过对神的皈依和读经的体会使自身认知与情绪得到同理、净化、重整和控制,并重获生活的价值与意义。[3] 台湾地区具有一定规模的基督教治疗社区包括财团法人基督教晨曦会、台湾花莲基督教主爱之家、财团法人基督教沐恩之家等。

(二) 刑事司法模式

台湾地区的"毒品危害条例"第 10 条和第 20 条规定了吸毒人员的"观察勒戒""强制戒治"和"科处刑罚"三种法律后果。与之相对应,吸毒人员的司法处遇分为机构内的观察勒戒、强制戒治以及监狱毒品犯辅导方案三阶段。

1. 观察勒戒

施用第一、二级毒品者,检察官应首先申请法院裁令吸毒人员观察、勒戒。在此期间单纯将吸毒人员视为病人,以医疗模式处置,排除刑罚适用。"吸毒人员应先由检察官或少年法院裁定最长期限为 2 个月的观察勒戒,经观察后,对无再次吸毒倾向者作不起诉或不予审理裁定;对有复吸毒倾向者由检察官申请法院或由少年法庭裁定强制戒治。"[4] 同时,台湾地区"观察勒戒处分执行条例"详细规定观察、勒戒的执行程序。观察、勒戒的执行方式一般采用静态观察,首先对于进入勒戒所的吸毒人员进行生理上解毒,即通过一定体能训练和课程观察其行为表现,按照"有无继续施用毒品倾向评估标准"对吸毒人员进行评分,如无继续吸毒倾向,则由勒戒所报请

---

[1] 参见释永东:《佛教禅修戒毒实例之比较研究》,载《新世纪宗教研究》2009 年第 4 期。
[2] 参见陈碧珍:《宗教戒毒历程中生命转化与家人关系复合的探究》,载《犯罪学期刊》2012 年第 2 期。
[3] 参见王伯颀:《毒品罪成瘾者的生命历程及戒毒过程初探》,载《军法专刊》2015 年第 6 期。
[4] 台湾地区"毒品危害条例"第 20 条。

检察官同意予以释放。

2. 强制戒治

强制戒治，是指在观察勒戒处分后，经精神科医师等专家判断仍有继续吸毒倾向者，应通过检察机关向法院申请，由法院裁令进入戒治所强制戒治。依据"戒治处分执行条例"的规定应将戒治措施分为三个阶段：即调适期、心理辅导期、社会适应期。① 调适期的处遇重点是培养受戒治人的体力和毅力，增强其戒毒信心。心理辅导期以激发受戒治人的戒毒动机和更生意志为重点，协助其戒除对毒品的心理依赖，辅导课程包括谘商辅导、体育活动、卫生教育和成瘾概念等。社会适应期以重建受戒治人的社会人际关系并提升生存技能和解决问题的能力为重点，协助其复归社会。社会适应期的辅导目标是强调生活的规律性，引导受戒治人学会运用社会资源并参加诸如生涯辅导、技能培训、法制教育及经验分享等社会适应课程。

3. 监狱内毒瘾犯戒治

"毒品危害条例"第20条与第23条将吸毒人员的刑事处遇划分为"初犯""五年内再犯"与"五年后再犯"。"初犯"以及在观察勒戒或强制戒治执行完毕"五年后再犯"者，说明原有的处遇措施对吸毒人员具有戒断作用，对这类人依然可按"初犯"处置，再次执行观察勒戒或强制戒治的程序。② 而经过观察勒戒或强制戒治执行完毕释放后"五年内再犯"的人，说明其继续吸毒的倾向高，原来的观察勒戒和强制戒治并无实效，检察机关应予直接起诉，待法院审理裁定后即入监服刑。虽然对毒品犯处以刑罚。当前，台湾地区在监毒品犯处遇以辅导教诲为主，根据台湾地区"监狱毒品犯辅导计划"的内容，将监狱内施用毒品犯的辅导策略分为"新收评估阶段""在监辅导阶段"和"出监辅导阶段"。③ 这种分阶段的辅导方案实际上是从吸毒人员"生理—心理—社会"一个复归过程，端正吸毒人员的主观态度，从生理和心理方面为其提供社会支持，最终实现吸毒人员的再社会化。

---

① 台湾地区"戒治处分执行条例"第11条。
② 参见刘玥琳：《从毒品定性探讨我国毒品施用行为之防治对策》，台北大学2015年硕士学位论文。
③ 参见李宗志、杨士隆：《刑事司法戒治处遇制度之问题与困境研究》，载《犯罪学期刊》2010年第1期。

三、台湾地区毒品滥用戒治机制有效性的评价反思

我国台湾地区吸毒人员戒治机制运行既存在积极有效的部分，也存在理论和实践争议，因而需要从整体上进行评价反思。

（一）台湾地区毒品分级制度的建构与运行

台湾地区的毒品分级制度对毒品戒治具有重要意义。毒品分级处遇包含两种类型：其一，依据毒品成瘾性和社会危害的不同而进行的毒品品项分级。台湾地区法律对毒品定义、分级、品项和毒品目录更新程序等均有明确规定。在毒品品项及分级层面，"毒品危害条例"规定，毒品是指具有成瘾性、滥用性及社会危害性之麻醉药品与其制品及影响精神物质与其制品。毒品分为四级：第一级包含海洛因、吗啡、鸦片、古柯碱及其相类制品。第二级包含罂粟、古柯、大麻、安非他命、配西汀、潘他唑新及其相类制品。第三级包含西可巴比妥、异戊巴比妥、纳洛芬及其相类制品。第四级包含二丙烯基巴比妥、阿普唑他及其相类制品。① 上述毒品分级与品项是动态评价的，台湾地区"法务部"会同"行政院卫生署"组成"审议委员会"，每三个月检讨予以调整和增减。借助毒品分级与品项的规定可以区分不同类型毒品犯罪的社会危害性，并结合其滥用性、成瘾性确定相应不同程度的刑罚，符合比例原则。同时，由于第三、四级毒品具有较弱的成瘾性，立法上直接将施用三、四级毒品的行为予以除罪化，这种分级处遇更加科学，受到台湾地区理论界和实务界的一致性肯定。②

其二，是对吸毒人员在戒治措施上的处遇分级，具体表现为根据"初犯"和"五年后再犯"者采用观察、勒戒或强制戒治措施，而对释放后"五年内再犯"者则采用刑罚措施。三个阶段的具体处遇分别为：第一阶段是观察、勒戒阶段，重点在于观察和戒除"身瘾"，观察期限为7日，最长期限为1个月；第二阶段是强制戒治阶段，戒治重点在于"心瘾"，该阶段还依据被戒治者的毒瘾倾向划分为调适期、心理辅导期和社会适应期三部分，其法定期限6个月以上，最长期限不得超过1年；第三阶段是针对"五

---

① 台湾地区"毒品危害条例"第2条。
② 参见吴耀宗：《论我国毒品管制之法政策走向——从〈戡乱时期肃清烟毒条例〉到〈毒品危害防制条例〉》，载《月旦法学杂志》2010年第5期。

年内再犯者"将动用刑罚予以处罚。① 这种区分实现对不同类型成瘾者的个别化处遇,有利于激发戒治人员戒除毒瘾的主观动机,从生理和心理层面摆脱毒品。此外,这种分级处遇一定程度上减少了刑罚适用,强化对吸毒人员的权利保障,能够推进毒品戒治进一步转向医疗模式。

(二)吸毒行为的犯罪化的合理性评析

虽然台湾地区已将施用第三、四级毒品的行为除罪化,但吸毒行为完全除罪化的道路依然遥远。其一,台湾地区相关机关的立场仍坚持以刑罚威慑实现对吸毒的一般预防。"毒品危害条例"第 1 条明确将"国民的身心健康"作为保护法益。同时,司法机关也明确了对施用毒品行为犯罪化的主要理由,施用毒品所可能引起的抽象危险为刑法事前介入提供了合理性。② 其二,从民意立场出发,吸毒人员长期被"污名化",对其犯罪化处置是台湾地区民众强烈支持的。毒品犯罪的"刑法"规定,一方面确证了刑法规范与刑事程序对毒品犯罪的严厉惩罚,另一方面也强化吸毒人员的污名和民众的憎恶心。民意是现代社会无法回避的一个重要概念范畴,"无差别地"赋予了一般民众表达自身观点的权利,是民主国家和地区所标榜的进步,民众表达可以直接或间接地改变社会进程。③ 台湾地区现行"立法"也很大程度受民意影响。其三,从国际立法上看,有关国际公约④和国家立法也将毒品滥用行为作为犯罪,予以刑事制裁。如《德国刑法典》规定吸食毒品和吸毒成瘾者的刑罚幅度;《美国模范刑法典》规定了公然酗酒、乱用药物罪;《韩国刑法典》规定,吸食鸦片或注射吗啡的,构成吸毒罪;新加坡则更是"重典治吸",对重犯吸毒者最高规定了 13 年监禁刑及打 12 鞭的刑罚。⑤ 台湾地区将吸毒行为的犯罪化处理并不是孤立做法。

台湾地区现行毒品"立法"受到台湾地区理论界的批评,反对者从"自伤不罚原则"⑥、吸毒行为属于无被害人犯罪、吸毒者无损害他人和社会

---

① 参见陈祖辉:《毒品犯罪戒治处遇概况之介绍》,载《犯罪学期刊》2003 年第 1 期。
② 参见台湾地区"'司法院'释字第 544 号解释理由书",维基文库: https://zh.m.wikisource.org/wiki,2018 年 10 月 30 日访问。
③ 参见李立丰:《民意的司法拟制——论我国刑事审判中人民陪审制度的改革与完善》,载《当代法学》2013 年第 5 期。
④ 《联合国禁止非法贩运麻醉药品和精神药物公约》第 3 条第 2 款。
⑤ 参见王秀梅:《吸毒非罪化的再思考》,载《人民法院报》2008 年 6 月 26 日,第 5 版。
⑥ 施奕晖:《施用毒品行为刑事政策与除罪化之研究》,台湾中正大学 2013 年博士学位论文。

公共利益的主观动机①以及吸毒成瘾属于大脑疾病而非吸毒者自愿性行为等方面予以驳斥，认为将吸毒行为犯罪化实质上仍属于重刑思维下消极一般预防理念的表现。上述争论仍属于哲学领域中自由主义与功利主义之争。自由主义完全以自由为核心的价值体系，以个人为主体。而功利主义以整体为主体，判断社会价值时注定忽视甚至剥夺少数人的权利。在毒品滥用戒治问题上应平衡二者关系，不能进入价值独断主义的怪圈。一方面，要调适法律规范以有效保护吸毒者个人自由；另一方面，从实用主义出发，坚持有效的毒瘾戒治是对成瘾人群最大的权利保护。因此，追求吸毒行为的除罪化能够有效保障个人权利，而吸毒行为犯罪化的刑罚威慑在某种意味上属于有益的威慑。第一，吸毒行为犯罪化立法目的在于保护民众身心健康和强化毒瘾的戒治成效。戒治政策的一个关键目标是为成瘾者提供选择帮助自己的动机和机会。"毒品危害条例"中"观察、勒戒""缓起诉处分"制度均可作为刑罚替代措施适用，从而激励吸毒人员寻求治疗帮助。因此，定罪理由并不单纯以威慑为基础，而是借助刑罚威慑的杠杆作用强化戒治实效。第二，犯罪化立法造成吸毒者的"污名化"有益于社会一般预防。从法律规范的作用来看，法律作为国家制定的社会规范，具有告示、指引、评价、预测、教育和强制等规范作用。② 现行犯罪化立法对吸毒人员施以惩罚，不仅是为了实现刑罚的特殊预防，更是为了以更严厉的、责任更重的规范来宣示吸毒行为的不法性，指引社会公众远离毒品，达到社会一般预防效果，从而降低毒品需求。故而，台湾地区吸毒行为的犯罪化"立法"具有较为明显的功利主义色彩，但这种立法设计实质上也兼顾了对吸毒人员的自由的保护，具有合理性。

（三）吸毒人员戒治处遇机制的有效性评价

台湾地区的毒品滥用戒治理念具有明显的减害取向（Harm Reducton），这种理念在防治毒害过程中将公民的健康照护作为工作的重心，在打击毒品犯罪的同时，将毒品滥用的风险和危害降至最低。台湾地区"立法"还明确了吸毒人员处遇机制的适用条件、戒治时间、决定主体、受戒治者的救济途径等规范。此外，建立严格的戒治效果评估制度，邀请戒治所之外第三方专业机构对每个戒治个案毒品成瘾性作出评估，以保证诊断评估的公正性和

---

① 杨士隆：《犯罪心理学》，台北五南出版社2013年版，第124～126页。
② 参见张文显：《法理学》，高等教育出版社2007年版，第83～84页。

中立性。① 但在具体机制的运行中也存在问题：其一，吸毒人员的前期戒瘾需求评估工作需要进一步完善。在筛选有毒瘾倾向者或向有戒治需求者展开戒治治疗时存在障碍，影响戒治工作的效率。其二，监狱内的戒瘾资源无法满足狱内毒品犯戒瘾需求。目前，台湾地区监狱内毒品犯数量不断增多，而监狱内又普遍缺少戒毒所需的医疗卫生条件、专业人员，机构内的心理师、社工、护理人员等专业人士仍较缺乏，导致狱所的一些课程辅导难以顺利完成，影响戒治效果。监狱内的刑罚报应难以遏制吸毒者再犯，监狱内的戒治效率还有待提升。因此，应考虑增加以"刑法"替代措施处遇吸毒人员，通过开放性处遇方式降低戒治成本，缓解监狱内戒治压力。其三，机构内与机构外的社会戒瘾资源衔接亟待强化。戒治所是台湾地区司法戒治体系中资源最为丰富的处所，但戒治机构内的专业人力远远不足，而台湾地区目前尚未实现机构内与机构外戒瘾资源的有效衔接。故而，应强化戒治机构与社会资源的衔接，寻求民间团体、社区戒瘾机构、社工志愿者等社会资源的协助，这种协助不仅是为受戒治者在机构内戒瘾治疗期间提供帮助，更应在受戒治者离开机构回归社会后，对其生活、工作等提供支持，以防止毒瘾者在遭受社会压力或毒品诱惑时再犯。

四、台湾地区经验对祖国大陆毒品滥用戒治机制的现实启示

台湾地区毒品戒治经验能够为大陆毒品戒治的政策理念、立法、司法以及行政执法等方面提供有益启示，有利于促进大陆毒品滥用戒治机制的完善。

（一）政策理念：建立以实用主义为指导的毒品戒治政策

毒品滥用戒治政策的核心目标应该是为吸毒成瘾者创造戒毒的动机和机会，有效戒除毒瘾并减少毒品危害。大陆应借鉴台湾地区经验，在保障吸毒者权利的同时追求戒治实效，建立以实用主义为指导的戒治政策。国际上对于毒品消费和使用问题选用"惩罚性禁毒"和"惩罚替代措施"的争论一直存在，② 但将毒品戒治的政策重心从强化司法和行政强制措施转移到更具实效的公共卫生政策已成为多数国家与地区的选择。在大陆，恢复吸毒人员

---

① 包涵：《中国强制隔离戒毒的法律地位及制度完善》，载《北京社会科学》2015年第5期。
② Melissa T. Aoyagi, Beyond Punitive Prohibition: Liberalizing the Dialogue on International Drug Policy, New York University Journal of International Law and Politics, Vol. 37, 559 (2005).

的犯罪化立法实难实现亦无必要，应强化戒治工作中减害理念等实用主义戒治观的贯彻。减害理念在二十世纪七十年代就被荷兰等国家提出和运用。①"减少危害"的广义理解包括降低毒品造成的社会和公共卫生危害及其对吸毒者个体身心健康的损害。② 减害措施如药物维持治疗能够减少毒品非法使用及其相关的艾滋病传播危险行为和违法犯罪，恢复成瘾者的社会功能。但由于美沙酮属于麻醉药品，将其提供给吸毒人员实际上属于帮助他人消费毒品，大陆立法并未解决减害措施与法律间的矛盾与冲突问题。减害措施的适用程序规定仅见于卫生部、公安部、国家药品监督管理局发布的《海洛因成瘾者社区药物维持治疗试点工作暂行方案》等规范文件中，《禁毒法》和《戒毒条例》对减害措施适用条件、适用程序等规定处于空白，影响了药物维持治疗等减害措施的适用效果。因此，建议在未来《禁毒法》和《戒毒条例》修改中将"减少危害"等实用主义戒治理念作为禁毒工作的指导理念，并明确各种减害措施的适用条件、适用程序等规定，以更好地实现戒毒工作实效和保障吸毒者权利。

（二）立法：明确建立毒品目录和毒品分级制度

关于毒品分级，国际上早已将毒品分为"软型毒品"和"硬性毒品"，并对不同类别的毒品犯罪配置不同刑罚。台湾地区"毒品危害条例"第2条依据毒品的成瘾性、滥用性及社会危害性将毒品分为四级，由"法务部"会同"行政院卫生署"审议毒品种类目录，定期检讨、调整和增减。以毒品种类和分级对毒品犯罪设置不同的刑罚，这种立法较为科学。大陆的禁毒立法并未充分考虑毒品分级的重要意义，虽对不同类型毒品犯罪设置不同量刑标准，但仅是从罪刑均衡原则进行的条文设计，并未对毒品分级和细化毒品目录，无法有效指导毒品的戒治工作。此外，由于新型毒品更新速度加快，也要求立法上应建立毒品目录和毒品分级制度，以为司法和戒治实践提供具体标准和依据。因此，大陆当前应在立法上设置毒品目录，构建毒品分级制度。其一，《禁毒法》修改过程中可以考虑设置毒品种类与分级法律条文，并参考台湾地区经验，明确将具体的毒品目录以附表形式附录于《禁

---

① 参见刘建宏主编：《新禁毒全书：全球化视角下的毒品问题》，人民出版社2014年版，第255页。

② 参见刘志民：《关于开展"降低危害"的若干问题》，载杨凤瑞主编：《2004年禁毒论坛——戒毒康复的理论与实践》，中国民主法制出版社2004年版，第297页。

毒法》中。其二，在《禁毒法》中附录毒品分级附表，由公安部、司法部、国家卫生和计划生育委员会、国家食品药品监督管理局等部门组成审议委员会，定期检讨并及时更新分级，以契合防治毒品犯罪和戒毒工作的实践需求。其三，以毒品种类和分级为标准，为"初犯""再犯""三犯"的吸毒者设置个别化的处遇政策和戒治方案，提升毒品戒治的科学性和实效。

(三) 司法：探索实现吸毒人员的保安处分制度

保安处分是以近代学派预防刑理念为根基的一种社会防卫方法，是对具有社会危险性的行为人替代或补充刑罚适用的，以矫治、感化、医疗、禁戒等手段进行的具有司法处分性质的各种保安措施的总称。[①] 台湾地区"毒品危害条例"规定吸毒人员的观察勒戒、强制戒治以及刑事处罚，均必须交由检察机关或司法机关裁量。[②] 此外，"毒品危害条例"还设置被裁定观察勒戒或强制戒治者的权利救济途径，受观察勒戒和强制戒治者或其法定代理人、配偶或检察官可申请原裁定法院重新审理情形。[③] 实际上，国外一些国家将吸毒者的收容戒治措施作为保安处分的一种形式，如《德国刑法典》规定了6种保安处分措施中就包含"收容于戒除瘾癖的机构"[④]；《瑞士联邦刑法典》的保安处分也包括"对毒品瘾君子的治疗"[⑤]。强制戒治的司法裁量可以使程序适用得更加谨慎，有利于保障处遇措施的公正性和戒治人员的基本权利。

大陆强制隔离戒毒制度的严厉程度甚至重于《刑法》中管制、拘役及短期有期徒刑，属于《宪法》规定的应由司法机关决定适用的强制措施。而法律规定强制隔离戒毒的决定主体为公安机关。被决定强制隔离戒毒人员虽可依法申请行政复议或提起行政诉讼，但行政复议无独立的质证和裁判程序，属于行政机关的内部监督机制，其公正性有待质疑。并且，"复议期间

[①] 参见梁根林：《刑事制裁：方法与选择》，法律出版社2006年版，第249页。
[②] 台湾地区"毒品危害条例"第20条、第23条。
[③] 台湾地区"毒品危害条例"第20条之一规定可申请原裁定法院重新裁定的6种情形包括：适用法律法规有错误，并足以影响裁定结果；原裁定所凭证据已证明为伪造或变造；原裁定所凭证言、鉴定或通话已证明为虚伪；参与原裁定之法官或参与申请之检察官，已被证明因该案件犯职务上之罪；发现新证据足以证明不应施以观察、勒戒或强制戒治的情况；受观察、勒戒或强制戒治处分者已证明其被诬告。
[④] 《德国刑法典》，徐久生译，法律出版社2004年版，第27页。
[⑤] 《瑞士联邦刑法典》，徐久生、庄敬华译，中国方正出版社2004年版，第16页。

具体行政行为不停止执行"可能会严重损害被错误决定强制隔离戒毒人员的自由，待复议不成又提起行政诉讼，时间、费用成本巨大。因此，大陆地区应重新对强制戒治措施进行制度定位，明确强制戒治机制的保安处分属性。实际上，《刑法》中如收容教养、对无责任能力精神病人的强制医疗及禁止令等，这些措施与刑罚共同作为刑法所规定的法律后果，已经形成了"隐性双轨制"的格局。① 将强制隔离戒毒等保安处分措施的决定权赋予法院，以实现程序正义。但要从根本上实现决定权归属的变革，就需要从整体的法律框架上为保安处分"正名"，从形式和实质两个层面确立保安处分措施的合法性，这势必需要全面的立法设计方案。当前，我们可以借鉴《刑事诉讼法》中关于"依法不负刑事责任的精神病人的强制医疗程序"的规定，完善吸毒人员强制戒毒措施的适用程序，由法庭裁定强制性戒毒措施的适用，并明确其救济程序，以实现对吸毒人员的权利保障。

（四）行政：强化戒治方案、效果评估和衔接机制的运行效果

大陆对毒品戒治的方案设计、戒治效果评估和戒治机制衔接机制均应有所完善，强化行政执法效果。其一，科学设计吸毒人员的戒治方案。台湾地区吸毒者戒治采用多元的戒治方案，在毒瘾戒治不同期间采用递进式的治疗方案，包括体能训练、卫生教育、技能培训和公民教育等方面。② 探索了独具地方特色的宗教戒毒方案。当前，大陆强制隔离戒毒的适用最多，适用人数一般超过同期社区戒毒、社区康复人数总和的 50%～110%。③《禁毒法》和《戒毒条例》应对强制隔离戒毒的个别化管理规定进一步细化，实行科学、分级管理。自愿戒毒机构经常以利润为导向，其治疗期限短、费用高、复吸率高。因此，应加强规范戒毒医疗机构的服务效果，防止其只注重经济利益而忽视戒毒效果。社区戒毒环节应强化治疗理念，提升对吸毒人员管控，完善社区功能。人的社会属性决定了社区戒毒是最符合人性的戒治方式。基层政府要向本地区提供充足的人、财、物支持，将建立地方基层的社区戒毒、社区康复体系作为戒毒工作的关键环节。我们可以借鉴台湾地区和国际经验，打造符合实际的治疗性无毒社区，并完善社区戒毒的各项规章制

---

① 参见时延安：《劳动教养制度的终止与保安处分的法治化》，载《中国法学》2013 年第 1 期。
② 参见许福生：《台湾反毒策略之探讨》，载《军法专刊》2017 年第 6 期。
③ 靳澜涛：《〈禁毒法〉修订背景下强制隔离戒毒制度的完善（上）——基于多地戒毒工作实证调研的思考》，载《中国药物滥用防治杂志》2017 年第 3 期。

度,尤其对流动人口人户分离的情况,要加强不同地区间禁毒部门的沟通协调,形成社区戒毒个案的流转机制,来实现对社区戒毒康复人员的有效管制和帮教支持,创建多元的社区戒毒方案。其二,关于毒品戒治效果的考察,从毒瘾检测、心理辅导、技能训练、工作安置等方面评估戒治效果,应强化检测手段,定期社区戒毒人员的身体检测和对强制戒治机构释放的吸毒人员进行追踪辅导。学界也应增加理论层面的评估研究,为毒品戒治效果的优化和发展提供科学根据。其三,在戒治措施的衔接上,大陆在法律上亦可依据戒毒者矫治后复吸的间隔时间及复吸次数匹配相应严厉程度的戒治措施,以提高戒治效果。此外,由于社区戒毒效果欠佳,学者提出借鉴台湾的"观察勒戒"制度,在自愿戒毒(医疗机构戒毒)和强制戒毒(包括社区戒毒、强制隔离戒毒)之间增加"勒戒"环节,由公安机关勒令吸毒者限期自行选择戒治方式和戒治场所。[①] 从而实现自愿戒毒与强制戒毒之间的合理过渡,最大限度发挥医疗机构戒毒资源的作用。

有效的毒品戒治能够减少毒品需求,降低吸毒对个人、家庭以及社会产生的风险和危害。在当前国际禁毒政策风云变幻的形势下,建立以实用主义为指导的戒治政策是我国毒品问题治理的核心要义。台湾地区毒品滥用戒治制度立足于积极的实用主义政策观,吸毒行为的犯罪化实质上是一种有益的刑罚威慑,大陆虽不能采用这种犯罪化的处理方式,但也应在执法层面强化戒毒执行工作。同时,要进一步落实贯彻毒品减害理念,以协调自愿戒毒和社区戒毒人员管制松散和强制隔离戒毒浓重道德惩戒意味的"轻重失衡"问题。此外,大陆还要建立毒品分级制度,积极完善吸毒人员强制戒治的司法程序与救济途径,全面保障吸毒人员合法权益,提升毒品戒治实效,减少毒品市场的需求量,使毒品戒治成为国家毒品问题治理的坚强环节。

[①] 参见姚建龙、周颖:《禁毒学导论》,中国人民公安大学出版社2014年版,第114页。

第七节 吸毒人员社区管控模式的建构*

吸毒与戒毒问题是整个世界所面临的最严重的社会顽疾，不仅严重影响吸毒者个人生活，更深刻影响着整个全球社会，"吸毒成瘾"已经和贩毒、暴力、卖淫、赌博、贫困、艾滋病、反社会行为、家庭破裂、黑社会、年轻人等一系列字眼紧密相联，至今问题无法根除。各国政府和学术界都一直致力于寻找根除毒品、戒除毒瘾、管控吸毒的良方，但已采用的各种方法在效果上均难称理想。管控吸毒人员主要涉及如下问题：一是吸毒人员的身份定位和吸毒行为的法律定位；二是吸毒人员应否管控及管控的正当性；三是谁来管控以及如何管控即管控模式的选择及具体运行机制的建构。关于吸毒者的身份定位的争论和分歧实际上一直在左右着我们对吸毒者社会救助的理论和实践，这种身份定位主要包括两种情况：一是吸毒成瘾是否是一种疾病，即吸毒者是病人吗？二是吸毒是否是犯罪，即吸毒者是罪犯吗？[1] 至于吸毒人员管控的必要性，各国政府和学术界容易达成共识，但管控的正当性问题尚需深入探讨。而谁来管控、如何管控、管控模式选择及管控机制运行，则应成为当下各国政府及学术界关注重心。

一、吸毒人员及其管控现状

改革开放以后，在国际毒潮的侵袭下，我国吸贩毒活动死灰复燃，吸毒人数迅速上升。据不完全统计，我国登记在册吸毒人数1990年为7万人，1992年为14.8万人，1994年为25万人，2003年为105.3万人。截至2011年底，全国登记吸毒人员为179.4万名，吸毒人数呈逐年上升趋势。[2] 正因为如此，吸毒人员的管控问题日益引起政府的高度重视。

---

* 本节撰写者：陈小彪。

[1] 参见姚建平：《病人罪犯与公民：吸毒者的社会救助研究》，载《云南警官学院学报》2005年第4期。

[2] 参见谢川豫：《新时期我国戒毒模式的发展及挑战》，载《中国人民公安大学学报（社会科学版）》2013年第2期。

(一) 吸毒人员的现状[①]

1. 吸毒人员人数概况

当前，该市毒品问题依然严峻复杂，吸毒人数高居不下，且呈逐年递增趋势。其中，2008 年新增吸毒人员 3957 名，2009 年新增吸毒人员 2021 名，2010 年新增吸毒人员 6837 名，2011 年新增吸毒人员 7315 名，2012 年新增吸毒人员 6095 名（见图一）。

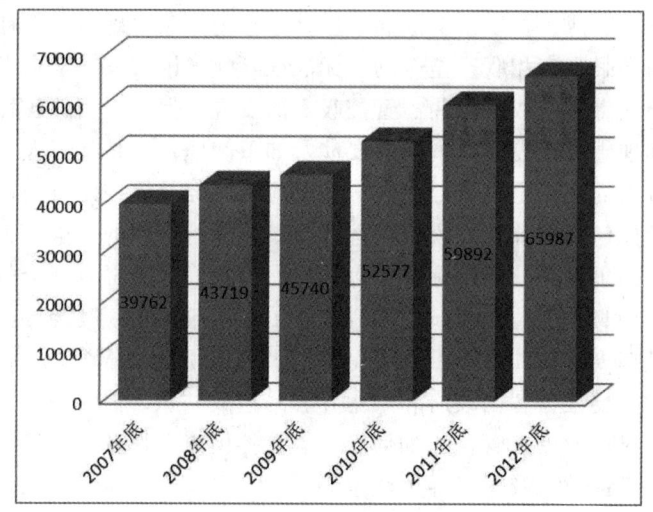

图一：某市历年登记入库吸毒人员总数

截至 2012 年底，全市累计登记入库吸毒人员 65987 名（不含死亡和出国出境人数），纳入动态管控人员 36288 名，管控比约为 54.99%。

2. 吸毒人员性别结构

从吸毒人员性别结构来看，男性吸毒人员远远高于女性吸毒人员，在 2012 年登记入库吸毒人员中，男性 51426 名，占 77.9%；女性 14561，占 22.1%（见表一）。

[①] 由于数据统计的困难，此处主要以我国某直辖市为对象进行分析，该市在全国范围内属于吸毒重灾区之一，故笔者认为该市的现状基本可以反映当前吸毒现状。本文对于该市吸毒现状之统计数据源于公安、司法等多个部门的调研并由笔者归纳而成。

表一：2012年某市吸毒人员性别结构

吸毒人员性别	人数	比例
男性	51426	77.9%
女性	14561	22.1%
合计	65987	100%

3. 吸毒人员从业结构

从从业结构来看，2012年全市登记录入了从业状况的吸毒人员34639名，其中，国家公务员33名，占0.10%；专业技术人员50名，占0.14%；职员442名，占1.28%；企业管理人员59名，占0.17%；工人803名，占2.32%；农民5204名，占15.02%；学生271名，占0.78%；现役军人9名，占0.03%；自由职业者395名，占1.14%；个体经营者712名，占2.06%；无业人员22953名，占66.26%；退（离）休人员64名，占0.18%；其他3644名，占10.52%。

4. 吸毒人员年龄结构

从2012年该市吸毒人员年龄结构来看，不满14岁的有5名，占0.01%；14岁至18岁的有724名，占1.10%；19岁至25岁的有8609名，占13.05%；26岁以上的有56649名，占85.85%（见图二）。

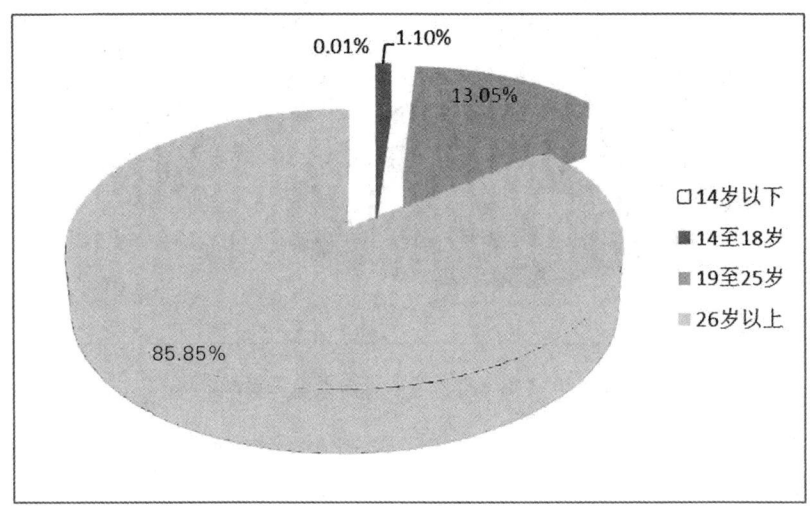

图二：2012年某市入库吸毒人员年龄结构

从查获吸毒人员类型看，2012年全年该市共查获吸毒人员12529名，其中，复吸人员6434名，占51.35%；初吸人员6095名，占48.65%。从初吸者年龄结构来看，17岁以下的有389名，占6.38%；18岁至25岁的有2241名，占36.77%；26岁至35岁的有1898名，占31.14%；36岁至45岁的有1206名，占19.79%；46岁至59岁的有351名，占5.76%；60岁以上的有10名，占0.16%。

5. 吸毒人员家庭和婚姻状况

从吸毒人员的家庭与婚姻结构来看，2012年全市达到婚龄以上吸毒人员61336名，登记婚姻状况吸毒人员30872名，其中未婚15316名，占49.61%；已婚10983名，占35.58%；丧偶169名，占0.55%；离婚4404名，占14.27%。

6. 吸毒人员滥用毒品情况

从滥用毒品种类来看，2012年该市滥用阿片类吸毒人员39670名，占60.12%；滥用合成类毒品25763名，占39.04%；滥用其他毒品554名，占0.84%（见图三）。

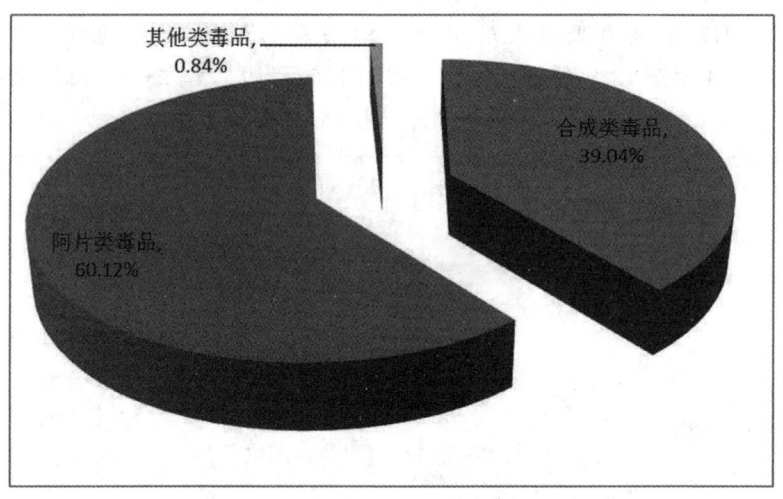

图三：2012年该市入库吸毒人员滥用毒品情况

从2012年初吸毒品类型来看，滥用阿片类吸毒人员921名，占15.11%；滥用合成类毒品5170名，占84.82%；滥用其他毒品4名，占0.07%。初吸者毒品来源情况如下：由他人提供的有6068名，占99.56%；

娱乐场所提供的有 24 名，占 0.39%；偷窃毒品的有 3 名，占 0.05%。

(二) 吸毒人员成瘾戒断与管控现状

1. 吸毒人员成瘾情况

从吸毒人员成瘾状况来看，2012 年该市有两次或以上多次戒毒记录吸毒人员 4422 名，占 6.70%；只有一次戒毒记录吸毒人员 16081 名，占 24.37%；有吸毒史记录吸毒人员 45484 名，占 68.93%（见表二）。

表二：2012 年某市吸毒人员成瘾情况

记录情况	人数	比例
多次戒毒记录	4422	6.70%
一次戒毒记录	16081	24.37%
吸毒史记录	45484	68.93%
合计	65987	100%

2. 吸毒人员毒瘾戒断情况

从毒瘾戒断状况来看，2012 年全市戒断 3 年未复吸吸毒人员 29699 名，占入库总人数的 45.01%。其中，戒断 3 年未复吸吸毒人员中有戒毒史记录的有 4745 名，占 15.98%。

3. 吸毒人员戒毒现状

全市正在执行各项戒毒治疗措施的吸毒人员共 8596 名，占纳入动态管控人数的 23.69%。其中，强制隔离戒毒 2853 名，占 33.19%；社区戒毒 1415 名，占 16.46%；社区康复 331 名，占 3.85%；参加药物维持治疗 3814 名，占 44.37%；进入戒毒康复场所 183 名，占 2.13%。

4. 吸毒人员回归情况

从阿片类吸毒人员就业安置回归社会的生存状况来看，全市登记就业安置阿片类吸毒人员 13009 名，占社会面阿片类吸毒人员总数 36724 名的 35.42%。对于其他类毒品吸毒人数未能统计到具体情况。

5. 吸毒人员身体状况

从吸毒人员身体状况来看，系统登记录入已检测是否感染艾滋病吸毒人员共 2320 名，其中，感染艾滋病吸毒人员 149 名，未感染艾滋病吸毒人员 2171 名。

二、吸毒人员的管控模式及存在问题

对于吸毒人员的管理与控制问题，新中国成立以来，主要着眼于吸毒人员的毒瘾戒断，对于戒毒模式，历经了从新中国成立初期的运动式戒毒模式→改革开放后至《禁毒法》施行前的羁押戒毒模式→多元戒毒模式的演变，形成了当下包括自愿戒毒、社区戒毒、强制隔离戒毒、社区康复在内的多元戒毒模式。以《禁毒法》为立法根据，2011年国务院颁布了《戒毒条例》，在此之前，公安部、司法部、卫生部等部门依据《禁毒法》制定了有关戒毒的诸多部门规章，主要有：公安部制定的《吸毒检测程序规定》（2009年）；卫生部制定的《苯丙胺类药物依赖诊断治疗指导原则》（2009年）、《阿片类药物依赖诊断治疗指导原则》（2009年）；戒毒管理局、司法部制定的《强制隔离戒毒人员诊断评估办法（试行）》（2009年）；司法部劳教局（戒毒局）制定的《强制隔离戒毒人员管理工作办法（试行）》（2009年）；公安部、卫生部制定的《关于公安机关强制隔离戒毒所使用美沙酮等麻醉药品和精神药品有关问题的通知》（2009年）、《吸毒成瘾认定办法》（2011年）；公安部、司法部、卫生部制定的《吸毒人员登记办法》（2007年）、《戒毒医疗服务管理暂行办法》（2010年）等。这意味着新戒毒体系已经基本形成。但是，从法规体系来看，政府关注的焦点始终围绕着毒瘾戒断，而对吸毒人员的管控问题则着墨甚少，以致吸毒现象屡禁不绝，政府如同救火队员四处扑火却又火情四起。从禁毒实践来看，警方对于戒毒措施的运用同样体现了打击吸毒违法行为、侧重维护社会秩序的思路，无论是社区戒毒还是强制隔离戒毒，更带有作为一种行政处罚措施来运用的性质。① 例如，部分省区市采取"三个一律"的做法：凡查获的吸毒人员一律上网登记；对初次吸毒的一律予以行政拘留和责令社区戒毒；再次吸毒的则一律强制隔离戒毒。②

（一）现行吸毒人员管控模式的特点

1. 以高危人群为标签的管控逻辑前提

现行吸毒人员管控模式的逻辑是以吸毒人员属于违法犯罪高危人群来设

---

① 参见姚建龙：《〈戒毒条例〉与新戒毒体系之运作》，载《中国人民公安大学学报（社会科学版）》2012年第5期。

② 参见《复吸新型毒品人员一律强制隔离戒毒》，载《海南特区报》2010年7月27日。

计的，比如，浙江省戒毒缉毒网站上于 2010 年 3 月 2 日发布的《浙江省公安机关重点人员动态管控工作规范（试行）》第 1 条开宗明义，① 将涉毒人员（大多数为吸毒人员）与涉恐、涉稳等高危不稳定人员并列作为防打重心，并由此得出结论认为吸毒人员偷窃、抢劫、诈骗、卖淫等案件呈日益上升的趋势。有研究者统计，2004 年上海抢劫案件比 2003 年增加了 12.01%，占上海 2004 年全年刑事案件的 1.72%；2005 年上海抢劫案件比 2004 年增加了 16.36%，占上海 2005 年全年刑事案件的 1.72%；2006 年上海抢劫案件比 2005 年增加了 6.26%，占上海 2006 年全年刑事案件的 1.94%。盗窃案件增长迅速，2004 年上海盗窃案件占其全年刑案的 78.53%；2005 年上海盗窃案件占其全年刑案的 75.38%；2006 年上海盗窃案件占其全年刑案的 73.23%；抢劫、盗窃案件发案总数呈上升趋势，其中吸毒人员涉案的占很大比例。② 但显然，此种统计并不科学，尤其是"吸毒人员涉案占很大比例"这一结论显然缺乏更为科学和细致的统计支持。

2. 以控制防范为目标的动态管控机制

吸毒人员动态管控机制是将所有吸毒人员信息及时纳入计算机系统的查询和统计范围，实现信息共享、网上跟踪、有效管理、动态监控。③ 之所以要建立动态管控，其原因在于吸毒人员有较大的流动性和较强的隐蔽性，从而导致对吸毒人员的管控、帮教难，且呈现出高复吸率。公安部就是出于对吸毒人员的有效控制的目的而着手建立吸毒人员动态管控机制。基于此，对吸毒人员实行动态管控，其机制的运行重心环节就是做好吸毒人员的排查、收戒、管理、维护、应用。

除了公安部发布的全国性的吸毒人员动态管控机制外，某些省份也制定了地方的动态管控具体工作规范，较为典型的是《浙江省公安机关重点人员动态管控工作规范（试行）》，该规范更加明确了吸毒人员属于公安机关

---

① 《浙江省公安机关重点人员动态管控工作规范（试行）》第 1 条规定："为贯彻落实公安部关于建立部、省、市三级情报平台联动应用的工作要求，实现对涉恐人员、涉稳人员、涉毒人员、在逃人员、重大刑事犯罪前科人员、肇事肇祸精神病人和重点上访人员等七类重点人员（以下简称七类重点人员）的动态管控工作，实现'来能报警、动知轨迹、走明去向、全程掌控'，提高预防、打击违法犯罪和维护社会稳定的能力，特制定本规范。"

② 参见钱斌：《上海市吸毒人员管理的现状及改进策略研究》，上海交通大学 2008 年硕士学位论文。

③ 孙光：《吸毒人员动态管控机制的构成》，载《江苏警官学院学报》2007 年第 2 期。

重点人员动态管控的对象，对涉毒人员要"实现'来能报警、动知轨迹、走明去向、全程掌控'，提高预防、打击违法犯罪和维护社会稳定的能力"。该规范第5条进一步明确将吸毒人员分为一类吸毒人员①和其他吸毒人员。从国家到地方的规定来看，显然，吸毒人员的动态管控机制的核心在于控制与防范吸毒人员的"高危"。

3. 以公安机关为主导的多元管控主体

《戒毒条例》第2条明确规定："县级以上人民政府应当建立政府统一领导，禁毒委员会组织、协调、指导，有关部门各负其责，社会力量广泛参与的戒毒工作体制。"该条例第4条还规定禁毒委、公安机关、卫生行政机关和药品监督管理部门各司其职。② 因此，《戒毒条例》最终确立了戒毒权力的配置体系，是以公安机关为主导的，司法行政部门、卫生行政部门、乡镇人民政府、城市街道办事处等多部门参与的多元管控主体，虽然对于强制戒毒场所的管理权限，公安机关和司法行政部门依然存在分歧，但在可预见的未来，公安机关不会轻易交出强制戒毒机构的管理权。此种管控主体的设置与现行管控模式的逻辑前提、主要目标是一脉相承的，是以吸毒人员作为高危的违法者为逻辑假设的管控机制。

4. 以行政强制为主要的毒瘾戒断措施

在劳教戒毒时代，曾有不少学者质疑我国的劳教戒毒作为一种行政处罚来剥夺吸毒人员的人身自由，缺乏充足的依据；作为一种行政处罚，劳教戒毒的惩罚性对吸毒人员未必适当；作为一种剥夺吸毒人员的人身自由的行政强制措施，无论是强制戒毒还是已经废除的劳教戒毒决定，它们的作出皆缺

---

① 一类吸毒人员包括：已作出社区戒毒、社区康复决定而未在规定期间内报到的；正在社区戒毒、社区康复的；曾被强制隔离戒毒（强制戒毒、劳教戒毒）没有后续管控措施的；3年内有吸毒史的其他吸毒人员。

② 县级以上地方人民政府设立的禁毒委员会可以组织公安机关、卫生行政和药品监督管理部门开展吸毒监测、调查，并向社会公开监测、调查结果。县级以上地方人民政府公安机关负责对涉嫌吸毒人员进行检测，对吸毒人员进行登记并依法实行动态管控，依法责令社区戒毒、决定强制隔离戒毒、责令社区康复，管理公安机关的强制隔离戒毒场所、戒毒康复场所，对社区戒毒、社区康复工作提供指导和支持。设区的市级以上地方人民政府司法行政部门负责管理司法行政部门的强制隔离戒毒场所、戒毒康复场所，对社区戒毒、社区康复工作提供指导和支持。县级以上地方人民政府卫生行政部门负责戒毒医疗机构的监督管理，会同公安机关、司法行政等部门制定戒毒医疗机构设置规划，对戒毒医疗服务提供指导和支持。县级以上地方人民政府民政、人力资源社会保障、教育等部门依据各自的职责，对社区戒毒、社区康复工作提供康复和职业技能培训等指导和支持。

乏必要、正当的司法程序等。虽然,也有研究者认为,我国对吸毒人员管理主要体现在强制性戒毒上。根据公安部《公安机关强制隔离戒毒所管理办法》的规定,强制隔离戒毒是依法通过行政强制措施,对吸食、注射毒品成瘾人员在一定时期内,进行生理脱毒、心理矫治、适度劳动、身体康复,开展法律、道德教育的一项重要措施。2011年,全国共依法处置吸毒成瘾人员57.7万名,同比增长8.3%,其中处置强制隔离戒毒17.1万名,责令社区戒毒、社区康复9.7万。① 2012年全国依法处置强制隔离戒毒20.2万余名,依法责令接受社区戒毒、社区康复13.6万余名。② 2013年全国依法处置强制隔离戒毒24.2万余名,依法责令接受社区戒毒、社区康复18.4万余名。③ 2014年全国全年共查处吸毒人员88.7万余人次,新发现登记吸毒人员46.3万余名,强制隔离戒毒新收戒26.4万余人次,社区戒毒、社区康复新报到12.4万余名,全国3年未复吸人员达到100.8万名。④ 从强制戒毒人数与社区戒毒、社区康复人数的比例来看,社区戒毒和社区康复人数占比呈明显上升,但不容忽视的是,强制戒毒依然是四种戒毒方式中主要的戒毒方式。

(二) 现行吸毒人员管控模式的缺陷

从《禁毒法》《戒毒条例》关于吸毒人员管控的规定来看,我国戒毒体制较之以往发生了诸多有益的改进,呈现出"戒毒措施多样化、戒毒程序严格化、戒毒过程一体化、戒毒力量专业化、戒毒救助社会化"的大趋势。我国现有戒毒制度规定了四种戒毒措施,明确了戒毒药物维持治疗、戒毒康复场所的法律地位,而且,将前述四种戒毒措施给予了全盘考量,实现了戒毒过程的合理衔接和戒毒资源的有效整合,这都体现了我国戒毒工作在理念、方式的发展与进步。总体而言,我国戒毒制度的特点,可以概括为科学戒毒和人文关怀的理念、回归社会为导向的戒毒模式、客观有效的戒毒工作评估体系、协同配合的戒毒工作机制四个方面。⑤ 虽然部分学者对现行吸毒人员管控模式和戒毒模式给予了较高评价,但不可否认,从依然节节攀高的

---

① 参见《2012中国禁毒报告》。
② 参见《2013中国禁毒报告》。
③ 参见《2014中国禁毒报告》。
④ 参见《2015中国禁毒报告》。
⑤ 参见曾文远:《我国戒毒制度的基本特点》,载《云南警官学院学报》2011年第1期。

吸毒人数①来看，显然效果不佳。

1. 场所戒毒严重中断正常社会化，戒断效果不彰

无论是公安机关管理的戒毒场所抑或是司法行政机关管理的戒毒场所，鉴于该类场所的转型来源及监管人员的固有思维定势，强戒对象的违法者身份继续彰显，"强制隔离戒毒是强制戒毒和劳教戒毒的延续和发展，在本质上没有多大改变"②。场所戒毒打断了吸毒者的正常社会化进程。强制隔离戒毒人员最终要回归社会，成为一个社会人，但戒毒出所后，往往会难以适应社会，或因为这样那样的家庭、社会问题而复吸，不能顺利回归社会，引发新的社会问题。③ 强制隔离期限反映的处罚逻辑、亲友探视权的忽视、隐私权的脆弱保护、就业权保障的缺失，④ 由于多种因素，强制隔离戒毒工作在实施过程中遇到了困境，例如，吸毒成瘾标准难认定、诊断评估体系不健全、戒毒民警队伍素质有待进一步提高。诸如此类的种种问题严重阻碍了强制隔离戒毒工作的发展，难以有效降低戒毒人员的复吸率。⑤

2. 动态管控有侵犯戒毒人员权利之嫌，理论论证不足

根据北京爱知行研究所2012年6月25日发布的研究报告显示，吸毒人员动态管控侵害戒毒人员的权利，主要体现为：动态管控干扰志愿人员参与艾滋病防治和毒品减低伤害工作；动态管控影响戒毒人员正常就业；动态管控影响戒毒人员的婚姻和家庭生活；动态管控影响到了戒毒人员自主创业；动态管控标签化和边缘化戒毒人员；动态管控缺乏更新，戒毒人员权利被无休止伤害；动态管控机制被滥用，伤及无辜。动态管控机制是以吸毒者为违法犯罪高危人群为逻辑假定，而设计的一套严密注视着这群特殊的公民的监控体系。在这套严密的系统的运作中，无论是吸毒者抑或是康复者，均难以

---

① 2011年全国查获有吸毒行为人员41.3万人次，新发现吸毒人员23.5万名；2012年全国依法查获有吸毒行为人员54.9万人次，新发现登记吸毒人员30.5万余名；2013年全国依法查获有吸毒行为人员68.2万人次，新发现登记吸毒人员36.5万余名；2014年全国全年共查处吸毒人员88.7万余人次，新发现登记吸毒人员46.3万余名。数据来源于2012—2015年的中国禁毒报告。

② 曾文远：《我国戒毒制度的基本特点》，载《云南警官学院学报》2011年第1期。

③ 参见段伟：《强制隔离戒毒人员回归社会的现实困境及其解决路径问题研究》，载《中国药物依赖性杂志》2011年第6期。

④ 参见赖佳文、吴情树：《我国强制隔离戒毒的制度检讨》，载《贵州警官职业学院学报》2011年第5期。

⑤ 参见贾振军：《强制隔离戒毒实施中的困境及出路》，载《中国药物依赖性杂志》2010年第5期。

逃避"国家眼睛"的监视（如前述浙江省相关规范之表述），而且吸毒人员成功戒断毒瘾后，如何脱离监视系统，是这一系统亟须解决的大难题。

3. 过度标签加剧社会与吸毒者的双向排斥，① 不利于脱毒

标签理论的主要特征是：重要人（或关键人）贴标签；贴标签是有选择性的；被贴标签人的内化，从一次越轨转化成二次越轨。② 在禁毒实践中，也有不少人起初是出于好奇或是他人的欺骗引诱而沾染毒品，但是因被公安机关强制戒毒的经历而被贴上"越轨者"的标签之后，周边的人开始用"吸毒越轨者"的标签对待他们，甚至其家人也迫于舆论压力而主动或被动划清与他们的界限，他们被无情地推向了"毒友"。"吸毒越轨者"在心理需求无法得到满足时，更难实现心理脱毒，久而久之，他们在面对社会歧视和不信任以及被排斥的强压下"破罐子破摔"，将标签内化，转变成了二次越轨、习惯性越轨。社会对他们的歧视就是有色眼镜，就是一个标签。③ 加之我们现行的管控模式依然是公安机关主导，公安机关主导的管控有天然的便利优势，但是在国人心中依然具有公安机关是"抓坏人"的思维定势，吸毒人员与公安机关的交往会进一步强化"越轨者"的标签效应。政府对毒品政策之规划若只片面根据政府管理便利（如戒治所实施阶段处遇课程应行注意事项）、有效疏解监所人犯之压力（戒治处遇成效评估办法），或制定一套自评为对受戒治者有助之戒治训练课程（如受戒治人社会适应期处遇成绩评估表），而未就吸毒者戒瘾之真正需求，及对其再犯行为特性先作清楚的认识与了解，则执行结果或能达成制度之形式目的，但恐怕仍无法发挥实质戒治成效，根本解决吸毒再犯之严重问题。④

---

① 根据社会建构主义理论，吸毒者"边缘人"角色的获得是一个社会与个人"双向排斥"的建构过程。一方面是社会排斥的建构机制，主要体现在文化传统与观念、社会制度以及社会环境的排斥等；另一方面是个体在成瘾的历程中对社会的主动排斥。这两个过程同时发生，相互作用，导致吸毒者群体"社会边缘化"的加速度。参见钟莹：《建构主义视角下的吸毒者与社会的"双向排斥"机制及解决策略》，载《福建论坛（人文社会科学版）》2010年第5期。
② 参见黄敏：《标签理论视角下的戒毒康复研究》，载《云南警官学院学报》2012年第2期。
③ 参见黄敏：《标签理论视角下的戒毒康复研究》，载《云南警官学院学报》2012年第2期。
④ 褚宸舸：《管制吸毒的正当性：一个值得重视的全球性的中国问题》，载《公安学刊（浙江警察学院学报）》2011年第5期。

三、吸毒人员社区管控模式之理论提倡

（一）吸毒人员管控的理论争鸣

管制吸毒是全球性的法律难题，由于各种社会因素和历史文化的影响，西方广泛关注的管制吸毒正当性问题在中国受到普遍忽视。国内虽然对吸毒问题和吸毒者研究的成果不少，但相当多对管制吸毒的研究，仍然主要集中在实然性的制度构建层面。因此，研究管制吸毒的必要性，既是构建中国禁毒法的理论基础与核心价值的需要，也是解放更新认识和制度创新的需要。

对于吸毒人员的管控及其模式选择，主要需要考虑以下几个问题：一是如何定性吸毒行为与吸毒人员，前者涉及吸毒行为应该采取犯罪化、违法化抑或合法化，后者则主要涉及吸毒人员是病人、违法者、潜在犯罪者等身份定位；二是是否应该对吸毒人群予以特殊的标签化并且采取特殊的监管措施，以及采取何种管控方式，涉及吸毒人群是不是社会管理中的一个充满危险的特定群体，对于此种特殊群体应贴上何种标签以及采取何种特定的管理措施；三是对于吸毒人群的管控主体、管控目标、管控制度和管控运行机制的具体建构问题。

国外关于吸毒的法律政策总体上分为两类，一类是规定吸毒为犯罪，在处理方式上包括直接判处刑罚、判处刑罚同时进行强制治疗以及规定单纯进行强制治疗；另一类规定吸毒为违法行为，在处理方式上包括强制戒毒和自愿戒毒。① 虽然亦有少数国家探索将部分吸毒行为（主要是软性毒品吸食行为）合法化，但尚无亦不太可能将吸毒行为合法化。在我国，《禁毒法》实施之后，吸毒者兼具病人和违法者双重身份，吸毒成瘾人员应当进行戒毒治疗，对符合条件的吸毒成瘾人员，公安机关可以责令其接受期限为 3 年的社区戒毒。尽管吸毒者的认定在不同国家存在有罪化与无罪化的区别，但绝大多数国家都积极采取有效的毒品减害措施，美沙酮治疗计划就是最为有效的措施之一。②

吸毒管制引发巨大争议的实质是：吸毒管制制度背后所呈现的国家与个人关系的价值选择，其折射出的国家管制个人自由的限度、公民基本权利的

---

① 司法部劳教局课题组：《劳教戒毒模式研究（上）》，载《中国司法》2004 年第 3 期。
② 参见褚宸舸：《管制吸毒的正当性：一个值得重视的全球性的中国问题》，载《公安学刊（浙江警察学院学报）》2011 年第 5 期。

法律限制等问题。① 法官德富林和学者哈特的著名论战就是由二十世纪五十年代英国《沃尔芬登报告》（关于同性恋与卖淫非犯罪化的立法建议）引发的，类似的论战在西方管制吸毒领域同样存在，并绵延至今。仅以英语著作为例，对吸毒及其法律对策的研究论著就汗牛充栋，早期有霍华德·S. 贝克尔的越轨社会学研究（1963 年），阿尔弗雷德·R. 林德史密斯和布雷彻的《合法和非法毒品》（1972 年），晚近的专著主要有 Drugs and rights、Between politics and reason，以及杰弗瑞·A. 沙勒和詹姆斯·A. 因卡迪主编的论文集。②

（二）吸毒人员社区管控模式之初步建构

社区戒毒是在学习借鉴其他国家社区矫正中毒品检测和治疗措施、总结国内一些地方戒毒工作经验的基础上，在规定强制性戒毒措施之外提出的，并将试点工作中主要针对强制性戒毒后的社区戒毒，发展为一种实行强制隔离戒毒前就可以进行的戒毒措施，这是对过去长期实行的以封闭戒毒方法为主的戒毒模式的改进。③ 吸毒人员的社区管控模式是结合现有的社区戒毒、社区康复和社会救助、社会帮教和社会帮扶而提出的依赖社区建设的一种社会化管理模式。

1. 吸毒人员社区管控的基本思路

吸毒人员回归社会的价值导向，决定了隔离戒毒工作的内容和路径不能仅仅满足戒毒机关自身的需要，而是应立足于强制隔离戒毒人员回归社会的需要。面对新形势下的吸毒人员社区管控问题，加强和创新禁毒社会管理，政府负责是关键，社会协同是依托，群众参与是基础，几个方面缺一不可。吸毒人员社区管控的基本思路是以吸毒人员正常社会化进程为目标，以吸毒人员和社会人正常交往为基本路径，以无毒社区的渐成为基本依托，以戒断

---

① 褚宸舸：《管制吸毒的正当性：一个值得重视的全球性的中国问题》，载《公安学刊（浙江警察学院学报）》2011 年第 5 期。

② See Alfred R. Lindesmith, The addict and the law, IndianaUniversity Press, 1965. Douglas N. Husak, Drugs and rights, CambridgeUniversity Press, 1992. Jeffrey A. Schaler ed. , Drugs：should we legalize, decriminalize, or deregulate? Prometheus Books, 1998. James A. Inciardi ed. , The drug legalization debate (2nded), Sage Publications, 1999. Erich Goode, Between politics andreason：the drug legalization debate, St. Martin's Press, 1997.

③ 参见滕炜主编：《中华人民共和国禁毒法释义及实用指南》，中国民主法制出版社 2008 年版，第 1 页。

治疗和替代措施为基本手段。

2. 吸毒人员社区管控的具体举措

根据《禁毒法》，吸毒人员不仅是一名违法者，更是需要全社会给予特殊关心爱护的毒品受害者。我们对吸毒人员社区管控、回归社会的管理工作相对滞后，禁毒社会化进程与先进国家和地区还有很大的差距。主要体现在以下几个方面：

一是部分领导对禁毒工作的重视程度还需进一步提高。一些地方党委政府领导对禁毒工作重视不够，没有按照国家禁毒委的要求，每年听取工作汇报，召开禁毒工作会议，亲自研究解决困难不足。二是一些禁毒委员会及其办公室没有充分发挥职能作用。各级禁毒委员会作为法定特设机构，其中有部分处于召开会议、听取汇报等低层次运转，少数地方禁毒委甚至形同虚设。禁毒办大量日常事务由公安机关下属禁毒部门具体承担，管辖职权规格较低，对上缺乏策动力，对成员单位缺乏制衡力，对下缺乏执行力，不能充分发挥对当地禁毒工作的组织、领导、指导和协调作用。三是综合治理的禁毒社会化工作格局没有完全发挥效能。部分禁毒委成员单位没有充分履职，在开展禁毒联合执法、禁毒宣传等方面只限于形式上的参与，没有实质性的内容，没有结合自身职能优势，主动为禁毒工作出谋划策、畅通渠道、理顺机制、解决困难。社会禁毒资源没有充分整合利用，社会各界参与禁毒工作的积极性、主动性没有调动起来。禁毒志愿者组织缺乏政府的积极引导，基本处于民间自发、松散无序型阶段。四是基层禁毒工作严重滞后。社区戒毒、社区康复工作机构、经费、人员没有落实，相关职能部门没有切实履职，社区戒毒、社区康复工作进展缓慢，推进乏力，对戒毒康复人员缺乏有效管理载体，导致吸毒人员动态管控工作整体滞后。五是禁毒社会管理的群众参与程度不高。多数群众认为禁毒工作是公安机关的职责任务，参与禁毒工作的热情不高，渠道不多，更多的仅限于举报毒品违法犯罪活动。部分群众和社会企业对于毒品和吸毒人员缺乏了解，容易将毒品、吸毒人员与违法犯罪、性病、艾滋等联系在一起，闻而色变，敬而远之，不愿意接触吸毒人员，更不愿意为戒毒人员提供就业帮助、参与社会帮教，社会各界自觉关注和主动参与禁毒社会管理的共识还没有形成。

因此，为了实现上述任务目标，吸毒人员的社区管控需要做出较大调整。一是全社会需要转变观念，牢固树立"吸毒首先是一种疾病，吸毒人员是生物学和社会学双层意义上的病人"的观念。社区管控模式应该有着丰富的人文内涵：将吸毒者定义为病人，意味着将一个社会公民应有的权益归还给吸毒者，体现了社会对吸毒者基本权利的尊重；以社区戒毒为基本落脚点，严格控制强制戒毒的收治范围并逐渐减少甚至取消强制戒毒，采取不偏激也不纵容的态度，采取一种温和的人性化的戒毒方式，这也是我国传统文化中庸思想的体现；给予吸毒者更多自由和权益的同时，也要求戒毒者承担更多的责任，实现道德自律。[①]

二是各级党委政府应根据吸毒人员社区管控工作发展需求，紧密结合工作实际，研究设计总体发展规划，并逐步形成政策法律、规章制度，从社会政策、社会法规层面解决制约禁毒工作发展的体制性、根本性、源头性问题。

三是重点推动各级禁毒领导办事机构实体化、社会化进程。根据经济社会的发展变化和禁毒工作的现实需求，赋予各级禁毒委员会及其办公室更多的职能职责，不断充实领导力量，增补调整成员单位，加强工作机构建设，组织、协调和指导各地各部门开展禁毒社会管理工作，在可能的情况下，禁毒委员会应直属于各级政府，作为政府的常设机构，其办事机构不再依附于公安机关，可以考虑设置于民政部门。

四是全面推进禁毒社会管理社区基层基础建设。社区是实施禁毒社会管理的基本单元和重要载体，加强和创新吸毒人员社区管控，力量在社区，基础在群众。要有效结合社区警务室、法庭、人民调解、帮扶解困、物业管理、环卫管理以及治保会、义务巡逻队、志愿者队伍等群防群治群建组织搞好协调配合和良性互动，及时掌握社区毒情动态，积极开展戒毒人员管控帮教，继续深化无毒社区创建活动，在打防管控毒品问题上着力构建全方位、宽领域、多层次的禁毒社会管理体系，努力提升社会自治和自我管理效能和水平。

五是要广泛培育发展多元化的禁毒社会管理主体。在继续发挥传统禁毒宣传教育模式的基础上，应着力在拓宽社会参与领域、畅通社会参与渠道上更新理念，完善机制。大力培育禁毒社会管理人才队伍，建立禁毒、生理、心理、精神、社会、医护等专业知识领域的人才库，积极会同财政、人事、编委等部门建立社工人才队伍的招募、引进和储备体制，落实人员编制和薪酬待遇，确保社工队伍稳定和壮大。

---

① 参见罗涛、郝伟、邓奇坚：《论新戒毒模式的人文内涵》，载《医学与哲学（人文社会医学版）》2010年第3期。

六是建立完善科学合理的禁毒社会管理工作考评体系。各级禁毒委员会（办公室）应成立专门的考核机构，制定具体的考核细则，明确任务和目标，严格奖惩制度，建立完善横向到边、纵向到底的禁毒工作考核体系。依据考评成绩每年进行评比表彰，总结工作，兑现奖惩。

第八节　涉毒社区服刑人员的矫正方法[*]

一、毒品犯罪与涉毒社区服刑人员的特征分析

（一）我国毒品犯罪的基本特征

根据最高人民法院发布的《人民法院禁毒工作白皮书（2012—2017）》，我国毒品犯罪案件具有以下的特点：一是毒品犯罪案件的总体形势严峻，案件总数量呈上升趋势；二是毒品犯罪高发省份相对集中，但已突破以往主要集中于边境、沿海省份的特点，转向遍布全国所有省份；三是源头性犯罪和末端性毒品犯罪案件数量迅速增长。在延续走私、制造毒品等源头犯罪严峻之势的情形下，由于毒品消费市场的膨胀，零包贩毒（一般指涉案毒品 10 克以下的贩毒案件）、容留他人吸毒、非法持有毒品等末端毒品犯罪也在迅速增长。①

毒品犯罪的核心媒介是毒品，从毒品生产到毒品运输再到毒品销售，有多个活动环节，这就决定了毒品犯罪呈集体性、组织性的特点，大规模的毒品犯罪往往根植于适合其生产和发展的特殊环境，并建立了隐蔽的业务体系与交易链条。例如，广东省陆丰市博社村全村近 2 成村民直接或间接地参与制毒贩毒活动，村民通过毒品犯罪建立了组织严密的犯罪团体，并利用毒品犯罪的收益打点各方关系，最终得到了陆丰市各方势力的保护，得以在村中公开制毒贩毒，最终公安部门调集 3000 名警力，历时 2 天才将盘踞村中的毒害连根拔起。

---

[*] 本节撰写者：李昊天、田旭。

① 参见《最高人民法院首次发布禁毒工作白皮书》，载 http://www.nncc626.com/2018-06/27/c_129901644.htm，2019 年 12 月 16 日访问。

毒品犯罪之所以如此猖獗，与当前庞大的毒品市场直接相关。庞大的市场不仅给毒品犯罪带来了巨大的经济利益，而且给毒贩提供了更多可选择的销售对象，缩短了制毒贩毒的周期，使得犯罪变得更加简单和隐蔽。毒品犯罪门槛低、投入少、收益巨大，因此，对于有些生活在经济欠发达或者教育条件落后的地区、缺乏有效谋生手段的居民而言，更愿意铤而走险地选择这一高风险高收益的获利方式。

（二）涉毒社区服刑人员特征分析

涉毒社区服刑人员包括毒品犯罪人员和非毒品犯罪的吸毒人员。据统计，我国的毒品犯罪人员主要有文化程度较低、职业化水平较低、毒品犯罪中吸毒人员比例高三个特征：第一，据 2014 年全国药物滥用监测网络采集的药物滥用监测报告显示，83.4% 的毒品犯罪人员为初中及以下学历；第二，在职业分布上，我国毒品犯罪人员大多为农民或者无业者，低就业水平会引发经济困难、低社会依附性等社会生活问题，并进一步导致犯罪人员产生自卑、反主流价值取向等社会心理问题，无疑对毒品犯罪的滋生和泛滥有重要影响。[①] 第三，据相关数据显示，毒品犯罪人中属于吸毒人员的比例高达 90.0%。[②] 毒品属于违禁品，所以毒品的流转具有一定的隐蔽性，非吸毒人员不会也很难涉入其中，大多数行为人都是在接触毒品并形成瘾癖性后，才去实施相关的毒品犯罪。此外，由于毒品价格不菲，维持吸毒活动对资金需求很高，但因吸毒破坏身体机能，许多具有重度毒瘾的人已经丧失劳动能力，无法再从事常规的经济活动，为了吸食毒品会不择手段地募集毒资和觅毒，所以实践中毒品犯罪多数是"以贩养吸"类型，而吸毒人员实施的犯罪也主要为侵财类犯罪，单纯的暴力犯罪较少。据统计，2017 年全国公安机关抓获的非涉毒类刑事犯罪嫌疑人中，吸毒人员共 15.2 万名，占 10.3%。[③] 而吸毒人员犯罪中，经济案件占多数，"两抢一盗"（抢劫、抢夺、盗窃）成为涉毒人员犯罪的主要种类。需要注意的是，吸毒成瘾，特别是吸食冰毒成瘾的人员，其精神状态会受到毒品较大影响，加之社会对涉

---

① 参见霍俊阁：《毒品犯罪人社区矫正研究》，载《汕头大学学报（人文社会科学版）》2017 年第 8 期。

② 参见毒品犯罪问题理论与实践研究课题组：《实证视角下当前毒品犯罪的现状分析与对策——以揭阳市为例》，载《汕头大学学报（人文社会科学版）》2018 年第 9 期。

③ https://mp.weixin.qq.com/s?__biz=MzU2ODMzMjA3Ng%3D%3D&idx=2&mid=2247484211&sn=3297aef0af67fac43753d5f038699c2c.

毒人员的排斥，此类人员通常性格敏感多疑，一旦在吸食毒品后产生错觉或幻觉，很容易诱发暴力犯罪，而且只要毒瘾不除，吸毒人员很容易重新走上犯罪的道路。

二、涉毒服刑人员社区矫正的正当性与规范依据

（一）社区矫正的正当性

最高人民法院、最高人民检察院、公安部、司法部联合颁布的《关于开展社区矫正试点工作的通知》中对社区矫正作出了明确的规定，将其定义为与监禁矫正相对的行刑方式，指将符合条件的服刑人员置于社区内，由专门的国家机关在相关社会团体和民间组织以及社会志愿者的协助下，在判决、裁定或决定确定的期限内，矫正其犯罪心理和行为恶习，并促进其顺利回归社会的非监禁刑罚执行活动。

我国社区矫正制度的定位是惩罚与教育并举，社区矫正并不完全同于传统的刑罚执行活动。首先，社区矫正的重心在于教育和帮扶，但教育和帮扶的基础是要对行为人具有强制约束性，实施具有一定强制约束力的措施才能达到对行为人行为矫正的目的。其次，社区矫正更关注的是行为人再次回归社会，表现为对被处以缓刑、假释的犯罪人实施的是监督考察工作，而监督考察工作并不具备惩罚性。最后，侧重于教育和帮扶表现在设置社区矫正工作的初衷。社区矫正就是为了弥补司法机关对符合社区矫正条件的犯罪人的监督工作不力，因而社区矫正是作为刑罚方法和刑罚制度的补充。[①]

社区矫正的出现符合现代刑罚的发展方向，也符合功利主义的要求。"随着人的心灵在社会状态中的柔化和感觉能力的增长，如果想保持客观与感受之间的稳定关系，就应该降低刑罚的强度"[②]，社区矫正是刑罚轻缓化的一个重要标志。而且社区矫正主要关注于犯罪人的教育和改造，着眼于预防未发生的犯罪，而不是强调惩罚和报复。在这一点上是符合功利主义的刑罚观的。

社区矫正是符合人道精神的。人道精神包含三重含义：一是尊重和保护犯罪人人格；二是禁止把人当作实现刑罚目的的工具；三是禁止使用残酷而

[①] 参见贾宇：《社区矫正导论》，知识产权出版社2010年版，第78页。
[②] ［意］贝卡里亚：《论犯罪与刑罚》，黄风译，中国大百科全书出版社1993年版，第44页。

不人道的、蔑视人权的刑罚。① 在这一层次上，监禁刑的不人道性体现在剥夺人的行动自由、剥夺异性关系、剥夺人的自主性、使罪犯无法拥有基本的物质生活条件。而社区矫正对监禁刑的缺陷进行了弥补，社区矫正服刑人员相较于监禁人员，具有更高程度的自由，表现出对犯罪人人权更高的尊重。

社区矫正符合行刑社会化。行刑社会化，是指为了避免和克服监禁刑存在的某些弊端，使刑事执行服务于罪犯再社会化的目标，应慎用监禁刑，尽可能对犯罪人适用非监禁刑，使其在社会上得到教育改造；同时，对于罪行较重、有必要监禁的罪犯，应使其尽可能多地接触社会，并使社会最大限度地参与罪犯矫正事业，从而使刑事执行与社会发展保持同步，为罪犯顺利回归社会创造条件。② 行刑社会化具有很重要的现实意义，是为了解决监禁刑的"交叉感染"问题和犯罪人回归社会难的问题。监禁刑的存在本身就是一种悖论，意图通过隔离犯罪人的方式，实现改良犯罪人，达到使其重新融入社会的效果。而社区矫正将犯罪人置于社区之中，强化犯罪人与社区之间的交流。一方面可以通过社区力量感化和教育犯罪人；另一方面，可以降低社区对犯罪人的排斥感，给犯罪人重新融入社区的机会。

社区矫正符合行刑经济化。行刑经济化讲求以最小的投入获得有效的预防和控制犯罪的最大社会效益。在我国，监狱的承载量本身就有限，许多地方的监狱已然处于超负荷运转的状态，将犯罪人置于监狱之中，耗费大量的人力物力不说，其改造效果也极为有限。而据统计，对一名社区矫正对象的年矫正经费约为监狱服刑人员监管经费的十分之一。

（二）涉毒服刑人员社区矫正的规范依据

根据我国《社区矫正实施办法》第 2 条、第 3 条的规定，司法行政机关负责指导管理、组织实施社区矫正工作；县级司法行政机关社区矫正机构对社区矫正人员进行监督管理和教育帮助；司法所承担社区矫正日常工作。对涉毒社区服刑人员，并没有特殊的社区矫正规定。但是涉毒社区服刑人员尤其是具有毒瘾的部分人员是具备自身的独特性的，不加区分地与其他社区服刑人员适用相同的矫正方案，很难有具体的成效。另外，对于涉毒社区服刑人员的所处阶段的判断也具有一定的专业性，毒品检测、戒毒治疗、犯罪

---

① 参见贾宇：《社区矫正导论》，知识产权出版社 2010 年版，第 76 页。
② 参见冯卫国：《行刑社会化研究——开放社会中的刑罚趋势》，北京大学出版社 2003 年版，第 42 页。

人是否脱毒的判断都具有一定的专业性。我国现行社区矫正中，社区矫正工作者一般包括社区矫正执法者和社区矫正辅助人员。这两种类型的人，具有一定的矫正工作能力，但不具备关涉毒品的专业能力。

我国的戒毒方式包括强制隔离戒毒、社区戒毒和自愿戒毒。强制隔离戒毒将吸毒人员置于特定场所之中进行管理，并不关涉社区问题，因此与社区相关的只剩下自愿戒毒人员与社区戒毒人员。根据《戒毒条例》第9条、第11条的规定，自愿戒毒人员经本人申请和登记后，与戒毒医疗机构订立自愿戒毒协议；戒毒医疗机构应当对自愿戒毒人员采取脱毒治疗、心理康复、行为矫治等多种治疗措施。结合自愿戒毒的自愿性，可以看出对于自愿戒毒人员一般由本人或其监护人与戒毒医疗机构负责管理。

根据《戒毒条例》第5条、第17条的相关规定，我国的社区戒毒和康复工作由乡（镇）人民政府、城市街道办事处负责；社区戒毒专职工作人员、社区民警、社区医务人员、社区戒毒人员的家庭成员以及禁毒志愿者共同组成社区戒毒工作小组具体实施社区戒毒。在社区戒毒的相关规定中可以看出，社区戒毒不仅强调专业性，要求专业人员的介入，还强调社区力量的综合治理，通过综合与吸毒人员有关的全部力量，达到最终的戒毒效果。

三、涉毒服刑人员社区矫正的制度构建

如前所述，毒品犯罪中90%的犯罪人具有吸毒情形，对于没有吸毒情形的毒品犯罪人，按照常规社区矫正方式就可以达到矫正目的，需要特殊关注的是具有吸食毒品情节的社区服刑人员。就矫正机构对于吸毒人员的管理而言，需要做两个前提性工作：一是毒品检验。这首先是为了发现和区分吸毒人员，将其与其他犯罪人分开矫正。其次是可以通过在后续生活中的检验，判断吸毒人员是否再次吸毒的现象。二是戒毒治疗。处以社区矫正的吸毒人员，兼具犯罪人和病人两个身份。出现涉毒社区矫正人员矫正和再教育困难等诸多问题，主要是因为犯罪人对毒品的身体依赖与精神依赖。为了保证良好的矫正效果，降低再犯可能性，对于符合条件的涉毒社区矫正人员，首先要做的就是破除其对毒品的依赖性。

（一）涉毒社区服刑人员自身重建

1. 戒毒工作的具体实施

涉毒犯罪的核心是毒品，毒品不仅是毒品犯罪的载体，也是犯罪的推动

力。据《2014年中国毒品形势报告》显示，2014年，全国破获吸毒人员引发的刑事案件14.9万起，占同期刑事案件总数的12.1%，其中抢劫、抢夺、盗窃等侵财性案件7.2万起，涉毒犯罪案件4.7万起，杀人、绑架、强奸等严重暴力案件300余起。① 由此可以看出，吸毒与犯罪之间是具有一定联系的，降低涉毒人员的犯罪率的首要工作就是戒除毒瘾。国外涉毒人员的社区矫正也是将戒除毒瘾作为矫正的首要阶段。

对于吸毒人员的戒毒方式，可以参考美国肯塔基州杰斐逊县的毒品法庭计划。其中包括三个阶段，第一阶段是脱毒，为期10天；第二阶段是稳定阶段，为期108天；第三阶段是康复治疗阶段，为期6个月。② 每阶段对行为人的强制程度逐步递减。虽然每阶段包括的具体内容有所差异，但总体来讲主要为毒品检测、治疗活动和互助活动。而互助活动中包括个别治疗计划中确定的教育、职业培训、矫正训练和其他培训活动，还有专业人员的咨询和匿名的戒毒会议。

毒瘾的戒除一般分为两个层面，即心理层面的戒除和身体层面的戒除。设置帮助吸毒人员戒除毒瘾的方式，也要有针对性。上述毒品法庭计划中，毒品检测和治疗活动主要是针对吸毒人员的身体，身体层面的戒除需要相应专业的医疗知识和医疗手段，而互助活动则属于心理层面的帮助，我国设置戒毒方式也可以进行参考。在借鉴互助活动的同时，可以增加戒毒担保人制度。参加互助活动的吸毒人，可以选择戒毒较为成功的人员为自己的担保人。担保人对吸毒人员进行全方面的关注和帮扶，及时了解吸毒人的发展，针对出现问题可以及时提供解决方法。作为"过来人"，其更能理解吸毒人员的处境，更容易换位思考，更容易被吸毒人员接受。而这实际上也可以维持担保人的戒毒成果，降低担保人的复吸率。吸毒人员可以与担保人沟通学习戒毒经验，树立戒毒自信心。

另外，有研究表明，劳动和运动对吸毒康复人员提高身体素质、改善身体机能、增强戒毒信心具有一定积极意义。③ 对需要戒毒的人员，可以强制进行劳动或运动，以便有效地戒除毒瘾。

---

① 参见《2014年中国毒品形势报告》，载http://www.nncc626.com/2015-06/24/c_127945747_3.htm，2019年12月16日访问。

② 参见吴宗宪：《社区矫正比较研究》，中国人民大学出版社2011年版，第125页。

③ 参见赵振虎、范文勇、李汉兴：《有氧运动对戒毒康复人员康复效果的影响》，载《中国药物滥用防治杂志》2017年第2期。

2. 重建涉毒社区服刑人员的价值体系

提高涉毒社区服刑人员的社会认同感和责任感。因毒瘾或者社会的歧视和排斥等原因，多数吸毒人员表现出道德感低下、孤僻、冷漠的特点。在矫正过程中增加涉毒社区服刑人员家庭的介入，通过家庭成员之间的情感联系，可以为戒除毒瘾提供支持和帮助。一方面，家庭内部的关系较为简单，家庭对于错误成员的包容、接纳能力更强，作为涉毒社区服刑人员重返社会的第一步，更为合适。另一方面，一部分涉毒社区服刑人员是由于家庭原因走上吸毒或者犯罪道路的，通过强化与家庭成员的接触，缓解和解决涉毒社区服刑人员与其他家庭成员之间的矛盾，有很大可能重新唤醒或者增强涉毒社区服刑人员的责任感，为其戒毒提供强大的内在力量。

为涉毒社区服刑人员重新树立正确的劳动价值观。如上所述，毒品犯罪具有门槛低、付出少、收益大的特点。因此毒品犯罪人容易具有好逸恶劳的性格特点，在矫正过程中，通过附加社区劳动、组织义务劳动等方式，帮助其重新树立起正确的劳动价值观。通过合法途径实现自身经济价值，使得涉毒社区服刑人员明白金钱获得的不易，令其不愿再花费高昂的费用维持吸毒活动。

树立涉毒社区服刑人员对吸食毒品的羞耻感。在社区矫正过程中，可以通过视频学习或者科普等方式，令涉毒社区服刑人员深入理解毒品的危害，明白吸毒对亲近人员的不利影响。重新建立吸毒人员的道德观，使其对毒品有一个正确的认识，自愿远离毒品。

3. 铺设涉毒社区服刑人员重新社会化的基本路径

犯罪学研究表明，失业与犯罪的关系是很密切的。因此，在涉毒社区服刑人员完成毒瘾的戒断之后，为其提供就业帮助是预防他们重新犯罪的重要方面。针对涉毒社区服刑人员普遍缺乏职业技能和寻找工作能力的情况，就业帮助往往通过两种方式进行：（1）职业技能的培训。通过该类培训，可以帮助社区服刑人员获得专业实用的职业技能，提高其在就业市场上的竞争力。（2）寻找职业帮助。这样的具有针对性的帮扶，可以最直接地帮助具有一定工作能力的社区服刑人员获得工作岗位。

涉毒社区服刑人员存在文化程度偏低的问题。针对该问题，矫正过程中可以提供文化教育的帮助。这样的教育帮助，既可以是扫盲教育和基本读写能力的教育，也可以是较高程度的文化教育。知识使人温和，文化教育还可以帮助社区服刑人员重新树立正确的价值观和世界观。

职业技能教育或者文化教育有利于社会的再接纳。不论是职业技能教育或者是文化教育，均是需要一定时间和精力的投入才能完成的。社区服刑人员能够顺利地完成规定的课程设置，达到一定的教育目标，实际上也是人身危险性降低的表现。社区服刑人员表现出具有悔过情节，愿意自食其力，相应的其再犯可能性就会降低，社会对该类人员重新接纳的可能性就会升高。

（二）专门矫正场所与专业矫正人员的配置

对涉毒社区服刑人员的矫正，以戒毒为首要工作，但是戒毒又是一个漫长的过程。而我国对于社区戒毒、自愿戒毒和社区矫正规定的负责机关并不相同，实践过程中难免出现沟通不畅的情形。在各机关配合不协调的情况下，很容易导致涉毒社区服刑人员矫正失败。实际上，戒毒过程中也强调对行为人心理和行为的矫正，与社区矫正的内容有部分的重叠。因此在涉毒社区服刑人员的矫正中，宜整合社区戒毒和社区矫正，设专门机关进行负责。这样可以做到将涉毒社区服刑人员与其他人员进行有效的划分，可以针对性地进行控制和管理。

对涉毒社区服刑人员建立专门机关统一负责，培养专业工作人员进行管理，适用综合的戒毒矫正方案，可以最有效也最有针对性地达到戒毒效果和矫正效果。专门机关统一负责，可以同时密切关注相关人员的戒毒情况和矫正情况，又不至于重复过程，造成对资源的浪费。具有专业知识的工作人员，可以做到对戒毒人员的持续监控，及时发现和解决戒毒人员遇到的不利情况，从生理和心理两个层面上帮助戒毒人员，防止戒毒人员复吸。据统计，全球戒毒的巩固率只有9%，即便是戒毒技术比较先进的发达国家，复吸率也高达90%以上。在戒毒工作颇有成效的新加坡，其复吸率也高达70%～80%。由此可以看到，戒毒人员的复吸是一个较为重大的问题，戒毒人员一旦复吸，其戒毒过程将功亏一篑，对其实施的矫正效果也微乎其微。而传统的社区矫正中的工作人员，并不具备专业的知识，不能阻止戒毒人员的复吸，甚至不能及时判断和分辨戒毒人员是否具有复吸的情况。

（三）涉毒服刑人员社区矫正的中间制裁制度

中间制裁，又称为"中间刑罚"，是指介于传统的社区矫正和监禁刑之间的制裁形式。中间制裁具有居中性、替代性、多样性的特点。中间制裁根据居住特征可以划分为居住式中间制裁和非居住式的中间制裁。居住式中间制裁包括休克监禁、矫正训练营、中途之家等。非居住式的中间制裁包括严格监督型缓刑、严格监督型假释、家庭监禁、电子监控、日间报告中心。①

涉毒人员由于长期吸食毒品，自身的身体机能有不同程度损伤。另外，由于注射类型的毒品吸食方式，致使许多吸毒人员在吸毒的过程中，染上严重的传染疾病。吸毒人群为乙型肝炎病毒（HBV）、丙型肝炎病毒（HCV）、人类免疫缺陷病毒（HIV）和梅毒（TP）感染的高危人群。② 这两个原因导致许多涉毒人员并不适合被羁押。另外，考虑到具有毒瘾的行为人道德感较低等原因，短时间的单纯监禁不一定能达到预期效果，因此不再讨论休克监禁。

1. 居住式的中间制裁

矫正训练营是指实行严格的纪律制度和军事化管理的短期矫正制度。矫正训练营的主要特点包括：（1）实行严格的纪律制度。（2）实行军事化管理制度。（3）时间较短。（4）自愿接受严格管理。③ 矫正训练营最突出的特点就是高度的组织性，另外还强调严格的纪律和高强度的身体训练，而在其后续发展过程中，训练营计划中又逐渐加入了治疗部分，可以适用更多类型的犯罪。矫正训练营通过对犯罪人严格的军事化管理，可以达到改造犯罪人、剥夺犯罪能力、报应和威慑犯罪人的目的。对此可以借鉴到我国涉毒社区服刑人员的矫正工作当中。首先，矫正训练营中对身体的训练，有助于毒瘾人员的戒毒活动和恢复身体机能。其次，对于涉毒社区服刑人员适用矫正训练营的制度，封闭严格的矫正环境可以阻碍毒品的再次渗入，达到割断行为人与毒品联系的作用。最后，尤其是对于年龄较小的涉毒社区服刑人员，严格的军事化管理更有利于对其行为和心理的矫正。

中途之家又称过渡性矫正所，通常是指为了帮助从监禁机构释放的犯罪人以及其他相关人员重新适应社会生活而设立的过渡性社区食宿和矫正机构。④ 中途之家具有一定的监督作用，处于中途之家中的犯罪人需要接受24小时的监督，一方面可以控制其再犯罪的可能性，另一方面可以及时对其实施矫正和改造。西方国家的中途之家分为两类，一种是简单的庇护所式的中途之家，其所提供的服务相对简单，面对人群也较为普通；另一种是提供多

---

① 参见吴宗宪：《社区矫正比较研究》，中国人民大学出版社2011年版，第427页。
② 参见黄红樱：《3560例静脉吸毒者HBV或HCV重叠感染HIV状况分析》，载《检验医学与临床》2010年第8期。
③ 参见吴宗宪：《社区矫正比较研究》，中国人民大学出版社2011年版，第451页。
④ 吴宗宪：《社区矫正比较研究》，中国人民大学出版社2011年版，第472页。

种其他矫正服务的中途之家,该类中途之家除提供食宿外,提供的帮助方式也更为全面,会提供咨询、戒毒、戒酒、教育等方面的矫正服务,并配有专门的设施和专业的人员。中途之家可以促进犯罪人的再融入。一般而言,中途之家都是建立在社区之中,这与监狱监禁远离社区的场所不同。中途之家往往与其他住所混合在一起,这样的环境有利于促进中途之家中的犯罪人更好地融入社区生活。

2. 非居住式的中间制裁

如上所言,涉毒社区服刑人员的矫正成功率与其毒瘾的戒除有很大联系。而非居住式的中间制裁措施,并不能达到完全隔绝毒品来源的效果,赋予涉毒社区矫正人员更多自由的同时,是将其置于更危险的状态之中。因此,非居住式中间制裁措施中,更强调降低涉毒社区矫正人员接触毒品的可能性。

禁止令包括禁止出入特定场所的禁止令、禁止会见特定人群的禁止令还有宵禁令。毒品的销售和传播渠道较为单一和隐蔽,一般涉毒人员有自己私密的毒品途径。在戒毒过程中,通过确保涉毒社区矫正人员远离特定场所和特定人群,以达到切断与毒品联系的目的。将涉毒社区矫正人员控制在安全的环境之中,使其远离诱惑,可以帮助其更好地戒除毒瘾回归社会。

电子监控。电子监控并不是一个单独的社区矫正措施,而是一种通用型社区矫正技术,是为了辅助控制社区矫正人员的一项技术。适用电子监控可以对社区矫正人员达到实时的监控,避免了人为监控中可能发生的疏忽、不连贯的问题,增加了监控的严密性。电子监控在帮助犯罪人保持工作和赡养家庭方面也有积极意义。电子监控可以作为辅助禁止令实施的一种技术措施,从外部看是对涉毒社区矫正人员禁止令履行情况的监视,从涉毒社区服刑人员内部来看,可以起到一个心理强制的作用,使其不敢违反禁止令。

日间报告中心,是指要求犯罪人定期在白天进行报告从而对其进行监督和治疗的社区矫正机构。日间报告中心通过要求犯罪人高频次地进行报告,达到可以密切关注和严格控制犯罪人的目的,从而满足保护公共安全的需要。在涉毒社区矫正人员的日间报告中,可以加入毒品检测的环节,以便了解涉毒人员的戒毒情况,及时反馈是否具有复吸危险性。

担保金、财产代管等经济制裁措施。涉毒活动尤其是吸毒活动,需要一定的经济支撑,剥夺吸毒人员一定经济能力,实际上就是削弱了其获得毒品的能力。因此,可以对涉毒社区矫正人员决定适用担保金或者财产代管等经济制裁措施。对于适用担保金的,当行为人有违背特定义务情形时,可以暂扣其担保金。而财产代管可以将涉毒社区服刑人员的财产交由决定机关或者其他相关人员代为管理,在维持涉毒社区服刑人员基本生活条件之外,不再给予多余资金,确保其不再具备获得毒品的经济余力。

后 记

　　毒品是人类社会的公害，毒品问题治理是一项长期性、复杂性的系统工程，加强毒品问题治理是国家治理的重要内容。近年来，受各方面因素的影响，我国的毒品问题呈现出诸多新情况、新特点，在全面推进国家治理体系和治理能力现代化的进程中，如何科学有效地治理毒品问题是理论界和实务界共同面临的艰巨任务。

　　作为新中国法学教育和科研的"重镇"，西南政法大学长期关注毒品问题，早在20世纪90年代就批准成立了"毒品犯罪与对策研究中心"，专门对毒品犯罪相关问题展开理论研究，由赵长青教授担任主编之一的《禁毒全书》在理论界和实务界产生了广泛影响，并作为国礼赠送给了联合国禁毒署。该中心于2003年1月被批准为重庆市首批人文社会科学重点研究基地，为开展毒品犯罪研究奠定了良好的人员基础、文化基础和学术基础。在"毒品犯罪与对策研究中心"基础上，为进一步深化毒品问题治理研究，服务新时代国家禁毒战略，最高人民法院刑五庭、国家禁毒办与西南政法大学决定合作共建"国家毒品问题治理研究中心"，并于2017年6月22日正式挂牌成立。这是高校和实务部门合作研究毒品问题治理的有益尝试，充分体现了理论与实践的深度融合。"国家毒品问题治理研究中心"的定位是高端智库型研究基地，建设目标是为国家禁毒政策调整、禁毒法律法规完善、禁毒国际合作开展、禁毒知识宣传、涉毒人员矫治等提供来源可靠、切实有效、论证充分的智库成果，推动国家毒品治理体系和治理能力现代化转型。合作内容包括开展禁毒理论研究、举办禁毒高端论坛、加强禁毒成果产出、推动禁毒人才培养等。

为了具体落实最高人民法院刑五庭、国家禁毒办与西南政法大学三方合作共建"国家毒品问题治理研究中心"的要求，深化毒品问题治理的理论研究，服务毒品问题治理的实践需要，我们决定设立"毒品问题治理论坛"这一学术交流平台，每年在"6·26"国际禁毒日前举办一次。"首届毒品问题治理论坛（2019）"于2019年6月23日在西南政法大学举行，本次论坛由国家毒品问题治理研究中心主办、西南政法大学法学院承办，来自最高人民法院刑五庭、国家禁毒委员会办公室、重庆市教育委员会的领导，重庆市高级人民法院、广东省高级人民法院、重庆市公安局禁毒总队、浙江省公安厅禁毒总队等实务部门的代表，以及武汉大学、重庆大学、四川大学、中国人民公安大学、西北政法大学、云南师范大学、贵州大学、河南财经政法大学、甘肃政法大学、贵州省社科院等高校和研究机构的专家学者，共100余人参加了此次论坛。在论坛进行过程中，各位参会领导、代表充分参与，各抒己见，紧紧围绕"毒品问题治理模式新探索"这一主题展开了热烈讨论，并在毒品犯罪态势分析、毒品犯罪防治对策、禁毒法律体系完善、禁毒法律适用分析、涉毒人员管控矫治等方面形成了诸多富有创见的理论成果。

此次论坛共收到来自各方面的论文80余篇，这些论文既汇聚了理论界学者在毒品治理探索上的真知灼见，也包含了实务界专家在禁毒工作开展上的前沿知识；既呈现了理念、政策反思上的宏观视角，也体现了措施、方法完善上的微观剖析；既涵盖了论证分析上的经验推理，也囊括了考证求索上的实证考察，对推进毒品问题治理具有积极的实践意义和学术价值。为了促进成果转化，发挥理论成果服务实践的价值，我们对此次论坛的论文进行编撰整理后形成本书，以《毒品问题治理模式新探索》为书名公开出版发行。

本书得以顺利出版，凝聚着有关方面的关心支持和辛勤付出。首先，要感谢最高人民法院刑五庭、国家禁毒办以及其他有关部门对"国家毒品问题治理研究中心"建设的关心和支持。其次，要特别感谢来自全国各地的专家学者和实务人员参会并提交研究成果，此次论坛得以顺利召开和本书得以出版与他们的贡献是密不可分的。囿于篇幅，本书只对其中的40篇论文进行了编辑整理，还有不少研究成果我们不得不忍痛割爱，在此要向这些研究成果未能收录的作者表示歉意，感谢他们对此次论坛的大力支持！最后，感谢中国检察出版社提供出版机会使本书得以面世。此外，也要感谢胡江、张永强、盛浩、严迪斯、胡光辉、王心一等老师和同学为编辑整理本书而付出的辛劳。为了首届毒品问题治理论坛的顺利举办，很多老师和同学也都付出了大量的时间和精力，在此一并表示感谢！

毒品治理体系和治理能力的提升离不开广大理论界和实务界长期不懈的努力。我们相信，依托"国家毒品问题治理研究中心"，通过"毒品问题治理论坛"这一学术交流平台，我们定能形成更多高水平的毒品问题研究成果，助推国家毒品问题治理的现代化发展！

本书编委会
2020年1月

图书在版编目（CIP）数据

毒品问题治理模式新探索／梅传强，任惠华主编．—北京：中国检察出版社，2020.8
ISBN 978－7－5102－2458－4

Ⅰ.①毒… Ⅱ.①梅…②任… Ⅲ.①禁毒－社会工作－中国－文集
Ⅳ.①D669.8－53

中国版本图书馆CIP数据核字（2020）第124325号

毒品问题治理模式新探索
梅传强　任惠华　主编

出版发行：	中国检察出版社
社　　址：	北京市石景山区香山南路109号（100144）
网　　址：	中国检察出版社（www.zgjccbs.com）
编辑电话：	(010)86423706
发行电话：	(010)86423726　86423727　86423728
	(010)86423730　86423732
经　　销：	新华书店
印　　刷：	北京玺诚印务有限公司
开　　本：	710 mm×960 mm　16开
印　　张：	35.5
字　　数：	591千字
版　　次：	2020年8月第一版　2020年8月第一次印刷
书　　号：	ISBN 978－7－5102－2458－4
定　　价：	102.00元

检察版图书，版权所有，侵权必究
如遇图书印装质量问题本社负责调换